高职交通运输与土建类专业规划教材

U0649243

桥梁工程

QIAO LIANG GONG CHENG

主　编　付迎春
主　审　王新敏

人民交通出版社
China Communications Press

内 容 提 要

　　本书为高职交通运输与土建类专业规划教材之一。全书共两篇,系统介绍了桥梁工程内容,包括桥梁的基本概念、总体设计、桥梁上的作用及其效应组合、桥面布置和常用桥型的构造与施工等。内容全面、贴近实践。

　　本教材可供高职高专铁道工程、道路与桥梁工程、城市轨道交通工程技术等相关土建工程类专业学生选作教材使用,亦可供相关施工技术人员参考使用。

图书在版编目(CIP)数据

桥梁工程 / 付迎春主编 . -- 北京:人民交通出版社,2011.12

ISBN 978-7-114-09058-5

Ⅰ. ①桥… Ⅱ. ①付… Ⅲ. ①桥梁工程 Ⅳ. ①U44

中国版本图书馆 CIP 数据核字(2011)第 227258 号

书　　　名:	桥梁工程
著 作 者:	付迎春
责任编辑:	杜　琛
出版发行:	人民交通出版社股份有限公司
地　　　址:	(100011)北京市朝阳区安定门外外馆斜街 3 号
网　　　址:	http://www.ccpress.com.cn
销售电话:	(010) 59757973
总 经 销:	人民交通出版社股份有限公司发行部
经　　　销:	各地新华书店
印　　　刷:	北京市密东印刷有限公司
开　　　本:	787×1092　1/16
印　　　张:	27.25
字　　　数:	683 千
版　　　次:	2011 年 12 月　第 1 版
印　　　次:	2016 年 1 月　第 2 次印刷
书　　　号:	ISBN 978-7-114- 09058-5
定　　　价:	46.00 元

(有印刷、装订质量问题的图书由本社负责调换)

前言 | Preface

　　桥梁工程是高职铁道工程专业、道路与桥梁工程专业和城市轨道交通工程技术专业等土建类相关专业的一门主干专业课。本教材是根据目前蓬勃发展的高等职业技术教育的需要，结合当代高等职业技术教育面向社会、工学结合的特点，按照教育部对高职高专这一层面学生的培养要求编写的。

　　本书在编写过程中吸取和借鉴国内外桥梁设计和施工的实践经验和最新成果，采用了最新的规范标准。同时，注重学习者的技能培养和综合素质的提高，按照"理论够用为度、注重实践技术技能培养"的原则选取内容，重点介绍了桥梁结构的构造与施工技术，突出理论与实践技术技能的结合，体现职业技术教育的特色。

　　本书主要介绍了桥梁的基本概念、总体设计、桥梁上的作用及其效应组合、桥面布置和常用桥型的构造与施工。本书知识全面、系统性强，便于教师在教学过程中根据各专业特点对教学内容进行适当调整，并结合桥梁工程技术的发展，辅以一定的工程实例。

　　本书分两篇共十六章。全书由石家庄铁路职业技术学院付迎春主编并统稿，参编人员有重庆交通职业技术学院孙军，石家庄铁路职业技术学院战启芳、骆宪龙、杨石柱、林宝龙、邢焕兰。具体编写分工如下：孙军编写第四章（第一节、第二节、第三节）；战启芳编写第三章、第十三章；骆宪龙编写第六章；杨石柱编写第七章；林宝龙编写第十章；邢焕兰编写第九章、第十五章；付迎春编写第一章、第二章、第四章（第四节、第五节、第六节）、第五章、第八章、第十一章、第十二章、第十四章。

　　石家庄铁道大学王新敏教授为本书做了主审工作，提出了宝贵的意见和修改建议，在此表示衷心感谢。

　　由于编者水平有限，书中的不妥和错误之处，敬请各位同仁、读者批评指正。

编者

2011.07

目录 | Contents

第一篇　桥　梁　构　造

第一篇

桥 梁 构 造

第一章 概　　述

【学习目标】
1. 了解桥梁在交通线路中的地位和发展概况。
2. 掌握桥梁的基本组成、主要尺寸和术语名称。
3. 掌握桥梁的类型和结构体系。

　　桥梁不仅是一个国家文化的象征,更是生产发展和科学进步的写照。建立四通八达的现代交通网,大力发展交通运输事业,对于加强全国各民族人民的团结、发展国民经济、促进各地经济发展、促进文化交流和巩固国防,都具有非常重要的意义,在公路、铁路、城市和农村道路以及水利建设中,为了跨越各种障碍(如河流、沟谷或其他线路等),都必须修建桥梁,因此桥梁是交通线路中的重要组成部分。特别是在现代高等级公路以及城市高架道路的修建中,桥梁工程的进度往往是保证全线早日通车的关键环节。

　　随着科技的进步和工业水平的提高,社会生产力的高速发展,人们对桥梁建筑提出了更高的要求。现代高速公路上迂回交叉的立交桥、高架桥不但是规模巨大的工程实体,而且被称为是一道地上"彩虹"。纵观世界各国的大城市,常以工程雄伟的大桥作为城市的标志。桥梁已作为一种空间艺术结构物存在于社会中。

第一节　桥梁发展概况

一　我国桥梁建筑的成就

　　我国古代劳动人民创造的文明源远流长,在桥梁建设方面也成就斐然。以河北赵州桥、北京永定河上的卢沟桥等为代表的我国古代桥梁,是我国珍贵的文化遗产,无论是其造型艺术、工程技巧、文化蕴涵还是人文景观,都在世界上享有极高的声誉。

　　根据史料记载,在距今约三千年的周文王时,我国就已在宽阔的渭河上架过大型浮桥。由于浮桥的架设具有简便快速的特点,所以它常被用于军事活动。汉唐以后,浮桥的运用日趋普遍。桥梁构造的演变,总是和当时当地的物质条件和生产发展相适应。我国山多河多,自然条件错综复杂,古代桥梁不但数量惊人,而且类型也丰富多彩,几乎包含了所有近代桥梁中的主要形式。

　　现代桥梁中广为修建的多孔桩柱式桥梁,在我国春秋战国时期(公元前 332 年)就已在黄河流域和其他地区普遍采用,不同的只是古桥多以木桩为墩桩,上置木梁、石梁。

　　近代的大跨径吊桥和斜拉桥也是由古代的藤、竹吊桥发展而来的。在各国有关桥梁的历史书上,大都承认我国是最早建造吊桥的国家。据记载,在唐朝中期,我国就从藤索、竹索发展到用铁链建造吊桥,而西方在 16 世纪才开始建造铁链吊桥,比我国晚了近千年。至今尚留存于世的古代吊桥有四川沪定县的大渡河铁索桥(1706年),以及灌县的安澜竹索桥(1803年)等。泸定铁索桥跨长约100m,宽约2.8m,由13条锚固于两岸的铁链组成。安澜桥是世界上最著名的竹索桥,全长340余米,分8孔,最大跨径约61m,全桥由24根细竹篾编成的约ϕ167mm的竹索组成,其中桥面索和扶栏索各半。

在秦汉时期,我国已广泛修建石梁桥。世界上现存的最长、工程最艰巨的石梁桥,就是我国于公元1053～1059年在福建泉州建造的万安桥,也称洛阳桥。此桥长达800m,共47孔,位于"波涛汹涌,水深不可址"的海口江面上。此桥以磐石铺遍桥位江底,是近代筏形基础的开端,并且独具匠心地用养殖海生牡蛎的方法胶固桥基,使之成为整体,此法是世界上绝无仅有的造桥方法。近千年前就能在这种艰难复杂的水文条件下建成如此的长桥,实为中外桥梁史上一个奇迹。在新中国修建鹰厦铁路时也采用了这项技术。

公元1240年建造的福建漳州虎渡桥,是最令人惊奇的一座梁式石桥。此桥总长约335m,某些石梁长达23.7m,沿宽度用三根石梁组成,每根宽1.7m,高1.9m,质量达200t,该桥一直保存至今。历史记载,这些巨大石梁是利用潮水涨落浮运架设的。

举世闻名并被美国土木工程师协会列为世界十大建筑里程碑的河北省赵县的赵州桥(又称安济桥,见图1-1),是我国古代石拱桥的杰出代表。该桥在隋初(公元605年左右)为李春所建,是一座空腹式的圆弧形石拱桥,净跨37.02m,宽9m,拱矢高度7.23m。在拱圈两肩各设有两个跨度不等的腹拱,这样既能减轻自重、节省材料,又便于排洪、增加美观。除赵州桥外,我国还有其他著名的石拱桥,如北京颐和园内的玉带桥和十七孔桥、苏州的枫桥等。我国石拱桥的建造技术在明朝时曾流传到日本等国,促进了我国与世界各国人民的文化交流,并增进了友谊。

图1-1 赵州桥

在我国古桥建筑中,另值得一提的是广东潮安县横跨韩江的湘子桥(又名广济桥)。此桥始建于公元1169年,全桥长517.95m,共20个墩台19孔,上部结构有石拱、木梁、石梁等多种类型,还有用18条浮船组成的长达97.30m的开合式浮桥。设置浮桥的目的,不但可适应大型商船和上游木排的通过,而且也可避免过多的桥墩阻塞河道,以致加剧桥基冲刷而造成水害。这座世界上最早的开合式桥,论石桥之长、石墩之大、桥型之多以及施工条件之难、工程历时之久,都是古代建桥史上所罕见的。

桥梁建设同社会主义其他各项建设一样,新中国成立后,也呈现出突飞猛进的发展局面。1957年,第一座长江大桥——武汉长江大桥(公铁两用)的顺利建成,结束了我国万里长江无桥的历史,从此,"一桥飞架南北,天堑变通途"。大桥的正桥为三联3×128m的连续钢桁梁,双线铁路,上层公路桥面宽 18m,两侧各设 2.25m 人行道,包括引桥在内全桥总长 1670.4m。大型钢梁的制造和架设、深水管柱基础的施工等,为我国现代桥梁技术的发展开创了新路。

1969 年我国又顺利建成了举世瞩目的南京长江大桥,这是我国自行设计、制造、施工,并使用国产高强钢材 16Mnq 的现代化大型桥梁。正桥除北岸第一孔为 128m 简支钢桁梁外,其余为 9 孔 3 联,每联为 3×160m 的连续钢桁梁。上层为公路桥面,下层为双线铁路。包括引桥在内,铁路桥部分全长 6772m,公路桥部分长 4589m。桥址处水深流急,河床地质极为复杂,大桥桥墩基础的施工非常困难。2000 年芜湖长江公铁两用大桥建成,主跨 312m,显示出我国的建桥事业已达到了世界先进水平,也是我国桥梁史上又一个重要标志,被称为我国公铁两用桥梁建设史上继江西九江长江大桥之后的第四个里程碑。

我国还创造和推广了不少新颖的拱桥结构。在 1964 年创建的双曲拱桥,它具有用料省、造价低、施工简便和外形美观等优点,很快在全国公路修建中得到应用和推广,对加快我国公路桥梁的建设速度起了很大作用。此外,全国各地还因地制宜创建了其他一些各具特色的拱式桥型,其中推广较快的有江、浙一带的钢筋混凝土桁架拱桥和刚架拱桥,其特点是上部结构自重小,适合于软土地基。另外还有山东的两铰平板拱桥,河南的双曲扁拱,山西与甘肃的扁壳拱,广东的悬砌拱,广西的薄壳石拱,湖南的坼工箱形拱桥和石砌肋板拱等,这些新桥型在结构或施工上各具特色。

在拱桥的施工技术方面,除了有支架施工外,对于大跨拱桥,目前已广泛采用无支架施工法、转体施工法、刚性骨架施工法等。位于国道 318 线上的万县长江大桥,全长 856.12m,主跨为 420m 的劲性骨架钢筋混凝土拱桥,跨度居目前世界同类型桥梁之冠,矢跨比 1/5,拱上结构为 14 孔 30m 预应力混凝土简支 T 形梁。引桥为 13 孔 30m 预应力简支 T 形梁(南 5 孔,北 8 孔),桥面连续,宽 24m,设计荷载为汽车—超 20 级,挂车—120 级,人群 3.5kN/m²。主桥下为 I(2)级航道。

钢筋混凝土与预应力混凝土梁式桥,在我国也获得了很大的发展。对于中小跨径的梁桥,已广泛采用装配式钢筋混凝土及预应力混凝土板式或 T 形梁桥的定型设计,它不但经济实用,并且施工方便,能加快建桥速度。有代表性的是于 1976 年建成的洛阳黄河公路大桥,跨径为 50m 的预应力混凝土简支梁桥,全长达 3.4km。

除简支梁桥以外,近年来我国还修建了多座现代化的大跨径预应力混凝土 T 形刚架桥、连续梁桥和悬臂梁桥。已建成的黄石长江公路大桥,全桥总长约 2580.08m,其中主桥长 1060m,为 162.5m+3×245m+162.5m 五跨预应力混凝土连续刚构桥,采用钢围堰加大直径钻孔灌注桩基础。桥面净宽 19.5m,其中分向行驶的四个机动车道宽 15m,两侧各设 2.25m 宽的非机动车道。

近年来在世界桥梁建设中蓬勃兴起的现代斜拉桥,是结构合理、跨越能力大、用材指标低且外型美观的先进桥型。1975 年我国开始建造斜拉桥,从四川省云阳汤溪河桥到上海市的南浦大桥、杨浦大桥,跨径从 75m 到 602m。世界上跨度最大的叠合梁斜拉桥杨浦大桥的成功兴建,标志着我国斜拉桥的建造技术达到世界先进水平,并掀起了在全国范围内建造大跨度斜拉桥的新高潮。南京长江二桥、武汉白沙洲长江大桥、福建青州闽江大桥跨度分别为 628m、618m 和 605m,分别居世界同类桥梁跨度的第三、第四和第五位。

1992~1997 年,广州虎门大桥建成,珠江主航道跨度 888m,桥下净空 60m。1992~1997 年,香港青马大桥建成,该桥位于青衣岛和马湾岛之间,是通往香港新机场联络线上的一个重点工程,该桥主跨1337m。1999年建成的江阴长江大桥(图1-2),跨度1385m,当时居世界第四。

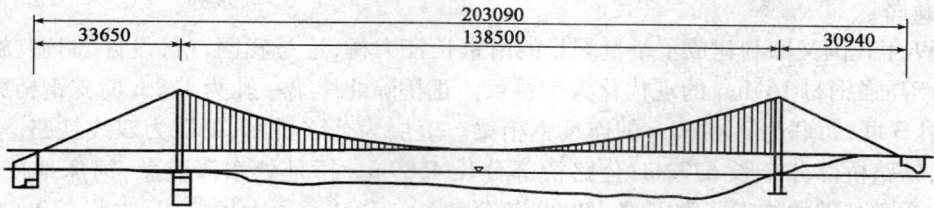

图1-2 江阴长江大桥(尺寸单位:mm)

随着武汉长江大桥首创管柱基础,我国深水基础得到较大的发展。特别在修建南京长江大桥时,水深达30.5m覆盖层最厚达48.5m,成功地采用了重型沉井、深水浮运钢筋混凝土沉井和钢沉井、沉井加管柱等基础。20世纪60年代初,公路首先用钻孔和挖孔灌注柱,铁路上从成昆线开始较大规模发展钻孔桩基础。20世纪70年代后期,钻、挖孔桩技术迅速发展,九江长江大桥首创双壁钢围堰钻孔桩基础。现在长江上已建成的几座大桥,都采用了双壁钢围堰钻孔桩基础。公路在大桥上开始采用大直径钢筒围堰钻孔桩基础。钢管桩基础也引起工程界注意,逐渐在一些桥梁基础中得到采用。

二 国外桥梁建筑概况

纵观国外桥梁建筑的历史,早在罗马时代,欧洲的石拱桥艺术已在世界桥梁史上谱写过光辉的篇章。18世纪的工业革命促使生产力大幅度增长,推动了工业的发展,从而也促进了桥梁建筑技术方面空前的发展。

17世纪中期以前,建筑材料基本上只限于土、石、砖、木等,采用的结构也较简单。17世纪70年代开始使用生铁,19世纪开始使用熟铁建造桥梁与房屋,由于这些材料本身的缺陷,使土木工程的发展仍然受到限制。19世纪中期,钢材的出现使钢结构得到了蓬勃发展,开始了土木工程的第一次飞跃。20世纪初,钢筋混凝土的广泛应用,以及随后的预应力混凝土的诞生,实现了土木工程的第二次飞跃。

纵观世界桥梁发展的历史,与社会生产力的进步,工业水平的提高,施工技术的改进,数学、力学理论的发展,计算机技术的革新等方面都有关系,其中,与建筑材料的改良最为密切。1855年起法国建造了第一批应用水泥砂浆砌筑的石拱桥。法国谢儒奈教授在拱圈砌筑方法以及减小坟工裂缝等方面进行的研究和改进,对现代石拱桥的发展有重要作用。早在1899~1903年,在卢森堡建成了跨度达84m、行车部分宽16m的新型石拱桥,两条分置的拱圈各宽5.33m,其间5.92m宽的间隔用肋形钢筋混凝土板盖搭。大约在1870年时,德国建造了第一批采用硅酸盐水泥的混凝土拱桥。之后在20世纪初,法国建成的戴拉卡混凝土箱形拱桥跨度达到139.80m。目前世界上跨度最大的石拱桥是1946年瑞典建成的绥依纳松特桥,跨度为155m。

钢筋混凝土桥的崛起,要追溯到1873年法国的约瑟夫莫尼尔首创建成的一座拱式人行桥。由于有石拱桥的技术和建筑艺术为基础,加之钢筋混凝土突出的受压性能,所以钢筋混凝土拱桥的兴起,一开始就十分引人注目。从19世纪末到20世纪50年代,钢筋混凝土拱桥无论在跨越能力、结构体系和主拱圈的截面形式上均有很大的发展。法国弗莱西奈教授于1930年设计建成的三孔186m拱桥(图1-3)和1940年瑞典建造的跨径264m的钓桑独桥,均达到了很高的水平,后者作为此种拱桥的最大跨度纪录,一直保持到1964年澳大利亚悉尼港柏拉马塔河桥的问世,该桥的跨径达305m(有支架施工)。鉴于修建钢筋混凝土拱桥时支架、模板的复杂性,耗费大量劳力,故在以后十多年中,国外已较少采用。直至1979年,在南斯拉夫用无支架悬臂施工方法建成了跨度达到390m的克尔克大桥(图1-4),又重新突破了305m的世界纪录。

图1-3 法国博浪加斯脱桥

图1-4 南斯拉夫克尔克桥

国外在发展钢筋混凝土拱桥的同时,也修建了一些钢筋混凝土梁式桥,但限于材料本身所固有的力学特性,梁式桥的跨径远逊色于拱桥。直至1928年法国著名工程师弗莱西奈经过20年研究使预应力混凝土技术付诸实现后,新颖的预应力混凝土桥梁才在法国和德国以异乎寻常的速度发展起来。德国最早用全悬臂法建造预应力混凝土桥梁,特别是在1952年成功建成了莱茵河上的沃伦姆斯桥(跨度为101.65m + 114.20m + 104.20m,具有跨中剪力铰的连续刚架桥)后,这个方法就传播到全世界。10年后莱茵河上另一座本道尔夫桥的问世,将预应力混凝土桥的跨度推进到208m,悬臂施工技术也日臻完善。日本于1976年建成了当时世界上跨度最大的连续刚架桥——浜名大桥,主跨跨径为55m + 140m + 240m + 140m + 55m。

1962年在委内瑞拉成功地建成了宏伟的马拉开波湖大桥,为现代大跨度预应力混凝土斜拉桥的蓬勃兴起开辟了道路。该桥的主跨跨径为160m + 5 × 235m + 160m,总长达9km。主跨跨径890m的日本多多罗大桥为世界上最大跨径的斜拉桥。

已竣工的日本明石海峡大桥,全长3910m,主跨跨径1990m,桥跨布置960m + 1990m + 960m(图1-5),桥宽35.5m,于1988年开始施工,工期长达10年,为世界上最大跨径的桥梁。

桥梁发展的历史,是桥梁跨径不断增大的历史;是桥型不断丰富的历史;是结构不断轻型化的历史。①跨径不断增大。目前,钢梁、钢拱的最大跨径已超过500m,钢斜拉桥为890m,钢悬索桥达1990m。随着跨江跨海的需要,钢斜拉桥的跨径将突破1000m,钢悬索桥将超过3000m。至于混凝土桥,梁桥的最大跨径为270m,拱桥已达420m,斜拉桥为530m。②桥型不断丰富。20世纪50年代至20世纪60年代,桥梁技术经历了一次质的飞跃。混凝土梁桥悬臂平衡施工法、顶推法和拱桥无支架方法的出现,极大地提高了混凝土桥梁的竞争能力;斜拉桥的涌现和崛起,展示了丰富多彩的内容和极大的生命力;悬索桥采用钢箱加劲梁,实现技术上的新突破。所有这一切,使桥梁技术得到空前的发展。③结构不断轻型化。悬索桥采用钢箱加劲梁,斜拉桥在密索体系的基础上采用开口截面甚至是板,使梁的高跨比大大减少,非常轻盈;拱桥采用少箱甚至拱肋或桁架体系;梁桥采用长悬臂、板件减薄等,这些都使桥梁上部结构向轻型化方向发展。

图1-5　日本明石海峡大桥

第二节　桥梁的组成和分类

道路路线遇到江河湖泊、山谷深沟以及其他障碍（如公路或铁路）时，为了保持道路的连续性，充分发挥其正常的运输能力，就需要建造专门的人工构造物——桥梁来跨越障碍。桥梁一方面要保证桥上的交通运行，另一方面也要保证桥下水流的宣泄、船只的通航或车辆的通行。

一　桥梁的基本组成部分

图1-6表示一座桥梁的概貌，从图中可见，桥梁一般由以下几部分组成：

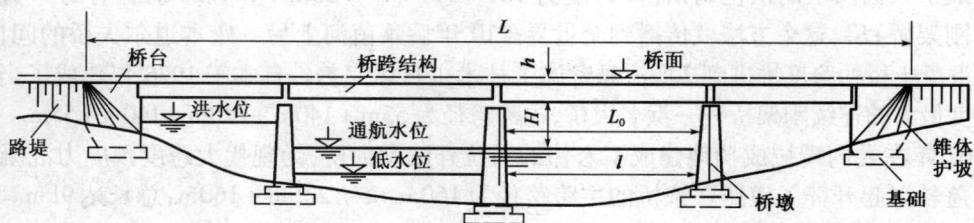

图1-6　跨河桥图

（1）桥跨结构（或称桥孔结构、上部结构），是在线路遇到障碍（如河流、山谷或其他线路等）而中断时，跨越这类障碍的主要承载结构。

（2）桥墩、桥台（统称下部结构），是支承桥跨结构并将恒载和车辆活载传至地基的建筑物。桥台设在桥梁两端，桥墩则在两桥台之间。桥墩的作用是支承桥跨结构；而桥台除了起支承桥跨结构的作用外，还要与路堤衔接，并防止路堤滑塌。为保护桥台和路堤填土，桥台两侧常做一些防护和导流工程。

（3）墩台基础，是使桥上全部荷载传至地基的底部奠基的结构部分。基础工程在整个桥梁工程施工中是比较困难的部位，而且常常需要在水中施工，因而遇到的问题也很复杂。

在桥跨结构与桥墩、桥台的支承处所设置的传力装置，称为支座，它不仅要传递很大的荷载，并且要保证桥跨结构能产生一定的变位。

在路堤与桥台衔接处，一般还在桥台两侧设置石砌的锥形护坡，以保证迎水部分路堤边坡的稳定。河流中的水位是变动的,在枯水季节的最低水位称为低水位,洪峰季节河流中的最高水位称为高水位。桥梁设计中按规定的设计洪水频率计算所得的高水位,称为设计洪水位。

下面介绍一些与桥梁布置和结构有关的主要尺寸和名称术语。

梁式桥的净跨径是设计洪水位上相邻两个桥墩(或桥台)之间的净距;对于拱式桥,每孔拱跨两个拱脚截面最低点之间的水平距离为净跨径;总跨径是多孔桥梁中各孔净跨径的总和,也称桥梁孔径,它反映了桥下宣泄洪水的能力。

计算跨径,对于具有支座的桥梁,是指桥跨结构相邻两个支座中心之间的距离,用 l 表示。图1-7为拱桥概貌示意图,由于拱圈(或拱肋)各截面形心点的连线称为拱轴线,对于拱桥,l 为两相邻拱脚截面形心点之间的水平距离。即拱轴线两端点之间的水平距离。

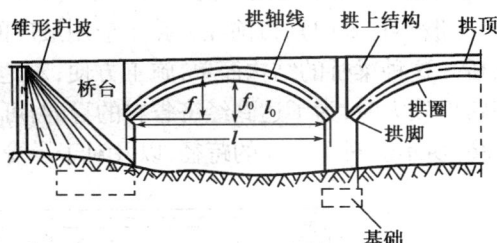

图1-7 拱桥概貌

桥梁全长简称桥长,是桥梁两端两个桥台锥形护坡的侧墙或八字墙后端点之间的距离,以 L 表示。在一条线路中,桥梁和涵洞占总长的比重反映它们在整段线路建设中的重要程度。

桥梁高度简称桥高,是指桥面与低水位之间的高差,或为桥面与桥下线路路面之间的距离。桥高在某种程度上反映了桥梁施工的难易性。

桥下净空高度是设计洪水位或计算通航水位至桥跨结构最下缘之间的距离,以 H 表示,它应保证能安全排洪,并不得小于对该河流通航所规定的净空高度。

建筑高度是桥上行车路面(或轨顶)高程至桥跨结构最下缘之间的距离,它不仅与桥梁结构的体系和跨径的大小有关,而且与行车部分在桥上布置的高度位置有关。公路(或铁路)定线中所确定的桥面(或轨顶)高程与通航净空顶部高程之差,又称为容许建筑高度。显然,桥梁的建筑高度不得大于其容许建筑高度,否则就不能保证桥下的通航要求。

拱桥净矢高是拱桥从拱顶截面下缘至相邻两拱脚截面下缘最低点之连线的垂直距离,用 f_0 表示。

计算矢高是从拱顶截面形心至相邻两拱脚截面形心之连线的垂直距离,用 f 表示。

矢跨比是拱桥中拱圈(或拱肋)的计算矢高 f 与计算跨径 l 之比(f/l),也称拱矢度,它是反映拱桥受力特性的一个重要指标。

此外,我国《公路工程技术标准》(JTG B01—2003)中规定,当标准设计或新建桥涵跨径在60m以下时,一般均应尽量采用标准跨径(l_b)。对于梁式桥,标准跨径是指相邻两桥墩中线之间的距离,或墩中线至桥台台背前缘之间的距离;对于拱桥,则是指净跨径。我国规定的公路桥涵标准跨径从0.75m起至60m,共分22种。

涵洞是用来宣泄路堤下水流的构造物。通常在建造涵洞处路堤不中断。为了区别于桥梁,《公路工程技术标准》(JTG B01—2003)中规定,凡是多孔跨径的全长不到8m和单孔跨径不到5m的泄水结构物,均称为涵洞。

二 桥梁的分类

(一)桥梁的基本体系

工程结构上的受力构件,总离不开拉、压和弯曲三种基本受力方式。由基本构件所组成的各种结构物,在力学上也可归结为梁桥、拱桥、刚架桥、悬索桥以及组合体系桥等。

1. 梁式桥

梁式体系是古老的结构体系。梁式桥是一种在竖向荷载作用下无水平反力的结构,如图1-8a)和图1-8b)所示。由于外力(恒载和活载)的作用方向与承重结构的轴线接近垂直,故与同样跨径的其他结构体系相比,梁内产生的弯矩最大,通常需用抗弯能力强的材料(钢、木、钢筋混凝土等)来建造。为了节约钢材和木料(木桥使用寿命不长,除战备需要或临时性桥梁外,一般不宜采用),目前在公路上应用最广的是预制装配式的钢筋混凝土和预应力混凝土简支梁桥。这种梁桥的结构简单,施工方便,对地基承载力的要求也不高,其常用跨径在50m以下。当跨度较大时,为了达到经济省料的目的,可根据地质条件等修建悬臂式或连续式的梁桥,如图1-8c)所示。对于很大的跨径,以及对于承受很大荷载的特大桥梁可建造钢桥,如图1-8d)所示。

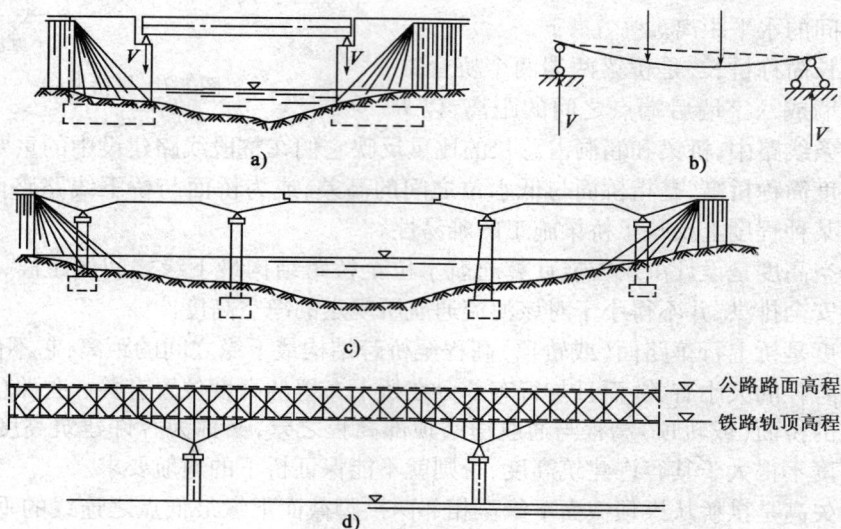

图1-8 梁式桥图示

2. 拱式桥

拱式桥的主要承重结构是拱圈或拱肋。这种结构在竖向荷载作用下,桥墩或桥台将承受水平推力(图1-9),同时,这种水平推力将显著抵消荷载所引起在拱圈(或拱肋)内的弯矩作用,因此,与同跨径的梁相比,拱的弯矩和变形要小得多。鉴于拱桥的承重结构以受压为主,通常就可用抗压能力强的圬工材料(如砖石、混凝土)和钢筋混凝土等来建造。拱桥的跨越能力很大,外形也较美观,在条件许可的情况下,修建圬工拱桥往往是经济合理的,但为了确保拱桥的安全使用,下部结构和地基必须能经受住很大水平推力。

3. 刚架桥

刚架桥主要是由梁或板和立柱或竖墙整体结合在一起作为承重结构,梁和柱的连接处具有很大的刚性,如图1-10a)所示。在竖向荷载作用下,梁部主要受弯,而在柱脚处也具有水平反力,如图1-10b)所示。其受力状态介于梁桥与拱桥之间。因此,对于同样的跨径,在相同的荷载作用下,刚架桥的跨中正弯矩要比一般梁桥的小。根据这一特点,刚架桥跨中的建筑高度就可以做得较小。在城市中当遇到线路立体交叉或需要跨越通航江河时,采用这种桥型能尽量降低线路高程以改善纵坡并能减少路堤土方量,当桥面高程已确定时,能增加桥下净空。

刚架桥的缺点是施工比较困难。

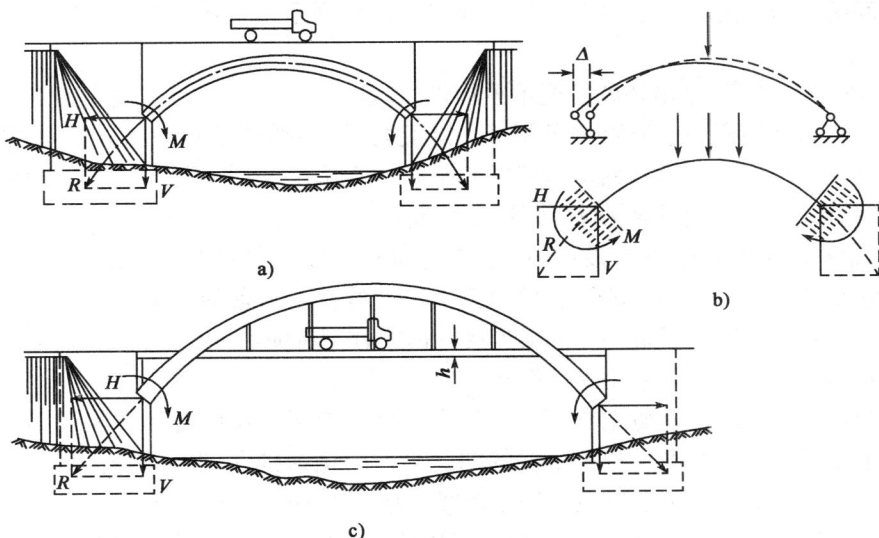

图 1-9　拱式桥图示

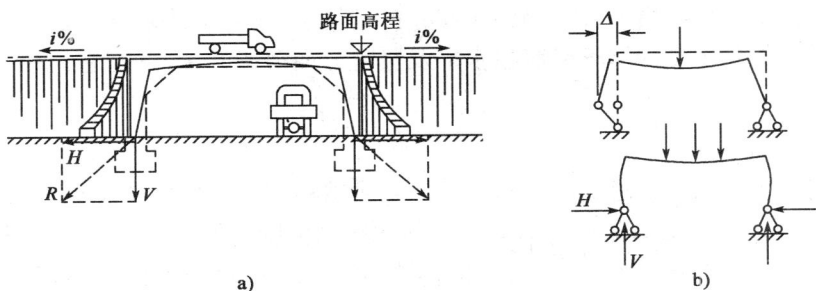

图 1-10　刚架桥图示

4. 吊桥

传统的吊桥均用悬挂在两边塔架上的强大缆索作为主要承重结构(图 1-11)。在竖向荷载作用下,通过吊杆使缆索承受很大的拉力,通常就需要在两岸桥台的后方修筑非常巨大的锚碇结构。吊桥也是具有水平反力(拉力)的结构。现代的吊桥上,广泛采用高强度钢丝编制的钢缆,以充分发挥其优异的抗拉性能,因此结构自重较轻,能以较小的建筑高度跨越其他任何桥型无与伦比的特大跨度,其经济跨径在 500m 以上。吊桥的另一特点是:成卷的钢缆易于运输,结构的组成构件较轻,便于无支架悬吊拼装。

现代吊桥通常由桥塔、锚碇、缆索、吊杆、加劲梁及索鞍等主要部分组成,如图 1-11 所示。

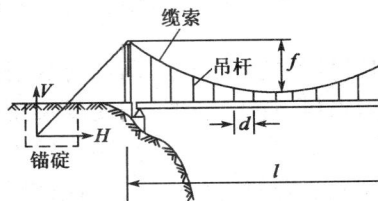

图 1-11　吊桥图示

桥塔承受缆索通过索鞍传来的垂直荷载和水平荷载以及加劲梁支承在塔身上的反力,并将各种荷载传递到下部的塔墩和基础。桥塔同时还受到风力与地震的作用。桥塔的高度主要由垂跨比确定。已建成的大跨度吊桥中大多数桥塔采用钢结构,随着预应力混凝土和爬模技术的发展,造价经济的混凝土桥塔已有发展的趋势。

锚碇是主缆的锚固体。锚碇将主缆中的拉力传递给地基基础。通常采用的有重力式锚碇和隧洞式锚碇。重力式锚碇依靠巨大的自重来抵抗主缆的垂直分力,水平分力则由锚碇与地基之间的摩阻力或嵌固阻力来抵抗。隧洞式锚碇则是将主缆中的拉力直接传递给周围的基岩。

主缆(又称缆索)是吊桥的主要承重构件,除承受自身恒载外,主缆本身又通过索夹和吊索承受活载和加劲梁(包括桥面)的恒载。除此之外,主缆还承担一部分横向风载,并将它直接传递到桥塔顶部。主缆有钢丝绳钢缆和平行线钢缆等,由于平行线钢缆弹性模量高、空隙率低、抗锈性能好,因此大跨度吊桥的主缆都采用这种形式。现代吊桥的主缆多采用直径5mm 的高强度镀锌钢丝制成,设计中一般将主缆设计成二次抛物线的形状。

吊索是将活载和加劲梁的恒载传递到主缆的构件。吊索的布置形式有垂直式和倾斜式等,其上端与索夹相连,下端与加劲梁连接。吊索宜用有绳芯的钢丝绳制作,其组成可以是一根、两根或四根一组,也可采用平行钢丝。

加劲梁的主要功能是防止桥面发生过大的挠曲变形和扭曲变形。加劲梁在横向风力等作用下也要承担部分荷载。长大吊桥的加劲梁均为钢结构,一般采用桁架形式或箱梁形式。目前看来预应力混凝土加劲梁仅适用于跨径 500m 以下的吊桥。

鞍座是支承主缆的重要构件,通过它可以使主缆中的拉力以垂直力和不平衡水平力的方式均匀地传到塔顶或锚碇的支架处。鞍座可以分为塔顶鞍座和锚固鞍座,塔顶鞍座设置在桥塔顶部,将主缆荷载传到塔上;锚固鞍座(亦称扩展鞍座)设置在锚碇的支架处,主要目的是改变主缆索的方向,把主缆的钢丝绳股在水平及竖直方向分散开来,并把它们引入各自的锚固位置。

5. 组合体系桥

根据结构的受力特点,由几个不同受力体系的结构组合而成的桥梁称为组合体系桥。T

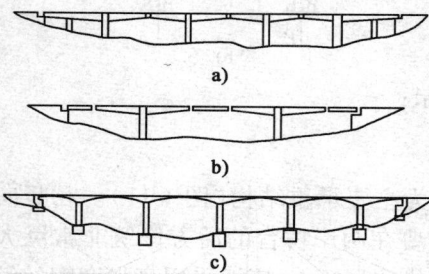

图 1-12　T 形刚构或连续刚构

形刚构或连续刚构(图 1-12)都是由梁和刚架相结合的体系,他们是预应力混凝土结构采用悬臂施工法而发展起来的一种新体系。结构的上部梁在墩上向两边采用平衡悬臂施工,首先形成一个 T 字形的悬臂结构,即相邻的两个 T 形悬臂在跨中可用剪力铰或跨径较小的挂梁连成一体,即称为带铰或带挂梁的 T 形刚构,如图 1-12a)、b)所示。结构在跨中采用预应力筋和现浇混凝土区段连成整体,即为连续刚构,如图 1-12c)所示。由于采用悬臂施工法,施工机具简便,施工快速,又因结构在悬臂施工时的受力状态与使用状态下的受力状态基本一致,所以省料、省工、省时,这使 T 形刚构和连续刚构结构的应用范围得到了迅猛发展。

梁、拱组合体系如图 1-13 所示,这类体系中有系杆拱、桁架拱、多跨拱梁结构等,它们利用梁的受弯与拱的承压特点组成联合结构。在预应力混凝土结构中,因梁体内可储备巨大的压力来承受拱的水平推力,使这类结构既具有拱的特点,而又非推力结构,对地基要求不高。这种结构施工比较复杂,一般用于城市跨河桥上。

斜拉桥(图 1-14)是由承压的塔、受拉的索与承弯的梁体组合起来的一种结构体系。主梁为主要承重结构,由斜拉索将主梁吊住,使主梁变成多点弹性支承连梁结构,可减小主梁截面增大桥跨跨径。斜拉桥构想起源于 19 世纪,限于材料水平,建成不久即被淘汰。20 世纪中叶,出现了高强钢丝、正交异性钢板梁,加之电子计算机的兴起,使斜拉桥又蓬勃发展起来,其刚度大,造价低,很快在世界上推广,且跨度愈来愈大,已建成的日本 Tatara 桥跨径达 890m。从经济上看,斜拉桥较吊桥优势明显,与吊桥比,斜拉桥是一种自锚体系,不需昂贵的地锚基础;防腐技术要求比吊桥低,从而可降低索防腐费用;刚度比吊桥好,抗风能力也比吊桥好;可用悬臂施工工艺,施工不妨碍通航;钢束用量比吊桥少。

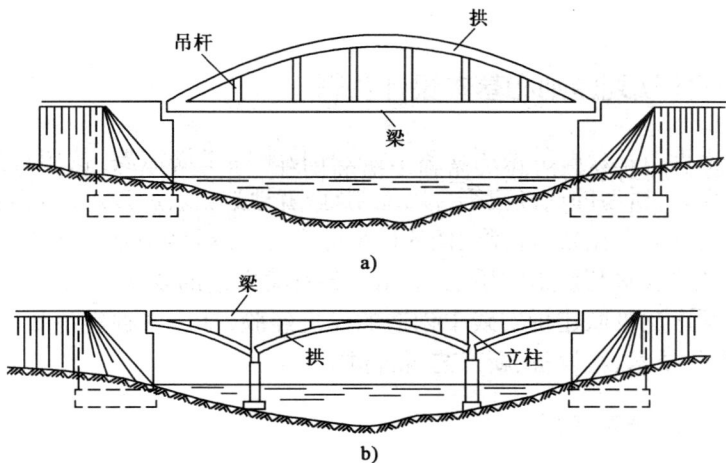

图 1-13 梁拱组合体系

(二)桥梁的其他分类简述

除了上述按受力特点分成不同的结构体系外,人们还习惯地按照桥梁的用途、大小规模和建桥材料等来对桥梁进行分类。

(1)按用途来划分,有公路桥、铁路桥、公路铁路两用桥、农桥、人行桥、运水桥(渡槽)及其他专用桥梁(如通过管路、电缆等)。

(2)按桥梁全长和跨径的不同,分为特殊大桥、大桥、中桥和小桥。《公路工程技术标准》(JTG B01—2003)规定的大、中、小桥划分标准如表 1-1 所示。

大、中、小桥划分标准　　表 1-1

桥梁分类	多孔桥全长 L(m)	单孔跨径 l(m)
特殊大桥	$L \geqslant 500$	$l \geqslant 100$
大桥	$100 \leqslant L < 500$	$40 \leqslant l < 100$
中桥	$30 < L < 100$	$20 \leqslant l < 40$
小桥	$8 \leqslant L \leqslant 30$	$5 \leqslant l \leqslant 20$
涵洞	$L < 8$	$l < 5$

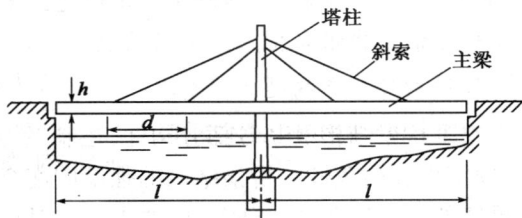

图 1-14 斜拉桥构造

(3)按主要承重结构所用材料划分,有圬工桥、钢筋混凝土桥、预应力混凝土桥、钢桥和木桥等。

(4)按跨越障碍物的性质,可分为跨河桥、跨线桥(立体交叉)、高架桥和栈桥。

(5)按上部结构的行车道位置分为上承式桥、下承式桥和中承式桥。桥面布置在主要承重结构之上者称为上承式桥。桥面布置在承重结构之下的称为下承式桥。桥面布置在桥跨结构高度中间的称为中承式桥。

第三节　桥梁的总体规划和设计要点

桥梁是公路或城市道路的重要组成部分,特别是大、中桥梁对当地的政治、经济、国防等都具有重要意义。

一　桥梁总体规划原则和基本设计资料

公路桥涵应根据所在公路的使用任务、性质和将来的发展需要,按照适用、经济、安全和美观的原则进行设计,桥型的选择应符合因地制宜、就地选材、便于施工和养护的原则;大、中型桥梁应进行必要的方案比较,选择最佳的桥型方案;公路桥涵应适当考虑农田排灌的需要;接近村镇、城市、铁路及水利设施的桥梁,应结合各有关方面的要求适当考虑综合利用。设计人员在工作中必须广泛吸取建桥实践中创造的先进经验,推广各种经济效益好的技术成果,积极采用新结构、新技术、新设备、新工艺、新材料。

(一)桥梁设计的基本要点

与设计其他工程结构物一样,在桥梁设计中必须考虑下述各项要求。

1. 使用上的要求

桥上的行车道和人行道宽度在保证车辆和人群的安全畅通的前提下,应满足将来交通量增长的需要。桥型、跨度大小和桥下净空应满足泄洪、安全通航或通车等要求,并便于检查和维修。

2. 经济上的要求

桥梁设计应体现经济上的合理性,在设计中必须进行详细周密的技术经济比较,使桥梁的总造价和材料等的消耗为最少。应注意的是,要全面而精确地考虑所有的经济因素往往是困难的。在技术经济比较中,应充分考虑桥梁在使用期间的运营条件以及养护和维修等方面的问题。此外,能满足快速施工要求以达到缩短工期的桥梁设计,不仅能降低造价,而且提早通车在运输上将带来很大的经济效益。

3. 结构尺寸和构造上的要求

整个桥梁结构及其各部分构件,在制造、运输、安装和使用过程中应具有足够的强度、刚度、稳定性和耐久性。桥梁结构的强度应使全部构件及其连接构造的材料抗力或承载能力具有足够的安全储备;对于刚度的要求,应使桥梁在荷载作用下的变形不超过规定的容许值,过大的变形会使结构的连接松弛,而且挠度过大会导致高速行车困难,引起桥梁剧烈的振动,使行人不适,严重时会危及桥梁结构的安全;结构的稳定性,是要使桥梁结构在各种外力作用下,具有保持原来的形状和位置的能力。例如,桥跨结构和墩台的整体不致倾倒或滑移,受压构件不致引起纵向屈曲变形等。在地震区修建桥梁时,在结构上还要满足抵御地震破坏力的要求。

4. 施工上的要求

桥梁结构应便于制造和架设。应尽量采用先进的工艺技术和施工机械,以利于加快施工速度,保证工程质量和施工安全。

5. 美观上的要求

一座桥梁应具有优美的外形,应与周围的景致相协调。城市桥梁和游览地区的桥梁,可较多地考虑建筑艺术上的要求。合理的结构布局和轮廓是美观的主要因素,但不应把美观片面地理解为豪华的细部装饰。

(二)设计资料调查

一般桥梁设计中需要进行的资料调查工作包括以下几方面:

(1)调查桥梁的使用任务。即调查桥上的交通种类和行车、行人的往来密度,以确定桥梁的荷载等级和行车道、人行道宽度等。调查桥上有否需要通过的各类管线(如电力、电话线和水管、煤气管等),为此需设置专门的构造装置。

(2)测量桥位附近的地形,绘制地形图供设计和施工使用。

(3)探测桥位的地质情况,包括土壤的分层高程、物理力学性能、地下水等,并将钻探所得资料绘制地质剖面图。对不良地质现象,如滑坡、断层、溶洞、裂隙等,应详加注明。为使地质资料更接近实际,可根据初步拟订的桥梁分孔方案将钻孔布置在墩台附近。

(4)调查和测量河流的水文情况,为确定桥梁的桥面高程、跨径和基础埋置深度提供依据。其内容包括:

①河道性质:了解河道是静水河还是流水河,有无潮水,河床及两岸的冲刷和淤积,以及河道的自然变迁和人工规划的情况。

②测量桥位处河床断面。

③调查了解洪水位的多年历史资料,分析推算设计洪水位。测量河床比降,调查河槽各部分的形态高程和粗糙度等,计算流速、流量等有关的资料,通过计算确定设计水位下的平均流速和流量,结合河道性质可以确定桥梁所需要的最小总跨径,选择通航孔的位置和墩台基础形式及埋置深度。

④向航运部门了解并协商确定设计通航水位和通航净空,根据通航要求与设计洪水位,确定桥梁的分孔跨径与桥跨底缘设计高程。

(5)调查当地建筑材料(砂、石料等)的来源,水泥、钢材的供应情况以及水陆交通的运输情况。

(6)调查了解施工单位的技术水平、施工机械等装备情况,以及施工现场的动力设备和电力供应情况。

(7)调查和收集有关气象资料,包括气温、雨量及风速(或台风影响)等情况。

(8)调查新建桥位上、下游有无老桥,其桥型布置和使用情况等。

(三)设计程序

一座桥梁的规划设计所涉及的因素很多,特别是对于工程比较复杂的大、中桥梁的设计,为了从错综复杂的客观情况中得出合理的设计,就需要进行各种不同设计方案的分析比较,从中选定最优方案,并编制成推荐上报的初步设计,这是设计的第一阶段。

初步设计中除了着重解决桥梁总体规划问题(如桥位选定、分孔、桥型、纵横断面布置等)以外,尚需初步拟订桥梁结构的主要尺寸、估算工程数量,提供主要材料的用量和全桥造价的概算指标,然后报请上级单位审批。初步设计的概算应作为控制建设项目投资和以后编制施工预算的依据。

桥梁设计的第二阶段是编制施工图，即根据批准的初步设计中所核定的修建原则、技术方案、技术决定和总投资额等进一步加以具体化的技术文件。在这一阶段设计中，必须对桥梁各部分构件进行详细的设计计算，绘制施工详图，编制施工组织设计和施工预算。

目前，我国对独立公路大桥的勘测设计工作一般均采用上述两阶段的设计程序，但对于技术简单的中、小桥，也可采用一阶段设计，即以扩大的初步设计来包含两阶段设计的主要内容。

二 桥梁纵、横断面设计和平面布置

(一)桥梁纵断面设计

桥梁纵断面设计包括确定桥梁的总跨径、桥梁的分孔、桥道的高程、桥上和桥头引道的纵坡以及基础的埋置深度等。

1. 桥梁总跨径的确定

对于一般跨河桥梁，总跨径可参照水文计算来确定。由于桥梁墩台和桥头路堤压缩了河床，使桥下过水断面减小，流速加大，引起河床冲刷，因此桥梁总跨径必须保证桥下有足够的排洪面积，使河床不产生过大的冲刷，但为了使总跨径不致过大而增加桥梁的总长度，同时又要允许有一定的冲刷，因此桥梁的总跨径不能机械地根据计算和规定冲刷系数来确定，而必须按具体情况分别对待。如当桥梁墩台基础埋置较浅时，桥梁的总跨径应大一些，可接近于洪水泛滥宽度，以避免河床过多的冲刷而引起桥梁破坏；对于深基础，允许较大冲刷，可适当压缩桥下排洪面积，以减小桥梁总跨径。山区河流一般河床流速本来已经很大，则应尽可能少压缩或不压缩河床，因为当桥头路堤和锥体护坡伸入河床时，就难以承受高速流水的冲刷。平原宽滩河流虽然可允许较大的压缩，但必须注意壅水对河滩路堤以及附近农田和建筑物可能发生的危害。

2. 桥梁的分孔

对于一座较长的桥梁，应当分成几孔，各孔跨径的大小不仅影响到使用效果、施工难易等，且在很大程度上关系到桥梁的总造价。跨径愈大、孔数愈少，上部结构的造价就愈高，墩台的造价就减少；反之，则上部结构的造价降低，而墩台造价将提高，这与桥墩的高度以及基础工程的难易程度有密切关系。最经济的分孔方式就是使上、下部结构的总造价趋于最低。

对于通航河流，在分孔时首先应考虑桥下通航的要求。桥梁的通航孔应布置在航行最方便的河域。对于变迁性河流，鉴于航道位置可能发生变化，就需要多设几个通航孔。在山区的深谷上，在水深流急的江河上或需在水库上建桥时，为了减少中间桥墩，应加大跨径，条件允许时可采用特大跨径单孔跨越。在布置桥孔时，有时为了避开不利的地质段(如岩石破碎带、裂隙、溶洞等)，也要将桥基位置移开或适当加大跨径。

在有些结构体系中，为了使结构受力合理和用材经济，分跨布置时要考虑合理的跨径比。跨径的选择还与施工能力有关，有时选用较大跨径虽然在经济上是合理的，但限于当时的施工技术能力和设备条件，也不得不将跨径减小。对于大桥施工，基础工程往往对工期起控制作用，在此情况下，从缩短工期出发，就应减少基础数量而修建较大跨径的桥梁。

总之，对于大、中桥梁的分孔是一个相当复杂的问题，必须根据使用任务、桥位处的地形和环境、河床地质、水文等具体情况，通过技术经济等方面的分析比较，才能做出比较完美的设计方案。

3．桥道高程的确定

对于跨河桥梁，桥道的高程应保证桥下排洪和通航的需要；对于跨线桥，则应确保桥下安全行车。在平原区建桥时，桥道高程的抬高往往伴随着桥头引道路堤土方量的显著增加。在修建城市桥梁时，桥道高程的抬高使两端引道的延伸会影响市容，若设置立体交叉或高架栈桥，将导致造价提高，因此必须根据设计洪水位、桥下通航（或通车）净空等需要，结合桥型、跨径等一起考虑，以确定合理的桥道高程。

（1）在不通航河流上，为了保证桥下流水净空，桥下净空不应小于表 1-2 的规定。当河流中有流水阻塞的危险或有漂浮物通过时，桥下净空应按当地具体情况确定。对于有淤积的河床，桥下净空应适当加高。

（2）在通航及通行木筏的河流上，必须设置保证桥下安全通航的通航孔。在此情况下，桥跨结构下缘的高程，应高出自设计通航水位算起的通航净空高度。所谓通航净空，就是在桥孔中垂直于流水方向所规定的空间界限（图 1-15），任何结构构件或航运设施均不得伸入其内。我国对于通航净空的尺寸规定如表 1-3 所示。

非通航河流桥下净空　　　表 1-2

桥梁的部位	高出计算水位（m）	高出最高流冰位（m）
梁底	0.50	0.75
支承垫石顶面	0.25	0.50
拱脚	0.25	0.25

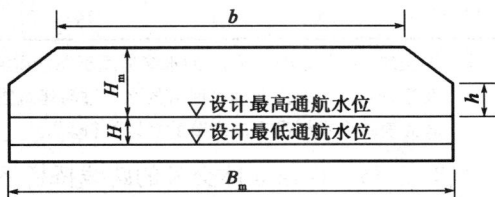

图 1-15　水上过河建筑物通航净空

水上过河建筑物通航净空尺度（m）　　　　　　　　　　表 1-3

航道等级	天然及渠化河流				限制性航道			
	净空高度 H_m	净宽 B_m	上底宽 b	侧高 h	净高 H_m	净宽 B_m	上底宽 b	侧高 h
I（1）	24	160	120	7.0				
I（2）		125	95	7.0				
I（3）	18	95	70	7.0				
I（4）		85	65	8.0	18	130	100	7.0
II（1）		105	80	6.0				
II（2）		90	70	8.0				
III（3）	10	50	40	6.0	10	65	50	6.0
III（1）								
III（2）		70	55	6.0				
III（3）	10	60	45	6.0	10	85	65	6.0
III（4）		40	30	6.0		50	40	6.0
IV（1）	8	46	38	4.0				
IV（2）		50	41	4.0	8	80	66	3.5
IV（3）	8	35	29	5.0		45	37	4.0

航道等级	天然及渠化河流				限制性航道			
	净空高度 H_m	净宽 B_m	上底宽 b	侧高 h	净高 H_m	净宽 B_m	上底宽 b	侧高 h
V(1)	8	46	38	4.0				
V(2)	8,5	38	31	4.5	8	75~77	62	3.5
V(3)		28~30	25	5.5,3.5	8,5	38	32	5.0,3.5
VI(1)					4.5	18~22	14~17	3.4
VI(2)	4.5	22	17	3.4				
VI(3)	6	18	14	4.0	6	25~30	19	3.6
VI(4)						28~30	21	3.4
VII(1)	3.5	14	11	2.8	3.5	18	14	2.8
VII(2)						18	14	2.8
VII(3)	4.5	18	14	2.8	4.5	25~30	19	2.8

注:①表列"天然及渠化河流"的水深适用于泥沙质河床,如系石质河床另加 0.1~0.2m。
②苏、浙、沪平原河网地区河流的水上过河建筑物净高,一般宜按带拖船队的要求确定。
③此表结合本标准有关章节的规定执行。

(3)公路与铁路立体交叉的跨线桥桥下净空为:当公路从铁路桥下穿行时,净空以及路肩或人行道的净高与公路和公路立体交叉的规定相同,行走道部分的净高一般为 5m;当铁路从公路桥下穿行时,跨线桥桥下净空应符合铁路净空限界的要求。

桥道高程确定后,可根据两端桥头的地形和线路要求设计桥梁的纵断面线形。一般小桥,通常做成平坡桥,对于大、中桥梁,为了利于桥面排水和降低引道路堤高度,往往设置从中间向两端倾斜的双向纵坡。桥上纵坡不大于 4%;桥头引道纵坡不宜大于 5%。对位于市镇混合交通繁忙处的桥梁,桥上纵坡和桥头引道纵坡均不得大于 3%。桥上或引道处纵坡发生变化的地方均应按规定设置竖曲线。

(二)桥梁横断面设计

桥梁横断面的设计,主要是指桥面的宽度和桥跨结构横截面的布置。桥面宽度取决于行车和行人的交通需要。我国公路桥面行车道净宽标准分:2×净—7.5、2×净—7.0、净—9、净—7 和净—4.5,数字的大小是指行车道的净宽度,以米计算。规范提出了在高速公路、一级公路上,一般以建上、下行两座独立桥梁为宜。

桥上人行道和自行车道的设置,应根据实际需要而定。人行道的宽度为 0.75m 或 1m,大于 1m 时按 0.5m 的倍数增加。一条自行车道的宽度为 1m,当单独设置自行车道时,一般不少于两条自行车道的宽度。不设人行道和自行车道的桥梁,可根据具体情况,设置栏杆和安全带。与路基同宽的小桥和涵洞可仅设缘石或栏杆。

城市桥梁以及位于大、中城市近郊的公路桥梁的桥面净空尺寸,应结合城市实际交通量和今后发展的要求来确定,在弯道上的桥梁应按路线要求予以加宽。

公路和城市桥梁,为了利于桥面排水,应根据不同类型的桥面铺装,设置从桥面中央倾向两侧的 1.5%~3.0% 的横向坡度。

（三）平面布置

桥梁的线形及桥头引道要保持平顺,使车辆能平稳地通过。高速公路和一级公路上的大、中桥,以及各级公路上的小桥的线形及其与公路的衔接,应符合路线布设的规定。二级、三级、四级公路上的大、中桥平面线形,一般为直线,如必须设成曲线时,其各项指标应符合路线布设规定。

从桥梁本身的经济性和施工来考虑,应尽可能避免桥梁与河流或与桥下路线斜交,但对于一般小桥,为了改善路线线形或城市桥梁受原有街道的制约时,有时也修建斜交桥,斜度通常不宜大于45°,在通航河流上则不宜大于5°。

思考题

1. 什么是桥梁的跨径(跨度)、净跨径、桥全长、铁路桥的桥长?

2. 按桥梁的受力特征桥梁是如何分类的?各自的受力特征是什么?简支梁桥、连续梁桥和悬臂梁桥各有什么特点?

3. 铁路和公路桥按桥长、桥全长和单孔跨径是如何分类的?

4. 桥梁设计应满足哪几个方面的要求?

5. 桥梁设计应调查哪几个方面的资料?

6. 桥梁初步设计阶段和施工图设计阶段各包括哪些工作内容?

7. 桥梁纵断面设计包括哪些内容?

8. 桥道高程的确定应考虑哪些因素?

第二章 桥梁上的作用及其效应组合

【学习目标】

1. 了解公路桥梁作用的分类、铁路桥梁作用的分类。
2. 掌握公路桥梁和铁路桥梁的作用效应组合。

第一节 公路桥梁上的作用及其效应组合

根据使用任务,桥梁结构除了承受本身自重和各种附加恒载以外,还承受桥上各种交通荷载,例如各种汽车、平板挂车以及各种非机动车辆和人群荷载等,鉴于桥梁结构处在自然环境之中,还受气候、水文等种种复杂因素(外力)的影响。施加在结构上的一组集中力或分布力,及引起结构外加形变或约束变形的原因称为作用,前者称直接作用,亦称荷载,后者称间接作用。结构受作用后产生弯矩、扭矩、位移等称为作用效应。公路桥涵受到的各种作用分为永久作用、可变作用和偶然作用三类,各类作用的名称见表2-1。

作用分类 表2-1

编 号	作 用 分 类	作 用 名 称
1	永久作用	结构重力(包括结构附加重力)
2		预加力
3		土的重力
4		土侧压力
5		混凝土收缩及徐变作用
6		水的浮力
7		基础变位作用
8	可变作用	汽车荷载
9		汽车冲击力
10		汽车离心力
11		汽车引起的土侧压力
12		人群荷载
13		汽车制动力
14		风荷载
15		流水压力
16		冰压力
17		温度(均匀温度和梯度温度)作用
18		支座摩阻力

编 号	作用分类	作 用 名 称
19		地震作用
20	偶然作用	船舶或漂流物的撞击作用
21		汽车撞击作用

一 永久作用

永久作用指在结构使用期间,其量值不随时间而变化,或其变化值与平均值比较可忽略不计的作用。

结构自重及桥面铺装、附属设备等附加重力均属结构重力,可按实际体积乘以材料的重度计算。结构重力标准值可按表2-2所列常用材料的重度计算。

常用材料的重度　　　　　　　　　　　　　　表2-2

材 料 种 类	重度（kN/m³）	材 料 种 类	重度（kN/m³）
钢、铸钢	78.5	浆砌片石	23.0
铸铁	72.5	干砌块石或片石	21.0
锌	70.5	沥青混凝土	23.0~24.0
铅	114.0	沥青碎石	22.0
黄铜	81.1	碎（砾）石	21.0
青铜	87.4	填土	17.0~18.0
钢筋混凝土或预应力混凝土	25.0~26.0	填石	19.0~20.0
混凝土或片石混凝土	24.0	石灰三合土、石灰土	17.5
浆砌块石或料石	24.0~25.0		

其他永久作用的计算规定详见《公路桥涵设计通用规范》（JTG D60—2004）（以下简称《桥规》）。

一 可变作用

可变作用指在结构使用期间,其量值随时间变化,且其变化值与平均值比较不可忽略的作用。

（一）汽车荷载

汽车荷载分为公路—Ⅰ级和公路—Ⅱ级两个等级。

汽车荷载由车道荷载和车辆荷载组成,车道荷载由均布荷载和集中荷载组成。桥梁结构的整体计算采用车道荷载;桥梁结构的局部加载、涵洞、桥台和挡土墙土压力等的计算采用车辆荷载。车辆荷载与车道荷载的作用不得叠加。

各级公路桥涵设计的汽车荷载等级应符合表2-3的规定。

1. 车道荷载

车道荷载的计算图式见图 2-1。

公路等级	高速公路	一级公路	二级公路	三级公路	四级公路
汽车荷载等级	公路—I 级	公路—I 级	公路—II 级	公路—II 级	公路—II 级

注：①二级公路为干线公路且重型车辆多时，其桥涵的设计可采用公路—I 级汽车荷载。

②四级公路上重型车辆少时，其桥涵设计所采用的公路—II 级车道荷载的效应可乘以 0.8 的折减系数，车辆荷载的效应可乘以 0.7 的折减系数。

（1）公路—I 级车道荷载的均布荷载标准值为 $q_k = 10.5 \text{kN/m}$；集中荷载标准值按以下规定选取：桥梁计算跨径小于或等于 5m 时，$P_k = 180\text{kN}$；桥梁计算跨径等于或大于 50m 时，$P_k = 360\text{kN}$；桥梁计算跨径在 5～50m 之间时，P_k 值采用线性内插法求得。计算剪力效应时，上述集中荷载标准值 P_k 应乘以 1.2 的系数。

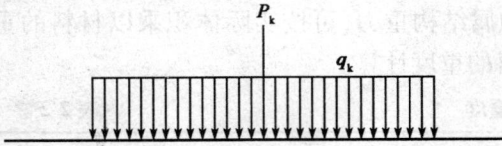

图 2-1　车道荷载计算图

（2）公路—II 级车道荷载的均布荷载标准值 q_k 和集中荷载标准值 P_k 按公路—I 级车道荷载的 0.75 倍采用。

（3）车道荷载的均布荷载标准值应满布于使结构产生最不利效应的同号影响线上；集中荷载标准值只作用于相应影响线中一个最大影响线峰值处。

2. 车辆荷载

车辆荷载的立面、平面尺寸见图 2-2。车辆荷载横向分布见图 2-3。公路—I 级和公路—II 级汽车荷载采用相同的车辆荷载标准值。

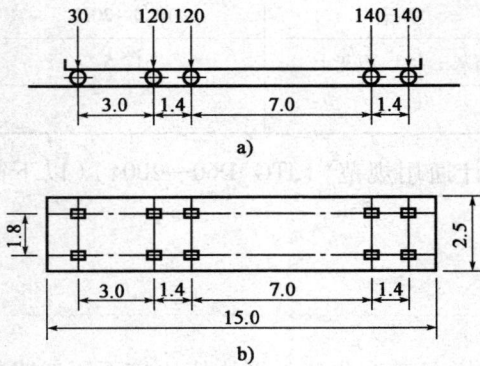

图 2-2　车辆荷载的立面、平面尺寸
a）立面布置；b）平面布置
（注：力的单位为 kN；尺寸的单位为 m）

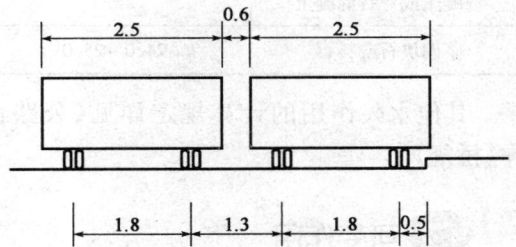

图 2-3　车辆荷载横向分布
（注：力的单位为 kN；尺寸的单位为 m）

3. 汽车荷载的折减

（1）汽车荷载的横向折减

桥涵设计车道数应符合表 2-4 的规定。多车道桥梁上的汽车荷载应考虑多车道折减，当桥涵设计车道数等于或大于 2 时，由汽车荷载产生的效应应按表 2-5 规定的多车道折减系数进行折减，但折减后的效应不得小于两设计车道的荷载效应。

桥面宽度 W(m)		桥涵设计车道数
车辆单向行驶时	车辆双向行驶时	
$W < 7.0$		1
$7.0 \leqslant W < 10.5$	$6.0 \leqslant W < 14.0$	2
$10.5 \leqslant W < 14.0$		3
$14.0 \leqslant W < 17.5$	$14.0 \leqslant W < 21.0$	4
$17.5 \leqslant W < 21.0$		5
$21.0 \leqslant W < 24.5$	$21.0 \leqslant W < 28.0$	6
$24.5 \leqslant W < 28.0$		7
$28.0 \leqslant W < 31.5$	$28.0 \leqslant W < 35.0$	8

横 向 折 减 系 数 表2-5

横向布置设计车道数(条)	2	3	4	5	6	7	8
横向折减系数	1.00	0.78	0.67	0.60	0.55	0.52	0.50

（2）汽车荷载的纵向折减

当桥梁计算跨径大于150m时，应按表2-6规定的纵向折减系数进行折减。当为多跨连续结构时，整个结构应按最大的计算跨径考虑汽车荷载效应的纵向折减。

纵 向 折 减 系 数 表2-6

计算跨径 L_0(m)	纵向折减系数	计算跨径 L_0(m)	纵向折减系数
$150 < L_0 < 400$	0.97	$800 \leqslant L_0 < 1000$	0.94
$400 \leqslant L_0 < 600$	0.96	$L_0 \geqslant 1000$	0.93
$600 \leqslant L_0 < 800$	0.95		

（二）汽车荷载冲击力

（1）钢桥、钢筋混凝土及预应力混凝土桥、圬工拱桥等上部构造和钢支座、板式橡胶支座、盆式橡胶支座及钢筋混凝土柱式墩台，应计算汽车的冲击作用。

（2）填料厚度（包括路面厚度）等于或大于0.5m的拱桥、涵洞以及重力式墩台不计冲击力。

（3）支座的冲击力，按相应的桥梁取用。

（4）汽车荷载的冲击力标准值为汽车荷载标准值乘以冲击系数 μ。

（5）冲击系数 μ 可按下式计算：

当 $f < 1.5$Hz 时， $\mu = 0.05$

当 1.5Hz $\leqslant f \leqslant 14$Hz 时， $\mu = 0.1767 \ln f - 0.0157$

当 $f > 14$Hz 时， $\mu = 0.45$

式中：f——结构基频，Hz。

（6）汽车荷载的局部加载及在T形梁、箱梁悬臂板上的冲击系数采用1.3。

（三）汽车荷载离心力

当弯道桥的曲线半径等于或小于 250m 时，应计算汽车荷载的离心力。汽车荷载离心力标准值为按规定的车辆荷载（不计冲击力）标准值乘以离心力系数 C 计算。离心力系数按下式计算：

$$C = \frac{v^2}{127R} \tag{2-1}$$

式中：v——设计速度，km/h，应按桥梁所在路线设计速度采用；

R——曲线半径，m。

计算多车道桥梁的汽车荷载离心力时，车辆荷载标准值应乘以表 2-5 规定的横向折减系数。

离心力的着力点在桥面以上 1.2m 处（为计算简便也可移至桥面上，不计由此引起的作用效应）。

（四）汽车荷载制动力

汽车荷载制动力可按下列规定计算和分配：

（1）汽车荷载制动力按同向行驶的汽车荷载（不计冲击力）计算，并应按表 2-6 的规定，以使桥梁墩台产生最不利纵向力的加载长度进行纵向折减。

一个设计车道上由汽车荷载产生的制动力标准值按规范规定的车道荷载标准值在加载长度上计算的总重力的 10% 计算，但公路—I 级汽车荷载的制动力标准值不得小于 165kN；公路—II 级汽车荷载的制动力标准值不得小于 90kN。同向行驶双车道的汽车荷载制动力标准值为一个设计车道制动力标准值的两倍；同向行驶三车道为一个设计车道的 2.34 倍；同向行驶四车道为一个设计车道的 2.68 倍。

（2）制动力的着力点在桥面以上 1.2m 处，计算墩台时，可移至支座铰中心或支座底座面上。计算刚构桥、拱桥时，制动力的着力点可移至桥面上，但不计因此而产生的竖向力和力矩。

（3）设有板式橡胶支座的简支梁、连续桥面简支梁或连续梁排架式柔性墩台，应根据支座与墩台的抗推刚度分配和传递制动力。

设有板式橡胶支座的简支梁刚性墩台，按单跨两端的板式橡胶支座的抗推刚度分配制动力。

（4）设有固定支座、活动支座（滚动或摆动支座、聚四氟乙烯板支座）的刚性墩台传递的制动力，按表 2-7 的规定采用。每个活动支座传递的制动力，其值不应大于其摩阻力，当大于摩阻力时，按摩阻力计算。

（五）汽车荷载引起的土压力

汽车荷载引起的土压力采用车辆荷载加载，可按下列规定计算：

（1）车辆荷载在桥台或挡土墙后填土的破坏棱体上引起的土侧压力，可按下式换算成等均布土层厚度 h 计算：

$$h = \frac{\sum G}{Bl_0\gamma} \tag{2-2}$$

式中：γ——土的重度，kN/m^3；

$\sum G$——布置在 $B \times l_0$ 面积内的车轮的总重力，kN，计算挡土墙的土压力时，车辆荷载应按《公路桥涵设计通用规范》（JTG D60—2004）规定作横向布置，车辆外侧车轮中线距路面边缘 $0.5m$，计算中当涉及多车道加载时，车轮总重力应按规范规定进行折减；

l_0——桥台或挡土墙后填土的破坏棱体长度，m，对于墙顶以上有填土的路堤式挡土墙，l_0 为破坏棱体范围内的路基宽度部分；

B——桥台横向全宽或挡土墙的计算长度，m。

刚性墩台各种支座传递的制动力　　　　　　　　　　表 2-7

桥梁墩台及支座类型		应计的制动力	符 号 说 明
简支梁桥台	固定支座	T_1	T_1——加载长度为计算跨径时的动力；
	聚四氟乙烯支座	$0.3T_1$	
	滚动（或摆动）支座	$0.25T_1$	
简支梁桥墩	两个固定支座	T_2	T_2——加载长度为相邻两跨计算跨径之和时的制动力；
	一个固定支座，一个活动支座	注	
	两个聚四氟乙烯板支座	$0.3T_2$	T_3——加载长度为一联长度的制动力
	两个滚动（或摆动）支座	$0.25T_2$	
连续梁桥墩	固定支座	T_3	
	滚动（或摆动）支座	$0.3T_3$	
	聚四氟乙烯板支座	$0.25T_3$	

注：固定支座按 T_4 计算，活动支座按 $0.30T_5$（聚四氟乙烯板支座）计算或 $0.25T_5$（滚动或摆动支座）计算，T_4 和 T_5 分别为与固定支座或活动支座相应的单跨跨径的制动力，桥墩承受的制动力为上述固定支座与活动支座传递的制动力之和。

挡土墙的计算长度可按下列公式计算，但不应超过挡土墙分段长度：

$$B = 13 + H\tan30° \tag{2-3}$$

式中：H——挡土墙高度，m，对墙顶以上有填土的挡土墙，为两倍墙顶填土厚度加墙高。

当挡土墙分段长度小于 $13m$ 时，B 取分段长度，并在该长度内按不利情况布置轮重。

（2）计算涵洞顶上车辆荷载引起的竖向土压力时，车轮按其着地面积的边缘向下作 $30°$ 角分布。当几个车轮的压力扩散线相重叠时，扩散面积以最外边的扩散线为准。

（六）人群荷载

人群荷载标准值应按下列规定采用：

（1）当桥梁计算跨径小于或等于 $50m$ 时，人群荷载标准值为 $3.0kN/m^2$；当桥梁计算跨径等于或大于 $150m$ 时，人群荷载标准值为 $2.5kN/m^2$；当桥梁计算跨径在 $50 \sim 150m$ 之间时，可由线性内插得到人群荷载标准值。对跨径不等的连续结构，以最大计算跨径为准。

城镇郊区行人密集地区的公路桥梁，人群荷载标准值取上述规定值的 1.15 倍。

专用人行桥梁，人群荷载标准值为 $3.5kN/m^2$。

（2）人群荷载横向应布置在人行道的净宽度内，在纵向施加于使结构产生最不利荷载效应的区段内。

（3）人行道板（局部构件）以一块板为单元，按标准值 $4.0kN/m^2$ 的均布荷载计算。

(4)计算人行道栏杆时,作用在栏杆立柱顶上的水平推力标准值取 0.75kN/m;作用在栏杆扶手上的竖向力标准值取 1.0kN/m。

三 偶然作用

偶然作用指在结构使用期间出现的概率很小,一旦出现,其值很大且持续时间很短的作用。这种作用出现的概率虽然很小,但是,一旦出现往往会对桥涵建筑物造成很大破坏,因此,设计时应引起足够的重视。

(一)地震作用

地震动峰值加速度等于 0.10g、0.15g、0.20g、0.30g 地区的公路桥涵,应进行抗震设计,地震动峰值加速度大于或等于 0.40g 地区的公路桥涵,应进行专门的抗震研究和设计;地震动峰值加速度小于或等于 0.05g 地区的公路桥涵,除有特殊要求者外,可采用简易设防;做过地震小区划的地区,应按主管部门审批后的地震动参数进行抗震设计。

公路桥梁地震作用的计算及结构的设计,应符合现行《公路工程抗震设计规范》(JTJ 004—1989)的规定。

(二)船只或漂浮物的撞击作用

位于通航河流或有漂流物的河流中的桥梁墩台,设计时应考虑船舶或漂流物的撞击作用。其撞击作用标准值一般可根据实测资料或与有关部门研究决定;当无资料作为依据时,可参照《桥规》(JTG D60—2004)第4.4.2条的规定计算。

(三)汽车的撞击作用

桥梁结构必要时要考虑汽车的撞击作用。汽车撞击力标准值在车辆行驶方向取 1000kN,在车辆行驶垂直方向取 500kN,两个方向的撞击力不同时考虑,撞击力作用于行车道以上 1.2m 处,直接分布于撞击涉及的构件上。

对于设有防撞设施的结构构件,可视防撞设施的防撞能力,对汽车撞击力标准值予以折减,但折减后的汽车撞击力标准值不应低于上述规定值的 1/6。

高速公路上桥梁的防撞护栏应按现行《高速公路交通工程及沿线设施设计通用规范》(JTG D80—2006)有关规定执行。

四 桥涵的作用效应组合

在以上介绍的这些作用中除永久作用外,可变作用和偶然作用中有些作用不能同时存在,有些虽然同时出现,但并非同时达到最大值。且对于不同的结构、不同的部位和不同的检算项目也有不同的检算要求,因此,就存在一个作用效应组合问题。

(一)公路桥涵设计计算的有关规定

公路桥涵结构应按承载能力极限状态和正常使用极限状态进行设计。

所谓极限状态,是指整体结构或构件的某一特定状态,超过这一状态界限结构或构件就不能再满足设计规定的某一功能要求。承载能力极限状态设计着重体现桥涵结构的安全性,正常使用极限状态设计则体现适用性和耐久性,它们共同反映出设计的基本原则。只有每项设计都符合相关规范的两类极限状态的要求时,才能使所设计的桥涵达到其全部预定功能。

1.承载能力极限状态

承载能力极限状态是指对于桥涵结构或其构件达到最大承载能力或出现不适于继续承载的变形或变位的状态。具体来说可以分成如下几种状态:

(1)整个结构或其部分作为刚体而失去平衡(如倾覆、滑移等)。

(2)结构构件或其连接因达到其材料极限强度而破坏。

(3)结构转变成机动体系。

(4)结构或构件丧失稳定性(如柱的压屈失稳等)。

(5)结构或构件由于材料的疲劳而导致破坏。

(6)由于材料的塑性或材料徐变变形过大,或由于截面开裂而引起过大的几何变形等,致使结构或构件不能再继续承载和使用(例如拱顶严重下挠引起拱轴线偏离过大等)。

2.正常使用极限状态

正常使用极限状态是指对桥涵结构或其构件达到正常使用或耐久性某项限值的状态。正常使用极限状态以弹性理论或弹塑性理论为基础,主要进行以下三个方面的验算:

应力限制: $\sigma_\mathrm{d} \leqslant [\sigma]$

变形限制: $f_\mathrm{d} \leqslant [f]$

裂缝宽度限制: $\delta_\mathrm{d} \leqslant [\delta]$

3.桥涵结构设计

对应于桥涵结构或其构件达到正常使用或耐久性的某项限值的状态。

在进行上述两类极限状态设计时,应同时满足构造和工艺方面的要求。

公路桥涵应根据不同种类的作用(或荷载)及其对桥涵的影响、桥涵所处的环境条件,考虑以下三种设计状况,并对其进行相应的极限状态设计。

(1)持久状况:桥涵建成后承受自重、汽车荷载等持续时间很长的状况。该状况下的桥涵应进行承载能力极限状态和正常使用极限状态设计。

(2)短暂状况:桥涵施工过程中承受临时性作用的状况。该状况下的桥涵仅进行承载能力极限状态设计,必要时才进行正常使用极限状态设计。

(3)偶然状况:在桥涵使用过程中可能偶然出现的状况。该状况下的桥涵仅进行承载能力极限状态设计。

（二）公路桥涵设计计算时的作用效应组合

公路桥涵结构设计应考虑结构上可能同时出现的作用,按承载能力极限状态和正常使用极限状态进行作用效应组合,取其最不利效应组合进行设计。

1.公路桥涵结构按承载能力极限状态设计时,应采用以下两种作用效应组合

(1)基本组合。永久作用的设计值效应与可变作用设计值效应相组合,其效应组合表达式为:

$$\gamma_0 S_{ud} = \gamma_0 \left(\sum_{i=1}^{m} \gamma_{Gi} S_{Gik} + \gamma_{Q1} S_{Q1k} + \psi_c \sum_{j=2}^{m} \gamma_{Qj} S_{Qjk} \right) \qquad (2\text{-}4)$$

或

$$\gamma_0 S_{ud} = \gamma_0 \left(\sum_{i=1}^{m} S_{Gid} + S_{Q1d} + \psi_c \sum_{j=2}^{m} S_{Qjd} \right) \qquad (2\text{-}5)$$

式中：S_{ud}——承载能力极限状态下作用基本组合的效应组合设计值；

γ_0——结构重要性系数；

γ_{Gi}——第i个永久作用效应的分项系数，其值按表2-8取用；

S_{Gik}、S_{Gid}——第i个永久作用效应的标准值和设计值；

γ_{Q1}——汽车荷载效应（含汽车冲击力、离心力）的分项系数，取1.4。当某个可变作用在效应组合中其值超过汽车荷载效应时，则该作用取代汽车荷载，其分项系数应采用汽车荷载的分项系数；对专为承受某作用而设置的结构或装置，设计时该作用的分项系数与汽车荷载取同值；计算人行道板和人行道栏杆的局部荷载，其分项系数也与汽车荷载取同值；

S_{Q1k}、S_{Q1d}——汽车荷载效应（含汽车冲击力、离心力）的标准值和设计值；

γ_{Qj}——在作用效应组合中除汽车荷载效应（含汽车冲击力、离心力）、风荷载外的其他第j个可变作用效应的分项系数，取1.4，但风荷载的分项系数取1.1；

S_{Qjk}、S_{Qjd}——在作用效应组合中除汽车荷载效应（含汽车冲击力、离心力）外的其他第j个可变作用效应的标准值和设计值；

ψ_c——在作用效应组合中除汽车荷载效应（含汽车冲击力、离心力）外的其他可变作用效应的组合系数，当永久作用与汽车荷载和人群荷载（或其他一种可变作用）组合时，人群荷载（或其他一种可变作用）的组合系数取0.80；当除汽车荷载（含汽车冲击力、离心力）外尚有两种其他可变作用参与组合时，其组合系数取0.70；尚有三种可变作用参与组合时，其组合系数取0.60；尚有四种及多于四种的可变作用参与组合时，取0.50。

设计曲线桥时，当离心力与制动力同时参与组合时，考虑到车辆行驶速度较直线桥上小一些，因而制动力标准值或设计值按70%取用。

永久作用效应的分项系数　　　　　　　　　　表2-8

编号	作用类别		永久作用分项系数	
			对结构承载能力不利时	对结构承载能力有利时
1	混凝土和圬工结构重力（包括结构附加重力）		1.2	1.0
	钢结构重力（包括结构附加重力）		1.1 或 1.2	1.0
2	预加力		1.2	1.0
3	土的重力		1.2	1.0
4	土侧压力		1.4	1.0
5	混凝土收缩及徐变作用		1.0	1.0
6	水的浮力		1.0	1.0
7	基础变位作用	混凝土和圬工结构	0.5	0.5
		钢结构	1.0	1.0

注：本表编号1中，当钢桥采用钢桥面板时，永久作用效应分项系数取1.1；当采用混凝土桥面板时，永久作用效应分项系数取1.2。

基本组合用于结构的常规设计，所有桥涵结构都需考虑。基本组合中各类作用效应可以归结为三个部分：第一部分为永久作用效应；第二部分为主导的可变作用效应，在通常情况下其为汽车荷载效应（含汽车冲击力、离心力），在某些特殊情况下，某种其他可变荷载可能取代汽车效应成为控制设计的主导因素，则其归入第二部分；第三部分为可变作用效应的补充部分,因而应以组合系数予以折减,并且组合的作用效应种类愈多折减愈大。

（2）偶然组合

偶然组合为永久作用标准值效应与可变作用某种代表值效应、一种偶然作用标准值效应相组合,多个偶然作用不同时参与组合。

偶然作用的效应分项系数取1.0;与偶然作用同时出现的可变作用,可根据观测资料和工程经验取用适当的代表值,也可以不考虑可变作用参与组合。

地震作用标准值及其表达式按《公路工程抗震设计规范》（JTJ 004—1989）规定采用。

2. 公路桥涵结构按正常使用极限状态设计时,应根据不同的设计要求,采用以下两种效应组合

（1）作用短期效应组合

永久作用标准值效应与可变作用频遇值效应相组合,即指短暂状况设计要求,其效应组合表达式为:

$$S_{sd} = \sum_{i=1}^{m} S_{Gik} + \sum_{j=1}^{n} \psi_{1j} S_{Qjk} \tag{2-6}$$

式中:S_{sd}——作用短期效应组合设计值;

ψ_{1j}——第j个可变作用效应的频遇值系数,汽车荷载（不计冲击力）$\psi_1 = 0.7$,人群荷载$\psi_1 = 1.0$,风荷载$\psi_1 = 0.75$,温度梯度作用$\psi_1 = 0.7$,其他作用$\psi_1 = 1.0$;

$\psi_{1j} S_{Qjk}$——第j个可变作用效应的频遇值。

（2）作用长期效应组合

永久作用标准值效应与可变作用准永久值效应相组合,即指持久状况设计要求,其效应组合表达式为:

$$S_{1d} = \sum_{i=1}^{m} S_{Gik} + \sum_{j=1}^{n} \psi_{2j} S_{Qjk} \tag{2-7}$$

式中:S_{1d}——作用长期效应组合设计值;

ψ_{2j}——第j个可变作用效应的频遇值系数,汽车荷载（不计冲击力）$\psi_2 = 0.4$,人群荷载$\psi_2 = 0.4$,风荷载$\psi_2 = 0.75$,温度梯度作用$\psi_2 = 0.8$,其他作用$\psi_2 = 1.0$;

$\psi_{2j} S_{Qjk}$——第j个可变作用效应的准永久值。

3. 作用效应组合的其他规定

（1）结构构件当需进行弹性阶段截面应力计算时,除特别指明外,各作用效应的分项系数及组合系数均取1.0,各项应力限值按各设计规范规定采用。

（2）验算结构的抗倾覆、滑动稳定时,稳定系数、各作用的分项系数及摩擦因数,应根据不同结构按各有关桥涵设计规范的规定确定,支座的摩擦因数可按《桥规》（JTG D60—2004）的有关规定采用。

（3）构件在吊装、运输时,构件重力应乘以动力系数1.2或0.85,并可视构件具体情况作适当增减。

在作用效应组合时还需注意,各种作用并非同时作用于桥涵上,因此应当根据作用重要性的不同和同时作用的可能性进行适当组合,以确定安全合理的作用效应的组合。

第二节　铁路桥梁上的作用及其效应组合

桥涵荷载按其性质和发生的几率分为主力、附加力和特殊荷载三类,主力又分为恒载和活载两种。主力是指经常作用于结构物上的外力;附加力是指偶然发生的,或者其最大值发

生的几率很小的各种外力;特殊荷载是指作用在结构物上的外力是暂时的,或者是偶发性的,发生的机会是很少的。桥涵结构设计应根据结构的特性,按表2-9所列的荷载,就其可能发生的最不利组合情况进行计算。

铁 路 桥 涵 荷 载　　　　　　　　　　　　　　　表2-9

荷 载 分 类		荷 载 名 称
主力	恒载	结构自重、土压力、预加应力、混凝土收缩和徐变的影响、净水压力和浮力
	活载	列车质量、离心力、冲击力、列车活载所产生的土压力、公路活载(设计铁路公路两用桥时)、人行横道荷载
附加力		制动力或牵引力、风力、列车横向摇摆力、流水压力、冰压力、冻胀力、温度变化的影响
特殊荷载		船只或排筏撞击力、地震力、施工荷载

注:①如杆件的主要用途为承受某种附加力,则在计算此杆件时,该附加力应按主力考虑。
　　②列车横向摇摆力不与离心力、风力同时计算。
　　③船只和排筏撞击力不与其他附加力同时计算。
　　④流水压力、冰压力不同时计算,两者也不与制动力或牵引力同时计算。
　　⑤地震力与其他荷载组合见《铁路工程抗震设计规范》(GB 50111—2006)。

一　主要荷载

主要荷载包括恒载、活载。恒载指桥梁结构自重、土压力、静水压力及水浮力、预应力混凝土结构的预加应力,混凝土收缩和徐变的影响等。这些荷载是对桥梁起主要作用,其施力点一般也固定不变,故称恒载。

铁路活载是列车及由列车引起的荷载,包括列车(机车和车辆)质量、冲击力、离心力、列车活载引起的土压力等,此外还有人行活载,公铁两用桥还要考虑汽车活载。列车活载因机车类型不同,其轴重轴距各异,对桥梁的影响各不相同。各国就此用机车车辆对桥梁的影响进行分析研究后,制定出标准活载来表征不同机车车辆荷载,使计算简化。我国现行铁路标准活载称“中华人民共和国铁路标准活载”,简称“中—活载”,其计算图式如图2-4所示,分普通活载和特种活载。普通活载的前五个集中荷载,相当于一台机车,其后一段30m长的均布荷载则大致和两个煤水车及另一台机车相当,再后的均布载重代表车辆荷载,其长度不加限制。特种活载是用以反映某些轴重很大的特殊车辆(如架桥机、救援列车),对小跨度桥梁的不利影响的。中—活载图式是象征性的,其加载长度可由计算图式决定,至于架桥机工作时的施工荷载,应按架桥机的实际轴重另行计算。

(一)恒载

1. 由支座传递的梁及桥面的质量

桥的总质量可查有关标准图。

桥面的自重由桥面使用的材料、枕木、道砟槽及人行道宽度的不同而有所变化。单线明桥面的自重一般变化不大,《铁路桥涵设计基本规范》(TB 10002.1—2005)规定单线明桥面的计算恒载,无人行道时按6kN/m,直线上双侧人行道铺木步行板时为8kN/m,铺设钢筋混凝土或钢步行板时为10kN/m。单线道砟桥面钢筋混凝土梁及预应力混凝土梁的桥面自重,据建技〔1992〕46号文,直线上:木枕采用38kN/m,预应力混凝土枕采用39.2kN/m;曲线上:木枕与预应力混凝土分别为46.3kN/m与48.1kN/m。

2. 圬工等自重

为各部分体积乘以所用材料的重度。一般材料重度:钢筋混凝土(配筋率在3%以内)25.0kN/m³,浆砌粗料石25.0kN/m³,混凝土和片石混凝土23.0kN/m³,浆砌块石23.0kN/m³,浆砌片石22.0kN/m³。

3. 基础襟边上土壤质量

按其体积与重度相乘来计算。对桥台可不考虑锥体填土的横向变坡影响。

4. 压力

作用于墩台上的土的侧压力可按库仑理论计算主动土压力,详见《铁路桥涵设计基本规范》(TB 10002.1—2005)。

5. 浮力

水的浮力对桥台自重和基础襟边以上土重起减轻作用。水浮力的计算方法是:

对于实体圬工水浮力按10kN/m³计;

对于土壤,只计土颗粒本身的浮力,因土壤颗粒重度一般为27kN/m³,干重度一般为17kN/m³,则每立方米土壤中,颗粒体积为$\frac{17}{27}=0.63\text{m}^3$,故土壤的水浮力为6.3kN/m³。

(二)活载

1. 列车质量

列车竖向活载应采用中华人民共和国铁路标准活载即"中—活载",标准活载的计算图式如图2-4所示。加载时可由计算图式任意截取或采用特种活载。

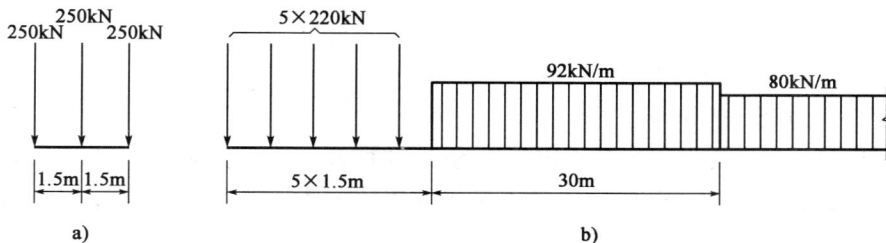

图2-4 中—活载
a)特种活载;b)普通活载

计算桥梁各部分的横向倾覆稳定性时,应采用空车的竖向活载,按10km/m计算。

2. 离心力

桥在曲线上时,离心力为作用在轨顶以上2m高度处的横向水平力。离心力的大小等于竖向静活载乘以离心力率C,C值计算同公路桥梁,但不大于15%。

3. 冲击力

列车行驶时,列车活载除了其本身静止质量以外,对桥跨有动力影响,产生冲击力。考虑冲击力的活载的计算方法,是将静活载产生的力乘以冲击系数$(1+\mu)$,冲击系数的计算见

《铁路桥涵设计基本规范》(TB 10002.1—2005)。当钢筋混凝土、混凝土、石砌桥跨结构及涵洞、刚架桥,其顶上填土厚度 $h \geqslant 1\text{m}$(从轨底算起)及实体墩台均不计冲击力。

4. 活载土压力

活载在桥台后破坏棱体上引起的侧向土压力,按活载换算为当量均布土层厚度计算,详见《铁路桥涵设计基本规范》(TB 10002.1—2005)附录一。

二 附加力

附加荷载(附加力)包括制动力或牵引力、风力、列车横向摇摆力、流水压力、冰压力、因温度变化而产生的附加力以及冻胀力等。

(一)制动力或牵引力

(1)制动力(牵引力)的大小与作用点:列车在桥梁上制动或启动时,由于车轮与钢轨的摩擦,列车对钢轨将产生一水平力,并经支座传至桥墩台。制动时产生与列车行进方向相同的纵向水平力,称为制动力;起动时方向相反,称为牵引力。制动力与牵引力的大小经实验证明接近相等,其值按静活载的10%计算。制动力或牵引力的作用点在钢轨顶以上2m处,但在计算墩台时须移到支座铰中心处,计算台顶时移至轨底,均不计算由于移动作用点而产生的竖向力或力矩。

当制动力(牵引力)与离心力或冲击力同时计算时,则按竖向静活载的7%计算。

当采用特种活载时不计算制动力或牵引力。

(2)制动力(牵引力)计算规定:制动力或牵引力是经过支座传至墩台的,但支座种类不同传递力的大小也不同。《铁路桥涵设计基本规范》(TB 10002.1—2005)第5.3.5条规定:简支梁传到墩台上的纵向水平力数值应按下列规定计算:

①固定支座为全孔的100%。

②滑动支座为全孔的50%。

③滚动支座为全孔的25%。

④不设支座为全孔的50%。

⑤当采用板式橡胶支座而不分固定与活动支座时,各为全孔的50%。当分固定与活动支座时,则固定支座为全孔的100%。活动支座当两支座为等厚时为全孔的50%;当两支座为不等厚时,按支座纵向抗剪刚度分配计算。

在一个桥墩上安设固定支座及活动支座时,应按上述数值相加,但对于不等跨梁,此相加值不得大于其中较大跨的固定支座的纵向水平力;对于等跨梁,不得大于其中一跨的固定支座的纵向水平力。

对于桥台计算制动力或牵引力时,应分别计算梁跨部分和台上部分。梁跨部分制动力(牵引力)的传递如上述办法,计算时移至支座中心;而台上部分的制动力(牵引力)计算时移至轨底。《铁路桥涵设计基本规范》(TB 10002.1—2005)规定:由于桥头填方破坏棱体范围内的活载所产生的制动力或牵引力不予计算,这是因为该力绝大部分被钢轨传走的缘故。

(二)风力

(1)风力是作用在受风物体上的水平力,有纵向、横向两种,其值为受风面积乘以荷载强

度 W。

(2)列车横向风力按受风面积为 3m 高的长方带计算,其作用点在轨顶以上 2m 高度处;列车纵向风力不予计算。

(3)桥跨结构所受横向风力的受风面积按其理论轮廓面积乘以下列系数计算:钢桁梁及钢塔架为 0.4;钢拱两弦间的面积为 0.5;桁拱下弦与系杆间的面积或上弦与桥面系间的面积为 0.2;整片的桥跨结构为 1.0。

桥面系和各类上承梁所受的纵向风力不予计算;对于下承桁梁和塔架为其所受风力的 40%。

(4)桥墩的纵、横向风力分别按两个方向的受风面积计算。检算桥台时,桥台本身所受风力不予计算,桥台施工时孤立状态的风荷载强度,根据具体情况按有关规定办理。

(5)作用于桥梁上的风荷载强度按下式计算:

$$W = K_1 K_2 K_3 W_0 \tag{2-8}$$

式中:W——风荷载强度,Pa;

W_0——基本风压值,Pa,$W_0 = \dfrac{1}{1.6} v^2$,按平坦空旷地面,离地面 20m 高,频率 1/100 的 10min 平均最大风速 v(m/s)计算确定。一般情况通过实地调查核实后 W_0 可按《铁路桥涵设计基本规范》(TB 10002.1—2005)(以下简称《铁路桥规》附录四"全国基本风压分布图"选取;

K_1——风载体形系数,桥墩见表 2-10,其他构件为 1.3;

K_2——风压高度变化系数,见表 2-11。风压随离地面或常水位的高度而异,除特殊高墩外,为简化计算,全桥均按规定高度处的风压值;

K_3——地形、地理条件系数,见表 2-12。

桥墩风荷载体形系数 K_1 表 2-10

序 号	截 面 形 状		长 宽 比 值	体形系数
1	→ ○	圆形截面	—	0.8
2	→ □	与风力平行的正方形截面	—	1.4
3	→ ▭	短边迎风的矩形截面	$L/b \leq 1.5$	1.2
			$L/b > 1.5$	0.9
4	→ ▯	长边迎风的矩形截面	$L/b \leq 1.5$	1.4
			$L/b > 1.5$	1.3
5	→ ⬭	短边迎风的圆端形截面	$L/b > 1.5$	0.3
6	→ ⬯	长边迎风的圆端形截面	$L/b \leq 1.5$	0.8
			$L/b > 1.5$	1.1

桥上有车时,风荷载强度采用公式的 80% 计算,并不大于 1250Pa(125kg/m²);桥上无车时按 W 计算。

标准设计的风压强度,有车时 $W = K_1 \cdot K_2 \cdot 800$,并不大于 1250Pa($125\text{kg/m}^2$);无车时 $W = K_1 \cdot K_2 \cdot 1400$。

风压高度变化系数 K_2 表 2-11

离地面或常水位高(m)	≤20	30	40	50	60	70	80	90	100
K_2	1.00	1.13	1.22	1.30	1.37	1.42	1.47	1.52	1.56

地形、地理条件系数 K_3 表 2-12

地形、地理情况	K_3
一般平原空旷地区	1.0
城市、林区、盆地和有障碍物挡风时	0.85 ~ 0.9
山岭、峡谷、垭口、风口区、湖面和水库	1.15 ~ 1.3
特殊风口区	按实际调查或观测资料计算

(三)列车横向摇摆力

指由于轨道不平、车轮磨损、车辆震动等原因而使列车左右摇摆产生的横向水平力,作用于轨顶面,其值为 5.5kN/m,空车时不考虑此力。

(四)流水压力

作用于桥墩上的流水压力可按下式计算:

$$P = KA \frac{\gamma v^2}{2g} \tag{2-9}$$

式中:A——桥墩阻水面积,通常计算至一般冲刷线处,m^2;

    v——水流的平均速度,m/s;

    γ——水的重度,取 10kN/m^3;

    g——重力加速度,取 10m/s^2;

    K——桥墩形状系数,其值如下:方形桥墩为 1.47;矩形桥墩(长边与水流平行)为 1.33;圆形桥墩为 0.73;尖端形桥墩为 0.67;圆端形桥墩为 0.6。

流水压力的分布为倒三角形,其着力点在设计水位以下 1/3 水深处。

由于附加荷载的最大值并不经常出现,故各种附加荷载同时出现最大值的概率更小,因此,《铁路桥规》(TB 10002.1—2005)规定,计入附加荷载时,材料的容许应力和地基容许承载力均可提高,其具体数值视各种具体结构而言,将在有关章节分别加以介绍。

三 特殊荷载

特殊荷载包括船只或排筏的撞击力、地震力和施工荷载等,可参照公路桥中的偶然荷载。《铁路桥规》(TB 10002.1—2005)规定的计算公式是建立在"船只或排筏作用于墩台上的有效动能都全部转化为撞击力所做的静力功"这一假定基础上,具体计算时可参看有关条文。《铁路工程抗震设计规范》(GB 50111—2006)规定,修建在地震烈度为 7 度及以上地震区时,应考虑地震力影响。具体计算时可参看《铁路工程抗震设计规范》(GB 50111—2006)中的有关条款。施工荷载指在施工过程中作用于桥梁各部分的临时荷载,如人群荷载、施工机具、材料质量等等,具体数值应根据实际情况确定,并参照有关规定办理。

前面简述了各种可能出现的荷载,显然这些荷载并非同时作用于桥梁上,因此,在设计中应分清哪些荷载是恒久存在的、经常出现的、非经常出现的及偶尔出现的或只在特殊情况下才出现的。下面介绍《桥规》(JTG D60—2004)关于荷载组合的原则及规定。

(一)荷载组合

荷载组合的总原则是:凡存在的永久荷载任一项,均应进行组合;凡可能出现的基本可变荷载项,除个别情况外应进行组合;纵向力与横向力不同时组合;对其他可变荷载的组合,根据同时作用的可能性,规范具体规定了哪些荷载组合时,哪些荷载不同时参与组合。

《铁路桥涵设计基本规范》(TB 10002.1—2005)规定,对于承载能力极限状态和正常使用极限状态,可以归纳为四类荷载效应组合。

(1)一种或几种永久荷载与基本可变荷载相组合。

(2)一种或几种永久荷载与基本可变荷载与一种或几种其他可变荷载相组合。

(3)一种或几种永久荷载与施工荷载与一种或几种其他可变荷载相组合。

(4)一种或几种永久荷载与基本可变荷载与一种偶然荷载相组合。

《铁路桥涵设计基本规范》(TB 10002.1—2005)规定:承载能力极限状态设计时,采用上述四类组合工况;按正常使用极限状态设计时,采用上述第一、二、三类组合工况。在各类组合工况中,其他可变荷载还可能有不同组合,均应一一进行组合计算,即每类组合工况可能有多种组合工况。由于每一种组合工况的组合系数不同,被组合荷载不同,会有不同的组合设计值,计算的目的是从中找出控制设计的最不利的工况,称之为最不利荷载组合。

(二)一般组合算式与桥跨结构荷载组合系数

1. 一般组合算式

《铁路桥规》(TB 10002.1—2005)是以结构可靠性理论为基础,采用分项系数表达的概率极限状态设计法。对于有两种或两种以上可变荷载参与组合情况,引入荷载效应组合系数(规范中称荷载效应系数)对荷载标准值进行折减,使按极限状态设计表达式设计的各种结构构件所具有的可靠指标与桥梁设计采用可靠指标有最佳的一致性。荷载效应设计值一般计算式可归纳为:

$$S_d = \gamma_0 \gamma_{sd} \left[\sum_{i=1}^{n} \gamma_{Gi} C_{Gi} G_{ik} + \gamma_{Q1} C_{Q1} (1 + \mu) Q_{ik} + \sum_{j=2}^{m} \gamma_{Qj} C_{Qj} Q_{jk} \right] \tag{2-10}$$

式中:γ_0——结构重要性系数,一般常用桥涵结构可取为 1.0,大跨度及复杂结构重要性系数应按实际设计条件分析确定;

γ_{sd}——荷载效应计算不定性分项系数,一般可取为 1.0;

C_{Gi}——永久荷载 G_i 的荷载效应系数;

γ_{Gi}——永久荷载 G_i 的分项系数;

G_{ik}——永久荷载 G_i 的标准值;

C_{Q1}——列车活载 Q_1 的效应系数;

γ_{Q1}——列车活载 Q_1 分项系数;

$1 + \mu$——列车活载动力系数标准值;

Q_{ik}——列车活载标准值；

C_{Qj}——可变荷载 Q_j 的效应系数；

γ_{Qj}——可变荷载 Q_j 的分项系数；

Q_{jk}——可变荷载 Q_j 的标准值。

《铁路桥涵设计基本规范》(TB 10002.1—2005)中所述常用桥涵结构指单孔跨度钢结构 168m 及以下、混凝土结构 80m 及以下的桥跨结构。

2.桥跨结构荷载分项系数或组合安全系数

表 2-13 是《铁路桥涵设计基本规范》(TB 10002.1—2005)关于桥跨结构荷载效应组合的组合工况与对应的分项系数值。本表中的荷载分项系数实质上是荷载组合分项系数，即包括 (2-9)式中的荷载效应系数与荷载分项系数。

桥跨结构荷载效应组合的分项系数值　　　　　表 2-13

序号	荷载名称		承载能力极限状态					正常使用极限状态
			基 本 组 合				偶然组合	
			组合一	组合二	组合三	组合四	组合五	
1	结构自重 G_1		1.10	1.10	1.10	1.10	1.00	1.00
2	结构附加恒载 G_2	混凝土结构	1.40	1.40	1.40	1.20	1.00	1.00
		钢结构	1.10	1.10	1.10	1.10	1.00	1.10
3	预加力 P		—	—	—	—	—	1.00
4	混凝土收缩 F_{cs} 徐变 F_{cc}		—	—	—	—	—	1.00
5	不均匀沉降作用 F_s				Δ			
6	列车活载及动力效应 $(1+\mu)Q_{Lk}$		1.40	1.20	1.20	—	0.75 *	1.00 *
7	离心力 F_c		1.40	1.20	1.20	—	—	1.00
8	列车横向摇摆力 F_{ts}		1.40	1.20	1.20	—	0.75	1.00
9	列车制动力或牵引力 F_b							1.00
10	风荷载 W	混凝土结构	—	1.10	—	0.75	—	0.30
		钢结构	—	1.10	—	0.75	—	0.30
11	温度作用 F_t	温度约束	—	—	1.30	1.00	—	1.00
		温度效应	—	—	1.00	0.80	—	0.80
12	长钢轨纵向力 F_{lon}				—			1.00
13	人行道荷载 F_{sw}				—			
14	施工荷载 F'		—	—	—	1.15	—	—
15	地震作用							

注：①Δ 表示根据设计需要参与组合；* 根据设计需要采用静活载或动活载。

　　②对于连续梁结构荷载效应基本组合中结构自重 G_1 及结构附加恒载 G_2 分项系数可采用 1.0，以考虑减载作用的不利荷载效应组合。

　　③预应力混凝土连续体系梁按承载能力极限状态计算时，如计入预应力引起的次内力，其分项系数可采用 1.0。

如前所述各种荷载并不全部同时都作用在桥梁结构上，它们对结构物的强度、刚度、稳定性等方面的影响也不一致。因此，在桥梁设计时，对某种要求应选取导致结构物出现最不利情况的各种荷载进行计算，这就是所谓的"最不利荷载组合"。例如在桥梁墩台基础设计中，当验算基底承载力时,应选取导致基底面产生最大应力的各项荷载组合起来检算,当检算基底稳定性时,则应选取导致桥墩承受最大水平力而向下竖向力为最小时的荷载组合起来进行检算。

由此可见,对结构物的不同要求,荷载最不利组合是不相同的。不同要求的最不利荷载组合,一般不能直接判断,需要选择不同荷载组合,通过实际计算进行比较确定。

思考题

1. 公路和铁路的设计荷载是如何分类的? 汽车设计荷载有哪几个等级?
2. 汽车荷载制动力计算和分配是如何规定的?
3. 车辆是如何排列的,纵横向折减有哪些规定?
4. 公路桥涵设计计算是如何规定的?
5. 铁路桥梁上主要荷载包括哪些?
6. 铁路设计荷载中离心力、制动力的计算有哪些规定?
7. 铁路桥梁上附加力包括哪些?

第三章 梁桥桥面布置与细部构造

【学习目标】

1. 了解桥面系的组成与布置方法。
2. 掌握桥面铺装的类型及适用范围。
3. 掌握桥面防水、排水的设置方法。
4. 掌握桥面伸缩装置的类型及适用条件。

第一节 桥面系组成与布置

一 桥面系组成

桥面构造直接与车辆、行人接触,它对桥梁的主要结构起保护作用,并且使桥梁能正常使用。桥面构造多属外露部位,其选择是否合理、布置是否恰当直接影响桥梁的使用功能、布局和美观,因此,必须重视桥面构造。桥面系构造包括桥面铺装、排水和防水系统、伸缩装置、人行道(或安全带)、缘石、栏杆、灯柱等,如图3-1所示。

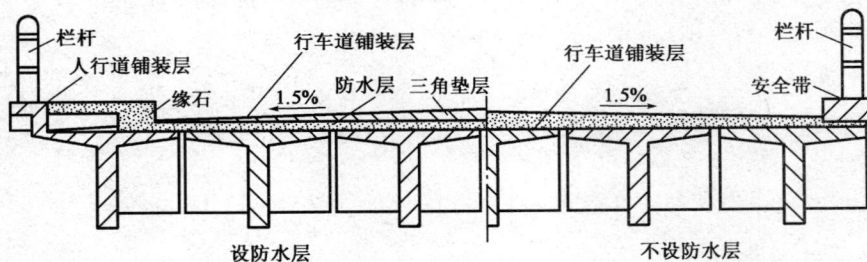

图3-1 桥面构造横截面

二 桥面的布置

桥面的布置应在桥梁的总体设计中考虑,它根据道路的等级、桥梁的宽度、行车的要求等条件确定。对混凝土梁式桥,其桥面布置形式有双向车道布置、分车道布置和双层桥面布置等。

(一)双向车道布置

双向车道布置是指行车道的上下行交通布置在同一桥面上,用划线作为分隔标记,而不设置分隔设施,分隔界限不明显。由于桥梁上同时存在上下行车辆和机动车与非机动车,因此,交通相互干扰大,行车速度受到限制,对交通量较大的道路,还往往会产生交通滞流状态。

（二）分车道布置

分车道布置是指将行车道的上下行交通通过分隔设施进行分隔。显然,采用这种布置方式,上下行交通互不干扰,可提高行车速度,有效地防止交通事故的发生,便于交通管理,但是在桥面布置上要增加一些分隔设施,桥面的宽度相应地要加宽些。采用分车道布置的方法,可在桥面上设置分隔带,用以分隔上下行车辆,如图 3-2a)所示;也可采用分离式主梁布置,在主梁间设置分隔带,如图 3-2b)所示;或采用分离式主梁,但在两主梁间的桥面上不加联系,各自单向通行,如图 3-2c)所示。

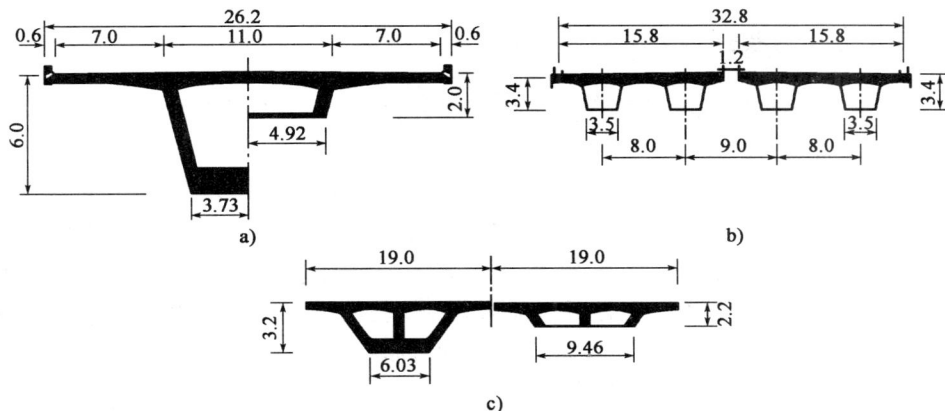

图 3-2　分车道的桥面布置(尺寸单位:m)

分车道布置除可分隔上下行交通外,还可将机动车道与非机动车道分隔、行车道与人行道分隔。

分隔带的形式可以采用混凝土制作的护栏、钢（或铁）制作的护栏或采用钢杆或钢索（链）分隔等。混凝土制作的"新泽西式护栏",是目前应用比较广泛的一种分隔形式,如图 3-3 所示,其自重大,稳定性好,具有较好的防撞性能,并且可以减少车辆的损坏。护栏可采用预制或现浇制作。预制的护栏由钢链相连,放在桥面上,且不需要特殊的基础或锚固。

（三）双层桥面布置

双层桥面布置在空间上可以提供两个不在同一平面上的桥面结构。这种布置形式多用于钢桥中,因为钢桥受力明确,构造上也较易处理,在混凝土梁桥中采用双层桥面布置的情况很少。

双层桥面布置可以使不同的交通严格分道行驶,使高速车与中速车分离,机动车与非机动车分道,行车道与人行道分离,提高了车辆和行人的通行能力,并便于交通管理,同时,可以充分利用桥梁净空,在满足同样交通要求之下,减小桥梁宽度,这种布置方式在城市桥梁和立交桥中会更显示出其优越性。

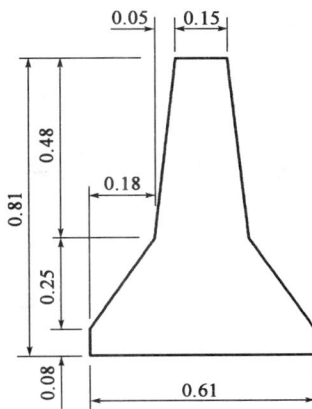

图 3-3　混凝土制作护栏
（尺寸单位:m)

第二节 桥 面 铺 装

桥面铺装是车轮直接作用的部分,也称行车道铺装或桥面保护层,其作用是保护属于主梁整体部分的行车道板不受车辆轮胎、履带的直接磨损,防止主梁受雨水的侵蚀,并能对车辆轮重的集中荷载起一定的分布作用,因此,桥面铺装的要求是有一定强度、抗车辙、行车舒适、抗滑、不透水、防止开裂,耐磨等。

桥面铺装部分在桥梁恒载中占有相当的比重,对于小跨径桥梁尤为显著,故应尽量设法减小铺装的质量。

一 桥面纵、横坡的设置

为了迅速排出桥面雨水,桥梁除设有纵向坡度外,还应将桥面铺装层的表面沿横向设置成1.5%~2.0%的双向横坡。

桥面的纵坡,一般都做成双向纵坡,坡度不超过3%。桥面的横坡通常有三种设置形式:

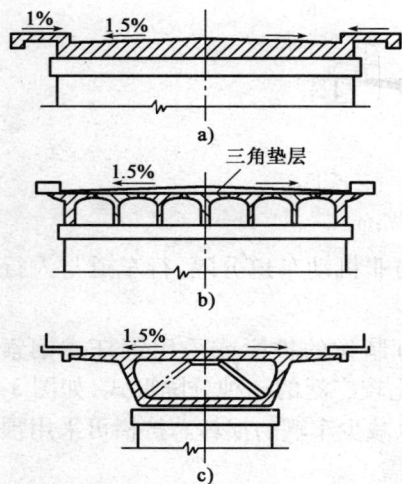

图3-4 桥面横坡的设置

(1)对于板桥(矩形板或空心板)或就地浇筑的肋板式梁桥,为节省铺装材料并减轻重力,可以将横坡直接设在墩台顶部做成倾斜的桥面板,此时铺装层在整个桥宽上就可做成等厚的,而不需设置混凝土三角垫层,如图3-4a)所示。

(2)对于装配式肋梁桥,为使主梁构造简单,架设和拼装方便,通常横坡不再设置在墩台顶部,而直接设在行车道板上。做法是先铺设一层不等厚的混凝土三角垫层,形成双向横坡,再铺设等厚度的混凝土铺装层,如图3-4b)所示。

(3)在较宽的桥梁(如城市桥梁)中,用三角垫层设置横坡将使混凝土用量与恒载质量增加过多,为此,可直接将行车道板做成倾斜面成横坡,如图3-4c)所示,但这样会使主梁的构造和施工稍趋复杂。

桥面铺装的表面通常采用抛物线或直线形横坡,人行道表面设1%的向内的直线形横坡。

二 桥面铺装的类型

装配式钢筋混凝土和预应力混凝土梁桥的铺装,目前使用下面几种形式。

(一)普通水泥混凝土或沥青混凝土铺装

在非严寒地区的小跨径桥上,通常桥面可不做专门的防水层,而直接在桥面上铺筑5~8cm厚的普通水泥混凝土或沥青混凝土铺装,其混凝土强度等级不低于行车道板混凝土强度等级,在铺筑时要求有较好的密实度。为了防滑和减弱光线的反射,最好将混凝土做成粗糙表面。水泥混凝土铺装的造价低,耐磨性能好,适合于重载交通,但其养生期较长,并且日后修补较麻烦;沥青混凝土铺装的质量较轻,维修养护较方便,在铺筑后几小时就能通车运营,但易老化变形,沥青混凝土铺装可以做成单层式的(5~8cm)或双层式的(底层4~5cm,面层3~4cm)。

(二)防水混凝土铺装

位于非冰冻地区的桥梁需做适当的防水时,可在桥面板上铺筑8~10cm厚的防水混凝土作为铺装层,如图3-5a)所示。防水混凝土的强度等级一般不低于行车道板混凝土的强度等级,其上一般可不另设面层,但为延长桥面的使用年限,宜在上面铺筑2cm厚的沥青表面处置作为可修补的磨耗层。

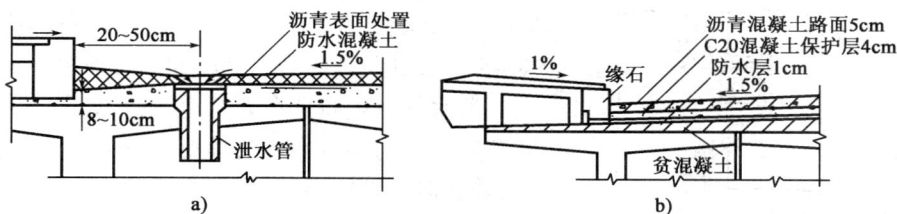

图3-5 桥面铺装构造

(三)具有防水层的水泥混凝土或沥青混凝土铺装

桥面防水层设置在行车道铺装层下面,它将透过铺装层渗下的雨水引至排水设施排出。桥面防水层主要有卷材防水层和涂料防水层两种类型。

(1)卷材防水层:在防水要求高或在桥面板位于结构受拉区而可能出现裂纹的桥梁上往往采用柔性贴式防水层,如图3-5b)所示。贴式防水层设在低强度等级混凝土三角垫层上面,其做法是:先在垫层上用水泥砂浆抹平,待硬化后在其上涂一层热沥青底层,随即贴上一层油毛毡(或麻袋布、玻璃纤维织物等),上面再涂上一层沥青胶砂,贴一层油毛毡,最后再涂一层沥青胶砂,通常将这种做法的防水层称为"三油二毡"防水层,其厚度约为1~2cm。桥面伸缩缝处应连续铺设,不可切断。桥面纵向应铺过桥台背,横向应伸过缘石底面从人行道与缘石砌缝里向上叠起10cm。

(2)涂料防水层:涂料防水层是在混凝土结构表面涂刷防水涂料以形成防水层或附加防水层。防水涂料可使用沥青胶结材料、合成树脂、合成橡胶的乳液或溶液,更常用的是环氧沥青或聚氨酯,这种防水层的厚度通常为0.3~1.0cm。为保证其与桥面板牢固结合,涂抹前应将混凝土板面刷干净。

桥面铺装一般不作受力计算,考虑到在施工中要确保铺装层与桥面板紧密结合成整体,则铺装层的混凝土(扣除作为车轮磨损的部分,约为1~2cm厚)也可合计在行车道板内一起参与受力,以充分发挥这部分材料的作用。为使铺装层具有足够的强度和良好的整体性并防止开裂,一般宜在水泥混凝土铺装中铺设直径为4~6mm的钢筋网。

第三节 桥面防水排水设施

钢筋混凝土结构不宜受潮湿、干晒的交替作用。潮湿后,水分如因严寒而结冰,则会更有害,因为渗入混凝土微细裂纹和大孔隙内的水分在结冰时会导致混凝土发生破坏,而且水分侵蚀钢筋也会使钢筋锈蚀,因此,为防止雨水滞积于桥面并渗入梁体而影响桥梁的耐久性,除在桥面铺装层内采取防水措施(如采用防水混凝土、柔性贴式防水层)外,还应采取一定的排水措施,使桥上的雨水迅速排出桥外。

桥面排水除在桥面上设置纵、横坡之外,常常还需要设置一定数量的泄水管。

通常当桥面纵坡大于2%而桥长小于50m时,雨水可沿桥面流至桥头从引道排出,桥上可以不设泄水管。为了防止雨水冲刷引道路基,应在桥头引道的两侧设置流水槽。

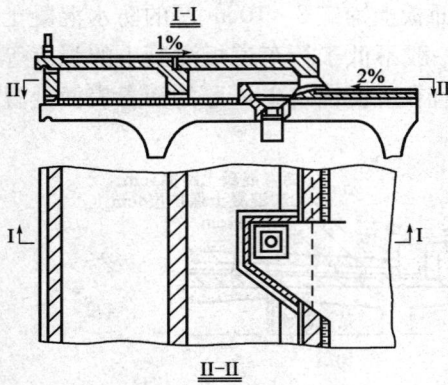

当纵坡大于2%且桥长超过50m时,宜在桥上每隔12～15m设置一个泄水管。当纵坡小于2%时,泄水管就需设置更密一些,一般每隔6～8m设置一个。泄水管的过水面积通常为每平方米桥面上不少于2～3cm²。泄水管可以沿行车道两侧左右对称排列,也可交错排列,其距离缘石为20～50cm,如图3-5a)所示。

泄水管也可布置在人行道下面,如图3-6所示,为此需要在人行道块件(或缘石部分)上留出横向进水口,并在泄水管周围(除了朝向桥面的一方外)设置相应的聚水槽。

图3-6 泄水管布置在人行道下的图式

将雨水排至地面阴沟或下水道内。

对于跨线桥和城市桥梁,宜设置完善的泄水管道,

目前,梁式桥常用的泄水管道有金属泄水管、钢筋混凝土泄水管、横向排水管道等几种形式。

一 金属泄水管

图3-7为一种构造比较完备的铸铁泄水管,适用于具有贴式防水层的铺装结构。泄水管的内径一般为10～15cm,管子下端应伸出行车道板底面以下至少15～20cm,以防渗湿主梁梁肋表面。安放泄水管时,与防水层的接合处要做得特别仔细,防水层的边缘要紧夹在管子的顶缘与泄水漏斗之间,以便防水层上的渗水能通过漏斗上的过水孔流入管内。这种铸铁泄水管使用效果好,但构造较复杂。通常可以根据具体情况,作简化改进,例如采用钢管和钢板的焊接构造,甚至改用塑料泄水管等。

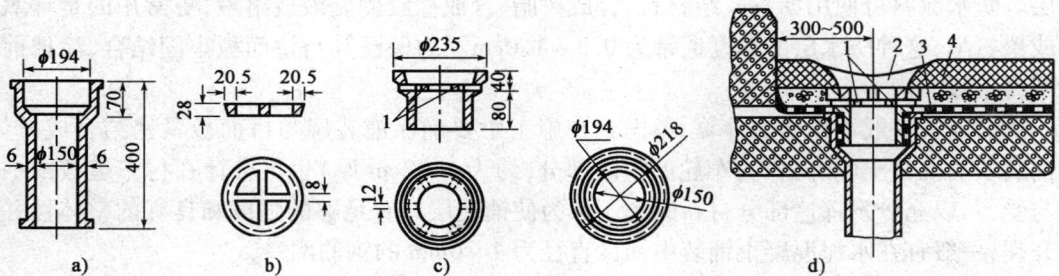

图3-7 金属泄水管构造(尺寸单位:mm)

a)金属泄水管;b)十字金属盖;c)环形金属盖;d)安装后示意图

1-金属盖;2-聚水槽;3-防水层;4-桥面铺装

二 钢筋混凝土泄水管

图3-8所示为钢筋混凝土泄水管构造,它适用于不设专门防水层而采用防水混凝土的铺

装构造上,布置细节可参见图3-5a)。在制作时,可将金属栅板直接作为钢筋混凝土管的端模板,以使焊于板上的短钢筋锚固于混凝土中,这种预制的泄水管构造简单,可以节约钢材。

三 横向泄水管道

对于一些跨径不大、不设人行道的小桥,有时为了简化构造和节省材料,可以直接在行车道两侧的安全带或缘石上预留横向孔道(图3-9),并用铁管、竹管等将水排出桥外,这种做法构造简单,但因孔道坡度平缓,易于堵塞。

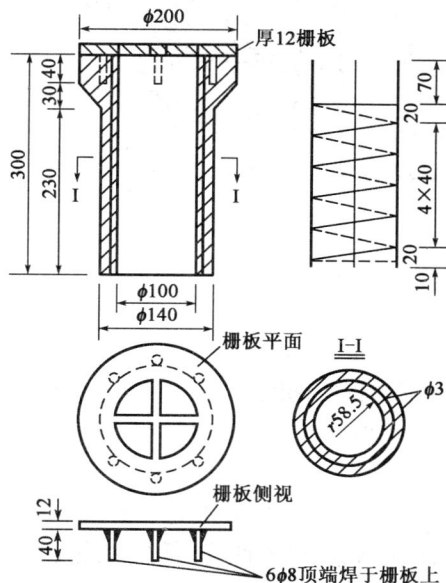

图 3-8   钢筋混凝土泄水管构造(尺寸单位:mm)

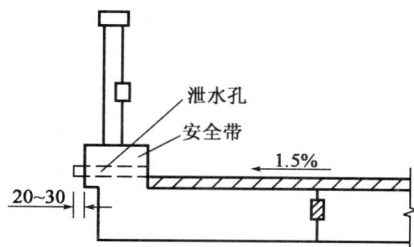

图 3-9   横向泄水管道(尺寸单位:mm)

第四节　桥面伸缩装置

为了适应桥跨结构在气温变化、活载作用、混凝土收缩与徐变等影响下变形的需要,就需要在两梁端之间以及梁端与桥台背墙之间设置伸缩缝(亦称变形缝)。

伸缩装置的构造有简有繁,视桥梁变形量的大小和活载轮重而异。伸缩装置作用是保证梁能够自由变形,使车辆在设缝处能平顺地通过,防止雨水、垃圾、泥土等渗入、堵塞,对于城市桥梁,伸缩装置的设置还可起到在车辆通过时减小噪声的作用。伸缩装置的构造应保证施工和安装方便,其本身要有足够的强度,还应与桥面铺装部分牢固连接,对于敞露式的伸缩装置要便于检查和清除缝下沟槽的污物。特别要注意的是伸缩缝附近的栏杆结构也要能相应的自由变形。

伸缩装置类型的选择主要取决于桥梁的伸缩量,它的大小通过计算确定。

下面介绍几种常用的伸缩装置构造。

一 U形锌铁皮伸缩装置

对于中小跨径的简支桥梁,当变形量在 20～40mm 之间时可选用 U 形锌铁皮伸缩装置,如图 3-10a) 所示。锌铁皮弯成 U 形断面的长条形，分上下两层。上层锌铁皮弯曲部分应开孔径为 6mm、孔距为 30mm 的梅花眼，其上设置石棉纤维垫绳过滤器，然后用沥青填塞。这样，当桥面伸缩时锌铁皮可随之变形，下层锌铁皮 U 形槽可将渗下的雨水沿横向排出桥外。这种伸缩装置构造简单，但在短期使用后一般均有不同程度的损坏，车辆行驶时常有突跳感觉。

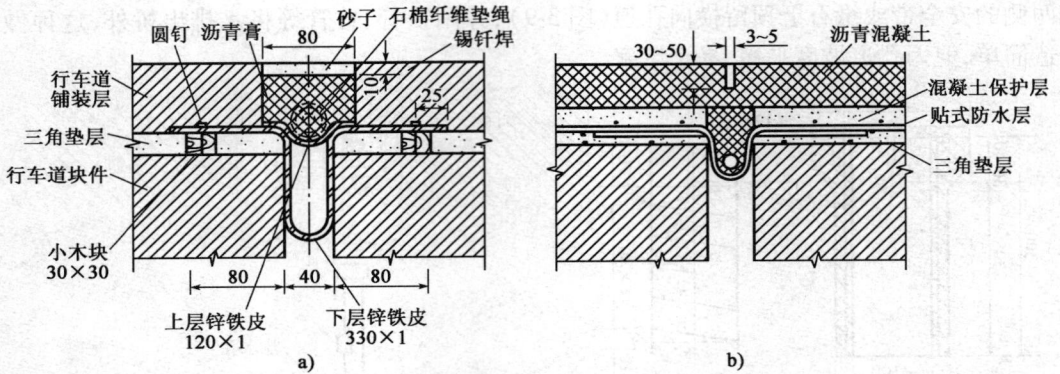

图 3-10　U 形锌铁皮式伸缩装置(尺寸单位:mm)
a)用于水泥混凝土桥面;b)用于沥青混凝土桥面

对于沥青混凝土桥面，当伸缩量不超过 1mm，可以不必将桥面断开，如图 3-10b) 所示。为了避免在桥面上出现不规则的裂缝，可以在桥面施工时预留约宽 5mm、深 30 ~ 50mm 的整齐切口，然后再注入沥青胶砂，如图 3-10b) 所示。

对于人行道部分的伸缩装置构造，通常用一层 U 形锌铁皮跨搭，其上再填充沥青膏来实现。U 形锌铁皮伸缩装置的优点是构造简单，施工方便;缺点是耐久性差，且只能适应于伸缩量小的桥梁。

二　TST 弹塑体伸缩装置

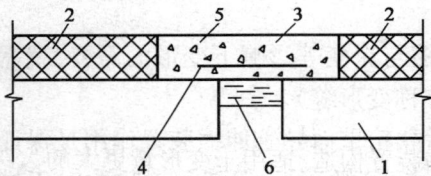

图 3-11　TST 弹塑体伸缩装置
1-梁体;2-桥面铺装;3-TST 弹塑体;4-跨缝板;5-碎石;6-海绵体

对于中小跨径的简支桥梁，当变形量在 20 ~ 50mm 之间时选用 TST 弹塑体伸缩装置，它是以 TST 弹塑体作为跨缝材料，其构造如图 3-11 所示。该弹塑体在温度达到 140℃ 以上时呈熔融状，可以直接浇筑;在低温下具有弹性和防水性。TST 永不固化，并长期保持这种性能，在 -25℃ 时，仍有 100% 延伸率。施工时，小缝直接浇筑，大缝添加碎石用于伸缩量 0 ~ 50mm 的桥梁。

三　跨搭钢板伸缩装置

对于梁端变形量较大(40 ~ 60mm 以上)的情况，可采用以钢板为跨缝材料的伸缩装置构造。图 3-12a) 为最简单的钢板伸缩装置，用一块厚度约为 10mm 的钢板搭在断缝上，钢板的一侧焊在锚固于铺装层混凝土内的角钢 1 上，另一侧可沿着对面的角钢 2 自由滑动。角钢 2 的边缘再焊上一条窄钢板，以抵住桥面的沥青砂面层。此形式为一侧固死的钢板伸缩装置，当车辆驶过时,往往由于梁端转动或挠度变形引起的拍击作用易使结构损坏。

图3-12b)为借助螺杆弹簧装置来固定滑动钢板的新型构造(变形量可达70mm)。其特点是滑动钢板始终通过橡胶垫块紧压在护缘角钢上,这样既消除了不利的拍击作用,又显著减小了车辆荷载的冲击影响。

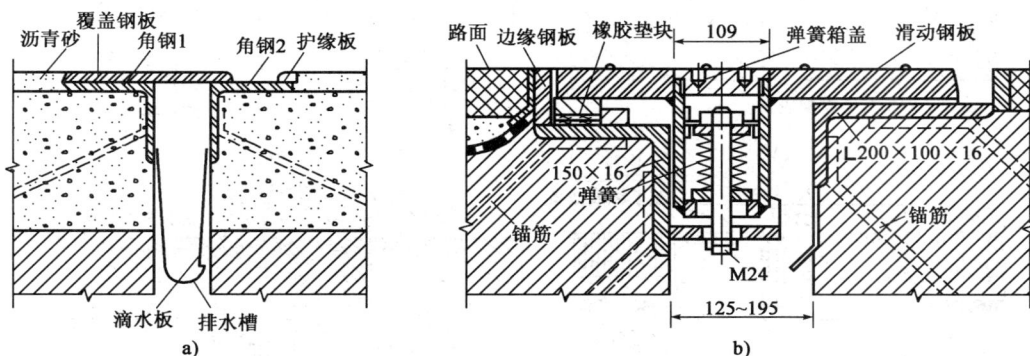

图3-12　跨搭钢板式伸缩装置(尺寸单位:mm)

如果梁端的变形量更大,还可采用两侧同时滑动的钢板伸缩装置(变形量可达200~400mm),或采用更加完善的梳形齿式钢板伸缩装置构造。

跨搭钢板式伸缩装置的构造比较复杂,消耗钢材也较多,但能适应较大的变形量。在施工中应特别注意护缘角钢与混凝土的锚固要牢靠,角钢下混凝土的浇筑要密实。

（四）橡胶伸缩装置

利用各种断面形状的优质橡胶带作为伸缩装置的填嵌材料,既富于弹性,又易于胶贴(或铰接),能满足变形要求又兼备防水功能。橡胶带是厂制成品,使用起来很方便,目前在国内外已广泛应用。

图3-13a)为用一种特制的三节型橡胶带代替锌铁皮的构造,带的中节是空心的,它对于变形与防水都有很好的效果。

图3-13b)为用氯丁橡胶制作的具有2个圆孔的伸缩装置嵌条。将梁架好后,在端部焊上角钢(角钢之间的净距可比橡胶嵌条的宽度小10mm,涂上胶后,再将橡胶嵌条强行嵌入。橡胶伸缩装置可随着人行道弯折,嵌条接头处用胶粘接。

图3-13c)为用螺栓夹具固定倒U形橡胶嵌条的伸缩装置构造,适用于变形量更大的大跨度桥上,可以采用橡胶和钢板组合的伸缩装置构造,如图3-13d)所示,其中橡胶嵌条的数量可按变形量的大小选取,车轮荷载则通过一组钢板来传递,这种伸缩装置的变形量可达150mm。

采用橡胶伸缩装置可以避免污物落入缝内,省去排水溜槽,显著减小活载的动力作用,简化接缝构造和安装工艺,并能显著节约钢材。

桥梁运营的实践经验证明,桥面上的伸缩装置在使用中很容易损坏,因此,为了提高行车的舒适性,减轻桥梁的养护工作和提高桥梁的使用寿命,就应力求减少伸缩缝的数量。近些年来,在建桥实践中采取的将多孔简支的上部构造做成桥面连续的新颖结构措施,就是解决这一问题的办法之一。

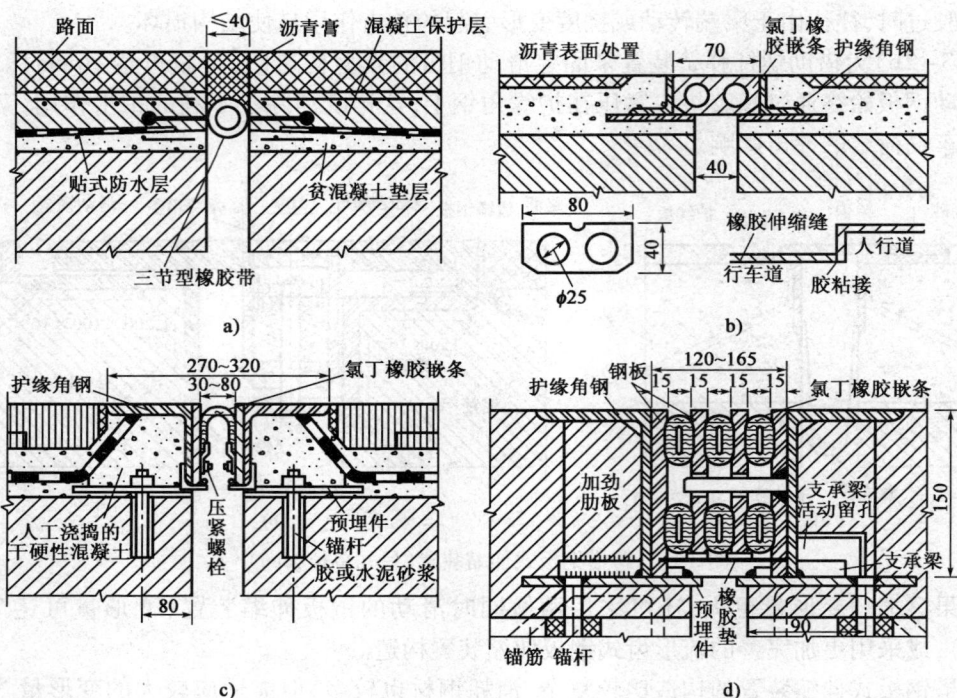

图 3-13 橡胶伸缩装置(尺寸单位:mm)

第五节 人行道、栏杆与灯柱

一 人行道及安全带

人行道顶面一般高出桥面 250～300mm,按人行道安装在主梁上的位置可分为搁置式(非悬臂式)和悬臂式,如图 3-14 所示。

人行道板一般是预制拼装,也可现浇。在预制或现浇人行道板时,要注意预留安装灯柱、栏杆柱的位置,埋设好预埋件,人行道必须在桥面断缝处做伸缩缝。人行道防水层通过人行道板与路缘石砌缝处与桥面防水层连成整体,贴式防水层应伸过缘石底面,并稍弯起。人行道顶面一般均铺设 20mm 厚的水泥砂浆或沥青砂作为面层,并做成倾向桥面 1%～1.5% 的排水横坡。

安全带是当桥面不需设人行道时,为保障行车安全,在行车道边缘设置宽度和高度均不小于 0.25m 的构造物,近年来,安全带的高度大多不低于 0.4m。安全带可以单独做成预制块件,也可与梁一起预制或与铺装层一起现浇。安全带宜每隔 2.5～3m 设一伸缩缝,以免参与主梁受力而被损坏。

图 3-15 为装配式人行道构造的例子,这种布置适用于人行道一部分需悬出主梁的桥面板外的情况,人行道由人行道板、人行道梁、支撑梁及缘石组成。人行道梁搁在行车道的主梁上,一端悬臂挑出,另一端则通过预埋的钢板与主梁预留的锚固钢筋焊接。人行道梁分 A、B 两种形式,A 式梁上要装栏杆柱,故端部凹槽较宽。支撑梁位于人行道梁的下面,用以固定人行道梁的位置。人行道板则铺装在人行道梁上。这种人行道的构造,预制块件小而轻,但施工较麻烦。

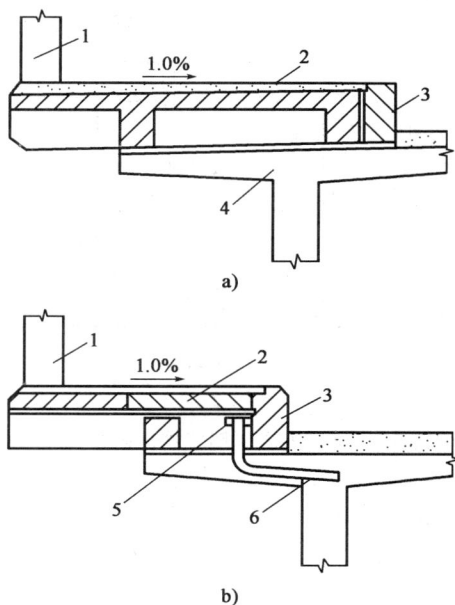

图 3-14　人行道
a) 非悬臂式；b) 悬臂式
1-栏杆；2-人行道铺装层；3-缘石；4-T 形梁；5-焊接钢板；6-锚固钢筋

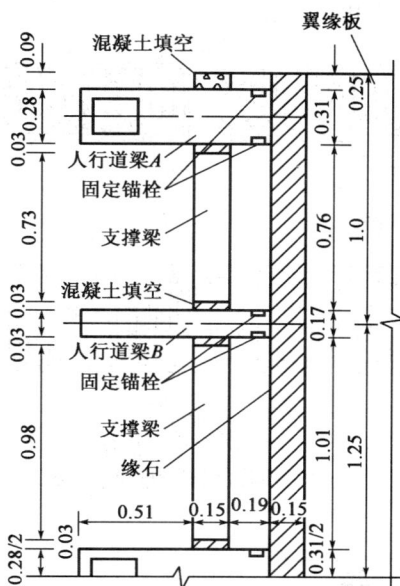

图 3-15　悬出的装配式人行道构造（尺寸单位：m）

二　栏杆和灯柱

栏杆是桥梁的一种安全防护设施，要坚固、实用、朴素、大方，栏杆高度通常为 0.8～1.2m，有时对于跨径较小且宽度不大的桥梁，可将栏杆做得矮些（0.4～0.6m），栏杆柱的间距一般为 1.6～2.7m。

栏杆常用混凝土、钢筋混凝土、金属以及金属与混凝土的混合材料制作，从形式上可分为节间式与连续式。节间式由立柱、扶手及横挡（或栏杆栅）组成，便于预制安装，如图 3-16a）所示。连续式具有连续的扶手，一般由扶手、栏杆栅（柱）及底座组成，如图 3-16b）所示。

按栏杆的实用目的可分为人行道栏杆和防撞栏杆（防撞护栏）。人行道栏杆只保障行人安全，不能抵挡意外情况下机动车辆的冲撞；防撞栏杆（防撞护栏）除能保障行人的安全外，还能在意外情况下，抵挡车辆的冲撞，使车辆不致失控而冲出护栏以外发生事故，如图 3-17 所示。应该注意，在靠近桥面伸缩缝处的所有栏杆，均应使扶手与立柱之间能自由变形。

在城市及城郊行人和车辆较多的桥梁上，都要设置照明设施，一般采用灯柱的形式。灯柱可以利用栏杆柱，在较宽的人行道上也可单独设在靠近缘石处。照明用灯一般高出车道 5m 左右。钢筋混凝土灯柱的柱脚可以就地浇筑并将钢筋锚固于桥面中。铸铁灯柱的柱脚固定在预埋的锚固螺栓上。为了照明以及其他用途所需的电信线路等通常都从人行道下的预留孔道内通过。

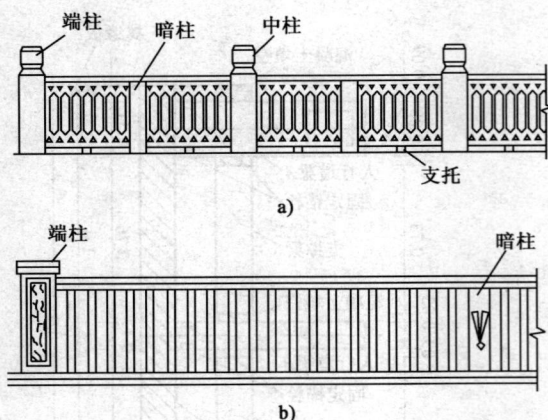

图 3-16　栏杆
a)节间式栏杆;b)连续式栏杆

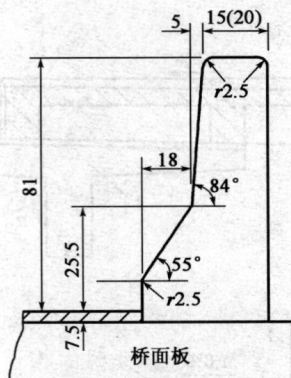

图 3-17　钢筋混凝土墙式护栏(尺寸单位:cm)

思考题

1. 桥面系由哪些部分组成?
2. 桥面是如何布置的?
3. 桥面纵、横坡是如何设置的?
4. 桥面铺装的类型有哪些?
5. 目前梁式桥上常用的泄水管道有哪些? 如何布置的?
6. 桥面为何设置伸缩装置? 其类型有哪些?
7. 人行道和安全带是如何划分的?

第四章　钢筋混凝土简支梁桥的构造

【学习目标】
1. 了解梁式桥的类型与特点。
2. 掌握整体式简支板桥的构造。
3. 掌握装配式简支板桥的构造。
4. 掌握钢筋混凝土简支T形梁桥的设计与构造。

第一节　梁式桥的类型与特点

国内外大部分的中小跨径公路桥梁或城市桥梁以及绝大部分的铁路桥梁,都是钢筋混凝土或预应力混凝土梁式桥。预应力混凝土梁桥兼有降低梁高和跨越能力大的好处,特别是预应力技术的采用,为现代装配式结构提供了最有效的接头和拼装手段,使建桥技术和运营质量均产生了较大的飞跃。

钢筋混凝土与预应力混凝土的梁式桥具有多种不同的构造类型。除了从力学上充分考虑发挥材料特性而不断改进桥梁的截面形式外,构件的施工方便以及起重安装设备的能力,也是影响梁桥构造形式发生变化的重要因素。

一　梁桥的主要类型及其适用条件

梁桥按照不同的分类标准有不同的分类方法。下面按照梁桥的施工方法、主梁横截面形式、承重结构的静力体系以及主梁有无预应力等几个方面分别进行分类。

(一)按施工方法分

1. 整体浇筑式梁桥

整体浇筑式梁桥的建桥施工作业全部都是在施工现场进行,由于全桥在纵向和横向都是现场整体浇筑,所以桥梁结构的整体性好,可以按需要做成各种外形。但施工速度比较慢,工业化程度低,又要耗费较多的支架和模板等材料,目前除了弯、斜桥和部分连续梁桥外,一般情况下较少修建。

2. 装配式梁桥

装配式梁桥的上部构造是在预制工厂(桥梁厂)或工地预制场分块分片预制,再运到现场吊装就位,然后在接头处把构件连接成整体。装配式桥的预制构件采用工厂化施工,受季节影响小,质量易于保证,而且还能与桥梁下部工程同时施工,加快了施工进度,并能节约支架和模板的材料。

3. 组合式梁桥

组合式梁桥也是一种装配式的桥跨结构,如图4-1所示,不过它是用纵向水平缝将桥梁分割成工字形的梁肋或开口槽形梁和桥面板,桥面板再借纵横向的竖缝划分成在平面内呈矩形的预制构件。这样可以显著减轻预制构件的重力,并便于集中制造和运输吊装。

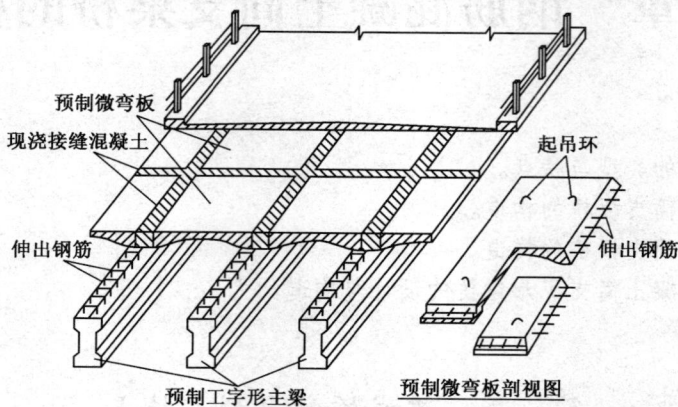

图4-1 组合式梁桥

组合梁的特点是整个截面分两个(或几个)阶段组合而成,在Ⅰ形梁或开口槽形梁上搁置轻巧的预制空心板或微弯板构件,通过现浇混凝土接头而与Ⅰ形梁或槽形梁结合成整体。或以弧形薄板或平板作为现浇桥面,混凝土的模板,通过现浇混凝土使各主梁结合成整体。

(二)按横截面形式分

1. 板桥

板桥横截面包括整体式矩形实心板,装配式实心板,装配式空心板等形式,如图4-2所示。整体式矩形实心板具有形状简单、施工方便、建筑高度小、结构整体刚度大等优点;但施工时需现浇混凝土,受季节气候影响,又需模板与支架。从受力要求看,截面材料不经济、自重大,所以只在小跨板桥使用。有时为了减轻自重,也可将截面受拉区稍加挖空做成矮肋式的板截面,如图4-2b)所示,使用最广泛的装配式板桥如图4-2c)所示,由几块预制的实心板利用板间企口缝填入混凝土而成。装配式板桥也可做成横截面被显著挖空的空心板桥如图3-2d)所示,在缺乏起重设备的情况下,横截面可做成一种装配—整体组合式桥如图4-2e)所示。钢筋混凝土简支实心板梁的跨径,只用于8m左右的小桥,预应力混凝土空心板跨径可以用到16~32m。

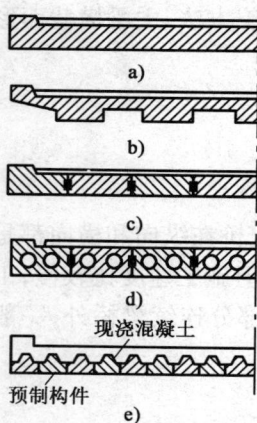

图4-2 板梁横截面

2. 肋梁桥

在横截面内形成明显肋形结构的梁桥称为肋板式梁桥,或简称肋梁桥。在此种桥上,梁肋(或称腹板)与顶部的钢筋混凝土桥面板结合在一起作为承重结构(图4-3)。由于肋与肋之间处于受拉区域的混凝土得到很大程度的挖空,就显著减轻了结构自重。肋梁式桥截面有三种基本类型:Π形、Ⅰ形、Τ形。钢筋混凝土简支肋梁桥的常用跨径为 8 ~ 20m,预应力混凝土简支肋梁桥的常用跨径为 25 ~ 50m。

3. 箱梁桥

横截面呈一个或几个封闭箱形的梁桥简称为箱形梁桥(图 4-4)。这种结构除了梁肋的上部翼缘板外,在底部尚有扩展的底板,因此它提供了承受正、负弯矩的足够的混凝土受压区。箱形梁桥的另一个重要特点,是在一定的截面面积下能获得较大的抗弯惯性矩,而且抗扭刚度也特别大,在偏心的活载作用下各梁肋(腹板)的受力比较均匀。因此箱形截面能适用于较大跨径的悬臂梁桥和连续梁桥,也可用来修建全截面均参与受力的预应力混凝土简支梁桥。显然,对于普通钢筋混凝土的简支梁桥来说,底板除徒然增加自重外并无其他益处,故普通钢筋混凝土梁桥中不宜采用箱形截面。

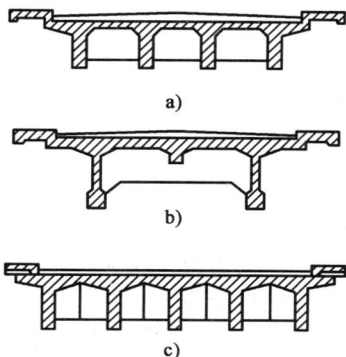

图 4-3　肋板式梁桥横截面

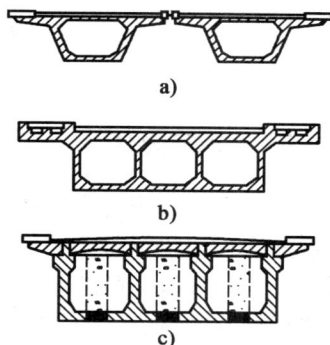

图 4-4　箱形梁桥横截面

(三)按承重结构的静力体系分

1. 简支梁桥

简支梁桥是梁式桥中应用最早、使用最广泛的一种桥型。它构造简单,最易设计为各种标准跨径的装配式结构;施工工序少,架设方便;在多孔简支梁桥中,由于各跨构造和尺寸统一,简化施工管理工作,降低施工费用;因相邻桥孔各自单独受力,桥墩上需设置相邻简支梁的两个支座;简支梁桥的构造较易处理而常被选用,如图 4-5a)。

2. 连续梁桥

这种体系的主要特点是:承重结构(板梁、T 形梁或箱梁)不间断地连续跨越几个桥孔而形成一超静定的结构如图 4-5b)所示,连续孔数一般不宜过多。当桥梁跨径较多时,需要沿桥长分建成几组(或称几联)连续梁。连续梁由于荷载作用下支点截面产生负弯矩,从而显著减小了跨中的正弯矩,这样不但可减小跨中的建筑高度,而且能节省钢筋混凝土数量。跨径增大时,这种节省就愈益显著。连续梁通常适用于桥基十分良好的场合,否则,任一墩台基础发生沉降时,桥跨结构内均产生附加内力。

3. 悬臂梁桥

这种桥梁的结构主体是长度超出跨径的悬臂结构。仅一端悬出者称为单悬臂梁,两端均悬出者称为双悬臂梁。对于较长的桥,还可以借助简支的挂梁与悬臂梁一起组合成多孔桥,如图 4-5c)所示。在力学性能上,悬臂根部产生的负弯矩减小了跨中正弯矩,所以悬臂梁也与连续梁相仿,可以节省材料用量。悬臂梁桥属于静定结构,墩台的沉降不会在梁内引起附加内力。

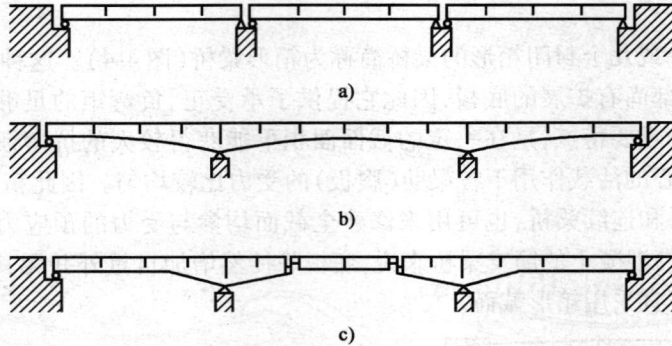

图 4-5　梁式桥的基本体系

a)简支梁桥;b)连续梁桥;c)悬臂梁桥

（四）按有无预应力分

梁桥按混凝土构件中有无预应力分为钢筋混凝土梁桥和预应力混凝土梁桥。

钢筋混凝土梁由于混凝土的抗压强度高而抗拉强度低,在一般荷载作用下,受拉区混凝土不可避免会产生裂缝。裂缝超过一定宽度,不仅导致构件刚度下降很多,而且湿气的侵入将引起钢筋锈蚀,降低构件的耐久性,因此必须限制裂缝的宽度,这就限制了高强材料的应用,同时使钢筋混凝土的应用范围受到很大限制。为了解决上述矛盾,人们在长期的生产实践中创造了预应力混凝土结构。图 4-6a)是普通钢筋混凝土梁,在受荷载时,梁发生弯曲;当再加荷时,梁发生裂缝直至破坏。预应力的钢筋混凝土梁如图 4-6b)所示,先在没有荷载时在受拉区加一个压力,这预先加的压力就是预应力。预加的压力使梁产生反拱,当梁受荷载时,梁回复到平直状态,再增加荷载,则梁发生弯曲,当再增加荷载时梁才产生裂缝直到破坏。这就是预应力和非预应力混凝土构件的不同。前者构件早出现裂缝破坏,而后者构件不出现裂缝或推迟出现裂缝。

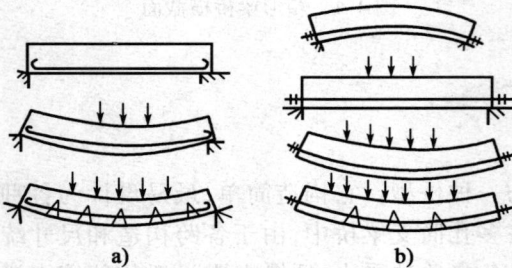

图 4-6　普通钢筋混凝土梁和预应力混凝土梁

a)普通钢筋混凝土梁;b)预应力混凝土梁

预应力混凝土梁和钢筋混凝土梁相比有如下优点:

(1)采用高强钢材,可节省钢材用量约 20% ~40% 。

(2)预加力大大提高梁的抗裂性,从而增加了梁的耐久性。

(3)由于采用高强混凝土,截面尺寸减少,梁体自重减轻,可以扩大跨越能力,也有利于运输和架设。

(4)混凝土全截面受压,充分发挥了混凝土的抗压性能的优势,提高了梁的刚度。

目前,预应力混凝土得到了广泛的应用。8 ~16m 跨度的先张梁已研制成功,24 ~32m 跨度简支梁均采用预应力混凝土后张梁。跨度为 40m 采用横向分块、工地拼装的预应力混凝土箱形简支梁。

二 梁式桥的受力特点

梁式桥是以梁作为主要承重结构的桥梁,其受力特点是梁体主要为受弯,在竖向荷载作用下,梁端支点处只产生竖向力,不产生水平反力。梁体一般安放平直,所以相对于拱桥和索桥而言,梁式桥又称之为平桥。梁受外荷载作用后,在各横截面上产生弯矩,其大小随截面而异。一座桥的承载能力和跨越能力决定于梁的抵抗弯矩的能力,而梁的抗弯能力在很大程度上取决于材料的强度、截面的尺寸和形状,特别是梁体的高度,梁式桥受力如图4-7所示。

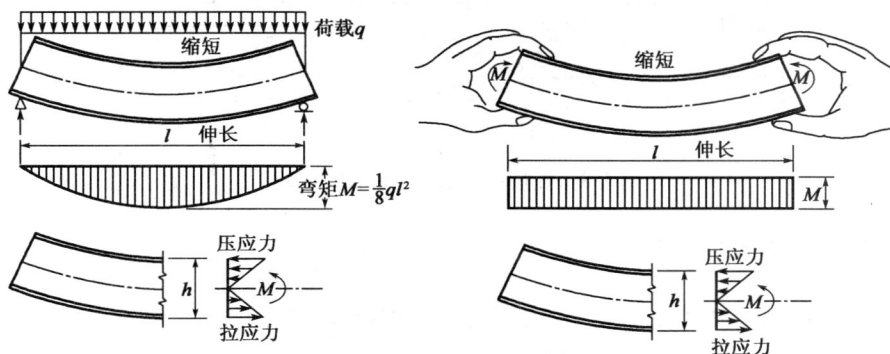

图 4-7 梁式桥受弯示意图

第二节 简支板桥的构造

一 整体式简支板桥的构造

整体浇筑的简支板桥一般均采用等厚度板,它具有整体性能好,横向刚度大,而且易于浇筑各种形状的优点。整体式简支板桥的宽度大,一般均为双向受力板。荷载位于桥中线时,板内产生负弯矩,荷载位于板两边时,板内可能产生负弯矩。所以,针对这些受力特点,除了配置纵向受力钢筋,板内还设置垂直于主钢筋的横向分布钢筋,在板的顶部配置适当的横向钢筋。

根据《公路钢筋混凝土及预应力混凝土桥涵设计规范》(JTG D62—2004)规定,钢筋混凝土板内主筋直径不小于10mm,主筋间距不大于20cm,板内主筋可以不弯起,也可以弯起。当弯起时,通过支点的不弯起钢筋,每延米板宽内不少于三根,截面积不少于主筋的1/4。弯起的角度为30°或45°,弯起的位置为沿板高中线计算的1/4~1/6跨径处。对于分布钢筋,应采用直径不小于8mm,间距不大于20cm,同时在单位长度板宽内的截面积应不少于板的截面面积的0.1%。板的主钢筋与板边缘间的净距应小于3cm,分布钢筋与板边缘间的净距应小于15mm。

图4-8为标准跨径6m的公路钢筋混凝土整体式简支板桥构造图。行车道宽7m,两侧设0.25m的安全带。计算跨径为5.69m,净跨径为5.40m,板厚为36cm。纵向主钢筋用 $\phi18$ 的HRB335钢筋,分布钢筋用 $\phi10$ 的R235钢筋。由于板内的主拉应力一般不大,按计算可不设斜筋,但是从构造上考虑,有时将多余的一部分主钢筋弯起。桥跨结构的混凝土强度等级为C20。

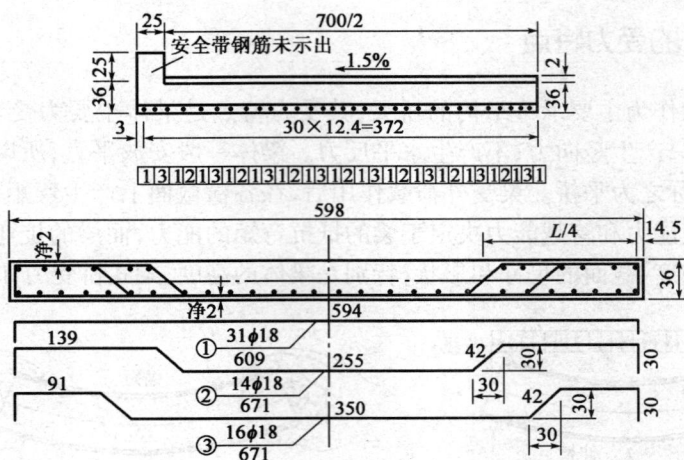

图 4-8　板桥的构造(尺寸单位:cm)

二　装配式简支板桥的构造

装配式简支板桥的横截面形式主要有实心板和空心板两种。

(一)装配式正交实心板桥

矩形实心板桥具有形状简单,施工方便,建筑高度小,施工质量易于保证等优点。图4-9为装配式简支实心板桥横剖面构造。空心板行(车道板块件构造)如图 4-10 所示,标准跨径6m,行车道宽 7m,两边设 0.75m 的人行道,公路—I 级,人群荷载 3kN/m² 设计的装配式行车道板块件构造。块件安装后在企口缝内填筑 C30 小石子混凝土,并浇筑厚 6cm 的 C30 级防水混凝土铺装层使之连成整体。为了加强预制板与铺装层的结合以及相邻预制板的连接,将板中的箍筋伸出预制板顶面,待板安装就位后将这段钢筋放平,并与相邻预制板中的箍筋相互搭接,以铁丝绑扎,然后浇筑于混凝土铺装层中,预制板的混凝土强度等级为 C25。

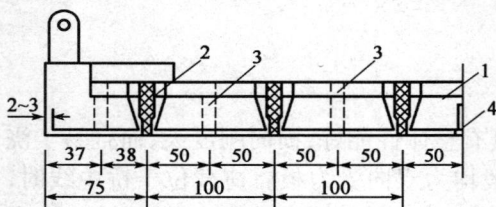

图 4-9　装配式简支实心板桥横剖面构造
(尺寸单位:cm)
1-预制板;2-接缝;3-预留孔;4-垫层

(二)装配式正交空心板桥

当跨径增大时,实心板梁截面就显得不合理,此时宜采用空心板梁。目前钢筋混凝土空心板桥,板厚度一般为 40~80cm,跨径范围一般为 6~13m;而预应力混凝土空心板桥板厚为40~85cm,常用跨径在 8~25m。空心板梁质量轻,运输安装方便,而建筑高度又较同跨径的T 形梁小,如图 4-11 所示为几种常用的开孔形式。图 4-11a)和 4-11b)开成单孔,挖空面积最大;图 4-11c)和 4-11d)挖成两个圆孔。目前空心板梁的内模一般采用高压充气胶囊,具有制作及脱模方便等优点,所以充气胶囊内模应用较为广泛。当板的厚度改变时,只需更换两块侧模板。空心板横截面的最薄处不得小于 7cm,以保证施工质量和局部承载的需要。为了保证抗剪强度,应在截面内按计算需要配置弯曲钢筋和箍筋。如图 4-12 所示为标准跨径 13m

的装配式预应力混凝土空心板桥的构造,桥面净空为净—7+2×0.25m 的安全带,总宽为8m,由 8 块宽 99cm 的空心板组成,板与板之间的间隙为 1cm。板全长 12.96m 计算跨径12.6m,板厚 60cm。空心板横截面形式采用图 4-11d),腰圆孔宽 38m,高 46cm。采用 C40 混凝土预制空心板和填塞铰缝。每块底层配置 Ⅳ 级冷拉钢筋作预应力筋,共 7 根 φ20cm,每根预应力筋拉力为 194kN,每米钢筋的拉伸值为 0.35cm。板顶面除配置 3 根 φ12 的架立钢筋外,在支点附近还配置 6 根 φ8 的非预应力钢筋来承担由于应力产生的拉应力。用以承担剪力的箍筋 N5 与 N6 做成开口形式,待立好芯模后,再与其上横向钢筋 N4 互相绑扎组成封闭的箍筋。

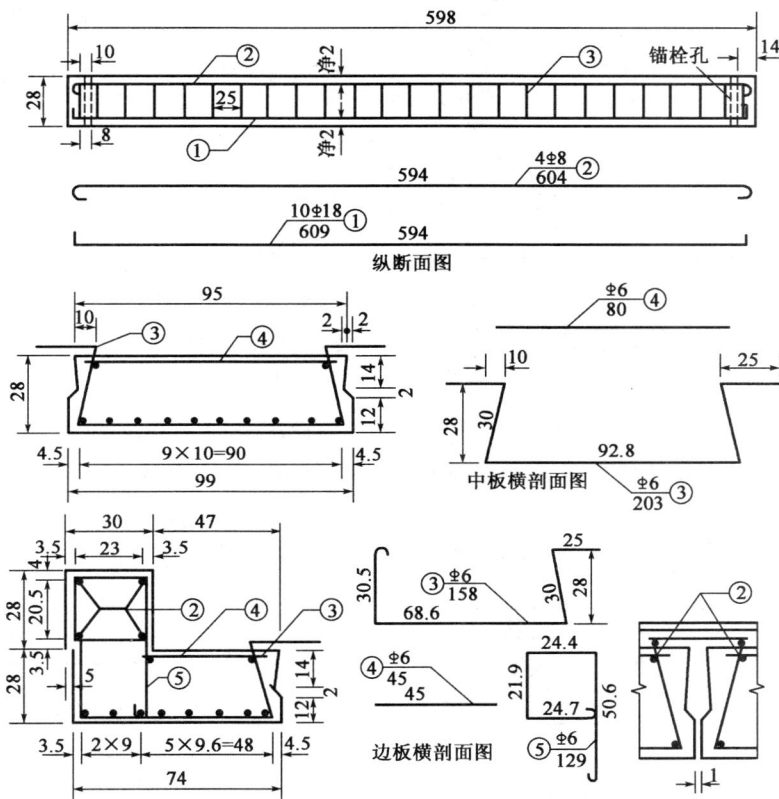

图 4-10　空心板行车道板块件构造(尺寸单位:cm)

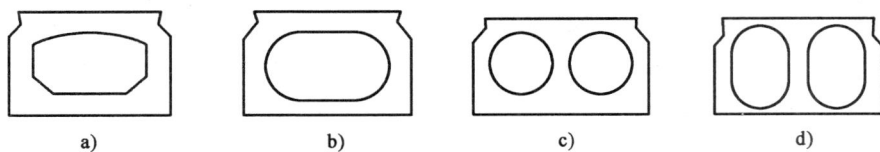

图 4-11　空心板的截面形式

(三)装配式板桥的横向连接

为了增加装配式板桥块件间的整体性和在外荷载作用下相邻的几个块件能共同承受车辆荷载,在块件之间必须设置横向连接。横向连接的构造有企口混凝土铰接和钢板焊接连接两种。

企口混凝土铰接有圆形、菱形和漏斗三种,如图 4-13a)、b)、c)所示。它是在块件安装就位后,在企口缝内用C30～C40细骨料混凝土填筑密实而成;如果要使桥面铺装也参与受力,也可将预制板中的钢筋伸出与相邻板的对应钢筋相互绑扎,再浇筑在铺装层内,如图4-13d)所示。

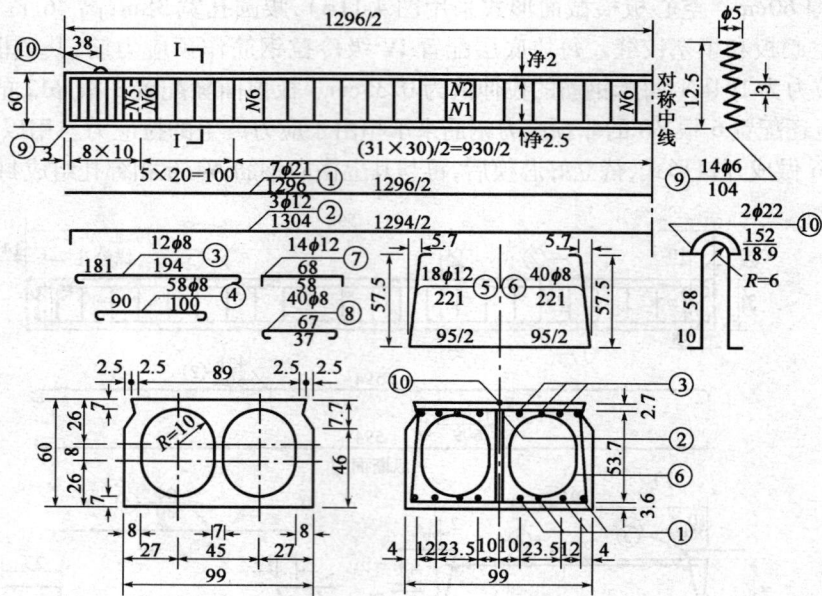

图4-12　装配式预应力混凝土空心板桥的构造(尺寸单位:cm)

由于企口内的混凝土需要达到设计强度后才能通车,当需要加快工程进度提前通车时,可以采用钢板连接,如图4-14所示。具体做法是将钢板 N1 焊接在相邻两块件的预埋钢板 N2 上。连接构件的纵向中距通常为 80～150cm,在跨中部分布置较密,向两端支点逐渐减疏。

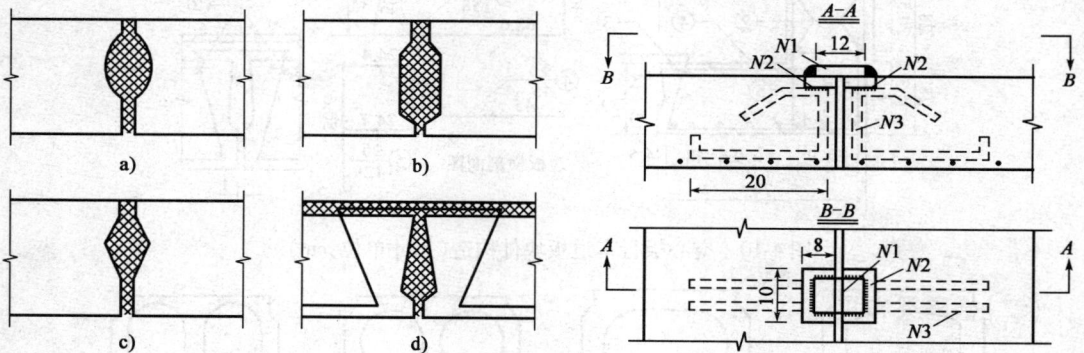

图4-13　企口

图4-14　钢板连接

第三节　钢筋混凝土简支 T 形梁桥的构造

国内外所建造的装配式钢筋混凝土简支梁桥,以 T 形梁桥最为普遍。钢筋混凝土简支梁桥在我国的标准跨径有四种,分别为 10m、13m、16m 和 20m。如图4-15 所示,装配式钢筋混凝土 T 形梁上部构造由几片 T 形截面的主梁并列在一起装配连接而成。T 形梁的顶部翼缘板构成行车道板,与主梁梁肋垂直相连的横隔梁(横隔板)将各个主梁连成整体,这样就能使作用在行车道板上的局部荷载分布给个片主梁共同承受。

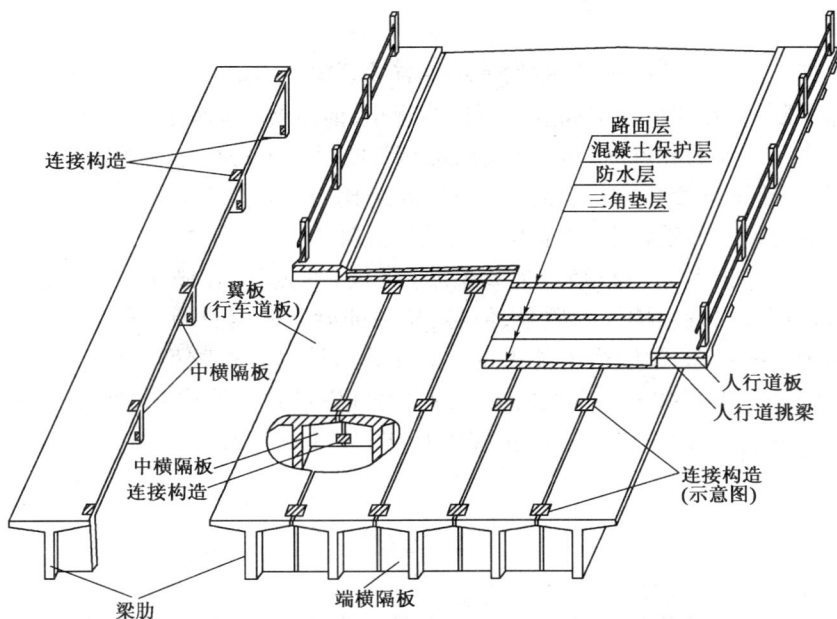

图 4-15 装配式简支 T 形梁桥概貌

图中标注：连接构造、翼板（行车道板）、中横隔板、中横隔板连接构造、梁肋、端横隔板、路面层、混凝土保护层、防水层、三角垫层、人行道板、人行道挑梁、连接构造（示意图）

一 构造布置及尺寸

（一）主梁布置

对于设计给定的桥面宽度（包括行车道和人行道宽度），如何选定主梁的间距（或主梁片数），这是构造布局中首先要解决的课题。它不仅与钢筋和混凝土的材料用量以及构件的吊装质量有关，而且还涉及翼板的刚度等因素。

对于跨径较大的简支梁桥，如果梁高不受限制，增加梁高，只增加腹板高度，混凝土数量增加不多，可以节省混凝土数量，往往比较经济。另外，增大主梁间距，也可以减少钢筋和混凝土的用量，这样也比较经济，但往往给梁体的运输和架设增大了困难，同时悬臂翼缘板端部较大的挠度对引起桥面接缝处纵向裂缝的可能性也大些。当吊装质量允许时，主梁间距采用 1.60～2.20m 为宜。

（二）横隔梁布置

横隔梁在装配式 T 形梁中起保证主梁相互连接成整体的作用，它的刚度愈大，桥梁的整体性就越好。端横隔梁是必须要设置的，跨内随跨径增大可以设 1～3 道横隔梁，间距采用 5～6m 为宜。跨中横隔梁的高度通常做成主梁高度的 3/4 左右；梁肋下部呈马蹄形加宽时，横隔梁延伸至马蹄的加宽处。横隔梁的肋宽常采用 12～16cm。横隔梁的设置使梁体预制模板的制作工作稍趋复杂，同时，横隔梁现浇部分的模板制作、钢筋绑扎也比较复杂。然而实践证明，横隔梁的设置可以保证 T 形梁桥的整体性，使梁桥中荷载横向分布比较均匀，可以减轻翼缘板接缝处的纵向开裂现象。

（三）梁体尺寸

图 4-16 中给出了墩中心距为 16m 的公路装配式 T 形混凝土梁桥的纵、横断面主要尺寸。

1. 主梁梁高和肋宽

主梁的合理高度与梁的间距、活载的大小等有关。梁高常取 0.9～1.5m 间。当出现建筑高度受到严格限制的情况时,主梁高度就要适当减小,但需要增加钢筋的用量,必须适当增加主梁的片数。当吊装能力允许时,可适当增加梁高,取得较大的抗弯力矩。通过对 T 梁进行经济分析表明,公路桥梁梁高与跨径之比(俗称高跨比)的经济范围大约为 1/11～/18,跨径大的取用偏小的比值。而铁路上,普通高度的钢筋混凝土梁,高跨之比约为 1/6～1/9;低高度的钢筋混凝土梁则约为 1/11～1/15。主梁梁肋(腹板)的宽度,在满足抗剪强度需要的前提下,一般都做得较薄,以减轻构件的质量,但是,从保证梁肋的屈曲稳定条件以及不致使振捣混凝土发生困难方面考虑,梁肋也不能太薄。T 形截面梁的腹板宽度不应小于 140mm,目前常用的梁肋宽度为 160～240mm,视梁内主筋的直径和钢筋骨架的片数而定。对于跨径 10m、13m、16m、20m 的标准设计采用的梁高相应为 0.9m、1.1m、1.3m、1.5m,常用的梁肋宽度为 15～18cm。

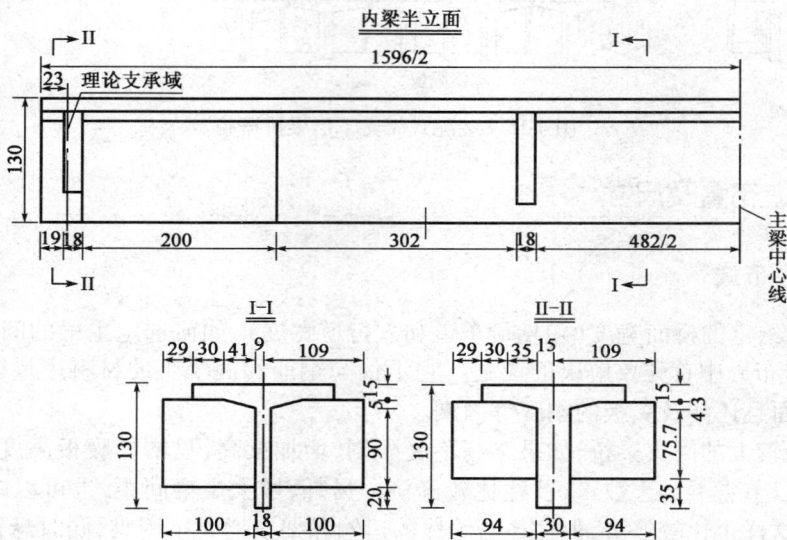

图 4-16 公路装配式 T 形混凝土梁的纵、横断面(尺寸单位:cm)

2. 主梁翼板尺寸

一般装配式主梁翼板的宽度视主梁间距而定,在实际预制时,翼板的宽度应比主梁中距小 20mm,以便在安装过程中易于调整 T 形梁的位置和制作上的误差。

翼缘板的厚度应满足强度和构造最小尺寸的要求。根据受力特点,翼板通常做成变厚度的,即端部较薄,向根部逐渐加厚。为了保证翼板与梁肋连接的整体性,翼板与梁肋衔接处的厚度应不小于主梁梁高的 1/10,当该处设有承托时,翼缘厚度可计入承托加厚部分厚度;当承托底坡坡角正切值大于 1/3 时,取 1/3,预制 T 形截面梁翼缘悬臂端的厚度不应小于 100mm;当预制 T 形截面梁之间采用横向整体现浇连接时,其悬臂端厚度不应小于 140mm。目前高速公路上的桥梁及城市高架桥均设置防撞栏杆,根据防冲撞的要求,翼缘板端部厚度不小于 200mm。为使翼缘板和梁肋连接平顺,在截面转角处一般均应设置钝角或圆角式承托,以减小局部应力和便于脱模。

3.横隔梁尺寸

跨中横隔梁的高度应保证具有足够的抗弯刚度,通常可做成主梁高度的3/4左右。梁肋下部呈马蹄形加宽时,横隔梁延伸至马蹄的加宽处。为便于安装和检查支座,端横隔梁底部与主梁底缘之间宜留有一定的空隙,或可做成和中横隔梁同高;从梁体在运输和安装阶段的稳定要求来看,端横隔梁又宜做成与主梁同高。如何取舍应视工地施工的具体情况来定。横隔梁的肋宽通常采用120~180mm,且宜做成上宽下窄和内宽外窄的楔形,以便脱模工作。

二 主梁和横隔梁的钢筋构造

(一)主梁的钢筋构造

装配式 T 形钢筋混凝土简支梁桥的钢筋可分为纵向主钢筋、架立钢筋、斜钢筋、箍筋和分布钢筋等几种。简支梁承受正弯矩作用,故抵抗拉力的主钢筋设置在梁肋的下缘。随着弯矩向支点处减小,主钢筋可在跨间适当位置处切断或弯起。为保证主筋在梁端有足够的锚固长度和加强支承部分的强度,《公路钢筋混凝土及预应力混凝土桥涵设计规范》(JTG D60—2004)规定,主钢筋至少有 2 根,并不小于总数的 20% 应伸过支承截面。简支梁两侧的受拉主钢筋应伸出支点截面以外,并弯成直角顺梁端延伸至顶部与顶层纵向架立钢筋相连。两侧之间其他不向上弯曲的受拉主钢筋伸出支承截面的长度,对带半圆弯钩的光圆钢筋不小于 $15d$,如图 4-17a)所示;对带直角弯钩的螺纹钢筋不小于 $10d$,如图 4-17b)所示。由主钢筋弯起的斜向钢筋用来增强梁体的抗剪强度,当无主钢筋弯起时,尚需配置专门的焊于主筋和架立筋上的斜钢筋,斜钢筋与梁的轴线一般布置成45°角。弯起钢筋应按圆弧弯折,圆弧半径(以钢筋轴线计算)不小于 $10d$(d 为钢筋直径)。

当 T 形梁梁肋高度大于 100cm 时,为了防止梁肋侧面因混凝土收缩等原因而导致裂缝,需要在梁肋的两侧设置纵向防裂的分布钢筋,其截面积,$A_s = (0.001 \sim 0.002)bh$,式中 b

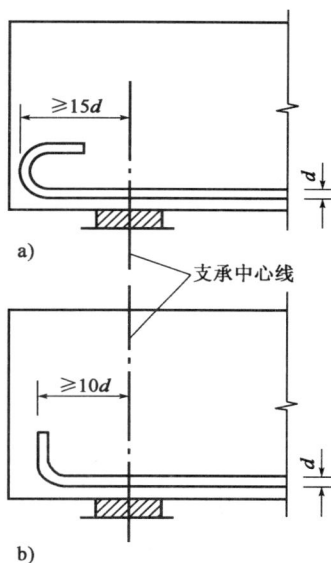

图 4-17 端主钢筋的锚固

为梁肋宽度,h 为梁的全高。当梁跨较大,梁肋较薄时取用较大值。这种分布钢筋的直径为 6~8mm。其间距在受拉区不应大于梁肋宽度,且不应大于 200mm,在受压区不应大于 300mm,在支点附近剪力较大区段,腹板两侧纵向钢筋截面面积应予以增加,纵向钢筋间距宜为 100~150mm。箍筋的主要作用也是增强主梁的抗剪强度。钢筋混凝土梁应设置直径不小于 8mm 或 1/4 主筋直径的箍筋,其最小配筋率规定,对于 HRB235 钢筋不小于 0.18%,HRB335 钢筋应不小于 0.12%。每根箍筋所箍受拉筋每排不应多于 5 根,所箍受压筋不多于 3 根。箍筋间距不大于梁高的 1/2 或 40cm,当所箍为受压钢筋时,应不大于受压钢筋直径的 15 倍,且不应大于 400mm。薄壁受弯构件及高度小于 300mm 的梁,其箍筋间距不应超过 200mm。梁高大于 4m 时,箍筋间距不应大于梁高的 1/10。支承截面处,支座中心向跨径方向长度不小于梁高范围内、箍筋间距不大于 100mm。近梁端第一根箍筋应设置在距端面一个保护层的距离处。梁与梁或梁与柱的交叉范围内可不设箍筋。靠近交接面的一根箍筋,其与交接面的距离不宜大于50mm。受扭矩作用的梁,箍筋应制成封闭式,箍筋末端做成135°弯钩。

架立钢筋布置在梁肋的上缘,主要起固定箍筋和斜筋并使梁内全部钢筋形成立体或平面骨架的作用。为了防止钢筋受到大气影响而锈蚀,并保证钢筋与混凝土之间的黏着力充分发挥作用,钢筋到混凝土边缘需要设置保护层。若保护层厚度太小,就不能起到以上作用,太大则混凝土表层因距钢筋太远容易破坏,且减小了钢筋混凝土截面的有效高度,受力情况也不好。因此《公路钢筋混凝土及预应力混凝土桥涵设计规范》(JTG D62—2004)规定:主钢筋与梁底面的净距应不小于30mm,不大于50mm。主筋与梁侧面净距应不小于25mm。混凝土表面至箍筋或防裂分布钢筋间的净距应不小于15mm(图4-18)。为了使混凝土的粗骨料能填满整个梁体,以免形成灰浆层或空洞,规定各主筋之间的净距主钢筋为三层或三层以下者不小于30mm,且不小于钢筋直径;三层以上者不小于40mm,且不小于钢筋直径的1.25倍。对于束筋,此处钢筋直径采用等代直径。在装配式T形梁中,钢筋数量多,如按钢筋最小净距要求(在高度方向钢筋的净距也要满足≥30mm或≥1.25d的要求),排列就有困难,在此情况下可将钢筋叠置,并与斜筋、架立钢筋一起焊接成钢筋骨架(图4-19)。焊接骨架的钢筋层数不应多于六层,单根钢筋直径不应大于32mm。试验证明,焊接钢筋骨架整体性好,能保证钢筋与混凝土共同工作,其钢筋重心位置较低,梁肋混凝土体积也较小,此外可避免大量就地绑扎工作,入模安装很快,是装配式T形梁桥最常用的钢筋构造形式。然而,焊接钢筋骨架的主筋与混凝土的黏结面积较小,一般说来抗裂性能稍差,因此,在实践中采用表面呈螺纹形或竹节形的钢筋,并选用较小直径的钢筋,有条件时还可将箍筋与主筋接触处点焊固结,以增大其黏结强度,从而改善其抗裂性能。

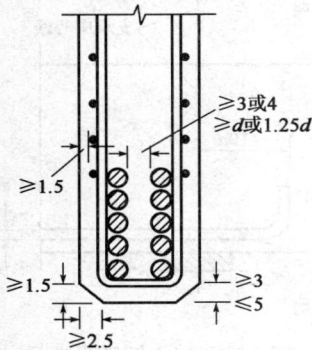

图4-18　混凝土保护层厚度
(尺寸单位:cm)

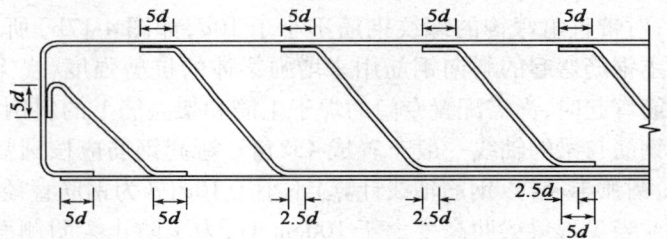

图4-19　骨架焊接缝尺寸图
(图中尺寸为双面焊缝,单面焊缝应加倍)

在焊接钢筋骨架中,为保证焊接质量,使焊缝处强度不低于钢筋本身强度,焊缝的长度必须满足下述要求:

(1)利用主钢筋弯起的斜筋,在起弯处应与其他主筋相焊接,可采用每边各长2.5d的双面焊缝或一边长5d的单面焊缝(图4-20)。弯起钢筋的末端与架立钢筋(或其他主筋)相焊接时,采用长5d的双面焊缝或10d的单面焊缝(图4-19)其中d为受力钢筋直径。

(2)对于附加的斜筋,其与主筋或架立筋的焊缝长度,采用每边各长5d的双面焊缝或一边长10d的单面焊缝。

(3)各层主钢筋相互焊结固定的焊缝长度,采用2.5d的双面焊缝或5d的单面焊缝(图4-19)。通常对于小跨径梁可采用双面焊缝,先焊好一边再把骨架翻身焊另一边,这样既可缩短接头长度,又可减小焊接变形。但当骨架较长而不易翻身时,就可用单面焊缝。

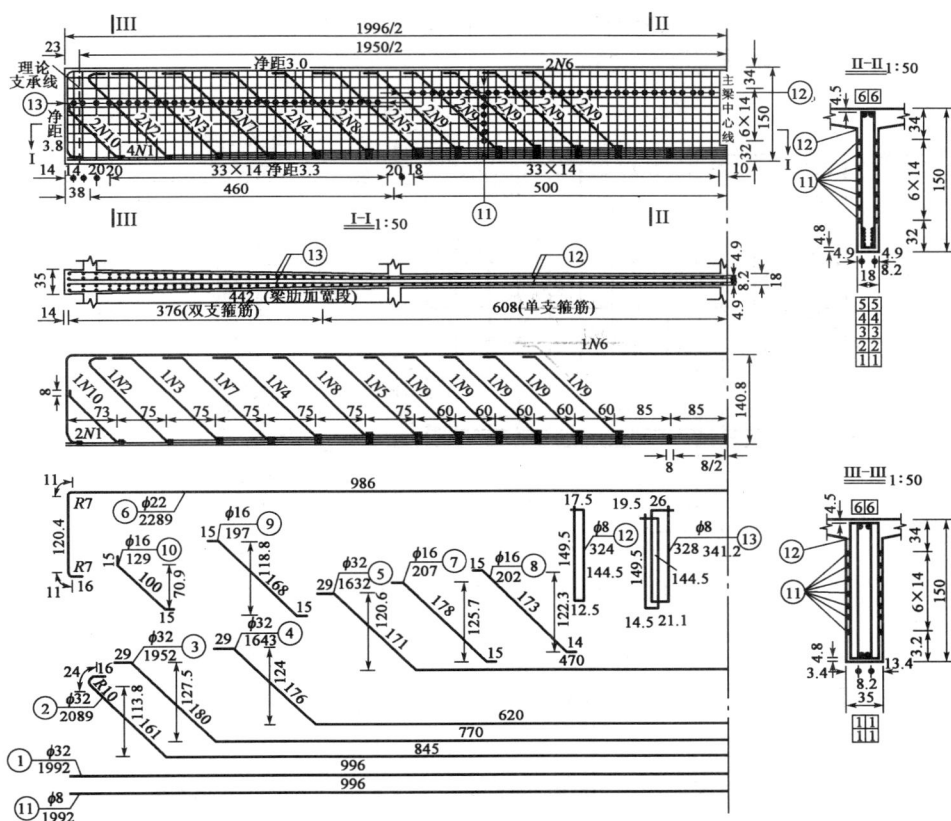

图 4-20 T形梁梁肋钢筋构造图(尺寸单位:cm,钢筋直径:mm)

　　T形梁翼缘板内的受力钢筋沿横向布置在板的上缘,以承受悬臂的负弯矩。在顺主梁跨径方向还应设置少量的分布钢筋。按《公路钢筋混凝土及预应力混凝土桥涵设计规范》(JTG D62—2004)要求,板内主筋的直径不小于10mm,每米板宽内不应少于5根。分布筋的直径不小于6mm,间距不大于25cm,在单位板宽内分布筋的截面积不少于主筋截面积的15%,在有横隔梁的部位分布筋的截面积应增至主筋的30%,以承受集中轮载作用下的局部负弯矩。所增加的分布筋每侧应从横隔梁轴线伸出1/4(1为横隔板的间距)的长度。如图4-20所示为标准跨径为20m,行车道宽7m,两边设0.75m的人行道,人群荷载3kN/m² 设计的装配式钢筋混凝土简支T形梁块件构造,主梁的混凝土为C25。

(二)横隔梁的钢筋构造

　　在横隔梁靠近下部边缘的两侧和顶部翼板内均埋有焊接钢板 A 和 B(图 4-21),焊接钢板则与横隔梁的受力钢筋焊在一起做成安装骨架,当 T 形梁安装就位后即在横隔梁的预埋钢板上再加焊盖接钢板使联成整体,横隔梁的箍筋是抗剪的。

三 装配式 T 形梁的横向连接

　　装配式 T 形梁的接头处要有足够的强度,以保证结构的整体性,并使在施工、营运中不发生松动。其连接的方式有以下几种。

　　(1)钢板连接(图 4-22),它是在横隔梁上、下进行钢板焊接。

61

（2）螺栓接头。此方式与钢板连接相似，不同是用螺栓与预埋钢板连接。钢板要预留螺栓孔，但此方法螺栓易松动，如图4-23a)所示。

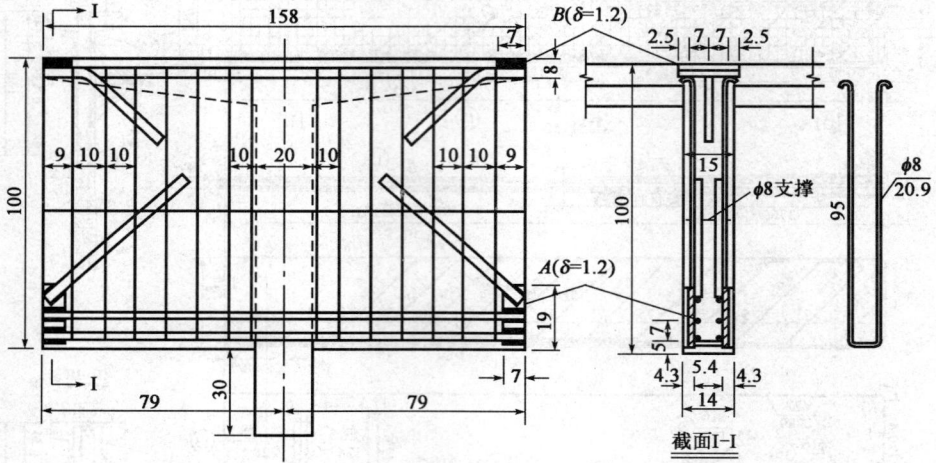

图4-21　横隔梁构造形式(尺寸单位:cm)

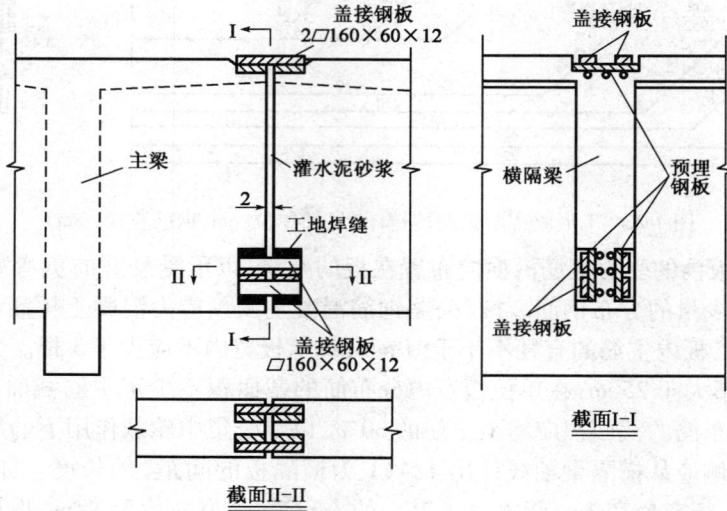

图4-22　横隔梁的接头构造(尺寸单位:mm)

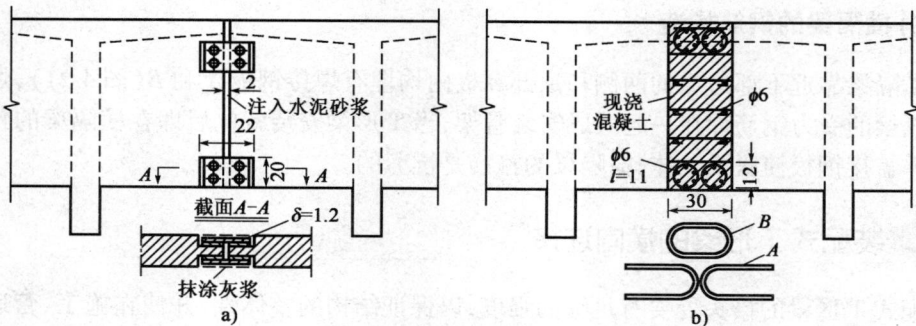

图4-23　隔梁接头的构造(尺寸单位:cm)
a)螺栓接头;b)扣环接头

62

（3）扣环接头。横隔梁在预制时在接缝处伸出钢筋扣环 A，安装时在相邻构件的扣环两侧再安上腰圆形的接头扣环 B，在形成的圆环内插入短分布筋后就现浇混凝土封闭接缝，接缝宽度为 $0.20 \sim 0.50\text{m}$，如图 4-24b）所示。

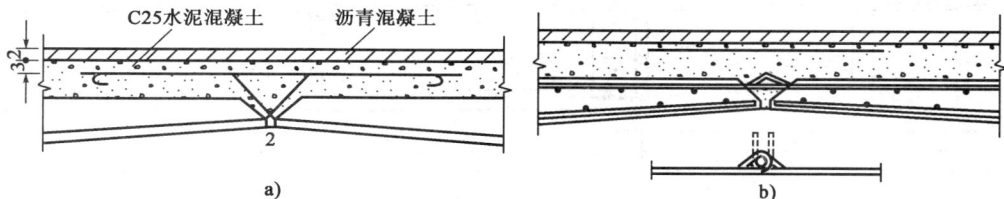

图 4-24　梁翼板连接构造

目前，为改善挑出翼板的受力状态，横向连接往往做成企口铰接式的简易构造，图 4-24a）为 T 形梁标准设计中所采用的连接方式。主梁翼缘板内伸出连接钢筋，交叉弯制后在接缝处再安放局部的 $\phi6$ 钢筋网，并将它们浇筑在桥面混凝土铺装层内。或者可将翼板的顶层钢筋伸出，并弯转套在一根长的钢筋上，以形成纵向铰，如图 4-24b）所示。显然，此种接头构造，但由于连接钢筋甚多，使施工增添了一些困难。

四　预应力混凝土简支 T 形梁的构造

预应力混凝土结构以其良好的使用性能被广泛地应用。目前公路上预应力混凝土简支梁的跨径已做到 $50 \sim 60\text{m}$，我国编制了后张法装配式预应力混凝土简支梁桥的标准设计，标准跨径为 25m、30m、35m、40m。下面就介绍一下预应力混凝土简支梁桥的构造布置、截面尺寸及配筋特点。

（一）构造布置及其尺寸

我国编制的公路桥涵标准图中，主梁间距采用 1.6m，并根据桥梁横断面不同的净宽而相应采用 5、6、7 片主梁。图 4-25 标准跨径 30m，桥面净空为净—7 附 $2 \times 0.75\text{m}$ 人行道的标准设计构造布置图。当吊装质量不受限制时，对于较大跨径的 T 形梁，宜用较大的主梁间距（$1.8 \sim 2.5\text{m}$），可减少钢筋与混凝土的用量。主梁的高度是随截面形式、主梁片数及建筑高度的不同而不同。对于常用的等截面简支梁，高跨比可在 $1/14 \sim 1/25$ 内选取。随着跨径增大取较小值，随梁数减少取较大值，中等跨径一般可取 $1/16 \sim 1/18$。预应力混凝土简支 T 形梁的梁肋下部通常加宽做成马蹄形，以满足钢丝束的布置来承受很大预压力的需要（图 4-26），在靠近支点处腹板要加厚至与马蹄同宽，加宽范围最好达一倍梁高左右。一般跨径中部肋宽采用 16cm，肋宽不宜小于肋板高度的 $1/15$。

为了防止在施工和运输中使马蹄部分产生纵向裂缝，除马蹄面积不宜小于全截面的 $10\% \sim 20\%$ 以外，尚规定具体尺寸如下：

（1）马蹄宽度约为肋宽的 $2 \sim 4$ 倍，并注意马蹄部分的管道保护层不宜小于 6cm。

（2）马蹄全宽部分高度加 $1/2$ 斜坡区高度约为 $(0.15 \sim 0.20)h$，斜坡宜陡于 $45°$。

同时应注意，马蹄部分不宜过高过大，否则会降低截面形心，减小偏距 e，并导致降低抵消自重的能力。在靠近支点时，为适应预应力筋的弯起，可将马蹄逐渐加高。从预应力梁的受力特点可知，为了使截面布置经济合理，节省预应力筋的配筋数量，T 形梁截面的效率指标 P 应大于 0.50。加大翼板宽度能有效地提高截面的效率指标。

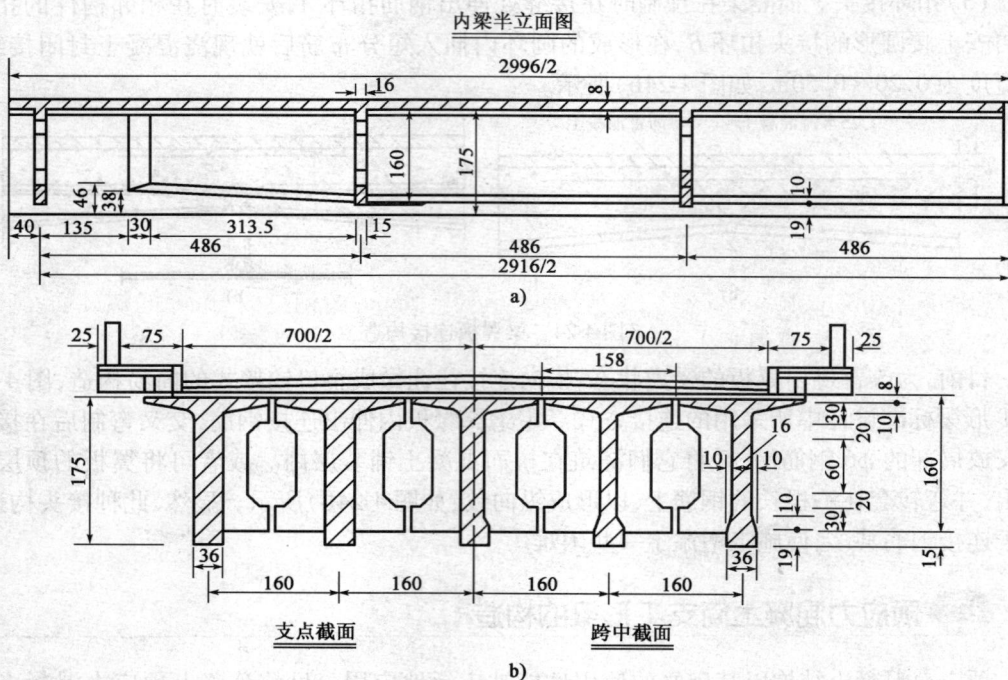

内梁半立面图

图 4-25 跨径 30m 预应力混凝土 T 形梁的构造布置(尺寸单位:cm)

(二)配筋特点

装配式预应力混凝土简支梁内配筋除了主要的纵向预应力筋外,还有一些非预应力筋,如:架立钢筋、箍筋、水平分布钢筋、承受局部压力的钢筋骨架。

1.纵向预应力筋的布置

布置方式有以下几种(图 4-26):

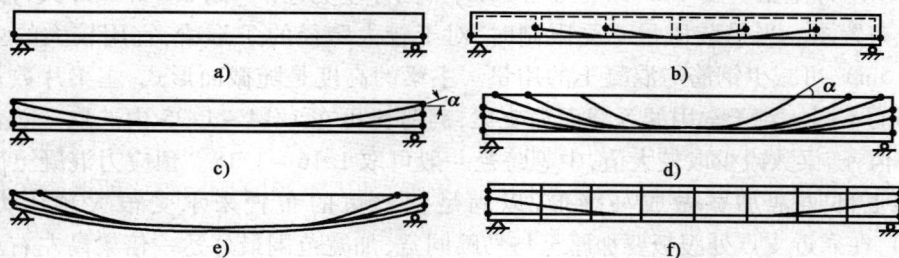

图 4-26 简支梁纵向预应力筋布置图示

(1)全部主筋直线形布置,适用于先张法。缺点是在梁端上缘会产生过高拉应力。有时为了减小此应力,可根据弯矩的变化,将纵向预应力筋按需要截断。

(2)直线形预应力筋的后张法梁,为了减小梁端负弯矩,节省钢材,可以将主梁在中间截面截断,但锚固处受力与构造较复杂,且预应力筋没有充分发挥抗剪作用。

(3)将预应力筋全部弯至梁端锚固,这种布置的预应力筋弯起角 α 不大,一般控制在 20°以下,可以减少摩阻损失,但梁端受预应力较大。

(4)当梁高受限制时,可以将一部分预应力筋弯出梁顶。这种布置的预应力筋弯起角 α 较大(25°~30°),此方法摩阻损失增大,但能缩短预应力筋的长度,且能提高梁的抗剪能力,这对减小预应力摩阻损失有利。图4-26b)、c)两种方式应用较广泛。

预应力钢筋总的布置原则是:在保证梁底保护层厚度及使预应力钢筋位于索界内的前提下,尽量使预应力筋的重心靠下;在满足构造要求的同时,预应力钢筋尽量相互紧密靠拢,使构件尺寸紧凑。

2. 非预应力筋的布置

预应力混凝土T形梁与钢筋混凝土梁一样,按规定布置箍筋,防收缩钢筋、架立钢筋,另外,还有其自身特点。图4-27为梁端锚固区(约等于梁高的长度内)的配筋构造。加强钢筋网的网格约为10cm×10cm。锚具下设置厚度不小于16mm的钢垫板与$\phi8$的螺旋筋,其螺距为3cm,长21cm,以提高混凝土的抗裂性。

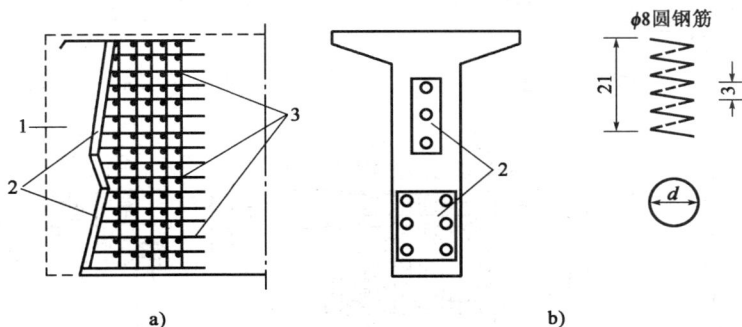

图4-27 梁端非预应力钢筋构造(尺寸单位:cm)
1-后浇封头混凝土;2-垫板;3-钢筋网($\phi8$,间距10cm)

此外,对于预应力筋比较集中的下翼缘(下马蹄)内必须设置(直径不小于8mm)闭合式加强箍筋,其间距不大于200mm(图4-28)。此外,马蹄内还应设置直径不小于12mm的定位钢筋。图中d为制孔管的直径,应比预应力筋直径大10mm,采用铁皮套管时应大20mm,管道间的最小净距主要是由灌注混凝土的要求所确定,在有良好振捣工艺时(例如同时采用底振和侧振),最小净距不小于40mm。另外,在预应力混凝土简支梁中,有时为了补充局部梁段内强度的不足,或为了满足极限强度的要求,或为了更好地分布裂缝和提高梁的韧性等,可以将预应力筋与非预应力筋共同配置,这样往往能够达到经济合理的效果。图4-29a)表示当梁中预应力筋在两端不便弯起时,为了防止张拉阶段在梁端顶部可能开裂而布置的受拉钢筋。对于自重比恒载与活载小得多的梁,在预加力阶段,跨中部分的上翼缘可能会开裂破坏,因而也可在跨中部分的顶部加设无预应力的纵向受力钢筋,如图4-29b)所示。这种钢筋在营运阶段还能加强混凝土的抗压能力,在破坏阶段则可提高梁的安全度。图4-29c)为在跨中部分下翼缘内设置的钢筋,在全预应力梁中为了加强混凝土承受预加压力而设置。

对于部分预应力梁也往往利用通长布置在下翼缘的纵向钢筋来补足极限强度的需要,如图4-29d)所示。并且这种钢筋对于配置无黏结预应力筋的梁能起到分布裂缝的作用。如图4-30所示为墩中心距为30m的装配式预应力混凝土简支梁标准设计图的构造布置。此梁的全长为29.96m,计算跨径为29.16m,梁肋中心距为标准尺寸1.60m。在横截面上,可以用5~7片主梁来构成净—7、净—9并附不同人行道宽度的桥面净空。

主梁采用C40号混凝土带马蹄的T形截面,梁高为1.75m,高跨比为1/16.7。厚16cm的梁肋在梁端部分(约等于梁高的长度内)加宽至马蹄全宽36cm,以利于预应力筋的锚固。在截面设计中将所有混凝土内角做成半径为5cm的圆角,以利脱模。

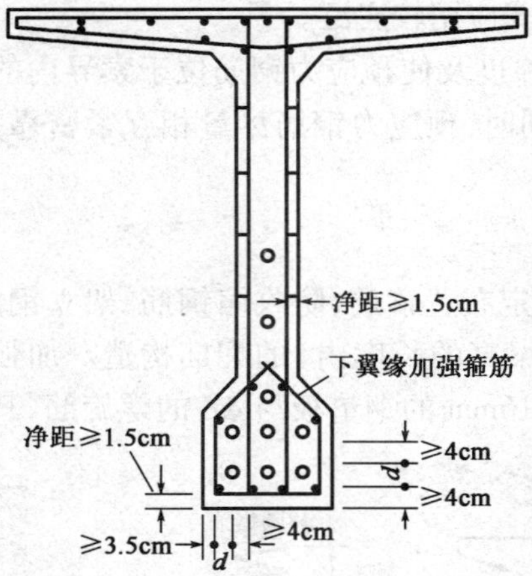

图 4-28　横截面内的钢筋布置

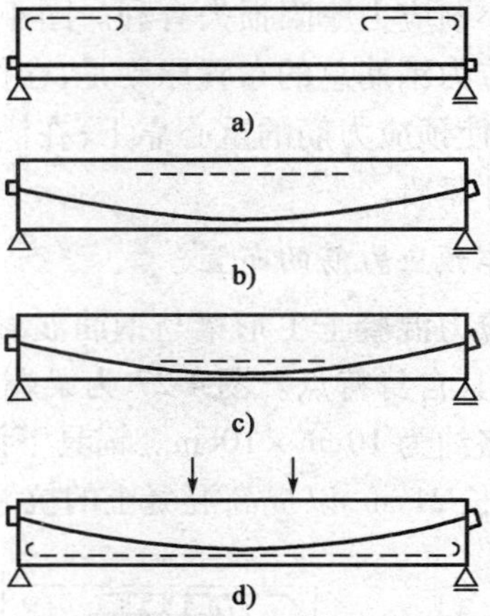

图 4-29　非预应力纵向受力钢筋(虚线)的布置

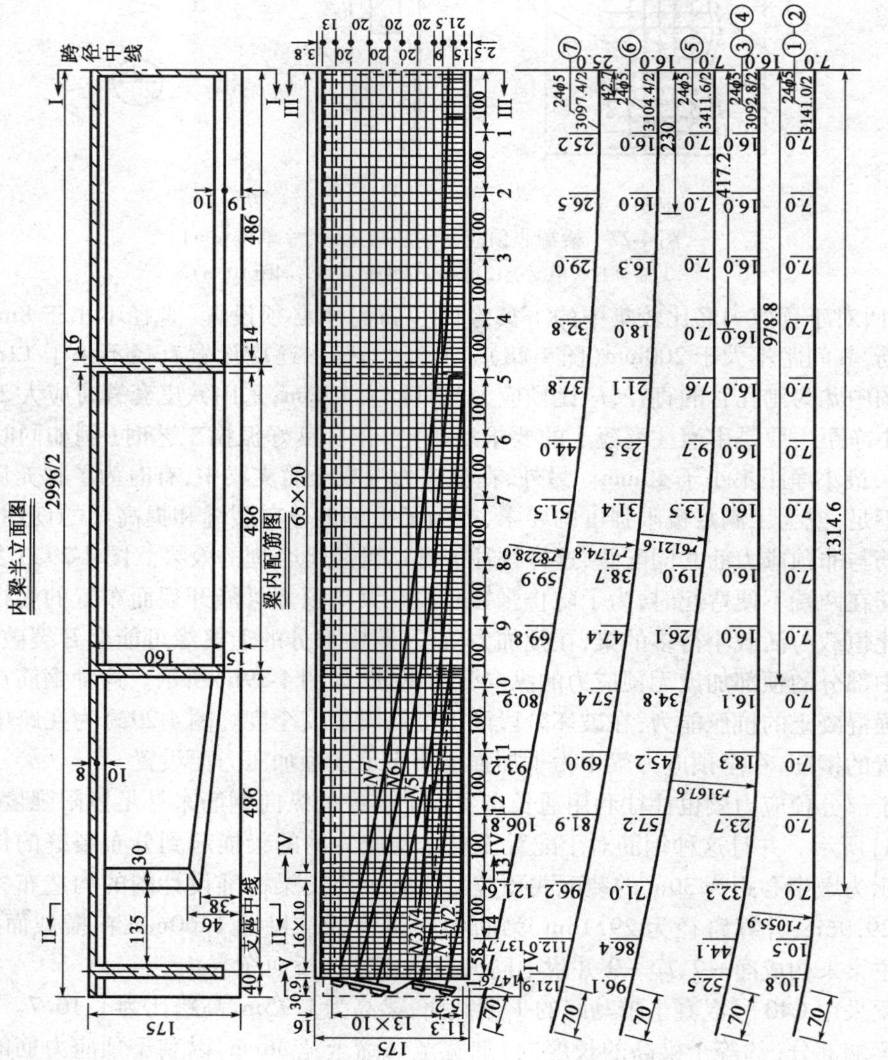

图 4-30　装配式预应力混凝土简支梁桥配筋(单位:除钢筋直径以 m 计外,其余均以 cm 计)

T 形梁预应力采用了 7 根 24ϕ5 高强钢丝束,钢丝极限强度为 $1600 \times 10^3 \text{kPa}$,全部钢丝束均以圆弧起弯并锚固在梁端厚 2cm 的钢垫板上。

第四节　铁路钢筋混凝土简支梁的设计与计算

一　结构尺寸的拟定

为了进行梁的方案比较和结构详细计算,在确定梁的分块方式、截面形状后,必须拟定结构尺寸。结构尺寸主要包括主梁高度、梁肋厚度、梁肋间距和道砟槽板厚度等。

(一)主梁高度

主梁高度是主梁尺寸最主要的一项,它取决于使用条件和经济条件。在建筑高度受限制时,可采用低高度梁,根据平衡设计或按容许挠度来决定梁高。在普通高度梁的设计中,一般按经济条件来决定梁高。梁高度增加,钢材用量较省,混凝土用量加大,模板用量也加大,但与低高度梁相比,还是比较经济。在符合架桥机起吊能力和运输限界要求的前提下,采用较大梁高是适宜的。此外,确定梁高还应尽可能模数化和标准化,以利工厂制造和日后更换。

在普通钢筋混凝土梁标准设计中,梁高与跨度之比约为 1/6 ~ 1/9,低高度的钢筋混凝土梁则约为 1/11 ~ 1/15。梁的跨度愈大,梁跨比愈趋于下限。

(二)梁肋厚度

梁肋厚度取决于梁内最大主拉应力和主筋布置的构造要求。

在计算荷载作用下,梁内最大主拉应力按下式计算:

$$\tau_{\max} = \frac{Q}{bz} \leqslant [\sigma_{z1-1}] \tag{4-1}$$

式中:Q——计算截面最大剪力;

b——截面中性轴处的宽度,对于 T 形梁应取梁肋宽度;

z——内力偶的力臂。

由上式即可确定梁肋厚度的下限。简支梁支座处的剪力比跨中大,根据主拉应力决定梁肋厚度,跨中区段可以适当减薄。为施工方便,实际上是采用分段等厚度,即全跨梁分成若干分段,同一分段内采用相同厚度的梁肋,梁肋变厚度的位置可按主拉应力小于容许值及斜筋布置的要求确定,并设一厚度变化的过渡段。

梁肋厚度还必须考虑到肋内主筋的布置,根据钢筋数量、类型、排列以及规定的钢筋净距和保护层厚度等要求加以确定。在 T 形梁设计中,为减轻自重、节省材料,则仅将梁肋下翼缘扩大以满足上述要求;同时也保证了移梁时稳定的需要。

钢筋混凝土简支梁的梁肋厚度,一般采用 20 ~ 40cm。

两主梁之间,应根据主梁腹板的高度和厚度,在支点、跨中和腹板厚度变化处设置横隔板。中间横隔板厚度可采用 15 ~ 20cm。端横隔板由于两片梁连接的需要,可用 40 ~ 50cm。端横隔板的作用除传递支座反力外,还可作为顶梁用的支承。

(三)梁肋间距

梁肋间距是根据使梁肋两侧的内外道砟槽板的悬臂弯矩大致相近,以利钢筋布置来确定的。同时考虑到梁在运输及架设过程中要有较好的稳定性,每片梁的重心应尽可能位于梁肋中心附近。此外还要考虑具有必要的整体横向刚度。在标准设计中,为了使结构尺寸标准化,各种跨度梁肋间距一律采用180cm。

(四)道砟槽板尺寸

《铁路桥涵设计基本规范》(TB 10002.1—2005)规定,道砟桥面的道砟槽顶宽不小于3.9m,以此确定板宽。板厚不仅由板本身所受弯矩来决定,而且板与肋相交处的厚度应保证板作为主梁的受压翼缘参与主梁的受力,板的最小厚度为12cm。

二 道砟槽板的计算

(一)计算图式与荷载

道砟槽板支承在主梁梁肋上面,每片梁上的内外两侧道砟槽板,是按固结在梁肋上的悬臂梁计算。

道砟槽板上所承受的荷载有恒载和活载。恒载包括板自重以及连同线路设备在一起的道砟质量。道砟重度按20kN/m³ 计。

道砟槽板承受的列车荷载按特种活载计,特种活载轴重经钢轨、枕木、道砟分布到道砟槽板顶上,分布方式如图4-31所示。特种活载轴重250kN 自枕木底面向下按45°角扩散,顺梁方向由于钢轨作用分布长度为1.2m。如果桥上采用木枕,枕木长度2.5m,轨枕下面道砟厚度为0.32m(分布长度为2.5 + 2×0.32 = 3.14m),则分布面积为 $\omega = 1.2 \times 3.14 = 3.77\text{m}^2$。

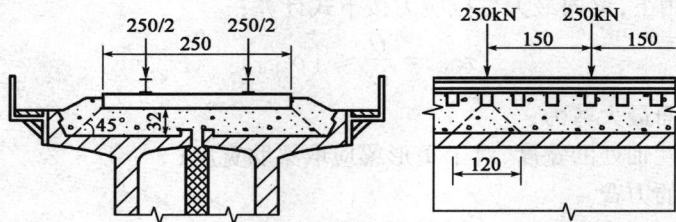

图4-31 横面荷载的分布

列车活载强度为:

$$q = (1 + \mu)250/3.77 = 66.3(1 + \mu)(\text{kN/m}^2)$$

式中:$(1 + \mu)$——列车活载冲击系数,《铁路桥涵设计基本规范》(TB 10002.1—2005)规定按下式计算。

$$1 + \mu = 1 + \frac{6\alpha}{30 + L} \tag{4-2}$$

式中:α——$\alpha = 4(1 - h)$,且 ≤ 2;

　　　h——从轨底至道砟槽板顶面的填料厚度,m;

　　　L——板的计算跨度,m。

外侧道砟槽板还应计算人行道的恒载和活载。人行道恒载包括人行道支架栏杆和步板质量,人行道活载,在距桥中心2.45m 以内的一段考虑养护翻修道床时堆放道砟,按 10kN/m²

计算,在距离桥中心2.45m以外的一段按4kN/m²计。

(二)内力计算

道砟槽板应力检算的控制截面为道砟槽厚度变化处以及板肋交接处。内力计算时取沿桥梁方向1m宽的板带进行。其荷载组合情况为:

内侧板按恒载 + 列车活载计算。

外侧板按下面两种情况计算:

恒载 + 人行活载;

恒载 + 列车活载 + 桥梁中心2.45m以外的人行活载。

以上两种组合均按主力计算,取控制者进行设计。

当作用在板上的荷载确定后,即可用力学方法计算出每一个截面的弯矩和剪力。

(三)配筋及应力检算

道砟槽板厚度已经拟定,当内力求出后,即可按单筋矩形截面计算配筋,配筋面积还应符合最小配筋率要求。

为使钢筋骨架具有一定的刚度,且受力比较均匀,《铁路桥涵设计基本规范》(TB 10002. 1—2005)规定,板内受力钢筋直径不得小于10mm,其最大间距不大于20cm,为了保证灌注和振捣混凝土的便利,其间距亦不宜小于7cm。在所有受力钢筋转折处均应设分配钢筋,在直段内分配钢筋间距不大于30cm,其直径不小于8mm。

道砟槽板的受力钢筋,在每米范围内,应有1~2根钢筋向下(顶部的)或向上(底部的)弯折,以使道砟槽板顶部和底部钢筋同构造钢筋一起形成整体钢筋骨架,以利吊装和维持其准确位置。受力钢筋的弯折位置应根据板的受力状态确定。

板内受力钢筋的形式应力求不使其种类过多。在布置时,钢筋间距应有一定规律,以便施工。如遇内、外悬臂板或外悬臂板和中间板,根据各自最大内力来确定的受力主筋数量,相差悬殊时,在符合上述配筋要求下,可先选其中之一(需要数量较多的或较少的)来确定所需的间距排列,然后对其为足或多余的一侧,作适当的增补或减少。

悬臂板不仅支承在主梁上,也支承在横隔板上,因此道砟槽板沿桥方向亦发生挠曲,在横隔板上道砟槽板将产生负弯矩。为了承受这种负弯矩,在横隔板上方的板顶部应设置垂直于横隔板的钢筋,其直径不小于分配钢筋直径,其间距不大于20cm,也不大于板厚的两倍。

钢筋布置确定后,检算截面应力和裂缝开展宽度。截面正应力主要是检算钢筋拉应力,混凝土压应力一般均有富余。截面最大剪应力要求小于无箍筋及斜筋时的主拉应力$[\sigma_{zl-2}]$,以免设置箍筋及弯起钢筋,否则可设置梗肋以增加板厚来降低剪应力。裂缝宽度检算按《铁路桥涵设计基本规范》(TB 10002.1—2005)有关规定办法进行。

三 主梁的计算

(一)荷载计算

主梁所承受的荷载包括恒载和活载,计算跨度为两支座中心间距离。

恒载包括道砟、线路设备、人行道和梁自重。梁自重可按梁总重沿梁全长均布计算。

活载包括列车活载（计入冲击力）和人行道的竖向活载。人行道的竖向静活载,不与列车活载同时计算,但在特殊情况下为了方便群众通行而加宽的人行道,因其竖向静活载与列车活载是同时作用的,故必须都视为主力而同时计算。这时,人行道的竖向静活载应按实际情况确定。

(二)内力计算

为设计主梁钢筋,需绘制梁的弯矩包络图和剪力包络图。故主梁内力一般需要计算跨中、$L/4$ 处的最大弯矩以及支座、跨中截面的最大剪力,如果主梁腹板是变截面的,还要加算变截面处的最大剪力。

恒载内力按全桥满布均匀荷载作用下的简支梁计算。

列车活载作用下的主梁内力,可利用有关影响线和换算均布活载进行计算。计算时应计入冲击系数的影响。例如,计算跨度为 l 的简支梁跨中截面列车活载作用下的最大弯矩时,首先画出跨中截面弯矩影响线(图 4-32),然后根据加载长度及影响线最大纵坐标位置,在《铁路桥涵设计基本规范》(TB 10002.1—2005)附录三查出中-活载的换算为均布活载系数 $K_{0.5}$,一片梁上的换算均布活载为 $K_{0.5}/2$,跨中最大弯矩为:

$$M_{活} = (1 + \mu)q\omega \tag{4-3}$$

式中:q——换算均布活载,$q = K_{0.5}/2$;

ω——影响线面积,跨中截面弯矩影响线面积,$\omega = L^2/8$;

$1 + \mu$——冲击系数,见式(4-1),但 L 应为简支梁跨度值。

同理,可求得其他截面的有关内力。

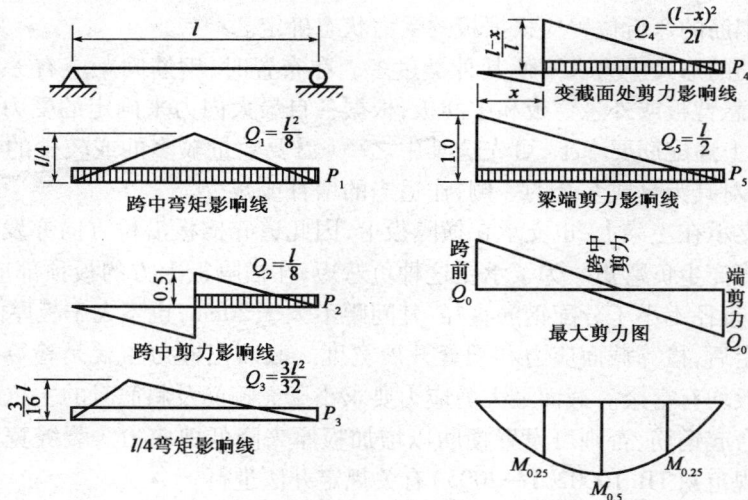

图 4-32 简支梁内影响线

(三)钢筋布置和应力检算

如果设计的梁为 T 形梁,应首先检查板厚是否符合桥规有关规定,能否按 T 形梁计算。目前我国普通钢筋混凝土梁标准设计,板厚均符合桥规有关规定,实际上主梁总是按 T 形梁计算。

跨中截面主梁钢筋面积可由下式初步算出:

$$A_g = M_中 / ([\sigma_g] \cdot Z) \qquad (4\text{-}4)$$

式中:$M_中$——跨中截面的计算弯矩;

$[\sigma_g]$——钢筋的容许应力;

Z——内力力偶臂,对于 T 形梁 $Z \approx h_0 - h_i'/2$,h_i'为翼缘板的计算厚度。

选择钢筋时应尽量采用螺纹钢筋,因为螺纹筋能有效地利用钢筋强度和控制裂纹开展。主筋直径通常选用 16~40mm,从控制裂纹开展考虑以采用较小直径为宜。

布置钢筋时,钢筋净距和保护层厚度应符合《铁路桥涵设计基本规范》(TB 10002.1—2005)规定。当采用多层钢筋时,要检算最下层钢筋的拉应力。钢筋根数多时可采用两根或三根钢筋组成钢筋束。

由钢筋布置初步确定梁肋厚度后,应按式(4-1)计算梁内最大剪应力,要求梁内最大剪应力不大于$[\sigma_{zl-1}]$,否则要增加梁肋厚度。

梁肋厚度确定后,再按 T 形截面精确计算混凝土压应力、钢筋拉应力和最大剪应力。当采用分层钢筋时,要检算最外层钢筋的拉应力。

钢筋混凝土梁的强度分抗弯强度和抗剪强度。抗弯强度由混凝土的弯曲压应力和钢筋拉应力不超过容许值来保证;而抗剪强度则视剪应力大小分别依靠混凝土和钢筋来承担。

《铁路桥涵设计基本规范》(TB 10002.1—2005)规定了三个容许主拉应力值:

(1)$\tau_{max} \leqslant [\sigma_{tp-1}]$——梁肋截面合格。

(2)$[\sigma_{tp-1}] \geqslant \tau_{max} > [\sigma_{tp-2}]$——除剪应力小于或等于$[\sigma_{tp-3}]$的区段外,均需按计算设置箍筋及斜筋来承受全部剪应力。

(3)$\tau_{max} \leqslant [\sigma_{tp-2}]$——可不必按计算设置箍筋和斜筋,剪应力全部由混凝土承受,但应按构造要求设置箍筋。

为了按要求设置箍筋和斜筋,首先应求出支座、跨中以及梁肋厚度变化处的截面剪应力并绘制剪应力图。在剪应力图形中剪应力小于或等于$[\sigma_{tp-3}]$的区段部分由混凝土承担,其余部分由箍筋和斜筋来承担。

箍筋除承受主拉应力外,还固定主筋并形成刚劲的钢筋骨架,《铁路桥涵设计基本规范》(TB 10002.1—2005)规定箍筋直径不小于 8mm,其间距当支撑受拉钢筋时不应大于梁高的 3/4 及 50cm;当支撑受压钢筋时不应大于受力钢筋的 15 倍。在通常设计中,箍筋直径一般用 8~10mm,间距 10~30cm,并沿梁长均匀布置。《铁路桥涵设计基本规范》(TB 10002.1—2005)还规定每一箍筋在一行上所箍的受拉纵筋不应多于 5 根,受压纵筋不应多于 3 根,否则应用 4 肢或多肢箍筋。

根据箍筋布置情况,可以算出箍筋承担的剪应力:

$$\tau_c = A_k [\sigma_g] / (bS) \qquad (4\text{-}5)$$

式中:A_k——每道箍筋的总截面积;

b——梁腹板厚度;

S——箍筋间距;

$[\sigma_g]$——箍筋容许应力。

设计时,要使箍筋所承担的剪应力大于或接近于跨中剪应力值,这样可避免跨中附近斜筋承受反复变号的应力。

在剪应力图中,除去混凝土和箍筋承担的部分后,其余部分由斜筋承担,承担剩余主拉应力所需的斜筋总截面积为:

$$A_0 = \frac{\Omega_0 b}{\sqrt{2}[\sigma_g]}$$ (4-6)

式中:Ω_0——由斜筋承担的剩余剪应力图面积;

$\quad[\sigma_g]$——斜筋的容许应力;

$\quad b$——梁腹板宽度。

根据斜筋直径就可以确定斜筋的根数。斜筋沿梁高的中线布置。通常同一处弯起 2~4 根主筋,据此拟定分批弯起钢筋的根数和批数。用等分面积法或计算法确定每批斜筋的起弯点,并在弯矩包络图与材料图上检查主筋弯起的可能性。

斜筋布置可用作图法。钢筋起弯应尽可能与梁中轴对称,使同一批弯起的钢筋受力均匀。斜筋间距不能太大,以免任一截面混凝土开裂后无钢筋承受主拉应力,因此《铁路桥涵设计基本规范》(TB 10002.1—2005)规定斜筋布置应保证设置斜筋区段的任何一个与梁轴垂直的截面最少与一根斜筋相交。斜筋方向应与主拉应力方向一致,一般与梁水平轴成 45°,不小于 30°。

为了保证斜筋很好地锚固于混凝土中,在弯起钢筋时,应满足《铁路桥涵设计基本规范》(TB 10002.1—2005)的规定。

支点剪力最大,为加强梁端抗剪强度,伸入支座截面的主筋数目不少于 4 根,且不少于跨中钢筋面积的 1/4。伸入支座截面内的直段锚固长度以不小于钢筋直径的 10 倍为宜。在梁长受限制时,则采用较小直径的钢筋,或将伸入支座截面以内的钢筋向上弯起自支承截面起至弯钩切点止,不小于 10 倍主筋直径。

对于钢筋混凝土梁,除计算中性轴处的剪应力外,还应检算板与肋相交处的剪应力。当受拉区的翼缘突出梁肋较大时,尚应检算梁肋与翼缘相交处的剪应力,检算办法按《铁路桥涵设计基本规范》(TB 10002.1—2005)进行。

普通钢筋混凝土梁的设计除应满足强度要求外,尚应满足变形和耐久性方面的要求。

在简支梁跨中,由静活载(即不计冲击力)引起的竖向挠度不应超过跨度的 1/800。

计算梁的挠度时,考虑到混凝土弹性模量因反复荷载作用而降低,截面刚度应按 $0.8E_h I$ 计算,E_h 为混凝土的受压弹性模量,I 为不计受拉区混凝土而计入钢筋的换算截面的惯性矩。

钢筋混凝土梁的耐久性是以裂纹开展宽度来表达的,应按《铁路桥涵设计基本规范》(TB 10002.1—2005)规定的办法检算裂纹开展宽度。

除按计算决定钢筋外,尚应按构造要求设置钢筋。例如,为了抑制腹板上裂纹的开展,当梁高大于 1m 时,在梁的腹板高度范围内应设置纵向水平钢筋,其间距为 10~15cm,直径不应小于 8mm。为支持箍筋形成骨架应在其顶部设置架立钢筋,架立钢筋直径一般采用 10~16mm。

上述各项系按运营要求来计算梁部结构的有关部分。对于装配式钢筋混凝土梁尚应按起吊、运送和架设的情况进行检算。

第五节 公路钢筋混凝土简支梁的设计与计算

梁桥计算包括上、下部结构计算。上部结构包括主梁、横梁、桥面板、支座以及其他构造细部。下部结构包括墩、台和基础。本节主要介绍荷载横向分布计算、主梁、横隔梁和桥面板的构造与计算。

（一）概述

单梁内力需用影响线来计算。对于图4-33a）中的单梁来讲，如果以 $\eta_1(x)$ 表示梁某一截面内力影响线，则该截面的内力值 $S = P \cdot \eta_1(x)$，这里 $\eta_1(x)$ 是一个单值函数，梁在 xoz 平面内的受力和变形是一个简单的平面问题。

公路钢筋混凝土、预应力混凝土梁式桥，一般由多片主梁组成并通过一定的横向连接连成一个整体，如图4-33b）所示。当一片主梁受到荷载作用后，除了这片主梁承担一部分荷载外，还通过主梁间的横向连接把另一部分荷载传到其他各片主梁上去。所以无论荷载 P 作用在哪片主梁上，其他主梁也必须分担一部分。外荷载 P 的位置不同，对该片主梁

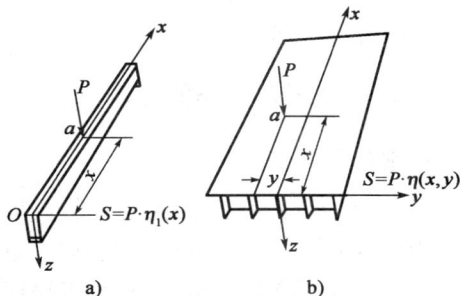

图 4-33　荷载作用下的内力计算
a）在单梁上；b）在梁式桥上

产生的影响线也不同。如果我们用坐标把这些影响值描绘成一条曲线，便是该片主梁的荷载分布影响线，因为是横桥向，所以称为荷载横向分布影响线，通常用 $\eta_2(y)$ 表示。有了各片主梁的荷载横向分布影响线 $\eta_2(y)$，便可根据荷载在横桥向最不利的位置，求得各片主梁分配到横向荷载最大值 $P' = P \cdot \eta_2(y)$。

实际上，对于一座梁式板桥或者由多片主梁通过桥面板和横隔梁组成的梁桥来说，它属于一个空间整体结构，如图4-33b）所示，当桥上作用荷载 P 时，由于结构的整体性，必然会使荷载在 x、y 方向同时发生传布，使各片主梁共同参与工作。根据梁的不同构造去选择空间结构的计算图式进行力学分析，求出各个截面位置的内力影响面 $\eta(x,y)$，按最不利位置加载求出最大设计内力 $S = P \cdot \eta(x,y)$ 这显然是十分复杂的。目前常用的一种方法是将复杂的空间问题转化为简单的平面问题来求解。这种方法的实质是将空间的内力影响面 $\eta(x,y)$ 分离成两个单值函数的乘积，即 $\eta_1(x) \cdot \eta_2(y)$，因此，对于某根主梁某一截面的内力值就可以表示为：

$$S = P \cdot \eta_1(x,y) \approx P \cdot \eta_1(x) \cdot \eta_2(y) \tag{4-7}$$

在上式中，$\eta_1(x)$ 就是单梁某一截面的内力影响线，$\eta_2(y)$ 为某片梁的荷载横向分布影响线，$P \cdot \eta_2(y)$ 则就是相当 P 作用于 $a(x,y)$ 点时沿横向分布给某梁的荷载，如图4-33b）所示，这样就转化为图4-33a）的平面问题，求得某梁上某截面的内力值。

有了各片梁的荷载横向分布影响线 $\eta_2(y)$，就可根据不同活载（汽车、挂车、人群活载）按横向最不利位置排列，求得各片主梁分配到的横向荷载最大值 P'。若以 $\eta_2(y)$ 表示某片主梁横桥向第 i 轮下的影响线坐标，则：

$$P' = \sum P_i \eta_i = m_c P \tag{4-8}$$

式中：P——活载的轴重；

　　P_i——活载在横桥向第 i 轮的轮重；

　　m_c——荷载横向分布系数，它表示某根主梁所承担的最大荷载是一列汽车（或一辆挂车）轴重的倍数（通常小于1）。

荷载的横向分布系数 m_c 确定后,便可按结构力学方法求出主梁某截面的最大内力(M 或 Q)。

桥上荷载横向分布的规律与结构的横向连接刚度有关,横向连接刚度愈大,荷载横向分布作用愈显著,各主梁的负担也愈趋均匀。因此,为使荷载横向分布的计算能更好地适应各种类型的结构特性,就需要按不同的横向结构简化计算模型,拟定出相应的计算方法。目前计算荷载横向分布常用的方法有:杠杆原理法、刚性横梁法(偏心压力法)、铰接板(梁)法、刚接板(梁)法和比拟正交异性板法。下面就各种方法适用条件和计算步骤作简单介绍。

(二)荷载横向分布的计算方法

1.刚性横梁法

(1)适用条件:在钢筋混凝土或预应力混凝土梁桥上,通常除在桥的两端设置横隔梁外,还在跨中、四分点处,设置中间横隔梁,这样可以明显增加桥梁的整体性,并加大横向结构刚度。根据试验与理论分析,在具有可靠横向连接的桥上,且在桥的宽跨比 B/l 小于或接近 0.5 的情况下(一般称为窄桥),在车辆荷载作用下中间横梁的弹性挠曲变形同主梁的相比微不足道。也就是说,中间横梁像一片刚度无穷大的刚性梁一样保持直线形状。这种把横梁当做支承在各片主梁上的连续刚体,计算荷载横向分布系数的方法称为"刚性横梁法",亦称为"偏心受压法"。按计算中是否考虑主梁的抗扭刚度,又可分为"刚性横梁法"和"考虑主梁抗扭刚度的修正刚性横梁法"两种。

(2)荷载分布影响线。k 号梁的横向影响线竖标为:

$$\eta_{ki} = \frac{I_k}{\sum\limits_{i=1}^{n} I_i} \pm \beta \frac{ea_k I_k}{\sum\limits_{i=1}^{n} a_i^2 I_i} \tag{4-9}$$

式中:β——抗扭系数。当取 $\beta = 1$ 时,即为不考虑主梁抗扭刚度的"刚性横梁法"的计算公式;

当取 $\beta = \dfrac{1}{1 + \dfrac{Gl^2 \sum I_{Ti}}{12E \sum a_i^2 I_i}} < 1$ 时,即为考虑主梁抗扭刚度的"修正刚性横梁法"的计算公式。

(3)主梁荷载横向分布系数计算。

①计算主梁抗弯惯矩与抗扭惯矩。

②计算抗扭修正系数 β。

③计算横向影响线竖标值。

④计算荷载横向分布系数。

2.刚接梁法(附:铰接梁法)

(1)适用条件:对于相邻两片主梁的接合处可以承受弯矩,或虽然桥面系没有经过构造处理,但设有多片内横隔梁,或桥面浇筑成一块整体板的桥跨结构,都可以看作是刚接梁系。它们的荷载横向分布计算都可经采用此法进行计算。

(2)计算原理:刚性连接的桥面板,当在半波正弦分布的峰值为 P 分布荷载作用下,在纵向切口处的赘余力也是正弦分布的。这些赘余力应该有五个:竖向剪力(峰值 g)、弯矩(峰值 m)、桥面板内纵向剪力流(峰值 t)、由于相邻主梁弯曲后不同曲率引起的横向扭矩(峰值 m_T)以及由于扭转中心不在桥面上而引起邻梁对它的阻力(峰值 n),如图 4-34 所示。通过精确分析,发现在竖向荷载作用下,t、m_T 和 n 对荷载横向分布的影响很小,可以忽略不计,因此只考虑赘余力 g 和 m。利用切口处位移协调条件,可经建立以 g_1、g_2……g_n、m_{n+1}、m_{n+2}……m_{n+n} 为赘余力的力法方程。解得 g_1 后,各片主梁的荷载分布影响线坐标也就确定了。除了直接受载的主梁的荷载为 $P - (g_{左} + g_{右})$ 外,其他主梁所分配到的荷载则为左右两片主梁上赘余剪力 $g_{左}$ 和 $g_{右}$ 的代数和。

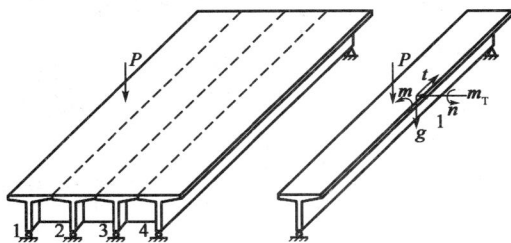

图 4-34　刚性连接的主梁之间的内力

求解赘余力素的一般正则力法方程式,用矩阵形式可表示为:

$$[\delta_{ij}]\{x_i\} + \{\delta_{ip}\} = \{0\} \qquad (i \text{ 或 } j = 1,2,3\cdots n) \tag{4-10}$$

式中:δ_{ij}——正则方程中位于赘余力素前的计算系数,它表示赘余力素峰值 $x_j = 1$ 时在 i 处引起的相对变位;

δ_{ip}——外荷载在 i 处引起的相对变位;

x_i——i 处赘余力的峰值。

(3)铰接梁法:以上方法也可用于铰接梁法。只是铰接梁的各主梁之间是用混凝土的铰缝联在一起的,它们只能传递剪力而不能传递弯矩,因此当用力法求解时,每个切口中只有赘余力 g_i,这样上述力法方程更可简化。如果是四梁式的桥面系,则力法方程中的未知力只有三个:g_1、g_2、g_3。力法方程是三元一次联立方程,解得 g_1、g_2、g_3 后就可求得各主梁的荷载横向分布影响线。

(4)刚接梁法的计算步骤:

①求主梁截面竖向抗弯惯矩 I。

②求主梁截面抗扭惯矩 I_T。

③求内隔梁与实有的桥面板一起化成等刚度的虚拟桥面板的抗弯惯矩 I_T。

④求主梁的抗弯刚度与抗扭刚度比例参数 γ 和主梁抗弯刚度与桥面板抗弯刚度比例参数 β。

⑤根据 β 和 γ 从公路设计手册表中查出并绘制各主梁的跨中荷载横向分布影响线 η。

⑥在影响线上沿桥宽排列最不利活载,从而算出跨中荷载横向分布系数 m_c。

3. 比拟正交异性板法(G-M 法)

(1)适用条件:对于由主梁、连续的桥面板和多横隔梁所组成的梁桥,当其宽度与其跨度之比值较大时,可将其简化比拟为一块矩形的平板,作为弹性薄板按古典弹性理论来进行分析,即所谓"比拟正交异性板法"或称为"G-M 法"。

(2)计算原理:图 4-35a)为具有多根纵向主梁和横向横隔梁的梁桥,纵向主梁的中心距离为 b,每片主梁的截面抗弯惯矩和抗扭惯矩分别为 I_x 和 I_{Tx};横隔梁的中心距离为 a,其截面抗弯惯矩和抗扭惯矩为 I_y 和 I_{Ty},将截面抗弯惯矩和抗扭惯矩均匀分摊于 a 宽度,这样将其比拟成如图 4-35b)所示的弹性薄板,比拟板在纵向和横向每米宽度的截面抗弯惯矩和抗扭惯矩为:$J_x = I_x/b$ 和 $J_{Tx} = I_{Tx}/b$ 以及 $J_y = I_y/a$ 和 $J_{Ty} = I_{Ty}/a$。对于肋式钢筋混凝土或预应力混凝土肋梁式结构,为了简化理论分析,可近似地忽略混凝土泊松比的影响。这样便得到一块在 x

75

和 y 两个正交方向截面单宽刚度为 EJ_x、GJ_{Tx} 和 EJ_y、GJ_{Ty} 的比拟正交异性板。比拟正交（构造）异性板的挠曲微分方程：

$$EJ_x \frac{\partial^4 w}{\partial x^4} + 2\alpha E \sqrt{J_x J_y} \frac{\partial^4 w}{\partial x^2 \partial y^2} + EJ_y \frac{\partial^4 w}{\partial y^4} = p(x, y) \qquad (4\text{-}11)$$

$$a = \frac{G(J_{Tx} + J_{Ty})}{2E\sqrt{J_x J_y}}$$

式中：α——扭弯参数，它表示比拟板两个方向的单宽抗扭刚度代数平均值与单宽抗弯刚度几何平均值之比。对于常用的 T 形梁或 I 形梁，α 一般在 $0 \sim 1$ 之间变化，对于箱形梁 $\alpha > 1$。

上式是一个四阶非齐次的偏微分方程，解得荷载作用下任意点的挠度值 ω 后，就可得到相应的内力值。

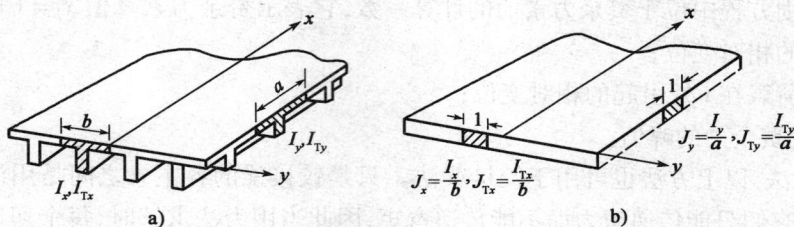

图 4-35 实际结构换算成比拟板的图式
a) 实际结构；b) 换算后的比拟异形板

（3）计算步骤。用 G-M 法曲线图表计算荷载横向分布系数的一般步骤为：

①计算几何特性。

a. 求主梁、横隔梁的抗弯惯矩 I_x、I_y 及比拟单宽抗弯惯矩 J_x、J_y。

b. 求主梁和横隔梁的抗扭惯矩；求出为计算扭弯参数 α 所需的纵横向截面单宽抗扭惯矩之和（$J_{Tx} + J_{Ty}$）。

②计算参数 θ 和 α。

$$\theta = \frac{B}{l} \cdot \sqrt[4]{\frac{J_x}{J_y}} ; \alpha = \frac{G(J_{Tx} + J_{Ty})}{2E\sqrt{J_x J_y}} \qquad (4\text{-}12)$$

③计算各主梁横向影响线坐标

a. 用已求得的 θ 值从 G-M 法计算图表上查影响系数 K_1 和 K_0 的值。

b. 用内插法求实际梁位处的 K_1' 和 K_0' 的值；

c. 用 α 值，求 $K_a' = K_0' + (K_1' - K_0')$

d. 用主梁数 n 除 K_a 即得影响线坐标 η_{ki}。

（4）计算各梁的荷载横向分布系数。

在影响线上按横向最不利位置布置荷载，从而算出跨中荷载横向分布系数 m_c。

4. 杠杆原理法

按杠杆原理法进行荷载横向分布的计算，其基本假定是忽略主梁之间横向结构的联系作用，即假定桥面板在主梁上断开，而当作沿横向支承在主梁上的简支梁或悬臂梁来考虑。

图 4-36a）即为桥面板直接搁置在 I 字形主梁上的装配式桥梁。当桥上有车辆荷载作用

时,作用在左边悬臂上的轮重为 $P_1/2$ 只传递至 1 号和 2 号梁,作用在中部简支板上者只传给 2 号和 3 号梁,如图 4-36b)所示,也就是,板上的轮重 $P_1/2$ 各按简支梁反力的方式分配给左右两根主梁,而反力 R_i 的大小只要利用简支板的静力平衡条件即可求出,这就是通常所谓作用力平衡的"杠杆原理法"。如果主梁所支承的相邻两块板上都有荷载,则该梁所受的荷载为 $R_2 = R'_2 + R''_2$。为了求主梁所受的最大荷载,通常可利用反力影响线来进行,也就是计算荷载横向分布系数的横向影响线。有了各根主梁的荷载横向影响线,就可以根据各种活载的最不利位置求得相应的横向分布系数 m_0。

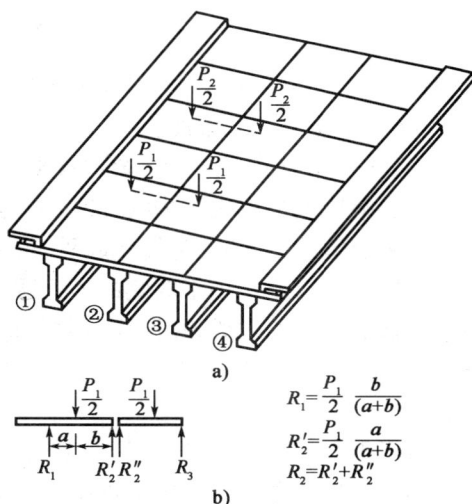

$$R_1 = \frac{P_1}{2} \cdot \frac{b}{(a+b)}$$
$$R'_2 = \frac{P_1}{2} \cdot \frac{a}{(a+b)}$$
$$R_2 = R'_2 + R''_2$$

图 4-36 按杠杆原理受力算图式

二 主梁结构内力的计算

主梁的内力计算,可分为正常使用阶段和施工两个阶段的内力计算,本节主要介绍正常使用阶段内力计算。

根据作用于一片主梁的恒载和通过横向分系数求得的计算活载,就可以按一般的工程力学的方法计算主梁的截面内力(弯矩 M 和剪力 Q)。有了截面内力,就可以按钢筋混凝土和预应力混凝土结构的设计原理进行主梁各截面的配筋设计或验算其强度及应力等。

对于一般小跨径的简支梁,通常只需计算跨中截面的最大弯矩和支点截面及跨中截面的剪力。跨中及支座之间各截面的剪力变化可近似地按直线规律变化,弯矩可假设按抛物线规律变化,即:

$$M_x = \frac{4M_{max}}{l^2} x(l - x) \tag{4-13}$$

式中:M_x——主梁在离支点 x 处任一截面的弯矩值;

M_{max}——主梁跨中最大设计弯矩;

l——主梁的计算跨径。

对于较大跨度的简支梁,一般还应计算跨径四分之一截面的弯矩和剪力。如果主梁沿桥轴线方向截面有变化,例如梁肋宽度或梁高有变化,则还应计算截面变化处的内力。

(一)恒载内力计算

主梁恒载内力,包括主梁自重(前期恒载)引起的主梁自重内力 S_{G1} 和后期恒载(如桥面铺装、人行道、栏杆、灯柱等)引起的主梁后期恒载内力 S_{G2}。

由于简支梁在施工过程中通常不发生结构的体系转换,因此恒载内力的计算比较简便。当主梁为等截面时,承受沿跨长的均布荷载 g,其截面恒载内力可用均布荷载 g 乘上所欲计算内力的影响线总面积。当然也可以用分析的方法来计算各截面的内力。

对于变截面的主梁,则需要按沿梁长变化的恒载集度 g_x 来计算各截面的内力,在一般恒载集度变化的情况下,利用影响线来计算恒载内力较为方便,其截面恒载内力可按下式计算:

$$S_G = \int_L g_x \cdot y_x \cdot dx \qquad (4\text{-}14)$$

式中：S_G——主梁恒载内力（弯矩或剪力）；

  g_x——主梁恒载集度；

  y_x——相应的主梁内力影响线坐标。

当影响线或荷载集度为线性时，上述积分可方便地用图乘法求出。

在确定恒载集度时，为简化起见，可将沿桥跨分点作用的横隔梁质量、沿桥横向不等分布的铺装层质量以及作用于两侧的人行道和栏杆等质量均匀分布地分摊给各主梁承受。因此，对于等截面梁桥的主梁，其计算恒载是简单的均布恒载。为了精确起见，也可根据施工安装的情况，将人行道、栏杆、灯柱和管道等质量像活载计算那样，按荷载横向分布的规律进行分配。

对于组合式梁桥，应按实际施工组合的情况，分阶段计算恒载内力。例如，先按预制主梁和后加桥面板的质量计算仅由预制主梁承受的第一阶段恒载内力，再按桥面铺装、人行道、栏杆等质量计算由桥面板和预制主梁结合而成的组合梁所承受的第二阶段恒载内力。

对于预应力混凝土简支梁桥，在施加预应力阶段，往往要利用梁体自重（前期恒载）来抵消强大钢丝束张拉力在梁体上翼缘产生的拉应力。在此情况下，也要将横载分成两个阶段（即前期恒载和后期恒载）来进行分析。在特殊情况下，恒载可能要分成更多的阶段来考虑。

确定了恒载集度 g 之后，除了利用内力影响线以外，也可按一般《材料力学》公式计算梁内各截面的弯矩 M 和剪力 Q。当恒载分阶段计算时，应按各阶段的计算恒载集度 g 来计算内力，以便进行内力或应力组合。

(二)活载内力计算

主梁活载内力由基本可变荷载中的车辆荷载和人群荷载产生。

主梁活载内力计算分为两步：第一步求某一主梁的最不利荷载横向分布系数 m；第二步应用主梁内力影响线，将荷载乘以横向分布系数后，在纵向按最不利位置处加载，求得主梁最大活载内力。简支梁的内力影响线为三角形，当全跨各点的横向分布系数取相同数值时，可直接使用《公路设计手册》等代荷载表或弯矩、剪力系数表来计算，以免除排列荷载的反复试算。根据规范要求，对汽车荷载还必须考虑冲击力的影响，因此主梁活载内力计算公式为：

直接在内力影响线上布置荷载：$\quad S_P = (1 + \mu) \cdot \xi \cdot \sum m_i P_i y_i \qquad (4\text{-}15)$

应用等代荷载时：$\qquad\qquad\qquad S_P = (1 + \mu) \cdot \xi \cdot m \cdot k \cdot \Omega \qquad (4\text{-}16)$

应用弯矩、剪力系数表时：

$$M_P = (1 + \mu) \cdot \xi \cdot m \cdot (Al - B)$$
$$Q_P = (1 + \mu) \cdot \xi \cdot m \cdot (A - B/L) \qquad (4\text{-}17)$$

式中：S_P——主梁所求截面内力（弯矩 M_P 或剪力 Q_P）；

  μ——汽车荷载的冲击系数，按桥规规定取值：对于挂车、履带车和人群荷载均不计冲击影响，即 $\mu = 0$；

  ξ——多车道桥涵的汽车荷载折减系数，按桥规规定取用：对于挂车、履带车和人群荷载均不预折减，即 $\xi = 1$；

  m——荷载横向分布系数，计算主梁弯矩和跨中最大剪力时，可以近似取用跨中荷载横向分布系数 m_c 代替全跨各点上的 m_i；在计算主梁支点截面剪力或靠近支点截面

的剪力时,应考虑 m 沿跨内的变化;

P_i——车辆荷载的轴重;

y_i——沿桥跨纵向与荷载位置对应的内力影响线坐标值;

k——行车车辆荷载的等代荷载值,可由《基本资料》分册中的等代荷载值查得;当计算人群荷载得内力时,k 表示纵向每延米人群荷载的强度;

Ω——弯矩或剪力影响线的面积;

l——主梁计算跨径或荷载长度;

A、B——计算弯矩或剪力时的计算系数,可查《公路设计手册》。

(三)内力组合

为了按各种极限状态来设计钢筋混凝土及预应力混凝土梁,就需要确定主梁沿桥跨各个截面的计算内力 S_j,它就是将各类荷载引起的最不利内力乘以相应的荷载安全系数后,按桥规规定进行荷载组合而得到的内力值。

当按承载能力极限状态设计时,荷载组合和荷载安全系数按下列规定采用。

恒载与活载产生同号内力时:

荷载组合 I 　　　　　　　　　　$S_j^{\mathrm{I}} = 1.2S_{\mathrm{G}} + 1.4S_{\mathrm{Q1}}{}'$

荷载组合 III 　　　　　　　　　$S_j^{\mathrm{III}} = 1.2S_{\mathrm{G}} + 1.1S_{\mathrm{Q1}}{}''$ 　　　　　　(4-18)

恒载与活载产生异号内力时:

荷载组合 I 　　　　　　　　　　$S_j^{\mathrm{I}} = 0.9S_{\mathrm{G}} + 1.4S_{\mathrm{Q1}}{}'$

荷载组合 III 　　　　　　　　　$S_j^{\mathrm{III}} = 0.9S_{\mathrm{G}} + 1.1S_{\mathrm{Q1}}{}''$ 　　　　　　(4-19)

式中:S_j^{I}、S_j^{III}——荷载组合 I、II 相应的计算内力(弯矩或剪力);

S_{G}——永久荷载中结构质量产生的内力(弯矩或剪力);

$S_{\mathrm{Q1}}{}'$——基本可变荷载中汽车(包括冲击力)、人群产生的内力;

$S_{\mathrm{Q1}}{}''$——基本可变荷载中平板车或履带车产生的内力。

对于同号内力的情况,《桥规》(JTG D60—2004)还规定 S_j^{I} 式内的荷载系数按以下情况提高:汽车荷载效应占总荷载效应 20% 及以上时,提高 5%;40% 及以上时,提高 3%;55% 及以上时,不再提高。S_j^{III} 式内的荷载系数按以下情况提高:挂车或履带车荷载效应占总荷载效应 90% 及以下时,提高 3%,60% 及以下时,提高 2%;45% 及以下时,不再提高。

有了最大、最小控制设计值后,就可绘制内力包络图。即沿梁轴的各个截面处,将所采用的控制设计内力值按适当的比例尺绘成纵坐标,连接这些坐标点而得到的曲线图,即是内力包络图。内力包络图主要在主梁内配置预应力筋、纵向主筋、斜筋和箍筋提供设计依据,并进行各种检算。

三　横隔梁内力计算

在钢筋混凝土和预应力混凝土梁桥中,横隔梁(在梁的厚度不大时,有时称为横隔板)对于加强结构的横向联系和保证结构的整体性,起着很大的作用,尤其是在车辆荷载和桥宽不断增大的情况下,横隔板的设计计算已成为整个设计中比较重要的一部分。在实际计算时,可以偏安全地用中横隔梁的设计来代表所有其他横隔梁的设计,只需按求出的中横隔梁的剪力和弯矩进行配筋和强度验算即可。计算中横隔梁内力的方法:刚性横梁法、刚接梁法和

"G—M 法"。具体计算方法省略。

四 桥面板计算

（一）桥面板分类

钢筋混凝土和预应力混凝土梁桥的桥面板（也称行车道板），是直接承受车梁轮压的承重结构，也是主梁截面的组成部分。其类型如表 4-1 所示。

桥 面 板 类 型 表 4-1

类　　型	构 造 特 征	实　　例
单向板	四边支承的板，长边与短边之比等于或大于 2	整体式肋梁桥的桥面板；装配式肋梁桥翼板用湿接缝连接的板
双向板	四边支承的板，长边与短边之比小于 2	
悬臂板	三边支承，另一边自由，且长、短边之比大于或等于 2，或者沿短边一边嵌固，另一边自由的板	装配式 T 形梁桥翼缘板之间为自由缝的板，边梁外侧的翼缘板
铰接悬臂板	三边支承，另一边与相邻的板铰接，且长边与短边之比大于或等于 2	装配式 T 形梁桥翼缘板之间做成铰接缝的板

（二）车轮荷载在板上的分布

作用在桥面上的车轮压力，通过桥面铺装层扩散分布在钢筋混凝土桥面上，由于桥的计算跨径相对于轮压的分布宽度来说不是很大，故在计算中应将轮压作为分布荷载来处理，以免造成较大的计算误差。

富于弹性的充气车轮与桥面的接触实际上接近于椭圆，为了计算方便，通常可近似地把车轮与桥面的接触面看作是 $a_2 \times b_2$ 的矩形面积，此处 a_2 是车轮（或履带）沿行车方向的着地长度，b_2 是车轮（或履带）的宽度，如图 4-37 所示。各级荷载的 a_2 和 b_2 值可从我国公路桥梁规范中查得。对于混凝土或沥青面层，荷载在铺装层内按 45° 角扩散。因此。最后作用在钢筋混凝土承重板顶面的矩形荷载压力面的边长为：

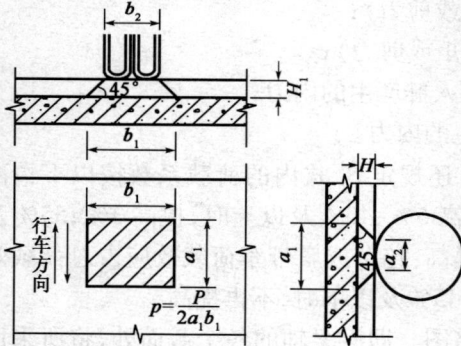

图 4-37　车辆荷载在板面上的分布

$$\text{沿纵向} \qquad a_1 = a_2 + 2H$$
$$\text{沿横向} \qquad b_1 = b_2 + 2H \tag{4-20}$$

式中：H——铺装层的厚度。

据此，当汽车列车中一个加重车的后轮作用于桥面板上时，作用于板面上的局部分布荷载为：

$$p = P/(2a_1 b_1)$$

式中：P——加重车后轴的轴重。

（三）桥面板的有效工作宽度

板在局部分布荷载 p 的作用下,不仅直接承压部分的板带参加工作,与其相邻的部分板带也会分担一部分荷载共同参与工作。因此,在桥面板的计算时,就必须首先确定板的有效工作宽度(或称荷载有效分布宽度)。桥面板的有效工作宽度与板的支承条件、荷载性质以及荷载位置有关。《公路桥涵设计通用规范》(JTG D60—2004)对单向板、悬臂板的有效工作宽度作了如下规定:

1. 单向板的有效工作宽度

（1）荷载在跨径中间

对于单独一个荷载如图 4-38a)所示:

$$a = a_1 + l/3 = a_2 + 2H + l/3,但不小于 \frac{2}{3}l$$

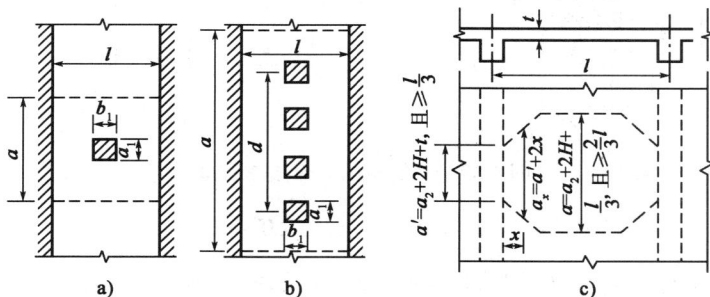

图 4-38　荷载有效分布宽度

这里 l 为板的计算跨径,关于板的计算跨径 l 的取值,《公路桥涵设计通用规范》(JTG D60—2004)作了明确规定:板的计算跨径一般为两个支承中心间的距离,但位于梁肋间的板,其计算跨径按下列规定取用:

计算弯矩时,　　　　　　　$l = l_0 + t,且 \geqslant l_0 + b$

计算剪力时,　　　　　　　$l = l_0$

式中:l_0——板的净跨距;

　　　t——板的厚度;

　　　b——梁肋宽度。

对于几个靠近的相同荷载,如按上式计算所得各相邻荷载的有效分布宽度发生重叠时,应按相邻靠近的荷载一起计算其有效分布宽度如图 4-38b)所示:

$$a = a_1 + d + l/3 = a_2 + 2H + d + \frac{l}{3}$$

式中:d——最外两个荷载的中心距离,如果只有两个相邻荷载一起计算时,d 往往就是车辆荷载的轴距。

（2）荷载在板的支承处

$$a' = a_1 + t = a_2 + 2H + t,但不小于 \frac{l}{3}$$

式中:t——板的厚度。

（3）荷载靠近板的支承处

$$a_x = a' + 2x$$

式中:x——荷载离支承边缘的距离。

所以,荷载由支点处向跨中移动时,相应的有效分布宽度可近似地按45°线过渡。

根据以上所述,对于不同荷载位置时,单向板的有效分布宽度图形如图4-38c)所示。

2. 悬臂板的有效工作宽度

桥梁规范中对于悬臂板的有效工作宽度作了如下规定,如图4-39所示:

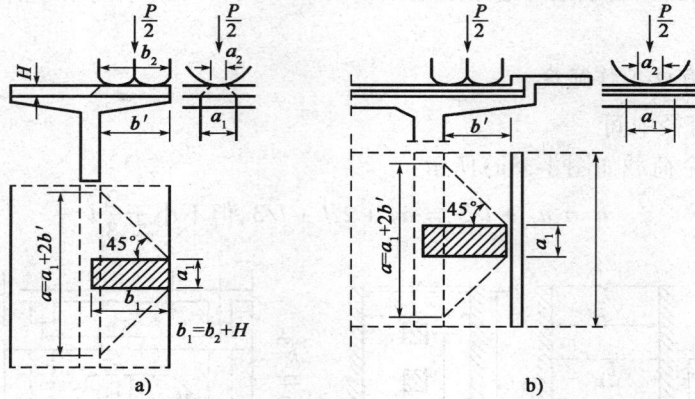

图4-39　悬臂板的有效工作宽度

$$a = a_1 + 2b' = a_2 + 2H + 2b'$$

式中:b'——承重板上荷载压力面外侧边缘至悬臂根部的距离。

对于分布荷载位于板边的最不利情况,b'就等于悬臂板的跨径l_0,于是:

$$a = a_1 + 2l_0$$

对于履带荷载的情形,鉴于履带与桥面接触的长度较大,故不管是单向板还是悬臂板,通常都忽略荷载压力面以外的板条参与工作,不论荷载在跨中或支点处,均取1m宽板条按实际荷载强度p进行计算。

(四)桥面板内力的计算

对于实体的矩形截面桥面板一般均由弯矩控制设计。设计时,习惯上以每米宽的板条来进行计算。对于梁式单向板或悬臂板,只要借助板的有效工作宽度,就不难得到作用在每米宽板上的荷载及其引起的弯矩。对于双向板,除可按弹性理论进行分析外,在实践中常用简化的计算方法或现成的图表来计算。

1. 多跨连续单向板的内力

常见的桥面板实质上是一个支承在一系列弹性支承上的多跨连续板。由此可见,各根主梁的不均匀弹性下沉和梁肋本身的扭转刚度必然会影响到桥面板的内力,所以,桥面板的实际受力情况是相当复杂的。目前,通常采用较简便的近似方法进行计算。对于弯矩,先算出一个跨度相同的简支板在恒载和活载作用下的跨中弯矩M_0。再乘以偏安全的经验系数加以修正,以求得支点处和跨中截面的设计弯矩。弯矩修正系数可视板厚t与梁肋高度h的比值来选用,见表4-2。t/h的大小反映了主梁抗扭刚度对桥面板的约束影响,t/h小,即主梁抗扭能力较大。

弯　矩　　　情　况	$t/h < 1/4$	$t/h \geqslant 1/4$
跨中弯矩	$+0.5M_0$	$+0.7M_0$
支点弯矩	$-0.7M_0$	$-0.7M_0$

$$M_0 = M_{op} + M_{oq}$$

$$M_{op} = (1 + \mu) \cdot \frac{P}{8a}\left(l - \frac{b_1}{2}\right) \tag{4-21}$$

式中：P——加重汽车后轴的轴重；

$\quad M_{op}$——1m 宽简支板条的跨中活载弯矩；例如，对
于汽车荷载，如图 4-40a)所示；

$\quad a$——板的有效工作宽度；

$\quad l$——板的计算跨径；

$1 + \mu$——冲击系数，对于桥面板通常为 1.3。

如果板的跨径较大，可能还有第二个车轮进入跨径
内，对此可按力学方法将荷载布置得使跨中弯矩为最大。

M_{og} 为 1m 宽简支板条的跨中恒载弯矩，可由下式
计算：

$$M_{og} = gl^2/8$$

式中：g——1m 宽板条每延米的恒载质量。

当需要计算单向板的支点剪力时，可不考虑板和主
梁的弹性固结作用，此时荷载必须尽量靠近梁肋边缘布
置，如图 4-40b)所示。

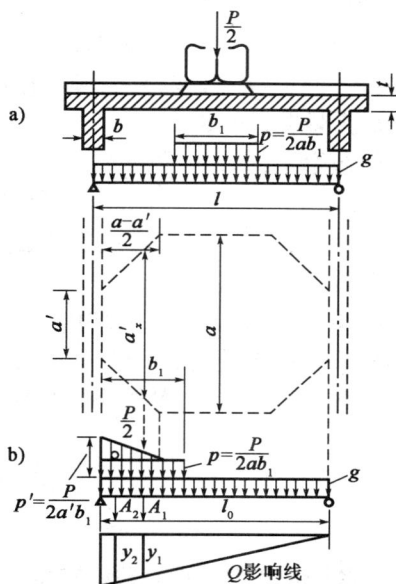

图 4-40　单向板内力计算图式
a)求跨中弯矩；b)求支点剪力

2. 铰接悬臂板的内力

T 形梁翼缘板作为行车道板往往用铰接的方式连
接，如图 4-41a)所示，最大弯矩在悬臂梁根部。

根据计算分析可知，计算活载弯矩 M_{AP} 时，最不利的荷载位置是把车轮荷载对中布置在
铰接处，这时铰内的剪力为零，两相邻悬臂板各承受半个车轮荷载，即 $P/4$，如图 4-41a)所示。
因此每米宽悬臂板在根部的活载弯矩为：

$$M_{AP} = -(1 + \mu)\frac{P}{4a}\left(l_0 - \frac{b_1}{4}\right) \tag{4-22}$$

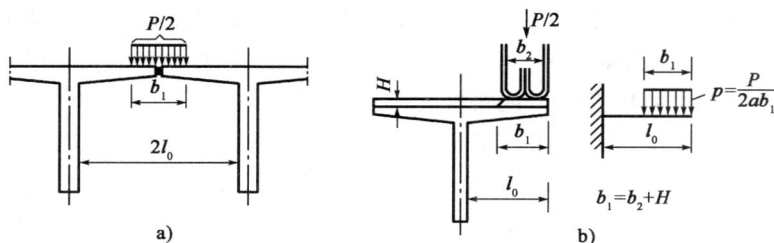

图 4-41　悬臂板计算图式

每米板宽的恒载弯矩为：

$$M_{Ag} = -\frac{1}{2}gl_0^2 \tag{4-23}$$

最后,悬臂根部1m板宽的最大弯矩为:

$$M_A = M_{AP} + M_{Ag} \tag{4-24}$$

悬臂根部的剪力可以偏安全地按一般悬臂板的图式来计算。

3. 悬臂板的内力

对于沿纵缝不相连接的悬臂板,在计算根部最大弯矩时,应将车轮荷载靠板的边缘布置,此时$b_1 = b_2 + H$,如图4-40b)所示。则恒载和活地弯矩值可由一般公式求得:

活载弯矩:

$$M_{AP} = -(1+\mu) \cdot \frac{1}{2} p l_0^2 = -(1+\mu) \frac{P l_0^2}{4ab_1} \qquad (b_1 \geq l_0 \text{时}) \tag{4-25}$$

$$M_{AP} = -(1+\mu) \cdot pb_1(l_0 - b_1/2) = -(1+\mu) \cdot P(l_0 - b_1/2)/2a (b_1 < l_0 \text{时}) \tag{4-26}$$

式中:P——$p = P/(2ab_1)$,为作用在每米板条上的荷载强度;

l_0为悬臂板的长度。

恒载弯矩:

$$M_{Ag} = -g l_0/2 \tag{4-27}$$

同理,最后可得1m宽板条的最大设计弯矩为:$M_A = M_{AP} + M_{Ag}$

剪力计算从略。

必须注意,以上所有活载内力的计算公式都是对于轮重为$P/2$的汽车荷载推得的,对于挂车荷载可将轮重换成$P/4$,对于履带荷载可将$P/2a$置换为每条履带每延米的荷载强度,并均不计冲击影响,这样就可得到相应荷载的内力计算公式。

第六节　构　造　实　例

一 板式截面简支梁的构造示例——跨度4m钢筋混凝土铁路梁

(一)梁的总体布置

图4-42为4m跨度的道砟桥面钢筋混凝土梁的概图。为了设置石棉衬垫,梁的两端各伸出支点以外0.25m,所以全长4.5m。混凝土强度等级为C20,主筋为16Mn,构造钢筋为Q235。梁高为0.5m,为了承托桥面上的道砟和轨枕,每片梁的顶部四周都设有挡砟边墙,形成了道砟槽。为了避免在荷载作用下,挡砟墙顶面因承受过大弯曲压应力而使该处混凝土破坏,挡砟墙沿纵向每隔一定的距离设置一道10mm宽的断缝(在断缝处填以油毛毡),使它不参与主梁的工作。道砟槽全宽为3.9m,这是根据线路铺设要求决定的:轨枕长2.5m。道床顶边至枕木端面的距离为0.25m,以便将枕木牢靠地嵌固在道床中,故道床顶面宽为3m。为便于抽换枕木,钢轨的底面应高出道砟墙顶不小于0.2m。轨底下面有20mm厚的垫板,道床顶面比枕木顶一般低3cm,故道床顶高出道砟墙顶不小于0.2m。轨底下面有20mm厚的垫板。道砟床顶比枕木顶低30mm。这样,道砟床顶高出边墙15cm,道床边坡为1:1.75(竖向:水平向),从而边坡的宽度为26cm,再加上每侧50mm的平坡段及140mm的边墙厚,道砟槽全宽为3.9m,两片梁间留有6cm的空隙,因此每片梁宽为1.92m。挡砟墙高为30cm,轨底高出板顶50cm,桥上实际的道砟厚度为45cm。

为了防止雨水渗入梁体引起钢筋锈蚀和混凝土冻裂,在道砟槽板顶铺设垫层,并形成排水坡,排水坡上铺设防水层,道砟上的雨水流向挡砟墙,沿挡砟墙汇流到泄水管排出桥面,如图 4-43 所示。

两片梁之间有 6cm 缝隙,两跨梁之间或梁与桥台间也有 6cm(或 10cm)梁缝,为防止掉砟,分别设有纵向钢筋混凝土盖板(图 4-44)和横向铁盖板(图 4-45)。

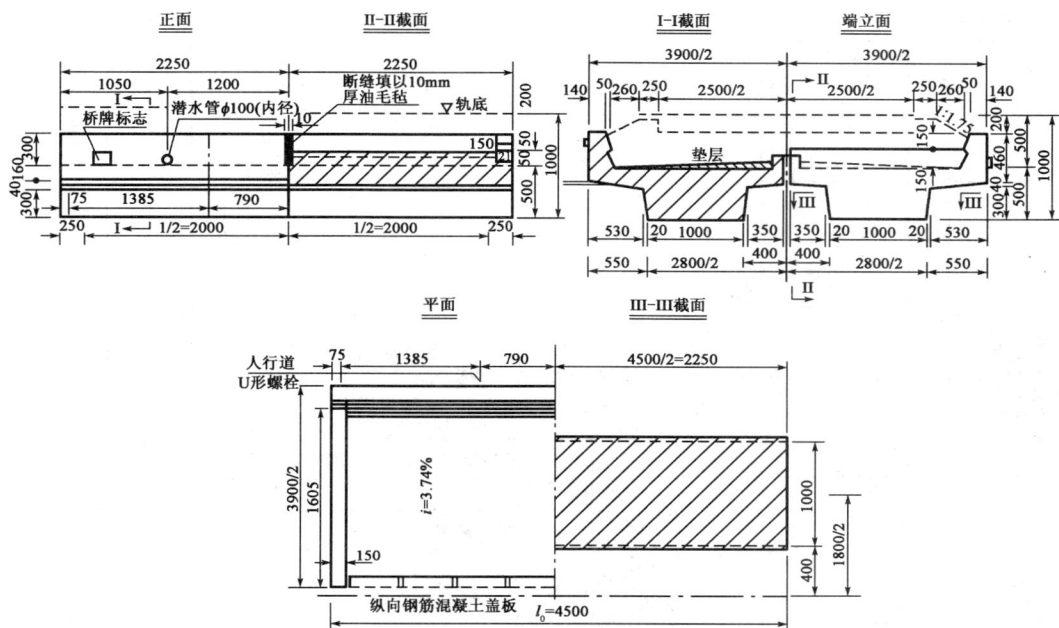

图 4-42 $l=4m$ 板式钢筋混凝土梁概图(尺寸单位:mm)

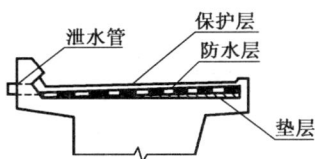

图 4-43 泄水管及防水层构造

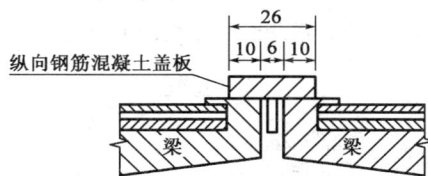

图 4-44 纵向钢筋混凝土盖板
(尺寸单位:cm)

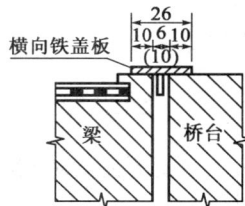

图 4-45 横向铁盖板
(尺寸单位:cm)

为了养护人员工作及翻修道床时堆放道砟,梁的两侧设有人行道。人行道的支架角钢利用埋设在挡砟墙内的 U 形螺栓来连接。支架角钢上的步板常用钢筋混凝土预制。人行道的宽度,在直线桥上应大于或等于 0.5m;位于曲线上或车站内的桥梁,以及采用机械化养路的大中桥的人行道,都应加宽。图 4-46 为人行道构造断面图。

(二)梁内钢筋布置

图 4-47 为跨度 4m 道砟桥面钢筋混凝土梁的钢筋布置图。现将主梁、道砟槽板、挡砟墙三部分钢筋布置分别介绍。

从图 4-47 可以看出,在跨中截面设有 23ϕ16(N1～N7)的主筋,成束布置。两根一束的有 10 束,三根一束的有 1 束,排列于板梁的下缘。其中 N1～N6 分批弯起,作为斜筋承担腹板内的斜拉力。N7 则均伸入支承处梁的下缘。为了确保钢筋与混凝土共同工作,主筋应有一定的锚固长度。由于板梁高度较小,伸到受压区的斜筋长度不满足《公路桥涵设计通用规范》

85

（JTG D60—2004）关于锚固长度的规定，故 $N1 \sim N5$ 设有一定长度的与纵筋平行的直线段，$N6$ 在梁端还向下弯转。

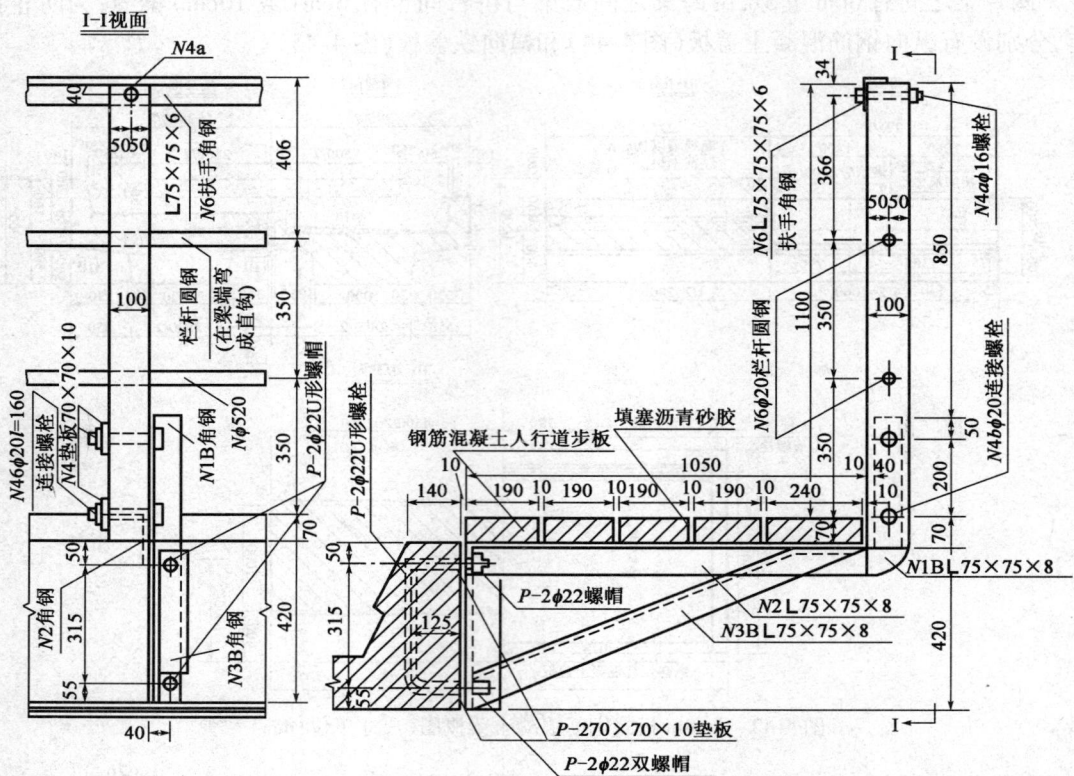

图 4-46　人行道及栏杆布置图(尺寸单位:cm)

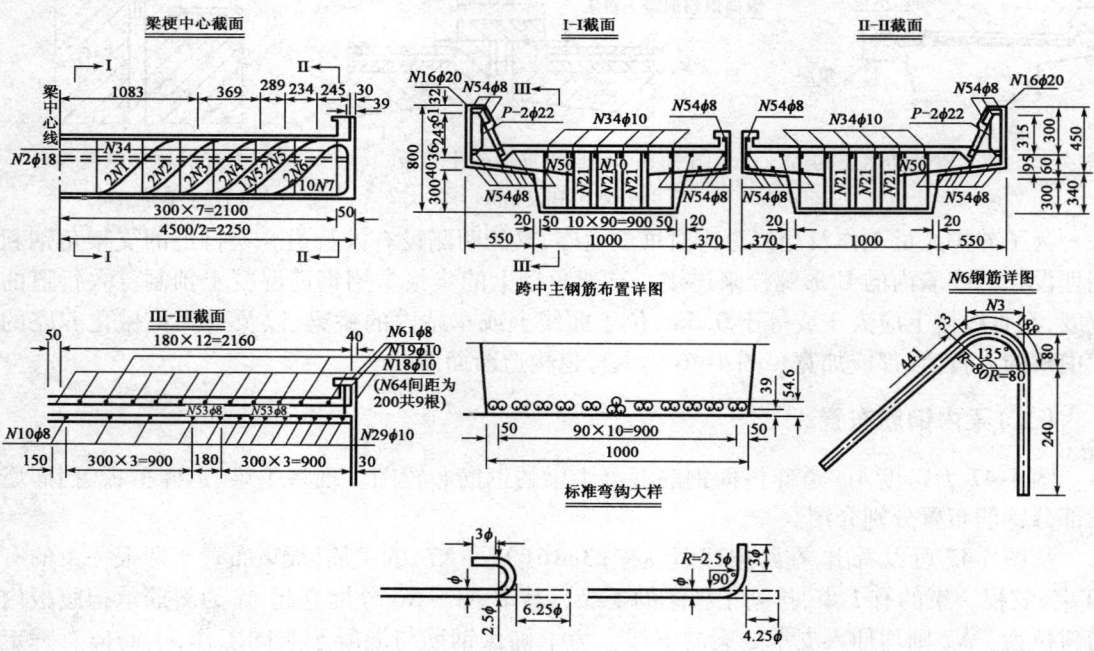

图 4-47　$l = 4m$ 板式梁钢筋布置(尺寸单位:mm)

板梁箍筋用 10 肢 $\phi 8$($N21$),间距为 300mm,做成开口式,钩在架立钢筋 $N34$ 上,架立钢筋为 $6\phi 10$。

板梁两侧的悬臂板,根据计算,在上部设受力钢筋 $20N18\phi 10$ 及 $6N19\phi 10$,$N19$ 在板的外侧向下弯折锚固在受压区。板的外侧底面,沿梁全长配置构造钢筋 $8N50\phi 8$ 和 $20N29\phi 10$,板的内侧底面,沿全长也配置构造钢筋 $8N51\phi 8$ 和 $20N30\phi 10$。配置这些钢筋的目的是增加全梁钢筋骨架的整体性和承受因偶然荷载引起的底面拉应力。垂直于悬臂板受压力钢筋的分配钢筋为 $12N53\phi 8$。

挡砟墙内设有受力钢筋 $26N52\phi 8$,考虑到挡砟墙必须承受人行道支架反力,同时也可能受到指向内侧的意外碰撞力,故 $N52$ 采用闭口形式,与其垂直方向设置的分配钢筋 $N54\phi 8$ 组成钢筋骨架。设于挡砟墙内的分配钢筋,在断缝处均应断开。挡砟墙内设有安装人行道用的 U 形螺栓,并在其间设置了 $2N16\phi 20$ 的 U 形螺栓分配钢筋。

$N61$ 和 $N64$ 是为端边墙配置的钢筋。各编号的钢筋直径、形状和长度可参考有关资料。

二 T 形截面简支梁构造示例—跨度为 16m 钢筋混凝土铁路梁

(一)梁的总体布置

图 4-48 为跨度 16m 的道砟桥面钢筋混凝土梁的概图。梁的计算跨度 16m,全长 16.5m,混凝土强度等级为 C25 号,受力钢筋为 16Mn 钢筋,构造钢筋为 A3 钢筋。

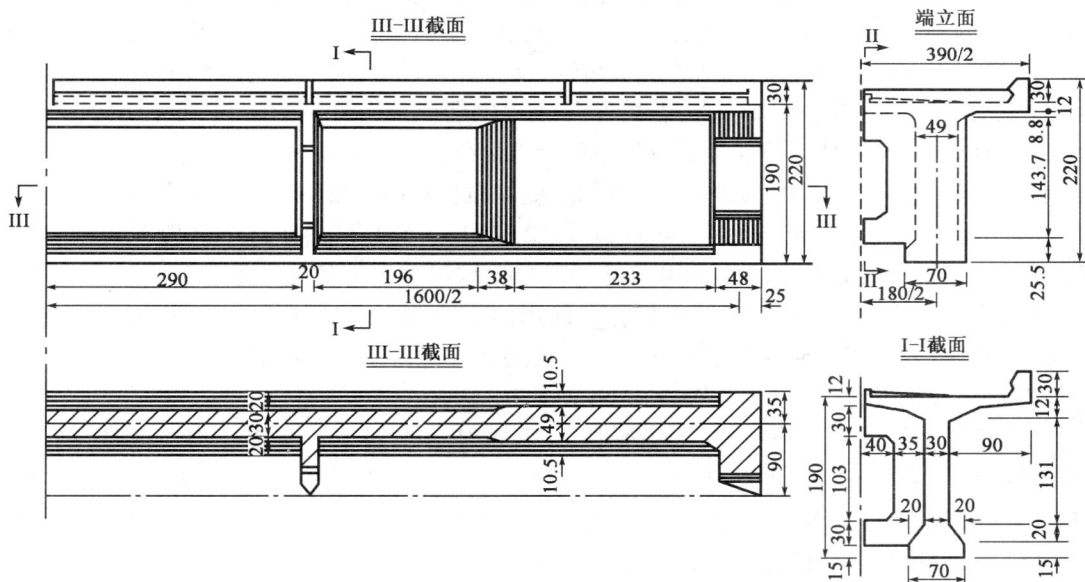

图 4-48 l = 16m 板式钢筋混凝土梁概图(尺寸单位:cm)

梁部结构用纵向缝分为两个 T 形块件,每片梁重 514.9kN,可用 65t 架桥机架设。梁高 1.9m,约为跨度的 1/8.4,道砟槽全宽 3.9m,符合《桥规》(JTG D60—2004)规定。两片梁留有 6cm 的梁缝,以便架梁落位后抽出捆梁钢丝绳。这样,单片梁上翼缘宽度为 1.92m。道砟槽板最小厚度 12cm,板与梁肋相交处板厚增至 24cm,大于梁高的 1/10。腹板厚度跨中区段为

30cm，梁端区段为49cm，变截面位置离梁端为3m，这是适应梁腹板中主拉应力变化的需要。下翼缘尺寸考虑了钢筋的合理布置和施工方便，为与20m梁统一起见，底缘宽度定为70cm。

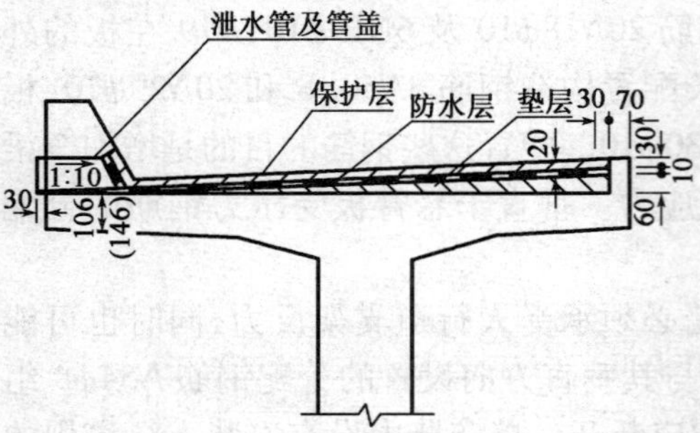

图4-49　泄水管及防水构造(尺寸单位:mm)

道砟槽部分的布置与板式截面梁相同。泄水管，每隔3m设置一个。泄水管及防水层的构造，见图4-49。

在梁端以及距梁端5.25m处，设有与梁一起灌筑的横隔板。两片梁架好后，通过横隔板把两片梁连接起来，形成稳定结构，以确保通车。中间横隔板厚16cm。端部横隔板厚46cm，主要是考虑到维修或更换支座时，需要在端部横隔板下放置千斤顶，因此端横隔板又称为顶梁。为了便于维修检查，所有横隔板中间留有孔洞，尺寸为80cm×103cm。

横隔板还有一个更重要的作用，就是使两片梁在列车活载作用下很好地分担荷载，共同工作，防止梁受扭变形。

(二)梁内钢筋布置

图4-50为跨度16m钢筋混凝土直线梁的钢筋布置图。

每片梁肋主要受力钢筋共有43φ20(编号从N1～N15)；N1～N12(共23根)由跨中向两端相继弯起锚固在梁的受压区，和箍筋一起承受主拉应力，其中N1～N10弯至梁顶后伸入受压区长度大于20倍斜筋直径，满足锚固长度要求，不设与纵筋平行的直段，且不设弯钩；N11～N12因不能满足上述锚固长度要求，向上弯转锚固在受压区。N15钢筋(共16根)伸入支座，与弯起的N13、N14钢筋端部均加直角钩，以保证有足够的锚固。主钢筋在梁下翼缘内布置参见图4-50a)。为了缩小翼缘尺寸，采用三根钢筋成束布置。N1～N7布置在下翼缘中心部分且在最上两排，使它们能在腹板较薄的跨中部分相继弯起。N8～N14或布置在下翼缘中心偏外部分，或布置在下翼缘的底排，它们只能在腹板较厚的梁端部分相继弯起。

箍筋采用4肢φ8钢筋，间距25cm，编号N21、N22。N21布置在跨中区段薄板部分内，N22在梁两端厚腹板部分内，同一处用2个N21(或N22)错开叠置成4肢。所有箍筋均钩在架立钢筋上。在梁的下翼缘内还设有捆扎主筋用的小箍筋N62，并有架立钢筋N53。在腹板两侧布置有间距为10cmφ8的纵向水平钢筋。为使灌注混凝土时保持纵向水平钢筋和箍筋的设计位置，还分别设置了联系筋N65和N66使其互相钩住。

道砟槽板呈悬臂梁受力状态，上缘受拉，下缘受压。主筋布置在道砟槽板顶缘，编号为N18、N19、N20，为φ10。N19、N20钢筋间距分别为0.72m和0.36m；N18钢筋间距为(4×0.12+1×0.24)m。钢筋布置如图4-50b)所示。在板底缘还布置了间距0.26m的构造钢筋N50、N51，以加强板与肋的连接和防止底表面裂缝。考虑到挡砟墙可能意外受力，在其中设置封闭钢筋N52。沿桥纵向在道砟槽板及下翼缘内设置分配钢筋N53。为免除挡砟墙承受弯曲应力，用断缝断开，故设置在挡砟墙内的分配钢筋(N54、N55)亦应断开。为固定人行道角钢支架，挡砟墙埋有U形螺栓(P-2φ22)。

道砟槽板不仅支承在主梁上，同时也支承在横隔板上，因而在横隔板上方的顶部设有垂直于横隔板的钢筋N48、N49[图4-41c)]，以承受该处实际可能发生而在板的计算中未考虑的负弯矩。另外，在中间横隔板内的主要钢筋为P-7φ20，其他如N36、N37、N38和N39为构造钢筋。它们互相连成钢筋网以承受横隔板较复杂的应力状态。端横隔板的钢筋布置比中间横隔板的稠密,这是因为顶梁时需要传递强大集中反力的缘故。

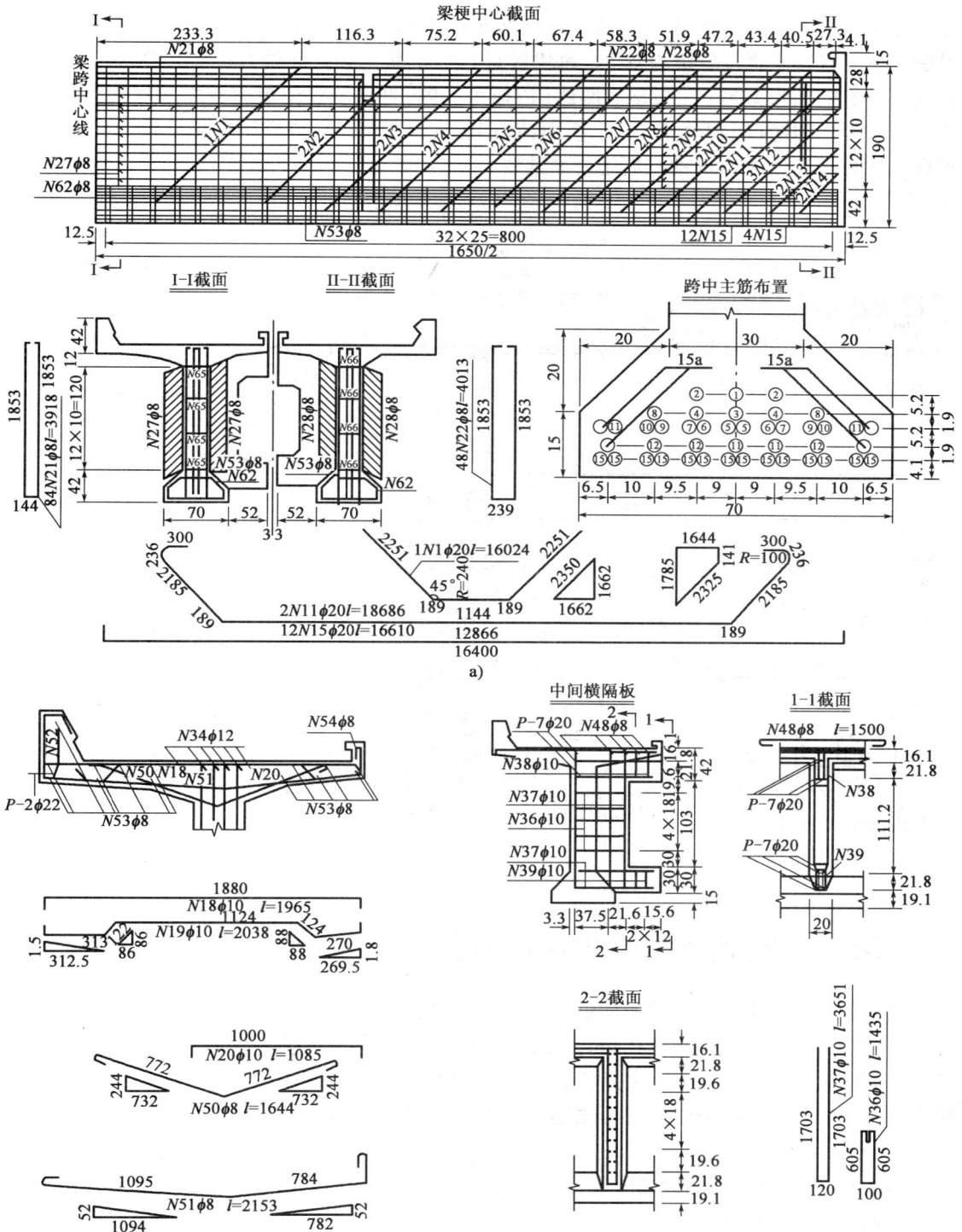

图 4-50　$l=16$ m 钢筋混凝土直线梁钢筋布置图(尺寸单位:mm)

a)梁体钢筋布置;b)桥面板多筋布置;c)横隔板钢筋布置

89

三 板式截面简支梁的构造示例——跨度10m钢筋混凝土公路梁

图4-51是10.0m跨度斜交角度为10°或20°（如角度为0,则为直交板）简支空心板构造及配筋图。混凝土强度等级为C25。每块板宽124cm,板与板之间设1cm砂浆缝,因此安装后板与板中心间距为125cm。板顶面两侧（边板为一侧）伸出N8,使板与板之间尽量有可靠连接。板与板之间槽口要填充混凝土,桥面铺装10cm混凝土以形成整体。在配筋计算时,行车道板的计算板高计入8cm的混凝土桥面铺装。

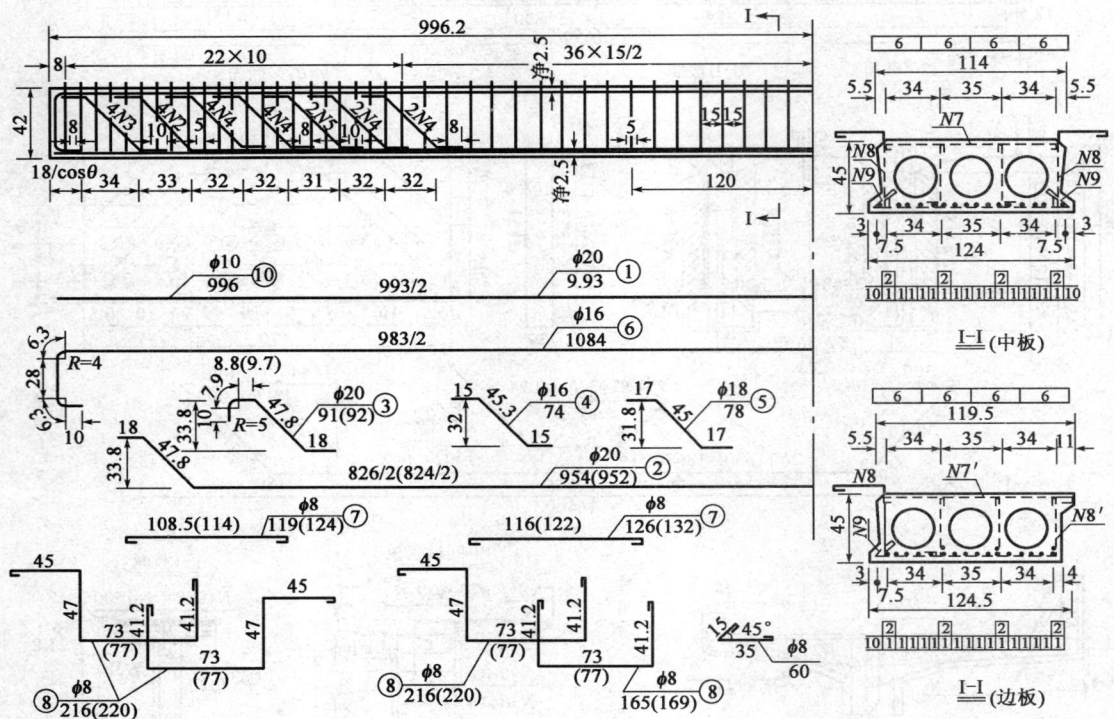

图4-51 空心板构造及配筋图

四 T形截面简支梁构造示例——跨度16m钢筋混凝土公路梁

图4-52为16mT形梁构造及配筋图。每片预制的T形梁上翼缘宽1.6m,安装就位后梁肋中心间距为2.2m,湿接缝宽0.6m,以减小T形梁预制、运输和安装的片数,加速施工进度,减轻吊装质量和加强整体性。公路T形梁布筋的特点是跨中腹板厚仅有18cm,为此主筋在跨中设了5层钢筋,每隔60cm主筋相互焊接,它们与架立筋、斜筋一起组成一片平面骨架。每类钢筋的作用同铁路T形梁。

图4-53是T形梁横隔板之间的连接构造,横隔板两侧与顶面预埋钢板,再在两片T形梁的预埋钢板上焊钢板加以连接。

图4-54为T形梁行车道板湿接缝处钢筋连接构造,这种扣环式连接非常牢靠。

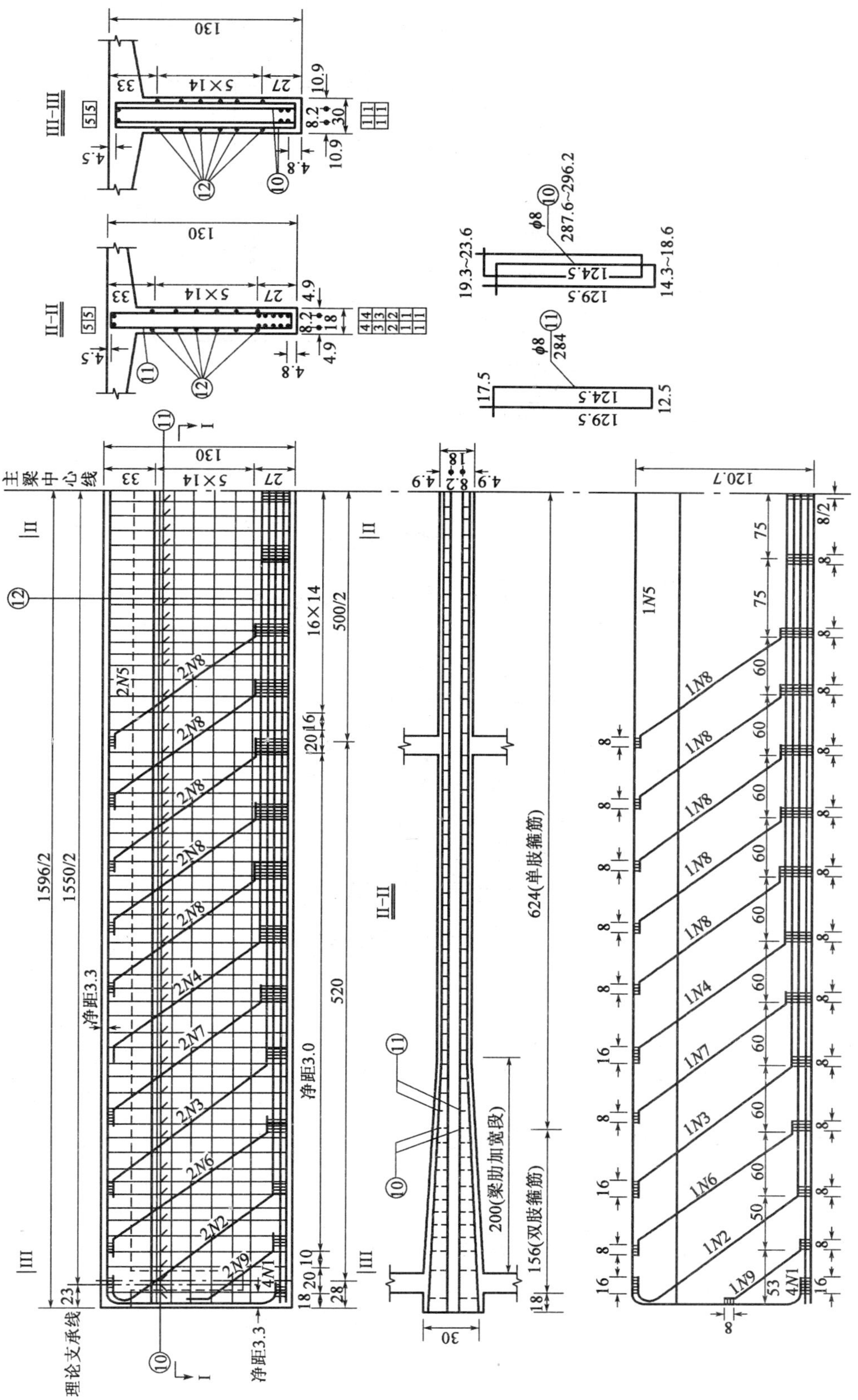

图4-52 T形梁配筋图（尺寸单位：cm）

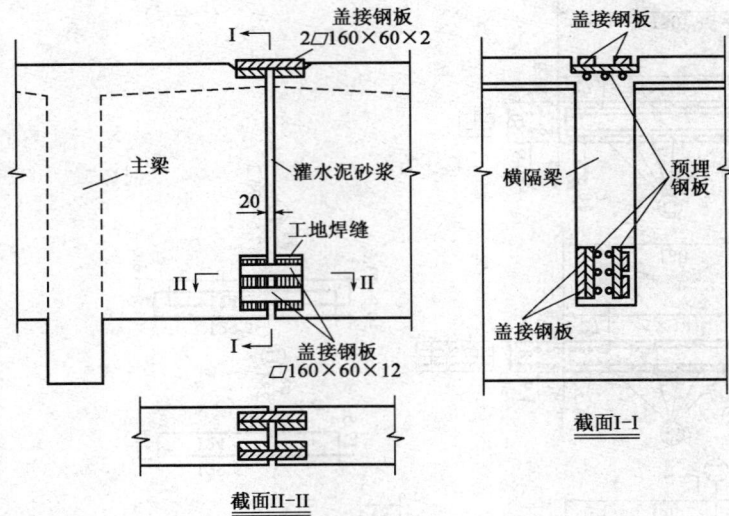

图 4-53　T形梁横隔板之间连接构造

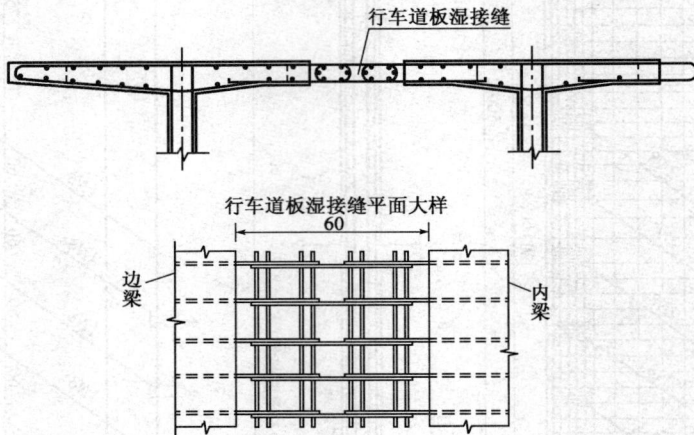

图 4-54　T形梁行车道板湿接缝构造

思考题

1. 梁式桥的主要类型有哪些？各类型的适用条件是什么？
2. 梁式桥的受力特点？
3. 简述装配式板桥的构造。
4. 钢筋混凝土简支梁桥在我国的标准跨径有哪几种？
5. 预应力混凝土简支 T 形梁纵向预应力筋是如何布置的？
6. 我国后张法装配式预应力混凝土简支梁桥的标准跨径有哪几种？

第五章　预应力混凝土连续梁桥

【学习目标】

1. 了解预应力混凝土结构基本定义和原理。
2. 掌握预应力混凝土结构的分类。
3. 掌握预应力张拉过程中容易出现的问题。
4. 掌握预应力混凝土连续梁的构造。

第一节　预应力混凝土简介

预应力混凝土（PC）是在第二次世界大战后迫切要求恢复战争创伤、从西欧迅速发展起来的。半个世纪以来，从理论、材料、工艺到土建工程的各种应用，都取得了极其巨大的发展与成就。尤其是随着部分预应力概念的成熟，突破了混凝土不得受拉与开裂的约束，大大扩展了它的应用范围。目前预应力混凝土已成为国内外土建工程最主要的一种结构材料，而且预应力技术已扩大应用到型钢、砖、石、木等各种结构材料，并用以处理结构设计、施工中、用常规技术难以解决的各种疑难问题。

预应力混凝土结构施工技术的新发展，在桥梁结构方面最具有代表性。节段施工法是预应力混凝土桥梁施工技术发展的结果。在大跨径桥梁的施工中，一般多采用悬臂施工法，即桥梁沿纵向被划分为若干段，在墩梁（临时）固结的条件下，对称悬臂拼装预制梁段或现场浇筑梁段，并通过预应力筋使桥梁逐段连续，最终形成结构整体。这种施工方法克服了建桥对桥下通行的影响，能轻松跨越深险的江海和山谷。节段施工法的另一种形式是整跨施工法，即桥梁采用整跨预制整体吊装，或在支架上拼装分段预制的梁段并由通长串联的预应力筋组成整体。这种施工方法充分利用了现代化机械设备，大大提高了施工速度，并将对环境的不利影响降低到最小程度。其他通过预应力技术发展起来的桥梁施工方法，还有节段现浇顶推施工法、转体施工法等，这些施工方法分别适用于不同的桥型结构。

一　基本定义和原理

所谓预应力混凝土，就是构件在使用荷载作用前，预先人为地在混凝土中引入内部应力，且其值和分布能将使用荷载产生的应力抵消到一个合适的程度。也就是说，通过人为的，按照一定的应力大小和分布规律，预先对钢筋混凝土构件施加压应力（或拉应力），使之建立一种人为的应力状态，以便抵消使用荷载作用下产生的拉应力（或压应力），从而使混凝土构件在使用荷载作用下不致开裂，或者减小裂缝开展的宽度。这种预先给混凝土引入内部应力的结构，就称为预应力混凝土结构。

混凝土是一种抗拉强度低、抗压强度高的材料（抗拉强度只有抗压强度的 1/10 ~ 1/15）；并且它的极限拉应变很小，与钢筋相差较大。钢筋混凝土结构利用钢筋来承受拉力，如果要求混凝土不开裂，则钢筋的拉应力只能达到 20 ~ 30MPa；而将裂缝宽度限制在规范容许的范围（0.2 ~ 0.25mm）内，钢筋的拉应力也不能充分发挥（不超过 250MPa）。因此钢筋混凝土存在两个方面问题：一是在带裂缝工作状态下，裂缝的存在不仅造成受拉区混凝土材料不能充分利用、结构刚度下降，而且不能应用于不允许开裂的结构中；二是从保证结构耐久性出发，必须限制裂缝开展的宽度，这就使高强钢筋无法在钢筋混凝土结构中充分发挥其作用，相应地也不可能充分发挥高强度混凝土的作用。因此，当荷载和跨度增加时，只有靠增加构件截面尺寸或增加钢筋用量来控制构件的裂缝和变形。这样做必然使构件的自重增加，既不经济，也不美观，大大地限制了钢筋混凝土结构的使用范围。为了使钢筋混凝土结构得到进一步发展，就必须解决混凝土抗拉性能弱这一缺陷，于是预应力混凝土结构诞生了。

预应力在混凝土结构中的作用，可用图 5-1 的梁来说明。该梁在尚未施加预应力前，由于外荷载的作用，梁缘产生拉应力 σ_L。在外荷载作用之前，梁的中心轴以下部位预先施加一偏心压力 N，使得梁的下缘产生预压应力 σ_a。在外荷载和预压应力共同作用下，梁横截面的最后应力分布将是上述二者的叠加，即（$\sigma_a - \sigma_L$）。此时，梁的下缘可为压应力（即 $\sigma_a - \sigma_L > 0$），或为数值很小的拉应力（即 $\sigma_a - \sigma_L < 0$）。这也就是说，由于预压应力 σ_a 的作用，可部分抵消或全部抵消外荷载所引起的拉应力 σ_L，从而使裂缝延迟发生或不致发生。

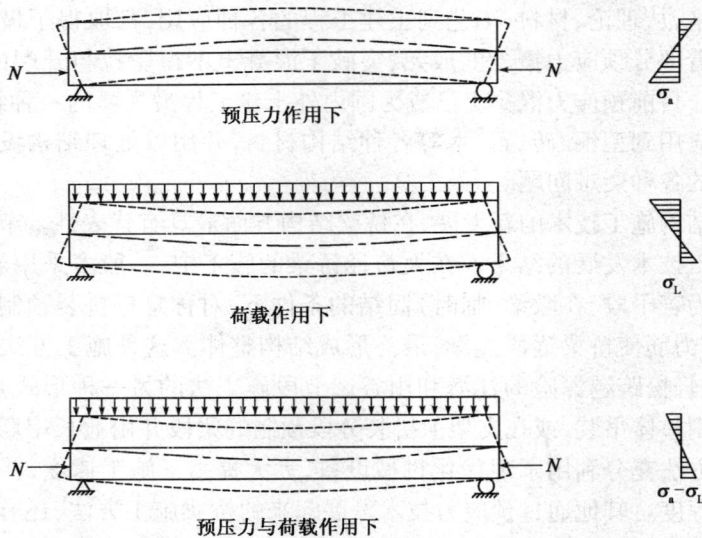

预压力作用下

荷载作用下

预压力与荷载作用下

图 5-1　预应力梁的受力情况

二 预应力混凝土结构的优缺点

与普通钢筋混凝土结构比较预应力混凝土结构具有以下优点：

（1）提高了构件的抗裂性和耐久性。在预应力混凝土结构中，由于预应力的作用，可以使构件不会出现或不会过早出现裂缝，从而提高了构件的抗裂性能。构件内的钢筋不易锈蚀，这就提高了构件的耐久性。

（2）增大了构件的刚度。普通混凝土由于带裂缝工作，因此其刚度减弱了许多，而预应力混凝土构件由于混凝土中存在预压应力，梁在使用期间不产生拉应力，混凝土就不出现裂缝，所以其整体刚度大大增加。

（3）节省材料，减轻自重，增大跨径。由于预应力混凝土构件充分利用高强度混凝土和高强度钢材的性能，从而大大地提高了构件的承载力。在荷载一定的条件下，可以充分发挥高强度钢筋与高强混凝土良好的抗拉和抗压性能，减小构件截面尺寸，节省了材料，同时也减轻了自重，这对自重所占比例较大的大跨径公路桥梁来说，采用预应力混凝土有着显著的优越性。

（4）预应力结构还可以作为一种构件拼装的施工手段，使施工难度大大减小。

预应力混凝土结构虽然有许多优点，但也存在缺点：

（1）施工工艺较复杂，对质量要求也高，因而需要技术较熟练的专业队伍进行施工。

（2）需要专门设备、机具及材料等，如先张法需要有张拉台座，后张法需要耗用数量较多的锚具等。

（3）预应力反拱不易控制。他将随混凝土的增大而增大，可能影响结构的长期正常使用。

（4）后张法预应力混凝土结构的管道压浆不易密实，容易引起预应力钢筋的锈蚀，在一定程度上影响结构的抗疲劳性及耐久性。

（5）预应力混凝土结构的开工费用较大，对于跨径小、构件数量少的工程，成本高。

因此，必须合理地进行设计、认真地组织施工，预应力混凝土结构才能充分发挥其优越性。

三　预应力混凝土结构使用范围

预应力混凝土，由于它具有许多优点，目前在国内外应用非常广泛，特别是在大跨度或重荷载结构，以及不允许开裂的结构中得到了广泛应用。我国在解放后不久，即开始研究预应力混凝土在桥梁结构中的应用。目前预应力混凝土结构在我国桥梁建设中的应用已得到了迅速发展。十多年来，预应力混凝土已逐步渗透到建筑业的各种领域，现代预应力技术工程应用不断扩大。例如：高层建筑预应力混凝土楼板的广泛应用，在使用功能与经济上都取得了显著效果；预应力混凝土大梁、预应力混凝土桁架在转换层结构中的应用，满足了高层建筑下部大空间的功能要求；大型商业城、航空港、停车库及大型综合厂房的兴建，推动了大面积、大柱网预应力混凝土结构的发展；大型预应力混凝土构筑物，如电视塔、核电站安全壳、污水处理厂蛋形消化池、大直径储罐、倒锥壳水塔与球形水塔等相继建成。此外预应力混凝土在压力管道、船体结构，以及飞机跑道等方面，亦得到应用。

四　预应力混凝土结构的分类

预应力的施加方法按张拉钢筋与浇筑混凝土的先后次序，可分为先张法和后张法两种。其中后张法又分为后张有黏结预应力混凝土和后张无黏结预应力混凝土。

（一）先张法

先张法是指先张拉钢筋，后浇筑混凝土的方法。这种方法，须先设立张拉台座，将制作好的预应力钢筋穿入两端台座，一般在一端用夹具夹牢，在另一端用张拉机具对预应力筋进行张拉并临时锚固于张拉台座上。然后浇筑混凝土，待混凝土硬结达到一定强度（一般不低于混凝土设计强度的70%，以保证钢筋与混凝土间具有足够的黏结力）后，放松锚固设备或切断钢筋,这时钢筋的回缩力通过钢筋与混凝土之间的黏结力传递给混凝土,使构件获得预压应力。

用先张法制作预应力混凝土构件,除千斤顶等设备外,一般都需要有用来张拉和临时锚固钢筋的台座。台座因要承受预应力钢筋的巨大回缩力,设计时应保证台座有足够的强度、刚度和稳定性。先张法临时固定所使用的锚固装置,可以重复使用。先张法施工工序简单,效率高,多用于在有永久性张拉台座的预制构件厂内,用长线法成批生产定型的中、小型构件。但由于不能曲线配筋,这就限制了先张法不能用于大型结构。

常用的先张法预应力混凝土构件施工工序如图5-2所示。

(二)后张法

后张法是指先浇筑构件混凝土,待混凝土硬结后再张拉钢筋的方法。施工时须在梁内设置能穿入预应力筋的孔道,浇筑混凝土,待混凝土达到一定强度后,将钢筋穿入预留孔道,以混凝土本身作为支承件,张拉钢筋,使混凝土构件同时也被压缩。当张拉到设计值后,用锚具将钢筋锚固于混凝土上,使混凝土获得并保持其预压应力。最后,在预留孔道内压注水泥浆,以保护钢筋不致锈蚀,并使它与钢筋黏结成整体。

后张法可以曲线配筋,不需要永久性的张拉台座,张拉设备简单,便于现场施工,是生产大型预应力混凝土构件的主要方法。

常用的先张法预应力混凝土构件施工工序如图5-3所示。

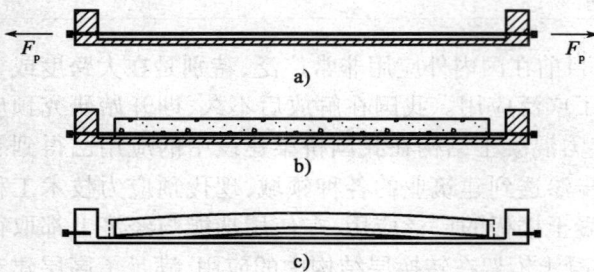

图5-2 先张预应力工序示意
a)预应力筋张拉、锚固;b)混凝土施工;c)预应力筋放松

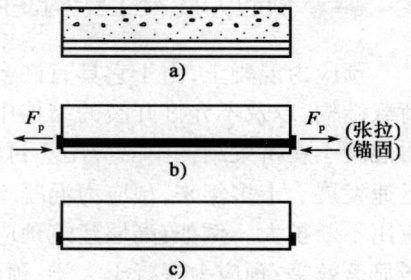

图5-3 后张预应力工序示意
a)预留孔道混凝土施工;b)穿筋、张拉、锚固;c)孔道压浆黏结成整体

五 预应力张拉过程中容易出现的问题

(一)张拉过程中容易出现的问题

1. 欠张拉的施工控制措施

(1)在计算预应力张拉伸长量时,要按直线段和曲线段分段计算,然后叠加计算总伸长量。

(2)施工时,加大每批钢绞线检测频率,以实际取样测定的钢绞线弹性模量 E 作为标准值来计算伸长量,使其尽量符合实际情况。

(3)20m以下预应力梁板,无论一端张拉还是两端张拉,应力损失相差不大。但20m梁板 1 号钢束比 2 号钢束应力损失要小得多,原因主要是 2 号钢束弯起角度较大,因此施工时应先施工 1 号钢束,即梁底部预应力钢束,再施工上部 2 号钢束,减少 1 号钢束施工时交叉传递更大影响 2 号钢束。

(4)在膨胀土地区,制梁台座基底处理要符合强度要求,并避免水浸。台座要设置在石灰层或其他封闭硬化处理的基底上,台座的基底埋深不要侵入素土层,一般设置为混凝土台座,预埋纵向角钢和底座钢板,形成刚性良好的台体,做好预制场内的排水,洒水养生时尽量避免水浸入地基。

(5)施工以控制张力为准,并用超张法补偿应力损失,超张范围按计算的各类损失的补偿值控制,但控制超张力不超过 $0.8R_y^b$,规范内预应力束为:

$$\delta_{0.2} = 0.8R_y^b \tag{5-1}$$

(6)选用质量信得过厂家生产的锚具夹片,对施工中的油压表、千斤顶要严格标定检查,寒冷条件(最低 $-5℃$)不宜张拉。

(7)规范规定:当应力达到 $105\% \sigma_k$ 时,持荷 2min,针对现场易欠张情况,在实际操作中,当应力达到 $105\% \sigma_k$ 时应延长稳定持荷时间。

(8)采用二次标准张拉锁定锚具。即待第一次张拉完毕,对梁板起拱度值进行精确测量,与理论计算值比较,对起拱度与计算差别较多的,在向锚孔内压力注浆前,进行二次按标准张拉,补偿第一次施工中的欠张问题。

(9)张拉完毕后,控制好千斤顶大油缸卸荷回油速度,绝对不能过快,以减小锚塞回缩量及断丝现象。

(10)为了减小锚具滑移对预应力的损失,在锚头封锚时,禁止采用电焊切割钢绞线束,应采用砂轮切割片切割。

2. 预应力筋、锚具埋设

在预应力筋埋设过程中,防止钢绞线划伤或划破波纹管,保证管两端内钢绞线排列顺序一致,以便张拉时管道内的钢绞线不致紊乱。锚具的安装与固定要严格按设计要求施工,端部钢绞线伸出锚具外至少 900mm,并用塑料薄膜封闭保护,以防生锈,同时锚具上的灌浆孔要用棉絮等物塞住,以防异物进入管道。

3. 张拉控制

张拉控制是预应力生产工艺中最重要的环节,应避免持续增加张拉应力,对钢绞线产生过大冲击力,使局部钢绞线受力不均匀,导致钢绞线断丝或锚具夹片破裂。

(二)张拉事故的预防及检查

为了防止在张拉过程中出现各种质量问题和质量事故,造成人身和结构的损伤,应采取下列措施进行预防和检查:

(1)必须严格执行持上岗证才能上岗操作的制度,抓好预应力施工的技术培训,提高现场技术人员和技术工人的技术素质。

(2)在新的张拉工程开工前,必须要制定详细的预应力施工组织设计或施工方案。在张拉工艺实施前还必须召开技术会议,对张拉原则、张拉步骤、张拉顺序、分工情况、检查方法以及安全措施等进行仔细的技术交底。如需要采用分级及同步张拉的原则时,就要将控制力分成若干加荷等级,当两端同时张拉到某一级荷载时,测量一次伸长值,当两端伸长值差异较大时,可通过调整油缸进油速度的方法或临时在伸长值较小的一端张拉,当两端伸长值接近后,再同步进油张拉,此后,再进行下一级张拉。这样,通过逐级张拉,使伸长值也相应增加,应力和伸长值均处于均匀、稳定的增长状态。两端张拉时,还应统一操作信号,同步进行。两端张拉距离较长时,可使用对讲机或其他通信工具进行联络,及时统一工作进程和操作情况,遇有问题应及时处理。

（3）预应力束的张拉顺序应严格按照设计文件所规定的顺序张拉,当设计无规定时,应查阅施工技术规程,按施工技术规程的规定进行张拉。确定张拉顺序的原则是:

①分批、分阶段进行。

②先中间,后两侧。

③如有平行孔,宜对称张拉,或同时张拉。对于横向刚度及抗扭刚度较差的预制梁或预制板,应在张拉时跟踪监测梁（板）的横弯及扭曲情况,如果横弯或扭曲超标,应采取适当措施或修改张抗方法及张拉顺序,如采用两次张拉,即张拉一侧的一束到50%控制力,再张拉另一侧的一束到控制力,此后再补足先张拉一束的张拉力。

（4）对伸长值的计算应反复校核,采用的预应力钢筋的弹性模量应为钢筋的拉力试验的测试值,如果采用手册上的标准值,在计算长束的伸长值时将产生较大的误差。一般在进行第二束的张拉时,应在测定孔道摩阻力时,对计算的伸长值进行校核,确定在以后张拉中的控制伸长值。

（5）采用统一印制、内容齐全的记录表格。对于一个工程中的预应力束,进行统一编号,其编号与设计图纸上的编号（如 $N1$,$N2$……）要有区别,但应有相互对应的关系,且有附图标明。张拉记录要在一束张拉完毕后即进行检查,发现问题及时纠正,使原始记录真实、准确、实时。对于张拉数据表中的参数取值及计算结果,应建立分级校核、审查制度。

第二节　预应力混凝土连续梁桥构造

一　预应力混凝土连续梁发展概述

连续梁是一种常见的结构体系。它具有变形小,结构刚度好,行车平顺舒适,伸缩缝少,抗震能力强,养护简单等优点。在预应力混凝土连续梁桥发展至今的五十余年的历程中,它同简支梁一样是最早被应用的结构体系之一。它与简支梁桥在构造上的不同之处是连续梁桥是由若干跨梁组成一联,而整桥由一联或多联组成,各跨梁在支点上连续通过;而简支梁桥则以跨为单元,各跨梁在支点上断开。连续梁桥多跨连续,行车平顺,适应了现代高速行车的要求。在20世纪50年代前,它的跨径并不大,均在百米以下,并且由于施工条件的限制,多采用满堂脚手架修建,费工费时费料。到了20世纪60年代,因为悬臂施工方法的应用和发展,为多跨连续梁桥的修建提供了有力的施工条件,从而逐步扩大了这种结构形式的应用范围,而且在结构体系上也有所发展。在20世纪60年代,在跨径100～200m范围内,连续梁桥几乎是大跨径预应力混凝土梁桥的优胜方案。

除了悬臂施工方法,在20世纪60年代初期,预制梁逐孔施工法与顶推法（F. leonhardt所创建）的应用,也使连续梁废弃了昂贵的满堂施工方法,而代之以经济有效的高度机械化施工方法,从而使连续梁桥方案获得新的竞争力,使其在40～200m范围内成为最佳桥型方案。

我国在 20 世纪 70 年代首次将预应力混凝土连续梁桥应用于城市桥梁工程,几十年来,发展极为迅速,已成为我国预应力混凝土大跨径桥梁的主要桥型之一。现已掌握各种先进的施工方法,例如,我国大跨径预应力混凝土连续梁桥常采用的平衡悬臂浇筑法,梁体从墩上平衡向两边悬臂伸出,为保持梁体在施工过程中的稳定,梁体临时锚固于墩上或在墩上立临时支架增设支承点,然后现浇合龙段,转换成最后的结构体系。采用悬臂浇筑法施工的有落间大桥、兰州黄河大桥、沙阳汉江桥等;采用顶推法施工的有包头黄河大桥、柳州柳江大桥;采用大型块体浮吊拼装的有容奇大桥、沙口大桥;采用移动模架法时施工的有伊拉克的摩萨大桥、科威特的巴比延桥等。

二 预应力混凝土连续梁构造简介

连续梁和简支梁一样,都是很早就被应用的一种结构体系。两者之间的不同之处是连续梁桥的承重结构(板、T 形梁、成箱梁)不间断的连续跨越几个桥孔而形成超静定结构。当桥梁跨径较大时,需要沿桥长分建成几组(或称几联)连续梁;而简支梁桥以跨为单元,各跨梁在支点上断开,属于静定结构。正是由于连续梁多跨连续,所以它具有变形小,结构刚度好,抗震能力强,路面无折角,行车平顺舒适等优点,有利于满足现代高速行车的要求,所以连续梁在大跨度钢桥和预应力混凝土连续梁桥中得到了广泛的应用。

那么连续梁桥为什么会有这些优点呢? 让我们从连续梁和简支梁的受力分析特性来分析一下,见图 5-4。简支梁桥以跨为单元,跨两端设支座(一端固定,一端活动),当跨度为 l,均布荷载为 q 时,发生在跨中的最大弯矩为 $ql^2/8$,而接近支座的梁段承受弯矩很小。当采用等截面梁时,这一结构特性将导致材料浪费,且跨径越大,浪费越大。而连续梁多跨连续,支点附近有与跨中弯矩方向相反的负弯矩,它对跨中截面起了一定的卸载作用,这样不但可减小跨中的建筑高度,而且还能节省钢筋混凝土的数量,跨径愈大,节省愈显著。以图为例,中跨跨中和边跨跨中弯矩分别降低到相当于同跨度简支梁跨中弯矩的 20% 和 60%,这样使全梁弯矩分布比较均匀,梁的挠度减小,并且提高了结构刚度,改善了抗震性能。

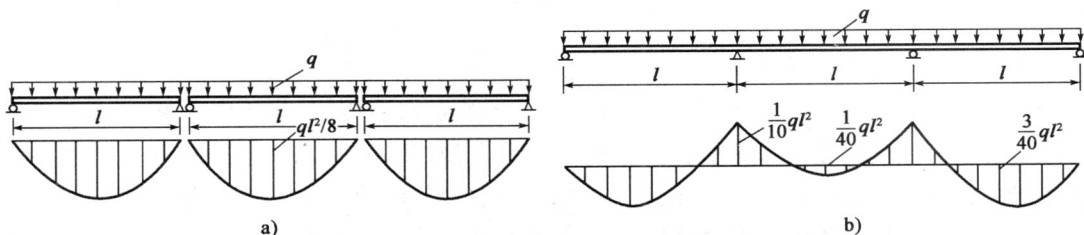

图 5-4 连续梁与同跨度简支梁的弯矩比较图

如上所述,连续梁属于超静定结构体系,这个特点使它具有比简支梁更大的跨径,更好的受力能力,更优越的使用性质,但同时也给它带来了致命的缺陷,即不能适应基础的不均匀沉降,因为不均匀沉降会在超静定结构内部产生较大的附加内力,沉降量不大时,就会引起结构破坏,故连续梁结构对地基要求较高,通常用于具有良好地质条件的地区。

连续梁桥根据所用材料的不同可以划分为钢梁桥、钢筋混凝土梁桥、预应力混凝土梁桥等。钢梁桥由于其材料承载力较大,故具有较大的跨越能力,但用钢量较多,造价较高。钢筋混凝土梁桥跨越能力差,多用于中小跨径的桥梁,而预应力混凝土则以较低廉的价格实现了优越的跨越能力和较好的使用性能。故预应力混凝土连续梁桥应用广泛。本节只对预应力混凝土连续梁桥的构造作一简要介绍。

当选用预应力混凝土连续梁桥方案之后,首先要进行桥梁的总体布置,然后确定结构构造。预应力混凝土连续梁桥的布置与构造,除应考虑桥梁的技术经济指标、跨越情况和水文地质等条件外,还应充分考虑到施工方法。连续梁桥常见的平面布置形式见图5-5。

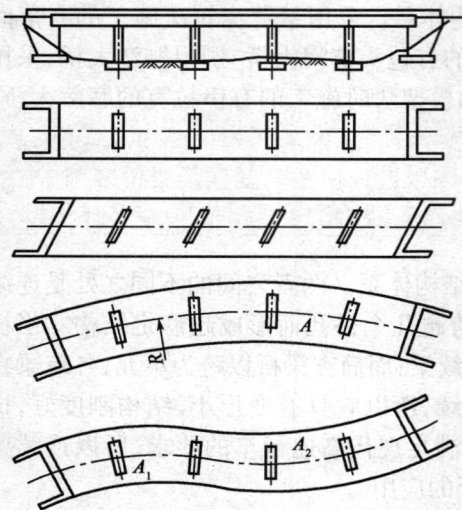

图5-5 连续梁桥常用的几种平面布置

不同的施工方法和施工设备,对桥梁的结构和预应力钢筋的布置有不同的要求。所以,施工方法和施工条件对确定桥梁构造也是比较重要的。下面我们介绍一下桥梁的构造。

(一)立面形式

根据桥梁跨径的相互关系可分为:等跨径连续梁和不等跨径连续梁。根据梁高变化可分为:等高度连续梁和变高度连续梁。

1.等跨与不等跨连续梁桥

大中跨径连续梁桥一般采用不等跨布置,对于采用顶推法或简支——连续施工法施工的桥梁,为使结构简单和模式统一,需采取等跨布置。连续梁桥梁跨数不多时,一般采用奇数孔,以三跨及五跨较为常见。这主要是因为从桥梁美学的角度来看,庞大桥墩矗立于河中央的偶数孔连续梁桥会给人以呆板平淡的感觉,而跨度从中孔向两侧逐渐减小的奇数孔布置,既突出了大孔,又有两旁桥孔的和谐过度,给人以耐人寻味的节奏感和韵律感。

一般来说,三跨连续梁应用较为广泛,其边跨与中间跨的跨径比值一般为0.65～0.7,当边跨采用中跨的0.5倍或更小时,在桥台上需设拉力支座或压重。对于五跨连续梁桥常取比值为0.65:0.9:1.0。当采用的三跨连续梁为箱形截面时,边孔跨径至少可减少至中孔的0.5～0.7倍。

2.等高度与变高度连续梁

连续梁在外部荷载和自重作用下,支点截面产生的负弯矩值,一般比跨中截面的正弯矩值要大,因此,采用变高度形式更能符合梁的内力分布规律。同时,对于超静定连续梁桥,由于体系的弹性特征,当加大靠近支点附近的梁高(即增大截面的刚度)做成变高度梁时,还能进一步降低跨中的设计正弯矩,这样可以使预应力筋大部分布置在梁的顶部,便于张拉,虽然中间支点处的负弯矩有所增大,但梁的高度也增加了,并不会引起钢筋用量的增加。但是,梁高的变化也增加了施工的麻烦。等高度连续梁桥具有构造简单、预制定型、施工方便等特点,随着施工方法的发展愈来愈受到重视,采用预制装配施工和就地浇筑施工的中等跨径连续梁桥,为便于预制安装和模板周期使用,宜选用等高度布置。采用顶推法施工,为便于布置顶推和滑移设备,一般也采用等高设置。对于长大桥梁,选用中等跨径(40～60m),采用逐跨施工和移动模架法施工时,按等高度布置最为有利,它可以使用少量施工设备完成全桥的施工。例如,科威特巴比延桥,全长2382.66m,共59跨,其中一跨通航孔跨径53.84m,其余标准孔跨径40.16m。主跨径接近或大于80m的大跨径连续梁桥主梁一般采用等高度形式,其梁底曲线可以做成很多形式,如大半径圆弧曲线、抛物线、正弦曲线和折线等。现在常采用的是二次抛物线,因为二次抛物线的变化规律与连续梁桥的弯矩变化规律基本相近,而且抛物线形式的梁底曲线使桥梁更加美观,呈现了一跃而过的跨越感,但从施工方便的角度来看,则以折线或圆弧曲线为好。例如广东容奇桥主跨 90m,选用折线形梁底曲线,其支点截面到左右各 16.5m 处梁高直线变化,从 16.5m 处到主跨中为等高度形式。该桥梁用大型预制构件拼装,由悬臂向连续体系转变,并在变截面和等截面交界附近设牛腿连接。从构造与施工方面考虑,该桥纵向选用部分直线变化是合理的。

实践经验表明,变高度梁的支点梁高 H_s 一般取最大跨跨径 L_m 的 1/15 ~ 1/20,而跨中梁高 H_c 与最大跨径 L_m 的相关性不明显,一般按构造要求选择,大中跨跨中梁高可选 2 ~ 4.5m,中小跨为 1 ~ 3m,可在最大跨径 L_m 的 1/30 ~ 1/50 范围内选择。变高度连续梁桥多用于跨径在 40 ~ 60m 的中等跨度连续梁桥中,其梁高可取为 $(1/15 ~ 1/30)L_m$,在顶推施工时,梁高 H_c 可取为 $(1/12 ~ 1/17)L_m$。

(二)主梁横断面

预应力混凝土连续梁桥常用的横截面形式有板式、T 形梁式和箱形梁式。

板式截面主要有整体式矩形实心板、异型板及矩形空心板等形式,多用于 20 ~ 30m 之间的连续梁桥,如图 5-6 所示。T 形梁式常用于跨径 25 ~ 60m 的连续梁桥,梁高一般取 1.6 ~ 2.5m,如我国的滦河桥,跨径设置为 6×(4×40)m,梁高 2.3m。

目前,跨径在 40m 之间的连续梁桥,其主梁多采用箱形截面,因为箱形截面为闭口截面,整体性好,抗扭刚度大,而且箱梁有顶板和底板,能提供足够的混凝土受压面积以抵抗跨中与支座部分的正负弯矩。常见的箱形截面根据桥面宽度、墩台构造形式及施工方式的不同可分为以下几种形式:单箱单室、双箱单室、单箱多室、多箱多室,如图 5-7 所示。

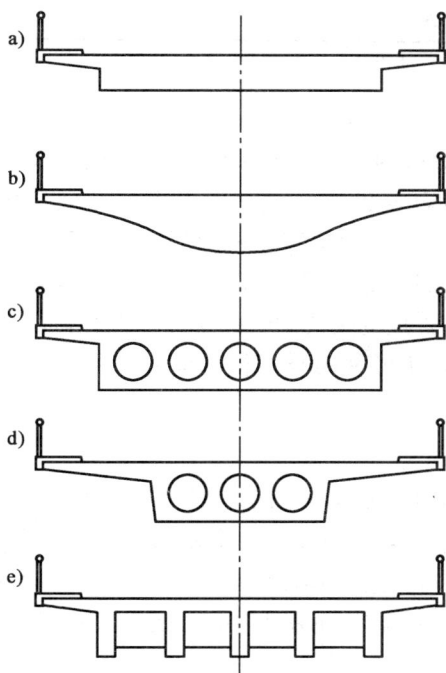

图 5-6　板式、肋式截面

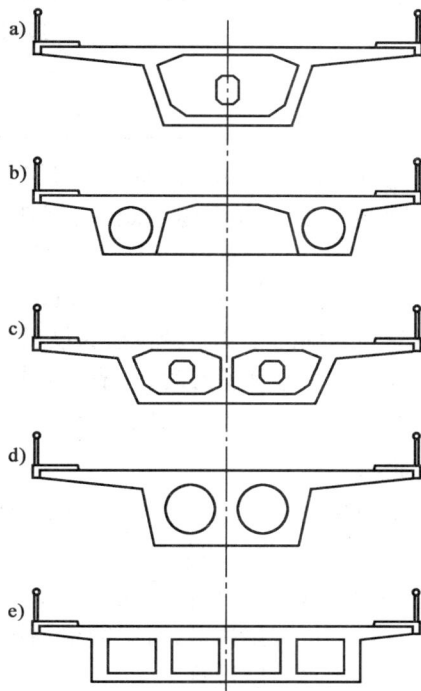

图 5-7　箱形截面

一般来说,截面形式与桥面宽度有着较为密切的关系,下面我们对单箱单室与单箱双室型断面进行一下比较:

单箱单室截面受力明确,施工方便,能节省材料用量,但由于钢筋混凝土桥面板的跨度和两侧悬臂的长度受到一定限制,故只适用于桥面较窄的情况;而对于单箱双室来说,由于设置了三道腹板,可使桥面板的横向跨度减半,桥面板的正弯矩可减少70%左右,而负弯矩也可减少50%,这就大大节省了用钢量。所以在相同情况下,单箱双室可用于桥面较窄的情况,但单箱双室增加了一根肋板,增加了自重,施工也较困难,所以箱形梁形式的选择要结合具体情况而定。一般说来,桥面较窄时可应用单箱单室型式;桥面较宽时,可以考虑采用多室箱梁的形式。但多室箱梁施工不便,所以人们一般更愿意采用两个分离的单室箱梁。

(三)截面细部构造

1. 顶板和底板

箱形截面的顶板和底板是结构承受正负弯矩的主要工作部位。当采用悬臂施工时,梁的下缘特别是靠近桥墩的截面将承受很大的压应力。箱形截面的底板应提供足够大的承压面积,而在发生变号弯矩的截面中,顶板也和底板一样需要发挥承压的作用。

箱梁根部底板除需符合使用阶段的受压要求外,在破坏阶段还宜使中和轴保持在底板以内,并有适当的富裕,一般均为墩顶梁高的1/10~1/12,箱梁跨中底板由于主要承受跨中正弯矩作用,一般按构造要求选定,若不配预应力筋,厚度可取15~18cm,配有预应力筋,厚度可取20~25cm。

箱梁顶板厚度首先要满足布置纵横预应力筋的构造要求,其次要满足桥面板横向弯矩的要求,不设横向预应力筋时,顶板厚度与腹板间距可参考表5-1。

顶板厚度与腹板间距 表5-1

腹板厚度(m)	3.5	5.0	7.0
顶板厚度(m)	18	20	28

此外,在结构设计中,桥面板的悬臂长度也是调节板内弯矩的重要参数。根据目前一些资料,悬臂板外伸的长度越来越大,例如,上海市黄浦江奉浦大桥是一座五跨变截面连续梁桥,跨径组合为85.15m + 3×125m + 85.15m,横截面采用单箱单室箱梁,箱顶宽18.6m,箱底宽8.6m,悬臂宽度达5m,悬臂板长度的加大不仅使上部构造工程量减小,更重要的是减小了桥墩墩身与基础的宽度。悬臂板长度较大时,为了改善板的受力,可采用板下加劲和设置斜撑的方式。在长悬臂状态时,一般均布横向压应力筋,还可利用桥面板的横向坡度和板截面的变高度以发挥压应力筋的偏心效应。

2. 腹板厚度

箱梁腹板的主要功能是承受结构的弯曲剪应力与扭转剪应力所引起的主拉应力。由《材料力学》的知识我们可以知道无论是悬臂体系或是连续体系,越靠近支点则剪力越大,因此当跨径较大时,腹板厚度往往采用变厚度方式,即从跨中向支点逐渐加厚,而支点附近这部分增加的自重可直接传到桥墩,对梁的根部不会产生太大的弯矩,而在中小跨径连续梁中为简化施工通常采用等厚度设置。

在连续体系中,由于产生正负弯矩,预应力筋和预应力束大都布置在腹板中;腹板厚度的选定除应考虑受力要求外,主要取决于钢束管道的布置与混凝土浇筑必要的间隙等构造要求。倘若有部分钢束锚固在腹板上,还要考虑锚下局部的要求。

一般情况下,腹板最小厚度可按以下原则选用:

(1)腹板内无压应力筋时,可用20cm。

(2)腹板内有压应力筋时,可用25～30cm。

(3)腹板内有预应力固定锚时,可用35cm。

(4)墩上或靠近桥墩的箱梁根部腹板需加厚至30～60cm,甚至100cm。

3. 横隔板

箱梁横隔板的基本作用是增加截面的横向刚度,将箱梁连成整体,限制畸变应力,在支承处的横隔板还担负着承受和分布较大支承反力的作用。箱形截面由于具有很大的抗扭刚度,所以横隔板的布置可以比一般肋式梁桥少一些。现今许多国家认为可少设或不设中横隔梁,因为即使设中横隔梁,对纵向应力和横向弯矩的分布影响很小,活载横向弯矩的增加很少超过8%,而恒载应力又不受横隔板的影响。同时,过多的横隔板还会增加施工的难度。但是端横隔板除限制畸变应力外,还承受和分布较大的支承反力,因此,箱梁中一般均设置强大的端横隔板,必要时,还要配以预应力钢筋。支点的横隔板厚度可取40～60cm,其余部位的横隔板厚度可取15～20cm。箱梁中的横隔梁构造对顶板受力的影响如图5-8。

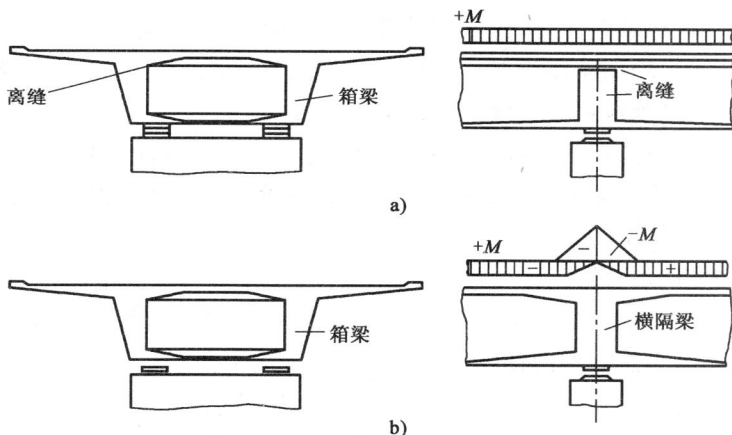

图 5-8　横隔梁的构造对顶板受力的影响

一般情况下,横隔板都与箱梁整体浇筑在一起,但在某些时候,例如采用顶推法施工的桥梁,横隔板是在顶推完成后浇筑的,为了避免引起钢筋交叉,也将横隔板与顶板、底板分离或设置较大的入孔。

4. 承托(梗腋)

为提高箱梁的抗扭、抗弯刚度,减少扭转剪应力在角隅处的应力集中,减少畸变,在箱梁的顶底板和腹板的交界处都应设置承托,顶板与腹板交界的承托,使桥面板在此处的刚度加大,可以吸收负弯矩,从而减小桥面板的正弯矩,此外,从构造上考虑,承托还为布置预应力筋和设置锚头提供足够的空间。

(四)预应力筋的布置

1. 预应力筋分类

预应力筋按其功能和形式可有如下分类:

（1）按受力方向分类：①纵向预应力钢筋；②横向预应力钢筋；③竖向预应力钢筋。

（2）按体位分类：①体内预应力钢筋；②体外预应力钢筋。

（3）按整体性分类：①黏结预应力钢筋；②无黏结预应力钢筋。

（4）按工作历时分类：①永久性预应力钢筋；②临时性预应力钢筋。

（5）按连续性分类：①连续配筋；②分段配筋。

（6）按线形分类：①直线配筋；②曲线配筋。

2. 布置

预应力混凝土连续梁中预应力筋布置分为纵向、横向及竖向。同时布置有三种力筋的称为三向预应力体系；同时布置有纵向与竖向或纵向与横向的称为双向预应力体系。

（1）纵向预应力筋的布置

①临时索

有些在施工阶段需要的主筋在使用阶段就不需要了，而保留这些力筋，对截面的受力反而不利。在这种情况下，可采用设临时索的方法消除其不利影响，即施工时设置临时索，施工完成后予以解除。目前，国内常用的做法是将临时筋与永久筋用连接器接长张拉，施工期间临时索不压浆，待施工结束后割断，但是这种施工方法较麻烦。有时为简化施工，将临时索设置在箱内体外，在箱梁内临时锚固，这样张拉、临固和拆除临时索都比较方便。此外，还可用控制张拉力的方法满足使用阶段和施工阶段的不同要求，力筋的张拉力先按施工要求张拉，施工完成后张拉到设计吨位。这样做的优点是便于布索，同时满足各阶段的受力要求，但张拉工艺较复杂，在施工阶段不能压浆，对于施工期较长的桥梁，还需考虑力筋的防锈问题。此外，当施工阶段的受力大于使用阶段的受力时，或施工阶段与使用阶段的力筋用量相差甚大时，不宜采用此法。

②纵向预应力主筋的布置

预应力混凝土连续梁中纵向预应力主筋的布置形式，与桥梁的施工方法有着密切的关系，下面结合几种施工方法就纵向预应力筋的布置作一简单介绍。

就地浇筑法施工：采用满堂支架就地浇筑等截面连续梁，如连续梁跨度不大常采用如图5-9a）所示的连续曲线布筋，如梁的跨度较大仍采用连续曲线布筋，摩阻损失可能过大，此时可采用曲线交叉配筋，在支点处梁顶设置凹槽，凹槽内设置锚具，凹槽在张拉、灌浆后封端，其构造见图5-9b）。

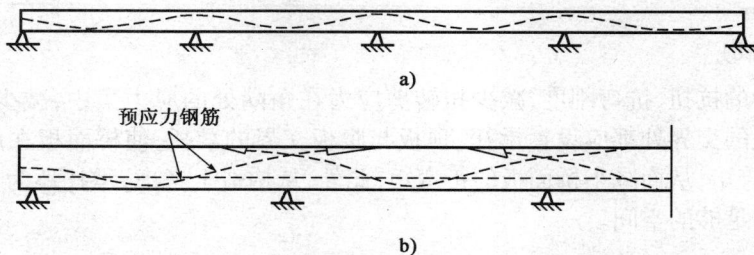

a)

预应力钢筋

b)

图5-9 就地浇筑施工的等截面连续梁配筋方式

简支—连续施工方法：采用这种施工方法时，可采用如下的配筋方式：待墩顶接缝混凝土达到张拉强度后，用设置在接缝的局部预应力筋建立结构的连续性，如图5-10a）所示；连续梁从一端向另一端逐跨顺序浇筑混凝土、张拉钢筋,在接缝处用连接器把已张拉的钢筋和尚未张拉的钢筋连接起来,如图5-10b)所示;中小跨径的连续梁可采用在支点顶部设置非预应力钢筋,现浇接缝混凝土而形成连续结构,如图5-10c)所示;在连续梁跨径不大时,可采用在支点处设置帽筋,把相邻两跨连成连续结构,如图5-10d)所示。

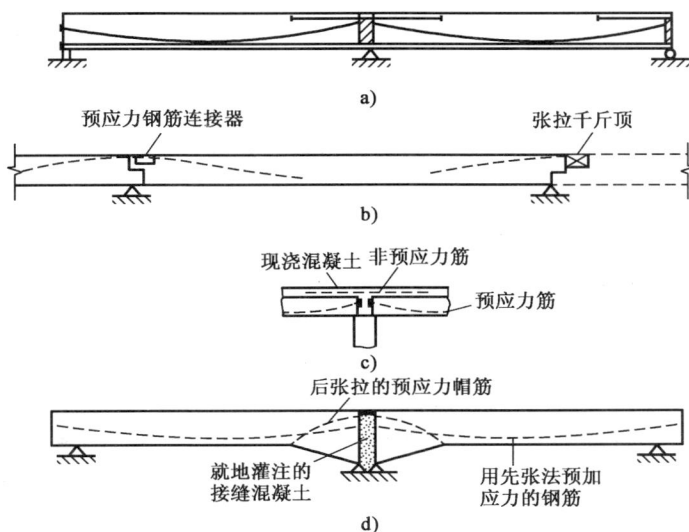

图5-10　简支—连续施工的连续梁配筋形式

悬臂施工法:悬臂施工的预应力混凝土连续梁桥,是由墩顶开始对称向左右两侧悬臂施工,施工过程包括悬臂施工和合龙段施工两个阶段,悬臂施工时要求预应力筋承受混凝土自重及施工荷载,因此,悬臂施工时,应在箱梁顶板内设置直线预应力钢筋,在箱梁腹板内设置弯筋。为承受使用荷载产生的正弯矩,常在合龙段下缘布置后期力筋。图5-11为悬臂施工连续梁力筋的一般构造,其中实线筋为在施工过程中张拉的力筋,虚线筋是在体系转换时张拉的后期力筋。力筋在截面上应对称布置,并尽量安排在箱梁范围内,力筋数量较多时可分层布置,一般情况先锚固下层钢索,后锚固上层力筋,弯筋应通过腹板下弯锚固。当属非腹板位置的力筋需要进入腹板弯曲时,应首先平弯至腹板位置,然后在腹板平面内竖弯。

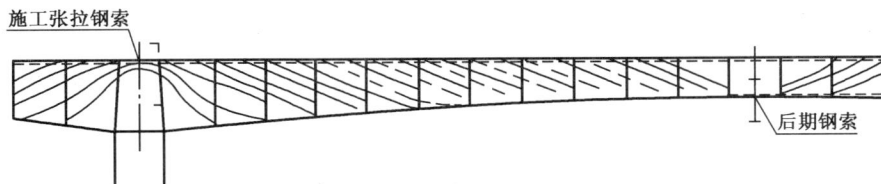

图5-11　悬臂施工连续梁配筋的一般构造

③横向预应力筋的布置

在预应力混凝土连续梁中,除布置受主力的纵向预应力筋外,有时需要对结构施加横向和竖向预应力。横向预应力一般施加在横隔梁或箱梁顶板内(图5-12),以加强桥梁的横向连系及箱梁顶板的抗弯能力。竖向预应力筋布置在箱梁肋板内,其主要作用是提高梁截面的抗剪能力。

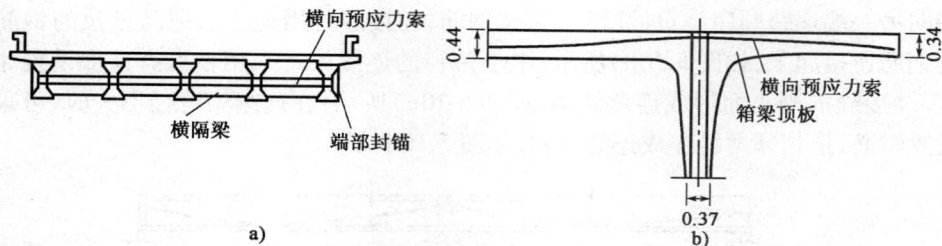

图 5-12 预应力筋构造

a）横隔梁处的横向预应力筋构造；b）箱梁顶板的横向预应力筋构造

竖向和横向预应力筋都较短，常采用冷拉高强粗钢筋（横向预应力筋也可采用钢绞线或高强钢丝束），锚具采用轧丝锚，在预留孔道内按后张法工艺施工。现在，铁道部第一设计院又研究开发了一种新型的预应力施工工艺——缓黏结预应力筋，其工作原理是在冷拉粗钢筋的表面包裹一层缓凝砂浆，然后将包裹砂浆的高强粗钢筋直接放置在设计位置，不预留孔道，结构混凝土强度达到设计要求张拉高强粗钢筋时，缓凝砂浆基本不硬化，力筋与混凝土间黏结力很小，张拉完毕后，随时间增加，缓凝砂浆逐渐硬化，最后砂浆达到一定强度，混凝土和力筋间黏结力增强，承受外荷载时，两者共同工作。缓黏结预应力筋可以省略预留孔道、灌浆等繁杂的施工过程，采用这种竖向和横向预应力筋，可以大大提高施工速度和经济效益。

（五）预应力混凝土连续箱梁的结构特点和使用条件

国内目前预应力混凝土连续箱梁建成使用的较多，特别是高速公路最为集中。论述、著作也很多，但是出现的病害也较多，因此从设计角度进一步认识探讨该结构是十分必要的。

1. 结构特点

（1）与钢筋混凝土连续箱梁一样，多孔连续，整体性好，行车舒适，造价适中，符合高速公路等的使用功能要求。

（2）普遍认为该桥型是成熟的结构，跨越能力较大，受力均匀，安全可靠，是较好的主桥桥型之一。

（3）变高度预应力混凝土连续箱梁外形流畅，刚柔结合，既有阳刚气概，又有柔美的线条，是一种比较完美的桥型；等高度变截面预应力混凝土连续箱梁在超长桥型中也显流畅，具有现代感。

（4）大跨度预应力混凝土连续箱梁由于使用分节段悬浇或拼装，虽有一定的技术难度，但与相同跨度的其他结构相比，施工机具适中，能被一般施工力量所掌握，也可实现流水作业，工期易于控制。

（5）先简支后结构连续的中、小跨度预应力混凝土连续小箱梁，把工厂化预制和现浇紧密地结合起来，工期短、速度快、经济指标低而广受好评，较多地应用于干线公路或大跨度桥梁的引桥。

（6）逐孔浇筑的预应力混凝土连续梁使用越来越广泛，它具有适应性强、工期短、速度快、技术要求低易于施工等特点，高速公路的交叉工程使用最为广泛。但是，长大的、多孔一联的多联，因逐孔浇筑的施工作业面小，反而工期长，为克服这一缺点，桥梁工程师们正在苦苦追求探索。

（7）维修较少，养护单位比较欢迎。

2.使用条件

（1）大跨度变高度、变截面的预应力混凝土连续梁行车道箱梁的建筑高度较大，混凝土体积、材料较多，经济指标较高，但当通航等级要求较高时使用较多，而城市净空受限时使用较少。

（2）有一定的设计、施工技术难度。特别是预应力结构技术要求较高。施工过程中体系转换次数也较多，五跨以上的连续结构线形和应力要求将更为苛刻。

（3）地基、地质要求高，软土地质或沉降大的地质应慎用。

（4）由于其结构理论、设计和施工等方面的原因，常常出现较大的下挠度和主拉应力开裂等病害。

（5）目前等高度变截面预应力混凝土连续箱梁仅使用在80m以下的跨度，其中20~60m范围使用最多；变高度变截面的预应力混凝土连续箱梁虽然使用较广泛，但对50m以下的悬浇跨度使用较少；50m以上的采用带导梁的移动支架现浇，常适用于桥面到地面高差太大或通航要求高的桥梁（如峡谷、跨大江大河）。

第三节　构　造　实　例

苏通大桥辅航道桥

桥跨布置为（140＋268＋140）m 三跨预应力混凝土刚构桥，结构上属于墩梁固结体系的连续梁，该桥上下行分幅设置，仅在 0 号块位置左右幅用横隔梁相连。主桥断面见图 5-13 ～图 5-15。单幅桥顶宽 16.4m，底宽 7.5m；梁根部高 15m，高跨比为 1/17.9，跨中梁高为 4.5m，高跨比为 1/60；梁底按 1.6 次抛物线变化，跨中底板厚 0.32m，根部底板厚 1.7m，变化规律同梁底变化曲线；箱内最小顶板厚度 0.32m；腹板采用三次渐变，厚度分别为 0.7m、0.6m、0.5m 和 0.45m，0 号块箱梁部分腹板取 1m 厚。主梁采用三向预应力混凝土，悬臂挂篮对称施工方法。

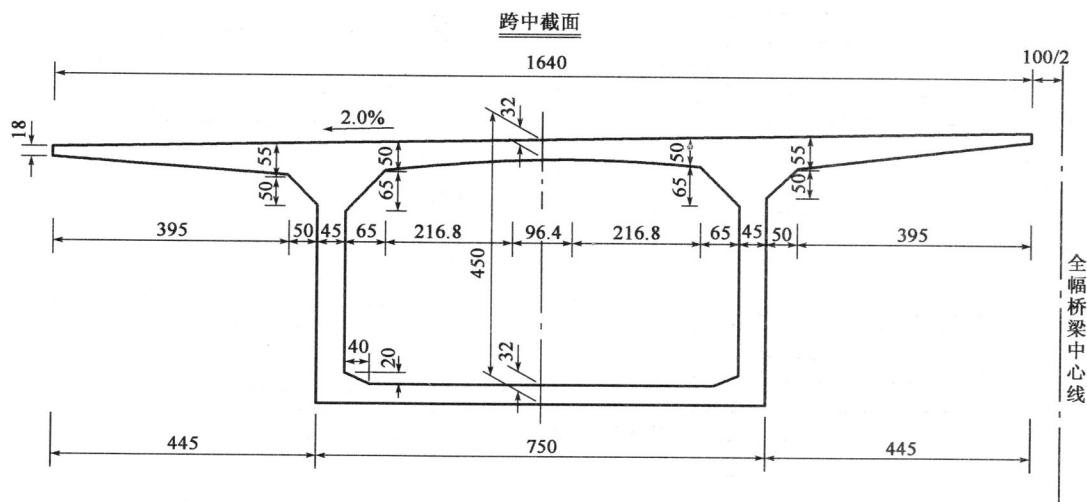

图 5-13　苏通大桥辅桥主桥跨中截面（尺寸单位:cm）

0号块截面

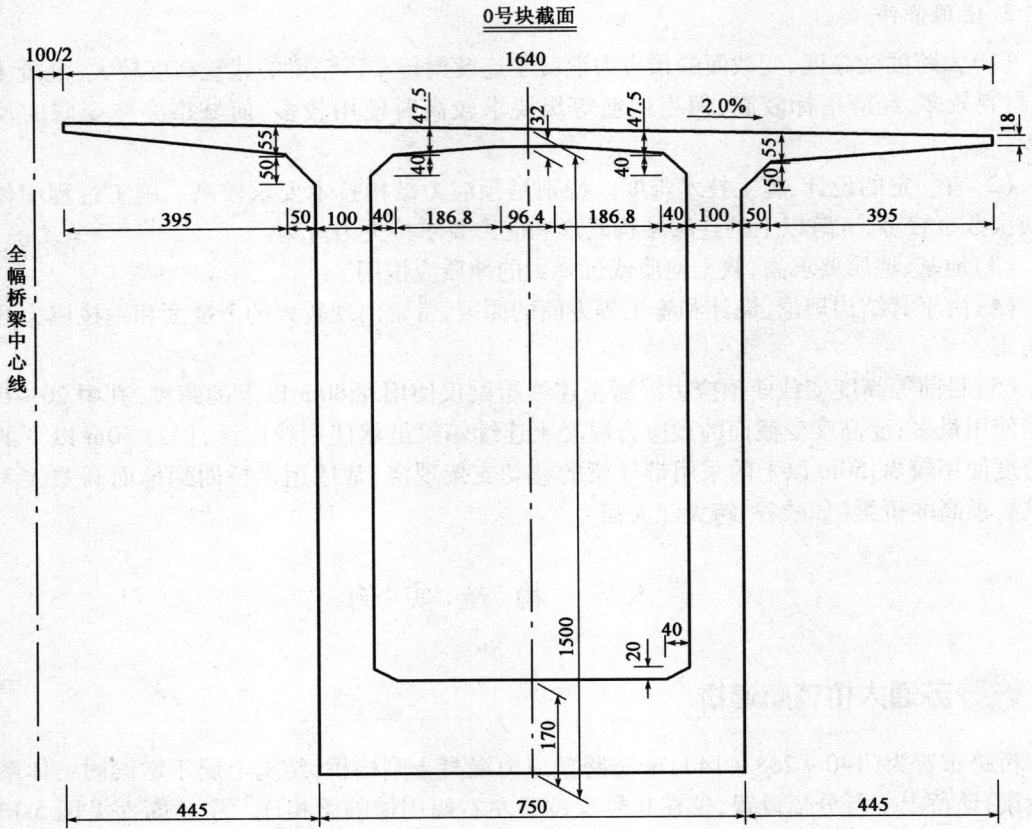

图 5-14　苏通大桥辅桥主桥 0 号块截面(尺寸单位:cm)

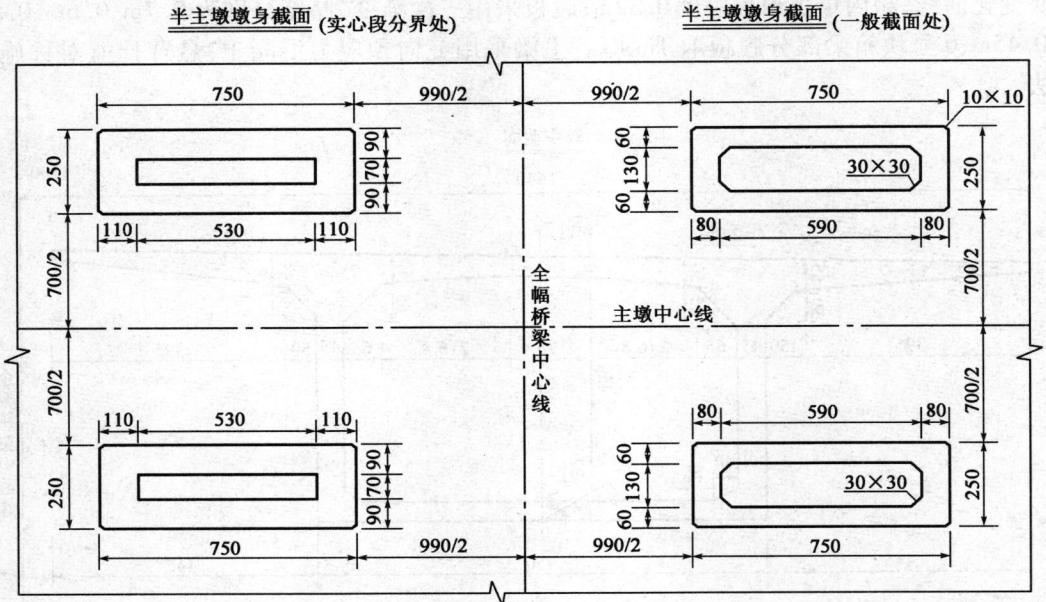

半主墩墩身截面 (实心段分界处)　　　半主墩墩身截面 (一般截面处)

图 5-15　苏通大桥辅桥主墩截面(尺寸单位:cm)

主墩墩身采用空心双薄壁墩,平面尺寸 $2.5m \times 7.5m$,长边壁厚 $0.6m$,短边壁厚 $0.8m$,墩底 $2m$ 范围为实心段。过渡墩墩身采用空心墩,平面尺寸 $4m \times 0.75m$,长边壁厚 $0.7m$,短边壁厚 $1m$,墩柱四角采用 $0.1m \times 0.1m$ 的倒角,墩顶及墩底 $2m$ 范围内为实心段。

思考题

1. 预应力混凝土结构基本定义和原理?
2. 预应力混凝土结构有何特点?
3. 预应力混凝土结构的分类有哪些?
4. 预应力张拉过程中容易出现哪些问题?
5. 预应力混凝土连续梁的立面形式有哪些?
6. 预应力钢筋是如何布置的?
7. 预应力混凝土连续箱梁的结构特点和使用条件?

忝 211 n D o to Dtotub to Drotobto 0.8m to
通 与 丁 tb 面 ni tm Dt Dtotub 面 1.0m to 30.0 0
Der 0.2nkO Lmtb D ntb 2 mni Lm ni 1m

第六章　圬工和钢筋混凝土拱桥

【学习目标】
1. 了解拱桥的基本特点及其适用范围。
2. 掌握拱桥的组成及主要类型。
3. 掌握圬工和钢筋混凝土拱桥的构造。

第一节　拱桥的基本特点及其适用范围

拱桥是在我国使用很广泛的一种桥梁体系。拱桥与梁桥的区别,不仅在于外形不同,而且在受力性能上两者也有本质差别。由力学知识可以知道,梁式结构在竖向荷载作用下,支承处仅仅产生竖向支承反力,而拱是结构在竖向荷载作用下,支承处不仅产生竖向反力,而且还产生水平推力。由于这个水平推力的存在,拱的弯矩将比相同跨径的梁的弯矩小很多,而使整个拱主要承受压力。这样,拱桥不仅可以利用钢、钢筋混凝土等材料来修建,而且还可以根据拱的这个受力特点,充分利用抗压性能较好而抗拉性能较差的圬工材料(石料、混凝土、砖等)来修建。这种由圬工材料修建的拱桥又称为圬工拱桥。

拱桥的主要优点是:①跨越能力较大。在全世界范围内,钢筋混凝土拱桥目前的最大跨径为420m。②能充分做到就地取材,与钢桥和钢筋混凝土梁式桥相比,可以节省大量的钢材和水泥。③耐久性好,而且养护、维修费用少,承载潜力大。④外形美观。⑤构造较简单,尤其是圬工拱桥,技术容易被掌握,有利于广泛采用。

为了减小拱的截面尺寸,减轻拱的质量,在混凝土拱中,配置有受力钢筋的称之为钢筋混凝土拱桥。在钢筋混凝土拱桥中,截面的拉应力主要由受拉钢筋承受。这样,无论从桥跨结构本身,还是从桥梁墩台和基础来说工程数量都相应减少,有效地提高了拱桥的经济性能,扩大了拱桥的使用范围。同时,钢筋混凝土拱桥在建筑艺术上也容易处理,它可以通过选择合理的拱式体系及突出结构上的线条来达到美的效果。

修建大跨径钢筋混凝土拱桥的关键是施工问题。过去长期采用的是拱架施工法,随着无支架施工、少支架施工等技术的发展,扩大了拱桥的使用范围、提高了它在大跨径桥梁中的竞争能力。钢筋混凝土拱桥与斜拉桥相比,抗风稳定性强;与钢拱桥相比,节省钢材较多,维护工作量小,维护费用低。

拱桥的主要缺点是:①自重大,相应的水平推力也较大,增加了下部结构的工程量,当采用无铰拱时,对地基条件要求高。②由于拱桥水平推力较大,在连续多孔的大、中桥梁中,为防止一孔破坏而影响全桥的安全,需要采用较复杂的措施,或设置单向推力墩,增加了造价。③与梁式桥相比,上承式拱桥的建筑高度较高,当用于城市立体交叉及平原区的桥梁时,因桥面高程提高,而使两岸接线的工程量增大,或使桥面纵坡增大,既增大造价又对行车不利。④圬工拱桥施工需要劳动力较多,建桥时间较长等。因此也使拱桥的使用范围受到一定的限制。

拱桥虽然存在这些缺点,但由于它的优点突出,只要在条件许可的情况下,修建拱桥往往仍是经济合理的,因此在我国公路桥梁建设中,拱桥,特别是其中的圬工拱桥仍得到了广泛的应用,而且拱桥的缺点也正在逐步得到改善和克服。如必须要在地质条件不好的地区修建拱桥时,就可从结构体系上、构造型式上采取措施,或利用轻质材料来减轻结构物的自重,或设法提高地基承载能力等。为了节约劳动力、加快施工进度,就需逐步提高预制构件在圬工数量中所占的比重;以利于机械化和工业化的施工。这些措施更加扩大了拱桥的使用范围。

因此,在今后一个较长时期内,拱桥仍将是我国公路、铁路桥梁的一种重要形式。同时结合我国具体情况,一方面进一步研究拱桥的设计理论,并使结构构造和施工工艺更臻完善,另一方面更加重视向装配化、轻型化、机械化方向发展,以加快桥梁建设的速度。

第二节　拱桥的组成及主要类型

一　拱桥的主要组成

拱桥同其他桥梁一样,也是由桥跨结构(上部结构)及下部结构两大部分组成。图 6-1 为拱桥各主要组成部分的名称。

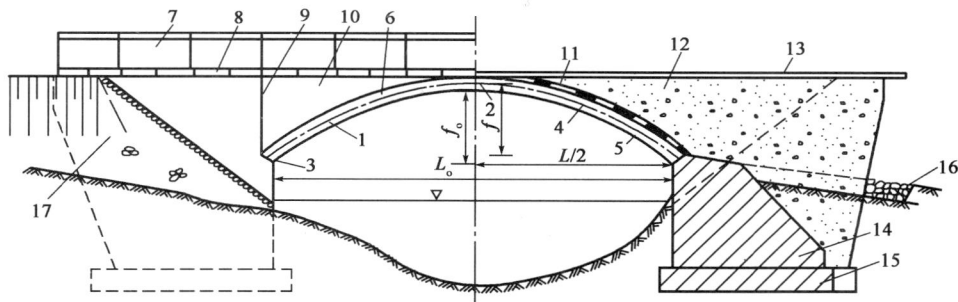

图 6-1　拱桥的主要组成部分

1-主拱圈;2-拱顶;3-拱脚;4-拱轴线;5-拱腹;6-拱背;7-栏杆;8-人行道块石;9-伸缩缝;10-侧墙;11-防水层;12-填料;13-桥面;14-桥台;15-基础;16-盲沟;17-锥坡

二　拱桥的主要类型

拱桥由于发展历史很长,使用又极为广泛,因而它的形式多种多样,构造各有差异。为了便于进行研究,可以按照不同的方式将拱桥分为各种类型。例如:

按照主拱圈(板、肋、箱)所使用的材料可以分为圬工拱桥、钢筋混凝土拱桥及钢拱桥等。

按照拱上建筑的形式可以分为实腹式拱桥及空腹式拱桥。

按照拱圈所用的拱轴线形式,可将拱桥分别称为圆弧拱桥、抛物线拱桥或悬链拱桥等。

按照桥面的位置可分为上承式拱桥、下承式拱桥和中承式拱桥。

按照有无水平推力,可分为有推力拱桥和无推力拱桥等。

现仅根据下面两种不同的分类方式对圬工和钢筋混凝土拱桥的主要类型作一些介绍。

（一）按结构受力图式分类

按照主拱圈与行车系结构之间相互作用的性质和影响程度,可以把拱桥分为简单体系拱桥及组合体系拱桥两大类。

在简单体系拱桥中,行车系结构(拱上结构或拱下悬吊结构)不与主拱一起受力,主拱以裸拱的形式作为主要承重结构。按照静力图式,可以作成三种类型(图6-2)。

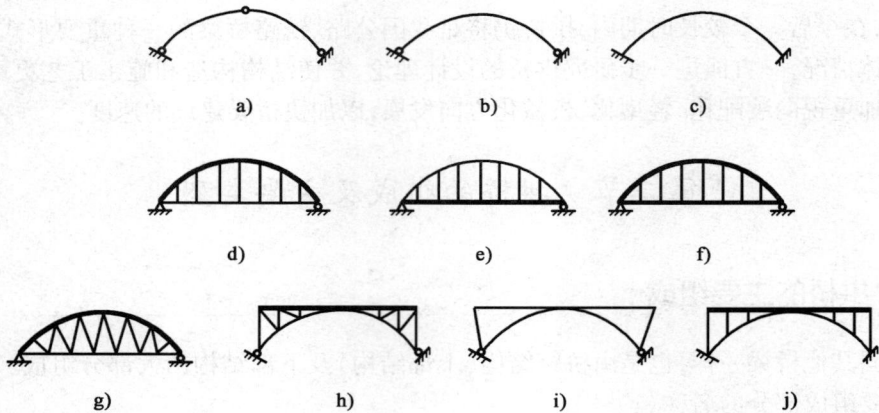

图 6-2　拱桥的静力图式

三铰拱如图6-2a)所示,属静定结构。温度变化、混凝土收缩、支座沉陷等原因引起的变形不会在拱圈内产生附加内力。当地质条件不良,又需要采用拱式桥梁时,可以采用三铰拱。但是,由于铰的存在,使其构造复杂,施工困难,维护费用高,而且减小了整体刚度,尤其是降低了抗震的能力。由于拱的挠度曲线在顶铰上面有转折,致使拱顶铰处的桥面下沉,当车辆通过时,会发生大的冲击,对行车不利。因此,三铰拱一般仅在小跨度公路桥中采用。

两铰拱如图6-2b)所示,属一次超静定结构:由于取消了拱顶铰,使结构整体刚度较三铰拱大。在墩台基础可能发生位移的情况下或平坦的拱桥中采用两铰拱。它较之无铰拱可以减小基础位移、温度变化、混凝土收缩和徐变等引起的附加内力。但需设铰。目前,世界上最大跨径的两铰拱桥是日本的外津桥,跨径170m。

无铰拱如图6-2c)所示,属三次超静定结构:在自重及外荷载作用下,由于拱的内力分布比两铰拱均匀,所以它的材料用量省。由于没有设铰,结构的整体刚度大,构造简单,施工方便,维护费用少,因此在实际使用中最广泛。但由于无铰拱的超静定次数高,温度变化、材料收缩、结构变形、特别是墩台位移会在拱内产生较大的附加内力,所以无铰拱一般希望修建在良好的地基上。目前,最大跨径的钢筋混凝土箱形拱是我国的万县长江大桥,主跨420m。

组合式体系拱桥是将行车系结构与主拱按不同的构造方式构成一个整体,以共同承受荷载。根据不同的组合方式和受力特点,组合式拱桥又分为无推力的如图6-2d)、e)、f)、g)所示,有推力的如图6-2h)、i)、j)所示。根据拱肋和系杆的尺寸大小(吊杆较小,仅受拉力)可分为:柔性系杆刚性拱,简称系杆拱,如图6-2d)所示;刚性系杆柔性拱,如图6-2e)所示;刚性系杆刚性拱,如图6-2f)所示;有斜吊杆的柔性系杆刚性拱,如图6-2g)所示;有推力组合式体系拱桥的形式有桁架拱,如图6-2h)所示;拱片拱,如图6-2i)所示;有刚性梁柔性拱,如图6-2j)所示等。

（二）按主拱圈截面形式分类

拱桥的主拱圈横截面形式是多种多样的,可分为下面几种类型(图6-3)。

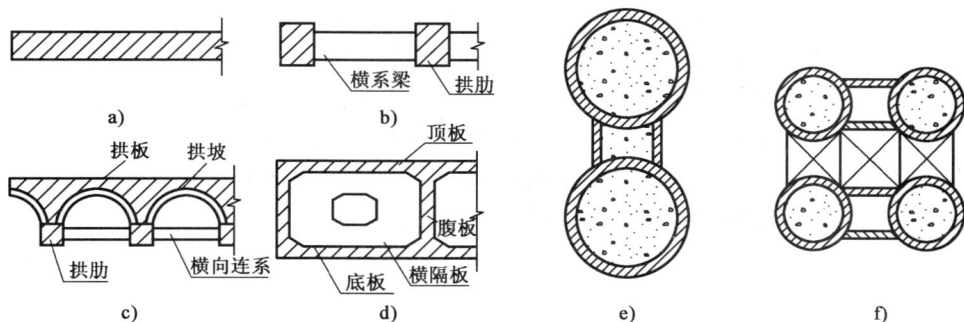

图6-3　主拱圈截面形式

a)板拱;b)肋拱;c)双曲拱;d)箱形拱;e)哑铃形;f)四管式

1.板拱桥[图6-3a)]

主拱圈采用矩形实体截面是圬工拱桥的基本形式,由于它的构造简单、施工方便,因而使用广泛。但由于在相同截面积的条件下,实体矩形截面比其他形式截面的截面抵抗矩小,如果为了获得较大的截面抵抗矩,必须增大截面尺寸,这就相应地增加了材料用量和结构自重,从而更进一步地加重了下部结构的负担,这是不经济的,所以通常只在地基条件较好的中、小跨径圬工拱桥中采用板拱形式。

2.肋拱桥[图6-3b)]

为了节省材料、减轻结构自重、必须充分利用材料的强度,以较小的截面积能获得较大的截面抵抗矩,在板拱桥的基础上,将板拱划分成两条(或多条),形成分离的、高度较大的拱肋,肋与肋之间由横系梁相连。这种有几条肋组成的拱桥,称为肋拱桥。肋拱桥材料用量一般比板拱桥经济,但构造复杂。大大减轻了拱桥的自重,因此多用于较大跨径的拱桥。

3.双曲拱桥[图6-3c)]

这种拱桥的主拱圈横截面是有一个或数个小拱组成的,由于主拱圈在纵向及横向均呈曲线形,故称之为双曲拱桥。由于这种截面的截面抵抗矩较相同材料用量的板拱大、因而可以节省材料。加之在施工等方面比板拱有较多的优越性,可以预制装配。故在全国公路上得到广泛推广,并在铁路、渠道等工程结构中也被采用。

现在,随着双曲拱桥的大量修建,无论在设计计算理论、结构形式和施工方法等方面都得到了不断的发展和提高,同时,人们在实践中也认识了它所存在的缺点,如施工程序各组合截面的整体性较差,易开裂等。因此,双曲拱只宜在中、小跨径桥梁中采用。

4.箱形拱[图6-3d)]

箱形截面拱圈的拱桥,外形与板拱和肋拱相似,由于截面挖空,使箱形拱的截面抵抗矩较相同材料用量的实心截面大很多,所以能节省材料,对于大跨径桥则效果更为显著。又由于它是闭口箱形截面,截面抗扭刚度大,横向整体性和结构稳定性均较双曲拱好,所以特别适用于无支架施工。但箱形截面施工制作较复杂,一般情况下,跨径在50m以上的拱桥采用箱形截面才是合适的。它是国内外大跨径钢筋混凝土拱桥主拱圈截面的基本形式。

5. 钢管混凝土拱

钢管混凝土拱桥是近一段时期蓬勃发展的新桥型。它是利用钢板先卷制成钢管管节,然后与钢板组拼成整拱或多个拱段,横截面多采用哑铃形或四管式,如图 6-3e)、f) 所示,然后用无支架施工进行架设形成钢管拱肋,最后在钢管内灌筑高强混凝土。当混凝土达到设计强度后,与钢管壁粘合在一起共同承受荷载,并且增强钢管拱肋的刚度和稳定。这种形式的拱桥,可节省拱架用钢,还充分利用钢管的径向约束而限制受压混凝土的膨胀,使混凝土处于三向受压状态,从而能显著提高混凝土的抗压的性能。外形轻巧美观。目前已成功修建了数座,如 1990 年建成的四川旺苍东河桥(115m 系杆拱桥)、1992 年建成的广东高明桥(2×100m 中承式拱桥)和浙江新安江桥(84m+120m+84m 中承式拱桥)、1999 年建成的广东丫髻沙大桥(主跨 305m)等。

第三节　主拱圈的构造

一　板拱

石砌拱桥的主拱圈通常都是做成实体的矩形截面,所以又称为石板拱。按照砌筑拱圈的石料规格,又可以分为料石板拱、块石板供及片石板拱等各种类型。

不论何种石板拱,用来砌筑拱圈的石料,要求是未经风化的,其标号不得小于 30 号。砌筑用的砂浆强度等级,对于大、中跨径拱桥不得小于 M7.5,小跨径拱桥不得小于 M5。为了节省水泥,在有条件的地方,可以用小石子混凝土代替砂浆砌筑片石或块石拱圈。小石子粒径一般不宜大于 2cm。采用小石子混凝土砌筑的片石板拱,其砌体强度比用相同强度等级的水泥砂浆的砌体强度高,而且一般可以节省水泥用量 1/4～1/3。

拱石的规格:对于粗料石拱石,其厚度(拱轴方向)不小于 20cm,高度应为厚度的 1.5～2.0 倍,长度为厚度的 1.5～4 倍。当拱石上下砌缝宽度相差超过 30% 时,拱石宜制成楔形,否则可制成矩形。对于块石拱,拱石可制成大致方正的形状,厚度不小于 20cm,宽度约为厚度的 1～1.5 倍,长度约为厚度的 1.5～3.0 倍。拱石上下的弧线差可用灰缝宽度调整。对于片石拱,其拱石的厚度不小于 15cm,将尖锐突出部分敲击即可。各类拱石,石料层面应与拱轴线垂直。由于料石加工要求较高,因此对于中小跨径的公路石拱桥,如果条件允许,应尽量采用片石拱,以使节省劳动力,降低工程造价。

二　肋拱

用两条或多条分离式的平行拱来代替拱圈,如图 6-4 所示,即为肋拱桥。在分离的肋拱之间。须于拱顶和每一拱上横向刚架处设置刚劲的横撑,以保证拱肋的横向稳定性,由于肋供更多的减轻了拱体质量,拱肋恒载内力减小,相应活载内力的比重增大,钢筋可以较好地承受抗应力,能充分发挥建筑材料的作用。肋拱常常用于一些矢跨比很大的高桥中。其跨越能力也较大。

拱肋是肋拱桥的主要承重结构,通常是由混凝土或钢筋混凝土做成。拱肋的数目和间距以及拱肋的截面形式等、均应根据使用要求(跨径、桥宽等)、所用材料和经济性等条件综合比较选定。为了简化构造,宜选用较少的拱肋数量。同时,与其他形式拱桥一样,为了保证肋拱桥的横向整体稳定性,肋拱桥两侧的拱肋最外缘间的距离,一般也不应小于跨径的1/20。

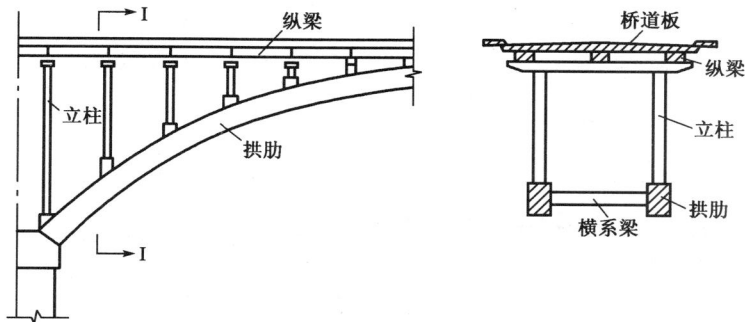

图6-4 肋拱桥

拱肋的截面,根据跨度的大小和载重的等级,可以选用矩形、工字形或箱形等。矩形截面施工简单,常用于中小跨度的肋拱桥中[图6-5a)],肋高约为跨径的1/40~1/60,肋宽约为肋高的0.5~2.0倍。在较大跨径中,拱肋常做成工字形或箱形截面[图6-5b)],由于截面核心距比矩形的大,可以降低截面拉应力的数值,而适应拱内弯矩更大的场合。但其构造复杂,施工比较麻烦,而在材料的使用上,它比矩形截面经济合理,可以减少更多的圬工体积。肋高约为跨径1/25~1/35,肋宽约为肋高的0.4~0.5倍。工字形腹板厚度常采用0.3~0.5m,箱形截面的腹板或翼板厚度,一般不小于0.25~0.3m,以便布置钢筋和浇筑混凝土。对于箱肋,还必须在立柱支承处及按一定的间距设置内隔板,以保证拱肋截面局部稳定的需要,隔板厚度0.2~0.3m。在立柱支承处隔板的厚度还应满足立柱与箱肋固结的需要。

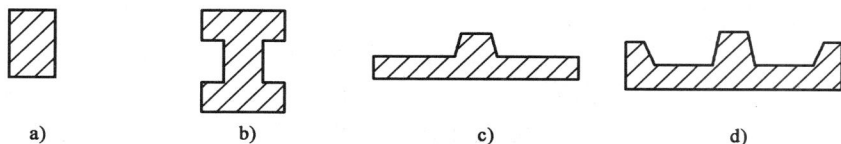

图6-5 肋拱桥的拱肋截面形式

在分离的拱肋间,需设置横系梁,以增强肋拱桥的横向稳定性。拱肋的钢筋配置按计算确定。横系梁要按内力计算配筋,亦可按构造要求配置钢筋,但不得少于四根(沿四周放置),并用箍筋连接。

钢筋混凝土肋拱所用的钢筋数量较多,除钢筋混凝土结构以外,也能因地制宜、就地取材地采用石料砌筑拱肋。常用石肋拱截面形式有两种,一种是图6-5c)、d)所示的板肋组合形式,俗称板肋拱,它是在石板拱的基础上稍作改进而成的,不仅能增大截面抵抗矩,减轻自重,节省圬工量,而且保持了石板拱施工简便的优点,适用于中小跨径石拱桥。另一种是分离式肋拱,如我国已建成的一座净跨78m的石肋拱桥,拱肋就是由两条分离的等截面石砌拱肋所构成。拱肋为厚1.5m、宽2.0m的矩形截面,两肋中距为5.0m,用M15砂浆砌、60号粗料石。两肋间设置了13根钢筋混凝土横系梁,用20号钢筋混凝土桥面板跨盖分离式拱上建筑。这座桥与相同跨径的空腹式石板拱桥相比,可减轻质量1/2,节省料石50%,节省拱架60%以上。

三 双曲拱

双曲拱桥主拱圈通常是由拱肋、拱波、拱板和横向联系等几部分组成(图6-6)。双曲拱桥的主要特点是将主拱圈以"化整为零"的方法按先后顺序进行施工,再以"集零为整"的组合式整体结构承重。因此,双曲拱的构造与板拱、肋拱相比较就有其独自的特点,尤其适用于无支架吊装施工且无大型起吊机具时的情况。

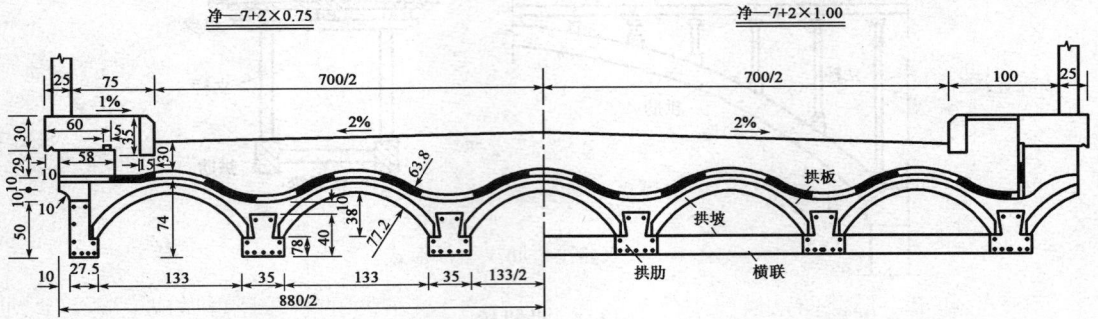

图 6-6 双曲拱桥(尺寸单位:cm)

在施工时,先把分段预制的钢筋混凝土拱肋合龙,与横向联系构件组成拱形框架,然后在拱肋之间砌筑拱波,再在拱波上现浇混凝土拱板,形成主拱圈。由于主拱圈是肋、波、板组成组合截面,截面整体性差,不少双曲拱桥在使用中出现较严重的裂缝,影响了双曲拱桥的推广应用。因此,确保主拱圈的整体性是一个重要的问题。必须在设计、施工中从各方面采取措施以加强其整体性。在构造上,将对主拱圈的四个组成部分提出一些特殊的要求。

（一）主拱圈的截面形式

双曲拱桥主拱圈截面,根据桥梁的跨度、宽度、设计荷载的大小,所用材料以及施工等不同情况,可以来用不同的形式(图6-7)。

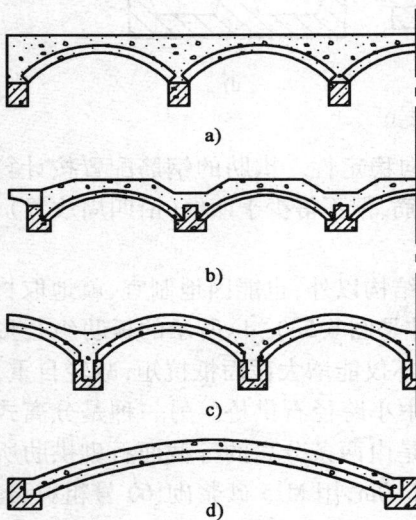

图 6-7 双曲拱桥主拱圈截面图式

目前,公路双曲拱桥采用最多的是多肋多波的截面形式[图6-7a)、b)、c)]。在拱宽一定的情况下,一般说来,肋的间距宜大一些,以加大拱波矢高,增加拱圈的截面刚度,截面较为经济,整体性也好。但考虑到无支架施工的起吊能力,拱肋间距又不宜过大,以免加大拱肋截面尺寸,增加吊装质量,给施工带来麻烦。一般公路桥梁常用4~7波的截面。随着施工机械吊装能力的提高,有向少波发展的趋势。采用在两个边肋上悬半波的截面[图6-7c)],可节省一根拱肋,减小侧墙高度,桥梁外形轻巧美观,但施工稍微复杂。在跨径和载质量较小的单车道桥梁中,还可以采用单波的形式[图6-7d)]。

（二）拱肋

拱肋是双曲拱桥主拱圈的骨架。在安砌拱波过程中,它承受本身自重,横向联系构件及拱波质量和相应的施工荷载。在浇筑拱板的过程中,拱肋作为肋波组合截面的一部分承受荷载。因此,拱肋的设计,除应能满足在吊装阶段的强度和纵横向稳定的要求外,还应满足截面在组合过程中各阶段荷载作用下强度的要求。

常用的拱肋截面形式有矩形、倒 T 形(凸形)、槽形和工字形等(图6-8),一般根据跨径大小、受力性能、施工难易等条件综合选择合理的截面形式,要求所选拱肋截面有利于增强主拱圈的整体性,制作简单且保证施工安全。

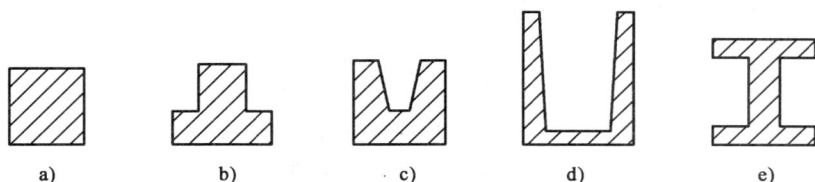

图 6-8 双曲拱桥肋拱截面形式

倒 T 形和工字形截面是目前用得较多的截面。倒 T 形截面的直段还可做成上宽下窄,肋板的结合就更牢固。工字形截面实际上是倒 T 形截面加上一个上翼缘板。这样,使拱肋在无支架吊装过程中受力更为合理。倒 T 形截面和工字形截面由于它们的腹板伸入到现浇层内增大了拱板与拱肋的结合面,提高了结合面的抗剪和抗拉能力。同时,也使肋波结合缝离整个拱圈组合截面的重心轴较远,使肋波结合缝处的剪应力减小,克服了过去采用矩形截面拱肋时,在肋波结合缝处常出现的裂缝,增强了截面的整体性。

拱肋通常采用有支架现浇混凝土或预制安装的方法施工。预制的拱肋,跨径在 30m 以下时,可以单根拱肋整体预制吊装,跨径再大,根据吊装能力,常将一根拱肋分成数段预制吊装。由于拱顶往往是受力最不利的截面,因此拱肋分段时接头不宜布置在拱顶。为了避开拱顶接头,一般按奇数分为 3 或 5 段。同时,为了保证拱肋在吊装中的稳定性,每段拱肋的长度,一般也不宜超过拱肋宽度的 50 倍。

拱肋的接头,宜做到构造简单,结合牢固,操作方便。制作时,应注意尺寸准确。在简易排架上施工的拱肋,可采用主筋焊接,绑扎或环状套接等现浇混凝土接头。对于无支架施工的拱肋,常用的有电焊钢板对接接头、环氧树脂、电焊主筋搭接接头或法兰盘螺栓对接接头等。

接头处的现浇混凝土强度等级,应较拱肋混凝土强度等级高一级。连接钢筋,钢板(或型钢)的截面尺寸,应由计算确定;钢筋的焊缝长度,以及钢筋绑扎的最小搭接长度,应符合《公路钢筋混凝土及预应力混凝土桥涵设计规范》(JTG D62—2004)中的规定。焊接时,应注意防止周围混凝土过热烧伤。法兰盘螺栓接头,螺栓拧紧后应焊死。

(三)拱波

拱波一般用混凝土预制成圆弧形。拱波不仅是参与主拱圈共同承受荷载的组成部分,而在浇筑拱板混凝土时,它又起模板的作用。对于多肋多波的截面,拱波的跨径一般为 1.3 ~ 2.0m,厚度 6 ~ 8cm,矢跨比 1/2 ~ 1/5,宽度 30 ~ 50cm。对于少波和单波的截面,拱波跨径一般为 3 ~ 5m,厚度 6 ~ 8cm,矢跨比 1/3 ~ 1/6,宽度 2.5 ~ 5.0m,分块宽度还要由横隔板的间距决定,故宽度不完全相等,各块拱波纵向须按所在部位的坐标放样,曲率各不相同,吊装时需对号就位。大型拱波内一般布置直径为 4 ~ 6mm 的钢筋网,网格间距为 30cm × 30cm。

(四)拱板

拱板多采用现浇混凝土,把拱肋、拱波结合成整体。目前常用波形或折线形拱板,其厚度不小于拱波的厚度。这种拱板,可节省材料,减轻自重,使截面刚度分布较均匀,截面重心轴大致居中,受力比较合理。

拱板中的钢筋应根据受力情况设置。若计算不需受力钢筋,仍须在拱板顶部设置纵向构造钢筋。中等跨径的双曲拱一般设置 2~3 根,直径为 12~16mm 的纵向钢筋;对拱脚截面,当荷载效应不利组合的设计值小于混凝土的抗力效应设计值时,则按构造钢筋设置,并与拱顶纵向构造筋相接,一起与墩、台拱座伸出的钢筋焊接,形成沿拱圈全弧长的纵向钢筋;当荷载效应不利组合的设计值大于混凝土的抗力效应设计值时,则按大偏心受压构件设置钢筋。

拱顶、拱脚部位的拱板上缘,宜适当设置横向分布钢筋,并与拱肋的锚固钢筋、板顶的纵向钢筋相连接,并予以张紧,从而提高主拱圈的整体性。

(五)横向连接构件

主拱圈设置横向连接构件,可以大大加强主拱圈的整体性,使主拱圈在活载作用下受力较均匀,避免拱波顶可能出现的纵向裂缝。同时,在无支架施工中,可以利用横向连接将几根拱肋在横向连成整体,形成一个拱形框架,加强拱肋的横向刚度,保证拱肋的横向稳定。

横系梁一般用于中小跨,其厚度一般为 20cm,每 3~5m 设置一道。常采用正方形或矩形截面。横隔板的横向刚度大,一般用于大、中跨和宽桥,其厚度一般为 15~20cm,每 3~5m 设置一道。横隔板可伸入到拱板中,伸入拱板部分最好与拱板一起现浇,以免留工作缝。

横系梁与横隔板可以间隔使用。在拱顶、立柱(横墙)及其拱肋接头处部位,均应设置横向连接构件。横向连接构件一般按构造要求确定其尺寸和配筋,一般横系梁设置 4 根钢筋,横隔板则设置 8 根,直径均为 10~16mm,并尽量与拱肋的主筋相连接。

四 箱形拱

大跨径拱桥的主拱圈,可以采用箱形截面。为了采用预制装配的施工方法,在横向将拱圈截面划分成一些箱肋,在纵向将箱肋分段,待箱肋拼装成拱后,再用现浇混凝土把各箱肋连成整体,形成主拱圈的截面。箱形拱桥的主要特点是:①截面挖空率大。挖空率可达全截面的 50%~70%,因此,与板拱相比,可节省大量圬工体积,减轻质量。双曲拱桥的挖空率一般只占全截面的 30%~40%。②箱形截面的中性轴大致居中,对于抵抗正负弯矩具有几乎相等的能力,能较好地适应主拱各截面正负弯矩变化的情况。③由于是闭合空心截面,抗弯抗扭刚度大,拱圈的整体性好,应力分布较均匀。④主拱圈横截面由几个闭合箱组成,可以单箱成拱,单箱的刚度较大,构件间接触面积大,便于无支架吊装。⑤预制箱肋的宽度较大,施工操作安全,易保证施工质量。⑥预制构件的精度要求较高,起吊设备较多,适用于大跨径拱桥的修建。因此,箱形截面是大跨径拱桥一种比较经济、合理的截面形式,国外修建的大跨径钢筋混凝土拱桥,绝大多数是采用的箱形截面。

(一)箱形拱的截面形式

箱形拱截面由底板、箱壁、顶板、横隔板等组成箱形拱闭合拱箱的构造如图 6-9 所示。

拱截面可以由一个闭合箱(单室箱)或由几个闭合箱(多室箱)组成。可以采用矩形或工字箱形[图 6-10a),c)]等,它的构造简单,施工较方便,但一般只用于现浇的窄桥或作为肋拱桥的箱形拱肋。图 6-10b)为箱肋单波拱,两条单室箱肋的净距为 5.10m。无支架施工或少支架施工时,为了减轻吊装质量,将主拱圈分为预制的箱肋和现浇混凝土两部分施工。闭合箱组合截面箱肋的特点是在预制过程中,箱壁采用了分段预制再组合拼装成箱的工艺。先将预制好的箱壁及横隔板按拱箱尺寸拼装起来,再浇筑底板混凝土及接头混凝土,组合成开口的U形箱,最后在U形箱内立支架及上模板,浇筑顶板混凝土形成闭合箱肋。为了加强块件之间的连接,在箱壁和横隔板四周预留环状剪力钢筋及连接钢筋。闭合箱肋吊装成拱后,在箱壁间现浇混凝土形成多室箱形截面(有的还在箱顶上现浇一层混凝土以加厚顶板)。闭合箱肋的优点是:箱壁分块预制,可改为卧浇,采用于硬性混凝土,振动台,翻转脱模等工艺。节省大量模板,提高工效,厚度虽用得很薄(3～4cm),仍可保证质量(U形肋的箱壁是立浇的,在脱模之后常出现蜂窝现象)。闭合箱在吊装时,其抗弯抗扭的刚度均较开口箱大。四川宜宾马鸣溪大桥钢筋混凝土箱形拱截面由五片闭合箱组成,跨径为150m,拱箱高2.0m。

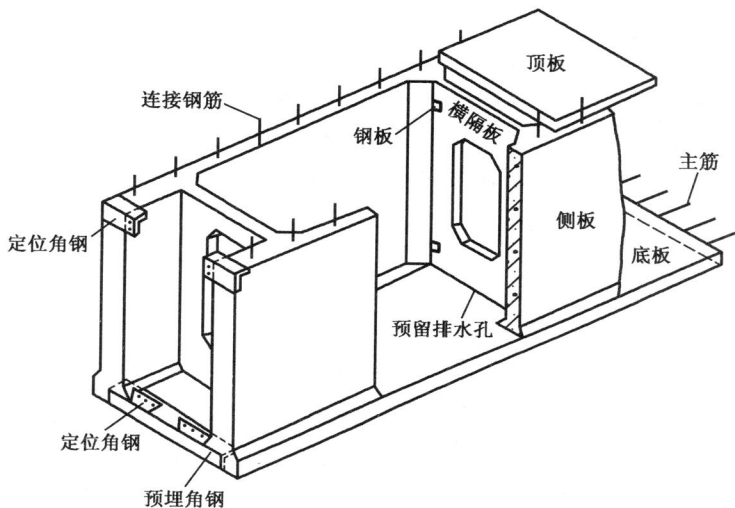

图6-9 箱形拱闭合拱箱的构造

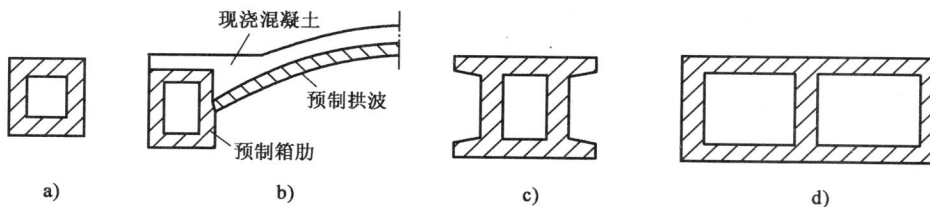

图6-10 箱形拱的截面形式

单室箱形截面拱圈由一个单室箱构成,它采用桁架伸臂法施工时,将箱壁、底板、顶板分开预制,将整跨的箱壁、拱上立柱作为下弦杆和竖杆,再配上临时的上弦杆和斜杆组成桁架式的拱片,然后用横系梁和临时对角斜撑将两拱片组成一个整体框构,用人字扒杆向外分段悬拼,直到箱壁合龙成拱,再安装顶、底板及横隔板,接头处用现浇混凝土连接为整体,组成主拱单室箱形截面。顶板可用微弯板或平板,微弯板的矢跨比1/14～1/18。由于拱顶区段的顶板直接承受车辆荷载,其厚度要大一些,若采用平板,还可在板内设横向预应力钢筋,做成预应力混凝土板。浙江省修建的一座单室箱形拱桥,比多室箱形拱桥能节省钢材50%～60%,混凝土节省40%～50%,该桥为两跨92.0m。单室箱形钢筋混凝土拱桥,主拱圈为变截面,高度由1.563～2.064m,采用桁架悬臂施工法。

(二)拱肋的分段及其接头形式

无支架吊装拱肋(箱),其纵向分段视跨径大小及吊装能力来确定。分段多,不但施工工序多,接头工作量大,而且也增加了拱肋(箱)稳定性控制和拱轴线调整的困难。在吊装能力许可时,分段宜少,一般为 3~5 段,对 100m 以上的拱桥,可分为 7~9 段,但接头必须可靠,并采取加强侧向浪风等措施,以保证拱肋的施工稳定和拱轴线的控制。

拱肋的接头应满足以下要求:①易于操作,便于就位。②有足够的刚度,保证接头点的固结。③受力均匀,避免局部受压或偏心。

接头的形式有下列几种:

(1)拱座接头。一般在墩台帽上预留凹槽,槽深 30~40cm,并将拱箱端部接头处的箱壁或顶底板局部加厚至 20~30cm,以适应局部应力的需要。凹槽内预埋钢板,待拱箱定位合龙后与拱箱壁、板内的预埋钢板焊接,然后用混凝土封填凹槽。

(2)中间接头。接头处的箱壁、板应同样加厚并预埋角钢,拼装时角钢平抵平接。角钢上钻有螺栓孔,可以定位及用螺栓临时连接,定位合龙后,再在接头角钢上加盖钢板焊接,最后用混凝土封填。

五 钢管混凝土拱

钢管混凝土是指在薄壁钢管内填充混凝土,形成钢管与混凝土两者共同工作的一种组合构件。它的基本力学特征是:管内混凝土受到钢管的约束,在承受轴向压力时发生的侧向膨胀受到限制而处于三向受压状态,从而具有比普通混凝大得多的承载能力和变形能力。同时,因混凝土将分担大部分的轴向压力且阻止了钢管向内的变形,提高了薄壁钢管局部抗弯曲的能力。因此,将钢管混凝土应用于以受压为主的拱桥中,在结构受力方面是合理的。在施工方面,钢管混凝土拱桥先架设以钢管为主的拱肋,再用泵送混凝土填满于钢管内,待混凝土凝固后,钢管与混凝土共向承受荷载。这样大大减轻了拱肋架设安装时的自重,方便了施工。

钢管混凝土拱桥的拱肋可分为实体拱肋和格式拱肋,如图 6-11 所示。实体拱肋又分单管、哑铃形等截面。格式又可根据钢管的根数分为三管、四管和六管格式,四管和六管还可根据横向之间钢管的联系方式分为横哑铃形、全格式以及组合式。

单管截面用于跨径不大的钢管混凝土拱桥,单管截面主要有圆形和圆端形。单管加工简单,抗扭性能好,抗轴向力性能由于紧箍力作用表现出优越性,但抗弯效率低,主要用于跨径不大(80m 以下)的城市桥梁和人行桥中,管壁较厚,截面含钢率较高,一般达 8% 以上。圆端形截面主要为横向的,也有少数采用竖向的。横向圆端形截面,其横向抗弯惯性矩较大,主要用于无风撑肋拱中。

钢管混凝土拱桥有相当部分采用哑铃形截面,跨径从几十米到几百米,以 100m 左右为多。哑铃形钢管混凝土肋拱的钢管直径 D,在 45~150cm 之间,以 75~100cm 最多,D/L 为 $1/60~1/150$(L 为净跨径),高度 H 为 120~270cm,以 180~200cm 最多,$H/L = 1/30~1/60$;$D/H = 3/2.11~1/2.67$,以 $1/25$ 居多,钢板厚从 8~16mm,10mm 最常用(适用于变截面的拱脚段)。D/L 和 H/L 一般随着跨径增大而减少。哑铃形截面较之单圆管截面截面抗弯刚度较大,类似于工字形截面,但由于两圆管的直径与高度之比在 $1/2.5$ 左右,因而不能视为钢管混凝土格构式截面。

桁式拱肋能够采用较小的钢管直径取得较大的纵横向抗弯刚度,且杆件以受轴向力为主,能够充分发挥材料的特性,对跨径超过100m的钢管混凝土拱桥,桁肋是一个比较合适截面形式。

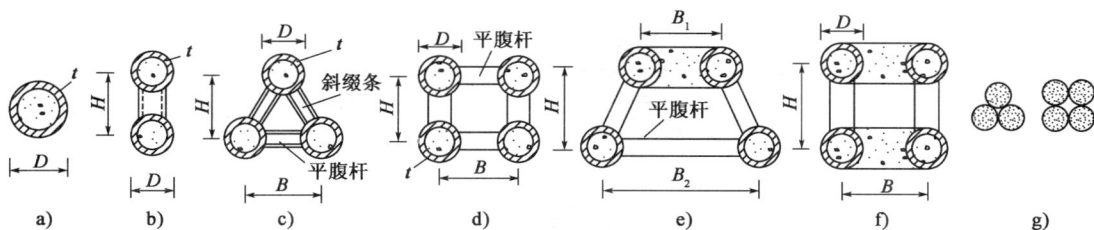

图6-11 钢管拱的肋截面形式

a)单管截面;b)哑铃形截面;c)三管格式截面;d)、e)、f)四管格式截面;g)集束钢管混凝土截面

钢管混凝土桁式拱肋是由钢管混凝土弦杆与腹杆、平联(一般为空钢管)焊接而成的桁式结构,钢管接头的焊接质量与抗疲劳性能是设计的关键。

钢管混凝土拱桥结构形式丰富多样,可分为上承式、中承式和下承式。以拱肋的截面形式分,可分为单圆管、哑铃形和多管格构式。按拱肋的横向构造,可分为平行肋拱、提篮拱和无风撑拱。按拱脚推力可分为有推力拱和无推力拱。钢管混凝土拱桥中有推力的上承式和中承式结构,除主拱肋与圬工和钢筋混凝土拱桥不同外,桥面系等其他构造基本相同,这些构造与拱肋的高强材料相适应,一般更为轻型化。

第四节 拱上建筑的构造

按照拱上建筑采用的不同构造方式,可将拱桥分为实腹式和空腹式两种。由于实腹式拱上建筑的构造简单,施工方便,而填料的数量较多,恒载较重,一般情况下,小跨径拱桥多采用实腹式。大、中跨径拱桥多采用空腹式,以利于减小恒载,并使桥梁显得轻巧美观。

一 实腹式拱上建筑

实腹式拱上建筑由侧墙、拱腹填料、护拱以及变形缝、防水层、泄水管和桥面等部分组成(图6-12)。拱腹填料的做法,可分为填充和砌筑两种方式。

填充的方式是在拱圈两侧砌筑侧墙,以承受拱腹填料及车辆荷载所产生的侧压力(推力)。侧墙一般用块石或片石砌筑。为了美观需要,可用粗料石或细料石镶面。侧墙厚度一般按构造要求确定,其顶面宽约0.50~0.70m,向下逐渐增厚,墙脚厚度可以采用侧墙高度的0.4倍。特殊情况下侧墙厚度由计算确定。填充用的材料尽量做到就地取材,通常采用砾石、碎石、粗砂或卵石夹黏土并加以夯实。这些材料的透水性较好,成本较低,而且还能减小对侧墙的推力。在地质条件较差地区,为了减轻拱上建筑的质量,可以采用其他轻质材料(如炉渣、石灰、黏土等混合料)作填料。当填充材料不易取得时,可改用砌筑的方式,也就是采用于砌圬工或浇筑贫混凝土作为拱腹填料。当用贫混凝土时,往往可以不另设侧墙,而在外露混凝土表面用砂浆饰面或设置镶面。

在多孔拱桥中,为了便于敷设防水层和排出积水,又设置了护拱。护拱一般用现浇混凝土或砌筑块片石修筑。护拱还起着加强拱圈的作用。

121

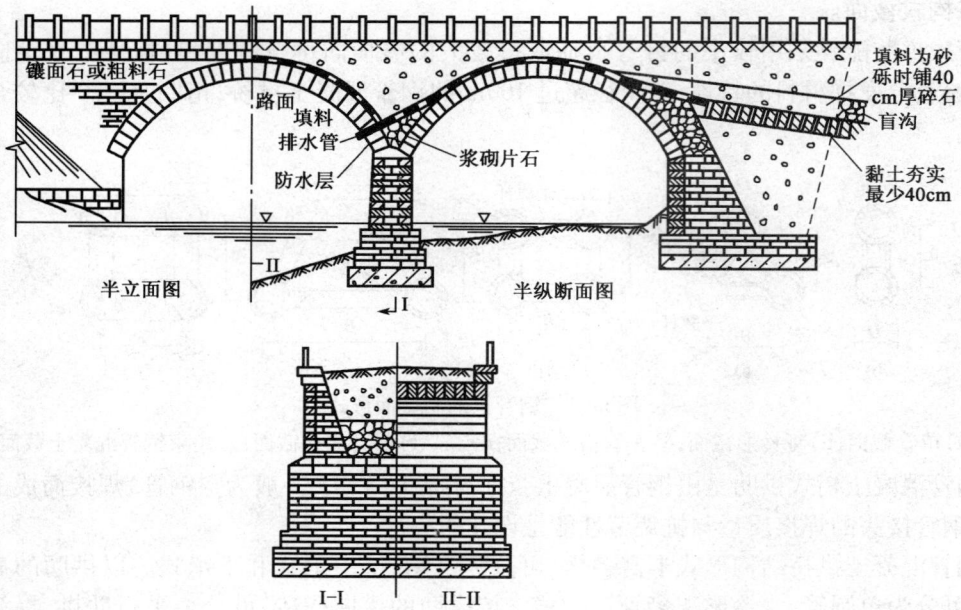

镶面石或粗料石   填料为砂
路面   砾时铺40
填料   cm厚碎石
排水管   浆砌片石   盲沟
防水层   黏土夯实
最少40cm

半立面图   半纵断面图

I-I   II-II

图 6-12   实腹式拱桥

二 空腹式拱上建筑

　　大、中跨径的拱桥,特别是当矢高较大时,实腹式拱上建筑的填料用量多、质量大,因而以采用空腹式拱上建筑为宜。空腹式拱上建筑除具有实腹式拱上建筑相同的构造外,还有腹孔和支承腹孔的腹孔墩(图 6-13)。拱上腹孔的布置应结合主拱的类型、构造、几何尺寸,以及施工方法和桥位处的具体情况来进行。其中,应注意以下几点:

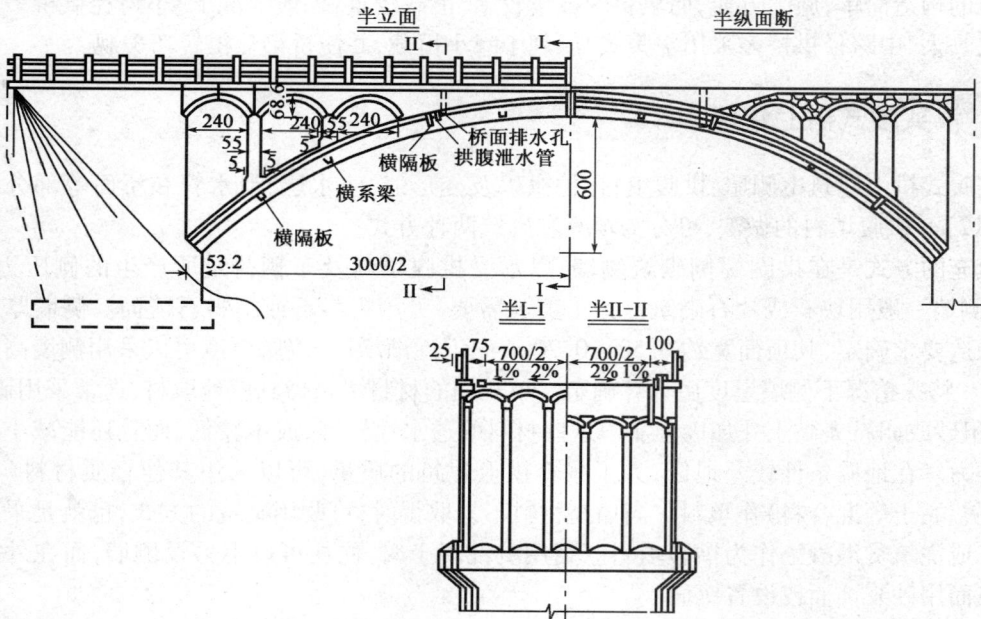

半立面   半纵面断

桥面排水孔
拱腹泄水管
横隔板
横系梁
横隔板

图 6-13   空腹式拱桥

（1）腹孔可以布置成梁式或拱式。前者质量轻,但用钢量大,后者质量较重。一般钢筋混凝土拱多用梁式,圬工拱桥多用拱式。近年来已逐步向梁、板框架式拱上建筑发展。

（2）腹孔可以对称地布置在主拱圈(肋)上建筑高度所容许的范围内。一般每半跨的腹孔总长不宜超过主拱跨径的1/4～1/3。一般情况下,主拱跨径小,腹孔数目宜少;反之,腹孔数目可多。每半跨一般以3～6孔为宜。有时,孔数过少会影响到桥梁立面的美观。

（3）腹孔的跨径不宜过大或过小。腹孔跨径过大,腹孔墩处的集中荷载增大,对主拱的受力不利;腹孔跨径过小,对减轻拱上建筑的质量不利。一般不大于主拱圈跨径的1/8～1/15,腹孔的构造应统一,以便施工。

（4）无支架施工的悬链线主拱圈,宜采用轻型的拱上建筑布置,腹孔布置范围应当适当加大。

（5）在软地基上,为减少基础的承压应力,应尽量采用轻型的拱上建筑布置,可以加大腹孔的布置范围。必要时,可以采用拱顶无填料的拱上建筑。

靠墩台的腹孔有两种作法:一是直接支承在墩台上[图6-14a)、b)];或跨过墩顶,使桥墩两侧的腹孔相连[图6-14c)]。

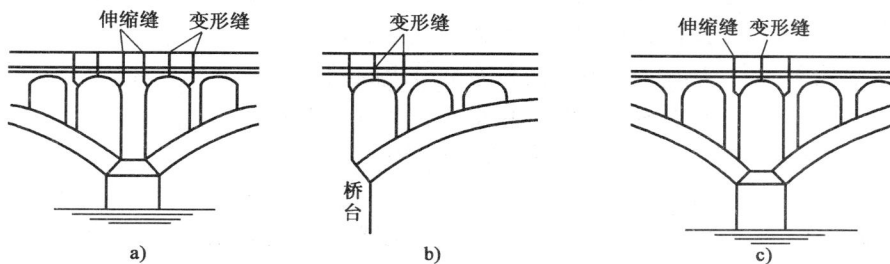

图 6-14　腹拱与墩台的连接

（一）腹孔

1. 梁式腹孔

采用梁式腹孔的拱上建筑,可以使桥梁造型轻巧美观,减轻拱上质量和地基的承压力,以便获得更好的经济效果。大跨径的钢筋混凝土拱桥绝大多数采用梁式腹孔。梁式腹孔的桥道梁体系可以做成简支、连续、连续刚架式等形式。在简单体系的大跨径钢筋混凝土拱桥中,由于拱内活载内力占总内力的比重较小,为了简化桥道梁及其支承立柱的设计计算,一般可不考虑拱上建筑与拱圈的联合作用。桥道梁的设计可按一般的方法进行。也可采用标准设计。桥道梁的截面可以做成箱形、T形或空心板等形式。可以采用钢筋混凝土或预应力混凝土结构。具体见图6-15。

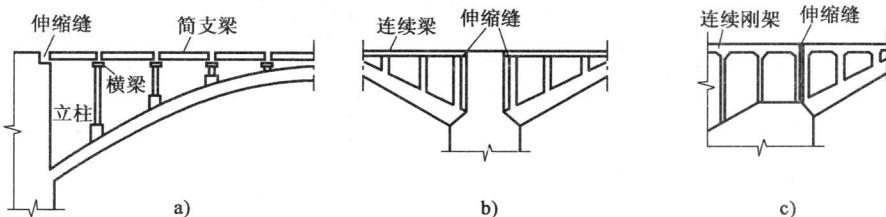

图 6-15　梁式腹孔

2. 拱式腹孔

拱式腹孔的拱上建筑,在一般的圬工拱桥上采用较多,外观显得笨重,对地基的要求也高。主拱的跨径一般选用2.5~5.5m,也不宜大于主拱圈跨径的1/8~1/15,其比值随主拱圈跨的增大而减小。腹拱宜做成等跨,对腹拱墩的受力有利。

腹拱的拱圈,可采用板拱、微弯板和扁壳等形式。板拱的矢跨比一般为1/2~1/6,微弯板的矢跨比一般为1/10~1/12;腹拱的拱轴线多用圆弧线。

腹拱圈的厚度,当跨径小于4m时,可采用厚度不小于0.3m的石板拱或厚度不小于0.15m的混凝土板拱,也可采用厚度为0.14m(其中预制厚0.06m,现浇0.08m)的微弯板。当腹拱跨径为4~6m时,也可采用混凝土拱圈,厚度一般0.3m左右。

(二)腹孔墩

腹孔墩常采用横墙式或立柱式。横墙式通常用石料,混凝土预制块砌筑,或现浇混凝土做成实体墙[图6-16a)]。为了节省圬工,减轻质量或便于检修人员在拱上建筑内通行,可在横向挖一个或几个孔,用浆砌片、块石时,不宜小于0.6m;用混凝土砌筑时,一般应大于腹拱圈厚度的1倍,横墙施工简便,节省钢材,常采用在基础较好及河流有漂浮物的情况。

立柱式腹孔墩[图6-16b)]是由立柱和盖梁组成的钢筋混凝土排架或刚架式结构。立柱较高时,在立柱间应设置横系梁,其上下间距不宜大于6m。立柱钢筋应向上伸入盖梁的中部,向下伸入主拱圈(肋)的内部,并予以可靠的锚固。立柱采用现浇,施工慢,耗用支架材料多,应尽量采用预制、装,此时接头钢筋必须焊接牢固,并用混凝土包住。也可在接头处预埋钢板,焊接装配,以加快进度。立柱与盖梁的接头,可在盖梁中留出空洞,把立柱预留钢筋伸入洞内,用高强度等级的砂浆封口。

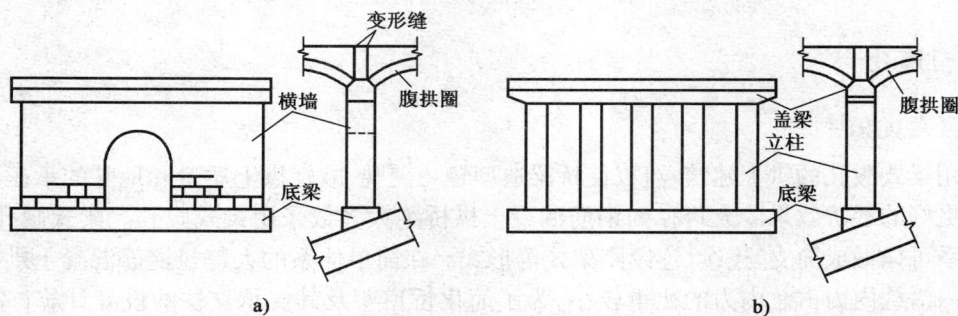

图6-16 腹孔墩的构造形式

立柱沿桥向的厚度,一般采用25~40cm,横桥向的厚度通常大于纵桥向的厚度,一般可用50~90cm。对于高度超过10m的立柱,其尺寸应按其在拱平面内的纵向挠曲计算而定。为了施工方便,最好所有立柱采用相同的厚度,或按立柱高度分级采用。在河流有漂流物或流冰时,立柱式腹孔墩还应采取必要的防护措施。

为使每个立柱或横墙传递下来的压力能较均匀地分布到主拱圈(肋)上,同时,为了有一个水平面,便于横墙砌筑或立柱的安装,在立柱或横墙下面还设置了底梁(座)。底梁(座)宽度每边较立柱或横墙放宽5cm,以便于施工放样。立柱的底梁一般仅布置构造钢筋,下与拱圈钢筋、上与立柱钢筋相连。横墙的底梁无须配筋。

盖梁一般整根预制,采用拱式腹孔时,截面用倒T形或削角矩形;采用梁式腹孔时用矩形。横墙上可设混凝土腹孔墩帽,不配筋,截面形式同盖梁。腹孔墩帽或盖梁的底宽略大于横墙或立柱的宽度。

通常,腹孔墩的侧面都做成竖直的,以利施工。如需采用斜坡式,则以不超过30∶1的坡度为宜。

第五节　拱桥的其他细部构造

一　拱上填料、桥面及人行道

拱上建筑中的填料,一方面能起扩大车辆荷载分布面积的作用,同时还能够减小车辆荷载的冲击作用,但也增加了拱桥的恒载质量。一般情况下,无论是实腹式,还是空腹式拱桥,主拱圈及腹拱圈的拱顶处,填料厚度(包括路面厚度)均不宜小于0.30m。根据《公路桥涵设计通用规范》(JTG D60—2004)的规定,填料厚度(包括路面厚度)等于或大于0.50m的拱桥,设计时不计汽车荷载的冲击力。拱桥的细部构造见图6-17。

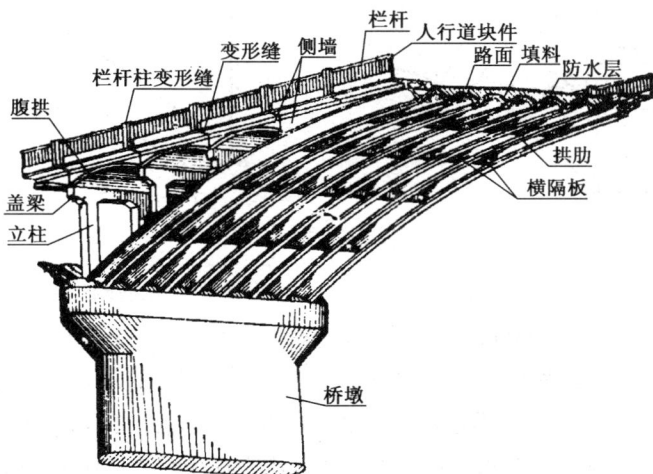

图6-17　拱桥的细部构造

在地基条件很差的情况下,为了进一步减轻拱上建筑质量,可以减薄填料厚度,甚至可以不要填料,直接在拱顶上铺筑混凝土路面,但其行车道边缘的厚度至少为8cm。为了分布轻重,拱顶部分的混凝土桥面内可设小直径的钢筋网。混凝土桥面应适当布置横向伸缩缝。计算时还应计入汽车荷载的冲击力。

拱桥行车道部分的桥面铺装,根据公路等级,使用要求,交通量大小等条件综合考虑选择。也可以根据交通量发展情况进行分期修建,逐步提高。目前采用较多的是碎(砾)石路面和沥青混凝土路面,为利于桥面排水,应根据桥面的不同类型设置1.5%~3.0%的横坡。

行车道两侧,根据需要可设人行道及栏杆,其构造与梁桥的相似。

二　伸缩缝与变形缝

拱上建筑与主拱圈,在构造和受力上都有密切的联系。由于拱上建筑与主拱圈的共同作用,一方面拱上建筑能够提高主拱圈的承载能力,但另一方面,它对主拱圈的变形又起约束作用,在主拱圈和拱上建筑内产生附加内力,而使构造的计算复杂。为了使结构的计算图式尽量与实际的受力情况相符合,避免拱上建筑不规则地开裂,以保证结构的安全使用和耐久性,除在设计计算上应作充分的考虑外,还需在构造上采取必要的措施。故用设置伸缩缝及变形缝来使拱上建筑与墩、台分离,并使拱上建筑和主拱圈一起自由变形。

对于实腹式拱桥,在主拱圈拱脚的上方设置伸缩缝,缝宽2~3cm,直线布置,纵向贯通侧墙全高,横桥向贯通全宽,从而使拱上建筑和主拱圈一起自由变形(图6-18)。目前多将伸缩缝做成直线形,以使构造简单,施工方便。

对于大跨径空腹式拱桥,一般将紧靠墩、台的第一个腹拱圈作成三铰拱(图6-19),并在靠墩(台)的拱铰上方的侧墙设置伸缩缝,在其余两铰上方的侧墙设置变形缝(断开而无缝宽)。在特大跨径的拱桥中,在靠近主拱圈拱顶的腹拱,宜设置成两铰或三铰拱,腹拱铰上方的侧墙仍需设置变形缝。

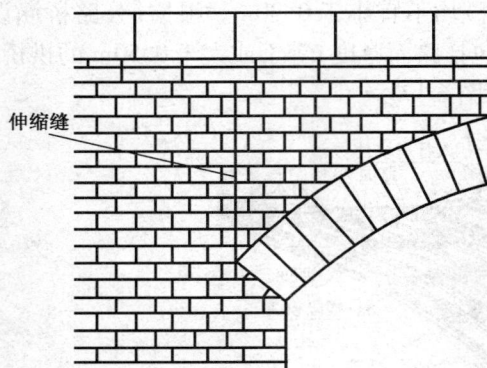

图6-18　实腹式拱伸缩缝布置　　　　　　图6-19　空腹式拱伸缩缝及变形缝布置

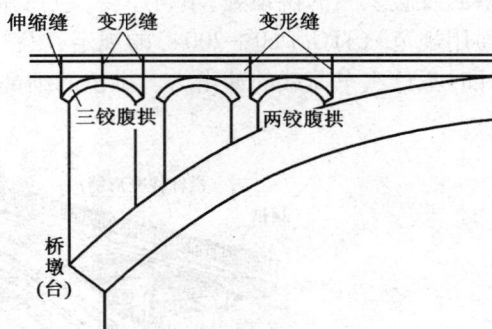

在设置伸缩缝或变形缝处的人行道、栏杆、缘石和混凝土桥面,均应相应设置伸缩缝或变形缝。在2~3cm的伸缩缝缝内填料,可用锯末沥青,按1∶1的质量比制成预制板,施工时嵌入缝内。上缘一般作成能活动而不透水的覆盖层。缝内填料亦可采刷沥青砂等其他材料。变形缝不留缝宽,其缝可干砌、用油毛毡隔开或用低强度等级的砂浆砌筑,以适应主拱圈的变形。

三　排水及防水层

修建在大自然中的拱桥,雨、雪水等自然因素对拱桥的耐久性、美观等均有较大影响,因此对于拱桥,不仅要求能够及时排除桥面的雨、雪水,而且要求将透过桥面铺装渗入到拱腹内的雨水也能及时排除,因为这些渗水不及时排出,它会增大拱腹填料的含水率,降低承载能力,影响路面层的强度,使路面更易开裂破坏。并且渗水会沿着拱上结构的一些缝隙(如变形缝或裂缝等)渗透,在冬季冰冻时使结构产生冻胀损坏。

桥的桥面雨水,可利用顺桥向的纵坡,将水引到两端桥台后面排出,但应注意防止冲刷桥头路堤。大、中桥面应设横坡,并每隔适当距离设置泄水管,将桥面雨水排出。对于混凝土和沥青桥面的横坡,一般为1.5%~2.0%,对碎石桥面不宜小于3%。人行道应设置与行车道反向的横坡,一般为1.0%~2.0%。渗入到拱腹内的水,应通过防水层汇集于预埋在拱腹内的泄水管排出,防水层和泄水管的设置方式,与上部结构的形式有关。

实腹式拱桥,防水层应沿拱背护拱、侧墙铺设。如果是单孔,可不设拱腹泄水管,积水沿防水层流至两个桥台后面的盲沟,然后沿盲沟排出路堤。如果是多孔拱桥,可在1/4跨径处设泄水管(图6-20)。对于空腹式拱桥,防水层应沿腹拱上方与主拱圈跨中实腹段的拱背设置,泄水管宜布置在1/4跨径处(图6-21)。

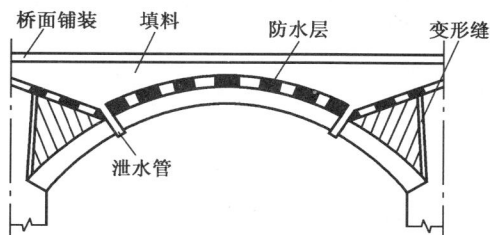

图6-20 实腹式拱桥拱背排水

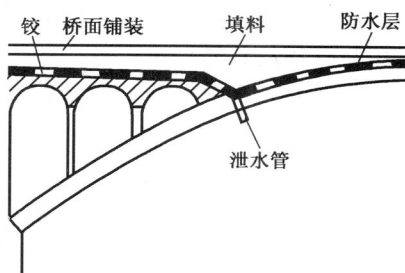

图6-21 空腹式拱桥拱背排水

防水层在全桥范围内不宜断开,当通过伸缩缝或变形缝处应妥善处理,使其既能防水又可以适应变形,其构造可参见图6-22。

防水层有粘贴式与涂抹式两种。粘贴式是由2~3层油毛毡与沥青胶交替贴铺而成,效果较好,造价较高,施工麻烦。涂抹式是由沥青或柏油涂抹于砌体表面,施工简便,造价低,效果较差,适合于少雨地区。当要求较低时,可采用石灰三合土(厚15cm,水泥、石灰、砂的配合比为1:2:3),石灰黏土砂浆,黏土胶泥等简易办法代替粘贴式防水层。

排水管(图6-23)可用铸铁管、混凝土管或陶瓷(瓦)管,其内径一般为6~10cm,严寒地区须适当加大,但不宜大于15cm。为便于排水管的检查和清理,排水管应用直管、短管、并尽可能减少管节数量。泄水管应伸出结构表面,以不少于10cm为宜,以免雨水顺着结构物的表面流下。

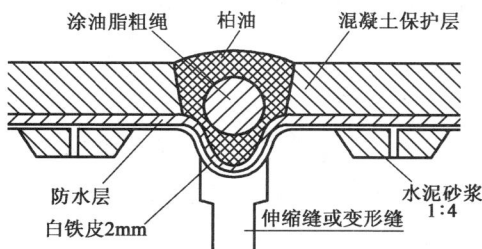

图6-22 伸缩缝处的防水层构造

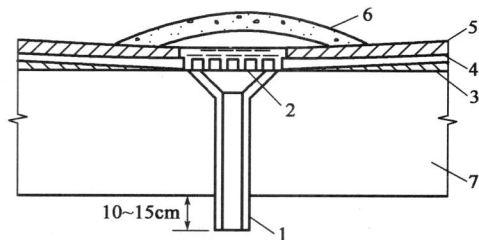

图6-23 排水管构造

1-排水管;2-铁箍盖;3-三合土或砂浆抹平;4-防水层;
5-水泥砂浆抹平;6-碎石;7-拱圈

排水管不宜设置在墩、台边缘附近,以免排水集中冲刷砌体。排水管在横桥向的位置,以离人行道(缘石)边缘20cm左右为宜。也可在缘石侧面开孔斜向设置。排水管的数目,以每平方米桥面不少于4cm²的排水面积为宜。

排水管进口处周围的桥面应做成集水坡度,以利雨水向排水管汇集。桥面上的排水管口要有保护设施,在拱腹内的进水口,须围以大块碎石做成倒滤层,以免杂物堵塞。

四 拱桥中铰的设置

通常拱桥中有四种情况需设铰。一是主拱圈按两铰拱或三铰拱设计时;二是空腹式拱上建筑,其腹拱圈按构造要求需要采用两铰或三铰拱,或高度较小的腹孔墩上、下端与顶梁、底梁连接处需设铰时;三是在施工过程中,为消除或减小主拱圈的部分附加内力,以及对主拱圈内力作适当调整时,往往在拱脚或拱顶设临时铰;四是主拱圈转体施工时,需要设置拱铰。前两种为永久性铰,必须满足设计要求,并能保证长期正常使用,永久性铰的要求较高,构造较复杂,又需经常养护,所以费用较高。临时性铰是适应施工需要而暂时设置,待施工结束时,将其封固,故构造较简单。

拱铰的形式,按照铰所处的位置、受力大小、使用材料等条件综合考虑选择。目前常用的形式有下列几种:

(一)弧形铰(图6-24)

一般用钢筋混凝土、混凝土、石料等做成。它由两个具有不同半径弧形表面的块件合成。

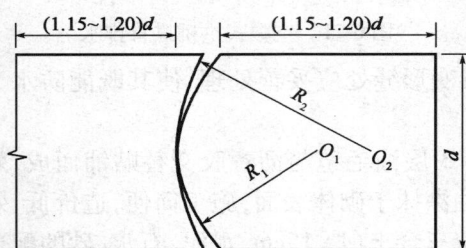

图6-24 弧形铰的主要尺寸

一个为凹面(半径为R_2),一个为凸面(半径为R_1)。R_2与R_1的比值常在$1.2 \sim 1.5$范围内取用。铰的宽度应等于构件的全宽。沿拱轴线的长度,取为拱厚的$1.15 \sim 1.20$倍。铰的接触面应精加工,以保证紧密结合。

石拱桥的拱铰,以往都是用石料加工而成的,但由于铰石尺寸大,开采石料、加工成型、运输、安装、就位均很困难,因此目前多采用现浇混凝土铰代替石铰。当跨径较大,要求承压强度更高时,可采用钢筋混凝土拱铰,其钢筋布置按计算及构造要求确定。

弧形铰由于构造复杂,加工铰面既费工又难以保证质量,故主要用于主拱圈的拱铰。图6-25是净跨30m的两铰双曲拱桥的拱铰构造及钢筋布置图。

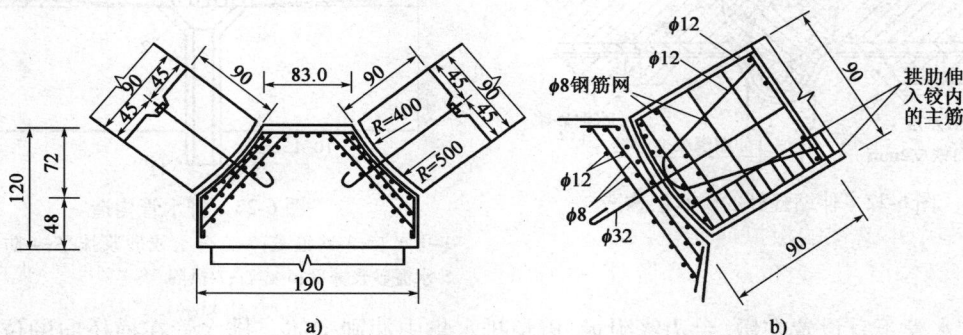

图6-25 净跨30m的两铰双曲拱桥的拱铰构造图(单位:除钢筋直径mm外,其余cm)
a)铰的构造尺寸;b)铰的钢筋布置情况

在转体施工的拱桥中,必须设置转盘使拱体转动,而转盘是由上、下转盘、转轴及环道构成(图6-26)。转轴又有两种形式,一种是钢球切面铰(图6-27),它用铸钢加工,图示尺寸能转动3×10^6kg的转体。一种是混凝土球面铰(图6-28)。为了保证转动过程中的平稳、可靠,除了球铰轴心支承外,必须加以环道辅助支承,一旦出现转动过程中的偏载时,环道支承点足以保证转体的倾覆稳定性。

转体施工拱桥的球铰是一个临时性铰,待桥体合龙成拱后,最终封固转盘。转体的球铰,是拱桥旋转体系的关键,因此制作必须准确、光滑。混凝土球面铰一般用C40混凝土制作,球面精度及光滑的关键在于及时打磨球面,同时特别注意预留在球铰正中的轴,必须与弧形球面保持垂直。

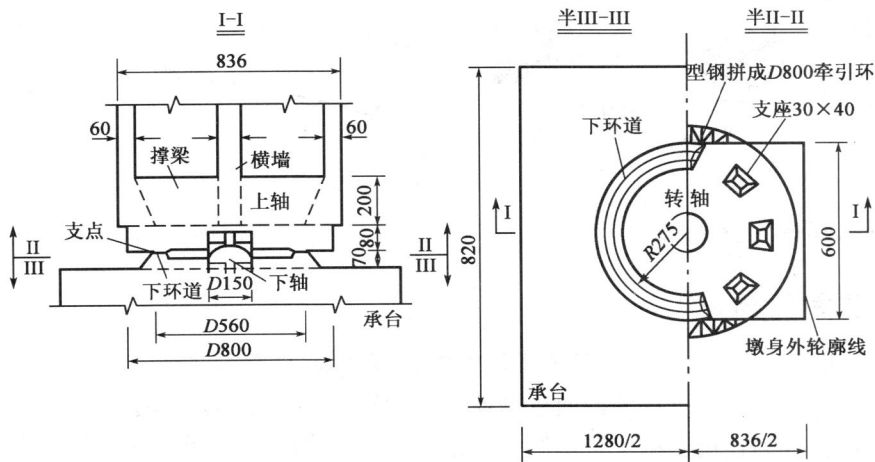

图 6-26 转盘构造(尺寸单位:cm)

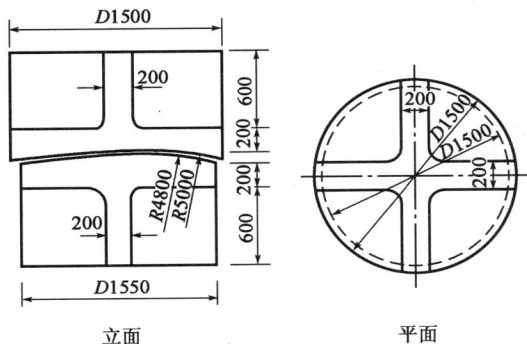

图 6-27 转轴构造(尺寸单位:mm)

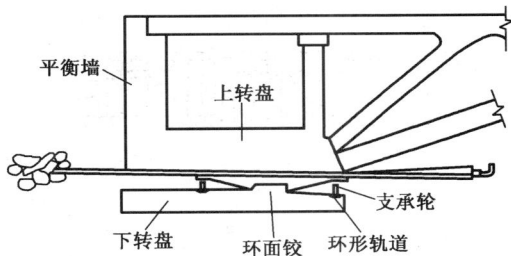

图 6-28 混凝土球面铰

(二)铅垫铰(图 6-29)

对于中小跨径的板拱或肋拱,可以采用铅垫铰。铅垫铰用厚度 1.5~2.0cm 的铅垫板,外部包以锌、铜(1.0~2.0cm)薄片做成。垫板宽度为拱圈厚度的 1/4~1/3,在主拱圈的全部宽度上分段设置。铅垫铰是利用铅的塑性变形达到支承面的自由转动从而实现铰的功能。同时,为了使压力正对中心,并且能承受剪力,故设置穿过垫板中心而不妨碍铰转动的锚杆。为承受局部压力,在墩、台帽内以及邻近铰的拱段,需要用螺旋钢筋或钢筋网加强。

直接贴近铅垫铰的主拱圈混凝土,其强度等级不小于 C25。在计算铅垫板时,其压力作为沿铅垫杠全宽均匀分布。铅垫铰也可用作临时铰。

(三)平铰(图 6-30)

由于弧形铰的构造较复杂,铰面的加工既费工又难以保证质量,因此,对于空腹式拱上的腹拱圈,由于跨径较小,可以采用构造简单的平铰。平铰是平面相接,其接缝间可用低强度等级的砂浆砌,也可垫衬油毛毡或直接干砌接头。

129

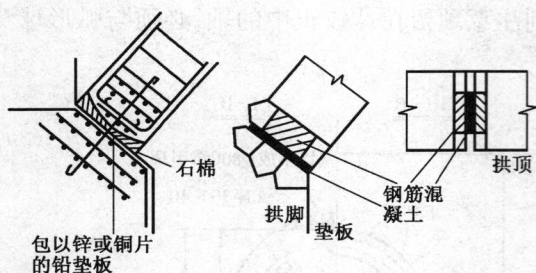

图 6-29　铅垫铰

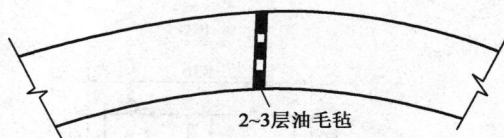

图 6-30　平铰

(四)不完全铰(图6-31)

对于小跨或轻型的拱圈以及空腹式拱桥的腹孔墩柱铰,目前常采用不完全铰。图6-31a)为小跨拱圈的不完全铰,由于拱的截面急剧地减小,保证了该截面的转动,在施工时拱圈不断开,使用时又能起铰的作用。由于截面减小,截面应力会很大,很可能开裂,故必须配以斜钢筋,斜钢筋应根据总的纵向力及剪力来计算。图6-31b)、c)为墩柱的不完全铰。由于该处截面的减小(一般为全截面的1/3~2/5),因此可以保证支承截面的转动。支承截面应按局部承压进行设计和计算。

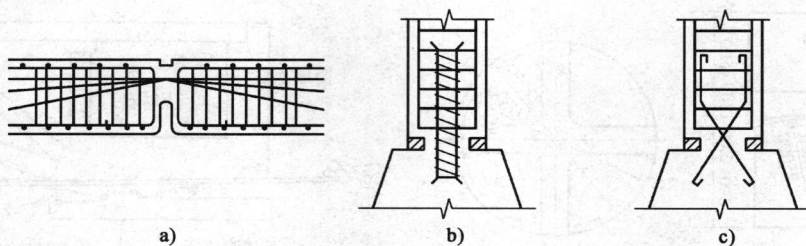

图 6-31　不完全铰

(五)钢铰

在大跨拱桥中还可以采用钢铰。钢铰可做成有圆柱形销轴的形式或没有销轴的形式,但其用钢量多,构造复杂,一般较少采用。

第六节　构　造　实　例

图6-32是一孔上承式钢筋混凝土单线铁路拱桥的概貌,按就地现浇施工而设计的,设计活载为中—26级,略小于1.2倍的中—活载。

桥跨结构的主要承载部分为两条工形截面的拱肋。计算跨度 l 为54m,矢高 f 为13.5m,矢跨比为1/4。拱轴线为悬链线。拱肋截面尺寸沿整个跨度不变,厚(即高度)为1.7m,宽为1.0m,上下翼缘各厚0.25m,腹板厚0.5m。采用等截面的主要原因是为了简化设计和施工。在靠近拱脚一段(长1.2m)和拱顶附近一段(长2.0m),拱肋均改为矩形截面,以适应这两处应力计算的需要。

两条拱肋中心至中心的距离为2.7m,正好为跨度的1/20,两肋外缘之间的距离为3.7m,大于规定的3m。两拱肋之间,在拱顶和与拱上刚架连接处,均设置0.6m×0.5m的矩形横撑。

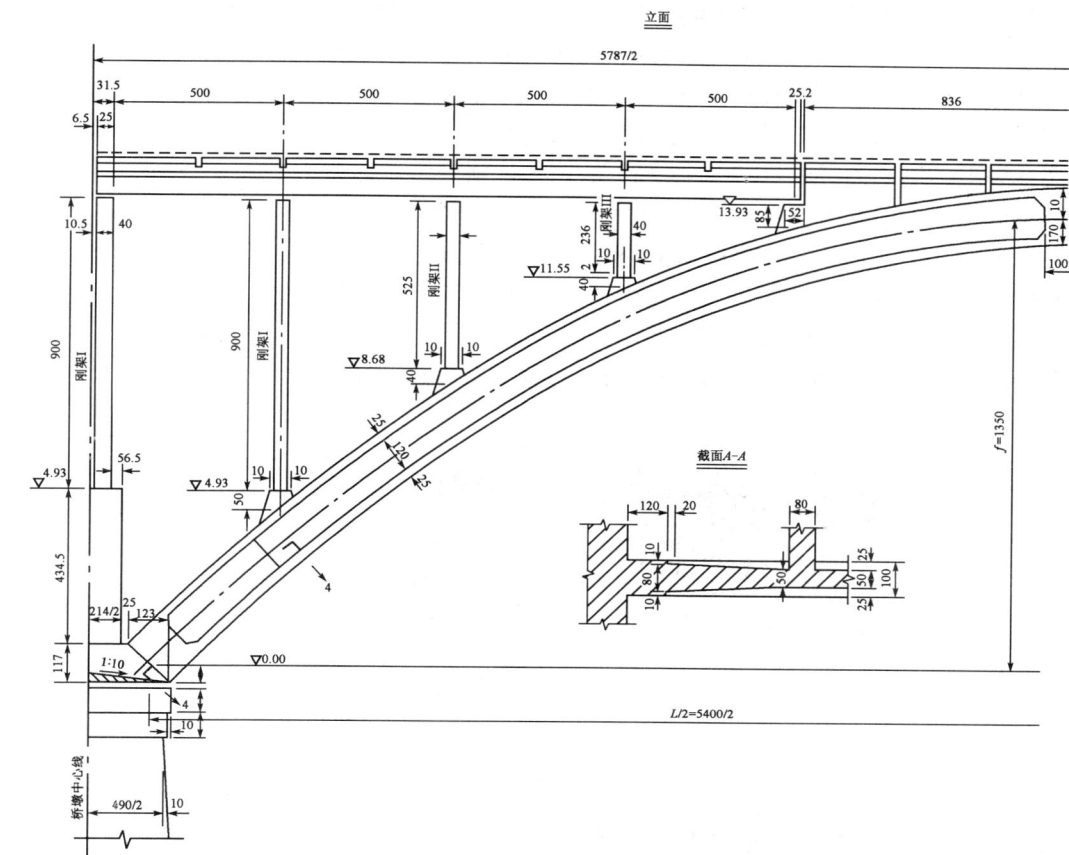

a)

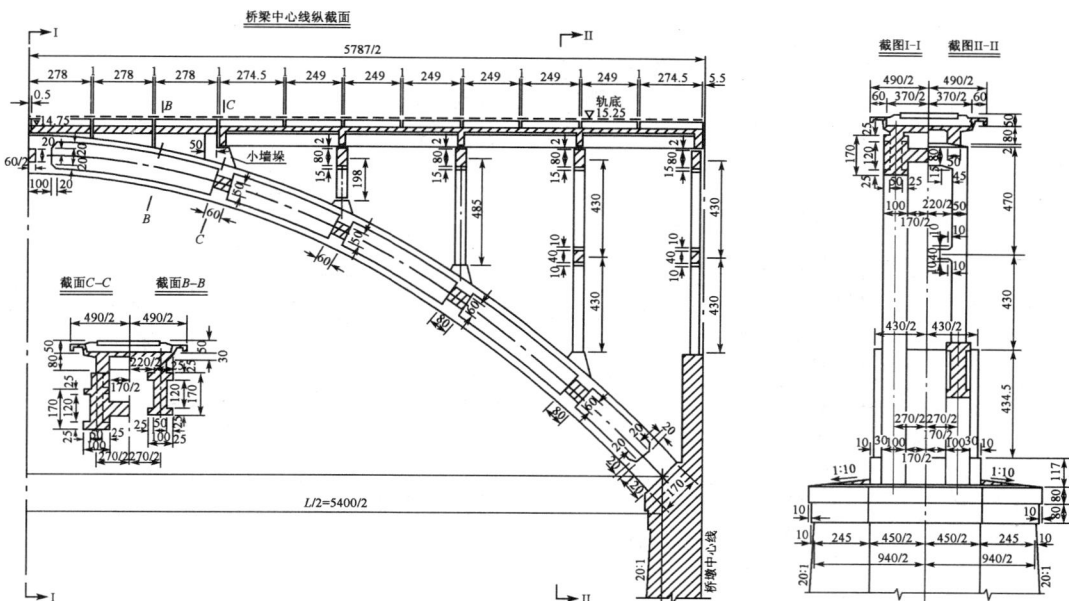

b)

图 6-32　54m 上承式拱桥概貌(尺寸单位:cm)

拱上结构的节间长度为5.0m。桥面系纵梁高0.8m,用支承垫板和锚栓铰支于横向刚架的顶上,是四跨的连续梁。在拱顶附近,改用横向支于拱背矮墙上的板式桥面,板厚0.3m。拱顶部分桥面与拱肋整体相连。纵向矮墙与拱顶同时浇筑,但用横断缝分为数段,使不与拱顶同时受力,以免压坏或拉坏。就整个拱上结构而言,在整个跨度上桥面系共有7条横断缝。作用在梁上的制动力,通过设在小墙垛上的锚栓传到拱肋上去。

桥面宽4.9m,其中道砟槽3.7m,两侧悬臂人行道各宽0.6m。

拱上刚架的立柱尺寸一律用0.4m×0.5m。刚架顶部横梁的截面尺寸为0.4m×0.4m,以免立柱的横向自由长度过大。为了减少端部刚架的高度以简化施工,特将它布置在墩台上,并使其高度与相邻的刚架取齐。靠近拱顶的刚架(Ⅲ号)较矮,其底部也做成铰支。拱肋背上的小柱座,柱底四周都留有0.1m的余地,以便安装立柱的模板。

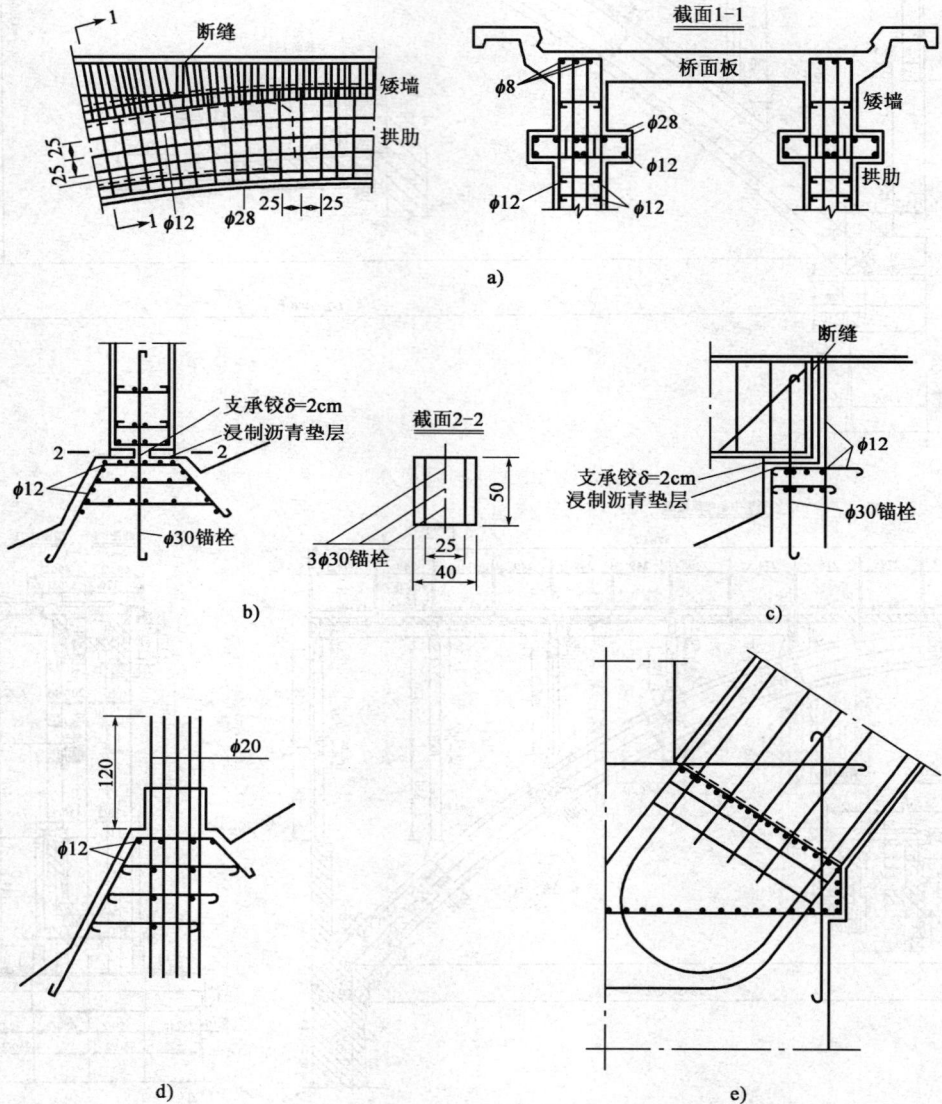

图6-33 拱桥各部分连接构造细节

a)拱顶附近拱上结构与拱肋的连接;b)立柱与拱肋的铰接;c)桥面梁与拱肋的铰接;d)立柱与拱肋的刚接;e)拱肋与墩台的连接

拱肋的主要纵向钢筋为 $\phi28$，集中在拱肋的上下翼缘内，其数量随截面的内力变化而不同，在拱顶处上下各有 16 根 $\phi28$ 钢筋，而在拱脚处上下各有 40 根 $\phi28$ 钢筋。钢筋的接头一律搭接（0.5m），在中断处用半圆钩锚固。在拱肋中设有 $\phi12$ 纵向辅肋钢筋和 $\phi12$ 封闭式箍筋，间距均为 0.25m。此外还有 $\phi8$ 联系钢筋。

图 6-33 为拱桥各部分连接的构造细节。图 6-33a）为拱顶附近拱肋与拱上结构的连接，带悬臂的桥面板支于纵向矮墙上。矮墙中的纵筋在断缝处也是断开的。立柱与拱肋的铰接构造，如图 6-33b）所示，在连接处混凝土截面做成缩颈，仅在中心线处设单排锚栓（$3\phi30$），在缩颈两侧填塞浸制沥青的垫层。图 6-33c）表示桥面梁与拱肋的铰接。底部不设铰的立柱与拱肋连接构造如图 6-33d）所示，由拱肋柱座上伸出钢筋与立柱的纵向钢筋互相搭接，搭接长度 1.2m。

无铰拱的主要纵向钢筋应根据计算可靠地锚固于墩台内，如图 6-33e）所示。《铁路桥涵设计基本规范》（TB 10002.1—2005）规定，不论计算结果如何，其锚固长度不应小于下列规定：对于矩形截面的拱圈或拱肋，为拱脚截面高度的 1.5 倍；对于工形或箱形，则为拱脚截面高度的一半。在桥墩（台）顶部的拱座部分应设钢筋网加强。

图 6-34 为上下均设铰的矮刚架 III 的钢筋细节。横梁的主筋（$N1\sim N3$）一律用 $\phi20$，$N1$ 和 $N2$ 都深深地锚固在立柱范围内。立柱的主筋为 16 根 $\phi20$，每隔 20cm 用封闭式钢箍箍住。铰的构造是在刚架的顶部和底部沿桥的横向设置一排 3 根 $\phi30$ 的锚栓，并用纵向较窄的支承垫板与纵梁和横梁隔开。对于底部不设铰的较高刚架 I 及 II，顶部横梁和立柱的钢筋布置也基本上和图 6-34 一样，不过柱底不设锚栓，立柱主筋与由柱座伸出的钢筋（如图 6-34 中的 $N13$ 或 $N14$）互相搭接（长 1.2m），以形成整体连接。

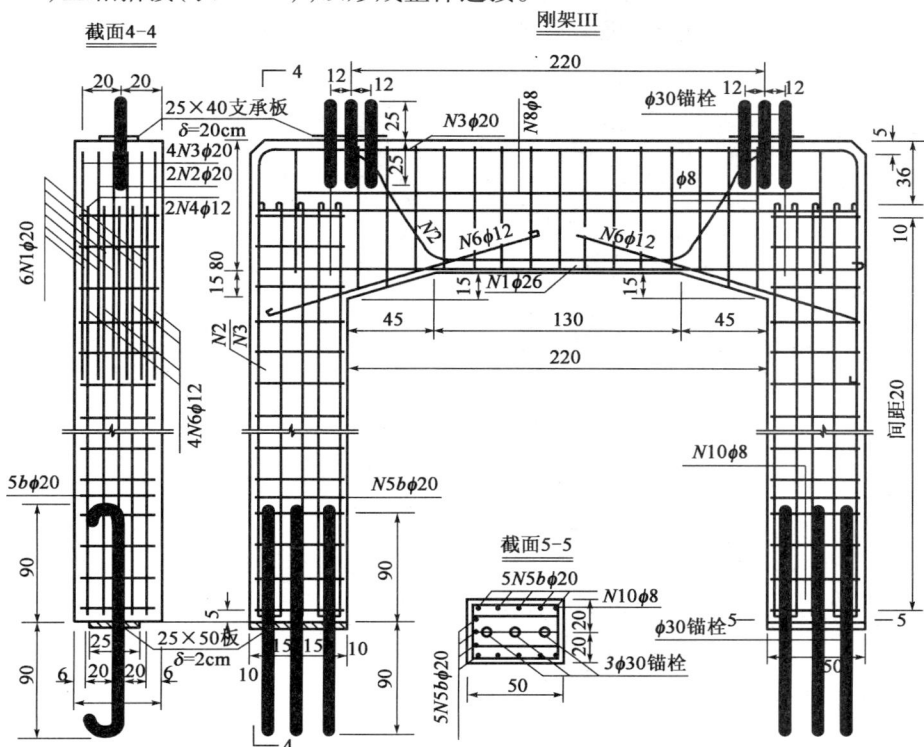

图 6-34 拱上刚架钢筋布置（尺寸单位：cm）

整个桥跨结构,以及桥墩(台)顶帽和顶帽以下1m高度范围内墩(台)身,均采用C35混凝土。除桥面采用A5钢筋外,其他一律用A3钢筋。桥跨结构每孔需用混凝土271.3m³,钢筋62.4t。

思考题

1. 按主拱圈与行车体系之间相互作用的性质和影响程度,拱桥是如何分类的? 按主拱圈截面形式是如何分类的?

2. 试述双曲拱桥的组成、特点、基本施工程序和使用情况。

3. 试述双曲拱桥拱肋接头的形式和各自的适用情况。

4. 双曲拱桥应在什么部位设横向联系构件? 此构件有哪几种类型?

5. 箱形拱桥有何特点? 通常适用于什么情况?

6. 什么情况下采用空腹式拱上建筑? 什么情况下采用实腹式拱上建筑? 各由哪几部分组成?

7. 腹孔墩有哪几种类型? 各自由哪几部分组成? 适用于什么情况?

8. 拱上填料起什么作用? 拱上填料的厚薄对主拱圈和基础有什么影响?

9. 拱桥在什么地方设伸缩缝? 什么地方设变形缝? 说出变形缝和伸缩缝的做法。

10. 拱桥的桥面雨水和渗入到拱腹内的雨水如何排除? 防水层有哪几种做法? 防水层铺设在什么位置? 排水管安设在什么位置?

11. 拱桥中有哪几种情况需设铰? 铰的类型有哪几种? 各用于什么情况?

第七章 斜 拉 桥

【学习目标】

1. 了解国内外斜拉桥的发展概况。
2. 掌握斜拉桥的孔跨布置。
3. 掌握斜拉桥的组成及各组成部分的构造。

第一节 概 述

一 国内外斜拉桥的发展概况

斜拉桥又称斜张桥,是一种用斜拉索(或斜拉杆)悬吊桥面的桥梁。最早的这类桥梁,其承重索是用藤萝或竹材编制而成。它们可以说是现代斜拉桥的雏形。斜拉桥作为一种拉索体系,比梁式桥的跨越能力更大,是大跨度桥梁的最主要桥型之一。现代斜拉桥的历史虽短,但是利用斜向缆索、铁链或铁杆,从塔柱或桅杆悬吊梁体的工程构思以及实际应用可追溯到17世纪,但是,由于当时科学技术、工业发展水平、对结构的认识、力学分析及施工工艺的限制,所建结构物的刚度和强度都很差,因此在破坏时,找不到真正的原因,而不得不停止了斜拉桥的发展,斜拉桥的发展历史经历了从实践到理论,又从理论到实践的多次反复的过程。

直到1938年,德国工程师迪辛格尔(F. Dischinger)在研究一座750m的双线铁路悬索桥时,发现在高应力状态下增用高强钢索作为斜缆,可以显著提高桥梁的刚度。1955年,他设计并建成的瑞典斯特姆斯(Stromsund)钢斜拉桥在现代斜拉桥历史上写下了第一页,从此开始了现代斜拉桥的发展历史。改革开放以来,我国修建斜拉桥的势头一直呈上升趋势,并取得了巨大成就。

第一座现代预应力混凝土斜拉桥是意大利人摩兰第(Morandi)设计,于1962年建成的委内瑞拉马拉开波湖(Maracaibo)大桥。这种体系被称为"摩兰第体系"(现在一般称疏索体系),属第一代斜拉桥,此后的一段时期大多采用这种体系。其优点是结构形式简洁、受力明确、分析容易及斜拉索集中易养护,缺点是由于索距太大,主梁必须很高,导致主梁很重,配筋较多。

20世纪60年代,结构分析发生了重大变革,采用电子计算机分析高次超静定结构效率极高,从而导致密索体系的产生和发展。密索体系的优点是减轻了主梁自重;简化了斜拉索的锚固装置,有利于悬臂施工;增强了抗风稳定性,从而进一步提高了斜拉桥的跨越能力,于是便从疏索体系转向密索体系,使斜拉桥发展到第二代。

我国第一座公路斜拉桥是1975年在四川省云阳县建成的云阳桥,其跨径为76m。第一座铁路斜拉桥是1980年建成的广西红水河铁路斜拉桥,其跨径为96m。已建成的钢筋混凝土双塔双索面斜拉桥有:钢箱梁斜拉桥,如苏通大桥,主跨1088m;南京二桥的南汊桥,主跨

628m。钢与混凝土的混合式斜拉桥,如汕头宕石大桥,主跨518m;武汉长江第三大桥,主跨618m。钢与混凝土的结合梁斜拉桥,如青州闽江桥,主跨605m;杨浦大桥,主跨602m。预应力混凝土斜拉桥,如湖北荆沙长江大桥,主跨500m。其后,又先后修建了上海泖港大桥、济南黄河大桥、重庆石门大桥、上海南浦大桥与杨浦大桥、重庆长江二桥及武汉长江二桥等。标志着全国范围内建造大跨度斜拉桥出现了新高潮,南京长江二桥、武汉白沙洲长江大桥、福建青州闽江大桥跨度分别为628m、618m和605m。这些大桥的建成标志着我国斜拉桥已达到世界先进水平。

预应力混凝土斜拉桥在短短的时期内取得迅速的发展,其主要原因是:

(1)电子计算技术及有限元结构分析的发展,为计算高次超静定结构奠定了基础。

(2)试验技术的提高加深了对大跨径结构受力性能的理解。

(3)高强度钢丝的出现,为提高斜拉索的疲劳、增强结构的刚度等提供了有利条件。

(4)预应力技术的进步保证了斜拉索的良好锚固性能。

(5)高吨位新型橡胶支座的研制成功,解决了大吨位支座制造的困难。

斜拉桥已经进入一个新的发展阶段,今后其发展趋势大致是这样的:

(1)桥面系统:混凝土桥面为主要形式,兼有叠合梁桥面及钢桥面形式;采用悬浮式或半悬浮式主梁。

(2)主塔:混凝土主塔,采用Y形或钻石形,且塔身为空心断面,从而使其造型简洁。

(3)斜拉索:发展钢绞线索及大吨位张拉体系,提高斜拉索的阻尼降低其振动。

(4)结构分析:由线性的、静力的、不计初始内力的平面分析发展到非线性的、动力的、考虑初始内力的空间的结构分析。

二 斜拉桥的特点

斜拉桥是在索塔上用若干斜向拉索支承主梁以跨越较大河谷等障碍的。斜拉桥是由主梁、塔柱和斜拉索三部分组成的一种组合体系结构。拉索的作用相当于在主梁跨内设置了若干弹性支承,索将梁的自重和活载传递给主塔,使主梁跨径显著减小,从而大大减小了梁内弯矩、梁体尺寸和梁体自重,使桥梁的跨越能力显著增大。由于斜拉索的水平分力,使主梁承受着巨大的轴向压力,与悬索桥相比,斜拉桥不需要笨重的锚固装置,抗风性能优于悬索桥。通过调整拉索的预拉力可以调整主梁的内力,以使主梁的内力分布更加均匀合理。混凝土斜拉桥的主梁是由钢筋混凝土或预应力混凝土材料建成,拉索的水平分力可对混凝土主梁产生轴向预压作用,这增强了主梁的抗裂性能,并节省了高强钢材。斜拉桥利用主梁、拉索、索塔三者的不同组合,形成不同的结构体系,以适应不同的地形和地质条件。

从其力学特性分析,与传统的梁式桥比较,若要梁式桥用于大跨结构,主梁必须具有很大的刚性,则主梁势必非常高大。而斜拉桥除斜拉索的水平分力所产生的轴向力影响外,大体上具有弹性支承连续梁的性能;和悬索桥相比具有明显的不同之处,斜拉桥主梁上的荷载通常是由锚固点直接传给斜拉索的,而悬索桥则是通过吊杆沿大缆施加的。此外悬索桥的大缆通常锚固在桥两端桥台和桥台后的锚锭上,主梁不受轴向力。因此预应力混凝土斜拉桥更能充分发挥材料的性能。除此之外,在悬索桥中受有竖向荷载时,大缆要发生大的位移才能达到平衡状态,而斜拉桥中,因斜拉索被张拉成直线形状,不发生大的位移,故斜拉桥整体刚度要比悬索桥大的多。

斜拉桥充分利用斜拉索的刚性,巧妙地将索与梁结合起来。因此,斜拉桥这一桥式属于梁式桥与悬索桥之间的大跨度桥梁,它可有效的用于 100~600m 之间的跨度。

根据以上特点,预应力混凝土斜拉桥具有下列显著的优越性:

(1)跨越能力大——斜拉桥利用斜拉索作为主梁的弹性支承点,可以大大降低主梁的弯矩,改善主梁的受力状态,提高梁的跨越能力。而且,主梁高度很小,不随桥梁跨径的增大而增高。其高跨比可达 1/180,具有很大的跨越能力。

斜拉索的水平分力对主梁产生强大的轴向压力,显然采用预应力混凝土主梁,不仅能充分发挥材料的力学性能,还能增加主梁的强度和抗裂性、节约高强钢材的用量,所以预应力混凝土斜拉桥在技术、经济上具有很大的优越性。

(2)具有良好的结构刚度和抗风稳定性——与悬索桥相比其刚度要大的多。悬索桥由于主梁通过吊杆与大缆柔性连接,因此它对风及振动非常敏感,而斜拉桥通过拉紧的斜拉索直接与主塔相连,使主梁具有较大的抗弯和抗扭刚度,可以有效的防止主梁发生竖向和扭转振动,另外,斜拉索的长度不同,自振频率也各不相同。使结构的阻尼增大,有效地防止主梁产生大振幅共振。许多风洞试验和动力试验表明,在空气动力稳定性及其他动力持性上,斜拉桥远比悬索桥优越,而预应力混凝土斜拉桥又显著地比钢斜拉桥优越。

(3)依靠斜拉索的应力调整,能设计的很经济——斜拉桥是一组合体系结构。如何分配各部分承担的荷载是一个重要问题,也决定是否经济的重要因素。利用斜拉索应力调整可以消除恒载弯矩的大半,使计入活载后的弯矩在全跨内趋于均匀,这种调整促进了其向大跨度的发展及应用。

(4)结构轻巧,适应性强——利用主梁、塔柱、斜拉索三者的组合变化。可构成各具特色的斜拉桥,广泛适应于山谷、平原、河流、海峡等不同的地质、地形条件。由于主梁高度决定于索力矩而不决定于跨度,因此调整索距和应力,可以使主梁高度很纤细,使整个结构轻盈、匀称,而外型线条简洁又富于变换。

(5)利用斜拉索,发挥无支架施工的优越性——斜拉桥可以利用永久斜拉索作为临时拉索,使悬臂施工更加容易,提高了建桥速度。

第二节　斜拉桥的孔跨布置

一 双塔三跨式

这是一种最常见的斜拉桥孔跨布置方式。由于它的主跨跨径较大,一般可适用于跨越较大的河流。如图 7-1 所示,主跨跨径 L_2 与边跨跨径 L_1 之间的比例关系根据统计资料为:

钢斜拉桥:$L_1 = (0.40 \sim 0.45)L_2$;

其他斜拉桥:$L_1 = (0.33 \sim 0.50)L_2$;

一般接近于 $L_1 = 0.4L_2$。

国内统计资料显示:上海杨浦大桥(钢):$L_2 = 602m$,$L_1 = 243m$,$L_1 = 0.40L_2$;武汉长江二桥(混凝土):$L_2 = 400m$,$L_1 = 180m$,$L_1 = 0.45L_2$;山东东营黄河大桥(钢):$L_2 = 288m$,$L_1 = 136.5m$,$L_1 = 0.47L_2$;广西红水河铁路桥(混凝土):$L_2 = 96m$,$L_1 = 48m$,$L_1 = 0.5L_2$。

在双塔三跨桥式中,当主跨有活载时边跨梁端点的端锚索产生正轴力(拉力),而当边跨有活载时端锚索又产生负轴力(拉力松减),由此引起较大应力幅而产生疲劳问题。解决的办法之一是使边跨伸出一悬臂端(端支点内移),由此对端支点产生预压,减小端支点上抬倾向,以减小端锚索的应力幅。如图 7-2 所示的武汉长江二桥就是这样做的。

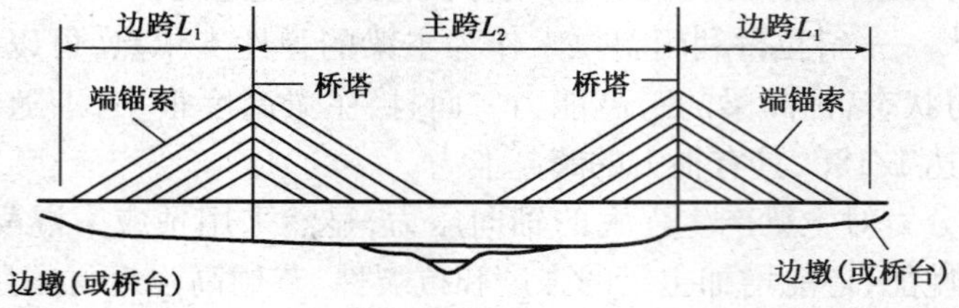

图 7-1　双塔三跨斜拉桥

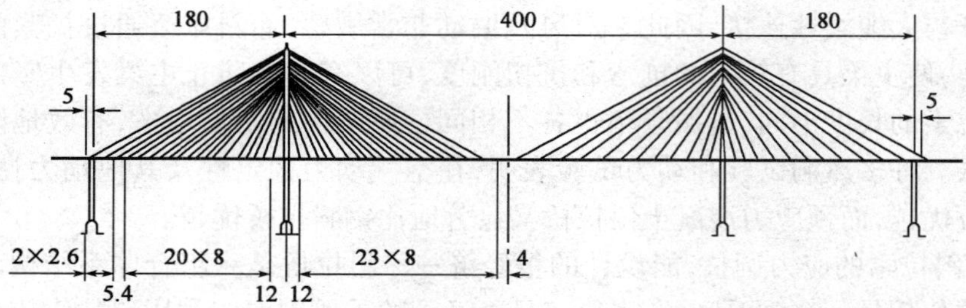

图 7-2　武汉长江二桥桥跨布置图(尺寸单位:m)

二　独塔双跨式

这也是一种常见的斜拉桥孔跨布置方式,如图 7-3 所示。由于它的主孔跨径一般比双塔三跨式的主孔跨径小,适用于跨越中小河流和城市通道。独塔双跨式斜拉桥的主跨跨径 L_2 与边跨跨径 L_1 之间的比例关系一般为 $L_1 = (0.50 \sim 0.80) L_2$,但多数接近于 $L_1 = 0.66 L_2$。

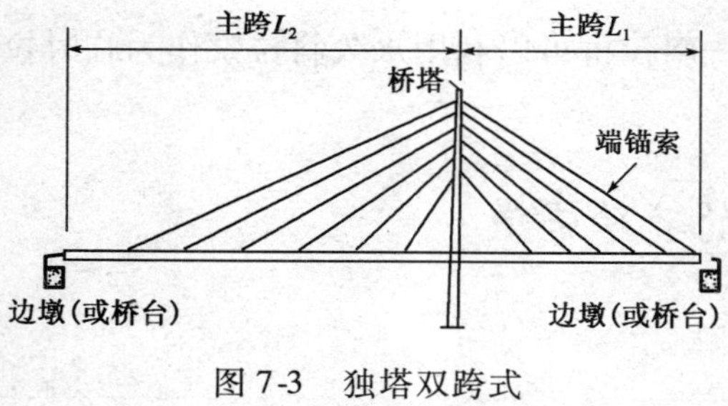

图 7-3　独塔双跨式

国内资料统计为:

重庆石门桥(混凝土): $L_2 = 230$m, $L_1 = 200$m, $L_1 = 0.87 L_2$;广东南海西樵桥(混凝土): $L_2 = 125$m, $L_1 = 110$m, $L_1 = 0.88 L_2$;武汉汉水月湖桥(混凝土): $L_2 = 232$m, $L_1 = 138$m, $L_1 = 0.59 L_2$。

以上举例为国内独塔双跨式斜拉桥,其边跨一般均偏大,有的是适应当地河流通航要求;有的则在边跨布置了辅助墩,以提高边跨刚度,如广东南海西樵桥(图 7-4)。

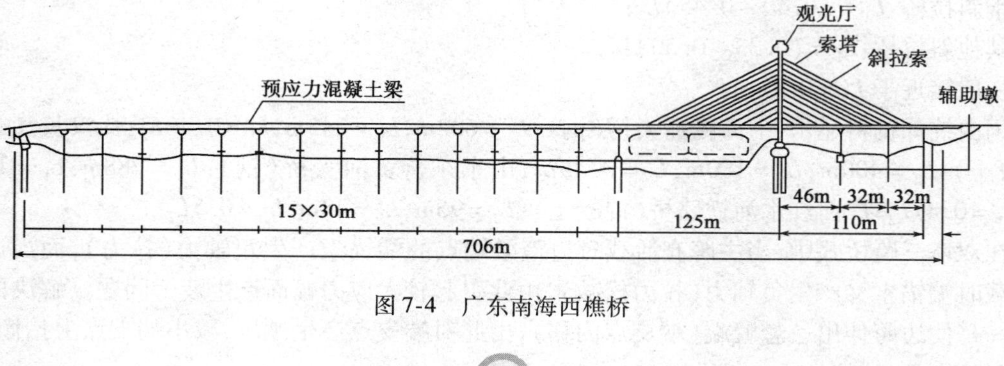

图 7-4　广东南海西樵桥

斜拉桥与悬索桥一样,很少采用三塔四跨式或多塔多跨式。一个极简单的原因是,多塔多跨式中的中间塔顶没有端锚索来有效地限制它的变位(图7-5)。因此,柔性结构的斜拉桥或悬索桥采用多塔多跨式将使结构柔性进一步增大,但随之而来的是变形过大。

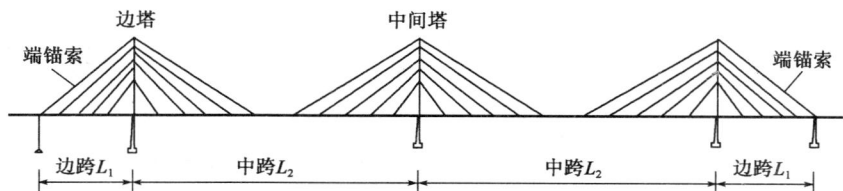

图7-5 三塔四跨式斜拉桥

在必须采用多塔多跨式斜拉桥时,可将中间做成刚性索塔,或用拉索对中间塔顶加劲,如图7-6和7-7所示。

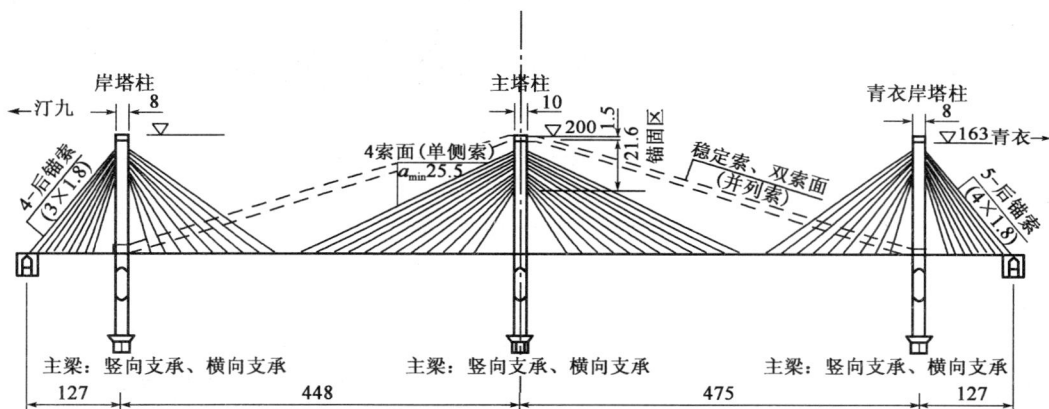

图7-6 香港汀九大桥(尺寸单位:m)

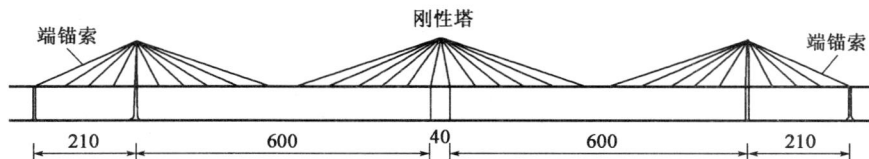

图7-7 丹麦大贝尔特桥(尺寸单位:m)

第三节　斜拉桥的组成

斜拉桥是由主梁、塔柱和斜拉索三部分组成的一种组合体系结构。利用由塔柱伸出的斜拉索为钢筋混凝土主梁的弹性支承,以代替中间支墩,借以降低主梁的截面弯矩,减轻自重,显著的增大了跨越能力。同时,斜拉索拉力的水平分力对主梁起着轴向预应力作用,可以增强主梁的抗裂性能,减少了主梁高强钢材的用量。

（一）梁体布置

1.连续体系

在斜拉桥的全长范围内,梁体布置成连续的形式(图7-8)。在某些场合下,由于结构受力的需要,还可将梁体连续延伸至斜拉桥以外部分,即斜拉桥的梁体还与其边跨或主跨以外部分的引桥跨或其他跨的梁体相连(图7-9)。

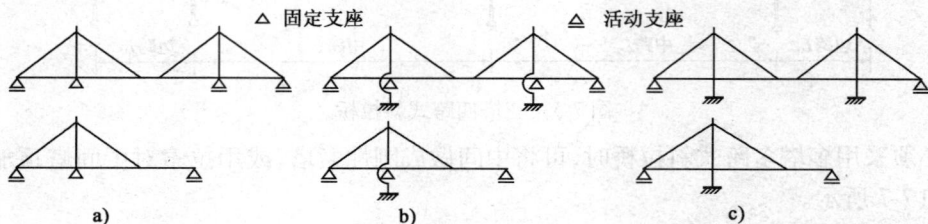

图7-8　连续的梁体

a)塔梁固结、梁墩分离;b)塔墩固结、塔梁分离;c)塔、墩、梁固结

图7-9　梁体连续的延伸

2.非连续体系

一是在斜拉桥主跨中央部分插入一小跨悬挂结构,如四川三台涪江桥(图7-10)。二是以"剪力铰"代替悬挂结构(图7-11),这种剪力铰的功能是只传轴力、剪力,不传弯矩;或只传弯矩、剪力,不传轴力。前者如图7-12所示,后者如图7-13所示。

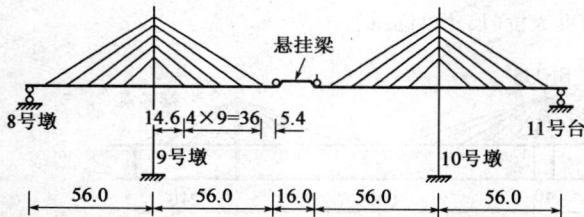

图7-10　四川三台涪江桥(尺寸单位:m)

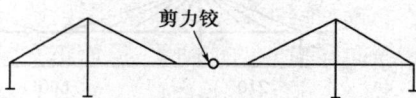

图7-11　设置剪力铰

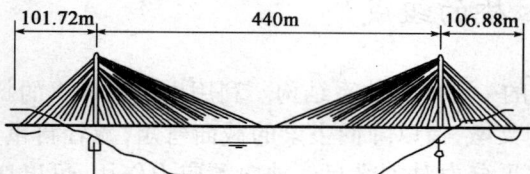

图7-12　西班牙卢纳桥

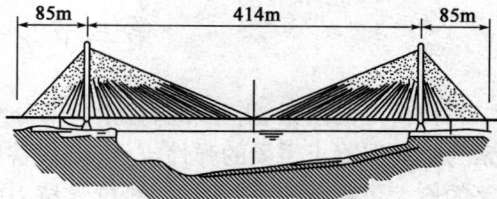

图7-13　湖北郧阳汉江桥

3.主梁的中边跨比

主梁的中、边跨跨径比反映斜拉桥结构体系的变形特性和锚索的抗疲劳性能。

三跨钢斜拉桥的中边跨跨径比,较多的位于2.0～3.5之间,较集中在2.5处;三跨混凝土斜拉桥的相应数值则为1.5～3.0,较集中于2.2处。一般而言,当中、边跨径的比值大于2.0时,将能控制锚索的应力幅度在一定的范围内,并可提高结构体系的总体刚度。在许多斜拉桥中,虽然中、边跨径的比值较小,但边跨中往往会采用设置辅助墩或将主梁与引桥连接形成组合体系,以提高结构刚度,适应桥梁的受力要求。两跨钢斜拉桥的比值为1.0～2.0,一般为1.5;两跨混凝土斜拉桥的比值为1.0～1.7,一般为1.2。

4.主梁的跨高比、跨宽比、宽高比

主梁的跨高比、跨宽比、宽高比分别为主梁的主跨跨径与主梁的截面高度、宽度比以及主梁宽度与其高度之比,主梁的高度、宽度、截面形式,决定主梁的刚度和抗风性能。

对两跨或三跨密索体系斜拉桥,主梁的跨高比一般均在100～150之间,较多的为100左右。

除桁架梁外,无论是钢或混凝土的三跨或两跨斜拉桥,梁高取值一般介于1.5～4.0m之间,单索面的梁高大于双索面。跨高比随跨径增大而相应加大,三跨体系的跨高比变化范围大于两跨体系,三跨钢斜拉桥的跨高比值较集中于40～130之间,两跨的相应值小于100;对混凝土斜拉桥,三跨体系的跨高比则较多在25～150之间,两跨体系的数值小于80的偏多,混凝土斜拉桥的主梁高度大于钢斜拉桥。

一般认为,对双索面斜拉桥,如果跨宽比小于30、宽高比大于10,就不会因风力而破坏;宽高比小于10时,应加设风嘴;跨宽比大于30,要用A形桥塔,布置两个斜索面,以加强抗扭性能;或采用流线型截面;如跨宽比超过40,则须从结构布设等方面进行研究,比如采用空间缆索体系等。

(二)主梁截面

1.钢梁

(1)工字型钢主梁

如图7-14所示,一般采用两根工字型钢主梁的"双主梁"布置。钢主梁之间有钢横梁。钢桥面板与钢主梁及钢横梁相连接。钢桥面板底面焊有纵向和横向的加劲肋,形成正交异性钢桥面系。

斜索下端一般直接锚固在钢主梁上,其锚固细节如图7-15所示。

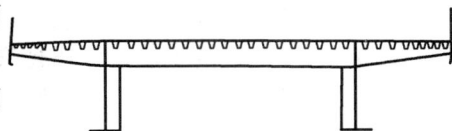

图7-14 工字型钢主梁

工字型钢主梁斜拉桥上的斜索,尽量避免在外伸的托架上锚固。这样以弯矩和剪力形式将索力传递给钢主梁,对于构件单薄的钢结构来说,细节构造也难于处理。

(2)钢箱梁截面主梁

钢箱梁截面,可以采用相当于工字形双主梁的布置方式,只是将工字型钢梁换成钢箱梁,如图7-16的日本大黑大桥(主跨165.38m)和图7-17的山东东营黄河大桥(主跨288m)所示。

在现代斜拉桥中,钢主梁更多地采用整体构造的流线型扁平钢箱梁,图7-18为日本名港西大桥(主跨405m)的两侧带有风嘴的六边形三室钢箱梁截面;图7-19为福建闽江大桥(主跨605m)的两侧带有风嘴的扁平多室钢箱梁。

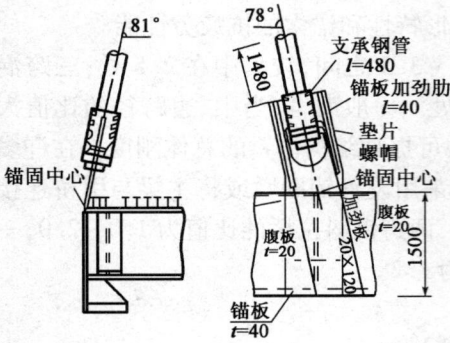

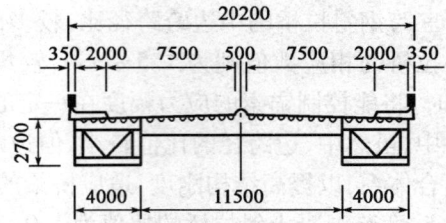

图7-15 香港汀九桥工字梁的锚固细节(尺寸单位:mm)   图7-16 日本大黑大桥的梁体截面(尺寸单位:mm)

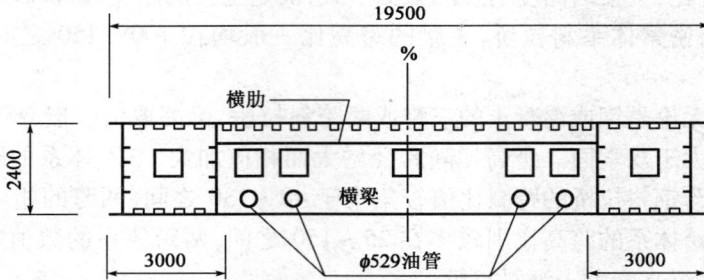

图7-17 山东东营黄河大桥的梁体截面(尺寸单位:mm)

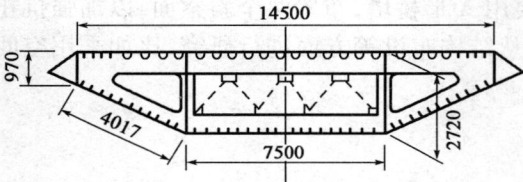

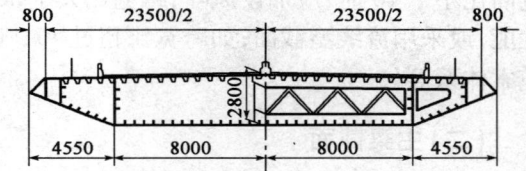

图7-18 日本名港西大桥的梁体截面(尺寸单位:mm)   图7-19 福建闽江大桥的梁体截面(尺寸单位:mm)

（3）钢桁梁

斜拉桥采用钢桁梁,主要是由于布置双层桥面的需要。典型的钢桁梁截面为主跨420m的日本本州四国连络桥儿岛至坂出线上的岩黑岛与柜石岛桥公铁(轻载铁道)两用双层桥面的主梁截面(图7-20)。两桥的上层桥面通行汽车,下层桥面通行轻载铁道列车(每线3.8t/m,远低于我国的铁路桥活载每线8t/m)。桁架高13.9m,跨高比为30。图7-21a)为主跨460m的日本横滨湾大桥的钢桁架梁截面,上下两层桥面均布置6个公路车道,此桥与一般钢桁梁的不同点是:用一个整体的带钢桥面板与风嘴的扁平钢板梁来替代传统的分离式弦杆,这样可以充分发挥组合式桥梁全截面的受力功能。斜索锚固点及一切附加物等均置于此上弦钢箱中。桁高12m,跨高比为38。图7-21b)为主跨220m的日本六甲大桥的钢桁梁截面,上下两层桥面均为公路车道。桁高7.95m,跨高比为27.7。

（4）单索面斜拉桥中的钢梁截面

由于单索面斜拉桥的斜索对桥梁抗扭不起作用,因此一般都采用抗扭刚度较大的整体构造的箱梁(不是分离式的由横梁连接的两个边箱梁截面),图7-22a)为德国波恩北桥(主跨280m)图7-22b)为泰国湄南河桥(主跨450m)。

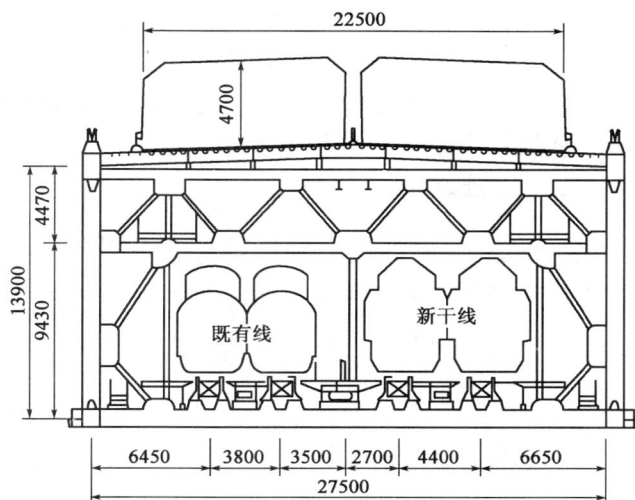

图 7-20   日本岩黑岛桥钢桁梁截面(尺寸单位:mm)

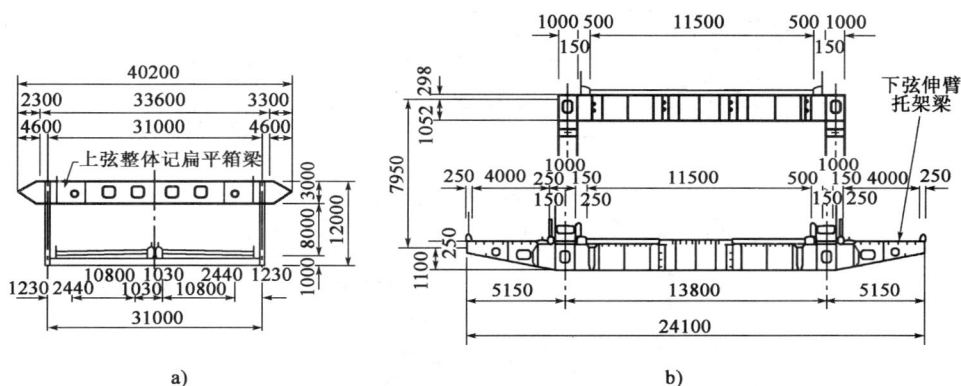

图 7-21   日本两座斜拉桥的钢桁梁截面(尺寸单位:mm)

a)日本横滨湾大桥钢桁架梁截面;b)日本六甲大桥钢桁梁截面

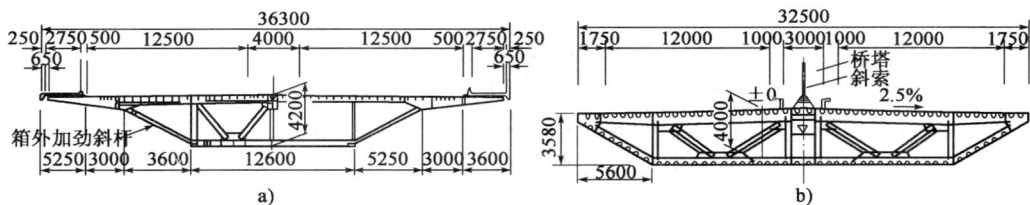

图 7-22   两座单索面桥钢梁截面(尺寸单位:mm)

a)波恩北桥(双室 + 斜撑杆);b)湄南河桥

2.混凝土梁

(1)实体边主梁和板式梁

实体边主梁是混凝土斜拉桥中比较简单的一种截面形式。图 7-23 为 3 座采用实体边主梁截面的混凝土斜拉桥实例。

图 7-23a)为瑞典焦恩桥,两主梁间用混凝土横梁和桥面板连接,斜索的锚固点设于桥面两侧人行道外,要设计专用的锚固块;图 7-23b)为美国东亨丁顿(East Huntington)桥,两主梁间用刚横梁和混凝土桥面板连接,刚横梁和混凝土桥面板之间设抗剪连接件,以结合梁形式

的横向构件参与工作;图7-23c)为重庆长江二桥,其形式与图7-23a)基本相同,只是斜索面设在主梁的中线处。

实体板式梁的出现,是近年(20世纪80年代以后)来斜拉桥主梁的跨高比一再增大,主梁高度相对减小的结果。所谓板式边主梁,是指主梁位于两边,且梁高相对于桥宽来说很小,但两主梁间仍有横梁和桥面板相连,如图7-24所示。

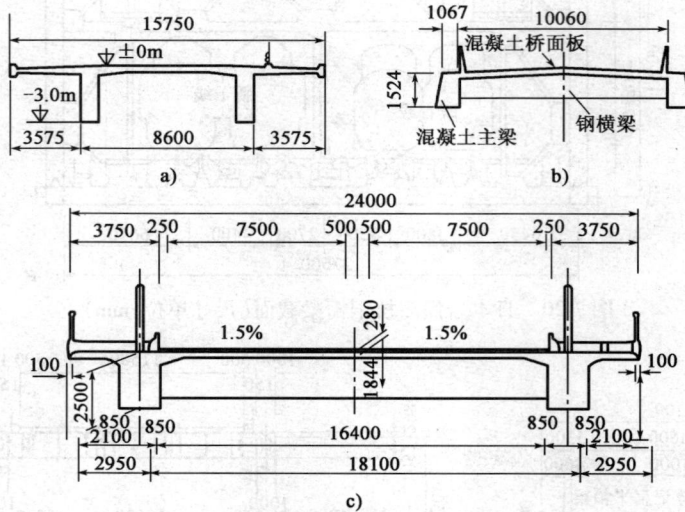

图7-23 实体边梁截面(尺寸单位:mm)

a)瑞典焦恩桥;b)美国东亨丁顿桥;c)重庆长江二桥

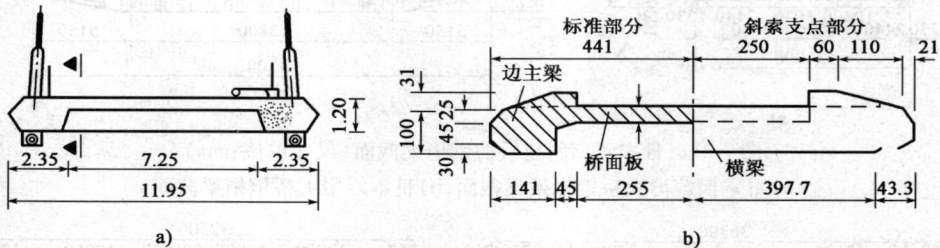

图7-24 实体板式梁截面(尺寸单位:mm)

a)挪威赫尔格兰特桥;b)日本大芝桥

实体边主梁和板式梁的截面形式,具有在结构上有效和施工简便的优点。特别是当斜索在实体的边主梁中锚固时,锚固构造非常简单,而且在索面内具有一定的抗弯强度,在锚固点处可以避免产生大的横向力流。

截面空气阻力小,在空气动力性能方面是合理与有效的,特别当桥面宽度增大到整个截面近似于一块平板时。

(2)箱形截面

混凝土斜拉桥主梁采用箱形截面,在现代斜拉桥中是经常采用的截面形式。这是因为它的抗弯和抗扭刚度大,能适应稀索、密索、单索面或双索面等不同斜索布置;其组合截面,也可以方便地形成封闭式的单箱形式或分离式的双箱形式,以适应不同桥宽的需要;截面的组合构造,也可以部分预制、部分现场浇筑[加法国勃鲁东(Brotonne)桥],为桥梁施工方案提供更多选择单索面布置的箱形截面,首创于法国勃鲁东桥(主跨320m,索距6m,1977年);而10年后建成的美国日照高架(SunshineSkyway)桥(主跨365.2m,索距7.3m,1987年),均为同一工程设计公司(Fiss&Mü11erEng. Jnc)的著名作品。如图 7-25 所示的这两座姐妹桥,已成为世界混凝土斜拉桥的标准截面形式之一。

在双索面混凝土斜拉桥中,箱形截面的主梁常以分离式的两个箱体各自锚固于斜索,两箱之间则以横梁和桥面板连接。双箱梁的典型截面为倒梯形,如图 7-26a)所示的济南黄河桥(主跨 220m,索距 8m,1982 年)和 b)所示的武汉长江二桥(主跨 400m,索距 8m,1996 年竣工)。

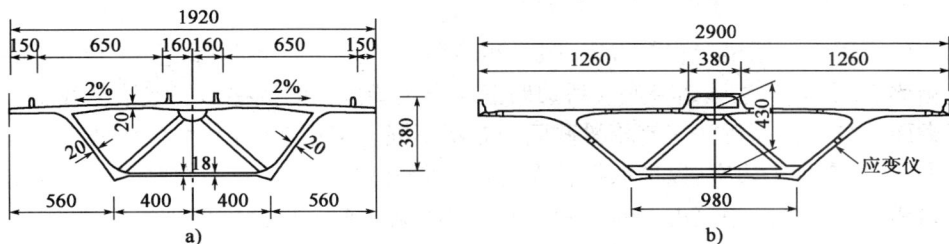

图 7-25　混凝土单室箱梁截面(单索面桥)(尺寸单位:cm)
a)勃鲁东桥;b)日照高架桥

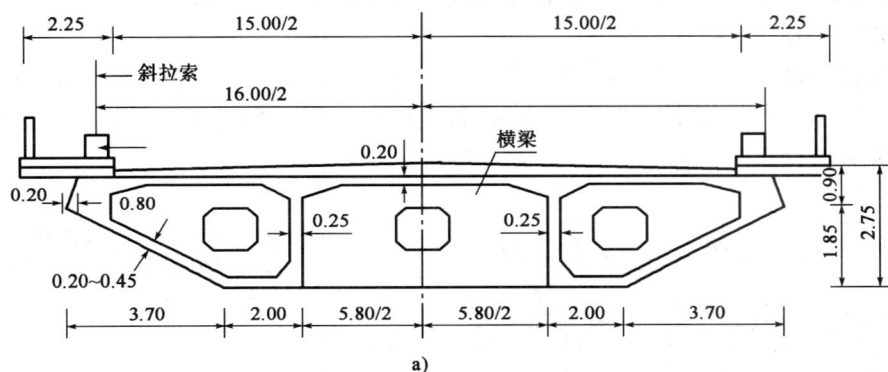

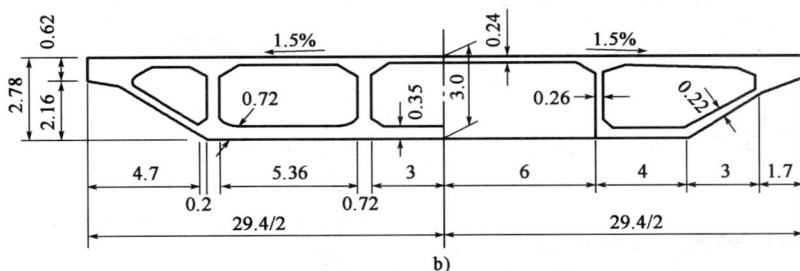

图 7-26　混凝土双箱梁截面(尺寸单位:m)
a)济南黄河桥;b)武汉长江二桥

在混凝土双箱梁截面的发展演化过程中,美国 P-K 桥(Pasco-Kennewick,主跨 299m,索距 9.3m,1978 年)首次采用三角形双箱梁如图 7-27 所示。

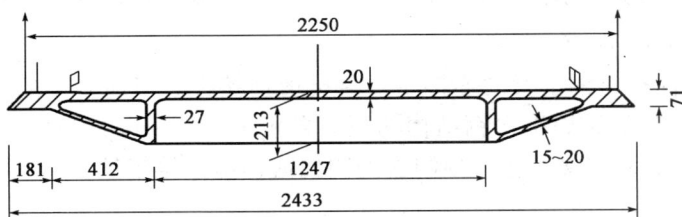

图 7-27　美国 P-K 桥主梁截面(尺寸单位:cm)

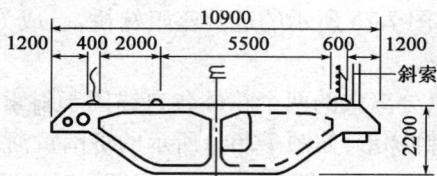

图 7-28　日本呼子大桥单箱梁截面(尺寸单位:mm)

对于桥面宽度较小的双索面混凝土斜拉桥,也有采用单箱梁截面的,如日本呼子大桥(主跨 250m,索距 7m,1989 年)的双室单箱梁截面(图 7-28)。

在双箱梁的两个分离式箱体之间用底板将其封闭,即成为三室的单箱梁截面。双索面混凝土斜拉桥采用三室箱梁的实例很多,图 7-29a)所示为辽宁长兴岛桥(主跨 176m)的斜底板式三室箱梁截面;b)为法国诺曼底大桥边跨混凝土主梁部分的倒梯形三室箱梁截面。

双索面桥与单索面桥的三室箱梁截面应有所不同。采用双索面时,应将两个中间竖腹板尽量拉大,使中室大于边室,以期取得较大的横向惯矩;而对于单索面,则应将其尽量靠拢,以便将斜索锚固于较窄的中室内,如图 7-30 所示桥面宽达 41m 的德国弗来埃桥边跨。

3. 结合梁

结合梁斜拉桥是指钢主梁的上翼缘与设置其上的混凝土桥面板之间用剪力键结合共同受力的梁体结构。

结合梁一般只适用于双索面斜拉桥。结合梁斜拉桥在 20 世纪 80 年代后才得到发展,其代表作首推加拿大的安那西斯(Annacis)桥(主跨 465m,1987 年)。其结合梁主梁截面如图 7-31 所示。

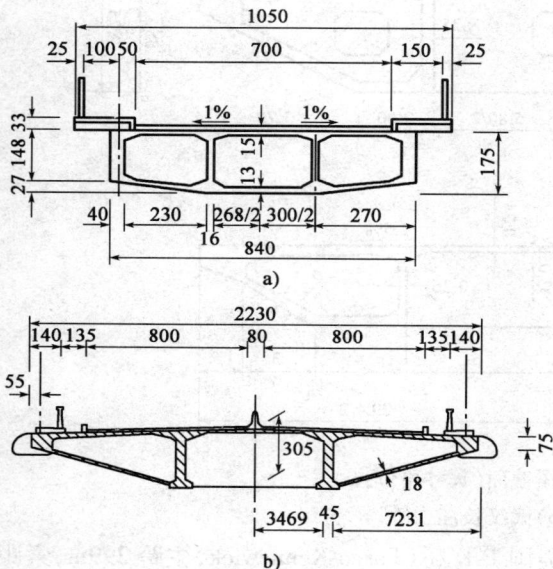

图 7-30　弗来埃桥的边跨(尺寸单位:m)

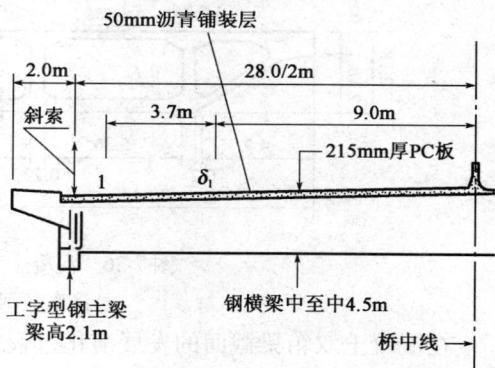

图 7-29　混凝土三室单箱梁截面(尺寸单位:cm)
a)辽宁长兴岛桥;b)诺曼底大桥

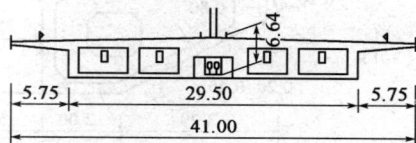

图 7-31　加拿大安那西斯桥主梁截面主梁半截面

预制混凝土桥面板与钢主梁的连接主要靠抗剪连接件。当前采用的一般是带头的"栓钉"(stud)。抗剪栓钉事先焊接在钢结构的顶面翼板上。这种以钉身底端垂直于面板的焊接,需用专门焊接工具和焊接工艺。预制板的四周或伸出连接钢筋,或在有抗剪栓钉的位置处开孔。

这种抗剪连接的细节已被证明在现场连接缝浇筑混凝土将取得较好的质量。它有较好的通路可以进行检查、浇灌、振捣和使混凝土流动，以确保填满所有空隙，这对长期可靠的抗剪连接是非常重要的。香港汀九桥（主跨 475m,1997 年）结合梁细节就是这样做的,如图 7-32 所示。

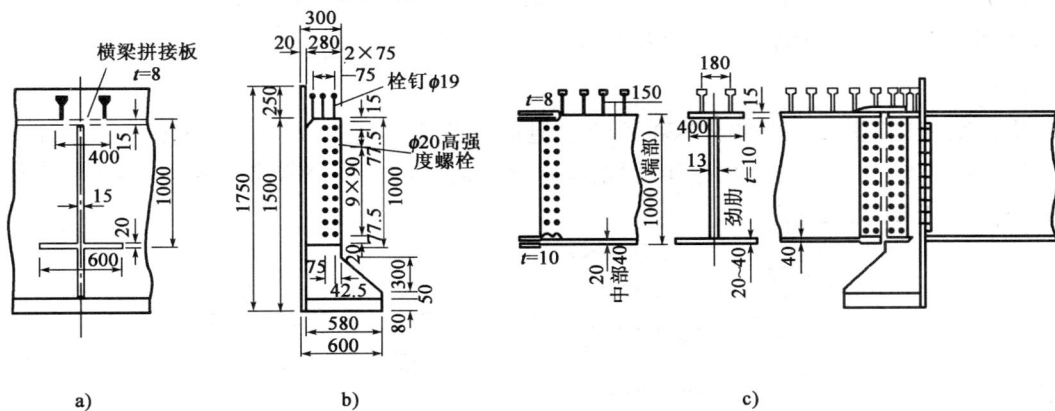

图 7-32　香港汀九桥结合梁细节(尺寸单位:mm)

a)主梁立面;b)主梁横截面(普通横梁处);c)普通横梁

　　结合梁的抗剪连接,要在桥梁的悬臂架设施工中承受很大的荷载。此时,由于剪滞影响限制了连接缝附近的混凝土桥面板的有效宽度,而这个工作截面必须承受下一个梁体节段架设时产生的很大的局部弯矩。由此可见,简单而可靠的剪切连接并能很快取得强度,是影响桥梁架设速度的关键。

　　将抗剪栓钉熔焊在钢梁上接合处会产生焊接疲劳问题,对此需通过疲劳试验,予以慎重处理。

　　另一个影响抗剪连接强度的因素是,连接处的轴向力会随时间变化而在钢梁与混凝土板之间进行内力重分配。特别是在架设过程中当混凝土板尚未达到全部强度前就开始承受轴力,其结果是由于徐变的关系会使混凝土桥面板中的部分轴力转加给钢梁,对此应详加验算。这会影响钢与混凝土两种物体中的恒载轴力和桥梁的最终线形。

二 索塔

(一) 索塔布置

1. 塔架的形式

单索面斜拉桥和双索面斜拉桥索塔塔架的横向布置形式如图 7-33 所示。

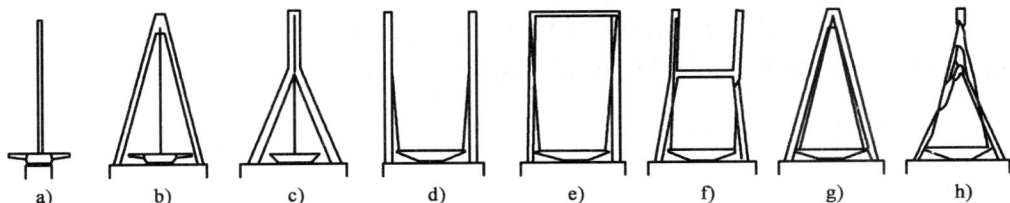

图 7-33　索塔的横向形式

图 7-33 中,单索面的 a)为单柱形,b)为 A 形,c)为倒 Y 形;双索面的 d)为双柱形;e)为门形,f)为 H 形,g)为 A 形,h)为倒 Y 形。

双柱形及门形塔架的面内刚度最小,但构造简单,施工方便,适用于中小跨径的斜拉桥,早期的索塔都仿此悬索桥塔架采用门式的。对较大跨径的斜拉桥,从改善扭振的角度出发,一般倾向采用 A 形的或倒 Y 形的索塔。

2.塔的高跨比

塔的高跨比范围,一般如图 7-34 所示。但索塔的适宜高度 H 要由经济比较来决定。因为,塔的 H 值越大,斜索的倾角越佳,斜索垂直分力对主梁的支承效果也越大,但塔与索的材料数量则要增加,反之亦然。

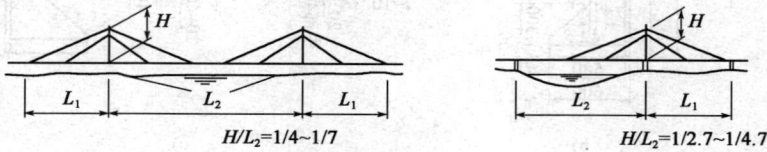

$$H/L_2=1/4\sim1/7 \qquad H/L_2=1/2.7\sim1/4.7$$

图 7-34   塔的高跨比

斜拉桥的柔细感与直线感虽基本上来自于梁体与斜索。但索塔的形状对全桥的景观也至关重要,它在美学上几乎起决定性的作用。因此,必须非常慎重地选择索塔的形状,精心确定优美的尺寸比例。具体的做法可借助于制作模型来进行比较,然后决定取舍并进行局部优化。

(二)索塔构件组成

组成索塔的主要构件是塔柱,另外还有塔柱之间的横梁或其他连接构件(图 7-35)。

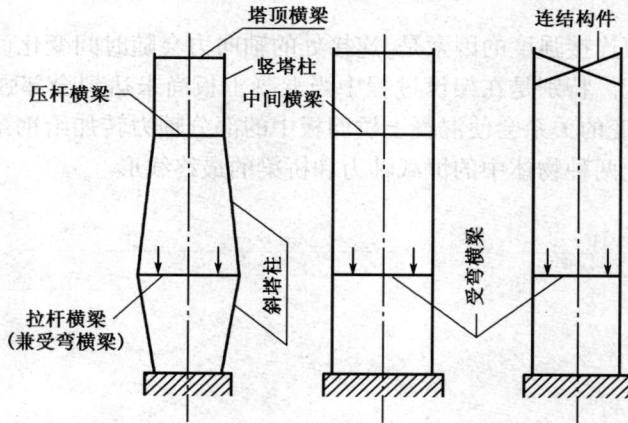

图 7-35   索塔的构件

塔柱之间的横梁一般可分为承重横梁与非承重横梁。前者为设置主梁支座的受弯横梁,以及塔柱转折处的压杆横梁或拉杆横梁;后者为塔顶横梁和塔柱无转折的中间横梁。

(三)索塔的类型

1.钢塔

近年来,除了日本因钢材生产较多与考虑地震之外,世界各国大部分的斜拉桥多采用混凝土塔。这是因为混凝土塔造价较低;混凝土塔可以更方便地塑造出与全桥景观协调的外形,另外,混凝土塔几乎不需要维修。

索塔采用钢结构的实例以日本最多,如图7-36所示。钢塔柱的构造尺寸由塔柱的总高度(从基础承台顶面主塔顶)H决定。在双柱索塔中,塔柱的横向最小尺寸D与塔高H的比例关系,一般为$H/D = 35 \sim 45$;如为单柱索塔,则塔柱H/D为20左右。

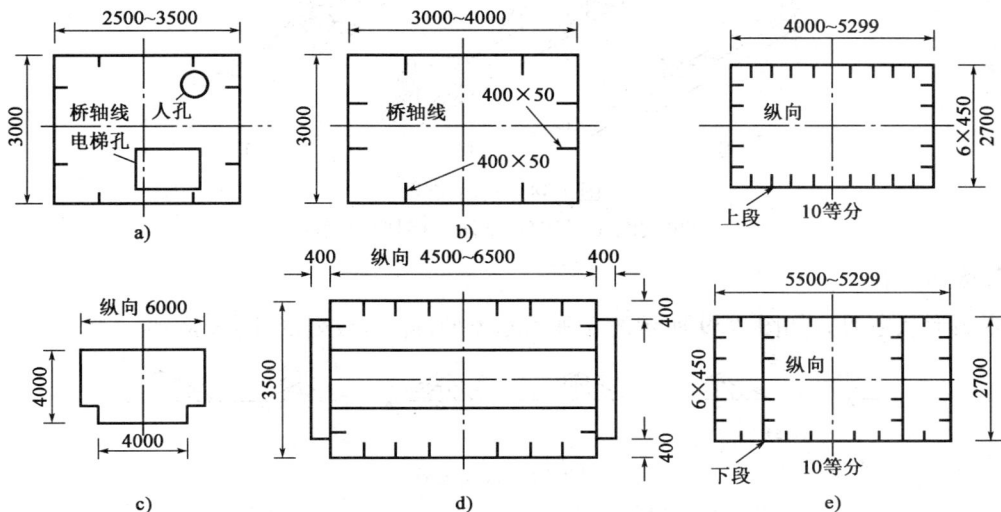

图7-36　日本钢塔塔柱截面(尺寸单位:mm)

a)母子塔S形曲线斜拉桥母塔塔柱;b)大和川桥;c)岩黑岛桥;d)东神户桥;e)名港西大桥

2.混凝土塔

斜拉桥的混凝土索塔可分为实体塔柱与空心塔柱两类,但不论何类其截面基本上都采用矩形,并且一般是长边L为顺桥向,短边B为横桥向,如图7-37所示。

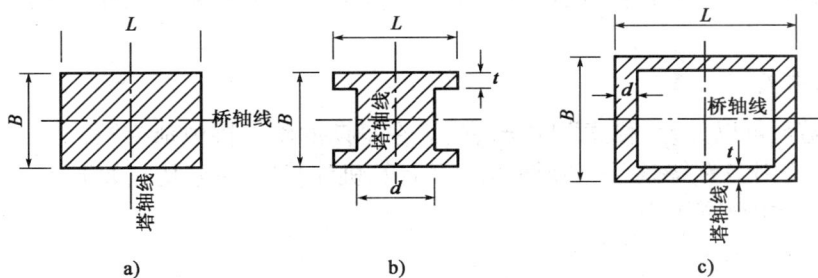

图7-37　混凝土塔柱截面

三　斜拉索

(一)斜拉索布置

1.索面布置

索面位置一般有图7-38所示的3种类型,即a)单索面,b)竖向双索面和c)斜向双索面。

从力学角度来看,采用单索面时,拉索对抗扭不起作用。因此,主梁应采用抗扭刚度较大的截面。采用双索面时,作用于桥梁上的扭矩可由拉索的轴力来抵抗,主梁可采用较小抗扭刚度的截面。至于斜向双索面,它对桥面梁体抵抗风力扭振特别有利(斜向双索面限制了主梁的横向摆动)。

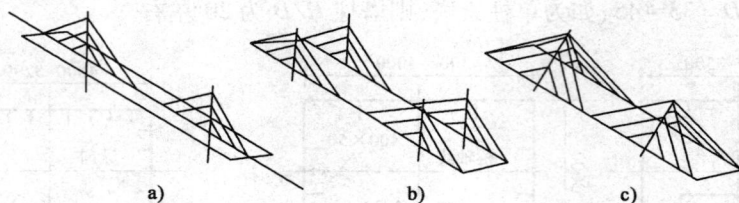

图 7-38　索面布置
a)单索面;b)竖向双索面;c)斜向双索面

2. 索面形状

索面形状主要有如图 7-39 所示的 3 种基本类型,即 a)放射形,b)扇形和 c)竖琴形。

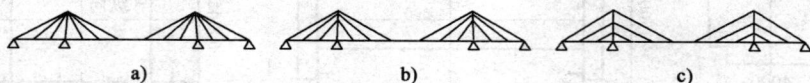

图 7-39　索面形状
a)放射形(标准扇形);b)扇形(半扇形);c)竖琴形(平行形)

根据力学观点,以放射形较优。原因是:①斜索与水平面的平均交角较大,斜索垂直分力对梁的支承效果较大,而对主梁产生的轴力较小。②因斜索的水平分力在塔顶基本平衡,塔的弯矩较小,但放射形的斜索集中汇交于塔顶,塔顶构造细节较为复杂;反之,竖琴形由于所有斜索的倾角相同,锚固点结构可以单一化,塔上锚固点的间距大,对索塔的受力有利;扇形布置则介于两者之间,它的斜索垂直分力(主梁的支承力)小于放射形但大于竖琴形,而水平分力(主梁轴向压力)大于放射形小于竖琴形。塔上锚固点的间距也同样介于放射形和竖琴形之间。

3. 索距的布置

索距的布置,可以分为"稀索"与"密索"。在早期的斜拉桥中都为"稀索"(超静定次数少),现代斜拉桥则多为"密索"(必须利用电子计算机计算)。密索优点如下:

(1)索距小,主梁弯矩小。

(2)索力较小,锚因点构造简单。

(3)锚固点附近应力流变化小,补强范围小。

(4)便于伸臂架设。

(5)易于换索。

(二)斜拉索的构造

在近代大跨度斜拉桥中,斜索的构造基本上分为整体安装的斜索和分散安装的斜索两大类。前者的代表为平行钢丝索和冷铸锚,后者的代表为平行钢绞线索和夹片锚。

1. 平行钢丝索和冷铸锚

平行钢丝索的截面组成和冷铸锚如图 7-40 所示。

平行钢丝索和冷铸锚的斜索，整体在工厂制造。平行钢丝索由 $\phi 5mm$ 或 $\phi 7mm$ 高强度镀锌钢丝(抗拉强度 $\sigma_b = 1600MPa$ 左右)组成，一般排列成六角形，表层由玻璃丝布包扎定型后用热挤高密度 PE(HDPE)塑造成正圆形截面。这种斜索具有厚镀锌层(锌层 $300g/m$)和厚 PE 层(厚度 $6mm$)的双重防腐保护。

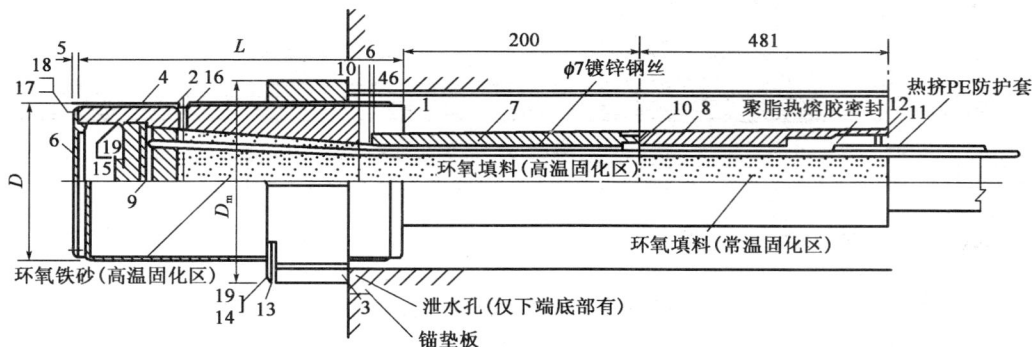

图 7-40　平行钢丝索和冷铸锚

然后将钢丝束穿入冷铸锚中，钢丝尾端镦头后锚定在冷铸锚的后锚板上，再在锚体内分段常温浇灌环氧树脂加铁丸和环氧树脂加岩粉(辉绿岩)等混合填料，使锚体与钢丝束之间的刚度匀顺变化，避免在索和锚的交界处刚度突变，最后，将冷铸锚头放入加热炉中加热养生，加热温度约 150℃。由于是在常温下浇铸填料，不同于传统的锌基合金填料的浇铸温度，故相对而言称为"冷铸锚"。冷铸锚的锚固力，由锚筒的圆锥体内腔和筒内填料的横向挤压力承受，在正常情况下镦头不受力，只是作为安全储备。

平行钢丝索和冷铸锚，以其性能可靠(承载能力、疲劳强度和防腐措施)从 20 世纪 70 年代在欧洲和日本始用起至今已被广泛使用，但由于其要求整体制造、整体运输和整体安装，在某些特定环境下受到限制。

由于运输需求，钢索必须盘绕在圆筒上，为避免索的钢丝产生过高的弯曲应力和外包 PE 套被撕裂，一般规定圆筒直径不小于索径的 25 倍。因此，在跨度大因而索也大的斜拉桥中，粗而长的斜索其索径可达 200mm 以上，索长 200m 以上。如以索径 200mm 计，则圆筒直径超过 4m，绕索后的圆筒将更粗，这将给陆路运输(火车或汽车)造成困难，而在桥位处无水运条件(例如山区或内陆水库)时则更难解决。因此，在现代大跨度斜拉桥中提出斜索分散制作、现场安装成索的要求，这就是平行钢绞线索和夹片锚的斜索。

为方便平行钢丝索在圆筒上的盘绕，在工厂制造中常将索扭转一个 2°~4°的小角(增加柔性)，此小扭角不影响索的特性(弹性模量和疲劳性能)。我国的武汉长江二桥(主跨 400m，最长索 215m。最大索径 121mm，1996 年)即采用此种平行钢丝索和冷铸锚具。

2. 平行钢绞线索和夹片锚

平行钢绞线索截面组成和夹片锚如图 7-41 所示。将平行钢丝索中的钢丝换成等截面的钢绞线即成为平行钢绞线索。

钢索线在索中是平行排列的，有别于早期曾出现过的将多根钢绞线扭绞而成的螺旋形钢绞线索，故称为平行钢绞线索。

此种 $\phi 15mm$ 钢绞线为后张法体内预应力无黏结力钢绞线(抗拉强度 $\sigma_b = 1860MPa$)，系将镀锌钢绞线表面涂油(或蜡)后外套两层 PE 管。钢绞线成盘运至现场，在现场截取需要长度后除去两端部分长度的套管,逐根安装、张拉,两端裸线由夹片锚固定。

采用夹片锚的原因,是在现场施工中难以将 $\phi15mm$ 的钢绞线镦头(镦头机体积太大)和保证其质量。

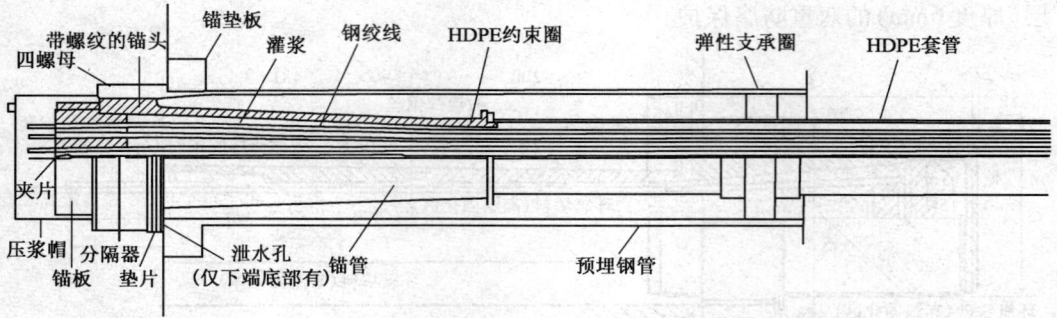

图 7-41　平行钢绞线索和夹片锚

在钢绞线的逐根张拉中,须使最终斜索中的各根钢绞线拉力相等。此施拉工艺称为"等值张拉法"(iso-tension),最先由法国弗雷西奈公司提出。此法系在一群钢绞线中选定一"参照线",对该"参照线"拉力在张拉过程中进行同步精密标定,每张拉一根钢绞线,即按照此"参照线"的标定值确定该线的张拉值。待全部钢绞线张拉完毕后,各根钢绞线的拉力与"参照线"的相同,然后再用大能量小行程的张拉千斤顶将整索钢绞线同步张拉至预定索力。

对平行钢绞线索和夹片锚体系,需要注意的问题是:

(1)夹片锚的疲劳强度。

(2)夹片和锚孔之间的圆锥度配合要精确,否则咬合力将集中在夹片小端形成"切口效应",成为疲劳破坏之源。

(3)对夹片应设置防松脱装置,否则在较小索力(小于 $0.25\sigma_b$)下受振动荷载时,夹片因咬合力不足而松脱导致事故。

(4)钢绞线进入锚管内有两处转折,一在钢绞线散开的约束圈处;二在钢绞线进入锚孔处。在第二个转折处,亦为拉索的锚固点,存在着固端挠矩。由于轴向索应力和挠曲应力的叠加,该处产生最大的应力幅。为分散应力幅,需在锚管内加设一"支承圈",据实验,该"支承圈"可分散 80% 以上的应力幅。

当前,在斜拉索中使用的平行钢绞线索和夹片锚共有 4 种体系,即弗雷西奈体系(法国),迪维达克体系(德国),VSL 体系(瑞士)和强力(Stronghold)体系(英国)。我国汕头岢石大桥为境内首次采用迪维达克体系的平行钢绞线索和夹片锚(主跨 518m,最大索钢绞线数 43 根,1998 年在施工中)。

(三)斜拉索的锚固

1.斜索在主梁上的锚固

斜索在主梁上的锚固,可以分为"节拉"和"承托"两种形式。

在工字形主梁上,大多采用"吊拉"形式,在钢箱梁主梁上,多采用"承托"形式,如图 7-42 汕头岢石大桥实例所示。

在混凝土主梁上,都采用"承托"形式,如图 7-43 实例所示。

2. 斜索在索塔上的锚固

（1）斜索在实体塔柱上的交错锚固,如图 7-44 所示。

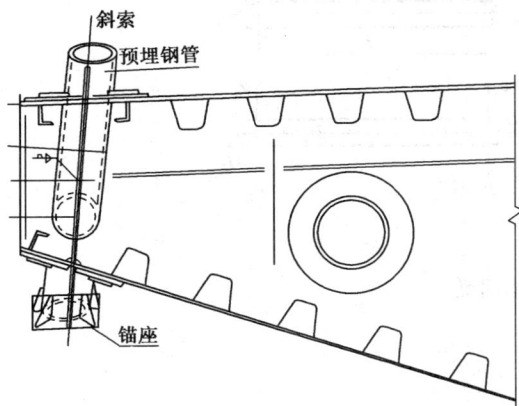

图 7-42　汕头礐石大桥斜索在梁上的锚固

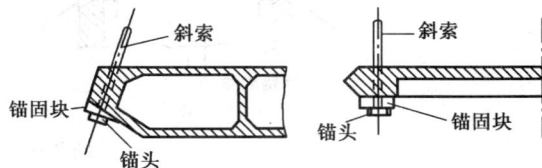

图 7-43　斜索在混凝土主梁上的锚固

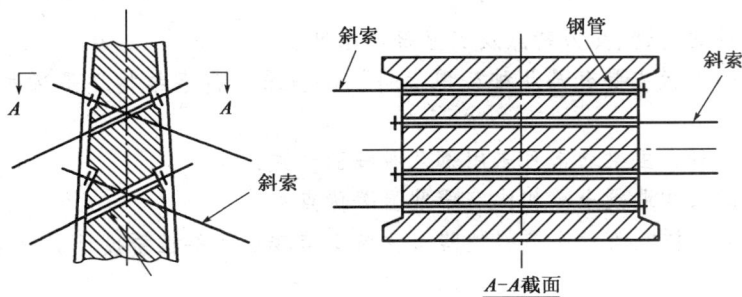

图 7-44　斜索在实体塔柱上的交错锚固

（2）斜索在空心塔柱上的非交错锚固,如图 7-45 所示。

（3）采用钢锚固梁锚固。如图 7-46a)所示,将钢锚固梁置于混凝土塔柱横壁内侧的牛腿凸块上,斜索通过埋设在横壁中的钢管锚固在钢锚固梁两端的锚块上。

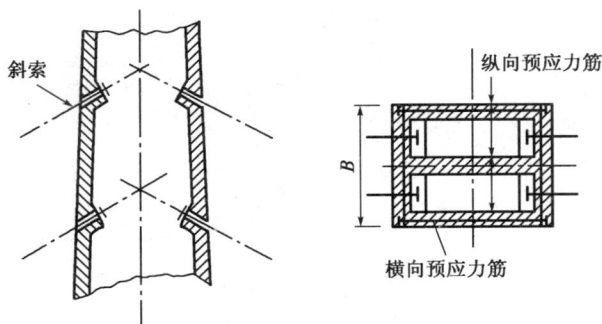

图 7-45　空心塔柱非交错锚固

当塔柱两侧的索力及斜索倾角相等时,水平分力由钢梁的轴向受拉及两端的偏心弯矩来平衡,与塔柱无关。垂直分力则由钢锚固梁通过牛腿凸块传给塔柱。

当塔柱两侧的索力或斜索倾角不等时,如图 7-46b)所示,水平分力的不平衡值 $\Delta H = H_1 - H_2$ 由挡块传给柱壁;垂直反力 R_1 及 R_2 通过牛腿凸块传给塔柱。

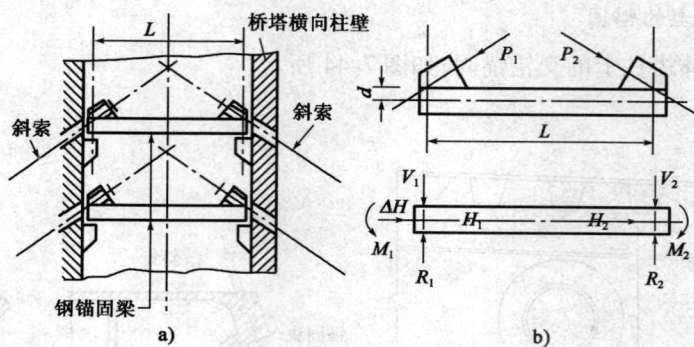

图 7-46 钢锚固梁

思考题

1. 试述斜拉桥的构造、受力特点及其显著优越性。

2. 斜索索面的形状主要有哪几种？现代斜拉桥多采用密索结构还是稀索结构？它有哪些优点？

3. 斜拉桥的混凝土主梁通常可采用哪几种截面形式？

4. 结合梁与钢梁和混凝土梁相比有哪些显著优点？

5. 什么是混合梁桥？为什么要将边跨与主跨比值较小的斜拉桥设计成混合梁桥？

第八章　桥梁墩台的构造与设计

【学习目标】
　1.掌握墩台的类型及其适用条件。
　2.掌握墩台的构造及其尺寸。
　3.掌握墩台的设计。

第一节　墩台的类型

　　桥墩、桥台及其基础组成了桥梁的下部结构。桥墩的作用主要是支承两侧的桥跨结构，并将桥跨结构传来的荷载及其自重一起传给基础。桥墩由墩身、顶帽及基础三部分组成，其构造如图8-1所示。桥台位于全桥的两端，后端与路基相衔接，起着支挡台后路基填土，并把桥跨结构与路基衔接起来的作用，它的前端支承桥跨结构，将上部结构传来的荷载及自重传给基础，并分布到地基中去。桥台由台顶、台身和基础三部分组成，其中台顶又包括顶帽及道砟槽，其构造如图8-2所示。此外桥台还有防水排水、检查台阶和锥体护坡等附属设备。

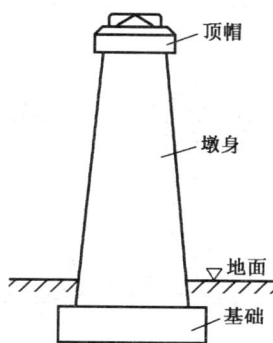

图8-1　桥墩示意图

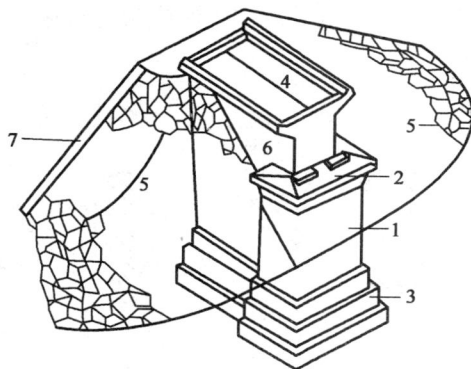

图8-2　桥台

1-台身；2-台帽；3-基础；4-道砟槽；5-锥体护坡；6-台顶；
7-检查台阶

一、桥墩类型

桥墩类型很多，大体上可分为重力式实体桥墩和轻型桥墩两大类。

(一)重力式实体桥墩

重力式桥墩的主要特点：其墩身是截面尺寸较大的实体，一般用混凝土、砌石等圬工材料建造。

其优点是坚固耐用,施工方便,养护工作量小,可以就地取材,同时对船筏、漂流物的撞击,磨损以及抵抗冰的压力等较为有利。其缺点是工程量大,自重大,使地基压力增加。墩身尺寸大,相应增加了基础的工程数量,在水中的桥墩阻水面积也大。

重力式桥墩按其墩身截面形式可分为矩形墩、圆形墩、圆端形墩和尖端形墩四种(图8-3)。

1. 矩形桥墩

此种桥墩的外形简单、施工方便,并且截面的力学性能较好,可以节省圬工,故广泛地用于无水或流量较小的谷架桥上。在水流影响小、不受流冰撞击、靠近岸边的桥墩以及建在基本岩层上并且桥孔无压缩、不通航河流上的桥墩也可采用这种形式。

2. 圆端形桥墩

这是水中桥墩使用最广泛的一种类型,适用于水流斜交角度小于15°的桥梁上。当桥跨结构跨度超过16m时,通常采用圆端形桥墩。此种桥墩的特点是具有较大的截面模量,并有利于减轻墩周的局部冲刷。

3. 圆形桥墩

此种桥墩适用于河流急弯,流向不固定,与水流斜交角度大于15°的桥梁上。由于圆形截面横向与纵向具有相同的截面几何特性,故用在曲线墩身上圬工较为浪费,而在直线高墩上,由于纵向水平力的影响较大,圆形截面显得有利。为了减少圬工体积,一般在桥墩顶部都设有托盘。圆形桥墩阻水面积较大,当流速较大时,桥墩下游产生的漩涡比较严重。

4. 尖端形桥墩

尖端形桥墩外形简单,因阻水作用所引起的河床局部冲刷较小。适用于水流与桥轴线斜交角小于5°和有流冰的情况。但因尖端部分施工较麻烦,目前使用较少。常见的几种桥墩如图8-4所示。

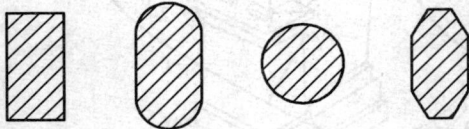

图8-3 实体墩的截面形式

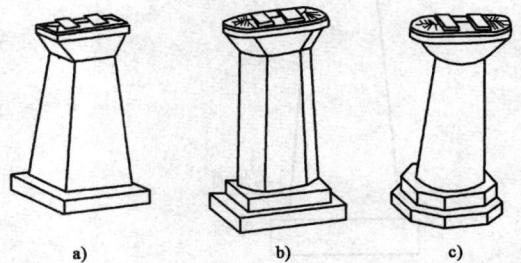

图8-4 几种常见的实体桥墩
a)矩形桥墩;b)圆端形桥墩;c)圆形桥墩

(二)轻型桥墩

轻型桥墩形式很多,而且都有各自的特点和使用条件,选用时必须根据桥位处的地形、地质、水文和施工条件综合确定。轻型桥墩主要有空心桥墩、柔性墩、桩柱式、双柱式、板凳式桥墩、排架式桥墩等。

1. 空心桥墩

空心式桥墩是实体墩向轻型化发展的一种较好的结构形式,尤其适用于高桥墩。空心式桥墩可以充分利用材料的强度,因此节省材料,减轻桥墩自重,进而也能减少基础工程量。一一般高度的空心墩比实心墩节省圬工 20% ~30% ,钢筋混凝土空心墩可节省圬工 50% 左右。空心墩可以采用钢滑动模板施工,使施工速度快,质量好,节省模板支架,特别对于高墩,更显出其优越性,空心墩的截面形式如图 8-5 所示。

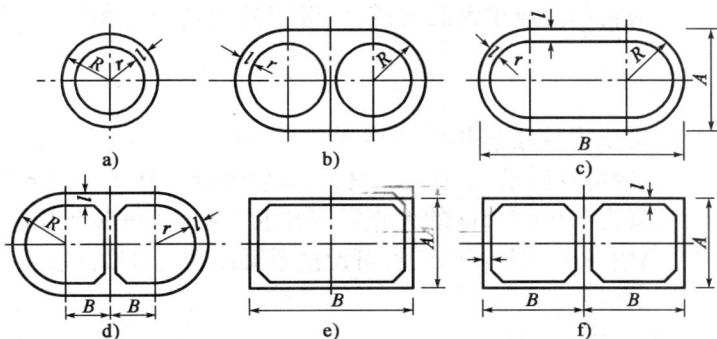

图 8-5　空心式桥墩的截面形式

2.柔性桥墩

柔性墩是桥墩轻型化的一种结构形式,一般墩顶受有较大的水平力,重型桥墩截面较大。因此减小墩顶水平力,是桥墩向轻型化发展的有效措施。柔性墩就是根据这个道理,把大部分桥墩的支座均改为固定支座,通过梁与刚性墩(台)串联后,形成一个共同受力体系,称为固定支座体系。也可用铰在梁的中性轴处把几孔梁串成一联,全联只设一个固定支座其余均为活动支座,称为活动支座体系。

图 8-6 为一柔性墩的桥式布置示意图。在两个刚性墩(或台)之间设置若干个柔性墩,在这些柔性墩上,只有一个活动支座(用来消除由温度变化等因素所引起梁长变化的影响),其余都是固定支座。两个活动支座之间的梁、墩(或台)构成一个"联",每"联"中柔性墩的个数一般不超过 6 个,每"联"是承受制动力作用的一个共同受力体系。图 8-6 中,AB、BC、CD 各为一联。

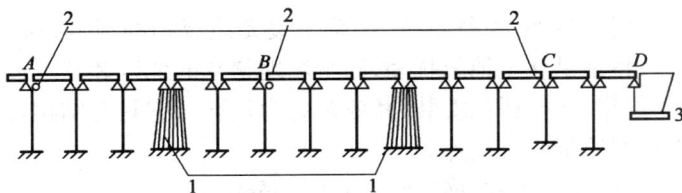

图 8-6　柔性墩的桥式布置
1-刚性墩;2-活动支座;3-刚性台

柔性墩本身稳定性较差,当一个人在墩顶晃动时,就可以使墩顶发生摆动,其振幅可达 7 ~8mm,但在架梁后,通过梁与刚性墩台串联在一起,就形成一个稳定坚固的结构。

3.桩(柱)式墩

（1）排架桩墩

桩式桥墩是将钻孔桩基础向上延伸作为桥墩的墩身,在桩顶浇筑盖梁。桩式墩在墩位的横向可以是一根、两根或数根桩。在一个墩台纵向设置一排桩时,称为单排桩墩。如设置两排桩时称为双排桩墩。

排架桩墩采用钢筋混凝土结构,盖梁可用矩形或 T 形、等截面或变截面。单排桩墩一般

157

适用于墩高不超过 5m 的中小跨梁桥。双排桩墩的承载能力和稳定性都较强,但墩身高度不宜大于 10m。

排架桩墩材料用量经济,施工简单,适合在平原地区建桥使用,公路桥中采用较多,一般跨度不大于 13m。有漂流物和流速过大的河道,桩墩容易受到冲击和磨损,不宜采用。其构造如图 8-7 所示。

(2)柱式墩

柱式墩是目前公路桥梁中广泛采用的桥墩形式,特别是在桥宽较大的城市桥和立交桥中,采用这种桥墩既能减轻墩身质量,节省圬工材料,又较美观。柱式桥墩的墩身沿桥横向常用 1~4 根立柱组成,柱身为 0.6~1.5m 的大直径圆柱或方柱、六角形等其他形式,使墩身具有较大的强度和刚度,当墩身高度大于 6m 时,可设横系梁加强柱身横向联系,如图 8-8 所示。

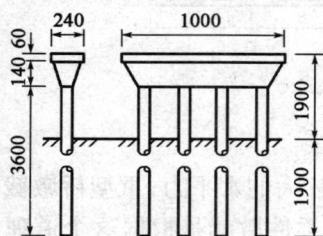

图 8-7　排架桩墩(尺寸单位:cm)　　　　图 8-8　桩柱式桥墩

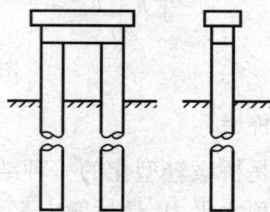

柱式桥墩一般由基础之上的承台、柱式墩身和盖梁组成。双车道桥常用的形式有单柱式、双柱式、哑铃式以及混合双柱式四种。

单柱式墩适用于斜交角大于 15° 的桥梁,流向不固定的桥梁和立交桥上使用。双柱式墩在公路桥上用的较多,哑铃式和混合双柱式墩对有较多漂流物和流冰的河流较为适用。双柱式桥墩在铁路桥梁中多用于横向较宽的双线桥或一般引桥中。如南京、九江长江大桥的引桥,都采用了双柱式墩。它的使用高度一般在 30m 以内,也有个别的采用多层刚架达 40 多 m。

4.板凳式拼装桥墩

板凳式拼装桥墩适用于谷架、半谷架桥,跨越平缓无漂流物的河沟、河滩地段的桥梁,对于小跨低墩更为有利。特别是在工地干扰多,施工场地狭窄的地区和缺水或砂石供应困难地区,由于杆件可在工厂制作,运至桥位安装,其效果更为显著。它具有结构形式轻便、建桥快、圬工省、用工少、杆件预制质量好等优点。

板凳式拼装桥墩系由顶帽、桩柱、横撑和基础四部分组成。

图 8-9 为一板凳式拼装桥墩实例。顶帽为一厚板,支承在弹性墩柱上并与之相固接。因顶帽质量大一般采用就地灌注。墩身采用四根桩柱,桩柱之间架设横撑。桩柱顶部扩大并伸入顶帽,于顶帽主钢筋焊接,桩柱下端伸入承台预留孔内,安装就位后,用膨胀水泥灌注孔洞。基础采用截面 1.0m×1.2m 的挖孔桩。承台内预留 4 个 1.0m×0.8m 墩柱孔洞。

5.排架式拼装墩台

排架式拼装墩台是又一种新的轻型结构,其优点有:节约圬工,加速施工进度,减轻体力劳动,降低工程造价。图 8-10 为排架式拼装桥墩实例。

排架式拼装桥墩与板凳式桥墩同属于高桩承台,只是形式略有不同,其优缺点也基本相同。目前仅使用于矮桥墩,还需从结构上进一步研究双层排架,向较高的桥墩发展,扩大使用范围,进一步发挥拼装化的优点。

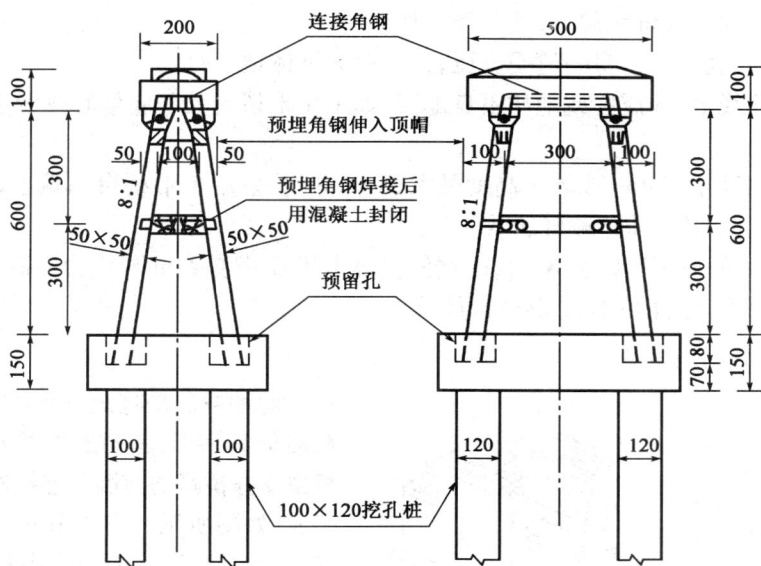

图 8-9 板凳式拼装桥墩(尺寸单位:cm)

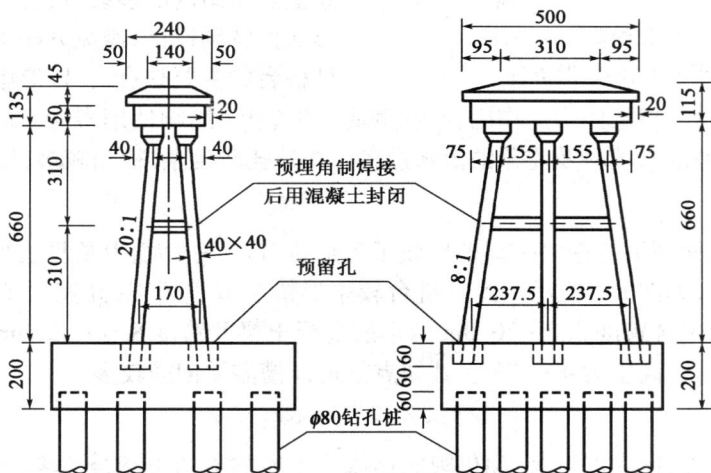

图 8-10 排架式拼装桥墩(尺寸单位:cm)

二 桥台的类型

桥台的类型很多,大体上可分为重力式桥台和轻型桥台两大类。

(一)重力式桥台

1.矩形桥台

矩形桥台的台身截面形状为矩形,故称矩形桥台,其构造如图 8-11a)所示。矩形桥台的构造最为简单,棱角少,施工方便,但圬工量大,当台身较高时显得不经济,因此只在下列情况采用矩形桥台:

(1)位于横向陡岩上,将台身及基础横向切割错台时。

（2）位于横向山坡堆积层上，兼作挡土作用时。

（3）位于横向陡坡，台身一侧受土压，另一侧无锥体填土时。

（4）位于曲线上、地震区或地质不良地段，如用 T 形桥台其基底偏心或滑走稳定性不能满足要求时。

（5）填土高度小于 4m；或填土高度虽大于 4m，但若采用 T 形桥台而偏心超出规定时（由于台尾切割、台身缩短、质量减轻所致）。

矩形桥台一般适用于跨度 8～16m 钢筋混凝土梁及跨度 24m 预应力混凝土梁的直、曲线桥，目前较少采用，已由 U 形、T 形桥台代替。

2. U 形桥台

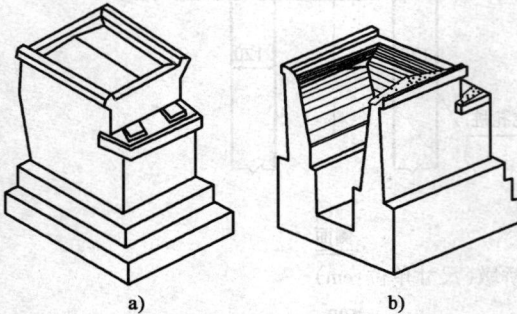

图 8-11　常见的非埋式桥台
a）矩形桥台；b）U 形桥台

此种桥台是将矩形台挖去一部分，台身截面是 U 字形，其构造如图 8-11b）所示。台身由支撑桥跨的前墙与连接路堤的两侧墙所组成，如图所示。由于节省圬工，台身较轻，基底应力较低，故为一般小桥所常用。通常用于单线填土高度在 6m 以下，双线填土高度在 4m 以下，跨度在 8m 以下的小跨度桥梁上。车站内的多线桥，有时亦常采用此种形式作特别设计，避免分建多个 T 形台。此种桥台的主要缺点为：U 形中间填土部分容易积水，受冻膨胀及其填土压力的作用，易使侧墙产生裂纹，影响使用寿命。故在严寒地区使用时，需采用良好的渗水填料及完善的泄水设备。构造比较复杂，棱角较多，增加施工困难。

3. T 形桥台

将矩形桥台后面两侧各挖去一部即形成了 T 形桥台。一般大、中及复线桥梁上使用最广泛的一种桥台形式，如图 8-2 所示。此种桥台较矩形桥台节省圬工，并克服了 U 形桥台中间积水的缺点。通常配合跨度 5.0～20.0m 的钢筋混凝土梁及跨度 8.0～32.0m 预应力混凝土梁使用，一般用于填土高度为 4～12m。其缺点是道砟槽需要钢筋较多。

4. 埋式桥台

当填土高度较大，10m 以上时，如仍限制锥体填土坡脚不超出桥台前缘，则使桥台又长又高，很不经济，如能压缩桥孔，使部分台身埋在锥体中，就可以缩短桥台长度，此种桥台称为埋式桥台。其构造如图 8-12 所示

埋式桥台台身横截面一般采用矩形，结构较简单。台身下部前后两面均有坡度，根据受力情况进行调整，做成向路堤方向后仰的形式，也称为后仰埋式桥台。但埋式桥台的锥体超出前墙伸入河中，侵占了桥下净空，减少了过水面积，而且在有水流的情况下容易遭受冲刷，给养护带来一定的困难。故在跨越河谷的高架旱桥中，使用埋式桥台较为有利。后仰矩形埋式桥台可用于填土高度为 8～20m，跨度为 16～32m 的情况。

5. 耳墙式桥台

耳墙式桥台，是由两片钢筋混凝土耳墙代替台身一部分实体圬工，并与路堤相连，从而缩短了台身长度且节省更多的圬工，其构造如图 8-13 所示。两片耳墙与台身连接的根部容易产生裂缝，要求耳墙不宜做得太长，两片耳墙位于地面较高部位，其施工工艺要求较高。当填土

高度大于7m时,此种桥台的锥体也往往伸出桥台前墙而形成埋式桥台。当耳墙式桥台形成埋式桥台时,只能在干沟或流水不大的情况,并有相应的防护措施时才能采用。耳墙式桥台一般可使用于填土高 $H = 3 \sim 10m$。这种桥台自重轻,适用于地基较差的地区。

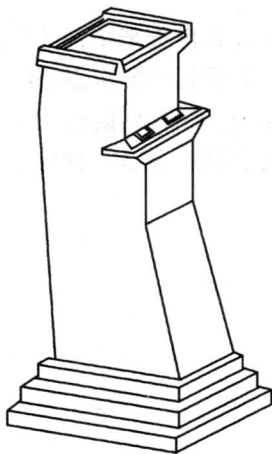

图 8-12　埋式桥台

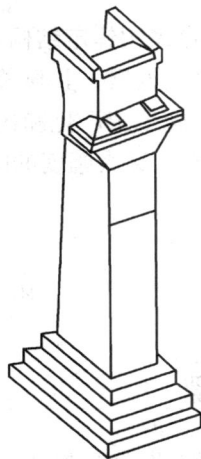

图 8-13　耳墙式桥台

(二)轻型桥台

铁路桥梁中已采用的轻型桥台,主要有桩柱式桥台和锚定板桥台。

1. 桩柱式桥台

桩柱既是基础又是台身。台顶部分由帽梁、两侧耳墙及胸墙组成。它适用于地基承载力较低,填土不高的情况,其构造如图 8-14 所示。

2. 锚定板桥台

锚定板桥台主要由台身、挡墙、拉杆及锚定板组成。挡墙的作用是用来挡住路堤的土,所受的土压力由埋置在路堤内的锚定板和钢拉杆提供的抗拔力来平衡。由于土压力不作用于桥台上,使桥台受力大大改善,因而台身可以做得很轻巧。

目前国内已建成的锚定板桥台有两种类型。

(1)分开式[图 8-15a]。台身与锚定结构分开,台身仅起桥墩作用,承受桥跨传来的竖向压力和水平力,而土压力全部由锚定结构承受。两者的受力与变形互不干扰,即使锚定板挡墙出现较大的位移,也不影响桥梁的正常运营,但这种形式的缺点是桥台结构需要两套基础,构件较多,施工工艺较繁,安装操作也不够方便。

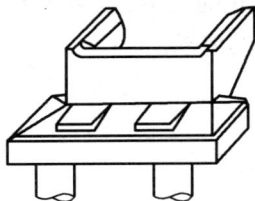

图 8-14　桩柱式桥台

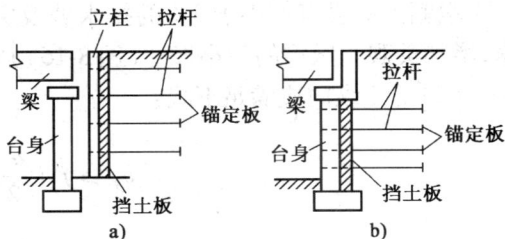

图 8-15　锚定板桥台
a)分开式;b)整体式

（2）整体式[图8-15b)]。将挡墙和台身合为一体,桥台台身兼起桥墩和挡墙的作用。作用于台身的全部水平力均由锚定板的抗拔力来平衡,台身只承受竖向荷载。整体式与分开式相比,整体式的结构简单,施工方便,工程数量较省,但受力不太明确,台顶位移尚难以精确的估算。

锚定板桥台采用锚定结构承受土压力,改变了重力式桥台靠自重来平衡土压力的受力状态,使桥台向轻型发展。其显著的优点是:台身质量轻,对地基承载力要求低;构件较轻,便于预制和运输,为施工工厂化和机械化创造了有利条件;其经济效果明显,既能大量的节省圬工(达50%~70%),又大幅度的降低了造价(50%)。因此,锚定板桥台是一种很有发展前途的结构形式。

第二节　墩台的构造与尺寸

━ 桥墩

桥墩由顶帽、墩身和基础组成。

(一)顶帽

常用的顶帽形式有飞檐式(图8-1)和托盘式(图8-4)两种。8m及其以下跨度的钢筋混凝土梁配用矩形或圆端形桥墩,其顶帽一般采用飞檐式,顶帽的形状随墩身截面形状而定。10~32m以及40m以上的钢筋混凝土梁或预应力混凝土梁的桥墩由于架梁和维修工作的需要,顶帽的横向尺寸需加大较多,一般采用托盘式以节省圬工。

顶帽由墩帽、托盘、支承垫石和支座锚栓组成。

1.墩帽

墩帽的作用:一是安放桥梁支座,直接支承桥跨结构,承受很大的支承反力,并将桥跨结构传来的集中力均匀的分散给墩身,故要求顶帽有一定的厚度;二是为架梁施工和养护维修提供必要的工作面。

墩帽应采用强度等级不低于C20的混凝土,其厚度不应小于40cm,一般均设置双层钢筋,上下各一层,钢筋直径10mm,间距0.2m单线、等跨、$L \leqslant 16.0m$的钢筋混凝土梁的实体墩台有下列情况之一时,可不设置顶帽钢筋:①无支座;②整体灌注的钢筋混凝土墩台,当用在雨水极少或最冷月平均气温高于+5℃的地区,并且厚度≥60cm不带托盘的顶帽。

墩帽上应设有不小于3%的排水坡及突出墩身10~20cm的飞檐,以便排除墩帽上的雨水,增加美观。墩帽的最小尺寸(图8-16)必须满足安放支座的要求。

（1）对于纵向应满足下式:

$$b_1 \geqslant f + \frac{a_1}{2} + \frac{a_2}{2} + 2c_1 + 2c_2 \tag{8-1}$$

$$f = e_0 + 2e_1 \geqslant \frac{a_1}{2} + \frac{a_2}{2} \tag{8-2}$$

式中:f——邻跨两个支座中到中的距离；

e_0——邻跨之间的空隙,通称梁缝,用以适应温差胀缩及施工误差;钢筋混凝土桥跨度 L ≤16m 时为 6cm,跨度 L≥20m 时为 10cm;所有钢梁则不小于 10cm,若遇弯道和坡道以及较大跨度,应再按需要增加;

e_1——从支座中心到梁端的距离,它是由设计图决定的,等于梁的总长减去计算跨度之差的一半;遇到不等跨时应将式(8-2)的 $2e_1$ 按实际情况更正;

$\dfrac{a_1}{2}$、$\dfrac{a_2}{2}$——支座底板纵向尺寸的一半;

c_1——支承垫石边缘到支座底板边缘的距离(即垫石在纵横向超出支座的尺寸),一般是 15 ~ 20cm;

c_2——支承垫石边缘距顶帽边缘的纵向尺寸;若梁的跨度 L≤8m 时为 15cm,若 8m < L < 20m 时为 25cm,若 L≥20m 时为 40cm。

(2)对于横向应满足下式:

$$b_2 \geqslant f' + a' + 2c_1 + 2c_2' \tag{8-3}$$

式中:c_2'——若顶帽为矩形时最小为 50cm,若顶帽为圆弧形时,按支承垫石边缘到顶帽最近边缘的距离且不小于纵向的 c_2;

a'——支座底板横向尺寸;

f'——同一桥跨的两支座的中心距;

c_1——同纵向。

为了施工和维修的方便,b_2 一般采用下列尺寸:

若跨度 L≤8m 时,b_2 不小于 4m;

若 8m < L < 20m 时,b_2 不小于 5m;

若 L≥20m 时,b_2 不小于 6m。

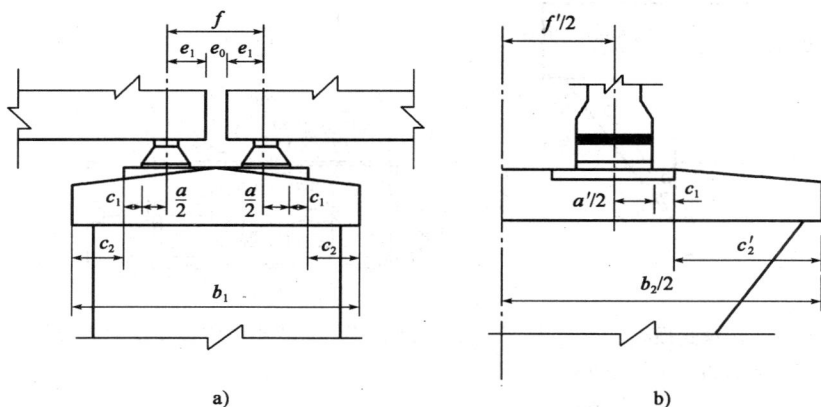

图 8-16 顶帽尺寸
a)纵向;b)横向

2. 托盘

当墩帽横向宽度较大,而墩身顶面宽度较小时,采用托盘式顶帽(图 8-17)可以节省圬工。托盘式顶帽缩颈处的横向宽度 B 不得小于下支座板外缘的间距 b。托盘的宽度和坡度线

视顶帽宽度而定,应符合下列要求:

(1)托盘坡度线与铅垂线间的夹角 β 不大于45°。

(2)支承垫石边缘外侧50cm处顶帽下缘点与墩颈边缘点(即 F 点)之连接线(即 EF)与铅垂线的夹角 α 不大于30°。

3. 支承垫石

墩帽顶面在安装支座的地方做成小平台叫做支承垫石。由于支座局部承压的劈裂作用,将使支撑垫石产生较大的拉应力,故在支撑垫石内应设 $1 \sim 2$ 层钢筋网,钢筋直径为10mm、间距0.1m,预留锚栓孔以便埋设锚栓,将支座底板固定在帽石上。

为避免排水坡上的流水流到垫石顶面侵害支座,支撑垫石顶面不得低于排水坡的上棱。设置平板支座的顶帽,宜将垫石加高0.1m,以便维修支座。设置弧形支座的顶帽,宜将垫石加高0.2m,满足能在顶帽和梁底之间安放千斤顶。

4. 支座锚栓

支座锚栓是锚固在顶帽上的支座螺栓,它起固定下支座的作用。施工时通常先预留孔位,架梁时再固定,以保证位置准确。

5. 顶帽构造实例

顶帽构造的实例见图8-18,顶帽的钢筋布置见图8-19,两图为直线矩形桥墩,跨度为24m预应力钢筋混凝土梁的桥墩顶帽构造和钢筋布置图。

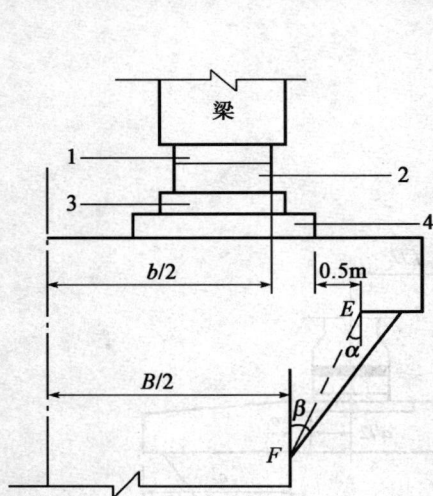

图8-17 托盘式顶帽

1-上支座板;2-下支座板;3-垫板;4-支承垫石

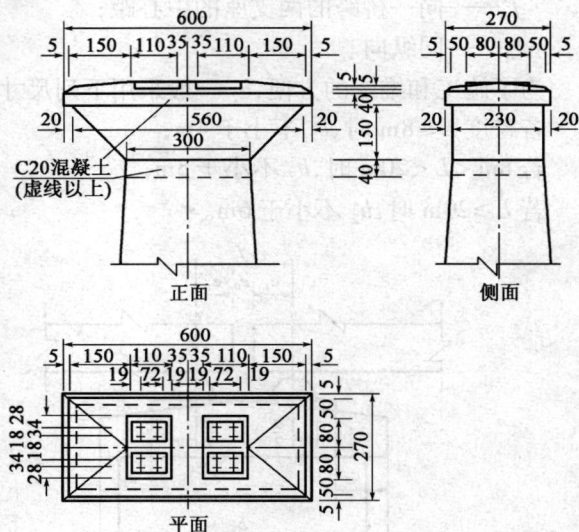

图8-18 直线矩形桥墩顶帽构造(尺寸单位:cm)

对于托盘式顶帽,托盘缩颈处是一个脆弱截面,往往成为施工的接缝,故应在托盘与墩身的连接处,沿周边布置一些直径10mm、间距0.2m的竖向短钢筋加强。托盘及设置短钢筋的墩身部分,一般要用不低于 C20 的混凝土。地震区一般不采用托盘式,因为对抗震不利。

6. 曲线桥墩顶帽特点

(1)顶帽垫石的布置

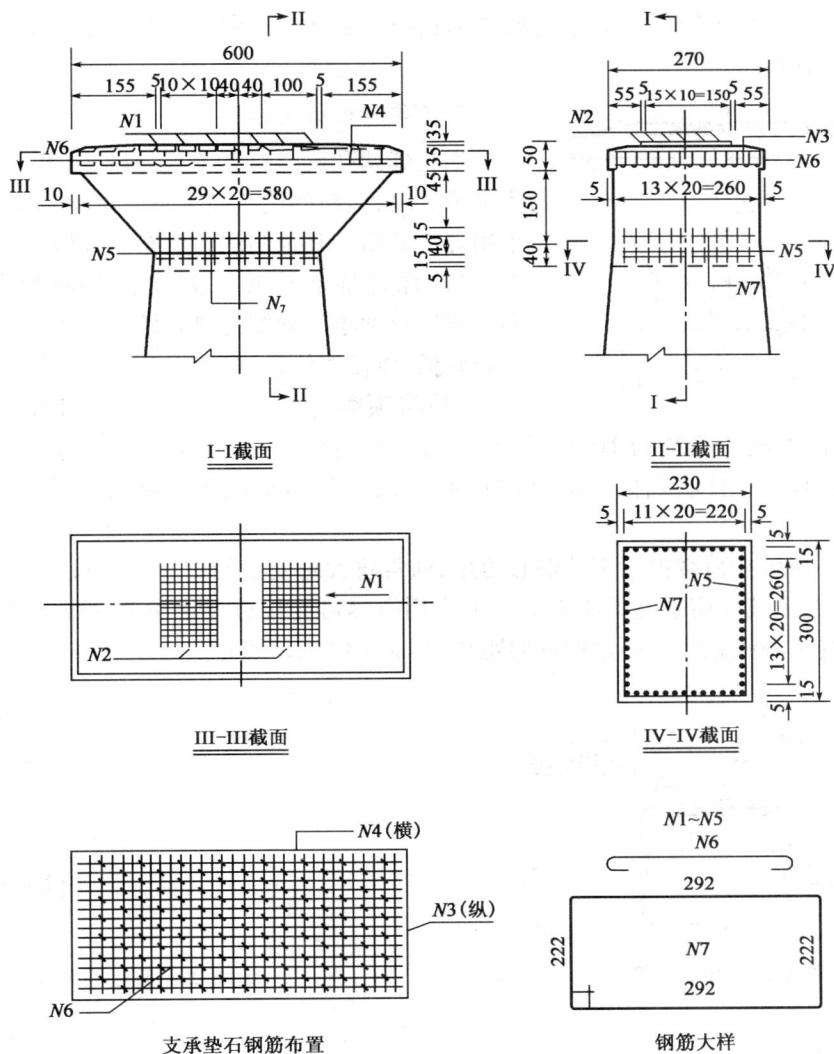

图 8-19 矩形桥墩顶帽及托盘钢筋布置(尺寸单位:cm)

为了适应曲线的线路,曲线桥上各孔梁应按折线布置。这使两孔梁之间的缝隙内窄外宽(其内侧梁缝最小值要求与直线桥梁缝相同),支座的位置要作相应的变动,远离桥梁内侧的支座距离较大些。因此,安装支座的支撑垫石的尺寸应作相应扩大。垫石的布置一般有两种方法:

①垫石尺寸适当加宽加长仍做成矩形。

②垫石平面形状做成梯形,其各边分别与转动后的支座底板相应边平行。

(2)横向预偏心桥墩

当列车在曲线桥上通过时,桥墩要受到向曲线外侧的离心力的作用。由于离心力的存在,桥墩横向尺寸就可能需要加大。为了抵消离心力对桥墩的不利影响,可将桥墩中心向曲线外侧移动一定距离(一般为 35～50cm),称为横向预偏心。而垫石与支座锚拴孔位置均不动(支座和垫石位置取决于梁的位置,不能随意动),这样使梁的中心线与桥墩中心线之间形成一个偏心,成为预偏心桥墩。预偏心的作用在于使梁重及竖向活载对桥墩中心线产生力矩,以抵消一部分离心力的力矩,使桥墩受力情况得到改善,桥墩尺寸不需加大,从而节省了圬工,如图 8-20 所示。

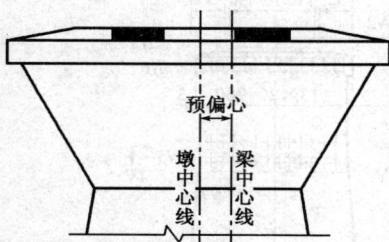

图 8-20　曲线上预偏心桥墩

7. 不等跨桥墩的特点

当相邻两孔梁的跨度不等,或一边为上承式另一边为下承式时,两跨的建筑高度不同。此时桥墩的顶帽可采用异型墩帽。其顶帽的布置有两种做法:

(1)保持整个墩帽厚度不变,但两侧垫石高度不同。建筑高度小的梁侧的垫石较高,建筑高度大的梁侧垫石较低,以使两侧线路处于同一水平线上(图 8-21)。

(2)将顶帽做成台阶形,大梁一侧较薄,小梁一侧较厚。两相邻梁的梁缝为 10cm(如在曲线系指内侧)小跨梁的梁端至小支墩的背墙距离为 5cm,使小支墩背墙线位于梁缝的中心。顶帽包括支墩加高部分均应设置钢筋(图 8-22)。

为了减小桥墩在荷载作用下的偏心力矩,通常将大跨度梁的支座中心布置在离桥墩中心较近处,以使在荷载作用下支承压力的合力作用线尽可能接近于桥墩截面的形心,这样桥墩中心线与梁缝中心线就错开一定的纵向距离,形成了纵向预偏心。

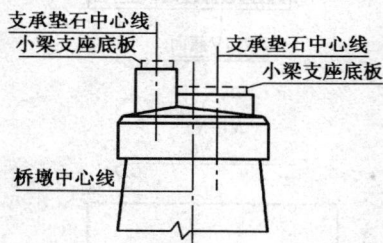

图 8-21　垫石不等高

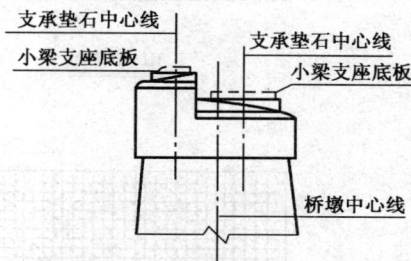

图 8-22　顶帽不等厚

(二)墩身

墩身是一个受压弯联合作用的构件,各截面上的竖向力和弯矩愈往下愈大。为了使墩身沿全高各截面受力较为均匀,墩身的侧面一般做成一定的斜坡。实体桥墩,墩身一般多设计成单一斜坡的平截头锥体,斜坡坡度约在 20:1 ~ 70:1 之间。为使墩身各截面的纵横尺寸较为经济合理,除圆形和圆端形桥墩外,其他桥墩的纵横向可采用不同的坡度。当墩身较矮(6m 以内)时,因墩顶与墩底受力相差不大,为了施工方便,也可不设坡度。墩高超过 30m 的高墩,为了节省圬工,也可做成两种以上的坡度,使墩身更适应于受力的要求。

墩身设计一般先初步拟定顶帽尺寸和墩身坡度,然后再按所受外力进行检算。若检算结果必须增加墩身截面尺寸时,可增加在墩身侧面坡度(可达 20:1),而不必修改顶帽尺寸。若这样仍不符合要求,则只好增加其顶部尺寸,即增大图 8-16 中的 c_2 值。这是因为缓于 20:1 的坡将有损桥墩外形的美观,模板的架立或镶面的设置也将发生困难。

实体墩身,墩身材料一般采用混凝土或石料砌筑。为保证墩身耐久性,混凝土强度等级不低于 C15,严寒地区应不低于 C20,灌注混凝土时可掺入 20% 的片石。石砌圬工的水泥沙浆强度等级不低于 M10,石料标号不低于 300 号。砌筑高度不宜大于 20m,当超过 15m 时应在中部用整齐的块石砌筑一垫层或灌注一层混凝土，厚度为 0.6～1.0m。

为使石砌桥墩尺寸整齐，坚固美观，其外露面应以尺寸较大，外表较平整的块石镶面并勾缝。墩高 ≤6m 可用片石镶面，墩高 >6m 应全部用块石镶面。

二 桥台

桥台由台顶、台身、基础及桥台附属设备组成。

(一) 台顶

桥台顶帽底面线以上部分叫台顶，由顶帽和道砟槽组成。

(1) 顶帽：顶帽直接承受梁传来的荷载，并把它传到台身，其作用与墩帽基本相同（图 8-23）。顶帽的建筑材料与墩帽相同，其平面尺寸除需满足放置支座和传力的要求外，还应考虑架梁和桥梁养护工作的方便；为了适应这项要求，有时做成托盘式顶帽。关于拟定桥墩顶帽尺寸的规定，同样适用于拟定桥台顶帽尺寸。桥台顶帽的横向尺寸的拟定与桥墩相同。

桥台的顶帽在纵向的尺寸为：

$$c \geq \frac{a}{2} + e_1 + e_0 + c_1 + c_2 \tag{8-4}$$

式中：a、e_1、e_0、c_1、c_2——均按前述桥墩顶帽纵向规定的值。

(2) 道砟槽：道砟槽是台顶铺设道砟的地方，其顶面应做成斜坡以利排水。道砟槽两侧有挡砟墙，挡砟墙内预埋 U 形螺栓，以便设置栏杆。道砟槽前端的挡砟墙又称胸墙。胸墙至道砟槽后端（台尾）的距离称为台长（或桥台长）。道砟槽顶宽不应小于 3.9m，轨底高出挡砟墙顶不小于 20cm。枕底道砟厚度不应小于 25cm。

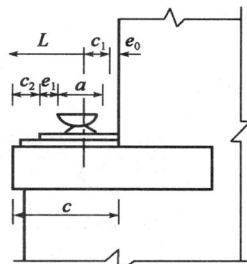
图 8-23　顶帽尺寸图

(二) 台身

台身指桥台顶帽底面线以下，基础顶面以上的部分。因为桥台两侧有锥体填土可以帮助抵抗横向荷载，故台身的侧面常做成竖直的。在纵向上，台身后面稍向后仰；台身前面称为前墙，一般都是竖直的，但有时由于受力的要求，必须做成斜坡，以加大台身底部的面积。

台身纵向尺寸的拟定应满足下述要求：

(1) 台尾上部伸入路肩最少为 0.75cm，以保证路堤与桥台的良好连接。

(2) 自支承垫石顶面的后缘至锥体填土坡面的垂直距离不应小于 0.3m。

(3) 除埋式桥台外，锥体填土的坡脚不得超出桥台前缘。

(4) 埋式桥台锥体坡脚可伸出桥台前缘，但坡面与台身相交处应高出设计水位不少于 0.25m。

以上各项规定决定了台身在纵向的长度，纵向尺寸的拟定如图 8-24 所示。

(三) 桥台的附属设备

(1) 防水层：为了避免圬工受到侵蚀，台身道砟槽上和台身被土掩埋的表面，应按规定铺设防水层或作适当处理。

钢筋混凝土道砟槽上的防水层,如图 8-25。设置方法是先用贫混凝土铺设垫层,做成排水坡。然后在已经凝固并清刷干净的垫层上涂沥青漆两道。涂完后 2～3h 即可敷设防水层。防水层为两层石棉沥青中间夹一层沥青浸制的麻布。在防水层上再铺 30mm 厚的沥青混凝土或厚 10mm 的沥青砂胶作为保护层。在西北雨水极少的地区及其他类似地区或在防水材料缺乏的情况下,可仅在垫层上铺 10mm 厚沥青砂胶一层,不作其他处理。

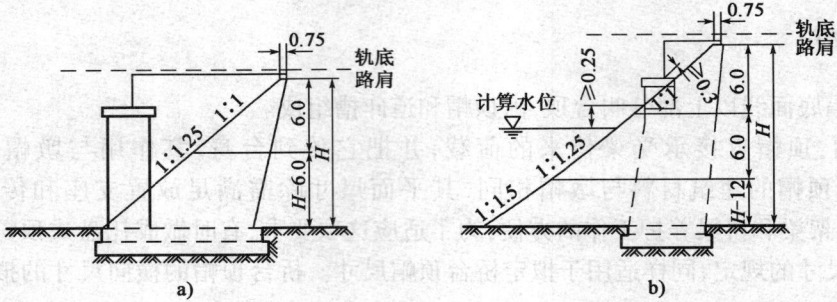

图 8-24　桥台纵向尺寸的拟定(尺寸单位:m)
a)非埋式桥台;b)埋式桥台

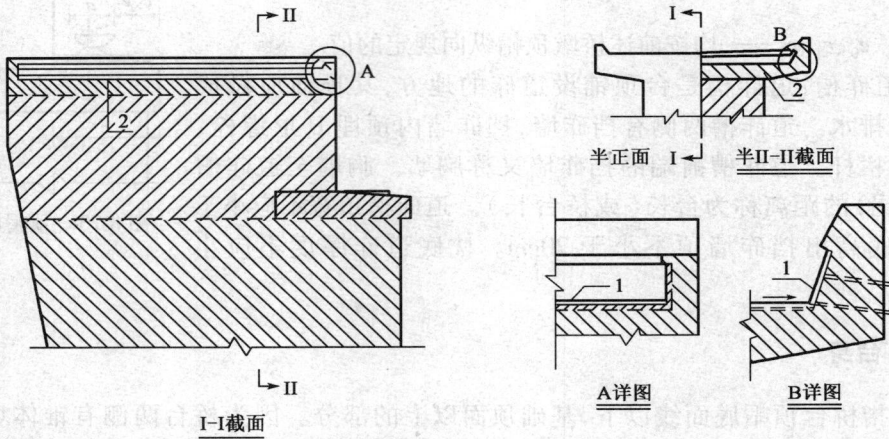

图 8-25　道砟槽防水层
1-防水层;2-C10 号混凝土垫层

无钢筋的道砟槽,仅在垫层上铺 10mm 厚的沥青砂胶一层。

桥台被土掩埋部分的表面,不应有凹入存水的缺点,石砌圬工的砂浆缝应密实平贴,不另作防水层。

(2)台后排水:为排除台后积水,保证桥台稳定,锥体及台后填方(下方不小于 2m,上方加桥台高度不小于 2m,如图 8-26 所示)均应以渗水土壤填筑;如确有困难时,除严寒地区外,可用一般黏性土壤填筑。

(3)锥体填土及其护坡:路基前方填土伸入桥台部分呈锥体形状,称为桥台锥体填土,其作用是加强桥台与路基的连接并包裹桥台,增加桥台的横向稳定。锥体填土宜用渗水土填筑。锥体填土的坡面,一般以全高防护,并根据流速、流冰、流木等情况决定防护标准。

168

锥体护坡的纵、横向坡度规定如下：

纵向坡度：路肩下 0~6m 不陡于 1:1,6~12m 不陡于 1:1.25,大于 12m 不陡于 1:1.5,见图 8-27；如用最小边长大于 25cm 的石块分层适当砌筑时,全坡可采用不陡于 1:1 的坡度；

横向坡度：应与路堤坡度一致。

（4）检查台阶：当 $H>4m$ 时,为便于检查桥台及护坡,在桥台台尾路堤与锥体填土交界处的边坡上修筑检查台阶。台阶可用混凝土或浆砌片石砌筑,如图 8-27。

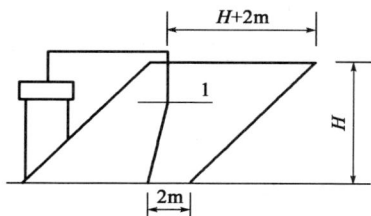

图 8-26　台后填土
1-渗水土壤填筑范围

图 8-27　检查台阶
注：本图是按填土高度<6m,路堤边坡 1:1.5 绘制的

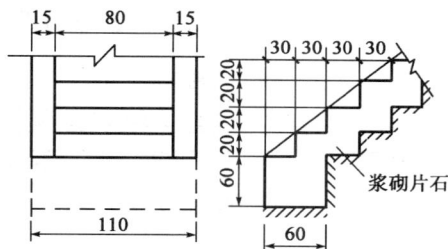

第三节　桥梁墩台的检算

桥墩的构造形式、主要尺寸初步拟定之后,就要通过力学检算来验证初拟尺寸是否偏大或偏小,并根据检算结果考虑是否修正原拟定尺寸。有时为了求得较经济合理的尺寸,需反复修正数次。但也应指出：合理尺寸的确定,并不唯一的取决于力学检算的需要,有些尺寸还要考虑到施工的需要、运营的需要、养护维修的需要以及其他特殊要求等。这里仅从安全和经济两个方面的要求来论述桥墩力学检算的基本原理和方法。

实体桥墩是用圬工材料建造的柱式偏心受压结构,其力学检算除墩身的检算外还应包括基底应力、基底偏心及基底倾覆和滑动稳定等的检算。本节主要讨论墩身的检算,基底的检算将在第五章中讲述。

一　桥墩的检算

（一）桥墩身检算的目的与要求

桥墩身检算的主要目的在于确定最经济合理的断面尺寸,保证施工和运营时,在最不利荷载的组合下能满足如下要求：

（1）墩身每一截面合力的偏心均需在《铁路桥涵设计基本规范》（TB 10002.1—2005）允许范围之内。

（2）墩身每一截面压应力均不超过圬工允许承压应力。

（3）桥墩稳定须符合《铁路桥涵设计基本规范》（TB 10002.1—2005）要求。

（4）墩顶弹性水平位移须符合《铁路桥涵设计基本规范》（TB 10002.1—2005）要求。

（5）高墩、空心墩及其他轻型墩台还应考虑局部稳定、抗裂性、振动、温度及混凝土收缩的影响。

(二)桥墩的计算荷载及其组合

1.桥墩的计算荷载

桥墩受力情况如图 8-28 所示,它受到三个方向外力(计算荷载)的作用:

竖向荷载:恒载(结构自重、土重、水浮力)及活载;

纵向荷载:制动力(牵引力)及风力等;

横向荷载:横向风力、离心力、水流冲击力及排筏冲击力等。

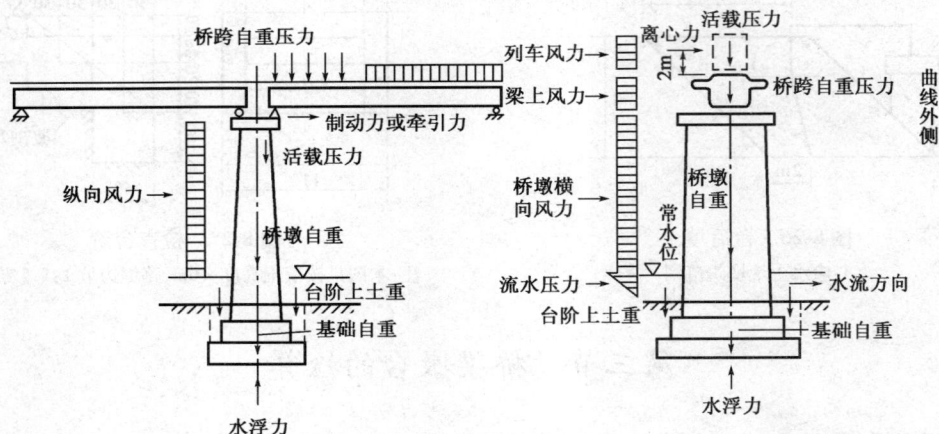

图 8-28　桥墩设计荷载示意图

2.计算荷载的组合

(1)荷载组合的有关规定

上面列举了桥墩可能承受的荷载,其中除桥跨的恒载压力和自重外,其他各项荷载的数值都是变化的,并且不一定同时发生。有些荷载不同时出现最大值,有些荷载虽然可以同时出现但不控制设计。因此,就存在一个荷载组合问题。《铁路桥涵设计基本规范》(TB 10002.1—2005)对荷载组合规定如下:

①横向附加力不与纵向附加力同时计算。

②列车摇摆力不与横向风力或离心力同时计算。当风力或离心力与列车摇摆力同时作用时,风力或离心力将阻碍列车摇摆,使摇摆力减少。在具体计算中,因为横向风力往往比摇摆力更能控制设计,故一般只计算风力而不计算摇摆力。

③流水压力不与流冰压力同时计算。

④短跨桥梁常采用特种活载,其制动力或牵引力能通过轨道传至桥头路堤,故不计制动力或牵引力。

⑤曲线上桥墩,当制动力(牵引力)与离心力同时计算时,由于两者不可能同时到达最大值,故制动力(牵引力)只按竖向静活载质量的 7% 计算。

(2)常见的荷载组合

根据荷载变化情况,桥墩计算荷载常见的组合可以出现以下三种:

①主力(同时出现的主力之间的组合)。

②主力 + 纵向附加力(同时出现的主力和相应的纵向附加力的组合)。

③主力 + 横向附加力(同时出现的主力和相应的横向附加力的组合)。

对于桥墩检算来说,在上述荷载组合中必然有一种荷载组合对于所检算的项目最为不利,称为计算荷载的最不利荷载组合。在检算时应以荷载可能出现的最大值并择其最不利组合来计算。在计算荷载中恒载是固定不变的,故只需考虑什么情况下的活载与恒载及附加力组合最为不利。

(3)活载的加载情况

列车活载通过桥跨以支座反力方式传给桥墩,由于桥跨上列车活载位置不断变化,则传给桥墩的压力和影响也就不同,因此设计桥墩时,活载的布置应使桥墩处于最不利的受力状态。根据设计经验,桥墩检算中常用的活载加载图式有单孔重载、单孔轻载、双孔重载及双孔空车等。

①单孔轻载:单孔轻载是仅在一孔梁上布满活载,五个集中—活载位于远离所要检算的桥墩一侧,并且第一个集中活载位于梁缝中心线上,且有制动力,如图 8-29 所示。

②单孔重载:单孔重载是仅在一孔梁上布满活载,五个集中活载位于所要检算的桥墩一侧,并且第一个集中活载位于梁缝中心线上,且有制动力。此时 R_2 为单孔加载时最大的活载反力,称为单孔重载如图 8-30 所示。

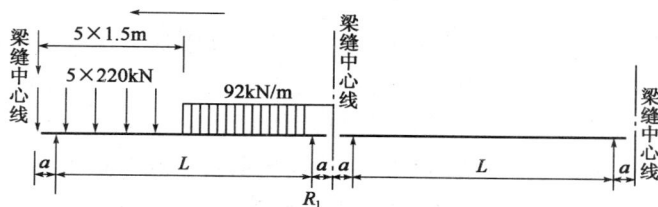

图 8-29　单孔轻载

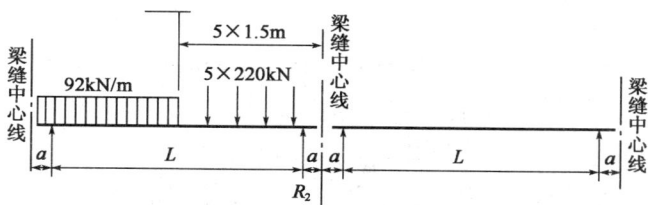

图 8-30　单孔重载

③双孔重载:双孔重载是在与检算桥墩相邻的两孔梁上都布置活载,第一个集中活载距梁支座中心有一定的距离 x,以使检算墩的活载反力 $R_4' + R_4''$ 为最大,此种加载方式称为双孔重载,如图 8-31 所示。由结构力学原理可知,如果相邻两孔梁的跨度分别为 L_1 和 L_2,则当 $\dfrac{G_1}{L_1}$ $= \dfrac{G_2}{L_2}$ 时,中墩的支座反力为最大。由此即可求得加载图式中的 x 值。

④双孔空车:此为两孔梁上布满空车的活载,按 10kN/m 计,它对实体墩检算不控制,如图 8-32 所示。

(4)起控制作用的荷载组合

①最不利荷载组合分析:

铁路桥梁的各类荷载中,恒载是固定不变的,在荷载组合中起控制作用的是活载。活载的大小和位置不仅影响到竖向力,而且还伴随产生制动力(或牵引力)、横向摇摆力,在曲线上还有离心力。所以活载的加载图式,对分析各检算项目的最不利荷载组合起控制作用。

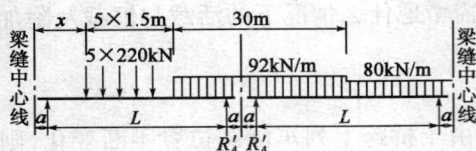

图 8-31 双孔重载

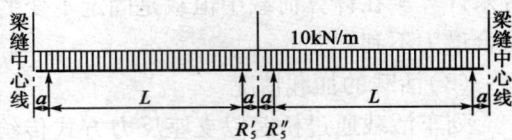

图 8-32 双孔空车

a. 单孔轻载:竖向力 N 为最小,纵向弯矩 M 较大,往往是桥墩竖向合力偏心距的控制荷载。

b. 单孔重载:竖向力 N 较大,纵向弯矩 M 也是最大,对直线上桥墩的截面压应力、受压稳定、墩顶纵向弹性水平位移的检算,往往是最不利的。

c. 双孔重载:此时支点反力和离心力都是最大值,因此计算截面的 N、横向力矩 M_x 也最大,常常成为曲线上桥墩截面合力横向偏心距,横向墩顶弹性水平位移,截面压应力及受压稳定检算的最不利活载图式。

再对主力组合和主力加附加力组合进行分析:主力加附加力组合在结构中产生的内力和应力,要比主力组合大。但主力加附加力出现的机率比主力组合小,又因为对材料的容许应力和结构安全系数采用数值不同(如检算墩身应力时,主+附组合容许应力可提高 30%),故不能凭某一种荷载组合的荷载(或应力)大小,作为判断最不利荷载组合的依据。由设计经验表明,在未考虑特殊荷载的情况下,桥墩检算主力组合一般不控制设计,而是由主力加附加力组合控制设计。

②起控制作用的荷载组合:

根据过去检算的经验,一般来说对墩身起控制作用的荷载组合如下:

a. 一般均系主力与附加力合并计算起控制作用。

b. 检算桥墩纵向偏心时,是单孔轻载控制。

c. 检算桥墩纵向压应力时,在直线上是双孔重载或单孔重载控制,在曲线上是双孔重载控制。

d. 检算桥墩横向偏心时,在直线上为双孔空车控制,在曲线上为双孔重载控制。

e. 检算桥墩横向压应力时,不论桥梁在直线上或曲线上,均为双孔重载控制。

f. 在小桥的墩台检算中,需要考虑特种活载的作用,但此时不计特种活载的制动力或牵引力。

g. 检算墩台弹性位移时,纵向用单孔重载,横向(曲线桥)用双孔重载。

(二)墩身检算内容

如前所述,桥墩受到多种力的作用,但归纳起来不外乎竖向力、水平力(包括纵向和横向)及其引起的弯矩。为了便于墩身的检算,对于每一检算截面,我们都可以求出作用于该截面的竖向合力 N、水平力 P 和弯矩 M,并可将其简化为作用于检算截面的偏心压力 N 和水平力 P、偏心距 $e_0 = \dfrac{M}{N}$。

172

1. 墩身纵向挠曲稳定性的检算

对于高而细的桥墩,在竖向压力作用下,可能由纵向弯曲失稳而破坏。因此,应检算桥墩的纵向挠曲稳定性。一般说来,对于高度小于20m的实体桥墩和U形桥台,可以不检算墩台的纵向稳定,对于高度大于20m的实体桥墩和U形桥台,应考虑墩台的纵向稳定。

混凝土和砌石实体桥墩墩身受压稳定性可按下式检算:

$$KN_0 < N_{cr} \tag{8-5}$$

式中:K——安全系数;

对于混凝土构件:主力时$K = 2.0$,主力加附加力时$K = 1.6$。

对于片石砌体构件:主力时$K = 3.0$,主力加附加力时$K = 2.5$。

对于块石砌体构件:主力时$K = 2.7$,主力加附加力时$K = 2.2$。

N_0——作用于墩顶处的竖向压力,MN;

N_{cr}——桥墩顺截面回转半径较小方向弯曲的纵向弯曲(屈曲)临界荷载,MN。

从材料力学可知,弹性材料组成的棱柱形受压构件的屈曲临界荷载为:

$$N_{cr} = \frac{\pi^2 EI}{L_0^2} \tag{8-6}$$

式中:E——构件材料的弹性模量,MPa;

I——构件全截面对形心主轴的较小惯性矩,m^4;

L_0——整个受压构件的计算长度,m。按构件两端支承情况及《桥规》(JTG D60—2004)中规定采用,对一般桥墩的墩顶,可假定为自由端,桥墩的另一端固着于基顶,作为固定端,其计算长度L_0为自墩顶至基顶高度的两倍。

如果受压构件是顶面小,底面大的弹性材料组成的变截面构件,则临界荷载应按下式计算:

$$N_{cr} = \frac{4mEI_d}{L_0^2} \tag{8-7}$$

式中:I_d——构件底部截面绕垂直弯矩方向的形心轴全截面惯性矩,m^4;

m——变截面影响系数,按表8-1确定。表中I_0为构件顶面绕垂直弯矩方向的形心轴的惯性矩。

变截面影响系数 表8-1

I_0/I_d	0.1	0.2	0.3	0.4	0.5	0.6	0.7	0.8	0.9	1.0
m	1.2	1.51	1.71	1.87	2.00	2.12	2.22	2.31	2.39	$\frac{\pi^2}{4}$

用混凝土或砌石等弹塑性材料组成,上小下大变截面的桥墩,其屈曲的临界荷载按下式计算:

$$N_{cr} = \alpha \frac{4mE_0 I_d}{L_0^2} \left[\frac{1}{1 + \alpha \frac{4mE_0 I_d}{L_0^2} \cdot \frac{1}{1.1 R_a A_0}} \right] \tag{8-8}$$

式中:α——小于1的修正系数;

R_a——圬工极限抗压强度,MPa;按$R_a = K[\sigma]$计算,其中$[\sigma]$为石砌圬工的中心及偏心受压容许应力,MPa,可查表8-2,K为安全系数,见公式说明;

E_0——圬工砌体的初始切线弹性模量。混凝土的 E_0 值可近似的按受压弹性模量采用，石砌圬工 $E_0 = 900R_a$；

A_0——墩身的平均截面积，m^2。

其他符号见前述各式说明。该公式略去了桥墩自重的影响，对一般桥墩来说影响不大。

石砌圬工及偏心受压容许应力　　　　　　　　表 8-2

圬工种类	石料标号	水泥砂浆强度等级			圬工种类	石料标号	水泥砂浆强度等级	
		M20	M10	M5			M20	M10
片石砌体	700	3.0	2.2	1.7	块石砌体	700	5.6	4.9
	500	2.5	1.9	1.4		500	4.3	3.7
	300	2.0	1.5	1.0		300	3.0	2.5

注:介于表列石料标号或砂浆强度等级之间的其他砌体的受压容许应力,可用内差确定。

2. 墩身截面压应力检算

墩身截面压应力检算的目的在于保证桥墩具有足够的强度,在最不利荷载条件下,墩身截面最大压应力不超过圬工材料的容许应力。

(1)截面容许应力

桥墩一般均为偏心受压构件,任一截面都要发生压缩与平面弯曲的组合变形。根据应力叠加原理,截面上法向最大、最小应力分别为:

$$\sigma_{\max} = \frac{\sum N}{A} + \frac{\sum M_x}{W_x} + \frac{\sum M_y}{W_y} \leqslant [\sigma] \tag{8-9}$$

$$\sigma_{\min} = \frac{\sum N}{A} - \frac{\sum M_x}{W_x} - \frac{\sum M_y}{W_y} \tag{8-10}$$

式中:　$\sum N$——作用与计算截面的全部竖向力之和;

　　　　A——该截面的面积;

　W_x、W_y——对计算截面主轴的计算截面模量;

　$[\sigma]$——偏心受压容许应力,见表 8-3 和表 8-4,在主力与附加力荷载组合作用下,其数值可提高 30% ;在主力与施工荷载或主力与船只(或排筏)撞击力作用下,可提高 40% ;

$\sum M_x$、$\sum M_y$——对计算截面主轴的计算力矩之和。

混凝土块和石砌体中心及偏心受压容许应力 $[\sigma]$（MPa）　　　　　表 8-3

圬 工 种 类	石料标号或混凝土强度等级	水泥砂浆或小石子混凝土强度等级		
		M20（C20）	M10（C10）	M5
片石砌体	700	3.0	2.2	1.7
	500	2.5	1.9	1.4
	300	2.0	1.5	1.0
块石砌体	700	5.6	4.9	
	500	4.3	3.7	
	300	3.0	2.5	

圬 工 种 类	石料标号或混凝土强度等级	水泥砂浆或小石子混凝土强度等级		
		M20(C20)	M10(C10)	M5
粗料石砌体	1000	9.5	5.0	
	800	7.9	5.0	
	600	6.3	5.0	
	400	4.7	4.0	
小石子混凝土砌片石砌体	C70	4.1	3.2	2.3
	C50	3.0	2.3	1.6
	C30	2.3	1.8	1.3
混凝土块砌体	C30	5.4	4.5	
	C25	4.8	4.0	
	C20	4.1	3.4	
	C15		2.7	

注:①介于表列石料标号或砂浆的强度等级之间的其他砌体的受压容许应力,可用内插确定。

②如有特殊需要须采用细料石及半细料石砌体时,其受压容许应力可按粗料石砌体的受压容许应力,分别乘以提高系数1.43及1.14,但提高后的受压容许应力,不应高于表列相应水泥砂浆抗压极限强度的一半。

③当混凝土块厚度 h 超过 0.20m 时,应乘以下列提高系数:

$$h \leqslant 0.4m \qquad c = 0.6 + 2.0h$$
$$h > 0.4m \qquad c = 1.2 + 0.5h \geqslant 1.7$$

④石砌体之 $E = 12GPa(120000kgf/cm^2)$。

混凝土的容许应力(MPa)　　　　　　表8-4

应 力 种 类	符号	混凝土强度等级				
		C30	C25	C20	C15	C10
中心受压	$[\sigma_a]$	8.5	7.0	5.5	4.0	2.0
弯曲受压及偏心受压	$[\sigma_w]$	10.5	9.0	7.0	5.5	3.5
弯曲拉应力	$[\sigma_{wl}]$	0.53	0.48	0.40	0.33	0.25
纯剪应力	$[\tau_c]$	1.05	0.95	0.80	0.65	0.50
局部承压应力	$[\sigma_{a2}]$	$6.0\sqrt{\dfrac{A}{A_c}}$	$5.0\sqrt{\dfrac{A}{A_c}}$	$4.0\sqrt{\dfrac{A}{A_c}}$	$3.0\sqrt{\dfrac{A}{A_c}}$	$2.0\sqrt{\dfrac{A}{A_c}}$

注:①片石混凝土的容许压应力与混凝土同。

②A 为计算底面积,A_c 为局部承压面积,详见《铁路桥涵设计基本规范》(TB 10002.1—2005)。

在弯矩 $\sum M_x$、$\sum M_y$ 计算中,当墩身粗矮时,抗弯刚度较大,可忽略其在外力作用下产生的侧向位移以及墩顶竖向力引起的附加弯矩影响;而当墩身较高时,抗弯刚度不足以将墩身看作为刚体,墩身应力计算时则应考虑墩顶竖向力引起的附加弯矩影响,即在按刚体求得的弯矩的基础上再乘以一个弯矩增大系数 η_x、η_y。弯矩增大系数 η_x、η_y 可按下述方法确定:

对于下端固定在基础顶面,上端自由的桥墩,在外力作用下,以墩顶相对于墩身底部截面形心侧向位移值为最大,故对墩身底部截面的弯矩增大系数为最大,对于圬工桥墩考虑变截面和弹塑性材料的特点,η_{xmax}、η_{ymax} 的计算公式如下:

$$\eta_{xmax} = \cfrac{1}{1 - \cfrac{KN_0}{N_{crx}} \cdot B_x} \qquad (8\text{-}11)$$

$$\eta_{ymax} = \cfrac{1}{1 - \cfrac{KN_0}{N_{cry}} \cdot B_y} \tag{8-12}$$

N_{crx}、N_{cry}——桥墩在弯矩平面内纵向弯曲(即顺形心轴 x、y 方向弯曲)的屈曲临界荷载。

其余符号意义同公式(8-5,和式 8-8)。

$$N_{crx} = \alpha \times \frac{4mE_0I_{dy}}{L_0^2}\left[\cfrac{1}{1 + \alpha \cdot \cfrac{4mE_0I_{dy}}{L_0^2} \cdot \cfrac{1}{1.1R_aA_0}}\right] \tag{8-13}$$

$$N_{cry} = \alpha \times \frac{4mE_0I_{dx}}{L_0^2}\left[\cfrac{1}{1 + \alpha \cdot \cfrac{4mE_0I_{dx}}{L_0^2} \cdot \cfrac{1}{1.1R_aA_0}}\right] \tag{8-14}$$

式中:I_{dx}、I_{dy}——墩身底部截面绕形心轴 x、y 的惯性矩。

$$B_x = \frac{1.1R_aA_0 - N_{crx}}{1.1R_aA_0 - KN}, \qquad B_y = \frac{1.1R_aA_0 - N_{cry}}{1.1R_aA_0 - KN}$$

其余符号含义同前。

至于桥墩任一检算截面上的弯矩增大系数 η_x、η_y,可根据桥墩各截面的侧向位移,近似的按三角形变化推出为:

$$\eta_x \approx 1 + \frac{(\eta_{xmax} - 1)u}{\cfrac{l_0}{2}} \tag{8-15}$$

式中:u——桥墩检算截面距墩顶的距离;

l_0——桥墩整个构件的计算长度(一般取墩顶至基顶的两倍)。

(2)应力重分布计算

若按式(8-10)计算所得的最小应力为负值时,横截面上将出现拉应力。如果最大拉应力达到了材料的拉伸强度极限,杆件就会在截面的受拉侧开裂。对于圬工墩台,由于材料的抗拉强度很差,并且考虑到混凝土体可能有施工接缝,石砌体可能有砂浆不密实之处,《铁路桥涵设计基本规范》(TB 10002.1—2005)规定:圬工截面出现了拉应力时,就认为该截面已经开裂,不能再承受拉应力。因而横截面上的正应力便与杆件未开裂时不同,即发生"应力重分布"。此时应认为截面上只有受压区那部分面积承受压应力,计算中应根据这一前提来确定受压区的范围,从而计算最大压应力值。应力重分布的计算,依据以下假定进行:①压应力按直线变化。②压力所对应的法向力其值不变,必等于 N。③偏心距不变,必等于 e。为了说明计算方法,以矩形截面单项偏心受压为例,如图 8-33a),图中截面上阴影部分为受压区。根据力学原理:

$$\sum Ne = \sum M$$
$$e = \frac{\sum M}{\sum N} \tag{8-16}$$

受拉区出现裂缝后就不再受力,剩下受压区域单独受力,应力图应为图中所示的三角形。假定截面上压应力的合力为 $\sum N'$ 位于应力图形三角形的重心,即 $\sum N'$ 距截面边缘的距离为 $\frac{1}{3}x$,(x 为受压区宽度)则:

$$\sum N' = \frac{1}{2}x. \sigma'_{\text{max}} \times b$$

式中:σ'_{max}——应力重分布后的最大压应力;

其他符号见图 8-33a)。

根据二力平衡条件,当物体处于平衡状态时应满足 $\sum N = \sum N'$,并且此二力的作用线必在一条直线上,于是可得:

$$\frac{1}{3}x = \frac{d}{2} - e$$

即:

$$x = 3\left(\frac{d}{2} - e\right)$$

将 x 带入上式(指 $\sum N' = \frac{1}{2}x \times \sigma'_{\text{max}} \times b$)得:

$$\sum N' = \frac{3}{2}\left(\frac{d}{2} - e\right)\sigma'_{\text{max}}b = \sum N$$

即:

$$\sigma'_{\text{max}} = \frac{2\sum N}{3\left(\frac{d}{2} - e\right)b}$$

上式可改写为:

$$\sigma'_{\text{max}} = \frac{2\sum N}{3\left(\frac{d}{2} - e\right)b} \times \frac{d}{d} = \frac{2d}{3\left(\frac{d}{2} - e\right)} \times \frac{\sum N}{bd}$$

即:

$$\sigma'_{\text{max}} = \lambda \frac{\sum N}{A} \tag{8-17}$$

式中:λ——应力重分布系数,对于矩形截面单项偏心受压时,$\lambda = \dfrac{2d}{3\left(\dfrac{d}{2} - e\right)}$;

$\dfrac{\sum N}{A}$——全截面的平均应力。

圆形截面、圆端形截面纵向偏心受压及矩形截面双向偏心受压时的应力重分布计算较繁,但只要求出 λ,仍可用式(8-17)求出最大应力。

矩形截面双向偏心受压[如图 8-34b)]时,可按偏心率 $\dfrac{e_x}{b}$ 及 $\dfrac{e_y}{d}$,由图 8-34 查出相应的 λ 值。

圆端形截面纵向偏心受压[如图 8-34c)]时,λ 值可由表 8-5 查出。本表第一栏适用于圆形截面。

圆端形截面双向偏心受压的应力重分布计算较为复杂,一般多采用图解解析法计算,其计算方法可参阅《铁路桥梁墩台算例》(中国铁道出版社)一书,这里从略。

(3)墩身截面偏心检算(裂缝控制)

在墩身强度检算中我们已经提到,对于圬工墩台由于其抗拉强度很低,当出现拉应力时墩身受拉区极易出现裂缝,裂缝过大不仅影响桥墩的耐久性,而且易使墩身沿裂缝的截面发生折断而丧失稳定。因此必须对裂缝的发展加以控制。

实体桥墩是一个偏心受压构件其偏心距 $e = \dfrac{\sum M}{\sum N}$,偏心距超过某一数值后截面上就有拉应力产生,从而出现裂缝,并且随着偏心距的增大裂缝的宽度也逐渐增大。以矩形截面偏心受压为例,当墩身出现裂缝按应力重分布计算时受压区的宽度:

$$x = 3\left(\frac{d}{2} - e\right)$$

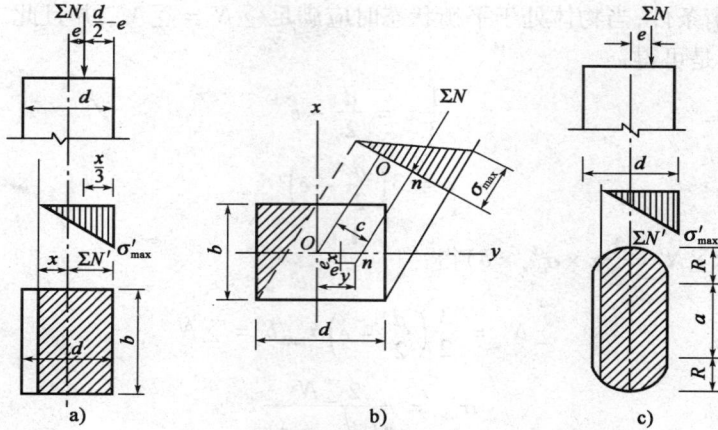

图 8-33 应力重分布

a)矩形截面,单向偏心受压;b)矩形截面,双向偏心受压;c)圆端形截面

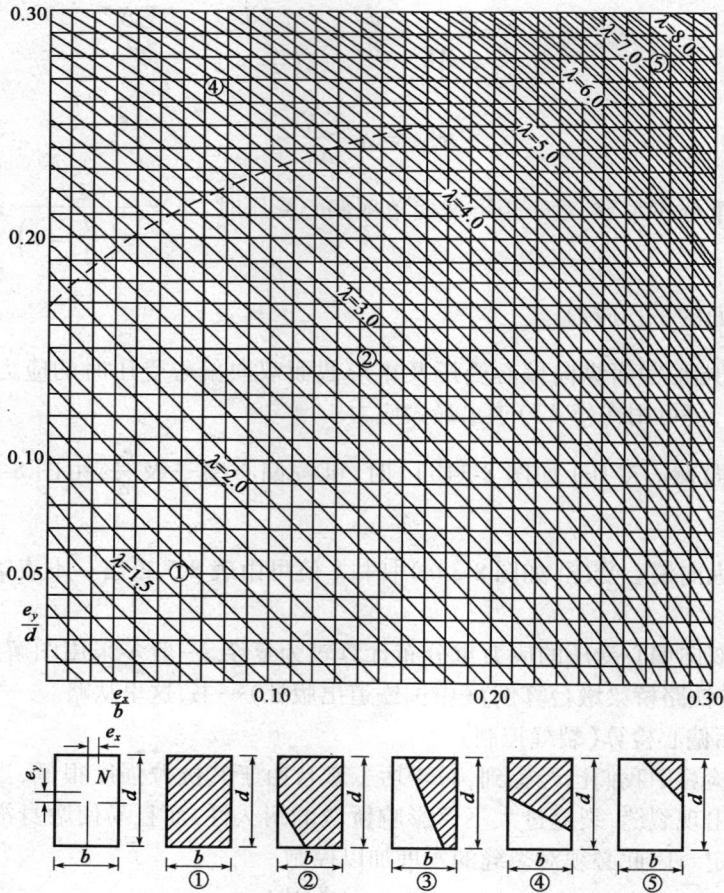

图 8-34 矩形截面应力重分布系数 λ 曲线

则裂缝的宽度为：

$$d - x = d - 3\left(\frac{d}{2} - e\right) = 3e - \frac{d}{2}$$

从上式可以看出，对每一特定的截面，裂缝的宽度仅与合力偏心距的大小有关，因此，只要对合力偏心距加以控制就可以控制裂缝的开展。

圆端形截面应力重分布系数 λ

表 8-5

$u=0$		$u=1$		$u=2$		$u=3$		$u=4$		$u=6$	
n	λ	n	λ	n	λ	n	λ	n	λ	n	λ
0.125	2.000	0.141	2.000	0.148	2.000	0.152	2.000	0.155	2.000	0.158	2.000
0.129	2.034	0.142	2.004	0.149	2.004	0.153	2.004	0.156	2.004	2.159	2.004
0.133	2.064	0.143	2.015	0.150	2.015	0.155	2.015	0.157	2.015	2.160	2.015
0.137	2.102	0.146	2.034	0.153	2.034	0.158	2.034	0.160	2.034	2.163	2.034
0.143	2.151	0.150	2.063	0.157	2.063	0.162	2.063	0.164	2.063	2.167	2.063
0.150	2.213	0.155	2.100	0.162	2.099	0.167	2.099	0.169	2.099	2.172	2.099
0.158	2.288	0.160	2.147	0.169	2.147	0.173	2.146	0.176	2.146	2.179	2.145
0.168	2.378	0.167	2.206	0.176	2.205	0.180	2.203	0.183	2.202	2.186	2.201
0.178	2.487	0.177	2.280	0.185	2.279	0.189	2.279	0.192	2.279	2.195	2.275
0.189	2.620	0.187	2.368	0.195	2.365	0.199	2.363	0.202	2.360	2.205	2.357
0.202	2.777	0.199	2.467	0.205	2.459	0.210	2.453	0.212	2.450	2.217	2.447
0.216	2.967	0.209	2.587	0.217	2.577	0.221	2.566	0.223	2.562	2.228	2.555
0.230	3.193	0.222	2.740	0.230	2.714	0.234	2.709	0.236	2.696	2.240	2.689
0.247	3.499	0.235	2.902	0.243	2.877	0.247	2.862	0.250	2.853	2.253	2.841
0.262	3.803	0.250	3.108	0.251	3.072	0.262	3.052				

注：表内 $u = \dfrac{a}{R}$，$n = \dfrac{e}{2R}$。当 $u = 0$ 时，为圆形截面。

《铁路桥涵设计基本规范》（TB 10002.1—2005）在各种荷载组合作用下，混凝土和石结构截面上合力偏心距不应超过下列规定：

主力	$e \le 0.5s$
主力 + 附加力　（圆形截面）	$e \le 0.5s$
主力 + 附加力　（其他形状截面）	$e \le 0.6s$
主力 + 施工荷载	$e \le 0.7s$
主力 + 船只及排筏的撞击力	$e \le 0.7s$

式中：s——沿截面重心与合力作用点的连线上量取，自截面重心至该连线与截面外包轮廓线的交点距离（图 8-35）。双向偏心受压时 e 值按下式计算：

$$e = \frac{1}{N}\sqrt{M_x^2 + M_y^2}$$

（4）墩顶弹性水平位移检算

墩（台）在外力的作用下将发生弹性位移。为了保证线路稳定和行车顺畅，《铁路桥涵设计基本规范》（TB 10002.1—2005）第 8.2.1 条规定：桥梁墩台均应检算顶端的弹性水平位移。《铁路桥涵设计基本规范》（TB 10002.1—2005）第 8.2.3 条规定：墩（台）顶帽面的弹性水平位移应符合下列要求：

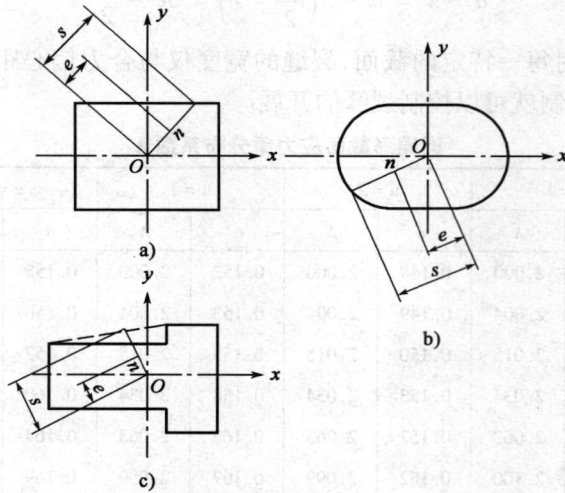

图 8-35　双向偏心受压
a)矩形截面；b)圆端形截面；c)T 形截面

横桥、顺桥方向均为：

$$\Delta \leqslant 5\sqrt{L} \tag{8-18}$$

式中：L——桥梁跨度，m，当 $L < 24$m 时，按 24m 计算，如为不等跨时，采用小跨度值；

　　　Δ——墩（台）顶水平位移，mm，包括由于桥墩（台）身和基础的弹性变形引起的墩顶位移 Δ_1 及基底土不均匀弹性压缩的影响引起的墩顶位移 Δ_2 之和。即 $\Delta = \Delta_1 + \Delta_2$。

①墩身弹性变形引起的墩顶位移 Δ_1

计算墩身因弹性变形引起的墩顶水平位移时，可将墩身视作在基础顶面以下为固定端的悬臂梁来计算：

$$\Delta_1 = \int_0^H \frac{M_P \overline{M}}{EI} dz \tag{8-19}$$

式中：M_P——由外部荷载对各截面所产生的力矩值，kN·m；a. 纵向力矩包括：牵引力矩、活载偏心力矩及风力矩；b. 横向力矩包括：对曲线上桥墩为离心力矩，梁上、列车及桥墩风力矩；对直线上桥墩为：桥上无车时是梁上、桥墩风力矩，桥上有车时是列车、梁上、桥墩风力矩（采用其较大者）；

　　　$\overline{M}$——作用于桥墩顶面，与荷载位置方向一致的单位力对各截面产生的力矩，kN·m；

　　　E——截面材料的抗压弹性截面模量，GPa。石砌圬工：$E = 12$GPa，混凝土圬工的弹性模量依强度等级而异，C15 混凝土 $E = 24$GPa、C20 混凝土 $E = 27$GPa、C25 混凝土 $E = 29$GPa，其他详见《铁路桥涵设计基本规范》（TB 10002.1—2005）；

　　　I——截面惯性矩，m⁴。

如遇变截面的墩身，式(8-19)积分号内的分子、分母均为随 z 变化而变的变数，为了避免繁琐的积分运算，可采用分层总和法来代替积分。即将墩身分成 n 层，每层高为 Δz，再分别计算各层中部截面的惯性矩 I_i、最大弯矩 M_P、单位力矩 $\overline{M}$（等于至墩顶的高度），则可用下式求得：

$$\Delta = \sum_{i=1}^{n} \frac{M_P \cdot z}{EI_i} \cdot \Delta z \tag{8-20}$$

②由于地基土的不均匀弹性压缩产生的墩顶弹性水平位移 Δ_2

基础的转动，是由于地基土不均匀弹性压缩引起的，若基础的转角为 θ 角，则使墩顶产生的弹性水平位移为：

$$\Delta_2 = \theta \cdot H$$

式中：H——墩顶至基底的全高。

基底转角可按下式计算：

$$\theta = \frac{M}{C_0 I}$$

式中：M——基底力矩（不包括横载力矩）；

I——基底截面惯性矩；

C_0——基底土的竖向地基系数。

二 桥台的检算

（一）桥台的受力及其特点

桥台与桥墩相比，其受力状态较为复杂，除了桥台顶帽要承受梁跨部分的荷载外，桥台道砟槽部分还直接承受活载及由此产生的其他荷载作用，台身和基础还受到台后填土、锥体填土以及活载对台后填土的作用而产生的水平力和竖直土压力。

桥台的受力见图 8-36。

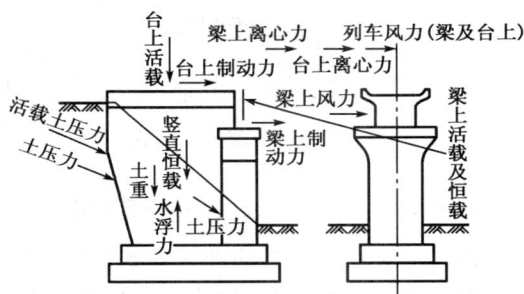

图 8-36　桥台受力情况

（二）桥台的检算项目

桥台一般须检算台身截面的压应力、偏心，基的压应力、偏心及桥台的倾覆稳定性和抗滑稳定性。由于桥台高度较小，台顶弹性水平位移及纵向挠曲稳定一般可以不检算。此外，桥台所受的横向水平荷载不大，除曲线桥台外，其横向一般也无需检算。

根据设计经验，U 形桥台及 T 形桥台按锥体坡度构造要求和填土高度确定桥台结构尺寸时，一般都能满足强度、受压稳定及偏心限制值的要求，台身可以不检算。埋式桥台和耳墙式桥台的台身尺寸相对较小，必须经过检算，但套用标准设计图者除外。

另外，直线桥台只需考虑主力及主力加纵向附加力的组合，而曲线桥台，则还需增加主力加横向附加力的组合。

桥台检算的内容、方法及要求和桥墩基本相同，这里不再赘述。

（三）计算荷载的组合

1. 检算桥台应力和偏心时的荷载组合

由于桥台台身后仰的构造特点和台后填土产生土压力，活载产生活载土压力，并且土压力又分水平力和竖直力等因素的影响,故桥台前端和后端都有可能产生最大应力和偏心,所以桥台需按前端和后端两种情况分别检算,桥台荷载加载图式如图8-37所示。

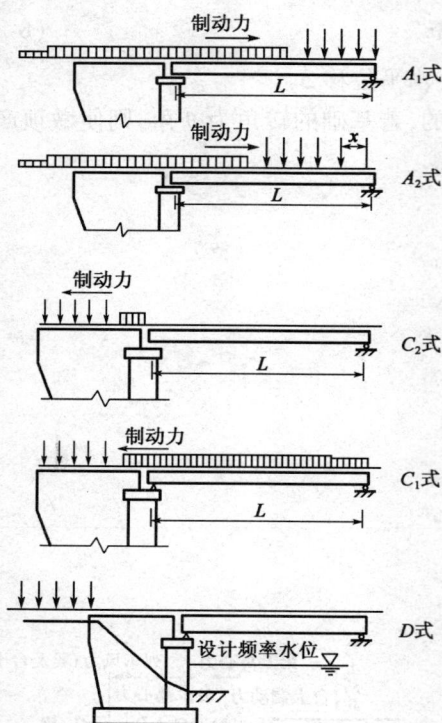

图8-37 桥台荷载加载图式

（1）检算前端应力与偏心的活载布置

当桥台位于直线上,列车的最不利位置是:列车由台后路堤驶向桥孔并布满在梁上、台顶上及台后一段路堤上,梁上和台顶上制动力指向桥孔,称为活载图 A_1 式。

当桥台位于曲线上,列车的最不利位置是:列车由路堤驶向桥孔,梁上活载按检算桥台的支点反力为最大的条件布置,台顶和台后一段路堤布满活载,梁上与台顶上制动力向前,称为活载图 A_2 式。由于该图式活载的支点反力较图 A_1 式要大,使曲线上桥台所受离心力也较大,故常用于曲线桥桥台的前端检算。

（2）检算后端应力与偏心的活载布置

对桥台后端而言,图8-37中的 C_1 式和 C_2 式两种加载均有可能对应力或偏心不利。C_1 式为活载布在台身和梁上,C_2 式活载仅布在台身上,制动力指向后方,在直线桥台检算时,应分别比较 C_1 式和 C_2 式两种组合情况。对于曲线桥台,一般为 C_1 式控制检算,这是因为 C_1 式较 C_2 式离心力和制动力均相应增大的缘故。

2. 检算桥台倾覆稳定时的荷载组合

桥台倾覆稳定检算应在计算水位时进行荷载组合,考虑水浮力的影响。在荷载作用下有使桥台向桥孔倾倒的趋势,故检算其倾覆稳定时的加载图式为图8-37中的 A_1 式,其组合应为主力＋纵向附加力（直线桥台）,主力＋横向附加力（曲线桥台）。

3. 检算桥台基底滑动稳定时的荷载组合

桥台基底滑走稳定检算应在计算水位时进行荷载组合,考虑水浮力影响。

桥台滑走趋势向桥孔,其最不利荷载组合应是竖直荷载为最小而相应的水平力较大。实际检算时只考虑主力,即恒载、破坏棱体上的活载及其产生的侧压力、土的侧压力,如图8-37中的 D 式。显然,由于桥台无活载作用,故直线和曲线桥台的荷载组合完全相同。

第四节　重力式桥墩检算算例

一 设计资料

（1）重力式矩形桥墩（图8-38）。

（2）桥跨结构为24m＋24m道砟桥面预应力混凝土梁,梁上设双侧人行道（曲线道床按

48.1kN/m），梁长 $L_0 = 24.60$m，梁高 2.10m，轨底至梁底 2.60m，轨底至墩顶 3.00m，支座铰中心至墩顶为 0.31m，每孔梁重 1567.6kN。

（3）桥上线路单线、平坡、曲线半径 $R = 600$m，行车最高速度 $v = 140$km/h。

（4）平时桥下无流水，无冰冻，基底是良好岩层。

（5）风压强度按标准设计采用值，有车时取 $W = K_1 \cdot K_2 \cdot 800$，无车时取 $W = K_1 \cdot K_2 \cdot 1400$。

（6）建筑材料：顶帽为 200 号钢筋混凝土；托盘为 C20 混凝土；墩身为 M10 水泥砂浆砌块石（石料为 300 号）。

（7）为了减小横向力矩，节约墩身圬工，桥墩采用横向预偏心为 50cm。

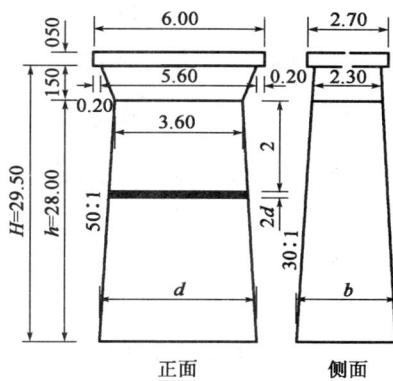

图 8-38　重力式矩形桥墩示意图（尺寸单位：m）

二　荷载计算

（一）恒载

（1）梁及桥面系（道床）重 $N_1 = 1567.6 + 48.1 \times 24.7 = 2755.7$kN

（2）顶帽重 $N_2 = 2.7 \times 6.0 \times 0.5 \times 25 = 202.5$kN

（3）托盘重 $N_3 = \dfrac{5.6 + 3.6}{2} \times 1.5 \times 2.3 \times 23 = 365$kN

（4）墩身重：检算中要试算若干个不同高度的截面，为方便起见，计算体积时采用积分公式：

$$
\begin{aligned}
V_4 &= \int_0^h \left(2.3 + \frac{2z}{30}\right)\left(3.6 + \frac{2z}{50}\right)\mathrm{d}z \\
&= \int_0^h \left[2.3 \times 3.6 + 2\left(\frac{3.6}{30} + \frac{2.3}{50}\right)z + \frac{4z^2}{30 \times 50}\right]\mathrm{d}z \\
&= 2.3 \times 3.6h + \left(\frac{3.6}{30} + \frac{2.3}{50}\right)h^2 + \frac{4}{3 \times 30 \times 50}h^3 \\
&= 8.28h + 0.166h^2 + \frac{1}{1125}h^3
\end{aligned}
$$

则 $N_4 = V_4 \times 23$kN/m³（浆砌块石重度为 23kN/m³）几个不同高度的墩身自重见表 8-6，本表所取高度 h 是根据后面墩身检算中按优选法所选高度。

墩身自重计算　　　　　　　　　　　　　　　　　　　　　表 8-6

h(m)	17.5	10.5	21.0	14.0	15.5	24.5	26.0	28.0
$8.28h + 0.166h^2 + \frac{1}{1125}h^3$ (m³)	200.50	106.27	255.32	150.90	171.53	315.57	343.12	381.49
$N_4 = 23V_4$(kN)	4611.5	2444.2	5872.4	3470.7	3945.2	7258.19	7891.8	8774.3

（二）活载

根据检算墩身的偏心、强度、挠曲稳定及墩顶位移的控制情况，最不利的荷载组合有下列三种：

1. 单孔轻载(图 8-39)

(1)活载竖直力

$$R_2 = \frac{1}{24}\left[5 \times 220(3 - 0.35) + 92 \times 17.2\left(7.5 - 0.35 + \frac{1}{2} \times 17.2\right)\right] = 1160\text{kN}$$

(2)活载竖直力对桥墩中心的偏心力矩

$$M_{R_2} = 1160 \times 0.35 = 406\text{kN} \cdot \text{m}$$

(3)制动力

$$P_x = 0.1(5 \times 220 + 92 \times 17.2) = 268.2\text{kN}$$

2. 单孔重载(图 8-39)

(1)活载竖直力

$$R_1 = (5 \times 220 + 92 \times 17.2) - 1160 = 1522\text{kN}$$

(2)活载竖直力对桥墩中心的偏心力矩

$$M_{R_3} = 1522 \times 0.35 = 532.7\text{kN} \cdot \text{m}$$

制动力:

$$P_x = 268.2\text{kN}$$

3. 双孔重载(图 8-40)

桥墩支反力 $R_3 + R_4$ 为最大值时应满足之条件为 $\dfrac{G_1}{L_2} = \dfrac{G_2}{L_2}$,本例 $L_1 = L_2$,故该式变成 $G_1 = G_2$。

$$G_1 = 5 \times 220 + 92(16.85 - x)$$
$$= 2650.2 - 92x$$
$$G_2 = 92(13.15 + x) + 80(11.2 - x)$$
$$= 2105.8 + 12x$$

由 $G_1 = G_2$ 得:

$$2650.2 - 92x = 2105.8 + 12x$$

得:

$$x = 5.235\text{m}$$

(1)活载竖直力

$$R_3 = \frac{1}{24}\left[5 \times 220(5.235 + 3) + 92 \times 11.615\left(5.235 + 7.5 + \frac{1}{2} \times 11.615\right)\right]$$
$$= 1203\text{kN}$$

$$R_4 = \frac{1}{24}\left[80 \times 5.965 \times \frac{1}{2} \times 5.965 + 92 \times 18.385\left(5.965 + \frac{1}{2} \times 18.385\right)\right]$$
$$= 1127.5\text{kN}$$

则:

$$R_3 + R_4 = 2330.5\text{kN} \cdot \text{m}$$

(2)活载竖直力对桥墩中心的偏心力矩

$$M_R = (1203 - 1127.5) \times 0.35 = 26\text{kN} \cdot \text{m}$$

(3)横向离心力

离心力率

$$C = \frac{V^2}{127R} = \frac{140^2}{127 \times 600} = 0.26 > 0.15$$

采用 $C = 0.15$

则离心力 $P_y = 0.15 \times 2330.5 = 349.6\text{kN}$

离心力作用点至支承垫石顶的力臂为：

$$C_y = 2\text{m} + 钢轨高 + 轨底至支承垫石顶高度 = 2 + 0.15 + 3 = 5.15\text{m}$$

（4）制动力

$$P_x = 0.1(5 \times 220 + 92 \times 11.615) + 0.1(80 \times 5.965 + 92 \times 18.385) \times 25\%$$
$$= 271.1\text{kN}$$

此值大于单孔轻载作用下的最大制动力 $P_x = 268.2\text{kN}$。故双孔重载制动力采用 $P_x = 268.2\text{kN}$。又根据规定：当制动力与离心力（或冲击力）同时计算时，制动力应按竖向静活载质量的 7% 计算，则：

$$P'_x = 0.07P_x = 0.7 \times 268.2 = 18.77\text{kN}$$

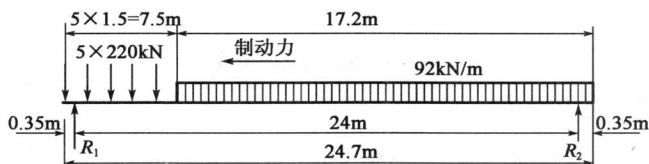

图 8-39　单孔加载

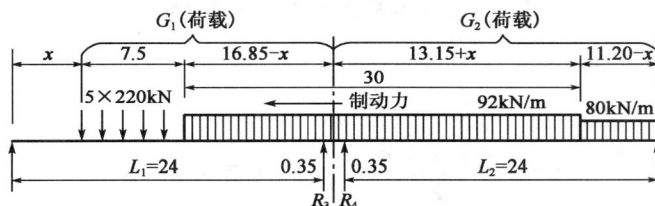

图 8-40　双孔重载（尺寸单位：m）

（三）风力

风荷载强度计算：

基础顶面至规定高度 = 基顶至轨顶高 + 轨底至墩顶高 + 钢轨高
$$= 30.00 + 3.00 + 0.15 = 33.15\text{m}$$

轨顶至地面高近似取 33m。

查出风压高度变化系数表并经内插得：

$$K_2 = 1.13 + \frac{1.22 - 1.13}{10} \times 3 = 1.16$$

该桥墩为矩形桥墩，墩颈处 $l/b = 3.6/2.3 = 1.57 > 1.5$ 因此计算墩身纵向风力时取 $K_1 = 1.3$，计算横向风力时取取 $K_1 = 0.9$，其他部分取 $K_1 = 1.3$

则标准设计的风荷载强度：

墩身横向：

有车时，$W = K_1 \cdot K_2 \cdot 800 = 0.9 \times 1.16 \times 800 = 835\text{Pa} \approx 0.8\text{kPa}$；

无车时，$W = K_1 K_2 \cdot 1400 = 0.9 \times 1.16 \times 1400 = 1462\text{Pa} \approx 1.5\text{kPa}$。

其他部位：

有车时，$W = K_1 \cdot K_2 \cdot 800 = 1.3 \times 1.16 \times 800 = 1206\text{Pa} \approx 1.2\text{kPa}$；

无车时，$W = K_2 \cdot 1400 = 1.3 \times 1.16 \times 1400 = 2111\text{Pa} \approx 2.1\text{kPa}$。

1. 列车风力

双孔重载作用下,因 x 值不大,可按两孔布满列车计算风力,略有偏大。

$$P_{y1} = 3 \times 24.7 \times W = 3 \times 24.7 \times 1.2 = 88.9 \text{kN}$$

列车风力作用点至支承垫石顶的力臂与离心力之力臂相同,即 $C_{y1} = 5.15 \text{m}$。

2. 梁上风力(已知轨底至梁底高 2.6m,钢轨高 0.15m)

$$P_{y2} = (2.6 + 0.15) \times 24.7 \times W = 2.75 \times 24.7 \times 1.2 = 81.5 \text{kN}$$

梁上风力作用点至支承垫石顶的力臂为:

$$C_{y2} = \frac{1}{2}(2.6 + 0.15) + (3 - 2.6) = 1.78 \text{m}$$

3. 顶帽风力

(1)纵向
$$P_{x1} = 6 \times 0.5 \times 1.2 = 3.6 \text{kN}$$

其作用点至托盘底之力臂为:

$$C_{x1} = \frac{1}{2} \times 0.5 + 1.5 = 1.75 \text{m}$$

(2)横向
$$P_{y3} = 2.7 \times 0.5 \times 0.8 = 1.1 \text{kN}$$

其作用点位置与纵向一样。

4. 托盘风力

(1)纵向
$$P_{x2} = \frac{5.6 + 3.6}{2} \times 1.5 \times 1.2 = 8.3 \text{kN}$$

其作用点至托盘底之力臂为:

$$C_{x2} = \frac{1.5}{3} \times \frac{2 \times 5.6 + 3.6}{5.6 + 3.6} = 0.8 \text{m}$$

(2)横向
$$P_{y4} = 2.3 \times 1.5 \times 0.8 = 2.76 \text{kN}$$

其作用点至托盘底之力臂为:

$$C_{y4} = \frac{1}{2} \times 1.5 = 0.75 \text{m}$$

5. 墩身风力

进行墩身检算时,需求出墩身风力矩。墩身受风面是梯形,可分成当中一个矩形加上两侧的三角形,则墩身风力对检算截面之力矩为(托盘底至检算截面之高度为 h):

纵向:
$$M_{y3} = 3.6 \times h \times W \times \frac{h}{2} + 2\left(\frac{1}{2} \times \frac{h}{50} \times h \times W \times \frac{h}{3}\right)$$

$$= 3.6 \times h \times 1.2 \times \frac{h}{2} + \frac{1}{50} \times 1.2 \times \frac{1}{3}h^3 = 2.16h^2 + 0.008h^3$$

横向:
$$M_{x3} = 2.3 \times h \times W \times \frac{h}{2} + 2\left(\frac{1}{2} \times \frac{h}{30} \times h \times W \times \frac{h}{3}\right)$$

$$= 2.3 \times h \times 0.8 \times \frac{h}{2} + \frac{1}{30} \times 0.8 \times \frac{1}{3}h^3 = 0.92h^2 + 0.009h^3$$

墩身风力矩的计算见表 8-7。

186

h(m)	17.5	10.5	21.5	14.0	15.5	24.5	26.0	28.0
纵向 $M_{x3}=2.16h^2+0.008h^3$	704.4	247.4	1026.7	445.3	548.7	1414.2	1600.8	1869.1
横向 $M_{x3}=0.92h^2+0.009h^3$	329.4	111.7	488.1	—	—	684.6	778.1	—

（四）各种外力向某一截面简化

为了以后检算墩身截面时便于计算，宜先将供检算用的墩颈以上外力移至墩颈（或墩顶以上外力移至墩顶）。

（1）主力加纵向附加力，单孔轻载作用下，墩颈以上外力计算（表 8-8），用于检算墩身纵向偏心。

主力（单孔轻载）+纵向附加力、墩颈以上外力计算　　　　　　　　表 8-8

外力名称		竖直力 N(kN)	水平力 P_x(kN)	力臂（m）	力矩（kN·m）
恒载	梁重加桥面系重 N_1	2755.7			
	顶帽重 N_2	203			
	托盘重 N_3	365			
活载	支座反力 R_2	1160			
	支座反力偏心距 M_{R_2}				406
附加力	制动力 P_x		268.2	0.31+2=2.31	619.5
	顶帽 P_{x1}		3.6	1.75	6.3
	托盘 P_{x2}		8.3	0.8	6.6
合计		4483.7	280.1		1038

（2）主力加横向附加力，双孔重载作用下，墩颈（或墩顶）以上外力计算（表 8-9），用于检算墩身横向偏心及墩顶横向位移。

主力（双孔重载）+横向附加力、墩颈（及墩顶）以上外力计算　　　　　表 8-9

外力名称		竖向力 N（kN）	水平力 P（kN）	向墩颈简化		向墩顶简化	
				力臂（M）	力矩（kN·m）	力臂（M）	力矩（kN·m）
恒载	梁重加桥面系重 N_1	2755.7		0.5	−1377.9	0.5	−1377.9
	顶帽重 N_2	203					
	托盘重 N_3	365					
活载	支座反力 R_3+R_4	2331		0.5	−1165.5	0.5	−1165.5
	离心力 P_y		349.6	5.15+2=7.15	2499.6	5.15	1800.4
附加力	列车风力 P_{y1}		88.9	7.15	635.6	5.15	457.8
	梁上风力 P_{y2}		81.5	1.78+2=3.78	308.1	1.78	145.1
	顶帽风力 P_{y3}		1.1	1.75	1.9		
	托盘风力 P_{y4}		2.8	0.75	2.1		
合计		$N_0=5654.7$	$P_0=523.9(520)$		903.9		−140.1

注：括号内为向墩顶简化的水平力。

（3）主力加纵向附加力，双孔重载作用下，墩颈以上外力计算（表8-10），用于检算墩身强度及纵向挠曲稳定。

（4）主力加纵向附加力，单孔重载作用下，墩顶以上外力计算（表8-11），用于检算墩顶纵向位移。

主力（双孔重载）+纵向附加力、墩颈以上外力计算 表8-10

	外 力 名 称	竖向力 $N(kN)$	水平力（kN）		力臂（m）		力矩（kN·m）	
			P_x	P_y	C_x	C_y	M_x	M_y
恒载	梁重加桥面系重 N_1	2755.7				0.5		−1377.9
	顶帽重 N_2	203						
	托盘重 N_3	365						
活载	支座反力 $R_3 + R_4$	2331				0.5		−1165.5
	支座反力偏心力矩 M_R						26	
	离心力 P_y			349.6		7.15		2499.6
附加力	制动力 P'_y		187.7		2.31		433.6	
	顶帽 P_{x1}		3.6		1.75		6.3	
	托盘 P_{x2}		8.3		0.8		6.6	
	合计	$N_0 = 5654.7$	$P_{0x} = 199.6$	$P_{0y} = 349.6$			$M_{0x} =$ 472.5	$M_{0y} =$ −43.8

主力（单孔重载）+纵向附加力、墩颈以上外力计算 表8-11

	外 力 名 称	竖向力 $N(kN)$	水平力（kN）	力臂（m）	力矩（kN·m）
恒载	梁重加桥面系重 N_1	2755.7			
活载	支座反力 R_1	1522			
	支座反力偏心力矩 M_{R_1}				532.7
附加力	牵引力 P_x		268.2	0.31	83.1
	合计	$N_0 = 4277.7$	$P_{0x} = 268.2$		615.8

三 墩身截面检算

（一）纵向挠曲稳定性检算

纵向挠曲稳定最不利荷载为双孔重载，主力组合，检算过程列于表8-12。

（二）合力偏心检算

在墩身检算中，沿墩高各截面处的外力不同，且对于变截面桥墩各截面的尺寸也不同。因此各截面的危险程度也就不同，须找出最危险截面即控制截面进行检算。

活载情况		双孔重载		单孔轻载	
力及力矩		$N(\text{kN})$	$M(\text{kN} \cdot \text{m})$	$N(\text{kN})$	$M(\text{kN} \cdot \text{m})$
主力	桥跨荷载 N_1	2755.7		2755.7	
	活载反力 $R_3 + R_4$	2331	26	1160	406
墩顶合力 $(N_0 、 M_0)$		5086.7	26	3915.7	406
墩顶初始偏心距 $(e_0)(\text{m})$		$26/5086.7 = 0.005$		$406/3915.7 = 0.104$	
墩顶面积 $A_1(\text{m}^2)$		$2.3 \times 3.6 = 8.28$（近似按墩身顶采用）			
墩顶截面惯性距 $I_0(\text{m}^4)$		$3.6 \times 2.3^3/12 = 3.650$			
墩底面积 $A_2(\text{m}^2)$		$4.17 \times 4.72 = 19.68$			
墩底截面惯性距 $I_d(\text{m}^4)$		$4.72 \times 4.17^3/12 = 28.521$			
m		$I_0/I_d = 3.650/28.521 = 0.13$ 查表 2-5 得 $m = 1.29$			
墩身平均面积 $A_0(\text{m}^2)$		$A_0 = (A_1 + A_2)/2 = (8.28 + 19.68)/2 = 13.98$			
计算长度 $l_0(\text{m})$		$2 \times 30 = 60$			
$R_a = K[\sigma_a]$ （kPa）		$2.7 \times 2.5 \times 10^3 = 6.75 \times 10^3$			
$E_0 = 900 R_a$（kPa）		$900 \times 6.75 \times 10^3 = 6075 \times 10^3$			
$\alpha = \dfrac{0.1}{0.2 + e_0/h} + 0.16$		$\dfrac{0.1}{0.2 + 0.005/3.23} + 0.16 = 0.656$		$\dfrac{0.1}{0.2 + 0.104/3.23} + 0.16 = 0.591$	
$\dfrac{4mE_0I_d}{l_0^2} = \beta$		$\dfrac{4 \times 1.29 \times 6075 \times 10^3 \times 28.521}{60^2} = 248349$		248349	
$\alpha\beta$		162917		146774	
$N_{cr} = \alpha\beta\left[\dfrac{1}{1 + \dfrac{\alpha\beta}{1.1A_0R_a}}\right]$		$162917 \times \left[\dfrac{1}{1 + \dfrac{162917}{1.1 \times 13.98 \times 6750}}\right] = 63404$		60801	
主力 $KN_0(K = 2.7)$		13734.1		10572.4	
主 + 附 $KN_0(K = 2.2)$		11190.7		8614.5	
主 + 附 $B_x = \dfrac{1.1R_aA_0 - N_{crx}}{1.1R_aA_0 - KN_0}$		$\dfrac{1.1 \times 6.75 \times 10^3 \times 13.98 - 63404}{1.1 \times 6.75 \times 10^3 \times 13.98 - 11190.7} = 0.436$		0.452	
主 + 附 $\eta_{xmax} = \dfrac{1}{1 - (KN_0/N_{cr}) \times B_x}$		$\dfrac{1}{1 - (11190.7 \div 63404) \times 0.436} = 1.083$		1.068	

对于等截面的桥墩，控制截面必在墩底，故只需检算墩底截面即可，但是对于变截面桥墩，荷载和截面面积均自上而下逐渐增大，难以一下子判断出控制截面。此时，可将墩身沿高度分成若干等分（2～3m 为一段），每个等分点作为一个计算截面，通过计算找出最不利控制截面进行设计。若墩身较高，计算截面就有很多，为方便计，宜采用优选法找出控制截面，见表 8-13。

检算墩身偏心时，在许多截面中，偏心值由上而下逐渐加大。若墩身是变截面的，则截面偏心的容许值也是由上而下逐渐加大，两者关系很复杂，很难用一个函数来表示。因此，在墩身检算中，控制截面的选择一般采用"黄金分割法"来进行。"黄金分割法"是在逐次试算中不断缩小最优点(即控制截面)存在的范围,可以很快的找出或接近最优点。本题要求在墩身全高 h 范围内,找出纵向偏心的最不利截面,则优选的范围是由 0 至 h。按黄金分割法,第一个试算点选在 $0.618h$ 处,算出 $0.618h$ 处截面的纵向偏心。第二个试算点选在 $h - 0.618h = 0.382h$ 处,算出 $0.382h$ 处截面的纵向偏心。把这两次试算结果加以比较,如第二次试算结果较弱(即偏心比值较小,不控制),则第二点以外应予淘汰,即舍去起点至第二点($0.382h$)段;反之若第一点($0.618h$)试算结果较弱,则舍去第一点($0.618h$)至终点段。淘汰一段以后剩下的范围之中,在起点(最小点)和终点(最大点)之间有个中点,第三个试算点选在(大)+(小)-(中)。再按计算结果比较第三点与中间点,淘汰较弱段。然后仍按(大)+(小)-(中)选第四点,依此类推直至达到设计要求为止。一般情况下,经过五、六次试算,就可以得到满意的结果。

墩身截面尺寸计算　　　　　　　　　　　　　　表 8-13

$h(\mathrm{m})$	17.5	10.5	21.0	14.0	15.5	24.5	26.0	28.0
$b = 2.3 + \dfrac{2}{30}h$	3.47	3.00	3.70	3.23	3.33	3.93	4.03	4.17
$d = 3.6 + \dfrac{2}{50}h$	4.30	4.02	4.44	4.16	4.22	4.58	4.64	4.72

1. 纵向偏心计算

表 8-14 为纵向偏心检算,按优选法计算,如图 8-41 所示。本例的检算范围是 $h = 0 \sim 28\mathrm{m}$,第一个截面选在 $0.618 \times 28 = 17.3(\mathrm{m})$ 取 17.5m 处。第二个截面取在 $28 - 17.5 = 10.5(\mathrm{m})$ 处。经表 7-14 计算 $K_{17.5} > K_{10.5}$,故舍去 $0 \sim 10.5\mathrm{m}$ 段。第三个截面取在 $28.0 + 10.5 - 17.5 = 21(\mathrm{m})$ 处,经计算,$K_{17.5} > K_{21}$ 故舍去 $21 \sim 28\mathrm{m}$ 段。第四个截面取在 $21 = 10.5 - 17.5 = 14(\mathrm{m})$ 处。

单孔重载作用下墩身纵向截面偏心检算　　　　　　　　　表 8-14

$h(\mathrm{m})$	竖直力(kN)			力矩(kN·m)					$e = \dfrac{\sum M_x}{\sum N}$	b	$[e] = 0.3b$	$K = \dfrac{e}{[e]}$
	N_0	N_4	$\sum N$	M_{0y}	P_{0x}	$P_{0x} \cdot h$	M_{y3}	$\sum M_y$				
17.5	4484	4612	9096	1038	280.1	4901.8	704.4	6644.2	0.730	3.47	1.041	0.701
10.5	4484	2444	6928	1038	280.1	2941.1	247.4	4226.5	0.610	3.00	0.900	0.678
21	4484	5872	10356	1038	280.1	5882.1	1026.7	7946.8	0.767	3.70	1.110	0.691
14	4484	3471	7955	1038	280.1	3921.4	445.3	5404.7	0.679	3.23	0.969	0.701
15.5	4484	3945	8429	1038	280.1	4341.6	548.7	5928.3	0.703	3.33	0.999	0.704

计算四个截面之后,可以判断控制截面在 14m 至 17.5m 之间,故第五个截面选在 15.5m 处。

计算五个截面之后,截面间距缩小到 $1.5 \sim 2\mathrm{m}$ 并且 K_{14}、$K_{15.5}$、$K_{17.5}$ 相差不大,故不必再选截面。$K_{15.5}$ 最大,且 $K_{15.5} = 0.704$ 即 $e = 0.704[e]$,故本桥墩纵向偏心合乎要求。

若考虑弯矩增大系数则最大偏心距 $e < \eta_{\max} \times 0.704[e] = 1.068 \times 0.704[e] = 0.752[e]$,故本桥墩纵向偏心合乎要求。

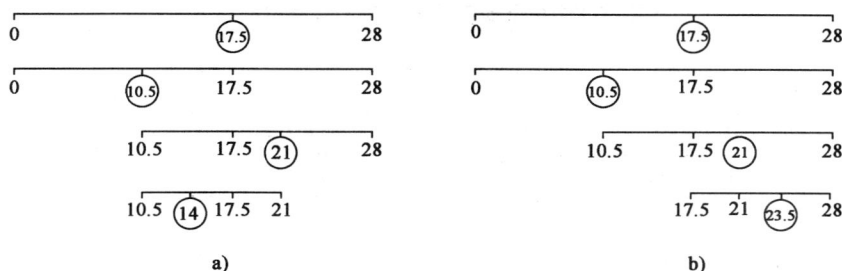

a)   b)

图 8-41　优选法选择截面

a)纵向偏心检算;b)横向偏心检算

2. 横向偏心计算(表 8-15)

双孔重载作用下墩身截面横向偏心检算　　　　表 8-15

h(m)	竖直力(kN)			力矩(kN·m)					$e = \dfrac{\sum M_x}{\sum N}$	b	$[e] = 0.3b$	$K = \dfrac{e}{[e]}$
	N_0	N_4	$\sum N$	M_{0y}	P_{0x}	$P_{0x} \times h$	M_{y3}	$\sum M_y$				
17.5	5655	4612	10267	903.9	523.9	9168.3	329.4	10401.6	1.013	4.30	1.290	0.785
10.5	5655	2444	8099	903.9	523.9	5501.0	111.7	6516.6	0.805	4.02	1.206	0.667
21	5655	5872	11527	903.9	523.9	11001.9	488.1	12393.9	1.075	4.44	1.332	0.807
24.5	5655	7258	12913	903.9	523.9	12835.6	684.6	14424.1	1.117	4.58	1.374	0.813
26	5655	7892	13547	903.9	523.9	13621.4	778.1	15303.4	1.130	4.64	1.392	0.812

经检算 $K_{24.5}$ 最大,即 $h=24.5$m 处之截面横向偏心最为不利,但 $K_{24.5}=0.813$ 即 $e=0.813$ $[e]$,故本桥墩横向偏心合乎要求。若考虑弯矩增大系数,则最大横向偏心矩:

$$e < \eta_{max} \times 0.813[e] = 1.052 \times 0.813[e] = 0.855[e]$$

故本桥墩横向偏心仍合乎要求。

曲线上桥墩应分别按纵、横及斜向检算控制截面的合力偏心。但对于矩形截面,若纵横向偏心均满足要求,斜向偏心不会控制设计,故不必检算斜向偏心。

3. 应力检算

本算例墩身较高,压应力计算时应考虑弯矩增大系数。横向最大弯距增大系数的计算列于表 8-16。

曲线上矩形桥墩墩身截面压应力的最不利荷载组合为双孔重载 + 离心力 + 制动力 + 纵向风力。仍按优选法选择截面,第一个截面选在 $h=17.5$m 处,已知该截面中 $b=3.75$m, $d=4.30$m 可计算截面模量如下:

$$W_x = \frac{1}{6}bd^2 = \frac{1}{6} \times 3.47 \times 4.3^2 = 10.693 \text{m}^3$$

$$W_y = \frac{1}{6}b^2d = \frac{1}{6} \times 3.47^2 \times 4.3 = 8.629 \text{m}^3$$

活 载 情 况		双 孔 重 载		双孔重载(主力+附加力)	
力及力矩		$N(\mathrm{kN})$	$M(\mathrm{kN \cdot m})$	$N(\mathrm{kN})$	$M(\mathrm{kN \cdot m})$
主力	桥跨荷载 N_1	2755.7	−1377.9	2755.7	−1377.9
	活载反力 $R_3 + R_4$	2331	−1165.5	2331	−1165.5
	离心力		1800.4		1800.4
附加力	列车风力				457.8
	梁上风力				145.1
墩顶合力(N_0、M_0)		5086.7	−743	5086.7	−140.1
墩顶初始偏心距(e_0)(m)		743/5086.7 = 0.146		140.1/5086.7 = 0.028	
墩顶面积 A_1(m^2)		2.3×3.6 = 8.28(近似按墩身顶采用)			
墩顶截面惯性距 I_0(m^4)		2.3×3.6³/12 = 8.9424			
墩底面积 A_2(m^2)		4.17×4.72 = 19.68			
墩底截面惯性距 I_d(m^4)		4.17×4.72³/12 = 36.5410			
m		I_0/I_d = 8.9424/36.5410 = 0.2447,查表 2-5 得 m = 1.599			
墩身平均面积 A_0(m^2)		$A_0 = (A_1 + A_2)/2$ = (8.28 + 19.68)/2 = 13.98			
计算长度 l_0(m)		2×30 = 60			
$R_a = K[\sigma_a]$　(kPa)		2.7×2.5×10³ = 6.75×10³			
$E_0 = 900R_a$(kPa)		900×6.75×10³ = 6075×10³			
$\alpha = \dfrac{0.1}{0.2 + e_0/h} + 0.16$		$\dfrac{0.1}{0.2 + 0.146/4.16} + 0.16 = 0.585$		$\dfrac{0.1}{0.2 + 0.028/4.16} + 0.16 = 0.644$	
$\dfrac{4mE_0I_d}{l_0^2} = \beta$		$\dfrac{4 \times 1.599 \times 6075 \times 10^3 \times 36.541}{60^2} = 394396$		394396	
$\alpha\beta$		230722		253991	
$N_{cr} = \alpha\beta\left[\dfrac{1}{1 + \dfrac{\alpha\beta}{1.1A_0R_a}}\right]$		$230722 \times \left[\dfrac{1}{1 + \dfrac{230722}{1.1 \times 13.98 \times 6750}}\right] = 71592$		73687	
主力 KN_0(K = 2.7)		13734.1			
主+附 KN_0(K = 2.2)				11190.7	
$B_x = \dfrac{1.1R_aA_0 - N_{crx}}{1.1R_aA_0 - KN_0}$		$\dfrac{1.1 \times 6.75 \times 10^3 \times 13.98 - 71592}{1.1 \times 6.75 \times 10^3 \times 13.98 - 13734.1} = 0.358$		0.325	
$\eta_{x\max} = \dfrac{1}{1 - (KN_0/N_{cr}) \times B_x}$		$\dfrac{1}{1 - (13734.1 \div 71592) \times 0.358} = 1.074$		1.052	

由表 8-17 知

$\sum N$ = 10266.7 kN

$\sum M_x$ = 6365.8 kN · m

$\sum M_y$ = 4922.1 kN · m

由式(8-10)计算得:

$$\sigma_{\min} = \frac{\sum N}{A} - \frac{\sum M_x}{W_x} - \frac{\sum M_y}{W_y} = \frac{10266.7}{3.47 \times 4.3} - \frac{6365.8}{10.693} - \frac{4922.1}{8.629} = -447.9 \mathrm{kPa}$$

经计算 $\sigma_{\min}$ 为负值,截面上将出现拉应力,故检算强度按应力重分布计算,仍按优选法选择截面。检算过程见表8-17。经检算墩底截面为最不利截面,$\sigma_{\max} = 2140.8\text{kPa}$。

截面压应力计算　　　　　　　　　　　　　　　　　　　　　　表8-17

截面距墩颈之距离 $h(\text{m})$	17.5	10.5	21.0	23.5	26.0	28.0
墩颈以上竖直力之和 $N_0(\text{kN})$	5654.7	5654.7	5654.7	5654.7	5654.7	5654.7
墩身重 $N_4(\text{kN})$	4612	2444	5872	6849	7892	8774
总竖直力 $\sum N = N_0 + N_4(\text{kN})$	10266.7	8098.7	11526.7	12503.7	13546.7	14428.7
纵向墩颈以上水平力 $P_{0x}(\text{kN})$	199.6	199.6	199.6	199.6	199.6	199.6
纵向墩颈以上水平力之力矩 $M_1 = P_{0x} \times h(\text{kN} \cdot \text{m})$	3493.0	2095.8	4191.6	4690.6	5189.6	5588.8
纵向墩颈以上力矩 $M_{0x}(\text{kN} \cdot \text{m})$	472.5	472.5	472.5	472.5	472.5	472.5
纵向墩身风力力矩 $M_{x3}(\text{kN} \cdot \text{m})$	704.4	247.4	1026.7	1296.7	1600.8	1869.1
纵向弯矩增大系数 η_x	1.054	1.035	1.064	1.071	1.078	1.083
纵向总力矩 $\sum M_x = \eta_x(M_1 + M_{0x} + M_3)(\text{kN} \cdot \text{m})$	4922.1	2914.2	6055.0	6918.4	7829.4	8588.6
纵向偏心距 $e_x = \dfrac{\sum M_x}{\sum N}(\text{m})$	0.479	0.360	0.525	0.553	0.578	0.595
截面纵向边长 $b(\text{m})$	3.47	3.00	3.70	3.87	4.03	4.17
截面纵向偏心率 $\dfrac{e_x}{b}$	0.140	0.120	0.142	0.143	0.143	0.143
横向墩颈以上水平力 $P_{0y}(\text{kN})$	349.6	349.6	349.6	349.6	349.6	349.6
横向墩颈以上水平力之力矩 $M'_1 = P_{0y} \times h(\text{kN} \cdot \text{m})$	6118.0	3670.8	7341.6	8215.6	9089.6	9788.8
横向墩颈以上力矩 $M_{0x}(\text{kN} \cdot \text{m})$	−43.8	−43.8	−43.8	−43.8	−43.8	−43.8
横向弯矩增大系数 η_y	1.048	1.031	1.057	1.063	1.069	1.074
横向总力矩 $\sum M_x = \eta_y(M'_1 + M_{0x})(\text{kN} \cdot \text{m})$	6365.8	3739.4	7713.8	8686.6	9670.0	10466.1
横向偏心距 $e_y = \dfrac{\sum M_x}{\sum N}(\text{m})$	0.620	0.462	0.669	0.695	0.714	0.725
截面横向边长 $d(\text{m})$	4.30	4.02	4.44	4.54	4.64	4.72
截面横向偏心率 $\dfrac{e_y}{d}$	0.144	0.115	0.151	0.153	0.154	0.154
λ	2.81	2.41	2.90	2.91	2.92	2.92
截面积 $A = b \times d(\text{m}^2)$	14.92	12.06	16.43	17.57	18.70	19.68
$\dfrac{\sum N}{A}(\text{kPa})$	688.1	671.5	701.6	711.7	724.4	733.2
$\sigma_{\max} = \lambda \times \dfrac{\sum N}{A}(\text{kPa})$	1933.6	1618.3	2034.6	2071.0	2115.2	2140.8

M10水泥砂浆砌片石(石料为300号)的容许应力为2.5MPa = 2500kPa,在主力 + 附加力作用下还可以提高30%,则

$$[\sigma] = 2500 \times 1.3 = 3250\text{kPa} > 2140.8\text{kPa}$$

墩身压应力满足要求。

检算采用的组合为:

纵向:单孔重载 + 牵引力 + 纵向风力

横向:双孔重载 + 离心力 + 横向风力

(一)纵向位移

由式(8-20)得

$$\Delta = \sum_{i=1}^{n} \frac{M_P \times z}{EI_i} \times \Delta z$$

计算纵向位移时,M_P 应包括活载偏心矩、牵引力矩及纵向风力矩,因此:

$$M_P = 1522 \times 0.35 + 268.2(0.31 + z) + (2.16z^2 + 0.008z^3)$$
$$= 615.8 + 268.2z + 2.16z^2 + 0.008z^3$$

$$\therefore \quad \Delta = \sum_{1}^{n} [615.8z + 268.2z^2 + 2.16z^3 + 0.008z^4] \frac{\Delta z}{EI}$$

由于 Δz 与 E 是常数,可以提出来,故上式变成:

$$\Delta = \frac{\Delta z}{E} \left[615.8 \sum_{1}^{n} \frac{z}{I} + 268.2 \sum_{1}^{n} \frac{z^2}{I} + 2.16 \sum_{1}^{n} \frac{z^3}{I} + 0.008 \sum_{1}^{n} \frac{z^4}{I} \right]$$

分层越多计算结果越精确,为方便计算,取每层高度为6m,全墩分五层(包括顶帽与托盘)。取每层中间至墩顶距离 z 为每层至墩顶的平均距离。计算见表8-18,计算中要注意:由于顶帽高度为0.5m,托盘高度是1.5m,故计算截面尺寸时应采用 $h = z - 2$。

纵向墩顶位移计算   表8-18

n (层数)	z (m)	b (m)	d (m)	$I = \frac{1}{12}b^3d$ (m^4)	$\frac{z}{I}$	$\frac{z^2}{I}$	$\frac{z^3}{I}$	$\frac{z^4}{I}$
1	3	2.37	3.64	4.038	0.743	2.229	6.69	20.06
2	9	2.77	3.88	6.872	1.310	11.787	106.08	954.74
3	15	3.17	4.12	10.937	1.371	20.572	308.59	4628.78
4	21	3.57	4.36	16.531	1.270	26.677	560.22	11764.62
5	27	3.97	4.60	23.985	1.126	30.394	820.64	22157.22
Σ					5.82	91.66	1802.2	39525

石砌体之 $E = 12\text{GPa} = 12 \times 10^9 \text{N/m}^2$

$$\therefore \Delta = \frac{6}{12 \times 10^6} [615.8 \times 5.82 + 268.2 \times 91.66 + 2.16 \times 1802.2 + 0.008 \times 39525]$$

$$= 0.0162\text{m}$$

$$= 1.62\text{cm}$$

再按4m分层,计算如表8-19所示,共7层半,最下一层是半层(该层的 $\frac{z}{I}$ 等均应被2除)

$$\therefore \Delta = \frac{4}{12 \times 10^6} [615.8 \times 8.673 + 268.2 \times 138.04 + 2.16 \times 2740.3 + 0.008 \times 60984]$$

$$= 0.0163\text{m} = 1.63\text{cm}$$

比较两次计算结果,相差甚微,故按6m分层时,精度已能满足要求。

$$[\Delta] = 5\sqrt{24} = 24.5\text{mm} = 2.45\text{cm}$$

因此纵向墩顶位移满足要求。

纵向墩顶位移计算　　　　　表8-19

n (层数)	z (m)	b (m)	d (m)	$I = \frac{1}{12}b^3d$ (m^4)	$\frac{z}{I}$	$\frac{z^2}{I}$	$\frac{z^3}{I}$	$\frac{z^4}{I}$
1	2	2.30	3.60	3.650	0.548	1.096	2.19	4.38
2	6	2.57	3.76	5.319	1.128	6.768	40.61	243.65
3	10	2.83	3.92	7.404	1.351	13.506	135.06	1350.62
4	14	3.10	4.08	10.129	1.382	19.350	270.91	3792.67
5	18	3.37	4.24	13.523	1.331	23.959	431.27	7762.77
6	22	3.63	4.40	17.538	1.254	27.597	607.14	13357.05
7	26	3.90	4.56	22.541	1.153	29.990	779.73	20273.10
7.5	30	4.17	4.72	28.521	0.526	15.778	473.34	14200.06
Σ					8.673	138.04	2740.3	60984

(二)横向位移

计算横向位移时,M_P 应包括活载偏心力矩,墩顶水平力(离心力、列车风力、梁上风力)之力矩及横向风力矩,则 $M_P = 1237.8 + 520z + 0.92z^2 + 0.009z^3$。

$$\therefore \quad \Delta = \sum_1^n \left[1237.8z + 520z^2 + 0.92z^3 + 0.009z^4\right]\frac{\Delta z}{EI}$$

$$= \frac{\Delta z}{E}\left[1237.8\sum_1^n \frac{z}{I} + 520\sum_1^n \frac{z^2}{I} + 0.92\sum_1^n \frac{z^3}{I} + 0.009\sum_1^n \frac{z^4}{I}\right]$$

仍按6m分层,计算如表8-20所示。

$$\therefore \Delta = \frac{6}{12\times10^6}\left[1237.8\times3.486 + 520\times59.66 + 0.92\times1226.5 + 0.009\times27627\right]$$

$$= 00.0184 = 1.84\text{cm}$$

$$[\Delta] = 5\sqrt{24} = 24.5\text{mm} = 2.45\text{cm}$$

因此横向墩顶位移满足要求。

横向墩顶位移计算　　　　　表8-20

n (层数)	z (m)	b (m)	d (m)	$I = \frac{1}{12}b^3d$ (m^4)	$\frac{z}{I}$	$\frac{z^2}{I}$	$\frac{z^3}{I}$	$\frac{z^4}{I}$
1	3	2.37	3.64	9.53	0.315	0.944	2.83	8.5
2	9	2.77	3.88	13.48	0.668	6.009	54.08	486.7
3	15	3.17	4.12	18.47	0.812	12.182	182.73	2740.9
4	21	3.57	4.36	24.66	0.852	17.883	375.55	7886.5
5	27	3.97	4.60	32.20	0.839	22.640	611.27	16504.4
Σ					3.486	59.66	1226.5	27627

第五节　墩、台标准设计图的应用

从前面内容可知，桥墩、台设计首先按设计资料拟定桥墩各部分尺寸，计算所受荷载并考虑最不利荷载的组合，然后检算各部分的截面应力、偏心和稳定性。当一次拟定尺寸后，通过检算有一项不符合要求，则需修改尺寸重新检算，直至都符合要求为止。显然桥墩、台设计计算的工作量相当大，既费时又费工。为此，铁道部组织各设计院，将常用的各类墩、台根据不同设计条件分门别类预先设计好，并编制了成套的标准设计图，以提供设计和施工人员套用。这样既加快了设计速度，又保证了设计质量，并可节省大量时间，能够多、快、好、省地完成桥梁设计和施工任务。

一　桥墩标准设计图的应用

我国现有桥墩标准图有：矩形桥墩（贰桥4063、4064）、圆端形桥墩（叁桥（90）4023）、圆形桥墩（肆桥4018）、还有板式桥墩——叁桥（87）4036、圆端形板式桥墩——叁桥4038（钢支座）、叁桥4038a（橡胶支座）等。这些图的套用方法基本相同，下面对圆端形桥墩标准图的应用简介如下：

（一）圆端形桥墩标准图的简介

套用标准图时，首先应仔细阅读该图设计说明书，它明确了该图可与哪些标准设计的梁配合使用。指出了墩高设计范围和基底应力的设计范围，该图设计中已考虑了哪些荷载和通过了哪些检算等。据此决定实际的桥墩设计能否套用该图或还需作哪些补充的检算。

桥墩标准设计图（图8-42），主要是根据一定的荷载条件，按照不同的桥梁跨度（分直线桥与曲线桥）、墩高及地基情况（分岩石和非岩石地基）编制的。为了简化种类，便于设计和施工，该图根据架梁和养护对顶帽尺寸的要求，将顶帽（包括托盘）按钢筋混凝土梁及预应力混凝土梁的跨度分为四个跨度组进行设计。同一跨度组的顶帽使用相同的尺寸。各跨度组的顶帽形式及尺寸见表8-21。

顶帽的形式和尺寸（m）

表8-21

跨度	顶　帽					飞檐	托　盘			
	类型	形状	横向宽	纵向宽	厚（+加高）		托盘高度	顶部横向宽	底部横向宽	顶底纵向宽
4、5、6	飞檐式	圆端形	4.0	1.3	0.4	0.1	—	—	—	—
8	飞檐式	圆端形	4.4	1.7	0.5（+0.1）	0.1	—	—	—	—
10、12、16	托盘式	矩形顶帽圆端形托盘	5.0	2.3	0.5（+0.2）	0.2	0.8	4.6	3.4	1.9
20、24、32	托盘式	矩形顶帽圆端形托盘	6.0	2.3	0.5	0.2	1.4	5.6	3.4	1.9

注：各种顶帽结构图可查标准图。

标准图中顶帽和墩身的尺寸，在强度、偏心和受压稳定性等方面的检算均符合《铁路桥涵设计基本规范》（TB 10002.1—2005）的要求，故用顶帽和墩身的尺寸时，可不必检算，该图有适用于不同基底应力的基础尺寸，一般以50kPa为一级。不同基础尺寸的最大基底应力，是在未考虑水浮力和按基顶与地面平齐时,其桥墩风力和台阶上土重的条件下求得的,同时在此情况下,基底偏心 e 符合要求。当所设计的桥墩处有水,或有一部分墩身埋于土中时,则应计水或基顶以上土重的影响,并对基底作补充检算。至于桥墩的倾覆和滑动稳定,只要设计频率水位在梁底以下 0.5m 或支承垫石面以下 0.25m 时,该图已考虑水浮力,并进行了检算,用时可不再另行检算。

该图用不同设计流速($V = 2 \sim 5\text{m/s}$),检算了桥与河流正交时的流水压力,并反求了流水压力下桥墩的容许水深 H_0。直线桥桥墩 H_0 等于墩身高,曲线桥桥墩 H_0 详见标准图。因此,当设计频率水位的水深 $\leqslant H_0$ 时,桥墩就满足了《铁路桥涵设计基本规范》(TB 10002.1—2005)的各项要求。

表 8-22 列出了直线、计算跨度 $L_\text{P} = 16\text{m}$,非岩石地基的圆端形桥墩标准图的部分尺寸及应力的摘录,该墩图见图 8-42。

(二)标准图的套用步骤

(1)根据设计资料中的轨底高程及采用梁的建筑高度(轨底至墩台垫石顶面),确定桥墩支承垫石面的高程(图 8-43)。

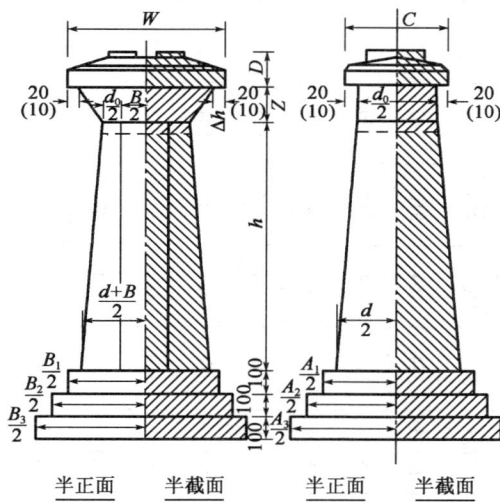

图 8-42　圆端形桥墩标准图　　　　图 8-43　桥墩各部分高程

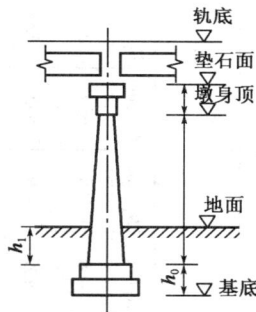

(2)根据梁跨度 L_P,按表 8-22(或标准图)选定顶帽形式及尺寸,并确定墩身顶部(托盘底)的高程。

(3)根据桥墩处水文,地质资料及基础埋置深度的要求,拟定基底高程。为了便于套用,拟定基底高程时应使墩身顶至基底的距离(即墩身高 h 加基础厚度 h_φ)凑成符合标准图中所规定的模数。

(4)根据所得墩身高度、基础厚度及实际地基的容许承载力,从标准图中选定基础尺寸,选定时应符合基底最大应力小于容许承载力的条件。

(5)根据设计频率流速,从标准图中查出容许水深。设计频率水位时的水深不得大于容许水深,否则需加算流水压力,重新检算。

(6)按需要作基底补充检算,并最后确定桥墩及基础尺寸。

(7)按选定桥墩尺寸绘制结构图,并从标准图中查得其工程数量。

表 8-22

$L_p = 16m$ 混凝土墩身及非岩石地基基础尺寸、应力、数量表 [摘自叁桥（90）4023—26—27]

墩身高 h (m)	基础层数 N	n	混凝土墩身 d (cm)	d+B (cm)	圬工体积 (m³)	表面积 (m²)	一层 A₁ (cm)	B₁ (cm)	二层 A₂ (cm)	B₂ (cm)	三层 A₃ (cm)	B₃ (cm)	四层 A₄ (cm)	B₄ (cm)	圬工体积 (m³)	模板面积 (m²)	σ_{max} (kPa)	σ_{min} (kPa)
17	2		269	419	127.3	170	409	555	609	755					68.7	46.6	288	83
	3		269	419	127.3	170	409	459	605	529	805	729			109.3	70.6	238	110
	4		269	419	127.3	170	409	459	609	505	809	705	1009	905	197.9	108.2	188	118
18	2		274	424	137.1	181.5	314	464	470	464					36.4	34.2	653	59
	2		274	424	137.1	181.5	314	464	474	464					36.6	34.3	644	67
	2		274	424	137.1	181.5	314	464	506	464					38	35	589	77
	2	43	274	424	137.1	181.5	314	464	464	572					41.1	36.3	547	52
	2		274	424	137.1	181.5	314	464	510	560					43.1	37	489	72
	2		274	424	137.1	181.5	314	464	512	630					46.8	38.4	437	69
	2		274	424	137.1	181.5	314	464	540	664					51.6	40.2	389	75
	2		274	424	137.1	181.5	314	464	602	664					58.6	42.6	339	86
	3		274	424	137.1	181.5	314	464	510	504	710	704			90.3	64.1	288	108
	3		274	424	137.1	181.5	314	464	610	552	810	752			113.6	72	239	109
	4		274	424	137.1	181.5	314	464	614	534	814	734	1014	934	206.5	110.4	188	110
19	2		278	428	147.3	193.2	318	468	476	468					37.2	34.6	661	57
	2		278	428	147.3	193.2	318	468	476	468					37.6	34.8	64.4	63

(三)套用标准图示例

按下列设计资料设计圆端形桥墩:I级线路、单线、平坡、直线桥、采用叁标桥道砟桥面钢筋混凝土梁,等跨布置,计算跨度 $L_P = 16m$,双侧人行道。桥跨建筑高度为 2.58m,支座高为 0.18m,轨底高程为 109.98m。河床是很深的塑性状态砂黏土(一般黏性土),饱和重度为 20kN/m³,液性指数 $I_L = 0.6$,孔隙比 $e = 0.6$,基本承载力 $\sigma_0 = 310kPa$。墩位处河床高程为 91.00m,设计频率水位为 96.00m,常水位 93.00m,一般冲刷线 89.00m,局部冲刷线 88.5m。

试根据以上资料,应用叁桥(90)4023 圆端形桥墩标准图设计桥墩,确定桥墩各部分尺寸,并绘其结构草图。

解:套用叁桥(90)4023 圆端形桥墩标准图进行设计如下:

1. 确定支承垫石高程

桥墩支承垫石面高程 = 轨底高程 − 桥跨在墩台处的建筑高度
$$= 109.98 - 2.58 = 107.40m$$

支承垫石面高程 107.4m > 96.0m(设计频率水位高程)+ 0.25m。

梁底高程 = 垫石面高程 + 支座高
$$= 107.4 + 0.18 = 107.58m > 96m + 0.5m$$

2. 确定顶帽型式及尺寸、墩身顶面高程

根据梁的跨度,按表 8-21 选用托盘式顶帽,由标准图叁桥 4023—3,查得顶帽高度为 1.5m。故墩身顶帽高程 = 垫石高程 − 托盘式顶帽高 = 107.4 − 1.5 = 105.90m。

顶帽其他尺寸可查表 8-21:顶帽横向宽 5.0m,纵向宽 2.3m,顶帽厚 0.7m。

3. 确定基底高程

根据地质资料,河床为很深的塑性砂黏土,$\sigma_0 = 310kPa$,可以作为明挖基础的地基。因桥墩处有冲刷,基底埋深由冲刷控制。总冲刷深度 = 91.00(河床高程)− 88.5(局部冲刷线高程)= 2.5m,按桥规要求,基底应埋在局部冲刷线以下不小于 2m 再加冲刷总深度的 10%,即:$88.5 - (2 + \frac{2.5}{10}) = 88.5 - 2.25 = 86.25m$。这时,墩身高 h + 基础厚 h_φ = 墩身顶高程 105.9 − 86.25 = 19.65m。为了便于套用标准图,将其值凑成整数 20m,此时基底高程为:105.9 − 20.0 = 85.9m。

4. 选定基础尺寸并作基底应力检算

根据直线上 $L_P = 16m$ 钢筋混凝土梁,非岩石地基等条件,基础尺寸可查叁桥(90)4023—26—27(表 8-22):

(1)选定基础尺寸。从表 8-22 中可知,当 $h + h_\varphi = 20m$ 时,应满足 $\sigma_{max} < 1.20\sigma_0 = 1.2 \times 310 = 372kPa$,故基础尺寸可按 339kPa 选用。此时,墩身尺寸为:墩身高 $h = 18m$,基础层数 $N = 2$(即 2m),墩身坡度 $n = 43$;墩身底纵向宽 $d = 2.74m$,横向宽 $d + B = 4.24m$。基础尺寸见图 8-44。

(2)基础襟边和台阶上的土重、水重及其引

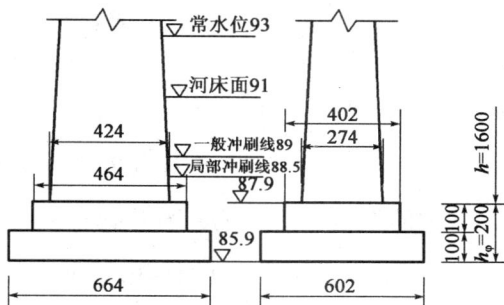

图 8-44 套用标准图示例的附图(尺寸单位:cm)

起的基底应力。

《铁路桥涵设计基本规范》(TB 10002.1—2005)规定,位于砂黏土地基上的墩台基础,应按透水与不透水两种情况检算基底,取不利者控制设计。本例仅按不透水情况检算(另一种情况从略),土重按饱和重度计。

①土重引起的基底应力。埋入土中的墩身体积(算至一般冲刷线):

V_0 = 墩底面积 × 墩身埋深

$$= (\frac{\pi \times 2.74^2}{4} + 2.74 \times 1.5)(89 - 87.9)$$

$$= 10 \times 1.1 = 11.0 \text{m}^3$$

第一层基础体积:

$$V_1 = 4.64 \times 4.02 \times 1 = 18.65 \text{m}^3$$

以第二层基础为底面的,自一般冲刷线至第二层基础顶面的体积:

$$V_2 = 6.64 \times 6.02(89 - 86.9) = 83.94 \text{m}^3$$

基础襟边、台阶上土重:

$$N_\pm = (V_2 - V_0 - V_1) \times \gamma_{sat}$$

$$= (83.94 - 11 - 18.65) \times 20 = 1085.8 \text{kN}$$

土重引起基底应力:

$$\Delta\sigma_\pm = \frac{1085.8}{6.02 \times 6.64} = 27.16 \text{kPa}$$

②水重引起的基底应力(常水位至一般冲刷线的墩身体积):

$$V_0' = 墩底面积 \times 水深$$

$$= 10 \times (93 - 89) = 40 \text{m}^3$$

在基础平面范围内,常水位至一般冲刷线的体积:

$$V_2' = 基底面积 \times 水深$$

$$= 6.64 \times 6.02 \times (93 - 89) = 39.97 \times 4 = 159.89 \text{m}^3$$

基础上水重:

$$N_水 = (V_2' - V_0') \cdot \gamma_W = (159.89 - 40) \times 10$$

$$= 1198.9 \text{kN}$$

水重引起基底应力:

$$\Delta\sigma_水 = \frac{1198.9}{39.97} = 30.0 \text{kPa}$$

③基底总应力:

$$\sigma_总 = \sigma_{max} + \Delta\sigma_\pm + \Delta\sigma_水$$

$$= 339 + 27.16 + 30.0 = 396.16 \text{kPa}$$

④计算基底容许承载力:

$$[\sigma]_{主+附} = 1.2[\sigma_0 + K_1\gamma_1(b - 2) + K_2\gamma_2(h - 3) + \gamma_w h_w]$$

式中的 K_1 和 K_2 为宽度、深度修正系数,当 $I_L > 0.5$ 时,一般黏性土 $K_1 = 0$,$K_2 = 1.5$。

$$[\sigma]_{主+附} = 1.2[310 + 0 + 1.5 \times 20(3.1 - 3) + (93 - 89) \times 10]$$

$$= 1.2 \times 353 = 423.6 \text{kPa} > \sigma_总 (满足要求)$$

我国现有的桥台标准图有：肆桥 4019——U 形桥台、叁桥（89）4025——T 形桥台、叁桥（93）4024——耳墙式桥台、壹桥 4189——埋式桥台等。

应用桥台标准图进行设计，首先对标准图应有个全面了解，仔细阅读设计说明书，然后根据桥跨结构类型、跨度、路堤高度和水文资料和地质情况等，选用合理的桥台形式和相应的标准图。

下面对 T 形桥台标准图的应用简介如下：

在 T 形桥台的标准设计图中，为了简化设计的种类，将桥台按钢筋混凝土及预应力混凝土梁的跨度分为四组：5m、6m 为小跨度组；8m 为较小跨度组；10m、12m、16m 为中跨度组；20m、24m、32m 为大跨度组。对于桥台某些部位，例如道砟槽截面、前墙宽度（3.4m）、后墙宽度（2.2m）等，各种跨度组都采用相同尺寸；前墙厚度、顶帽及托盘尺寸等，同一跨度组都是统一尺寸（表 8-23）。其余尺寸，如桥台长度，前墙和后墙的高度，基础尺寸等。则需要根据填土高度、基底埋深、地基承载力、桥跨类型和跨度等因素具体确定。

各跨度组 T 形桥台统一的有关尺寸　　　　　　　　　　　　表 8-23

跨度 L (m)	d_0 (m)	前墙厚度 d_4 (m)	顶帽飞檐宽 d_5 (m)	顶帽横向宽 B (m)	顶帽底至支承垫石顶 h_1 (m)	托盘高度 h_5 (m)	顶帽厚 h_6 (m)
5.0、6.0	0.65	1.5	0.1	4.0	0.4	0.4	0.4
8.0	0.80	1.5	0.1	4.2	0.6	0.7	0.5
10.0、12.0、16.0	1.10	2.0	0.2	5.0	0.7	0.7	0.5
20.0、24.0、32.0	1.20	2.2	0.2	6.0	0.5	1.10	0.5

图 8-45 所示为 $L_P = 16m$ 普通钢筋混凝土梁的 T 形桥台图，其中标注有数字的为标准图中给定尺寸，用符号标注的部位，则需要根据设计资料加以确定。

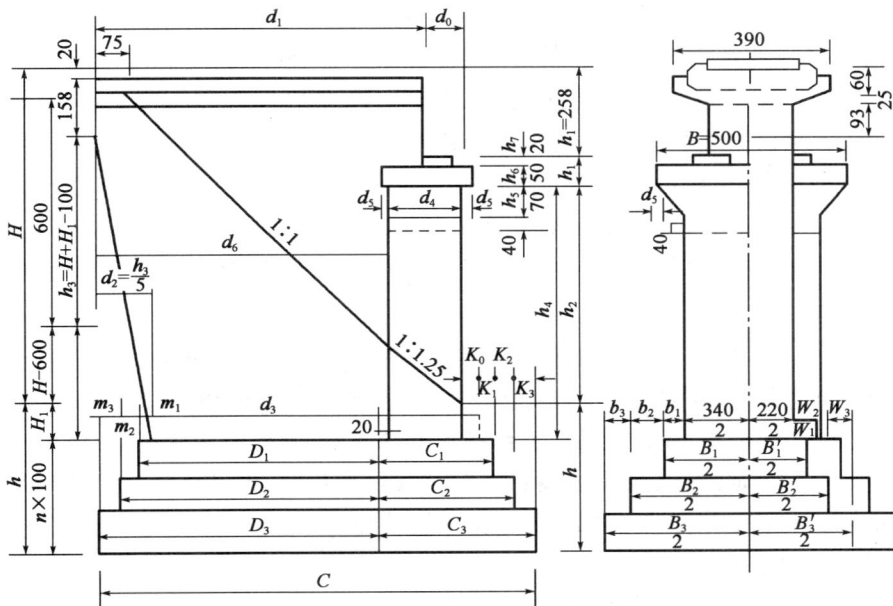

图 8-45　T 形桥台

(一)套用桥台标准图的方法和步骤

（1）选择桥台形式。根据桥梁跨度大小及大致估算路堤填土的高度，选择桥台形式。

（2）确定填土高 H。路肩至河床铺砌面或一般冲刷线的高度为填土高。当河床不铺砌时，填土高 H 系指路肩至一般冲刷线以下 $0.25m$ 处。T 台标准图中采用的填土高是 $0.5m$ 的整数倍，故设计时也应以 $0.5m$ 为单位。一般凑整后的假设地面低于铺砌面或一般冲刷线处，故假设地面与台前墙的交点，即锥形填土的坡脚点。

（3）根据桥台处地质、水文条件按《铁路桥涵设计基本规范》（TB 10002.1—2005）对基础最小埋深要求，以及考虑桥台基底应力和地基承载力的相应关系，决定基底高程，并计算出地面至基底总深度 h，同样以 $0.5m$ 为单位。

（4）根据桥梁跨度 L_P、填土高 H、地基容许承载力 $[\sigma]$ 以及地面至基底的总深度 h 等条件，由标准图中查得相应基础层数 N，基础尺寸及台身入土深度 H_1，T 形桥台标准图见表8-24。

桥 台 标 准 图 表8-24

桥台类型	梁的配合跨度（m）									路堤高 H（m）
T形		5	6	8	10	12	16	20	24	32	4~12
埋式							16	20	24	32	8~20
U形	4	5	6	8							≤6
耳墙式			6	8	10	12	16	20	24	32	≤10

然后按基底最大压应力 σ_{max} 应小于或等于地基容许承载力 $[\sigma]$ 的原则，从标准图中选定合适的基础尺寸和层数。

$$[\sigma] = \sigma_0 + K_1\gamma_1(b - 2) + K_2\gamma_2(h - 3)$$

$[\sigma]$ 值不仅与地基土的基本承载力 σ_0 有关，还与基础的宽度和埋深有关。在编制标准图时，已检算了基底偏心和倾覆稳定，故地基强度、基底偏心和倾覆稳定可以不再检算。至于滑动稳定，应根据地基土的基底摩擦系数不小于选定的基础尺寸表中提供的有水（梁底以下 $0.5m$ 时的最高水位）情况下，桥台圬工在水浮力作用下与地基的最小摩擦系数来检算；如果桥台处无水时，则可根据不小于无水情况下的最小摩擦系数来检算；当滑动稳定不能满足要求时，则应按实际设计频率水位详细检算或采取合适的抗滑措施或重选尺寸使其满足。

（5）按桥跨 L_P 及确定的填土高 H 计算桥台的长度 d_1。当 $H \leq 6m$ 时 $d_1 = H + 0.75 - d_0$；当 $12 > H > 6m$ 时 $d_1 = 1.25H - 0.75 - d_0$；d_0 为胸墙至桥台前缘之距离，见表8-23。

（6）在选定基础尺寸的同时，已选定台身入土深度 H_1 及台身底部高程，由填土高 H 即可推算出前墙、后墙的高度及其余尺寸（图8-45）。实际套用时，也可从有关标准图直接查得。

（7）按水力计算的要求，参照标准图中锥体护坡和河床加固的设计图，确定锥体护坡和河床铺砌的种类及厚度。

（8）按确定的桥台尺寸绘制桥台总图，并根据填土高 H、基础尺寸及设计资料，在有关标准图中查得其主要工程数量。

(二)套用标准图示例

已知某 I 级铁路的平坡、直道上有一孔 $L = 16m$ 的桥梁,桥跨采用叁标桥 1023 钢筋混凝土梁,轨底至垫石顶面的梁跨建筑高度为 2.58m,桥台处轨底高程为 100.5m,地面高程为 94m,河床用片石铺砌,可略低于地面 0.20m 左右,常水位高程 94m,设计频率水位为 96m,河床表面有近 4m 深的软塑砂黏土,基本承载力 $\sigma_0 = 150kPa$,饱和重度 19kN/m³,再往下为硬塑砂黏土 $\sigma_0 = 310kPa$($I_L = 0.4, e = 0.7$),饱和重度为 20kN/m³。

试应用 T 形桥台标准图确定桥台主要尺寸,并绘其结构图。

【解】 根据桥跨和填土高,可采用 T 形桥台或耳墙式桥台,本例采用 T 形桥台,套用叁桥(89)4025 标准图。

(1)确定填土高 H。路肩高程 $= 100.5 - 0.78 = 99.72m$,河床用片石铺砌,略低于地面 0.20m,则其铺砌面高程为 $94 - 0.2 = 93.8m$,故路肩至铺砌面的高度为 $H = 99.72 - 93.80 = 5.92m$,取 6m。

此时,假设地面高程为 $99.72 - 6 = 93.72m$。

(2)确定基底位置。根据《铁路桥涵设计基本规范》(TB 10002.1—2005),当设有铺砌防冲时,基底埋深应在地面以下不小于 2m,从土质条件考虑,据《铁路桥涵设计基本规范》(TB 10002.1—2005),基础应避开局部软弱不良地基(本题有近 4m 软塑砂黏土,$\sigma_0 = 150kPa$,承载力太低),故应将基础底面埋至河床表面以下 4m,即硬塑砂黏土层上,这时基底高程为 $93.72 - 4 = 89.72m$,假设地面至基底深度 $H = 93.72 - 89.72 = 4m$。

(3)选定基础尺寸。根据直线上桥跨 $L = 16m$,填土高 $H = 6m$,$h = 4m$,采用混凝土基础等条件,可从表 2-25 中选定 $\sigma_{max} = 300kPa$(小于硬塑砂黏土地基承载力 $\sigma_0 = 310kPa$),相应于 σ_{max} 的基础层数 $n = 1$,台身埋入土深度 $H_1 = 3m$,故基顶高程为 $89.72 + 1 = 90.72m$。其他基础尺寸:$c = 705cm$;$B = 500cm$;$B' = 380cm$;$k_1 = 100cm$;$m_1 = 90cm$;$b_1 = 80cm$;$W_1 = 80cm$。如图 2-38 所示。

由初选的基底位置和基础尺寸,可知该地基的容许承载力为:

$$[\sigma] = \sigma_0 + k_1\gamma_1(b - 2) + k_2\gamma_2(h - 3)$$

$I_L < 0.5$ 时,黏性土的 $k_1 = 0, k_2 = 2.5$。

$$\therefore \qquad [\sigma] = 310 + 0 + 2.5 \times 19(4 - 3)$$
$$= 310 + 47.5 = 357.5kPa > \sigma_{max} = 300kPa$$

硬塑黏土的基底摩擦因数 $f = 0.3$,在表 8-25 中查得有水时所需的 $f_{min} = 0.28$,因为 $f > f_{min}$,故滑动稳定符合要求。

(4)确定桥台长度 d_1 及台身尺寸。从表 8-23 中可查得,当 $L = 16m$ 时,其 $d_0 = 1.10m$,$d_4 = 2.0m$。本题中填土高 $H = 6m$,故 $d_1 = H + 0.75 - d_0 = 6 + 0.75 - 1.1 = 5.65m$,从图 2-45 中可知:$h_3 = H + H_1 - 1.0 = 6 + 3 - 1 = 8m$;$d_2 = \dfrac{h_3}{5} = \dfrac{8}{5} = 1.6m$;

$$d_3 = 1 \times H + 0.75 - d_2 - d_4 = 6.75 - 1.6 - 2.0 = 3.15m$$

由表 8-23 中查得,顶帽底至支承垫石顶之距离 $h_1 = 0.7m$,所以 $h_4 = 100.5 - h_0 - h_1 - 90.72 = 100.5 - 0.7 - 2.58 - 90.72 \approx 6.5m$

(5)根据选定的桥台尺寸,绘制桥台结构草图,查工程数量表(略)。

直线上 L=16.0m 钢筋混凝土梁等 T 形桥台混凝土圬工基础尺寸、工程数量及基底压应力表

表 8-25

路面肩填至土深度 H(m)	地面总至基深度 h(m)	台身入土深 H₁(m)	基础层数 n	σ_{max} (kPa)	σ_{min} (kPa)	台身尺寸 d_3(cm)	回台尺寸 K_a(cm)	C	B	B'	k_1	k_2	k_3	m_1	m_2	m_3	b_1	b_2	b_3	w_1	w_2	w_3	C15 混凝土 (m³)	模板 (m²)	无水 f	有水 f	通用地震烈度
4.0		3.0	1	300	219	315		705	500	300	100			90			80			80			30.7	21.1	0.20	0.28	*
		2.0	2	250	199	335		830	580	460	25	100		70	100		20	100		20	100		61.7	56.4	017	0.24	*
		1.0	3	210	168	355		890	870	820	20	0	70	45	100	100	65	100	100	100	100	100	14.77	105.6	0.14	0.20	9
4.5		3.5	1	506	95	305		570	380	260	45			20			20			20			18.0	19.0	0.26	0.35	*
		3.0	1	407	132	305		665	380	260	95			65			20			20			21.1	20.9	0.25	0.34	*
		2.5	1	349	242	305		705	450	280	100			100			55			30			25.2	23.1	0.23	0.32	*
		2.0	2	302	220	305		695	530	410	100	100		90	100		95	100		95			32.4	24.5	0.18	0.25	Ⅲ₉
		1.5	2	250	183	325		825	580	550	50	100		50	100		20	100		65	100		69.2	56.2	0.18	0.25	*
		1.0	3	220	175	345		875	820	820	20	0	90	20	100	100	40	100	100	100	100	100	138.8	101.7	0.15	0.21	9
5.0		4.0	1	518	100	295		570	380	260	55			20			20			20			18.2	19.0	0.27	0.37	*
		3.5	1	402	130	295		670	410	260	100			75			35			35			22.3	21.6	0.25	0.35	*
		3.0	1	35.1	231	295		695	490	290	100			100			75			20			26.6	23.7	0.23	032	*
		2.5	2	545	225	315		745	550	380	20	100		20	90		20	85		20	60		51.4	51.8	0.21	0.29	*
		2.0	3	408	189	335		800	730	580	60	0	100	20	25	100	20	75	100	35	60	100	95.8	91.8	0.17	0.24	*
5.5	6.0	4.5	1	351	93	285		565	380	260	30			20			50			20			18.1	18.9	0.28	0.38	*
		3.5	1	301	123	285		665	440	260	100			80			95			55			23.1	22.1	0.26	0.36	*
		2.5	2	249	124	285		675	530	330	100	100		90	100		20	100		20			28.7	24.1	0.24	0.33	*
		2.0	2		215	305		755	580	390	30	100		80	100		50	100		20	95		53.6	53.4	0.21	0.30	Ⅳ₉
		1.5	3		193	325		805	780	650	30	0	100	20	30	100	20	100	100	20	95	100	105.3	95.1	0.17	0.25	*

204

H(m)	h(m)	H_1(m)	n	σ_{max}	σ_{min}	d_3	K_a	C	B	B'	k_1	k_2	k_3	m_1	m_2	m_3	b_1	b_2	b_3	w_1	w_2	w_3	C15混凝土(m³)	模板(m²)	f无水	f有水	通用地震烈度
6.0	6.0	5.0	1	561	94	275		565	380	260	70			20			20			20			18.2	18.9	0.30	0.48	*
				535	114	275		575	380	260	80			20			20			20			18.6	19.1	0.29	0.40	*
				402	122	275	20	665	480	260	85			85			70			20			25.2	22.9	0.26	0.36	*
				352	129	275	20	690	540	330	95			100			100			55			30.5	24.6	0.24	0.34	*
		4.0	2	301	217	295		770	580	430	55	100		20	100		20	100		20	85		56.9	54.0	0.21	0.30	8
		3.0	3	250	198	315		800	920	710	20	0	100	20	45	100	90	100	100	45	100	100	121.9	103.2	0.16	0.24	9
	2.0	1.0	1	405	226	408		648	380	260	20			20			20			20			19.8	20.5	0.21	0.27	*
				350	233	408		713	380	260	55			50			20			20			21.9	21.8	0.20	0.26	*
				299	203	408		808	380	290	100			100			20			35			26.3	23.7	0.19	0.25	*
		0.0	2	251	176	428		808	500	390	20	65		20	75		20	60		20	65		55.1	52.3	0.17	0.23	*
				199	152	428		928	610	610	20	80		100	100		35	100		95	100		87.3	61.5	0.14	0.19	*
6.5	2.5	1.5	1	427	234	398		638	380	260	70			20			20			20			19.5	20.3	0.21	0.28	*
				351	238	398		738	380	260	100			70			20			20			22.7	22.3	0.20	0.27	*
				301	203	398		798	410	310	20			100			35			45			28.0	24.1	0.19	0.26	*
		0.5	2	249	191	418		833	520	410	20	75		20	100		20	70		20	75		57.6	54.1	0.16	0.22	*
				210	161	418		928	600	600	20	90		100	100		30	100		90	100		85.2	61.1	0.14	0.19	*
	3.0	2.0	1	454	107	388		628	380	260	20			20			20			20			19.2	20.1	0.22	0.29	*
				405	129	388		688	380	260	45			35			20			20			20.6	20.9	0.22	0.29	*
				349	234	388		768	380	260	90			90			20			20			23.7	22.9	0.21	0.28	*

第六节　地震区的桥梁墩台

一　墩台抗震设计的一般规定

地震是人类所面临的主要自然灾害之一。对桥梁而言,地震带来的破坏,无论从数量上,还是从程度上,都大大超过其他自然动荷载的影响。严重的桥梁震害不但直接影响交通,而且经常发生次生灾害,影响抗震救灾工作的进行,从而加剧地震灾害的严重性。对于修建在人口密集地区和繁忙干线上的桥梁更是如此。为了减轻地震所造成的损失,要求地震区桥梁必须按抗震要求进行设计。在抗震设计方面应坚持预防为主的方针,并按桥梁的重要性和修复难易区别对待,保证重点。《铁路工程抗震设计规范》(GB 50111—2006)(以下简称《抗规》)规定:对于Ⅰ、Ⅱ级干线的桥梁按抗震设计建成后,要求在遭到相当于设计烈度的地震影响时,不致产生大的结构性破坏(如桥梁坠落、墩台倒毁或折断等严重破坏),稍加修整即可正常使用。对于Ⅲ级干线及Ⅰ级工业企业标准轨距铁路,要做到短期抢修后即能恢复通车。Ⅱ、Ⅲ级工业企业铁路上的桥梁墩台,即使出现了破坏但不严重时仍属许可。

Ⅰ、Ⅱ、Ⅲ级铁路和Ⅰ级工业企业铁路上的桥梁墩台,采用所在地区的基本烈度作为设计烈度进行抗震设计;重要的桥梁墩台设计烈度可按国家的特殊规定予以提高;Ⅱ、Ⅲ级工业企业铁路上的桥梁墩台,除桥梁支座和防止落梁的设施用基本烈度进行抗震设计外,其余部分的设计烈度均应按基本烈度降低1度采用。

地震烈度是地震影响和破坏程度的反映。根据地震时人们的自身感觉、室内物品和设备的位移状态、建筑物的损坏和破坏情况、地区的崩滑和陷裂现象等诸多影响将他们从轻到重划分为12度(参见《铁路工程设计技术手册——桥梁墩台》附录6)。地震烈度是抗震设计的依据。

基本烈度是由有关部门根据某一地区的地质地形条件和地震的历史资料,预测在今后一定时期内该地区可能遭受的最大烈度,我国规定位于基本烈度为7度、8度、9度地区内的,新建国家铁路网标准轨距铁路和工业企业标准轨距铁路的桥梁墩台均应按《抗规》(GB 50111—2006)进行抗震设计。

对于基本烈度超过9度地区内的桥梁墩台,或有特殊抗震要求的和新型结构的桥梁墩台。它们的抗震设计应进行专门研究。

从总体上说,提高建筑物的抗震能力不囿于各项验算。国内外的多次地震经验都已证明,当建筑物处于有利的场地内,且结构合理,整体性强,施工质量良好时均能提高抗震能力。故建筑物的抗震设计方案,应符合下列原则:

建筑物选择在基本烈度较低和对抗震有利的地段上设置。

采用体形简单、自重轻、刚度和质量分布匀称、重心低的建筑物。

采用有利于提高结构整体性的连接方式。建筑物要技术上先进、经济上合理和便于修复加固。

桥墩台的抗震设计除应符合《抗规》(GB 50111—2006)的各项要求外,尚应符合现行有关标准、规范的规定。

二 墩台的抗震验算

地震区桥梁墩台除采用抗震措施外,尚应按表 8-26 规定的范围,验算其抗震强度和稳定性。

桥墩台抗震验算范围　　　　　　　　　　　表 8-26

工程项目		线别 设计烈度 ——	I、II 级干线			III 级干线及各级工业企业线		
			7	8	9	7	8	9
可液化土及软土地基上的 特大桥、大中桥墩台			验算			验算		
岩石及一般土 质地基上的特 大桥、大中桥	重力式墩台		不验算	$h>10m$ 验算	$h>5m$ 验算	不验算	$h>15m$ 验算	$h>10m$ 验算
	排架桩墩台桩 柱基础墩台		验算			验算		

注:①h 为桥墩台高度。墩高指支承垫石顶面至基础顶面高度,台高指路肩至基础顶面高度。

②采用标准设计的 T 形或 U 形桥台,台身强度可不验算。

根据在地震灾害区调查,桥梁的破坏大多沿纵向或横向发生,尤其是纵向桥梁坠落。所以只要桥梁在纵横两个方向具有适当的强度和稳定性,桥梁的抗震能力就有了基本的保证。起控制作用的是水平力,因此在验算桥墩台的抗震强度和稳定性时,地震荷载只考虑水平方向的作用,并在纵横两个方向进行计算。

桥墩的抗震强度和稳定性检算较为复杂,这里不再详细讲述。检算方法可参见《铁路工程设计技术手册——桥梁墩台》。

三 抗震措施

震害调查中常见的桥梁震害有:桥头路堤下沉;桥头锥体铺砌破裂;桥台向河心滑移或后倾、胸墙剪断或基础不均匀下沉;桥墩歪斜或滑移、墩身挤裂或剪断、基础不均匀下沉;支座锚固螺栓剪断、支座移位或掉落;梁部发生纵、横移位或坠落等。

地震是一种复杂的自然现象,宏观地说造成这些震害的原因除不同的地震烈度外,尚与桥位处的场地、地形地貌、地质条件;桥梁的布置、结构形式、构造细节;建筑材料与施工工艺等有关。

实践证明,在地震区的建筑物,结构对称、刚度均匀有利于抗震,不等跨桥墩容易发生震害。所以地震区的桥孔宜按等跨布置,并避免采用受斜向土压的桥墩,桥台宜采用 T 形桥台或 U 形桥台。

在地震时一般在松软地基上的桥梁,特别是特大桥、大中桥,往往河岸滑移,使桥台向河心移动,全桥长度缩短。所以特大桥、大中桥若遇可液化土及软土地基时,应适当增加桥长,将桥台放在稳定的河岸上。在主河槽与河滩分界的地形突变处,不宜设置桥墩。

当桥梁跨越断层带时,桥墩台基础不应设置在严重破碎带上。

位于饱和粉细砂及饱和黏砂土地基中的桥梁,由于地基软弱,地震时部分地基液化失效会引起桥墩台整体倾斜、下沉等严重变形导致建筑物的破坏。所以在这些地区的桥梁,其抗震重点是加强基础,采用桩或沉井穿过可能液化的粉细砂层,并尽可能埋入较稳定密实的土层内。必要时,桩基桥台宜设置斜桩或在桥台邻近的墩台基础间采用支撑等加强措施。

地震区桥墩台圬工材料应按表 8-27 采用。

设计烈度（度）	7			8			9		
墩台高度（m）	≤15	13～30	>30	10	10～20	20	5	5～15	15
圬工名称	石砌体或混凝土	混凝土	混凝土加护面钢筋	石砌体或混凝土	混凝土	混凝土加护面钢筋	石砌体或混凝土	混凝土	混凝土加护面钢筋

无护面钢筋的混凝土墩台应尽量减少施工缝。施工缝上（特别是基顶与墩台身连接处）应设置接头钢筋，并采取措施保证接缝处混凝土的整体性。

一般土质地基上明挖基础的桥台，地震时可能向河心滑移，引起桥长缩短，将梁缝顶死。为了提高桥台的抗滑稳定性，当基底摩擦因数等于或小于 0.25 时，宜将基底换填厚度不小于 0.5m 的砂卵石；台后沿线路方向的地面坡度陡于 1:5 时，基底应挖成宽度不小于 1.5m 的台阶。

桥头路堤填筑及桥墩台明挖基坑回填应夯填密实，以尽量减小路堤对桥台的土压力。

地震区桥梁，一旦发生落梁，则修复十分困难，拖长中断行车的时间。因此桥梁支座的锚栓、销钉、防震板应有足够的抗震强度，并应采取防止落梁的措施。简支钢梁端采用钢板把梁铰接起来。简支钢筋混凝土梁，在端横隔板上预留螺栓孔，架梁后用螺栓将相邻两端连接在一起。螺帽下垫弹簧海绵垫圈，不影响正常使用；或在墩帽上梁端横隔板处，作一个防止落梁的钢筋混凝土支墩；或从主梁上预留出头钢筋，架梁后锚固在墩台帽上等。对深水、高墩、大跨等修复困难的桥梁，为了避免梁跨坠落桥下，也为了方便抢修工作缩短修复时间，墩台帽应适当加宽 20～35cm。

位于饱和沙土、饱和砂黏土或软土地基上的小桥，可在基础间设置支撑梁，或河床用浆砌片石铺砌，以限制桥墩、桥台向河心移动。

拼装式墩台的接头应予加强。设计烈度为 9 度时，接头设计宜经过实验研究确定。

在地震区 I、II 级干线上，应估计到地震引起的次生灾害。桥梁孔径和净高均应适当加大。

涵洞的抗震性能比小桥好，应尽量采用。当设计烈度为 8、9 度时，土质地基上的涵洞，其出入口宜采用翼墙式。

涵洞基础不宜设置在路堤填方上。

第七节　桥梁附属设备

一　检查设备

（一）围栏、吊篮和检查梯

为保证维修养护人员的正常工作及操作安全，桥涵应设必要的检查设备。当梁跨大于 10m，桥墩墩帽顶面至地面的高度大于 4m，或经常有水的河流，墩台顶应设围栏、吊篮（桥墩设两侧）。围栏为栅栏式，一般高 1m，立柱用圆钢或角钢埋入墩、台顶帽，见图 8-46。

由桥面下至墩台顶一般可通过人行道上的特设活动盖板，经固定的检查梯或移动的轻便梯子上下。对设有避车台处的墩台，可利用避车台的支柱设置检查梯，如图 8-47 所示。

吊篮是供进行检查或维修时，穿越梁部左右侧及梁端部进行工作之用。一般采用预先焊接好的角钢支架,以预埋的 U 形螺栓固定在桥墩台的托盘或顶帽上,吊篮里的步行板可铺设钢筋混凝土板。

(二)圬工梁检查设备

为便于对圬工梁的裂纹或变形等进行观察、检查或维修工作,可采用拼装式的检查设备或固定式检查设备。拼装式检查设备系由临时固定于梁部的装置和在梁跨范围内能够移动和进行工作的装置所组成,一般可按桥梁工区范围内梁的孔数多少来配备一套或数套。对于需要经常观察的跨度较大的梁,宜设置固定式检查设备。

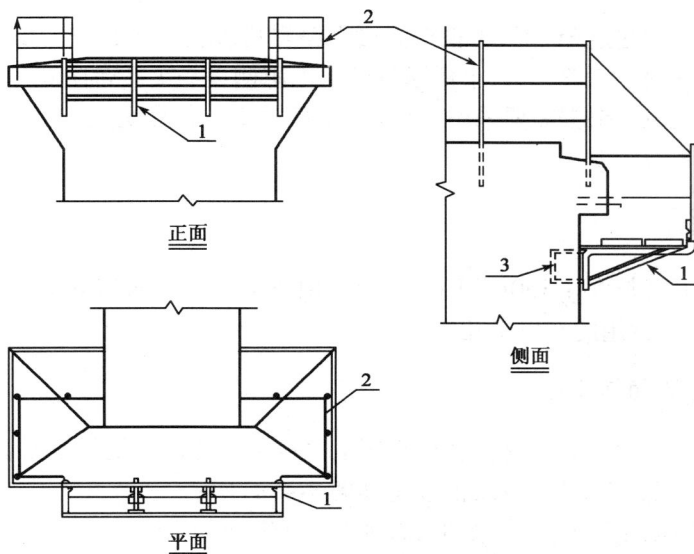

图 8-46　桥台检查设备
1-吊篮;2-围篮;3-预埋 U 形螺栓

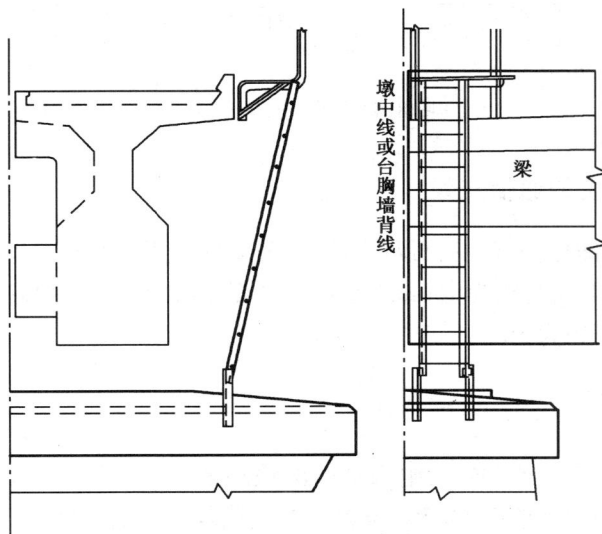

图 8-47　检查梯

(三)拱的检查设备

应根据各类梁跨结构形式和需要,设置吊篮、检查板、滚动检查小车、栏杆和梯子等。钢板梁和结合梁可根据需要设置带有活动盖板的铁梯,梁内设检查道或检查小车。上承桁梁应设置上下弦杆人行道栏杆、端杆铁梯及检查上弦节点的活动梯。下承桁梁应设置上弦栏杆,端斜杆铁梯及检查下弦用的检查吊车。空腹拱桥应设置适当数目的检查井及连通各空腹部分的通道。

(四)检查台阶

当桥涵处路堤高度超过 3m 时,可根据需要在路堤边坡上设置检查台阶。大中桥两端桥头一般在上下游交错处各设置一个,小桥涵每座于上游侧设一个。台阶宽一般为 50~80cm,个别特大桥或高路堤也可根据需要采用 100cm。每升高 2m 应设置一道用黏性土塞缝的沉降缝。检查台阶见图 8-27。

二 通信支架

通信线路横越河流长度在 150m 以上时,须使用桥上支架。通信支架应结合通信的技术条件及桥梁构造设计,常用的有以下几种。

(一)设在梁上的通信支架

(1)在钢桁梁上,可将通信支架连接于桁梁的竖杆上或横向框架的横楣上。
(2)在上承式钢板梁上,通信支架的设置如图 8-48a)所示。
(3)在下承式钢板梁上,通信支架的设置如图 8-48b)所示。
(4)在钢筋混凝土梁上,通信支架的设置如图 8-48c)所示。

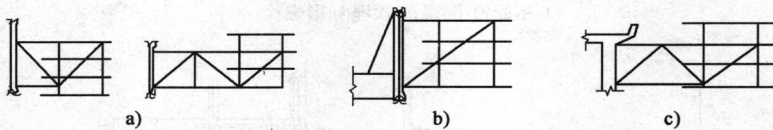

图 8-48　梁上通信支架

(二)架设在桥墩上的通信支架

架设在桥墩上的通信支架有甲、乙两式,甲式为立体支架,见图 8-49a),系锚固在桥墩端部的悬伸塔架,支架最大间距约为 150m。乙式为平面支架,见图 8-49b),系锚固在桥墩上部的桁架。支架最大间距约为 50m。

三 接触网支架

接触网支架在电力牵引或预定为电力牵引的铁路上,当桥长在 40m 以上时,应在桥墩台上设置或预留设置接触网支架(图 8-50)位置。曲线地段一般设于外侧,直线地段根据桥梁两端连接情况确定其左右侧。双线或多线桥梁,接触网支架一般应分设于桥梁两侧,或分成两个单独系统设置。其线间距应满足界限要求。

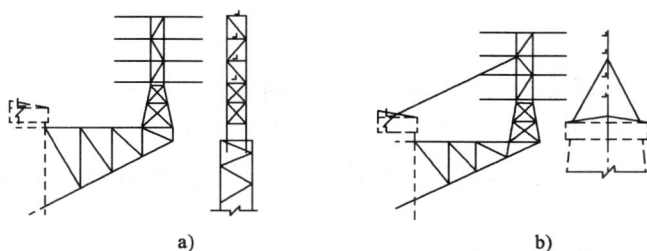

图 8-49　桥墩上通信支架

a)甲式;b)乙式

接触网支架最大跨距,根据线路曲线半径大小及风力作用对受电弓中心线容许风力偏移量等因素而定,其最大间距根据现有气象条件,一般采用表 8-28 所列数值。

接触网支架最大间距　　　　　　　　　　　　　　　　　　表 8-28

线路曲线半径(m)	300	400	500	600	800	≥1000	直线
最大间距(m)	42	47	52	57	62	65	65

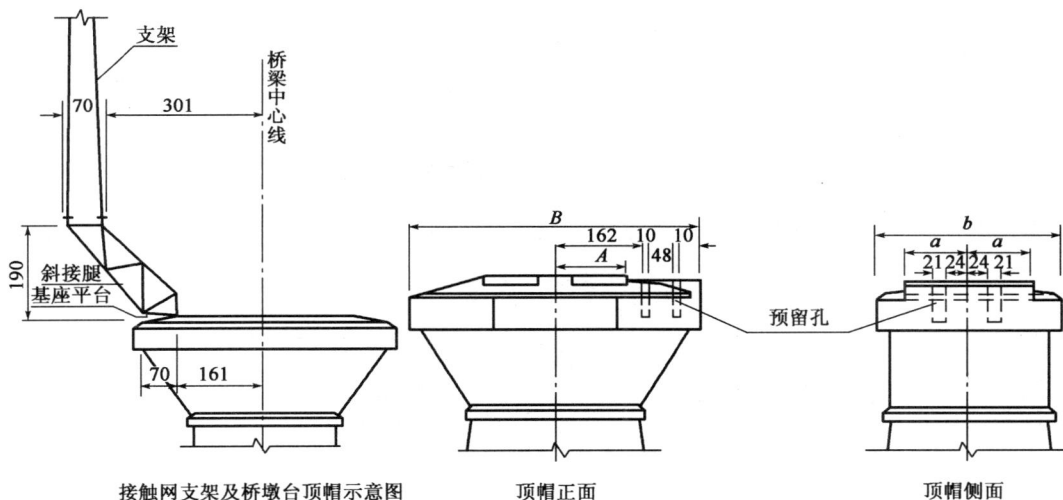

图 8-50　接触网支架位置图(尺寸单位:cm)

思考题

1.墩台的作用与组成。

2.矩形墩、圆形墩、圆端形墩、尖端形墩各适用于什么情况?

3.矩形桥台、U 形桥台、T 形桥台、埋置式桥台、耳墙式桥台各适用于什么情况? 桥台的台长指哪一个长度?

4.什么是桥墩的横向预偏心? 为什么要设横向预偏心? 什么是桥墩的纵向预偏心? 为

211

什么要设纵向预偏心?

5. 试述桥墩设计的基本方法步骤。

6. 桥墩检算通常检算哪些项目? 各采用什么样的荷载组合?

7. 什么是单孔轻载、单孔重载、双孔重载? 试画出其加载图式。

8. 墩身纵向挠曲稳定、截面压应力、截面纵横向偏心和纵横向墩顶弹性水平位移检算的基本方法。

9. 墩顶弹性位移检算的目的是什么?

10. 使用柔性墩的条件和柔性墩的类型。

第九章 桥 梁 基 础

【学习目标】
1. 掌握明挖基础的类型、适用条件及其构造。
2. 掌握沉井基础的类型、适用条件及其构造。
3. 掌握桩基础的类型、适用条件及其构造。

桥梁上部承受的各种荷载,通过墩台传至基础,再由基础传递给地基。基础是桥梁下部结构的重要组成部分,按其结构形式与施工方法可分为明挖基础、沉井基础、桩基础、管柱基础等。明挖基础由于埋入地层较浅,称为浅基础,设计计算时可忽略基础侧面土体对基础的弹性抗力,施工方法也比较简单;沉井基础、桩基础及管柱基础埋入地层较深,称为深基础,在设计时须考虑基础侧面土体对基础的弹性抗力,施工方法也较为复杂。

明挖基础的持力层埋藏较浅,施工时采用明挖法开挖基坑,再修筑基础,故得名。该基础的底面一般情况下应是平的(建筑在倾斜岩层上的基础底面可做成台阶状),又称浅平基。天然地基上的浅基础由于具有埋深浅、结构形式简单、施工方法简便、造价低等诸多优点,只要在地质和水文条件许可的情况下,都应优先选用。

第一节 明 挖 基 础

一 构造形式

(一)底面形状

一般与墩台身大致接近,以方便施工。矩形、圆端形、圆形桥墩、U形桥台、耳墙式桥台采用矩形基础。圆形桥墩的基础也可做成八角形或圆形,T形桥台的基础做成T形。

(二)刚性角和襟边

1. 刚性角

由于地基土的强度比墩台基础圬工的强度低,为了适应地基承载力,基底的平面尺寸需要扩大,图9-1为其立面图。要扩大多大尺寸,则取决于上部荷载和地基土的承载力。基础的扩出部分可视为地基反力作用下的悬臂梁,悬臂根部 $D'D$ 截面承受的弯矩最大。对于刚性基础,应从构造上防止其发生弯曲拉裂破坏,即通过控制基础悬出长度与基础厚度的比值 $AD/D'D$ 不超出容许值,来保证 $D'D$ 截面上的弯拉应力不超过材料的容许值。由于 $AD/D'D = \tan\beta$,通常将 β 称为刚性角,在设计时用 $\beta \leq [\beta]$ 作为控制条件。

[β]为容许刚性角,《铁路桥涵设计基本规范》(TB 10002.1—2005)规定:石砌基础[β] = 35°;混凝土基础[β] = 45°。

2. 襟边

基顶外缘离墩底边缘的距离 C 叫做襟边。襟边的最小尺寸一般为 20cm,最大则应满足刚性角的需求。襟边的作用:①施工中当基础实际位置偏离设计位置时,襟边可保证墩台身准确定位在基础顶面的范围内。②襟边还可以作为墩台身施工时模板或支撑的支撑面。

(三)基础厚度

基础厚度视外加荷载和持力层的容许承载力大小而定。根据设计经验,建在基岩上的基础 1m 厚足够。建在非岩石地基上者,视跨度和墩高而定:跨度 $l_p \leqslant 8m$,墩高在 4～12m 之间,用 1～2m 厚;跨度在 8～20m 之间,墩高在 6～23m 之间,用 1～3m 厚;跨度大于 20m,墩高在 9～30m 之间,用 2～5m 厚。当基础厚度较大时,在保证刚性角与最小襟边原则下,可将基础做成台阶形以节省材料,如图 9-2 所示,台阶的每一层厚度不应小于 1m。

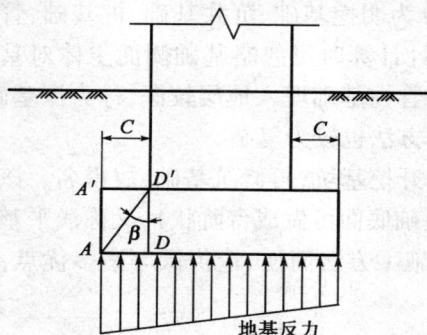

图 9-1 明挖基础图

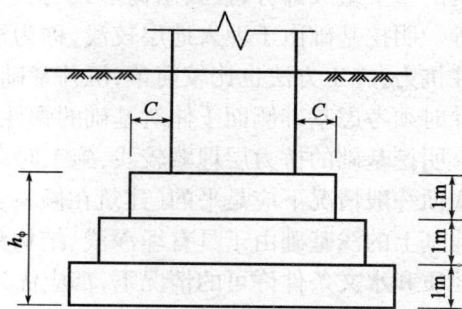

图 9-2 台阶形明挖基础

二 明挖基础常用类型及适用条件

(一)明挖基础类型

天然地基上的浅基础,根据受力条件及构造可分为刚性基础和柔性基础两大类。

1. 刚性基础

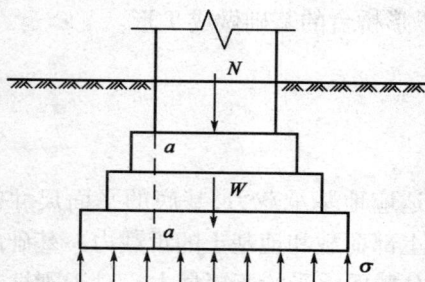

图 9-3 刚性基础

当基础在外力(包括基础自重)作用下,基底承受着强度为 σ 的地基反力,基础的悬出部分(图 9-3)a-a 断面左端,相当于承受着强度为 σ 的均布荷载的悬臂梁,在荷载作用下,a-a 断面将产生弯曲拉应力和剪应力。基础坏工具有足够的截面使材料的容许应力大于由地基反力产生的弯曲拉应力和剪应力时,a-a 断面不会出现裂缝,这时,基础内不需配置受力钢筋,这种基础称为刚性基础。

刚性基础的特点是稳定性好、施工简便、能承受较大的荷载,所以只要地基强度能满足要求,它是桥梁、涵洞和房屋等建筑物常用的基础类型。它的主要缺点是自重大,并且当持力层

214

为软弱土时,由于扩大基础面积有一定限制,需要对地基进行处理或加固后才能采用,否则会因所受的荷载压力超过地基强度而影响结构物的正常使用。所以对于荷载大或上部结构对沉降差较敏感的结构物,当持力层的土质较差且又较厚时,刚性基础作为浅基础是不适宜的。

2. 柔性基础

与刚性基础相反,基础在基底反力作用下,在图9-4a-a断面产生的弯曲拉应力和剪应力若超过了基础圬工的强度极限值,为了防止基础在 a-a 断面开裂甚至断裂,必须在基础中配置足够数量的钢筋,这种基础称为柔性基础,如图9-4所示。柔性基础将允许挠曲变形,例如,工业与民用建筑常用的浅平基,如底面大、厚度薄的柱基(柱下条形基础、片筏基础等)都将发生挠曲变形,故必须用钢筋混凝土建造。

(二)明挖基础的常见形式

1. 刚性扩大基础

由于地基强度一般较墩台或墙柱圬工的强度低,因而需要将其基础平面尺寸扩大以满足地基强度要求,这种刚性基础又称为刚性扩大基础,如图9-5所示。它是桥涵及其他构造物常用的基础形式,其平面形状常为矩形。

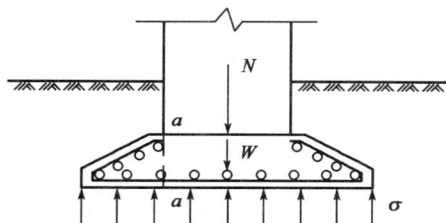

图9-4　柔性基础

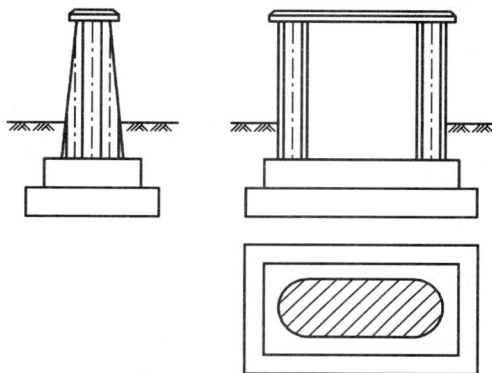

图9-5　刚性扩大基础

单独和联合基础:单独基础是立柱式桥墩和房屋建筑常用的基础形式之一。它的纵横剖面均可砌筑成台阶式,如图9-6a)所示,但柱下单独基础用石或砖砌筑时,则在柱子与基础之间用混凝土墩连接。个别情况下柱下基础用钢筋混凝土浇筑时,其剖面也可浇筑成锥形,如图9-6c)所示。

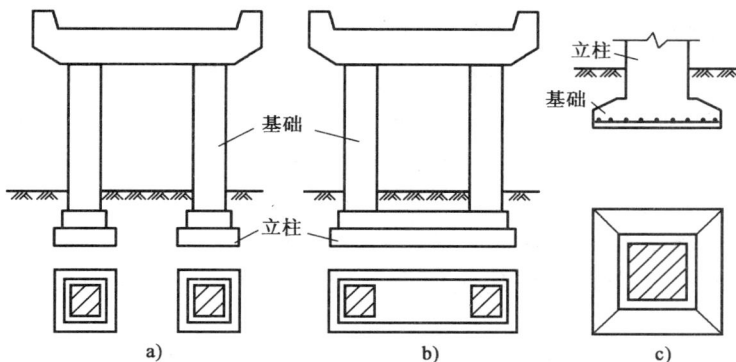

图9-6　单独和联合基础

当为了满足地基强度要求,必须扩大基础平面尺寸,而扩大结果使相邻的单独基础在平面上相接甚至重叠时,则可将它们连在一起成为联合基础,如图9-6b)所示。

2. 条形基础

条形基础分为墙下和柱下条形基础,墙下条形基础是挡土墙下或涵洞下常用的基础形式。在横剖面可以是矩形或将一侧筑成台阶形。

有时为了增强桥柱下基础的承载能力,将同一排若干个柱子的基础联合起来,也就成为柱下条形基础,如图9-7所示。其构造与倒置的T形截面梁相类似,在沿柱子的排列方向的剖面可以是等截面的,也可以如图9-7所示那样在柱位处加腋。在桥梁基础中,它一般是做成刚性基础,个别的也可做成柔性基础。

如地基土很软,基础在宽度方向需进一步扩大面积,同时又要求基础具有空间的刚度来调整不均匀沉降时,可在柱下纵、横两个方向均设置条形基础,从而成为十字形基础。这是房屋建筑常用的基础形式,它也是一种交叉条形基础。

3. 筏板和箱形基础

筏板和箱形基础都是房屋建筑常用的基础形式。

当立柱或承重墙传来的荷载较大,地基土质软弱又不均匀,采用单独或条形基础均不能满足地基承载力或沉降的要求时,可采用连续的钢筋混凝土板作为全部柱或墙的基础,这样既扩大了基底面积又增强了基础的整体性,并避免结构物局部发生的不均匀沉降,这种基础简称为筏板基础(也称筏片基础)。筏板基础在构造上类似于倒置的钢筋混凝土楼盖,它可以分为平板式[图9-8a)]和梁板式[图9-8b)]。平板式常用于柱荷载较小而且柱子排列较均匀和间距也较小的情况。

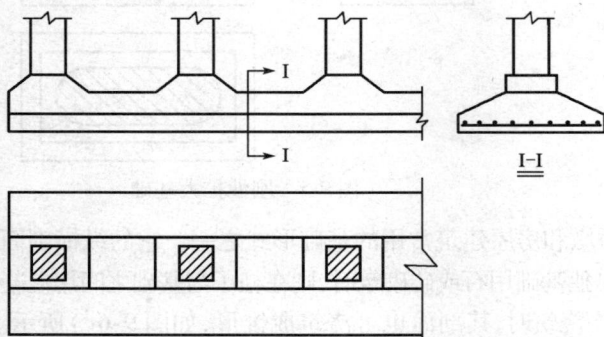

图9-7 柱下条形基础   图9-8 筏板基础

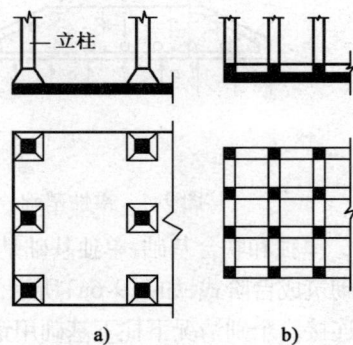

为了增大基础刚度,可将基础做成由钢筋混凝土顶板、底板及纵横隔墙组成的箱形基础,如图9-9所示。它的刚度远大于筏板基础,而且基础顶板和底板间的空间常可利用作地下室。它适用于地基较弱土层厚、建筑物对不均匀沉降较敏感时或荷载较大而基础建筑面积不太大的高层建筑。

浅基础还可按施工方法分为就地砌筑和装配式两类。铁路桥涵工程中的平基多为就地砌筑。装配式平基则在房屋建筑中发展较快,在中小型桥梁建筑中也已有少量的应用。

在实践中必须因地制宜地选用基础类型,有时还必须另行设计基础的形式,如在非岩石地基上修筑拱桥桥台基础时,为了增加基底的抗滑能力,基底在顺桥方向剖面做成齿坎状或斜面等。

刚性基础常见的形式有刚性扩大基础、单独柱下基础、条形基础等。

柔性基础常见的形式有柱下扩展基础、条形基础、十字形基础、筏板基础、箱形基础等。

桥梁墩台的明挖基础,通常采用素混凝土或块石(毛石或加工平整的块石)作为砌体材料。采用素混凝土基础时其强度等级不低于C15,若基础圬工体积巨大,允许掺入15%～20%圬工体积的片石,既可节约水泥,又不影响强度。采用块石砌筑基础时,石料标号不应低于300号,水泥砂浆的强度等级不低于M10。

用素混凝土或石砌材料做成的基础,不允许发生挠曲变形,其抗压性很好而抗拉性较差,故称为刚性基础。

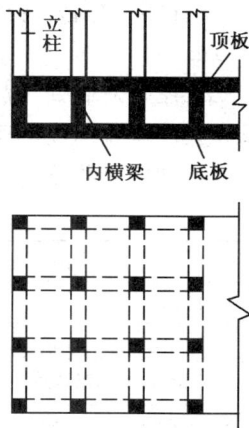

图9-9 箱形基础

三 基础埋置深度的确定

基础底面至天然地面(或局部冲刷线)的距离叫基础的埋置深度。

确定基础埋置深度是基础设计的重要步骤,它涉及到建筑物在建成后的牢固、稳定和正常使用的问题。通常要作如下考虑:首先,基底必须埋置在某一最小深度,使其持力层不受外界破坏的影响(如外界湿度、温度、动植物对持力层的扰动、冻胀及冲刷等),以保证基础的稳定性和耐久性;然后,在最小埋深以下的各土层中找一个埋深较浅、变形较小而强度较大的土层作为基础的持力层,以保证地基强度满足要求,且不致产生过大的沉降或沉降差。

在地基分层较为复杂的情况下,可作为持力层者不止一个,综合考虑地质、地形条件、河床的冲刷深度、当地的冻结深度、上部结构形式、保证持力层稳定和施工条件等因素确定。对于某一具体工程而言,往往是其中一种或两种因素起决定作用,因此设计时,必须从实际出发,抓住主要因素进行分析研究,确定合理的基础埋置深度。

(一)确保持力层稳定的最小埋深

地表土层受气候、温度变化及雨水冲刷会产生风化作用,另外人类和动物的活动,及植物的生长作用,也会破坏地表土层的结构。因此,地表土层的性质不稳定,不宜作为持力层。为了保证持力层不受扰动及其稳定性,《铁路桥涵设计基本规范》(TB 10002.1—2005)规定,桥梁墩台基础埋置深度应在天然地面或无冲刷河流的河底以下不小于2m,困难情况下不小于1m。

(二)河流的冲刷深度

在终年有水的河床上修筑墩台基础时,要考虑洪水的冲刷作用。为了防止墩台基础四周和基底下土层被水掏空冲走,基底必须埋置在设计洪水的最大冲刷线以下一定深度。由于影响冲刷深度的因素甚多,如河流的类型、河床地层的抗冲刷能力、计算设计流量的可靠性、采用计算冲刷的方法,桥梁的重要性及修复的难易等,基础在最大冲刷线以下的基底埋深的安全值不是一个定值。《铁路桥涵设计基本规范》(TB 2002.1—2005)针对不同情况作了如下规定:

（1）在无冲刷处（除岩石地基外）或设有铺砌时，应在地面以下不小于2m，困难情况下不小于1m。

（2）在有冲刷处，应在墩台附近最大冲刷线处不小于下列安全值：对于一般桥梁，安全值为2m加冲刷总深度的10%；对于特大桥（或大桥）属于技术复杂、修复困难或重要者，安全值为3m加冲刷总深度的10%，见表9-1。

基底埋置深度安全值 表9-1

	冲刷总深度（m）		0	5	10	15	20
安全值 （m）	一般桥梁		2.0	2.5	3.0	3.5	4.0
	特大桥（或大桥）属于技术复杂、修复困难或重要者	设计频率流量	3.0	3.5	4.0	4.5	5.0
		检算频率流量	1.5	1.8	2.0	2.3	2.5

注：冲刷总深度为自河床面算起的一般冲刷深度与局部冲刷深度之和。

（三）当地冻结深度

在严寒地区，应考虑由季节性的冰冻和融化对地基土引起的冻胀。由于冬季气温反复升降，地面以下一定深度内土中的水分会反复地冻结和融化，冻结时土体膨胀，融化时土体沉陷。如气温保持在冰冻温度以下，土中的水分由于毛细管的作用，从未冻结部分移向冻结部分，增加了土的湿度，由冻结形成的薄冰夹层不断增厚，使地面隆起。基础受冻胀力的作用，从而给建筑物带来断裂或倾斜等不良后果。冻土融化以后，局部含水率过大，使土的承载力大为降低，并大量下沉，也会影响建筑物的正常使用。

为保证建筑物不受地基土季节性冻胀的影响，基底应埋在冻结线以下一定深度。《铁路桥涵设计基本规范》（TB 10002.1—2005）规定：埋在冻胀地基土上的墩台基础，其基底应埋在冻结线以下不小于0.25m。

土的标准冻结深度系指地表无积雪和草皮覆盖时，多年实测最大冻深的平均值。我国北方各地的冻结深度大致如下：满洲里2.6m、齐齐哈尔2.4m、佳木斯或哈尔滨2.2m、牡丹江2.0m、长春1.7m、沈阳1.2m、锦州1.1m、太原1.0m、北京0.8~1.0m、大连0.7m、天津0.5~0.7m、济南0.5m。

地基土冻胀与地基土的种类、天然含水率和冻结期间地下水位的高程等因素有关。

满足上述三条规定所确定的基础埋深称为最小埋深。合适的持力层应在最小埋深以下的土层中寻找。

（四）地基土的地质条件

地质条件是确定基础埋深的主要因素之一。覆盖土层较薄（包括风化岩层）的岩石地基，一般应清除覆盖土和风化岩石，把基础直接修筑在新鲜岩面上；如岩层的风化层很厚难以全部清除时，基础放在风化岩层中的埋置深度应根据其风化程度、冲刷深度及相应的容许承载力来确定。如岩层表面倾斜时，应尽可能避免把基础的一部分置于岩层上，而另一部分置于土层上，以防基础由于不均匀沉降而发生倾斜甚至断裂。如岩面倾斜较大时，基底可做成台阶形。

当基础置于非岩石地基上，如受压范围为均质土，基础埋置深度主要根据荷载大小、地基

218

承载力和最小埋深确定。当地层为多层交错分布时,应综合考虑冲刷、冻深要求、上部结构对地基的要求、施工条件等因素,确定出科学、合理的基础埋置深度。

(五)地形条件

如桥梁墩台建于较陡的土坡上,在确定基础埋置深度时,还要考虑土坡连同结构物基础一起滑动的稳定性。由于在确定地基承载力时,一般是按地面水平的情况下确定的,所以地基为倾斜的土坡时,应结合实际情况,对地基承载力予以适当的折减,并采取如下措施:

(1)若基础位于较陡的岩体上,可将基础在倾斜方向作成台阶形,但须注意岩体的稳定性。

(2)基础前缘至岩层坡面间必须留有足够的安全距离,其值与持力层土类及倾斜坡度有关,表9-2为挡土墙设计方面的资料,设计桥梁基础时可作参考。具体应用时,因桥梁基础承受荷载比较大且受力情况复杂,列表中的 l 值宜适当放大。

斜坡上基础的埋置深度与持力层土类关系 表9-2

持力层土类	h(m)	l(m)	示 意 图
较完整的坚硬岩石	0.25	0.25 ~ 0.50	
一般岩石	0.60	0.60 ~ 1.50	
松软岩石(如千枚岩等)	1.00	1.00 ~ 2.00	
砂类、砾石及土层	≥1.00	1.50 ~ 2.50	

(六)上部结构形式

上部结构形式不同,对基础位移的要求也不同。对中、小跨度简支梁桥来说,此项因素对确定基础埋置深度的影响不大。但对连续梁桥、拱桥、刚架桥等超静定结构,即使基础发生较小的不均匀位移也会使结构产生附加内力,因此,还是将基底放在更深、承载力更大的土层为佳,这时可选用深基础形式。

此外,确定基础埋置深度时,还应考虑相临结构物的影响,新建结构物基础如比原有结构物基础深,施工挖土有可能影响原有基础的稳定。施工条件(施工设备、排水条件、支撑要求、经济性等)对基础采用的埋置深度也有一定的影响,设计时也应做适当考虑。

以上就基底埋置深度而言,至于基础顶面的位置,一般不宜高于最低水位;如地面高于最低水位且不受冲刷时,则不宜高出地面,最好设在最低水位或地面以下不小于0.5m。

四 基础设计的主要内容

(一)收集设计资料

(1)线路,线路等级,直线或是曲线,平道上或是坡道上,单线或是多线,轨地高程等。

(2)地形,主要指桥梁中线处的河床纵断面、水流方向,正交或是斜交。

(3)水文,高水位、低水位、施工水位、流速、流量、冲刷深度等。

(4)工程地质,即桥址处的地质柱状图,图上标明各土层的厚度及其物理、力学性质,土中有无大孤石、漂卵石之类,岩面高程及其倾斜度,基岩中有无断层、溶洞、破碎带等。

(5)桥跨及墩台的构造形式,包括桥跨结构的类型、跨长、全长、梁高、支座形式、墩台尺寸等。

（6）施工力量情况，包括施工单位的人力、物力、机具设备、技术状况及技术水平等。

（7）当地情况，如当地的建筑材料情况，交通运输情况，电力供应情况等。

（二）确定基础埋置深度、选择基础类型

根据设计资料，确定基础的埋置深度。然后，依据基础的埋置深度选择基础的类型。

（三）拟定基础尺寸

基础的尺寸应满足其构造要求，即最小襟边的要求和刚性角的有关规定。

（四）对基础进行检算

（1）基础圬工强度检算，指基础任一截面的竖向压应力不得超过材料的容许压应力；另外，基础还要耐久、可靠，这主要通过选择基础的建筑材料和埋置深度来保证。

（2）地基土强度检算，指直接与基底相接触的那层土（持力层）上的竖向压应力不得超过地基容许承载力；若基底下不远处尚有软弱下卧层，则须检算其顶面的强度。

（3）基底合力偏心距检算，指基底合力作用点至截面形心的距离不得超过容许值，保证基础不出现大量倾斜。

（4）基底稳定性检算，包括倾覆稳定和滑动稳定两项，确保基础有足够的稳定性。

（5）基础的沉降或沉降差检算，对基础沉降差特别敏感的超静定结构（如连续梁桥、拱桥、刚架桥等），须进行此项检算，避免因基础沉降差过大影响上部结构的正常使用或破坏。

（6）墩台顶水平位移检算，当墩台身很高时，须进行此项检算，应考虑地基土不均匀弹性压缩的影响。

（7）当墩台修筑在土坡上，或桥台筑于软土上且台后填土较高时，还须检算墩台连同土坡或路基沿滑动弧面的滑动稳定性。

最后需指出的是：在进行基础设计方案研究时，方案一般都不止一个，因此需要从技术、经济和施工方法等方面进行综合比较，择优采用。在方案比选时，应对施工方法特别加以注意，尤其对水中基础，采用什么施工方法比较科学，应仔细研究。在选择基础埋置深度时，应遵循先从浅基础考虑的原则，因基础埋置深度较浅时，可采用明挖基础，施工简单快捷，质量也容易保证。

第二节　沉　井　基　础

沉井是建造在墩位所在地面上或筑岛面上的井筒状结构物。它从井孔内取土，借自重克服土对井壁的摩擦力而沉入土中，这样逐节接长、下沉，直至设计位置后，经过封底，井内填充及修筑顶盖，即成为墩台的沉井基础。沉井基础刚性大，整体性强，能承受较大的竖直和水平荷载。施工时井壁既挡土又起着防水作用。施工所需机具设备不多，技术也不复杂。故作为一种深基础，在桥梁工程中得到普遍应用。

一　沉井基础的组成及适用条件

沉井基础一般由沉井（井壁）、封底混凝土及钢筋混凝土顶盖三部分组成（图9-10）。当地基土层的基本承载力较低或河床冲刷深度较大，基础需埋置较深时，若采用明挖基

础,则基坑深,开挖土方量很大,有时坑壁需要支撑和做板桩围堰及相应的打桩机具。因此施工技术复杂,也不经济,在这种情况下,常采用桩基础或沉井基础。

沉井基础的优点:整体性好、本身刚度大,与桩基础相比有较大的横向抗力,抗震性能也较可靠。只要挖土方便,它可以达到很大的深度,特别是当一座桥梁中有多个沉井基础时,可全面开工以缩短工期。在南京长江大桥,成功地下沉了一个底面尺寸为 $20.2m \times 24.9m$ 的矩形沉井,穿过的覆盖层厚度近 $55m$。近年来,由于泥浆润滑套及空气幕新施工技术的采用,沉井下沉深度更大,目前,在深基础的设计施工中,沉井基础的应用已十分普遍。

沉井基础既适合于在岸滩及浅水条件下修建,也可在深水中用浮运下沉的方法修建。它最适合于在不透水或透水性小的土层中下沉,因为在此条件下井孔中的水可以排干,井孔内挖土可以人工进行,沉井下沉方向便于控制,下沉进度也快,如果遇到障碍物也便于处理。

当沉井需下沉至基岩上时,平整的岩面较为合适,以使沉井下端刃脚与平整的岩面比较密贴。如果岩面起伏不平或倾斜,则刃脚需按岩面起伏或倾斜情况做成高低刃脚形式(图 9-11),刃脚踏面尽量与岩面密贴,否则沉井易歪斜,清基无法进行。高低刃脚的构造形式是我国桥梁技术人员和工人的一个创新,它使沉井基础的适用范围更扩大。

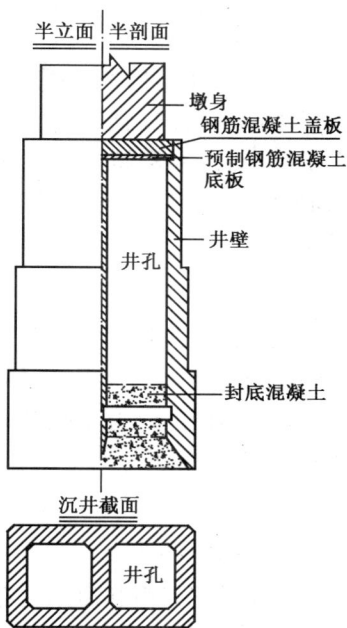

图 9-10 沉井基础示意图

二 沉井的类型

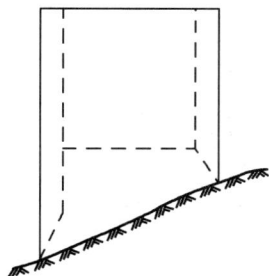

图 9-11 高低刃脚沉井

(一)按沉井的材料分类

1. 混凝土沉井

下沉深度不大($4 \sim 7m$)的松软土层中的混凝土沉井,一般应做成圆形。当井壁有足够厚度时,亦可做成矩形(此时有拉应力产生)。

2. 钢筋混凝土沉井

钢筋混凝土沉井是一种最常采用的深基础沉井,它能充分地发挥建筑材料的强度,可以做成任何形式,适宜于多种不同的地质情况和施工方法。

3. 竹筋混凝土沉井

沉井在下沉过程中,井壁内力较复杂,一旦施工完毕,沉井中钢筋的作用就不甚重要了。竹材是一种抗拉强度较高、耐久性较差、价格低廉的材料。南方各省盛产竹材,可以就地取材,故用竹筋代替钢筋,可节省大量钢材。

4. 钢沉井

钢沉井适用于空心浮运中所用的沉井,但用钢量大,一般情况不宜采用。

(二)按沉井的平面形状分类(图 9-12)

1. 圆形沉井

此种沉井结构本身受力均匀,在周围土压力、水压力作用下,井壁主要承受轴向压力;圆形引起的河床局部冲刷较小;下沉过程中用机械挖土较方便,且有利于刃脚均匀地支承在土层上,沉井不易倾斜。缺点是与同面积的矩形沉井相比,圆井沉井基底压应力较大。圆形沉井一般适用于圆形或接近于方形的墩台基础,最适合于斜交桥和流向不稳定的河流。

2. 矩形沉井

此种沉井外形构造简单,制作较容易;它与圆端形或矩形墩台身截面配合较好;在外力和基底应力相同的条件下,矩形的基底面积为最小(因其惯性矩大),节省圬工。缺点是在土压力、水压力作用下,井壁受较大挠曲应力,需布置较多的受力钢筋;矩形阻水系数较大,河床局部冲刷较严重,沉井四个角机械挖土不易控制,下沉方向不易控制,其四角应做成圆角或钝角,以利于受力和清孔。故矩形沉井宜在无流水或流速较小河流中采用。

3. 圆端形沉井

圆端形沉井引起河床局部冲刷最小,但沉井的制作较麻烦,其他优缺点介于上述两种沉井之间,常用于圆端形桥墩的基础。

(三)按沉井立面形状分类(图 9-13)

1. 柱形沉井[图 9-13a)]

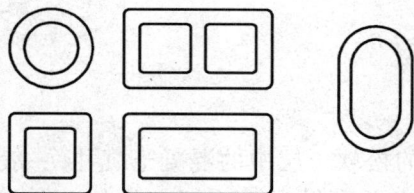

图 9-12　沉井平面形式

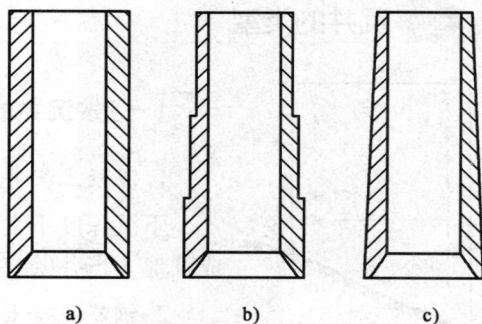

图 9-13　沉井立面形式
a)柱形;b)阶梯形;c)锥形

下沉时,井壁周围土体对沉井约束较紧,井壁摩阻力大,下沉困难。适宜于摩阻力较小的松软土层。

2. 阶梯形沉井[图 9-13b)]

这是一种常用的多节沉井形式,下沉时底节以上各节井壁所接触的土层已松动过,减少了井壁摩阻力,有利于沉井下沉,但容易偏斜。适宜于摩阻力较大的土层中。

3. 锥形沉井[图 9-13c)]

井壁摩阻力较小,下沉时发生偏斜的可能性较大,一般不常采用。

（四）按沉井的施工方法分类

1. 就地制作沉井

直接在墩台位置的地面上制造沉井，并就地下沉，若在浅水区，可以先用人工筑岛，在岛面上制造沉井，然后下沉。

2. 浮式沉井

在深水地区，无法用人工筑岛时，采用岸边制作井筒，浮运至桥墩设计位置处，然后下沉。

三 沉井的构造

沉井通常由井壁、隔墙、刃脚、井孔（取土井）、凹槽、封底混凝土、顶盖、射水管组、探测管、环墙等组成，还有井顶围堰和井内填充物等，如图9-14所示。

（一）井壁（沉井的外壁）

井壁是沉井的主体部分，在下沉过程中起着挡土、防水、压重等作用。当沉井施工完毕后，井壁就成为沉井基础的主要承重部分。

井壁的外侧通常做成台阶式，台阶设在沉井分节处，其宽度一般为100mm左右。井壁内侧应做成垂直面，其厚度按强度、下沉需要的压重、便于取土及清基等因素而定，一般为0.7~1.5m，厚者可达2m，最薄也不宜小于0.4m。井壁混凝土的强度等级不低于C15。

（二）隔墙（又称内壁）

隔墙的作用主要是缩短外壁的跨度，减小外壁的挠曲应力，加强沉井的刚度，将沉井分成若干个取土井，以便于均衡取土及纠正沉井在下沉中的倾斜和偏移。

隔墙的间距一般为5~6m，厚度通常为0.8~1.2m。隔墙底部做成两面倾斜的刃脚，其底面高于

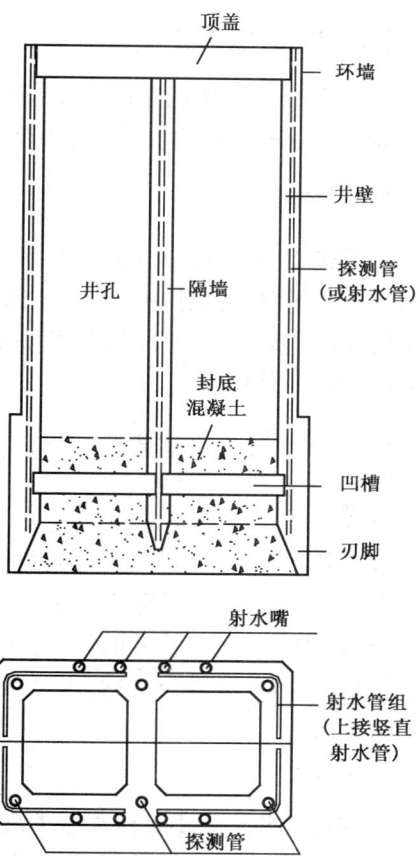

图9-14　沉井构造示意图

刃脚底面不小于0.5m，以免隔墙下端被土搁住妨碍沉井下沉。

对于采用排水下沉的沉井，宜在隔墙下部设置1.0m×1.2m的过人孔，以便井下工作人员来往于各井孔。隔墙底部与井壁下刃脚连接处设置梗肋，以起到支承刃脚悬臂的作用。各节沉井隔墙的顶面下2~3m处，常预设200mm×200mm的透水孔若干个，以利于在抽水或补水时保持各井孔内水位一致。

（三）刃脚

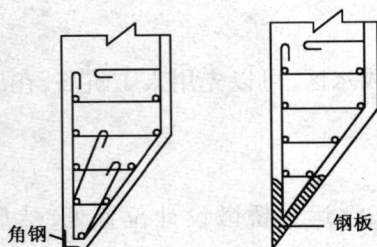

图 9-15　刃脚的构造

刃脚位于井壁的最下端，是受力最集中的部位。在下沉过程中，刃脚有两个作用：一是切土下沉，另一作用是支承，故应具有一定的强度。常用的刃脚形式有两种（图 9-15），左图为带有踏面的钢筋混凝土刃脚，右图为钢筋混凝土钢刃尖的刃脚，用于较坚硬土层或到达岩层的沉井。刃脚尖端或踏面应用钢钣或角钢包住，以免混凝土破损。

刃脚斜面与水平面之夹角不宜小于 45°，斜面的高度视井壁厚度，并考虑施工人员便于抽垫及挖土而定，一般不宜小于 1.5m；踏面宽度不宜大于 150mm，并用角钢保护。刃脚一般采用 C15～C20 混凝土。

（四）井孔（取土井）

井孔是挖土、排土的工作场所。井孔的平面尺寸应满足挖土机具所需的净空要求，最小边长一般不宜小于 3m。井孔内壁上可安设由 ϕ19～22 圆钢制成的扶梯，供施工人员上、下使用。

（五）凹槽

凹槽设在井壁和隔墙的下部靠近刃脚处，一般高约 1m，深为 0.15～0.25m。它的作用：使封底混凝土能嵌入井壁联结成整体。另外，当下沉过程中遇到障碍，又极难排除，需将沉井改为气压沉箱时，可在凹槽部位灌浇钢筋混凝土顶盖。当地质资料可靠，井孔准备用混凝土填充时，也可不设凹槽。

（六）探测管与射水管

1. 探测管

在不排水下沉的沉井中，可在井壁内设置 ϕ200～500mm 的钢管或预制管道作为探测管。其主要作用是：①探测井壁刃脚下和隔墙底面下的泥面高程，以便控制除土部位，并可探测基底高程，作为基底高程检验的依据。②可在探测管中安设射水管，破坏沉井刃脚下的土以利下沉，沉井下沉至设计位置后，也可用来射水清基。③沉井水下封底后，可作为封底混凝土的质量检查孔。

2. 射水管

当预计沉井自重不足以克服下沉阻力时，可在井壁四周预埋高压射水管。射水管的作用是：利用高压射水冲动沉井周围及刃脚下的土，以减小土对沉井的摩阻力。射水管装设在井壁内，管口开在刃脚下端和井壁外侧，沿井壁均匀布置，并联成四个单独分离的管组，以便于控制射水部位，校正沉井的倾斜。

（七）封底混凝土

对于不排水挖土下沉的沉井，当沉至设计位置后，需要先用水下混凝土封底，隔断井外水源，然后抽水填充。封底混凝土通常用 C20，其厚度除按受力条件计算外，不宜小于井孔最小边长的 1.5 倍。封底混凝土的顶面应高出凹槽 0.5m。

(八)顶盖(封顶或井盖)

当井孔用混凝土或其他圬工材料填充时,顶盖可用不低于 C15 混凝土灌注。沉井若为空心基础,井内不填充任何材料或仅用砂、石料填充的,则顶部必须设置钢筋混凝土顶盖,以承受墩台身及其以上结构的荷载。顶盖厚一般为 1.5～2.0m,钢筋的配置由计算确定。

(九)井孔填充物

根据受力或稳定的要求,井孔内可保持中空或用砂石料、混凝土(不低 C10)、浆砌片石等填充。在严寒地区,低于冻结线 0.25m 以上部分,应用混凝土或圬工填实。

(十)环墙和井顶围堰

环墙位于沉井顶部,高度与井盖厚度相同,做成台阶,用以支承顶盖,一般高为 1.5～2.0m,宽度至少为 0.3m。

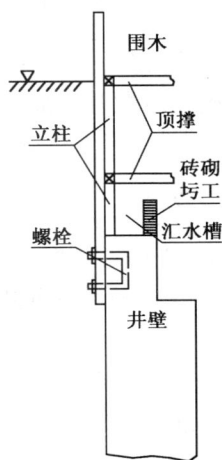

图 9-16　木板井顶围堰

当沉井顶面位于地面或岛面以下时,在环墙上需接筑井顶围堰,用以挡土或防水。通常在环墙内预埋锚栓或预留板桩槽,以联结井顶围堰(图 9-16)。井顶围堰的支撑应结合井孔的布置,使其不影响从井孔中取土的通路。当井顶围堰高度不大时(1.0～2.0m),为了节约木材和增加沉井压重,也可用浆砌片石砌筑井顶围堰。

四　沉井主要尺寸的拟定

先拟定外轮廓尺寸,后拟定结构尺寸。拟定各部分尺寸时,除应遵照沉井构造的一般要求外,还应考虑结构受力条件和沉井下沉两方面的需要。

(一)沉井高度及分节

沉井的全高取决于沉井顶面和基底位置,沉井基础底面高程应根据冲刷深度和地基容许承载力等因素确定。

沉井顶面不应高出最低水位,如果地面高出最低水位且不受冲刷时,则不宜高出地面。顶面和基底位置拟好后,即可得出沉井的高度。

较高的沉井应分节制造下沉,沉井的分节高度一般为 5～7m,底节不宜过高,一般为 4～6m。在松软土层中下沉的沉井,为保证稳定,其底节高度不应大于沉井宽度的 0.8 倍。为了减少下沉时土对井壁的摩阻力,在分节处一般留有台阶,台阶宽度为 10～20cm。对于采用泥浆套和空气幕下沉的沉井,除底节顶部留有台阶外,其他分节处可不留台阶。

(二)沉井的平面尺寸

沉井顶面的平面尺寸在设计时应满足墩台身底面尺寸及基底受力两方面的要求,同时还要考虑井孔、隔墙、井壁等构造尺寸和施工要求。

设计时一般先按墩台身底面尺寸的要求初拟尺寸,经基底受力检算合格后才能确定。沉井顶面尺寸等于墩台身底面尺寸加襟边宽度,襟边的最小宽度一般不小于沉井总高度的1/50,且不小于200mm。如为浮式沉井,再另加宽250mm。对于井顶设置围堰的沉井,除上述规定外,襟边宽度还应满足安装墩台身模板的要求。

五 沉井下沉的计算

沉井尺寸拟定好后,首先需要检算沉井的自重能否克服下沉时土的摩阻力,以保证沉井在施工时顺利下沉。检算要求满足:

$$Q > T$$

或

$$K = \frac{Q}{T} > 1.0 \tag{9-1}$$

式中:Q——沉井自重,kN;如为不排水下沉,则应扣去水的浮力;

T——土对沉井外壁的摩擦力,其值为:$T = \sum f_i h_i u_i$;

h_i——沉井穿过第 i 层土的厚度,m;

u_i——沉井的周长,m;

f_i——第 i 层土对井壁单位面积摩擦力,kPa;其数值与沉井入土深度、土的性质、井壁外形及施工方法等有关,应根据实验或试验资料确定,如缺乏资料,可参考表9-3;

K——沉降系数。

土的单位面积摩阻力 f_i 表9-3

土 的 种 类	土对井壁的摩擦力(kPa)	土 的 种 类	土对井壁的摩擦力(kPa)
砂类土	12 ~ 25	软土	10 ~ 12
卵石土	15 ~ 30	泥浆套	3 ~ 5
黏性土	25 ~ 50		

当沉井自重不能满足式(9-1)的要求时,可加大井壁厚度以增加自重 Q,否则应考虑施工时在沉井顶部压重或采用高压射水辅助下沉等措施。若沉井下沉较深或刃脚需嵌入风化岩层时,应考虑增加沉井质量,以使 K 值增大,一般达到 1.25 左右。

第三节 桩 基 础

一 概述

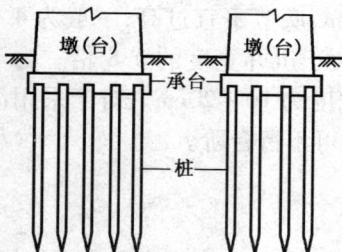

图 9-17 桩基础示意图

桩是一种埋入土中,横截面尺寸比其长度小得多的细长构件。桩的上部与承台板(梁)连接组成桩基础(图 9-17)。上部结构荷载通过桩基传入到土层上。桩基础是深基础中最常用的一种形式,它能较好地适应各种地质条件及各种荷载情况,通常具有承载力大,稳定性好,沉降值小(特别是沉降速率小)等特点。因此桩基础在我国古代就已经得到应用。近年来,随着高层建筑以及道路桥梁的广泛兴建,采用桩基础已成为处理软弱地基的一种重要手段。

桩基础与其他深基础相比,具有以下特点:

(1)桩的长度可长可短,容易适应持力层层面高低不平的地形变化。

(2)桩制作灵活,可以在工厂预制,也可就地灌注,省工、省料、施工速度较快。

（3）桩基础容易适应不同的施工条件和荷载情况，它可承受压力，也可承受拉力，当水平力较大时可设置斜桩，所以在桥梁深基中常见。

桩基础的适用范围：

（1）建筑物荷载较大，地基软弱，地下水位较高，而采用明挖基础土方量又过大，建筑物不允许有较大沉降时，可采用桩基础。

（2）地表软弱土层较厚，不宜用作基础的持力层，或地基中局部有暗沟、深坑、古河道等情况时，采用桩基础。

（3）地震区的地基存在可能的液化土层时；或湿陷性黄土和膨胀土地区内，地基土的湿陷量或膨胀量较大时，采用桩基础。

二　桩和桩基础的主要类型

（一）桩的分类

1. 按桩的受力情况分类

桥梁墩台所受的荷载通过桩基础传给地基，其中垂直荷载一般由桩底土层和桩侧与土之间的摩阻力来支撑；水平荷载一般由桩和桩侧土的水平抗力来支撑。因此根据桩的受力状况，桩可分为柱桩与摩擦桩。

（1）摩擦桩：指桩所承受的轴向荷载可考虑由桩侧土的摩擦力（或称摩阻力）和桩底（或称桩尖）处土的支承力共同承受的桩，其中以桩侧土的摩阻力起主要作用，如图9-18a）所示。

（2）柱桩（端承桩）：桩身穿过软弱土层，桩尖支撑在坚硬岩层或硬土层等非压缩性土层上，基本依靠桩底土层抵抗力支承垂直荷载的为柱桩，如图9-18b）所示。同一桩基础内避免同时采用摩擦桩和柱桩。

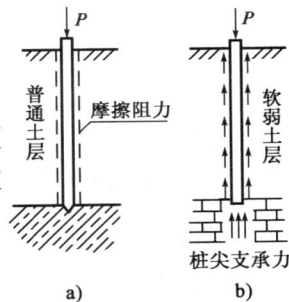

图9-18　摩擦桩和柱桩

2. 按施工方法分类

按施工方法，桩可分为预制沉桩和就地灌注桩。

（1）预制沉桩：是将预制的木桩、钢筋混凝土桩、预应力混凝土桩、钢桩等，用锤击、振动、射水等方法沉入土中，使该处的地基变得更密实，以增大其承载能力。

预制沉桩按沉桩方式的不同分为打入桩和振动下沉桩。

打入桩是用打桩机具将各种预制桩打入地基内所需达到的深度，这种桩适用于桩径较小，地基土为中密或稍松的砂类土和可塑性的黏性土的情况。在软塑黏性土中也可用重力将桩压入土中，称为静力压桩。

振动下沉桩是将大功率震动打桩机安装在桩顶（钢筋混凝土桩或钢管桩），利用振动力减少土对桩的阻力使桩沉入土中。它适用于较大桩径，地基土为砂类土、黏性土和碎石类土的情况。

（2）就地灌注桩：是先在桩位处造孔，然后就地灌注钢筋混凝土形成的桩，分挖孔桩和钻孔桩。

钻孔灌注桩是用钻孔机具造孔，在孔内放入钢筋骨架，灌注桩身混凝土成桩。它的特点是施工设备简单、操作方便，适用于砂类土、黏性土，也适用于碎、卵石层和岩层。

挖孔灌注桩是用小型机具或人工在地基中挖出桩孔，然后在孔内放入钢筋骨架，灌注混凝土成桩。其特点是不受设备限制，施工简单，桩的横截面可以做成较大尺寸。适用于无水或渗水量较小的土层,在地形狭窄、山坡陡峭处采用挖孔桩较钻孔桩或明挖基础更为有利。

此外,还有打入式灌注桩(即先打入带有桩尖的套管成孔,然后边拔套管边灌注混凝土成桩)、桩尖爆扩桩(即成孔后用爆破的方法扩大桩底支撑面积,增大桩的容许承载力)的施工方法。

3. 按桩身的材料分类

根据桩身材料,可分为混凝土桩、钢桩和组合材料桩等。

(1)混凝土桩。混凝土桩是目前应用最广泛的桩,具有制作方便、桩身强度高、耐腐蚀性能好、价格较低等优点。它又可分为预制混凝土桩和灌注混凝土桩两大类。

预制混凝土桩:预制混凝土桩多为钢筋混凝土桩,断面尺寸一般为 400mm × 400mm 或 500mm × 500mm,单节长十余米。为减少钢筋用量和桩身裂缝,也可用预应力钢筋混凝土桩。

灌注混凝土桩:灌注混凝土桩是用桩机设备在施工现场就地成孔,在孔内放置钢筋笼,再浇注混凝土所形成的桩。

(2)钢桩。由钢板和型钢组成,常见的有各种规格的钢管桩、工字钢和 H 形钢桩等。

(3)组合材料桩。组合材料桩是指一根桩由两种以上材料组成的桩。较早采用的水下桩基,就是在泥面以下用木桩而水中部分用混凝土。

另外,按截面形式桩可分为实腹型桩和空腹型桩;按桩径大小分为小直径桩($d \leqslant$ 250mm),中等直径桩(250mm $< d <$ 800mm),大直径桩($d \geqslant$ 800mm)。

(二)桩基础的分类

1. 按承台位置分类

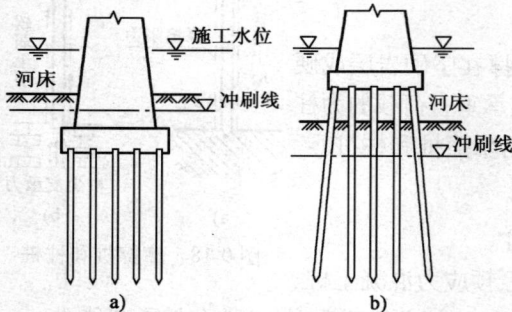

图 9-19　低桩承台和高桩承台
a)低桩承台;b)高桩承台

桩基础按承台位置可分为高桩承台和低桩承台两种,通常将承台底面置于土面或局部冲刷线以下的称为低桩承台,承台底面高出地面或局部冲刷线的称为高桩承台,如图 9-19 所示。高桩承台的位置较高,可减少墩台的圬工数量,施工较方便,但是高桩承台在水平力的作用下,由于承台及部分桩身露出地面或局部冲刷线,减少了承台及自由段桩身侧面的土抗力,桩身的内力和位移都将大于低桩承台,在稳定性方面不如低桩承台。

2. 竖直桩桩基础和带斜桩桩基础

按桩轴方向可分为竖直桩、单向斜桩和双向斜桩桩基等,如图 9-20 所示。

桩基中是否需要设置斜桩及设置多大斜度,可根据荷载、桩的截面尺寸和施工方法等因素确定。对于钻(挖)孔桩基础,采用的桩截面尺寸一般较大,抗弯抗剪较强,它可以承受较大的水平力;而且由于当前工艺水平的限制,设置斜桩的困难较多,常采用竖直桩基础。对于打入桩桩基础,当桩基受水平力较大时,采用带斜桩的桩基为宜。例如桥墩有时采用双向或多向斜桩,桥台有时采用单向斜桩。

3. 按桩的布置形式分类

(1)单桩或单排桩桩基。当桩基只有单根或仅在与水平作用外力作用平面相垂直的同一平面内有若干根时,称为单桩或单排桩桩基,如图 9-21a)、b)所示。

（2）排桩桩基。基桩排列的行数和列数均不小于2的桩基，为多排桩桩基，如图9-21c）所示。

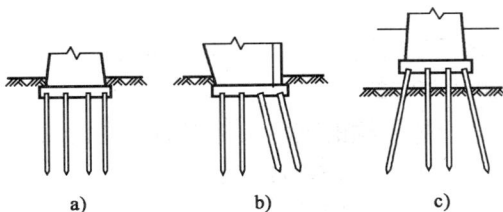

图 9-20　竖直桩和斜桩桩基
a）竖直桩；b）单向斜桩；c）双向斜桩

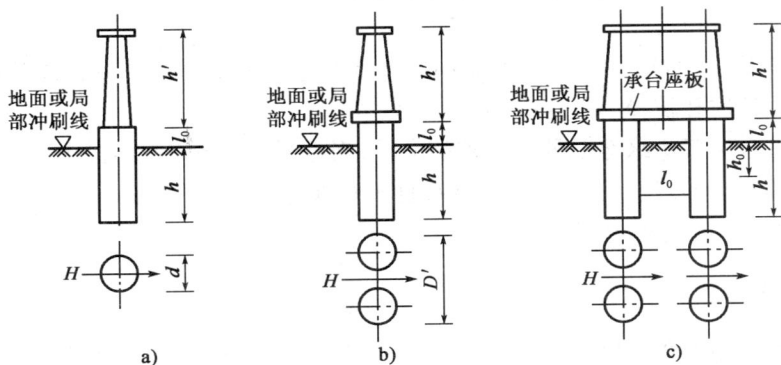

图 9-21　桩基布置形式

三　桩与桩基础的构造

（一）桩的构造

1. 就地灌注钢筋混凝土桩的构造

钻（挖）孔桩是就地灌注的钢筋混凝土桩，桩身常为实心截面，桩身混凝土强度等级可采用 C15～C25，水下混凝土不应低于 C20。钻孔桩直径分 0.8m、1.0m、1.25m 和 1.5m 4 种，挖孔桩的直径或边宽不小于 1.25m。桩内钢筋应按照内力和抗裂性的要求布设，并可根据桩身弯矩分布分段配筋。为保证钢筋骨架有一定的刚度，便于吊装及保证主筋受力的轴向稳定，主筋不宜过少，箍筋间距采用 200mm，摩擦桩下部可增大至 400mm，顺钢筋笼长度每隔 2.0～2.5m 加一道直径为 16～22mm 的骨架钢筋。考虑到灌注桩身混凝土施工的方便，主筋宜采用光面钢筋。采用束筋时，每束不宜多于两根。主筋净距不宜小于 120mm，任何情况下不宜小于 80mm。主筋的净保护层不应小于 60mm。

2. 预制钢筋混凝土桩和预应力混凝土桩

预制钢筋混凝土桩或预应力混凝土桩多为工厂用离心旋转法制造的空心管桩，桩径有 400mm 和 550mm 两种，混凝土强度等级为 C30 以上，桩内钢筋由纵向主筋和箍筋组成。管桩在工厂中分节预制，每节长为 4～12m，用钢制法兰盘、螺栓接头，桩尖节单独预制。

工地预制钢筋混凝土桩多为实心方形截面，通常当桩长在 10m 以内时横截面尺寸 0.3m×0.3m，桩身混凝土强度等级不低于 C25，桩身配筋应按制造、运输、施工和使用各阶段的内力要求配筋，桩顶处因直接承受锤击应设钢筋网加固。

（二）桩的平面布置

桩在承台中的平面布置多采用行列式,以便于施工放样,如果承台底面积不大,而需要排列的桩数较多,可采用梅花式(图9-22)。

桩的排列要考虑到减少对土体结构的破坏及施工的可能性,故桩间最小中心距离应满足《铁路工程抗震设计规范》(GB 50111—2006)的规定:

打入桩的桩尖中心距不应小于3倍桩径。

振动下沉于砂类土内的桩,其桩尖中心距不应小于4倍桩径。

桩尖爆扩桩的桩尖中心距,应根据施工方法确定。上述各类桩在座板底面处桩的中心距,不应小于1.5倍桩径。

钻(挖)孔灌注摩擦桩的中心距,不应小于2.5倍成孔桩径,钻(挖)孔灌注桩,其桩的中心距不应小于2倍成孔桩径。

各类桩的承台座板边缘至最外一排桩的净距,当桩径$d \leqslant 1\text{m}$时,不得小于$0.5d$且不得小于0.25m;当桩径$d > 1\text{m}$时,不得小于$0.3d$,且不得小于0.5m。对钻孔灌注桩,d为设计桩径,对于矩形截面桩,d为短边宽度。

（三）承台的构造

桩基承台的平面形式和尺寸,决定于墩台身底部的形式和尺寸,也和桩的布置及桩的数量有关系。

承台一般为钢筋混凝土结构,其混凝土的强度等级可采用C15～C25。承台座板的厚度和配筋应根据受力情况决定,其厚度不宜小于1.5m,底板的底部应布置一层钢筋网(图9-23)。当基桩采用桩顶主筋伸入承台连接时,此处钢筋网在越过桩顶处不得截断。当基桩采用桩顶直接埋入承台内,且桩顶作用于座板的压应力超过座板混凝土的容许局部承压应力时,应在每一根桩的顶面以上,设置1～2层直径不小于12mm的钢筋网,钢筋网的每边长度不得小于桩径的2.5倍,其网孔为100mm×100mm～150mm×150mm(图9-23)。

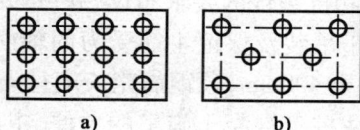

图9-22 桩的平面布置
a)行列式;b)梅花式

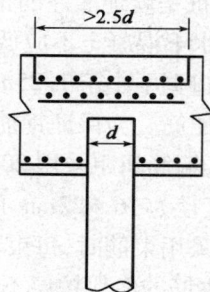

图9-23 承台座板的钢筋网

（四）桩与承台的连接

桩和承台的连接方式有以下两种。

1.桩顶主筋伸入式

基桩桩顶主筋伸入承台内[图9-24a)、b)],桩身伸入承台内的长度可采用100mm(不包括水下封底混凝土厚度）。桩顶伸入承台内的主筋长度（算至弯钩切点），对于光钢筋不得小于45 倍主筋的直径，对于螺纹钢筋不得小于 35 倍主筋的直径。其箍筋的直径不应小于 8mm，箍筋间距可采用150～200mm。伸入承台的主筋可做成喇叭形［图9-24a)］或竖直形［图 9-24b)］。前者受力较好，特别是对受拉的桩有利，后者施工方便，特别对靠近承台边缘的桩布置有利。这种连接方式较牢固，多用于钻（挖）孔灌注桩。

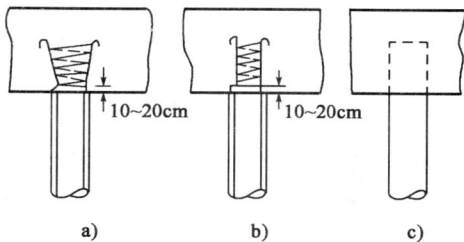

图 9-24　桩与承台的连接

2. 桩顶直接埋入式

基桩桩顶直接埋入承台座板内［图 9-24c)］，这种连接方式比较简单方便，多用于预应力钢筋混凝土桩和普通钢筋混凝土桩。为保证连接可靠，其桩顶埋入长度应满足下列规定：

（1）当桩径小于 0.6m 时，桩顶埋入长度不得小于 2 倍桩径。

（2）当桩径为 0.6～1.2m 时，桩顶埋入长度不得小于 1.2m。

（3）当桩径大于 1.2m 时，桩顶埋入长度不得小于桩径。

木桩桩顶埋入承台的长度不应小于 0.50m，也不应小于两倍桩径。承受拉力的桩与承台的连接必须满足受拉强度的要求。嵌入新鲜岩面以下的钻（挖）孔灌注桩，其嵌入深度应根据计算确定，但不得小于 0.5m。桩顶至承台顶面的厚度不宜太小，以保证不致出现桩顶对承台的冲切破坏。

四　单桩轴向容许承载力

基桩在轴向荷载作用下，可能出现两种破坏：一种是土对桩的阻力不够，以使桩发生大的下沉，而不能满足使用的要求；另一种是因桩身材料强度不够而破坏。因此，确定单桩的轴向容许承载力，应分别按桩身材料和土的阻力进行计算，取其较小者。一般情况下支承在岩层上的柱桩，多是桩身材料先破坏，而摩擦桩多是由于土的摩阻力不够而破坏。本节着重介绍按土的阻力确定单桩容许承载力的方法，按桩身材料强度确定容许承载力，只作简单介绍。

（一）按土的阻力确定单桩的容许承载力

按土的阻力决定桩的容许承载力时，宜通过试桩确定。如无条件进行试桩，可按《铁路桥涵地基和基础设计规范》（TB 10002.5—2005）进行计算，但打入桩在施工时应以冲击试验验证。确定方法主要有经验公式、动力公式（也称打桩公式）及静载试验等几种。

1. 经验公式

确定单桩轴向容许承载力的经验公式，是根据多年的基桩静载试验，按其所获得的桩侧土的极限摩擦力和桩端土的极限阻力的数据而建立起来的。对于中、小桥桩基的单桩承载力，如无条件进行静载试验，可用经验公式计算，但对于打入桩，在施工时应以冲击试验来验证。

不同类型的基桩有不同的承载力，《铁路桥涵地基和基础设计规范》（TB 10002.5—2005）按桩在土中的支承类型及施工方法的不同，提供了经验公式。

（1）摩擦桩轴向受压的容许承载力

摩擦桩的承载力，假定由桩侧土的摩擦力和桩尖土的阻力两部分组成。为计算简便起

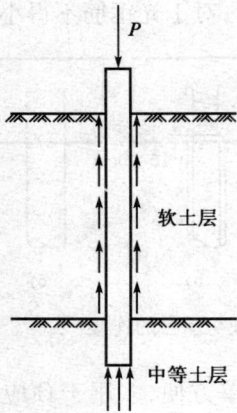

图 9-25　摩擦桩承载力

见,认为摩擦阻力沿桩长和桩周都均匀分布,桩底支承力在桩底面上均匀分布(图 9-25)。

①打入、振动下沉和桩尖爆扩的桩的容许承载力:

$$[P] = \frac{1}{2}(U\sum \alpha_i f_i l_i + \lambda AR\alpha) \qquad (9\text{-}2)$$

式中:$[P]$——桩的容许承载力,kN;

U——桩身截面周长,m;

l_i——各土层厚度,m;

A——桩底支承面积,m^2;

α_i,α——振动下沉桩对各土层桩周摩阻力和桩底承压力的影响系数(表 9-4),对于打入桩其值为 1.0;

λ——系数,与桩尖爆扩体土的种类及爆扩体直径和桩身直径之比有关,见表 9-5。

f_i 和 R——分别为桩周土的极限摩阻力和桩尖土的极限承载力,kPa,可根据土的物理性质查表 9-6 和表 9-7 确定或采用静力触探测定。此时:

$$f_i = \beta_i \bar{f}_{si} \text{ 或 } R = \beta \bar{q}_c \qquad (9\text{-}3)$$

振动下沉桩系数　　　　　　　　　　　　表 9-4

桩径或边宽	沙　土	黏砂土	砂黏土	黏　土
$d \leqslant 0.8\text{m}$	1.1	0.9	0.7	0.6
$0.8\text{m} < d \leqslant 2.0\text{m}$	1.0	0.9	0.7	0.6
$d > 2.0\text{m}$	0.9	0.7	0.6	0.5

系　数　λ　　　　　　　　　　　　表 9-5

D_p/d \ 桩尖爆扩体处土的种类	沙　土	黏砂土	砂黏土 $I_L = 0.5$	黏土 $I_L = 0.5$
1.0	1.0	1.0	1.0	1.0
1.5	0.95	0.85	0.75	0.70
2.0	0.90	0.80	0.65	0.50
2.5	0.85	0.75	0.50	0.40
3.0	0.80	0.60	0.40	0.30

注:d 为桩身直径。D_p 为爆扩桩的爆扩体直径。对于非桩尖爆扩桩,$D_p = d$,即 $\dfrac{D_p}{d} = 1$。

桩周土的极限摩阻力 f_i(kPa)　　　　　　　　表 9-6

土类	状态	极限摩阻力 f_i	土类	状态	极限摩阻力 f_i
黏性土	$1 \leqslant I_L \leqslant 1.5$	15 ~ 30	粉、细砂	稍松	20 ~ 35
	$0.75 \leqslant I_L < 1$	30 ~ 45		中密	35 ~ 65
	$0.5 \leqslant I_L < 0.75$	45 ~ 60		密实	65 ~ 80
	$0.25 \leqslant I_L < 0.50$	60 ~ 75	中砂	中密	55 ~ 75
	$0 \leqslant I_L < 0.25$	75 ~ 85		密实	75 ~ 90
	$I_L < 0$	85 ~ 95	粗砂	中密	70 ~ 90
				密实	90 ~ 105

②钻(挖)孔灌注桩的容许承载力:

$$[P] = \frac{1}{2}U\sum f_i l_i + m_0 A[\sigma] \qquad (9\text{-}4)$$

式中:$[P]$——桩的容许承载力,kPa;

$\quad U$——桩身截面周长,m;按成孔桩径计算,通常,钻孔桩的成孔桩径,按钻头类型分别比设计桩径(即钻头直径)增大下列数值:旋转锥为 30～50mm;冲击锥为 50～100mm;冲抓锥为 100～150mm;

$\quad f_i$——各土层的极限摩阻力,kPa,查表9-8;

$\quad l_i$——各土层的厚度,m;

$\quad A$——桩底支承面积,m^2,按设计桩径计算;

$\quad m_0$——钻孔灌注桩桩底支承力折减系数,查表9-9;

$\quad [\sigma]$——桩底地基土的容许承载力,kPa。

当 $h \leqslant 4d$ 时,$[\sigma] = \sigma_0 + k_2\gamma_2(h-3)$;当 $4d < h \leqslant 10d$ 时,$[\sigma] = \sigma_0 + k_2\gamma_2(4d-3) + k'_2\gamma_2(h-4d)$;当 $h > 10d$ 时,$[\sigma] = \sigma_0 + k_2\gamma_2(4d-3) + k'_2\gamma(6d)$。

式中:d——桩径或桩的宽度,m;

$\quad k_2$——深度修正系数,采用《铁路桥涵地基和基础设计规范》(TB 10002.5—2005)有关数值;

$\quad k'_2$——对于黏性土和黄土为1.0,对于其他土,k'_2采用 k_2 值的一半;

$\quad \sigma_0$——桩端土的基本承载力;

$\quad \gamma_2$——桩底以上土的加权平均重度,kN/m^3;

$\quad h$——桩底至一般冲刷线(无冲刷时不地面)的深度,m。

桩尖土的极限承载力 R(kPa) 表9-7

土 类	状 态	桩尖土极限承载力 R		
黏性土	$1 \leqslant I_L$	1000		
	$0.65 \leqslant I_L < 1$	1600		
	$0.35 \leqslant I_L < 0.65$	2200		
	$I_L < 0.35$	3000		
		桩尖进入持力层的相对深度		
		$\frac{h'}{d} < 1$	$1 \leqslant \frac{h'}{d} < 4$	$4 < \frac{h'}{d}$
粉砂	中密	2500	3000	3500
	密实	5000	6000	7000
细砂	中密	3000	3500	4000
	密实	5500	6500	7500
中、粗砂	中密	3500	4000	4500
	密实	6000	7000	8000
圆砾	中密	4000	4500	5000
	密实	7000	8000	9000

钻孔灌注桩极限摩阻力 f_i（kPa）

表 9-8

土 的 名 称	土 性 状 态	极限摩阻力	土 的 名 称	土 性 状 态	极限摩阻力
软土		12~22	粗砂、砾砂	中密	70~90
黏性土	流塑	20~35		密实	90~150
	软塑	35~55	砾石、角砾	中密	90~150
	硬塑	55~75		密实	150~220
粉砂、细砂	中密	30~55	碎石、卵石	中密	150~220
	密实	55~70		密实	220~420
中砂	中密	45~70			
	密实	70~90			

注：①挖孔灌注桩可根据具体情况确定 m_0 值，一般可取 $m_0=1.0$。
②h 为地面线或局部冲刷线以下桩长，d 为桩的直径，均以米计。

钻孔灌注桩桩底支承力折减系数 m_0

表 9-9

土质及清底情况	m_0		
	$5d<h\leqslant10d$	$10d<h\leqslant25d$	$25d<h\leqslant50d$
土质较好，不易坍塌，清底良好	0.9~0.7	0.7~0.5	0.5~0.4
土质较差，易坍塌，清底稍差	0.7~0.5	0.5~0.4	0.4~0.3
土质差，难以清底	0.5~0.4	0.4~0.3	0.3~0.1

注：①漂石、块石极限摩阻力可采用 400~600kPa。
②挖孔灌注桩的极限摩阻力可参照上表。

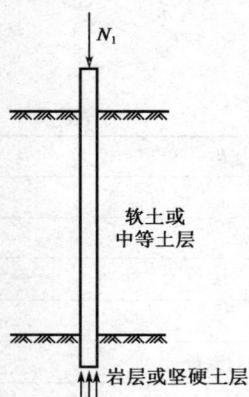

（2）柱桩轴向容许承载力

当柱桩支立于岩层上或嵌入岩层内时，柱桩的承载力只考虑桩底的支承力，桩侧土的摩阻力略去不计（图 9-26）。

①支承于岩石层上的打入桩、振动下沉桩（包括管桩）的容许承载力：

$$[P] = CRA \tag{9-5}$$

式中：$[P]$——桩的容许承载力，kN；

$\quad\quad R$——岩石试块单轴抗压极限强度，kPa；

$\quad\quad C$——系数，匀质无裂缝的岩石层采用 $C=0.45$；有严重裂缝的、风化的或软化的岩石层采用 $C=0.3$；

$\quad\quad A$——桩底支承面积，m^2。

②支承于岩石层上与嵌入岩石层内的钻（挖）孔灌注桩及管柱的容许承载力：

$$[P] = R(C_1A + C_2Uh) \tag{9-6}$$

式中：$[P]$——桩及管柱的容许承载力，kN；

$\quad\quad U$——嵌入岩石层内的桩及管柱的钻孔周长，m；

$\quad\quad h$——自新鲜岩石面（平均高程）算起的嵌入深度，m；

C_1,C_2——系数，根据岩石破碎程度和清底情况确定，查表 9-10；

其余符号意义同前。

图 9-26　柱桩承载力

234

岩石层及清底情况	C_1	C_2
良好	0.5	0.04
一般	0.4	0.03
较差	0.3	0.02

注：当 $h \leqslant 0.5 \mathrm{m}$ 时，C_1 应乘以 0.7，C_2 采用 0。

（3）摩擦桩轴向受拉的容许载力

$$[P'] = 0.3U\sum \alpha_i f_i l_i \tag{9-7}$$

式中：$[P']$——摩擦桩轴向受拉的容许承载力，kN；

其余符号意义同前。

当荷载为主力加附加力作用时，按公式求得单桩轴向受压容许承载力提高 20%。仅在主力加附加力作用下，才允许桩承受轴向拉力。

（4）管柱振动下沉中应进行下列计算

检算振动荷载下的应力：振动时作用于管柱的计算外力可按下式计算：

$$N = \eta P_{\max} \tag{9-8}$$

式中：N——振动时作用于管柱的计算外力，kN；

$P_{\max}$——所选用的振动打桩机的额定最大振动下沉力，kN；

η——振动冲击系数，主要是按振动下沉的入土深度、土质条件和施工辅助设施而定，可采用 $1.5 \sim 2.0$。

检算振动荷载作用下管柱的变形：管柱振动下沉时，拉伸和压缩引起的弹性变形值必须小于振动体系的振幅。

预应力混凝土管柱的张拉力，不宜小于管柱的振动荷载。

计算桩基中基桩的内力和稳定性时，可考虑桩侧土的弹性抗力的作用。对钻孔灌注桩计算桩身强度和稳定性时，桩身采用设计桩径。

摩擦桩桩顶承受的轴向压力加上桩身自重与桩身入土部分所占同体积土重之差，不得大于按土阻力计算的单桩受压容许承载力。柱桩桩顶承受的轴向压力加桩身自重不得大于按土的阻力计算单桩受压容许承载力。受拉桩桩顶承受的拉力减去桩身自重不得大于按土的阻力计算的单桩受拉容许承载力。

桩基还应当作实体进行检算。当桩基底面以下有软弱土层时，尚应检算该土层的压应力。

当桩基为柱桩或桩尖平面处桩的中心距大于 6 倍桩径的摩擦桩时，桩基的总沉降量可采用单桩静载试验的沉降量。

当不符合上述情况时，摩擦桩基的总沉降量应将桩基视作实体基础进行计算。

位于湿陷性黄土和软土地基中的桩基应考虑桩侧土的负摩阻力的作用。

2. 打桩公式（也称动力公式）

打入桩每受到一次锤击，桩就会沉入土中一定距离，这个距离称为"贯入度"，通常用 e 来表示。显然，在硬土中打桩，土的阻力较大，则 e 值较小；反之，土的阻力愈小，则 e 值愈大，因此，在一定程度上，桩的贯入度 e 可以反映土对桩 r 的极限阻力，即桩的极限承载力 R，而动力公式就是 R 与 e 相互关系的表达式。

第九章

桥梁基础

动力公式可以依据碰撞理论和能量守恒定律推导出来。设锤重为 Q，落锤高度为 H，则桩锤落下时的动能 QH，在打桩的瞬时转化为三部分：第一部分为桩沉入土中 e 克服阻力 R 所做的功，即 Re；第二部分是桩锤回弹高度 h 所消耗的能，即 Qh；第三部分消耗在其他方面（桩材、锤垫和土等的变形）的能，即 aQH，其中 a 为消耗系数，$a < 1.0$。据能量守恒定律：

$$QH = Re + Qh + aQH \tag{9-9}$$

上式在适当假定的基础上，经过变换可得到 R 和 e 的关系式。但由于假定不同，可得出很多动力公式，所有公式都有其局限性，使用时必须注意适用范围。

下面介绍一种国内常用的吊锤、单动汽锤和柴油打桩机锤的动力公式，即：

$$[P] = \frac{R}{m} = \frac{1}{m}\left[-\frac{nA}{2} + \sqrt{\left(\frac{nA}{2}\right)^2 + \frac{nAQH}{e} \times \frac{Q + K^2 q}{Q + q}}\right] \tag{9-10}$$

式中：$[P]$——桩的轴向受压容许承载力，kN；

$\quad e$——打桩的最后阶段平均每一锤的沉入度，m；

$\quad n$——根据桩的材料和桩垫情况所确定的系数，查表 9-11；

$\quad A$——桩的横截面积，m^2；

$\quad Q$——锤的质量，kN；吊锤取其全重，单动汽锤或柴油打桩锤，取其冲击部分的质量；

$\quad q$——桩的质量，kN；包括送桩、桩帽、桩垫和桩锤非冲击部分的质量；

$\quad m$——安全系数，临时建筑物用 1.5，永久建筑物用 2；

$\quad K$——锤击恢复系数，铁锤打木桩或木送桩、木桩帽时，$K = 0.45$，$K^2 = 0.2$；

$\quad H$——落锤高度，m。

系 数 n 表 9-11

桩　材	桩垫情况	n(kPa)
木桩	有桩垫	800
	无桩垫	1000
钢筋混凝土桩	有橡土桩垫再加麻袋垫层	1000
	有橡木桩垫	1500
钢桩	无桩垫	5000

吊锤和单动汽锤的落锤高度 H 值，应根据落锤时的情况，按实际数值乘以下列系数：在有脱钩装置的自由落锤中乘以 1.0；用钢丝绳吊锤，如落下时不与钢丝绳脱离乘以 0.8；在单动汽锤中乘以 0.9。用柴油机打桩时，H 值按下式计算：

$$H = \frac{W}{Q} \tag{9-11}$$

式中：W——一次冲击能，查表 9-12。

柴油打桩机锤击能（kN·m） 表 9-12

柴油打桩机锤类型	冲击部分质量(kN)	最后沉入度(mm)			
		0	1	2	3
1200 型	12000	7930	8170	8650	9150
1800 型	18000	11800	12130	12730	13440

采用此动力公式时,应符合下列条件:

(1)$\frac{mP}{A} \leqslant 7000\text{kPa}$,$P$ 为设计荷载。

(2)使用吊锤及单动汽锤时,$h \leqslant 0.04H$,h 为锤击时锤的回弹高度。

(3)$e \geqslant 2\text{m}$。

打桩公式的另一表达式,是将设计荷载 P 作为容许承载力,将 e 代入式(9-9)得出 QH,由式(9-12)可计算出控制沉入度$[e]$,控制沉入度$[e]$作为最后阶段平均每锤沉入度。

$$[e] = \frac{nAQH}{m[P](m[P] + nA)} \times \frac{Q + K^2 q}{Q + q} \quad (9\text{-}12)$$

打桩时,若实测最后阶段平均每锤沉入度 e 不大于按式(9-12)计算得出的控制沉入度$[e]$,就说明桩具有足够的承载力。

3. 静载试验

在桩基施工现场,对试桩(其直径及入土深度和设计的桩一致)直接施加荷载至破坏,以确定其容许承载力的方法,称为静载试验。这种方法最直接可靠,在特大桥和结构、地质条件比较复杂的大、中桥桩基工程中,均须做静载试验,以确定桩的承载力。下面对静载试验方法作简要说明。

(1)试验加载装置

锚桩千斤顶是一种常用的加载装置(图9-27),它的主要设备有锚桩、锚梁、横梁、液压千斤顶等。在试桩周围打下 4 ~ 6 根锚桩,锚桩离试桩的距离应不大于 $3d$(d 为试桩直径),锚桩上联以锚梁,锚梁下穿过横梁,在试桩桩顶和横梁之间放置液压千斤顶,用液压千斤顶对试桩加压。测量试桩沉降的设备常用千分表、杠杆式偏移计及水平仪等。

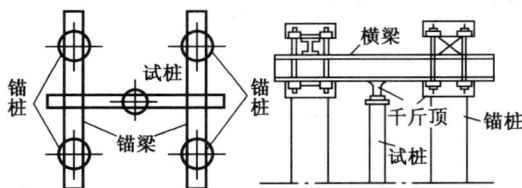

图 9-27 静载试验加载装置示意图

如果试验仅为了检验设计荷载,则可选用桩基中已打入就位的基桩作试验,并利用其他已打入的基桩作锚桩。

(2)加载方法

试桩加载应沿桩轴方向均匀、无冲击和分级进行。每级加载量一般不大于预计最大荷载的 1/10。加载一次后,每隔 5 ~ 20min 读一次下沉值,一直读到其下沉终止后,才能加下一级荷载。下沉终止的标准:对沙土是在最后 30min 内,对黏性土是在最后 60min 内,桩的下沉量不超过 0.1mm。根据每一级加载所纪录桩的下沉随时间变化的数据,可绘出荷载—沉降曲线及时间—沉降曲线(图9-28)。

为满足测量沉降量的精度要求,量测沉降量的仪器至少要对称地设置两个,仪器的测量精度应高于 0.05mm。

(3)试桩的破坏标准

试桩在加载过程中,如出现下列情况时,则认为试桩已破坏,可以卸载。

①桩顶总沉降量大于或等于40mm,同时后一级的沉降量大于前一级沉降量的5倍。

②桩顶总沉降量大于或等于40mm,施加本级荷载一昼夜后,桩的沉降仍未稳定。

一般将破坏前一级荷载作为极限荷载 P_j。

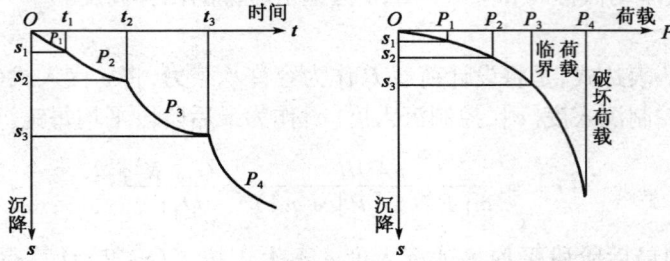

图9-28　时间—沉降曲线及荷载—沉降曲线

（4）桩的轴向受压容计承载力

$$[P] = \frac{P_j}{K} \tag{9-13}$$

式中:K——安全系数,对于永久性建筑物,取 $K = 2.0$;对于临时性建筑物,取 $K = 1.5$。

如果上部结构有特殊要求,必须限制桩的沉降量,也可按容许沉降量及荷载—沉降曲线来确定[P]值。

（二）按桩身材料确定单桩轴向容许承载力

对于仅承受轴向力的桩,可按沉入土中的压杆考虑。

钢筋混凝土桩,其容许承载力[P]可用下式计算:

$$[P] = \varphi(A_c + mA_s)[\sigma_c] \tag{9-14}$$

式中:A_c——桩身横截面中的混凝土面积,m^2;

　　A_s——主筋截面面积,m^2;

　　m——主筋的计算强度与混凝土棱柱体强度之比,可从表9-13查得;

　　[σ_c]——混凝土中心受压容许应力,kPa;可从表9-14查得;

　　φ——压杆的纵向弯曲系数,根据构件的长细比,可从表9-15查得。

m　值　表9-13

钢筋种类	混凝土强度等级									
	C15	C20	C25	C30	C35	C40	C45	C50	C55	C60
Ⅰ级钢筋	20.4	15.7	12.4	10.4	9.0	8.0	7.1	6.4	5.9	5.4
Ⅱ级钢筋	29.1	22.3	17.6	14.9	12.9	11.4	10.2	9.2	8.4	7.7

混凝土中心受压容许应力[σ_c]　表9-14

应力种类	单位	混凝土等级强度									
		C15	C20	C25	C30	C35	C40	C45	C50	C55	C60
中心受压	MPa	4.6	6.1	7.6	9.0	10.3	11.6	13.2	14.6	16.0	17.4

注:①主力加附加力同时作用时,可提高30%。

　　②对厂制及工艺符合厂制条件的桩,可以再提高10%。

L_0/b	≤8	10	12	14	16	18	20	22	24	26	28	30
L_0/d	≤7	85	10.5	12	14	15.5	17	19	21	22.5	24	26
L_0/r	≤28	35	42	48	55	62	69	76	83	90	97	104
φ	1.0	0.98	0.95	0.92	0.87	0.81	0.75	0.70	0.65	0.60	0.56	0.52

注：l_0——构件计算长度，m；$l_0=kl$ 其中 l 为桩身全长，k 值按上、下铰的连接情况而定。两端刚性固定时，$l_0=0.5l$，一端刚性固定，另一端为不移动的铰时，$l_0=0.7l$；两端均为不移动的铰时，$l_0=l$；一端刚性固定，另一端为自由端时，$l_0=2l$；

　　b——矩形截面构件的短边尺寸，m；

　　d——圆形截面构件的直径，m；

　　r——任意形状截面构件的回转半径，m。

五　桩基础的设计步骤

　　桩基的设计与其他类型基础设计步骤一样，首先收集有关设计资料，拟定设计方案（包括选择桩基类型、桩径、桩数、桩长及桩的布置），然后进行检算，根据检算结果再作必要的修改，这样经过多次反复试算，直至符合各项要求，最后得出一个较佳的设计方案。现将桩基的设计步骤介绍如下。

（一）收集设计资料

　　主要包括荷载、地质、水文，材料来源及施工技术、设备等方面的资料。

（二）拟定设计方案

　　根据收集的设计资料，先考虑桩基为高承台还是低承台；然后依地质条件、施工技术及设备和材料供应等情况，考虑采用打入桩或就地灌注桩等；根据地质条件确定设计为柱桩还是摩擦桩。

　　1. 选择桩基的类型

　　（1）高、低承台桩基的选择

　　当常年有水、冲刷较深，或水位较高、施工困难时，常采用高桩承台方案；另外，对于受水平力较小的小跨度桥梁，选用高桩承台是较为理想的方案。处于旱地上、浅水岸滩或季节性河流的墩台，当冲刷不深，施工较容易时，选用低桩承台，有利于提高基础的稳定性。

　　当高、低承台方案选定后，在确定承台底面高程时，应满足下列要求：

　　①低桩承台底面位于冻结线以下 0.25m（不冻胀土层不受此限制）。

　　②高桩承台座板底面在水中时，应在最低冰层底面以下不少于 0.25m；在通航或筏运河流中，座板底面应适当降低。

　　③如用木桩基础，桩顶应位于最低水位或最低地下水位以下 0.5m。

　　（2）预制沉桩与就地灌注桩的选择

　　根据地质条件和施工单位的机械设备条件选择。

　　（3）柱桩与摩擦桩的选择

　　非压缩性土层埋藏较浅时，选择柱桩基础，普通土层或软弱土层较厚时，选择摩擦桩基础。

2. 选定桩材及桩的断面尺寸

国内铁路桥梁桩基,一般采用钢筋混凝土桩。用打入法施工时,通常采用工厂预制钢筋混凝土空心管桩,其断面为圆形,外径有 40cm 和 55cm 两种。如为钻孔灌柱桩,则以钻头直径作为设计桩径,常用的钻头直径规格为 0.8m、1.0m、1.25m 和 1.5m 等。如为挖孔桩,桩身直径或边长不小于 1.25m。

3. 估算桩长及桩数

桩材及桩的断面尺寸确定之后,便可根据承台上荷载的大小,地层情况来拟定桩长及桩数。对于桥梁墩台桩基,由于荷载的方向,大小和位置并非固定,其桩长及桩数只能靠试算法求之。

通常,在设计桩基时,如地质条件许可,总希望把桩端置于岩层或承载力较强的土层上(如砂夹卵石层,中密以上砂层等),以期取得较大的桩端阻力,这时桩长较易确定。桩端极限阻力的大小与桩端插入持力层的深度有关(例如在沙土中插入 $10d \sim 20d$ 时桩端极限阻力最大),因此必须将桩端插入持力层一定深度。但对于打入桩,要打入持力层中很深是难于做到的,进入持力层最好不应小于 1.0m。这时桩长可以根据承台底面高程、持力层面高程和桩端进入持力层深度或新鲜岩石的高程来确定。对于摩擦桩由于桩数和桩长两者相互牵连,只能靠试算求得,故摩擦桩的计算比柱桩要繁琐一些。

计算程序是先选定桩材和桩径,然后按材料强度算出其允许轴向承载力 $[P]$。

所需桩数 n 可用下式估算:

$$n = \mu \frac{N}{[P]} \tag{9-15}$$

式中:N——作用在承台底面上的竖向荷载,kPa;

μ——经验系数,取 $1.3 \sim 1.8$。

4. 桩的布置形式

桩数拟定下来后,便可在承台底面上进行布置。桩的排列形式,最好采用行列式,以利施工;有时为节省承台面积,也可采用梅花式。此外,还应注意柱间最小中心距及承台边缘至边桩外侧的最小距离是否满足有关规定。

桩的位置按上述要求布置好后,计算出桩顶最大轴向力 N_{max},加桩的自重后不应大于 $[P]$,并接近 $[P]$ 值,然后再按土的阻力用公式试算桩长,如算得的桩长 l 太长或太短则必须重选桩径或加大承台面积,重新验算直至得到合理桩长然后重新布置各桩位置。

(三)桩基检算

通过桩基的内力、变位计算解得各桩桩顶所分配到的轴向力、弯矩、剪力和桩身上弯矩、剪力以及承台座板底面的竖向位移、水平位移、转角之后,便可进行下列桩基检算。

1. 桩的轴向承载力检算

$$N_{max} + G \leq [P] \tag{9-16}$$

式中:N_{max}——作用在桩顶上的最大轴向力,kN。

G——基桩自重,kN,当桩位于透水土层中时,应考虑浮力;

$[P]$——桩的轴向容许承载力,kPa。

2. 检算桩身材料强度或配筋

预制的打入桩根据算得的桩身上的轴向力和最大弯矩来检算其材料强度。但其最不利的受力条件多是发生在吊运之时,故其配筋是考虑了这种最不利的受力状态,检算上述强度时对打入桩来说是不必要的,仅须按稳定条件检算其轴向承载力即可。

钻孔桩则需按算得的桩中最不利受力状态来配筋,其配筋量可根据桩身内力的分布情况分段进行,然后按整桩来检算其稳定条件,具体计算方法可参阅《钢筋混凝土设计原理》教材中的偏心受压构件计算方法计算。

3. 检算桩基承载力

将整个桩基视为实体基础,检算基底持力层及软弱下卧层的地基承载力,详见地基强度的检算。

4. 检算墩台顶水平位移 Δ

顺桥方向 $\Delta \leqslant 0.5\sqrt{L}$;

横桥方向 $\Delta \leqslant 0.4\sqrt{L}$。

式中:Δ——墩台顶的水平位移,cm;

L——桥梁跨度(按米计代入上式),当相邻桥跨为不等跨时,用小跨度者。Δ 可按下式求得,即:

$$\Delta = \alpha + \beta h' + \delta \tag{9-17}$$

式中:α,β——承台座板底面中点的水平位移和转角;

h'——承台座板底面至墩台顶的距离;

δ——墩台身在外力(水平力及弯矩)作用下弹性变形所引起的墩台顶水平位移。

5. 承台座板在桩顶力作用下的强度检算

(1)考虑桩对承台的冲切作用,按下式检算桩顶以上 l_2 范围的剪应力,见图9-29。

$$\tau = \frac{N_{\max}}{\pi s l^2} \leqslant [\tau_c] \tag{9-18}$$

式中:$[\tau_c]$——混凝土的容许纯剪应力,kPa。

(2)作用在桩顶处局部压应力。

作用在座板底面处的桩截面上的轴向力为 N_i,桩埋入座板内的长度为 l_1,见图9-29。因此,作用在桩顶处的轴向力为:

$$N_i' = N_i - \frac{\pi d^2}{4} \times l_1 \times \gamma \tag{9-19}$$

式中:γ——桩身的重度。

在 N_i',作用下桩顶处的压应力为:

$$\sigma_V = \frac{N_i'}{\frac{\pi d^2}{4}} \leqslant [\sigma_{a2}] \tag{9-20}$$

式中:$[\sigma_{a2}]$——混凝土的容许局部压应力。

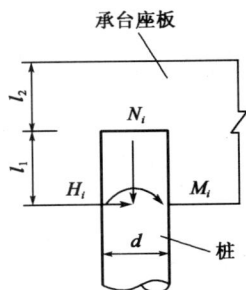

图9-29 承台检算

思考题

1. 桥墩台基础类型有哪些？哪些属深基础？哪些属浅基础？基础襟边的作用及尺寸。
2. 明挖扩大基础的检算通常检算哪些项目？
3. 基础埋置深度的确定通常要考虑哪几个方面？
4. 基坑底面尺寸如何确定？如何放出基坑边线？
5. 什么是围堰？修筑围堰应符合哪些要求？常用的围堰有哪几种？各适用于什么情况？
6. 钢板桩围堰和木板桩围堰的构成。
7. 沉井基础有哪些优缺点？
8. 沉井的类型。
9. 沉井的构造。
10. 沉井的刃脚有哪几种形式？各适用于什么情况？
11. 简述沉井设计的步骤。
12. 桩基础有哪些优点？它适合于什么条件下的桥梁基础？
13. 桩基础的分类。
14. 桩与承台的连接方式有哪几种？各适用于那种桩？
15. 桩长如何确定？桩基础通常检算哪些项目？

第二篇

桥梁施工

第十章　桥梁工程测量

【学习目标】

1. 了解桥梁工程测量的主要工作。
2. 掌握桥梁工程的分类、组成和施工方法。
3. 掌握桥梁工程测量的施工控制测量、上部结构测量和下部结构测量的内容和方法。

建设一座桥梁,需要进行各种测量工作,其中包括:勘测、施工测量、竣工测量等;在施工过程中及竣工通车后,还要进行变形观测工作。根据不同的桥梁类型和不同的施工方法,测量的工作内容和测量方法也有所不同。桥梁的测量工作概括起来有:桥轴线长度测量;施工控制测量;墩、台中心的定位;墩、台细部放样及梁部放样等。

近代的桥梁施工方法,日益走向工厂化和拼装化,梁部构件一般都在工厂制造,在现场进行拼接和安装,这就对测量工作提出了十分严格的要求。

第一节　桥梁施工控制测量

一　平面控制网的布设及测量

建立平面控制网的目的是测定桥轴线长度和据以进行墩、台位置的放样;同时,也可用于施工过程中的变形监测。对于跨越无水河道的直线小桥,桥轴线长度可以直接测定,墩、台位置也可直接利用桥轴线的两个控制点测设,无需建立平面控制网。但跨越有水河道的大型桥梁,墩、台无法直接定位,则必须建立平面控制网。

根据桥梁跨越的河宽及地形条件,平面控制网多布设成如图 10-1 所示的形式。

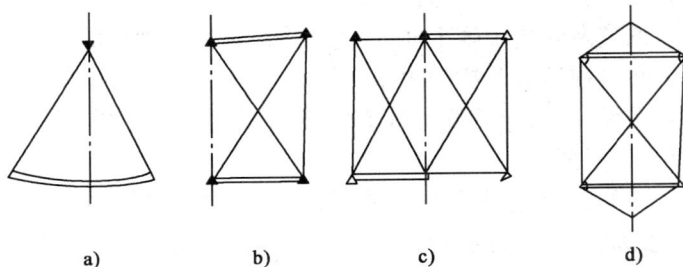

a)　　　　　　b)　　　　　　c)　　　　　　d)

图 10-1　平面控制网布设形式

选择控制点时,应尽可能使桥的轴线作为三角网的一个边,以利于提高桥轴线的精度。如不可能,也应将桥轴线的两个端点纳入网内,以间接求算桥轴线长度,如图 10-1d)所示。

对于控制点的要求,除了图形刚强外,还要求地质条件稳定,视野开阔,便于交会墩位,其交会角不致太大或太小。

在控制点上要埋设标石及刻有"十"字的金属中心标志。如果兼作高程控制点使用,则中心标志宜做成顶部为半球状。

控制网可采用测角网、测边网或边角网。采用测角网时宜测定两条基线,如图 10-1 的双线所示。过去测量基线是采用铟瓦线尺或经过检定的钢卷尺,现在已被光电测距仪取代。测边网是测量所有的边长而不测角度;边角网则是边长和角度都测。一般来说,在边、角精度互相匹配的条件下,边角网的精度较高。

在《铁路测量技术规则》(TBJ 105—1988)里,按照桥轴线的精度要求,将三角网的精度分为五个等级,其对测边和测角的精度规定如表 10-1 所示。

测边和测角的精度规定 表 10-1

三角网等级	桥轴线相对中误差	测角中误差(″)	最弱边相对中误差	基线相对中误差
一	1/175000	±0.7	1/150000	1/400000
二	1/125000	±1.0	1/100000	1/300000
三	1/75000	±1.8	1/60000	1/200000
四	1/50000	±2.5	1/40000	1/100000
五	1/30000	±4.0	1/25000	1/75000

上述规定是对测角网而言,由于桥轴线长度及各个边长都是根据基线及角度推算的,为保证桥轴线有可靠的精度,基线精度要高于桥轴线精度 2~3 倍。如果采用测边网或边角网,由于边长是直接测定的,所以不受或少受测角误差的影响,测边的精度与桥轴线要求的精度相当即可。

由于桥梁三角网一般都是独立的,没有坐标及方向的约束条件,所以平差时都按自由网处理。它所采用的坐标系,一般是以桥轴线作为 X 轴,而桥轴线始端控制点的里程作为该点的 X 值。这样,桥梁墩台的设计里程即为该点的 X 坐标值,可以便于以后施工放样的数据计算。

在施工时如因机具、材料等遮挡视线,无法利用主网的点进行施工放样时,可以根据主网两个以上的点将控制点加密。这些加密点称为插点。插点的观测方法与主网相同,但在平差计算时,主网上点的坐标不得变更。

二 高程控制点的布设及测量

在桥梁的施工阶段,为了作为放样高程的依据,应建立高程控制,即在河流两岸建立若干个水准基点。这些水准基点除用于施工外,也可作为以后变形观测的高程基准点。

水准基点布设的数量视河宽及桥的大小而异。一般小桥可只布设一个;在 200m 以内的大、中桥,宜在两岸各布设一个;当桥长超过 200m 时,由于两岸连测不便,为了在高程变化时易于检查,则每岸至少设置两个。

水准基点是永久性的,必须十分稳固。除了它的位置要求便于保护外,根据地质条件,可采用混凝土标石、钢管标石、管柱标石或钻孔标石。在标石上方嵌以凸出半球状的铜质或不锈钢标志。

为了方便施工,也可在附近设立施工水准点,由于其使用时间较短,在结构上可以简化,但要求使用方便,也要相对稳定,且在施工时不致破坏。

桥梁水准点与线路水准点应采用同一高程系统。与线路水准点连测的精度不需要很高,当包括引桥在内的桥长小于 500m 时,可用四等水准连测,大于 500m 时可用三等水准进行测量。但桥梁本身的施工水准网，则宜用较高精度，因为它是直接影响桥梁各部放样精度的。

当跨河距离大于200m时，宜采用过河水准法连测两岸的水准点。跨河点间的距离小于800m时，可采用三等水准，大于800m时则采用二等水准进行测量。

第二节 桥梁下部结构施工测量

一 桥梁墩、台中心的测设

在桥梁墩、台的施工过程中，首要的是测设出墩、台的中心位置，其测设数据是根据控制点坐标和设计的墩、台中心位置计算出来的。放样方法则可采用直接测设或交会的方法。

（一）直线桥的墩、台中心测设

直线桥的墩、台中心位置都位于桥轴线的方向上。墩、台中心的设计里程及桥轴线起点的里程是已知的，如图10-2所示，相邻两点的里程相减即可求得它们之间的距离。根据地形条件，可采用直接测距法或交会法测设出墩、台中心的位置。

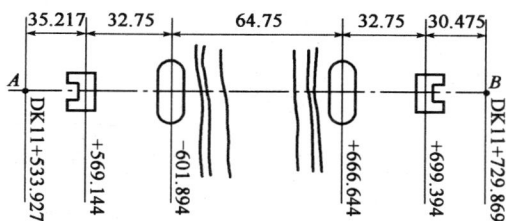

图10-2 墩台中心测设示意图（尺寸单位：m）

1. 直接测距法

这种方法使用于无水或浅水河道。根据计算出的距离，从桥轴线的一个端点开始，用检定过的钢尺逐段测设出墩、台中心，并附合于桥轴线的另一个端点上。如在限差范围之内，则依据各段距离的长短按比例调整已测设出的距离。在调整好的位置上订一个小钉，即为测设的点位。

如用光电测距仪测设，则在桥轴线起点或终点架设仪器，并照准另一个端点。在桥轴线方向上设置反光镜，并前后移动，直至测出的距离与设计距离相符，则该点即为要测设的墩、台中心位置。为了减少移动反光镜的次数，在测出的距离与设计距离相差不多时，可用小钢尺测出其差数，以定出墩、台中心的位置。

2. 交会法

当桥墩位于水中，无法丈量距离及安置反光镜时，则采用角度交会法。

如图10-3所示，A、C、D 位控制网的三角点，且 A 为桥轴线的端点，E 为墩中心位置。在控制测量中 φ、φ'、d_1、d_2 已经求出，为已知值。AE 的距离可 l_E 根据两点里程求出，也为已知。则：

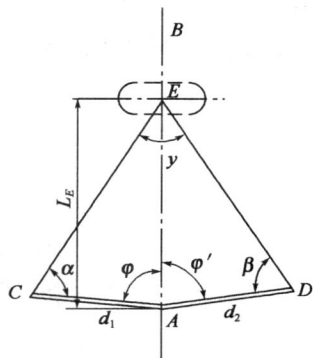

图10-3 角度交会法示意图

$$\alpha = \arctan\left(\frac{l_E\sin\varphi}{d_1 - l_E\cos\varphi}\right) \tag{10-1}$$

$$\beta = \arctan\left(\frac{l_E\sin\varphi'}{d_2 - l_E\cos\varphi'}\right) \tag{10-2}$$

α、β 也可以根据 A、C、D、E 的已知坐标求出。

在 C、D 点上架设经纬仪,分别自 CA 及 DA 测设出 α 及 β 角,则两方向的交点即为 E 点的位置。

为了检核精度及避免错误,通常都用三个方向交会,即同时利用桥轴线 AB 的方向。

由于测量误差的影响,三个方向不交于一点,而形成如图 10-4 所示的三角形,这个三角形称为示误三角形。示误三角形的最大边长,在建筑墩、台下部时不应大于 25mm,上部时不应大于 15mm。如果在限差范围内,则将交会点 E' 投影至桥轴线上,作为墩中心的点位。

随着工程的进展,需要经常进行交会定位。为了工作方便,提高效率,通常都是在交会方向的延长线上设立标志,如图 10-5 所示。在以后交会时即不再测设角度,而是直接照准标志即可。

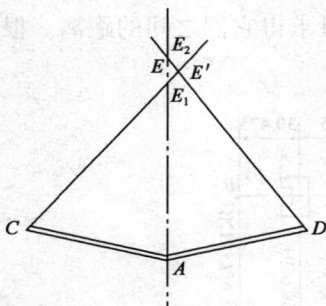

图 10-4　示误三角形示意图　　　　　图 10-5　改善误差测量示意图

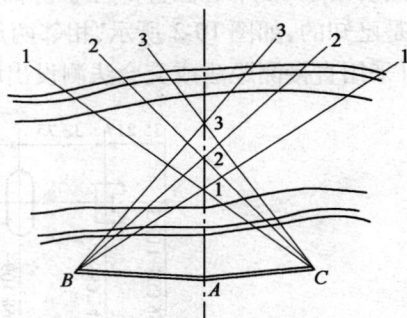

当桥墩筑出水面以后,即可在墩上架设反光镜,利用光电测距仪,以直接测距法定出墩中心的位置。

(二)曲线桥的墩、台中心测设

在直线桥上,桥梁和线路的中线都是直的,两者完全重合。但在曲线桥上则不然,曲线桥的中线是曲线,而每跨桥梁却是直的,所以桥梁中线与线路中线基本构成了符合的折线,这种折线称为桥梁工作线,如图 10-6 所示。墩、台中心即位于折线的交点上,曲线桥的墩、台中心测设,就是测设工作线的交点。

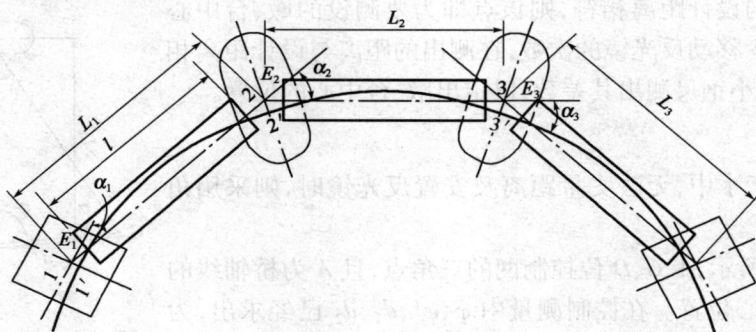

图 10-6　桥梁工作线示意图

设计桥梁时,为使列车运行时梁的两侧受力均匀,桥梁工作线应尽量接近线路中线,所以梁的布置应使工作线的转折点向线路中线外侧移动一段距离 E,这段距离称为"桥墩偏距"。偏距 E 一般是以梁长为弦线的中矢的一半。相邻梁跨工作线构成的偏角 α 称为"桥梁偏角";每段折线的长度 L 称为"桥墩中心距"。E、α、L 在设计图中都已经给出,根据给出的 E、α、L 即可测设墩位。

在曲线桥上测设墩位与直线桥相同,也要在桥轴线的两端测设出控制点,以作为墩、台测设和检核的依据。测设的精度同样要求满足估算出的精度要求。

控制点在线路中线上的位置,可能一端在直线上,而另一端在曲线上(图10-7),也可能两端都位于曲线上(图10-8)。与直线不同的是曲线上的桥轴线控制桩不能预先设置在线路中线上,再沿曲线测出两控制桩间的长度,而是根据曲线长度,以要求的精度用直角坐标法测设出来。用直角坐标法测设时,是以曲线的切线作为 x 轴。为保证测设桥轴线的精度,则必须以更高的精度测量切线的长度,同时也要精密地测出转向角 α。

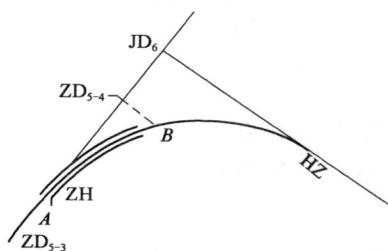

图10-7 控制点在线路中线的位置　　　　图10-8 控制点在线路中线的位置

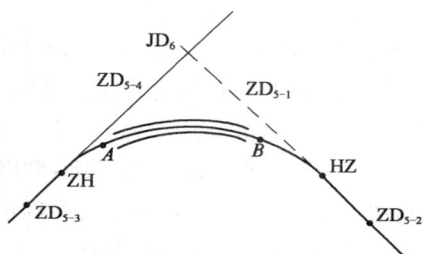

测设控制桩时,如果一端在直线上,而另一端在曲线上(图10-7),则先在切线方向上设出 A 点,测出 A 至转点 ZD_{5-3} 的距离,则可求得 A 点的里程。测设 B 点时,应先在桥台以外适宜的距离处,选择 B 点的里程,求出它与 ZH(或 HZ)点里程之差,即得曲线长度,据此,可算出 B 点在曲线坐标系内的 x、y 值。ZH 及 A 的里程都是已知的,则 A 至 ZH 的距离可以求出。这段距离与 B 点的 x 坐标之和,即为 A 点至 B 点在切线上的垂足 ZD_{5-4} 的距离。从 A 沿切线方向精密地测设出 ZD_{5-4},再在该点垂直于切线的方向上设出 y,即得 B 点的位置。

在设出桥轴线的控制点以后,即可据以进行墩、台中心的测设。根据条件,也是采用直接测距法或交会法。

1. 直接测距法

在墩、台中心处可以架设仪器时,宜采用这种方法。由于墩中心距 L 及桥梁偏角 α 是已知的,可以从控制点开始,逐个测 D_i 设出角度及距离,即直接定出各墩、台中心的位置,最后再符合到另外一个控制点上,以检核测设精度。这种方法称为导线法。

利用光电测距仪测设时,为了避免误差的积累,可采用长弦偏角法,或称极坐标法。由于控制点及墩、台中心点在曲线坐标系内的坐标是可以求得的,故可据以算出控制点至墩、台中心的距离及其与切线方向的夹角 δ_i,自切线方向开始设出 δ_i,再在此方向上设出 D_i,如图10-9所示,即得墩、台中心的位置。此

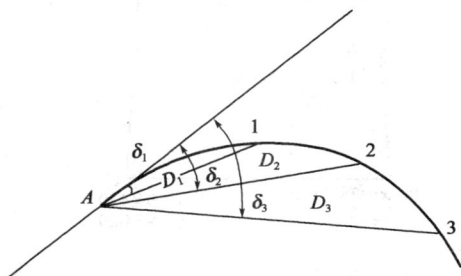

图10-9 墩、台中心的位置测量

种方法因各点是独立测设的,不受前一点测设误差的影响。但在某一点上发生错误或有粗差也难于发现,所以一定要对各个墩中心距进行检核测量。

2. 交会法

当墩位于水中,无法架设仪器及反光镜时,宜采用交会法。

由于这种方法是利用控制网点交会墩位,所以墩位坐标系与控制网的坐标系必须一致,才能进行交会数据的计算。如果两者不一致时,则须先进行坐标转换。

为了具体起见,现举例说明交会数据的计算及交会方法。

在图 10-10 中,A、B、C、D 为控制点,E 为桥墩中心。在 A 点进行交会时,要算出自 AB、AD 作为起始方向的角度 θ_1 及 θ_2。

在控制网资料中,控制点及墩位的坐标是已知的,可据以算出 AE 的坐标方位角:

$$\alpha_2 = \arctan\left(\frac{y_E - y_A}{x_E - x_A}\right) = \arctan\left(\frac{0.008 - 0.002}{129.250 - 252.707}\right) = \arctan\left(\frac{0.006}{-123.455}\right) = 179°59'50.0''$$

已知 AB 的坐标方位角为:$\alpha_1 = 72°58'48.7''$

已知 AD 的坐标方位角为:$\alpha_3 = 180°00'01.0''$

则:
$$\theta_1 = \alpha_2 - \alpha_1 = 179°59'50.0'' - 72°58'48.7'' = 107°01'01.3''$$
$$\theta_2 = \alpha_3 - \alpha_2 = 180°00'01.0'' - 179°59'50.0'' = 0°00'11.0''$$

同法可求出在 B、C、D 各点交会时的角值。

在 A 点交会时,可以 AB 或 AD 作为起始方向,设出相应的角值,即得 AE 方向,在交会时,一般需用三个方向,当示误三角形的边长在容许范围内时,取其重心作为墩中心位置。

二 墩台纵、横轴线的测设

为了进行墩、台施工的细部放样,需要测设其纵、横轴线。所谓纵轴线是指过墩、台中心平行与线路方向的轴线,而横轴线是指过墩、台中心垂直于线路方向的轴线;桥台的横轴线是指桥台的胸墙线。

直线桥墩、台的纵轴线与线路中线的方向重合,在墩、台中心架设仪器,自线路中线方向测设 90° 角,即为横轴线的方向(图 10-11)。

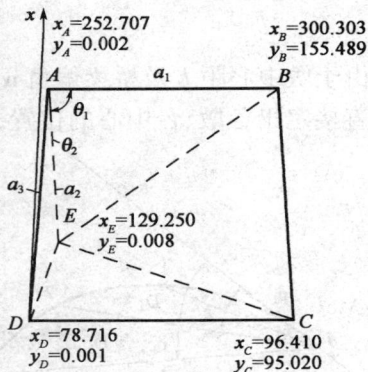

图 10-10　交会法测量示意图

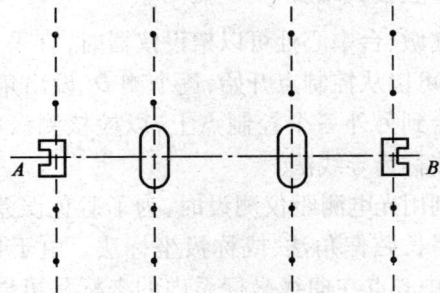

图 10-11　横轴线方向测量示意图

曲线桥的墩、台轴线位于桥梁偏角的分角线上，在墩、台中心架设仪器，照准相邻的墩、台中心，测设 $\alpha/2$ 角，即为纵轴线的方向。自纵轴线方向测设 $90°$ 角，即为横轴线方向(图 10-12)。

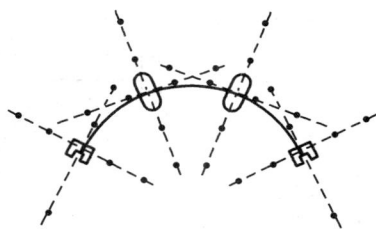
图 10-12　曲线桥墩横轴线方向测量示意图

在施工过程中，墩、台中心的定位桩要被挖掉，但随着工程的进展，又要经常需要恢复墩、台中心的位置，因而要在施工范围以外钉设护桩，据以恢复墩台中心的位置。

所谓护桩即在墩、台的纵、横轴线上，于两侧各钉设至少两个木桩，因为有两个桩点才可恢复轴线的方向。为防破坏，可以多设几个。在曲线桥上的护桩纵横交错在使用时极易弄错，所以在桩上一定要注明墩台编号。

三　明挖基础施工测量

明挖基础也是桥墩台基础常用的一种形式，它就是在墩台位置处先挖一基坑，挖至基底设计高程后，将坑底整平后，然后在基坑内砌筑或灌注混凝土基础及墩台身，当基础及墩台身出地面后，再用土回填基坑。

在进行基坑开挖边线放样时，如图 10-13 所示，首先钉出墩台，根据纵横轴线护桩，在实地交出十字线，根据基坑的长度和宽度(应考虑预留 0.3～0.5m 立模及支撑宽度)放出 A、B、C、D 角桩，撒白灰线即可。

在平坦地形，依照此方法即可放样出基坑边界线，然而在桥梁施工当中，往往难免会遇到倾斜地面和开挖深度较大，坑边要设一定的坡度，放样基坑边界线可采用试探法放样，根据坑底与原地面的高差及坑壁坡度计算开挖边界线与坑边的距离，而坑边至纵横轴线的距离已知，则可根据如图 10-14 所示的关系，按下列公式即可求出墩台中心至开挖边界线的距离 D：

$$D = \frac{B}{2} + H \times m$$

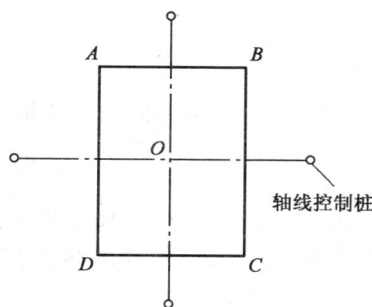
图 10-13　平坦地面基坑边线

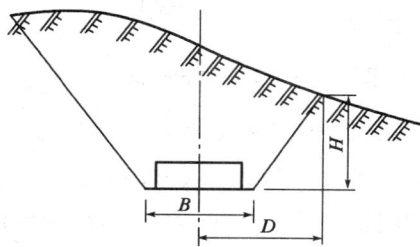
图 10-14　基坑开挖边线放样

在地面上测设出开挖边界线后，根据角桩撒白灰线，依据灰线进行基坑开挖。当基坑开挖到设计高程后，将坑底整平，进行基础及墩台身的立模放样时，应将经纬仪架设在轴线上较远的一个护桩上，以另一个护桩定向，这时经纬仪的视线方向即为轴线方向。模板安装时，使模板中心线与视线重合即可。当模板的位置在地面下较深时，可以利用基坑两边设两个轴线控制桩，两点拉线绳及用垂球来指挥模板的安装，如图 10-15 所示。

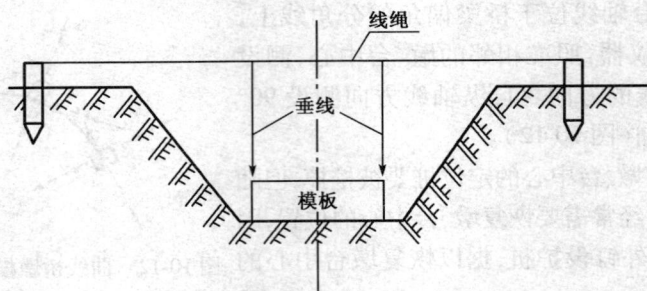

图 10-15 基础立模

四 桩基础施工测量

桩基础是桥梁墩台基础常用的一种形式,其测量工作主要有:测设桩基础中心位置、纵横轴线桩测设,护筒定位测量、测定桩的倾斜度和深度等。

1. 桩基中心测设

各桩中心位置的测设则是以桥墩台纵横轴的为坐标轴,用支距法测设,如图 10-16 所示。如果全桥采用的是统一的大地坐标系(独立坐标系)计算出的各桩位中心位置坐标,就可以利用全站仪直接在桥位导线控制点或任意点置镜,采用极坐标法放样出各桩中心位置。

2. 轴线护桩测设

桩基础纵横轴线可按前章所述的方法进行测设。

3. 护筒定位

如图 10-17 所示,护筒根据实际情况,采用砖护筒或钢板护筒。护筒中心应与桩中心位于同一垂线。

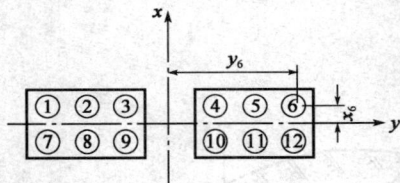

图 10-16 支距法放样钻孔中心

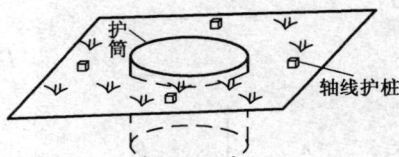

图 10-17 轴线桩测设及护筒定位

4. 孔深和桩倾斜度测量

钻孔桩或挖孔桩的深度用一定质量的测锤和校验过的测绳测定。在钻孔过程中测定钻杆的倾斜度,用以测定孔的倾斜度,或利用钻机上的调整设备进行校正,使孔的倾斜度不超过规范要求。

五 墩台身平面位置和高程放样

(一)墩台身平面位置放样

当基础浇筑好后,就应对墩台身进行施工放样。墩台身的放样,还是以纵横轴线为依据的,首先应在其基础顶面或每一节段顶面上测设出墩台身的中心位置及纵横轴线以作为下一

252

节段立模的依据。根据纵横轴线及中心位置用墨斗弹出立模边线,立模时,在模板外侧需先画出墩台中心线,然后在纵横轴线的护桩上架设经纬仪,照准该轴线上另一护桩,用该方向线调整模板的位置。

(二)高程放样

墩台高程放样就是将桥墩台的高度控制在设计高程。常规的水准测量操作简单,速度快。但在桥梁施工中,由于墩台基础或顶部与水准点之间高差较大,用其方法传递高程极为不方便。因此,在桥梁施工中,除了用水准测量方法外,还常常用三角测量、垂吊钢尺等方法,现就垂吊钢尺法作以说明,三角测量就不再详述。

1.水准测量

水准测量就是从一个水准点测至另一个水准点进行附合(闭合)测量。水准测量放样就是在其墩台上测设出已知高程,用以施工。如图 10-18 所示,已知控制点 A 高程 H_A,要测设帽梁底模(或托盘)B 点高程 H_B 按以下方法进行:

(1)在控制点与桥墩位大致中间位置架设水准仪。

(2)在控制点 A 点立水准尺,读后视读数口。

(3)根据公式求出放样数据。

(4)在桥墩间上下移动水准尺直至读数为 b(前视读数)为止。

为了提高放样速度,常在其桥墩某位置先画好标记,测出其高程,再计算出与 B 点的高差,然后用钢尺量出距离即可。

当桥墩较高时,可采用倒尺进行高程放样。特别注意的是在高程计算时,是加前视读数。

2.垂吊钢尺法

当桥墩施工到一定高度时,水准测量就无法将高程传递至工作面,而工作面上架设棱镜又不方便时,这时,可用检定过的钢尺进行垂吊测量。

如图 10-19 所示,用钢尺进行垂吊测量时,在工作面边缘用钢尺垂吊一定质量的重物,零刻度朝下,在钢尺静止时,在工作面边缘读取钢尺读数 c,在某一水准点与桥墩中间适当位置架设水准仪,用水准测量的方法在水准点上立一水准尺,后视读数,在钢尺上前视读数 b,则工作面边缘的高程为:

$$H_B = H_A + a - b + c$$

上式未对钢尺进行改正,在计算时应对其进行改正。

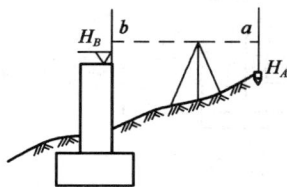

图 10-18　水准仪测设高程　　　　图 10-19　垂吊钢尺传递高程

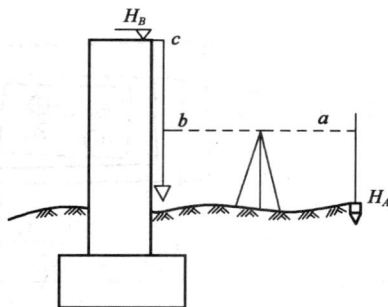

垂吊钢尺法测量高程,在桥梁施工中,不失为一种传递高程的好方法。至于选择哪一种方法,就根据现场实际情况而定。

第三节 桥梁上部结构施工测量

一 铁路桥墩台顶帽放样

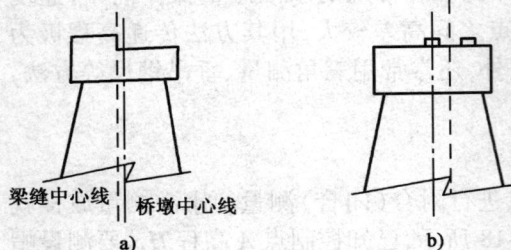

图 10-20 墩台中心线关系

a)不等跨墩台顶帽;b)预偏心墩台顶帽

当墩台砌筑至离顶帽底 30～50cm 时,应根据纵横轴线的护桩恢复其纵横轴线,纵横轴线的恢复即是在墩台身一侧的护桩上架设经纬仪,照准另一侧的护桩。但由于墩台身浇筑以后,视线受阻,无法通视,此时就需要在墩身尚未阻挡之前先将其轴线用红油漆标记在已浇筑的墩身上,以后恢复轴线只需要将经纬仪架设在护桩上,照准这个方向标志点即可。然后根据纵横轴线支立墩台帽模板,安装锚栓孔、钢筋,并根据设计图纸所给的数据,从纵横轴线放出预埋支座垫石钢筋位置,为确保顶帽中心位置、预埋件位置的正确,在浇筑混凝土之前,应再进行一次复核。在全站仪普遍应用于施工单位的当今社会,也可将预埋件位置直接放样在已绑好的钢筋骨架上。

顶帽立模应注意轴线关系,如图 10-20～图 10-22 所示,基础中心线、墩中心线、梁工作线之间及支座布置。

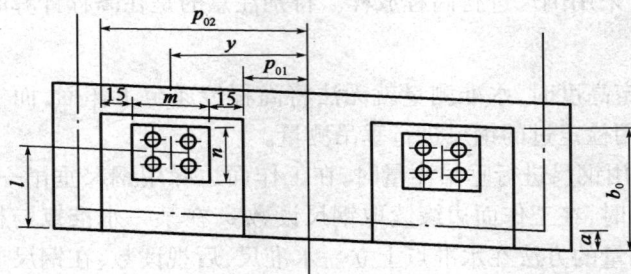

图 10-21 单梗梁直线桥顶帽支座布置

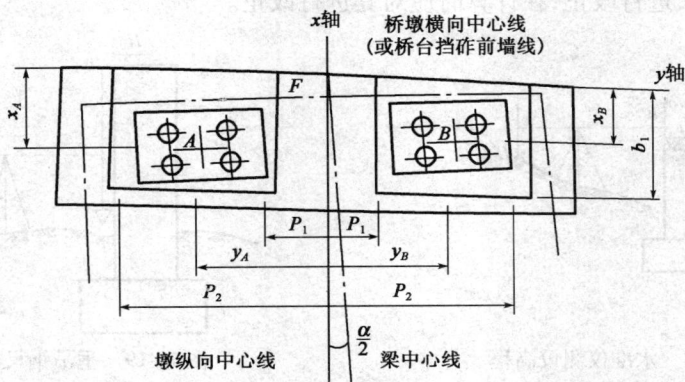

图 10-22 单梗梁曲线桥顶帽支座布置

254

二 现浇箱梁施工放样

现浇箱梁施工就是在桥孔位置搭设支架,并在支架上安装模板,绑扎及安装钢筋骨架,预留孔道,并在现场浇筑混凝土与施工预应力的施工方法。其断面控制测量就是对其各断面的平面位置及高程进行控制。为了保证箱梁的线形平顺,至少每5m为一个断面,计算箱梁底板中线、两侧边线和两侧翼缘板的三维坐标,现分述如下。

1. 计算各断面的平面坐标

根据其中桩坐标(x_0, y_0)、各断面与线路中心的交点切线方位角α及左右侧距离D,计算出各点坐标。

$$X = x_0 + D \times \cos(\alpha \pm 90°) \tag{10-3}$$
$$Y = y_0 + D \times \sin(\alpha \pm 90°) \tag{10-4}$$

式中:x_0, y_0——计算断面中线点坐标;

D——横断面上计算点至中线点的距离;

α——过中线点的切线方位角。

放样各断面点位可利用2个导线点,一点架设仪器,一点作为后视点定向,放样出各断面上的点,以此指导支立模板、安装钢筋骨架,预应力安装等工序的施工。

2. 高程控制

如图10-23所示,高程放样点为①、②、③、④、⑤点,计算分为两步,首先计算断面中线点高程,再计算断面方向上各点高程。

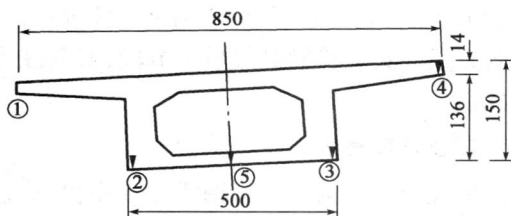

图10-23 箱梁断面示意图(尺寸单位:cm)

三 悬臂法施工测量

(一)悬臂法施工放样

悬臂法施工放样过程与现浇梁放样基本相同,悬臂法放样是将悬吊在空中的模板根据设计图纸坐标及高程逐渐调整到设计位置,然后进行立模,绑扎钢筋,浇筑混凝土等工序。现就其悬臂法放样的具体步骤详述如下。

各阶段施工放样:

1. 合理布置平面和高程控制网

根据桥位合理布置平面和高程控制网,平面控制网主要以误差最小,不易扰动或破坏,适于工放样为原则。在以上章节有详述,在此不再赘述。高程控制首先应在0号块顶(墩中心梁顶位置)埋设水准点,然后根据相关规范及设计要求进行测量平差,形成高程控制网。

2. 测点布设

在制作好的底模上分出其中心线及其边线点,以构成节段端头线。在此需要说明的是,应根据其模板和施工程序灵活布设施放点,以方便置镜,避免相互干扰。某悬臂法布设点位如图 10-24 所示,仅供参考,希望大家根据具体情况具体分析、灵活运用。

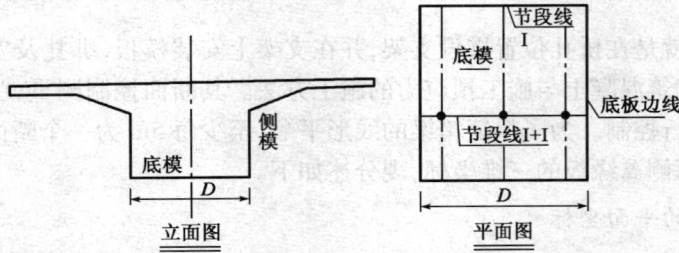

图 10-24　测点布设

3. 模板放样

(1)对模板高程进行粗平,并在底板上测设出计算好的节段线中心点。

(2)钢卷尺丈量测设点至中心线的垂距,如测设点不经过其中心线,应对底模进行调整,直至中心点经过底模中心线为止。

(3)复核中心点高程,如其与设计不符,应对其进行调整,然后对中心点进行复核,反复步骤(3)的工作,直至满足要求为准。需要注意的是,在各节段放样完后,要复核其节段长度,以做到万无一失。特别是最后一节段,避免在合龙间距上留有过大的误差,而给合龙带来不必要的麻烦。

4. 合龙段施工放样

首先应检查悬臂端中轴线及其高程,通过监测数据分析找出最佳合龙条件,如相对高差不符合合龙要求,应对其预压,一般采用向箱梁内注水,以达到调整两端高程的目的,然后进行立模,绑扎钢筋,浇筑混凝土等工作。

(二)悬臂法施工线形控制

悬臂施工的线形控制测量就是根据施工监控所得的结构参数真实值进行施工阶段计算,测后对下一立模高程的调整,以此来来保证成桥后桥面线形、合龙段两悬臂端高程的相对偏差。不大于规定值以及结构内力状态符合设计要求。

悬臂施工控制测量的主要工作就在于高程的控制上。在曲线梁施工当中,也要注意其轴线的控制。其控制程序具体如下。

1. 预拱度的确定

在预应力混凝土箱梁悬臂浇筑施工中,随着箱梁的延伸,结构自重将逐步施加于已浇筑的节段上,使其挠度逐渐增加而变化。因此,在各节段施工时需要有一定的施工预拱。但实际施工中,影响挠度的因素较多,主要有箱梁自重、挂篮变形、预施应力大小、施工荷载、混凝土收缩徐变、预应力损失、温度变化等。挠度控制将影响到合龙精度和成桥线形,对其必须进行精确的计算和严格的控制。通过实测,对设计部门给定的预拱度在一定范围作适当修正。

2. 立模高程的计算

现浇箱梁浇筑时各节段立模高程:

$$H_i = H_0 + f_i + (-f_{i预}) + f_篮 + f_x \tag{10-5}$$

式中：H_i——待浇筑箱梁底板前端横板高程；

H_0——该点设计高程；

f_i——本次及以后各浇筑箱梁段对该点挠度影响值；

$f_{i预}$——各次浇筑箱梁段纵向预应力束张拉后对该点挠度影响值；

$f_篮$——挂篮弹性变形对该点挠度影响值；

f_x——由收缩、徐变、温度、结构体系转换、二期恒载、活载等影响值。

3. 挠度观测

为了保证其合龙线形及其施工质量，在每段施工完毕后，对其定时定点进行挠度观测，并对其观测数据进行分析研究处理，找出最佳合龙条件。

（1）测点布置

箱梁施工当中，在每一节段悬臂端梁顶设立高程观测点和 1 个箱梁轴线控制点。高程观测点用短钢筋预埋，短钢筋伸出长度比对应箱梁截面混凝土表面高出 5mm，其顶端应平滑，轴线控制点用 5cm×5cm。方形钢板预埋，既作为顶面高程和挠度的控制点，也是轴线的控制点。其点位应注明编号，并采用相应的保护措施。观测点位置应选择在具有代表性和不影响挂篮施工的部位，如图 10-25 所示。

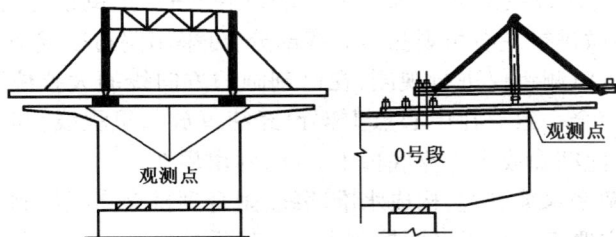

图 10-25　节段观测点布设

（2）测量时间

测量时间应在早 7:00 左右和下午 5:00 以后进行。在必要时，应对温度引起的挠度进行测量。为了找出温度变化引起的主梁挠度变化的规律，对于一些重点工况，在荷载不变的情况下，分别在早晨 6:00 左右（即温度最低）和中午 12:30～14:30（即温度较高）间对其挠度进行测量，找出温度变化较大时挠度变化的极值，从而为确定待施工各节段预拱提供较为可靠的依据。在有必要时，应对桥梁温度分布规律及其温度效应，进行试验和理论研究，找出最佳的合龙时间和最佳的合龙温度，以及在此基础上对关键的施工工序提出适当的温度要求。

（3）立模高程的测量

选择有代表性的点进行测量，测量时应避开温差较大的时段。在立模到位、测量完毕后，监理单位应对施工各节段的立模高程进行复测，监控单位不定期抽测。

（4）主梁顶面高程的测量

在某一施工工况完毕后，对梁顶面混凝土高程进行直接测量。在测量过程中，同一截面测 3 个点，根据其横坡取其平均值，这样可得到梁顶面的高程值。同时，根据不同的施工工况观察梁的挠度（反拱）变化值，按给定的立模高程（含预拱度）立模，也可得到梁顶面的高程值。两者进行比较后，可检验施工质量。

（5）多跨线形通测和结构几何形状测量

施工当中除要保证各跨线形在控制范围内，还应对其梁全程线形不定期进行通测，确保全桥线形的协调性。结构几何形状的测量主要包括:左右幅箱梁上下表面的宽度、腹板厚度、顶板和底板厚度、箱梁截面高度以及施工节段的长度。

(6)对称截面相对高差的测量

当两 T 构施工节段相同时,对称截面的相对高差可直接进行测量和分析比较。当施工节段不同时,对称节段的相对高差不满足可比性,此时,可选择较慢的一边最末端截面和较快的一边已施工的对应截面作为相对高差的测量对象,在测量过程中,同一对称截面可测多点,根据其横坡取其平均值,可得到对应点的相对高差。

四 梁体架设的测量工作

梁体施工是桥梁主体结构施工的最后一道工序。桥梁上部结构较为复杂,对其墩台方向、跨距、尺寸及高程都需要以较高的精度进行测量。由于各种桥梁结构不同,使得施工时的控制方法各异,在此仅对常见的几种予以说明。

墩台施工时,对其方向、中心点位、纵横轴线以及高程作了相关精度的测定,但当时是以各墩台为独立单元体进行测定的,而梁体架设时则需要将其相邻墩台联系起来,并考虑相关精度,中心点距离及高程等都应符合设计要求。

桥梁中心线的测定在直线部分可采用准直法,用经纬仪正倒镜进行观测,刻画方向线。如果跨度较大时,应逐墩进行左右角观测。曲线部分,可采用偏角法或坐标法进行测定。

跨距测定可采用光电测距仪进行观测,在已刻画的方向线的大致位置上,适当调整使其中心里程与设计里程完全一致。在中心点上架设经纬仪放出里程线,与方向线正交,形成墩台十字中心线,便于以此精确放出支座底板中心线,弹出墨线。

墩台顶面高程用精密水准测定,构成水准路线,附合到桥梁高程控制点上。

梁体架设测量的主要工作在于平面控制上。在架设前,应在梁顶部和底部分中点做出标记,架梁时用以测量梁体中心线与支座中心线的偏差值。在梁体安装基本到位后,应通过不断的微调以保证梁体的平面位置准确。

五 桥台锥体护坡放样

如图 10-26 所示,在路堤与桥台连接处,为保护桥台后路基不受冲刷,桥台两侧筑成锥体形的填土并用石料铺砌锥体表面,称为锥体护坡。

锥体护坡坡脚及基础通常为椭圆形曲线,按规定,当路堤填土高度小于 6m 时,锥体坡度平行于线路方向为 1:1,横向垂直于线路方向的坡度为 1:1.5,大于 6m 时,路基面下超过 6m 部分纵向坡度由 1:1 变为 1:1.25,横向坡度 1:1.5 变为 1:1.75。

锥体护坡的放样,可先求出坡脚椭圆形的轨迹线,然后依此测设到地面上。

此法适用于锥坡不高,旱地,底脚地势平坦的情况下。桥涵中心与水流方向正交的情况下,用椭圆曲线放样时,也可采用此法。

1.内侧量距法

已知锥坡的高度为 H,两个方向的坡率分别为 m、n,则椭

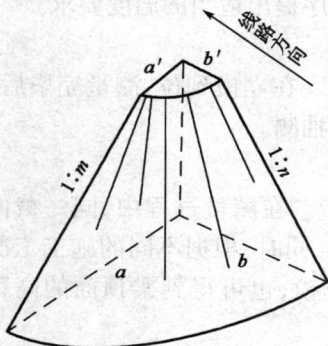

图 10-26 锥体护坡

258

圆的长轴 $a = mH, b = nH$。在实地确定锥坡顶点 O 的平面位置后,以 O 点为圆心,放样出以 a,b 为半径的同心圆的四分之一,(当地形平坦时,可用拉绳放样)过 O 点拉直线,与同心圆分别相交于 I、J 两点,过 I、J 两点作平行于 x、y 轴的直线,交于 P 点。P 点即为以 O 为圆,以 a,b 为长短轴的椭圆上的点,如图 10-27a)所示,以此就可以在实地放样出锥坡底脚与基础的边缘线。由于点为椭圆上的任意点,设 P 点坐标为 (x, y)。将长轴 a 分为 n 等分(等分越多,椭圆连线越平顺),相应于 n 等份的坐标 y 值,可按椭圆方程导出下式进行计算:

$$y = \pm \frac{b}{a}\sqrt{a^2 - (na)^2} = b\sqrt{1 - n^2}$$

一般情况下,取 n 为 10 即够用,每一等份的长度为 $a/10$,假定每一等份为 n_1,则 $n_1 = 0.1a$,则 y 就等于 $0.995b$,依此类推,就可以将其他 $n-1$ 个点的坐标 (x_i, y_i) 求出,将其连起来就为椭圆曲线的轨迹线,如图 10-27b)所示。

2. 外侧量距法

在桥涵施工中,为了减少回填工作量,路堤填土往往将开挖弃土放在锥坡位置,用内侧量距法不易放样锥坡,这时就需要平移 x、y 轴的方法,从椭圆曲线的外侧向内侧量距。

以 1/4 椭圆的长短轴 a、b 为直角坐标系的 x、y 轴,椭圆上的一点上的坐标为 (x, y),如图 10-28 所示,在 ox 轴上用钢尺将 a 分为 n 等分,且直尺按平行于椭圆短轴的方向,量出各点相应的 y' 值,$y' = b - y$,依此可以放样出椭圆曲线上的一系列点,然后将其连接起来,就形成了锥体护坡的底脚边缘线。

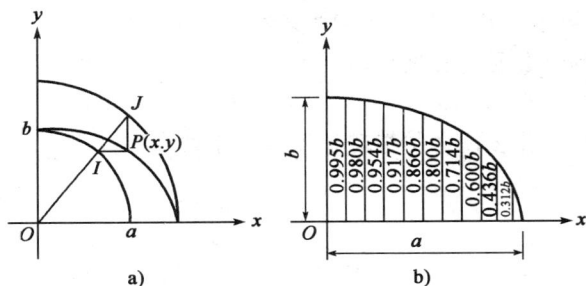

图 10-27 内侧量距法

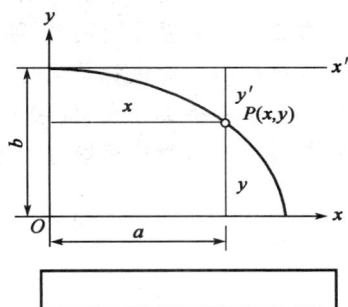

图 10-28 外侧量距法

当遇到斜交桥涵锥坡放样时,也可应用此法,但不能直接应用图 8-27 外侧量距法,必须依照桥台或涵洞轴线与线路中线的夹角口(即斜度),将夹角口值乘以不同的斜度系数 C。斜度系数 C 可按下式计算:

$$C = \sec\alpha$$

由于坐标量距法的常数值不因锥坡的变化而改变,施工人员只需要记住 10 个常数,知道椭圆短轴值,就可以在现场计算出椭圆曲线上的各点,定出曲线来,另外在其放样时,方法和器具都比较简单,且容易掌握,积聚以上优点,此法在桥涵锥体护坡施工中较常用。

六 桥梁竣工测量

在桥梁施工完毕后,通车前应对其进行竣工测量,它在工程施工中是一个非常重要的环节。通过竣工测量,可以进一步了解工程质量是否能够满足建设单位的要求,同时还可以对一些缺陷及时处理补救。竣工测量的主要工作有线路中线测量、高程测量和横断面测量。桥梁竣工测量的主要内容如下:

(1)测定桥梁中线、丈量跨距

我们首先测设出桥梁中线，依据中线用钢尺量取桥面宽度是否满足其精度要求，并测其轴线偏位是否符合相关精度要求。并在架梁前测设出墩中心，用检定过的钢尺丈量其跨距，在其条件方便的情况下也可采用测距仪或全站仪进行测定。

(2)对墩台各部位尺寸进行检查

用检定过的钢尺对墩台各部位尺寸进行检查，并作记录对于各部位尺寸要求应符合相应规范标准，对于不符合的部位，能补救的应及时进行补救。

(3)检查墩帽或盖梁及支座垫石高程

在墩帽及支座垫石浇筑完成后，将水准点引至墩帽或盖梁顶，将水准仪架设在墩帽顶对其墩帽及支座垫石高程进行复核，并作记录，使架梁后的高程值符合设计规范要求。

(4)测定桥面高程、坡度及平整度

这项工作在其竣工测量中至关重要。桥面高程、坡度不符合要求，将会使雨水无法排泄；平整度差，将会造成桥面积水，使桥面提前被破坏。

思考题

1. 什么是桥轴线？它需要的精度是怎么确定的？
2. 布设桥梁平面控制网时，要满足哪些要求？通常采用哪些形式？
3. 桥梁控制网的坐标是怎样建立的？为什么要建立这样的坐标系？
4. 什么是桥梁工作线、桥梁偏角、桥墩偏距？
5. 怎样确定曲线桥梁墩台的纵横轴线？为什么设立护桩时每侧不少于两个？

第十一章 梁桥上部结构施工

【学习目标】

1. 掌握桥梁预制安装、就地浇筑、悬臂施工等方法的基本施工作业程序和施工控制要点。
2. 了解顶推法施工、横移模架施工的基本程序和施工控制要点。
3. 掌握桥梁的类型和结构体系。

梁式桥的施工总体上分为预制安装和就地浇筑两种方法。

预制安装是将桥梁上部结构利用纵、横向竖缝和水平缝划分为预制单元,事先在桥梁预制场(厂)进行构件的制作,待桥梁下部结构施工完毕后,利用运输和吊装设备将预制构件安装就位,最后通过横隔梁(板)、铰接缝等连接系连接成为整体。

随着我国桥梁施工吊运设备能力的不断提高,预应力技术的普遍应用,在中小跨径的简支体系桥梁中预制安装法得到了普遍的推广;另外,桥梁施工方法中的悬臂拼装、顶推施工、浮运施工、横移施工等均可列为预制安装法的范畴。

预制安装施工的优点是:上下部结构可平行施工,工期短;混凝土收缩徐变的影响小,质量宜于控制;专业化的施工程度高,有利于组织文明施工。其缺点是:需要专门的预制场地,临时占地多;构件需大型的运输和吊装设备,对安装能力要求高;装配式预制构件之间的受力钢筋中断时需作接缝处理,结构的整体性差。

就地浇筑法是在梁体处搭设支架(模架),在其上安装模板、绑扎钢筋、就地浇筑梁体混凝土,待混凝土达到规定强度等级后(预应力混凝土构件需张拉预应力筋)拆除模板和支架(模架),一次完成梁体的施工。桥梁施工方法中的有支架就地浇筑、悬臂浇筑、移动模架逐孔施工法等均可列为就地浇筑法的范畴。

就地浇筑法的优点是:无需预制场地,临时用地少;不需大型起吊、运输设备,施工设备简单;梁体一次整体浇筑,受力主筋不中断,桥梁整体性好。其缺点是:施工工期长,需待下部结构施工完毕后方可进行上部结构的施工;施工作业面大,工序多且交叉作业,施工质量不易控制;施工受季节气候影响较大,特别是雨季、冬季施工,对混凝土的施工质量影响较大;预应力混凝土结构由于混凝土体积大,构件收缩、徐变引起的应力损失比较大;施工中的支架、模板耗用量大,施工费用高;另外支架会影响排洪、通航,施工期间可能受到洪水和漂流物的影响。

第一节 模板、支架

模板、支架是桥梁施工中的临时结构,对梁体的制作十分重要。模板、支架不仅控制着梁体尺寸的精度,直接影响施工进度和混凝土的浇筑质量,而且还影响到施工安全。在我国桥梁施工中,曾出现许多由于支架坍塌造成重大安全事故事件,因此在桥梁施工中必须高度重视支架的安全问题。

模板、支架的制作、安装应符合以下基本要求:

(1)在计算荷载作用下,具有足够的强度、刚度和稳定性,能可靠地承受施工过程中可能产生的各项荷载,保证施工安全及结构物各部分形状、尺寸准确。

(2)在模板选用上宜优先使用胶合板和钢模。

(3)模板板面之间应平整,接缝严密不漏浆,保证结构物外露面外观美观、线条流畅,可设倒角。

(4)结构简单,制作、拆卸方便。

一 模板、支架的分类与构造

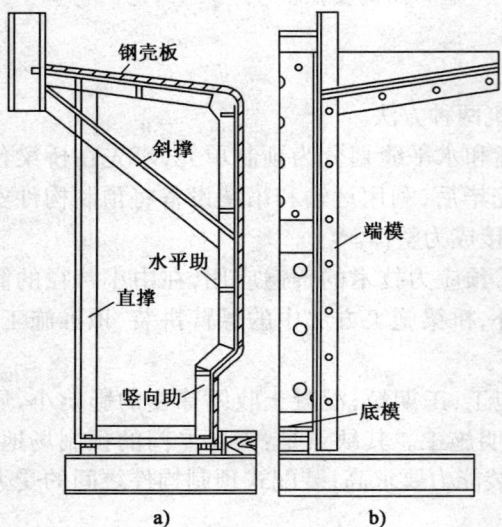

图 11-1　T 形梁模板的组成
a)中梁模板剖面;b)边梁模板剖面

(一)模板

按照制作材料分类,桥梁施工常用的模板有木模板、钢模板、钢木结合模板和竹胶板等。按照模板的装拆方法分类,可分为零拼式模板、分片装拆式模板、整体装拆式模板等。

钢模板一般由钢面板和加劲骨架焊接而成。通常钢板厚度取用 4~8mm,骨架由水平肋和竖向肋构成,肋由钢板或角钢制成。另外,为保证浇筑混凝土时的整体稳定性及尺寸准确,横向应设置一定数量的拉杆或支撑。图 11-1、图 11-2 分别为 T 形梁、箱形梁模板构造示意图,预制简支空心板一般采用充气胶囊作为芯模。对于整体现浇的梁体,外露模板一般采用大面积的竹胶板以保证混凝土外观质量,内模板可采用简易的木模或竹胶板。

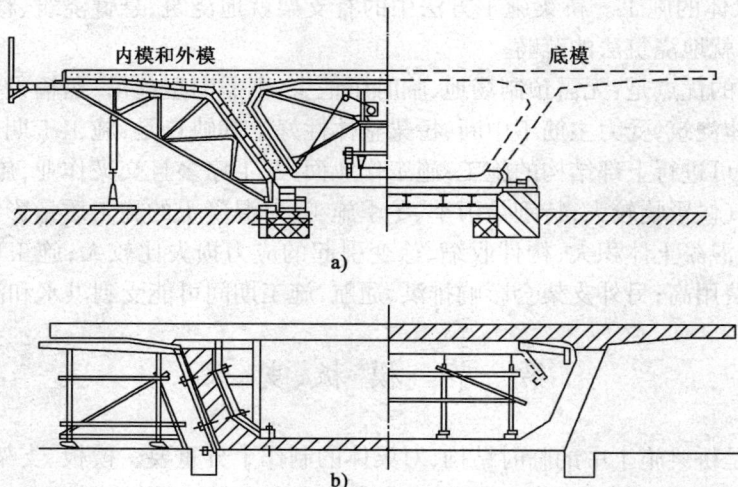

图 11-2　箱形梁模板的组成
a)滑动支撑内模;b)简易支撑内模

(二)支架

支架按其构造分为支柱式、梁式和梁—支柱式。按材料可分为木支架、钢支架、钢木结合支架和万能杆件拼装支架等,如图11-3所示。

1. 支柱式支架[图11-3a)]。

支柱式支架构造简单,可用于陆地和不通航的河道以及桥墩不高的小跨径桥梁。

支架可采用由万能杆件拼装满布式支架或采用由排架和纵梁等构件组成的支架。排架由枕木和桩、立柱和盖梁组成。一般排架间距4m,桩的入土深度按施工设计确定,但一般不少于3m。当水深大于3m,桩要用拉杆加强,同时要在纵梁下安置卸架装置。

2. 梁式支架[图11-3b)]。

根据跨径的不同,梁可采用工字梁、钢板梁或钢桁梁。一般工字梁用于跨径小于10m,钢板梁用于跨径小于20m,钢桁架梁用于跨径大于20m的桥梁。

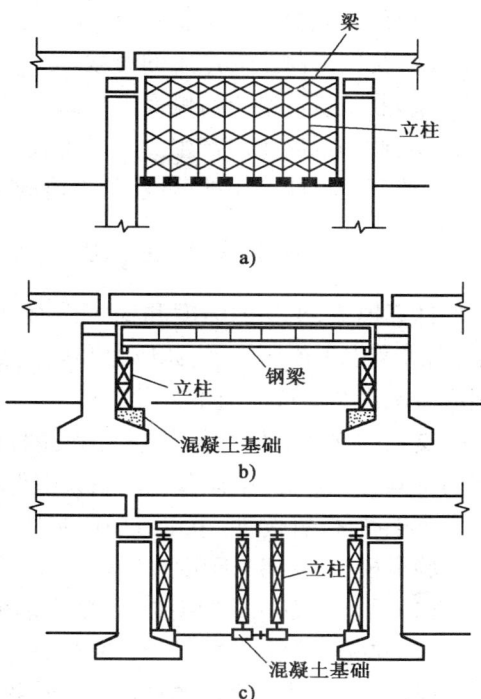

图11-3 支架示意图
a)支柱式支架;b)梁式支架;c)梁—支柱式支架

3. 梁—支柱式支架[图11-3c)]。

当桥梁较高,跨径较大或桥下有通航、泄洪及行车要求时,可采用梁—支柱式支架。

二 模板、支架的设计

模板的设计应根据结构形式、设计跨径、施工组织设计、荷载大小以及设计、施工规范进行,绘制总装图和细部构造图;编制设计计算说明书。

(一)设计荷载确定

设计模板应考虑以下荷载并按照表11-1进行荷载组合计算。

模板、支架设计计算荷载组合　　　　　　　　　　表11-1

模板结构名称	荷 载 组 合	
	计算强度用	验算刚度用
梁、板的底模板以及支承板、支架等	(1)+(2)+(3)+(4)+(7)	(1)+(2)+(7)
缘石、人行道、栏杆、柱、梁、板等的侧模板	(4)+(5)	(5)
基础、墩台等厚大建筑物的侧模板	(5)+(6)	(5)

(1)模板、支架自重。

(2)新浇筑混凝土、钢筋混凝土或其他圬工结构物的自重。

（3）施工人员和施工材料、机具等行走运输或堆放的荷载。

（4）浇捣混凝土时产生的荷载。

（5）新浇筑混凝土对侧面模板的压力。

（6）倾倒混凝土时产生的水平荷载。

（7）其他可能产生的荷载，如雪荷载、冬季保温设施荷载等。

（二）强度、刚度、稳定性的验算

计算模板、支架的强度和稳定性时，应考虑作用在模板、支架上的风力。设于水中的支架，尚应考虑水流压力、流冰压力和船只及漂浮物等冲击力荷载。在正常通行的路段搭设支架应考虑汽车荷载的撞击力。

支架的立柱应保持稳定，并用撑拉杆固定。当验算模板及其支架在自重和风荷载等作用下的抗倾覆稳定时，抗倾覆稳定系数不得小于1.3。

支架整体、杆配件、节点、地基、基础和其他支撑物应进行强度和稳定性验算。

验算模板、支架的刚度时，其变形值不得超过下列数值：

（1）结构表面外露的模板，挠度为模板构件跨度的1/400。

（2）结构表面隐蔽的模板，挠度为模板构件跨度的1/250。

（3）支架受载后挠曲的杆件（盖梁、纵梁），其弹性挠度为相应跨度的1/400。

（4）钢模板的板面变形为1.5mm。

（5）钢模板的钢棱和柱箍变形为 $L/500$ 和 $B/500$（其中，L 为计算跨径，B 为柱宽）。

第二节　预应力混凝土简支梁的制造工艺

一　先张法预应力简支梁制造

先张法预应力梁施工过程是：在台座上先张拉钢筋，绑扎非预应力筋；然后立模浇筑混凝土，当混凝土达到一定强度（不得低于设计强度的70%）后放松钢筋，这样通过预应力筋的弹性回缩及其与混凝土之间的黏结作用，使混凝土获得预压应力。先张法生产可采用台座法或机组流水法。采用台座法时，构件施工的各道工序全部在固定在台座上进行。采用机组法施工时，构件在移动式的钢模中生产，钢模按流水方式通过张拉、灌注、养护等各个固定机组完成每道工序。机组流水法可加快生产速度，但仍需要大量钢模和较高的机械化程度，且需配合蒸汽养护，因此只用于工厂内预制定型构件。台座法不需复杂机械设备，施工适用性强，应用较广。

台座法施工工艺流程如图11-4所示。

先张法具体施工过程如下。

（一）台座

先张法预应力混凝土梁是在专门的台座上制造，台座构造组成如图11-5所示。

台座由一个框架（两根固定横梁和两根受压柱构成）和两根活动横梁组成。固定和活动横梁间设置千斤顶，预应力钢筋两端用工具锚在活动横梁的锚固板上。千斤顶顶起活动横梁使预应力筋受拉。全部张拉力由框架承受。承压柱可中心受压和偏心受压。中心受压省料但作业不便;偏心受压则相反,施工中偏心受压用得较多。

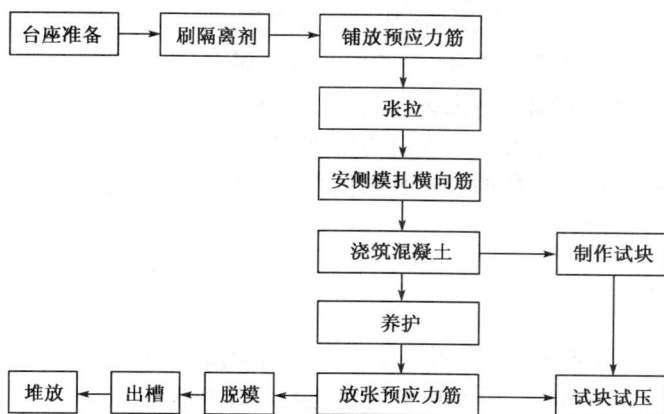

图 11-4　台座法施工工艺流程图

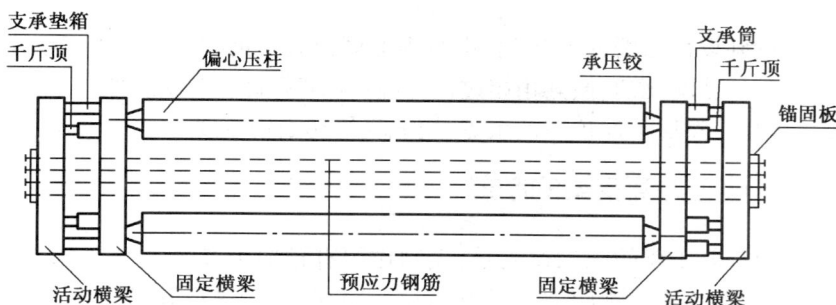

图 11-5　张拉台座示意图

(二)预应力筋铺设与张拉

1.预应力筋铺设

预应力筋应在台面上的隔离剂干燥之后铺设,隔离剂应有良好的隔离效果,又不应损害混凝土与钢筋的黏结力。如果预应力筋遭受污染,应当用适当的溶剂进行清刷。预应力筋应牵引车铺设。

2.预应力筋的张拉

预应力筋的张拉工作是预应力施工中的关键,为确保施工质量,预应力筋的张拉应严格按设计要求进行。

(1)张拉控制应力

预应力筋张拉控制应力的大小直接影响预应力效果,影响到构件的抗裂性和刚度,因而控制应力不能过低。当然也不能过高,否则会使构件出现裂缝的荷载与破坏荷载很接近,在破坏前没有明显的警告;同样张拉力过大使钢筋应力超过屈服点,产生的变形将直接影响预应力值的准确性和张拉工艺的安全性;此外控制应力过大造成构件反拱过大或预拉区出现裂缝也是不利的。因此预应力筋的张拉控制应力,应符合设计要求,当施工中需要超张拉时,可比设计要求提高 5% ,但最大控制应力不能超过有关规定。

（2）张拉程序

预应力钢丝由于张拉工作量大,宜采用一次张拉程序:$0 \rightarrow (1.03 \sim 1.05) \sigma_k$ 锚固。σ_k 为张拉控制应力,超张拉系数 $1.03 \sim 1.05$ 是考虑测力计误差,台座横梁或定位板刚度不足等因素的影响。粗钢筋宜采用超张拉顺序:$0 \rightarrow 1.05 \sigma_k$（持荷 2min）$\rightarrow \sigma_k$ 锚固。

采用此张拉程序的目的是为了减少应力松弛损失,松弛在张拉后最初几分钟发展特别快,以后则趋于缓慢。成组张拉时,应预先调整预应力,以保证张拉时每根钢筋的应力一致。

（三）灌筑混凝土

梁体混凝土灌筑次序是从一端向另一端推进。因梁体钢绞线密集且在高应力状态下,混凝土采用底模振捣（振捣小车）。桥面和腹板用插入式振捣器振捣。

（四）钢绞线整体放松

混凝土强度达到设计强度的 80% 后,即可拆除模板放松钢绞线。放松钢绞线在两端同时整体放松。即千斤顶重新充油,使其稍超过设计吨位（即稍大于钢绞线控制应力 σ_k）,回松支承筒,取出支承垫箱。然后千斤顶回油至零,用氧气焰切断钢绞线。

二 后张法预应力简支梁的制造

后张法预应力混凝土梁的施工过程是:先制作留有预应力筋孔道的梁体,待混凝土达到规定强度后,再在孔道内穿入预应力筋进行张拉并锚固,最后进行孔道压浆并浇灌梁端封头混凝土。

后张法工序较先张法复杂（例如需要预留孔道、穿筋、灌浆等）、且构件上耗用的锚具和埋设件等增加了用钢量和制作成本,但此法不需要张拉台座,便于在现场施工,且又适宜于配置曲线形预应力筋的大型和重型构件制作,因此等于得到广泛应用。

（一）浇筑梁体混凝土

梁体混凝土的浇筑方式,对中小跨梁,一般采用水平层浇筑方式,横隔梁与梁肋同时浇筑混凝土。对于高而长的梁体,当混凝土的供应量不能满足浇筑进度时,可采用斜层浇筑方法。在预制 40m 跨度箱梁的混凝土浇筑中,曾采用纵向分段、水平分层、由中间向两端呈台阶形浇筑的方式,避免了水泥砂浆集中在跨中或一端现象。

预制梁混凝土的振捣,宜使振动与浇筑交替进行。装有底模振捣器的,当混凝土开始灌筑时,以底振为主,确保底部混凝土密实。侧模上安装的附着式振动器,使混凝土顺利通过腹板。混凝土浇筑到一定高度后停止底振,用侧振辅以插入式振动棒直至浇完为止。为便于梁肋的振捣,有时在腹板下翼缘坡面上开设天窗,以利振捣器振捣。

以上为普通混凝土梁的浇筑过程,预应力混凝土的浇筑过程与普通混凝土的相同,但在浇筑前,应按钢丝束布置预留孔道,以便以后穿束。孔道直直径比钢丝束直径约大 10mm,可由预埋钢丝网的胶管形成,也可用波纹管预先埋入形成。当用橡胶管制孔时,为增加胶管的刚性和保证孔道位置的正确,在胶管内插入粗钢筋;当混凝土达到 $4 \sim 8MPa$ 时,将胶管拔出。

根据经验,胶管的抽拔时间可参考表 11-2 按下式估算:

胶管抽拔时间表 表 11-2

环境温度(℃)	抽拔时间(h)	环境温度(℃)	抽拔时间(h)
30 以上	3	20 ~ 10	5 ~ 8
30 ~ 20	3 ~ 5	10 以下	8 ~ 12

$$H = 100/T \tag{11-1}$$

式中:H——混凝土浇筑完毕至抽拔管的时间,h;

  T——预制构件的环境温度。

(二)穿束和张拉

钢丝束应顺直,不扭转,并用钿铁丝隔一定距离扎紧。穿插束前应清除孔道内的水分和杂物。

下面介绍拉丝式体系预应力混凝土的张拉工艺。

拉丝体系所用锚头为锥形锚头,张拉千斤顶用三作用千斤顶,其构造如图 11-6 所示,千斤顶最大张拉力为 8500kN,有效行程为 200mm。

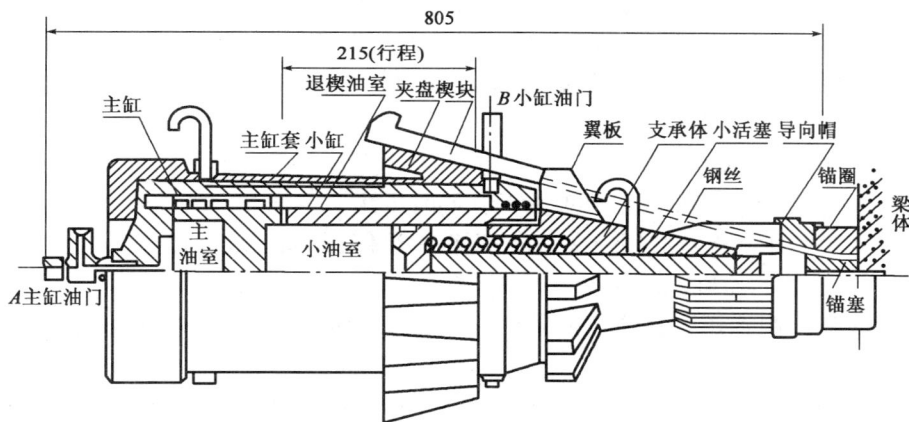

图 11-6 "85"三作用千斤顶(尺寸单位:mm)

张拉程序(两端同时同步张拉)如下:

(1)钢丝穿过锚圈孔道,沿孔壁均匀排列,钢丝末端用楔块锚在千斤顶主油缸筒壁上夹盘的楔形槽内。楔块应对准支承体上的翼板,以便张拉完毕后退楔。千斤顶顶部通过导向帽顶在锚圈的端面上。

(2)先向主油缸内充油。油压一方面通过小油缸和支撑体将千斤顶顶紧在梁端锚圈上;一方面推动主油缸和主油缸套向后推开,带动夹盘后移,使楔紧在夹盘上的钢丝进行张拉。当钢丝初应力为 30 ~ 150MPa 和千斤顶油压不大于 3MPa 时,停止充油画线作标记,作为量测钢丝伸长值的起点。

(3)主油缸内继续充油,至钢丝应力达到设计控制应力时,关死主油缸油门。量测钢丝伸长值。

(4)再向小油缸内继续充油,小活塞即向前推进,顶压锚塞,以锚固钢丝。

（5）钢丝锚固后，主油缸回油，小油缸继续充油，油压推动油缸后退，楔块受小油缸上的翼板顶托，随小油缸后退，即自动退出。此时，应量测钢丝回缩量。

（6）大小油缸均回油，活塞杆靠弹簧复位。张拉完毕。

张拉力设计值由计算确定。张拉力过大，可能使梁上翼缘混凝土产生竖向裂纹，下翼缘混凝土产生纵向裂缝，还可能使钢丝出现很大塑性变形而易于断裂。张拉力不足，则降低梁的抗裂性能，在荷载作用时下翼缘易开裂，影响梁的使用寿命。因此，张拉时必须严格掌握操作规程，对张拉油泵、油压表、千斤顶及时检查标定。钢丝束实际张拉力由主油缸油压表读数控制，并应以伸长量校核，以保证实际张拉力与设计值相符。

（三）管道压浆

压浆的目的是保护预应力筋不致锈蚀，并通过水泥浆把预应力筋与混凝土黏结成整体，提高梁的承载力、抗裂性能和耐久性。孔道压浆用专门的压浆泵进行，压浆时要求密实、饱满，并在张拉后尽快进行。

压浆前烧割锚外钢丝时，应采取降温措施，以免锚具和预应力筋因过热而产生滑丝；用压缩空气清除管道内的杂物，确保管道畅通。压注孔道所用的水泥，须用不低于 42.5 的普通硅酸盐水泥或 32.5 快硬硅酸盐水泥，水泥浆的水灰比应为 0.4 ~ 0.45，最大不超过 0.5，施工温度控制在 5 ~ 25℃。压浆时用压浆机从锚塞中央的压浆孔压入。压浆机最高输浆压力以保证管道内水泥浆密实为准，一般为 600 ~ 700kPa。为了保证管道压浆密实，不留存游离水，一般进行两次压浆。第一次由左端压入右端，第二次由右端压入左端，时间间隔不少于 30min。

在压浆操作中应注意：

（1）在冲洗孔道时如发现串孔，则改为两孔同时压注。

（2）每个孔道的压浆作业必须一次完成，不得中途停顿，如因故停顿，时间超过 20min，则应用清水冲洗已压浆的孔道，重新压注。

（3）水泥浆从拌制到压入孔道的间隔时间不得超过 40min，在此时间内，应不断搅拌水泥浆。

（4）输浆管的长度最多不得超过 40m。当超过 30m 时，就要提高压力 100 ~ 200kPa，以补偿输浆过程的压力损失。

（四）封端

孔道压浆后应立即将梁端水泥浆冲洗干净，并将端面混凝土凿毛，为封端做准备。封端就是为防止梁端外露的锚头引起预应力筋及锚头的锈蚀，用混凝土将其封住。封端混凝土强度等级不宜低于结构本身混凝土强度等级的 80%，也不宜低于 C30。

除拉丝式体系外，目前国内外广泛采用大吨位的钢绞线"群锚"体系的预应力混凝土梁，其锚固体系构造如图 11-7 所示，配用 YC 系列千斤顶，其张拉程序为：

（1）将各根钢绞线穿入锚板的各个锥形小孔内，并在锥形小孔内装上锥形楔片，用小锤稍稍锤紧。

（2）装上相应吨位千斤顶，并在其尾部套上工具锚及夹片。

（3）打开油泵，千斤顶张拉力达到初应力时在钢绞线上画上记号。

（4）继续供油，千斤顶张拉至设计吨位，量测钢绞线伸长值后即可回油，张拉完毕。

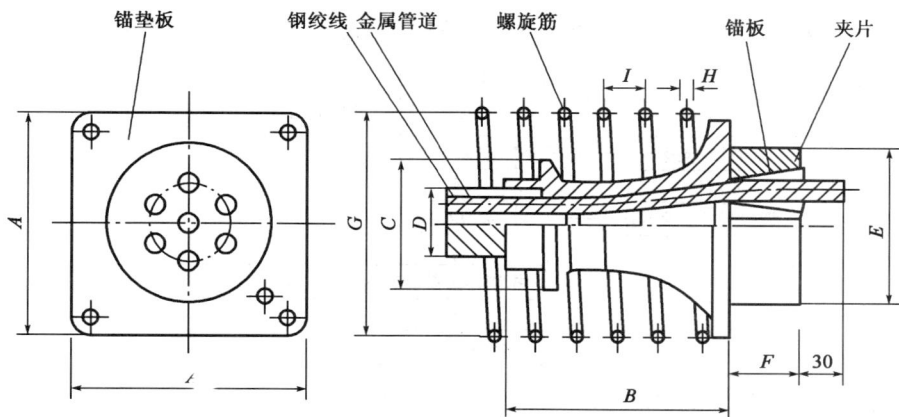

图 11-7 "OVM"锚构造(尺寸单位:cm)

第三节　支架浇筑

一　整体支架浇筑施工法

(一)概述

整体支架浇筑施工是在支架上安装模板、绑扎钢筋骨架,预留孔道,现场浇筑混凝土并施加预应力的方法。这是一种古老的施工方法,20世纪50年代初期,我国建造的钢筋混凝土梁桥、悬臂梁桥,主要采用这种施工方法,但是随着各种新型施工方法的出现,目前这种方法在桥梁施工中采用较少,但是,近年来随着大量标准钢制脚手架的采用,在长大跨预应力混凝土连续梁桥中也有采用这种方法施工的,如我国北京八达岭的黄土嘴桥即采用的钢制支架施工。

整体支架浇筑施工法的优点是:①梁体混凝土浇筑与预应力张拉可一气呵成,连续梁整体性好,施工平稳可靠。②施工中不需要体系转换,不引起恒载徐变二次矩。③对机具和起重能力要求不高,无需大型起重设备。④可以采用强大的预应力体系,施工方便。

整体支架浇筑施工法的缺点是:①施工中需要大量的脚手架,可能影响通航和排洪。②对于桥墩较高、水较深的桥梁,支架施工不方便。③设备周转次数少,施工期长。④施工费用高。

整体支架浇筑施工法的适用条件是:①适用于有搭设支架条件的中小跨度连续梁桥,适宜跨径为20~60m。②对于弯桥、宽桥、斜交桥、立交桥等复杂桥型,可以考虑使用该法。

整体支架浇筑施工法施工程序如图11-8所示。

(二)施工中应注意的问题

1.施工顺序

整体支架浇筑施工法的施工顺序为:架立支架,按一定程序浇筑混凝土,张拉预应力筋,

269

压浆,移架。

对于小跨径桥梁,一般采用从一端到另一端浇筑的施工顺序,先梁身后支点,依次进行。

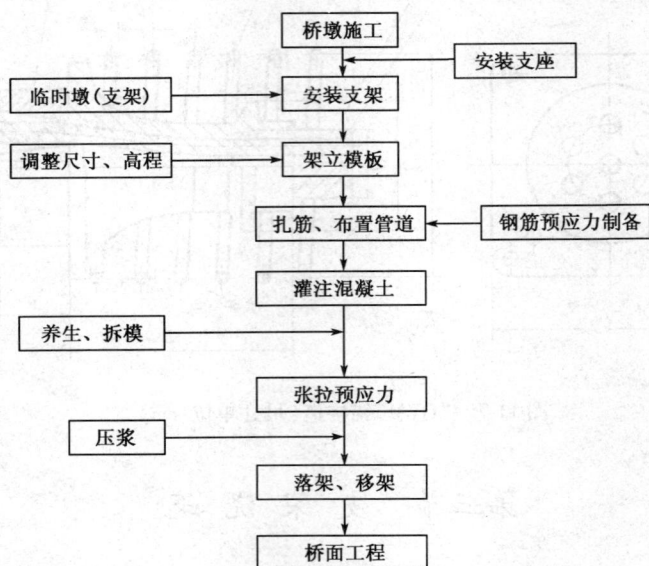

图 11-8　整体支架浇筑施工法施工程序

对于大跨径预应力混凝土箱形截面连续梁桥,施工时有两种方法:①分段施工法,根据施工能力,每隔 20~45m 设置一条连接缝,接缝宽约 1m,待混凝土浇筑完成后,最后在接缝处合龙。为使接缝处混凝土结合紧密,通常把该处腹板做成企口缝或齿形,同时腹板与底板不能在同一竖截面内接头。②水平分层施工法,即先浇筑底板,待达到一定强度后再进行腹板施工,最后浇筑顶板。工程量较大时,可分数次浇筑。

2. 场地布置

就地浇筑施工法需要一定的场地用于支架组拼,钢筋加工,模板制作,预应力筋的组索和混凝土的拌和,还要有足够的堆放料场地和场内运输道路。因此应该使场地布置合理,以保证工程有条不紊的顺利进行。

3. 支架

就地浇筑施工,支架是关键。按其构造形式,支架可分为支柱式,梁式或梁柱式三种。支架材料多采用钢制标准杆件,其构造如图 11-9 所示。

支柱式支架常用于陆地、不通航的河道或桥墩较低的小跨径桥梁;梁式支架可采用工字钢,钢板梁或钢桁梁。其中工字钢适用于小于 10m 跨径,钢板梁适用于小于 20m 的跨径,钢桁梁适用于大于 20m 的跨径。梁可以支承在桥墩上的预留托架或桥墩处的横梁上,也可以支承在墩边的支架上;梁柱式支架一般在大跨径桥梁上使用,梁支承在桥墩台、临时支架或临时墩上,形成多跨连续支架使用。

支架是就地浇筑施工的关键,它应满足如下要求:①支架要承受桥梁上部的大部分恒载,必须要有足够的刚度和强度。②在河道中施工要能抵抗水流和漂浮物的撞击。③支架的基础要可靠。④构件结合要紧密,要有足够的纵、横、斜连接杆件,使支架具有可靠的整体性。⑤支架在承受荷载后会有弹性和非弹性变形,在架设前应计算好,设置合适的预挠度,以保证梁体的外形尺寸及高程。⑥基础的允许下沉量应满足施工后梁体设计高程的要求。⑦要设置落梁设施,如木楔、砂筒和千斤顶等,以确保落架对称、均匀,使主梁不产生局部受力状态。

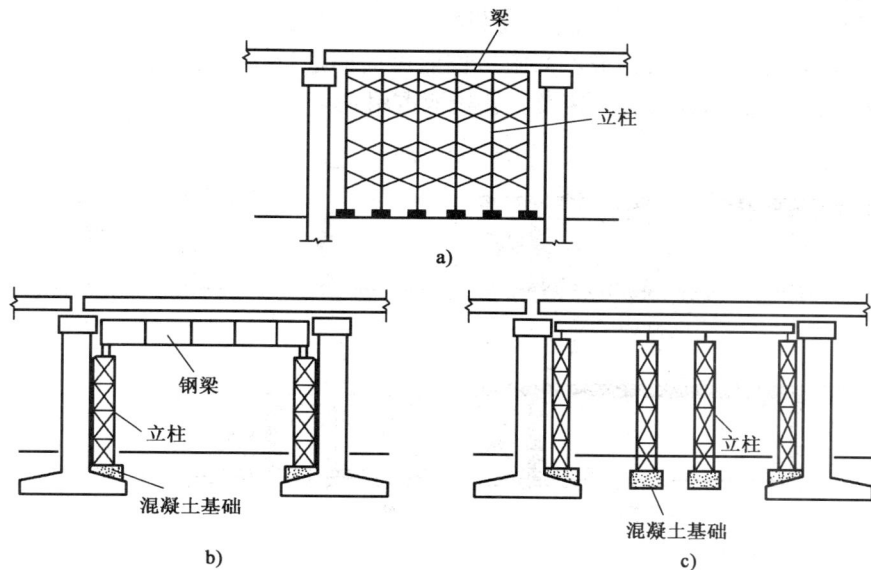

图 11-9　支架构造
a)支柱式;b)梁式;c)梁柱式

4.预应力筋

采用支架法对预应力筋连续梁桥进行施工,其预应力筋可一次性布置,集中张拉,因此便于采用大型力筋,如:莱昂哈特体系、VSL 体系等,我国的通惠河铁路桥,利用整体支架浇筑施工法施工,采用的力筋为莱昂哈特体系,力筋为 $7\phi3\mathrm{mm}$ 钢绞线,在套管中排成 18 层 13 列,共计 234 根,每端总张拉力为 25088kN,采用多台千斤顶一次张拉施工。

二　移动支架逐孔现浇施工法

移动支架逐孔现浇施工法与在整体支架现浇施工法的不同点在于:支架逐孔现浇施工仅在一跨梁上设置支架,当预应力筋张拉结束后,将支架移到下一跨施工;而在支架上整体浇筑施工通常在一联桥跨内布设支架连续施工,因此支架逐孔现浇施工法在施工过程中有体系转换问题,混凝土徐变对结构产生次内力,而整体支架浇筑施工法没有这类问题。

移动支架法逐孔现浇施工法的特点是:①支架数量较整体支架浇筑法要少,周转次数多,利用效率高,经济效益好。②施工速度较快。③施工周期较长。

移动支架常用的形式有落地式和梁式,如图 11-10 所示。落地式支架适用于在陆地上或桥墩较低、水不深的情况下建桥。梁式支架的承重梁支承在锚固于桥墩上的横梁上,也可支承在已完成的梁体上,它适用于在较深的水中建桥。

三　移动模架逐孔浇筑施工法

移动模架逐孔浇筑施工法是采用可移动模板及支架逐孔浇筑施工的方法。施工时每孔仅在 $0.2L \sim 0.25L$ 附近处(L 为跨长)设一道横向工作缝,浇完一孔后,将移动模架前移到下孔位置,如此重复施工。它就像一座严密而坚固的,沿着桥梁跨径封闭的"桥梁预制厂",随着

271

施工的进行不断前移施工。双线桥梁时,可同时采用两套移动模架交叉施工。

移动模架逐孔浇筑施工法的优点是:①机械化、自动化程度高,模板、钢筋、混凝土和张拉工艺等整套工序均可在模架内完成。②施工作业可周期进行,不受外界因素干扰,不仅便于管理,又能提高工程质量,加快施工速度。③场地占用少。

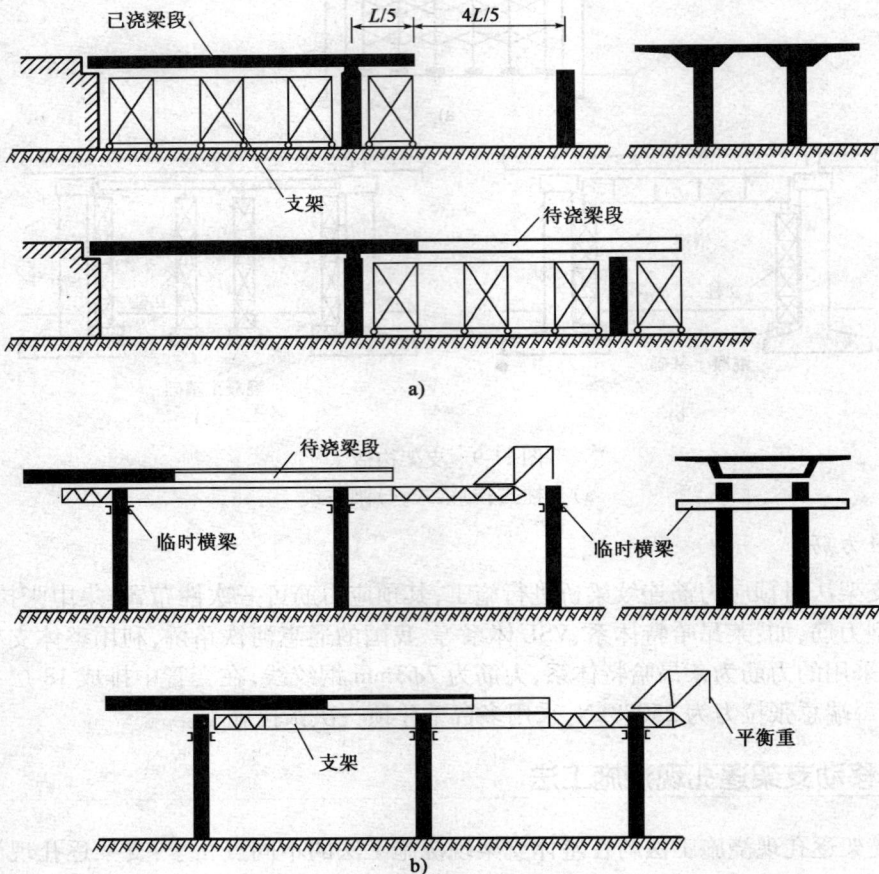

图 11-10 移动支架逐孔现浇施工
a)落地式支架;b)梁式支架

移动模架逐孔浇筑施工法的缺点是:①需要一整套设备及配件,耗用钢材多,一次性投入大。②设备拼装、运输、维修及养护繁琐。

移动模架逐孔浇筑施工法可应用于以下类型桥梁的施工:①等截面桥梁。②跨径为 20 ~ 60m 的桥梁。③桥长大超过 200m,即桥长为 400 ~600m 的桥梁。④弯桥或坡桥。

使用移动模架施工法的桥梁有联邦德国的克钦卡汉桥(自从本施工方法在该桥上得到应用之后,此法的应用逐渐推广起来),日本的四叶町 576 区高架桥及 562—563 区的高架桥,英国奥韦尔桥的引桥,瑞士莱内高架桥,伊拉克摩苏尔 4 号桥,我国的厦门跨海大桥和青岛女姑山跨海大桥等。

移动模架的形式很多,下面我们就以下两种常见的移动模架作一简单介绍。

(一)移动悬吊模架

移动悬吊模架的基本结构主要是承重梁、从承重梁伸出的肋骨状横梁和支承主梁的移动支承。承重梁常采用钢梁,长度大于跨径的两倍,为承受施工设备自重、模板系统质量和现浇混凝土质量的主要构件。承重梁的后段通过可移式支架落在已完成的梁段上,它将质量传给桥墩或直接坐落在墩顶,承重梁的前端支承在桥墩上,工作状态呈单悬臂状态,在承重梁两侧呈悬臂状态的许多横梁覆盖桥梁全宽,它由承重梁上2~3组钢索拉住,以增加其刚度。横梁的两端垂直向下,到主桥的下端再呈水平状态,形成下端开口的框架并将主梁包在内部,当模板支架处于浇筑混凝土的状态时,模板依靠下端的悬臂梁和锚固在横梁上的吊杆定位,并用千斤顶固定模板浇筑混凝土。移动悬吊模架的施工程序见图11-11。

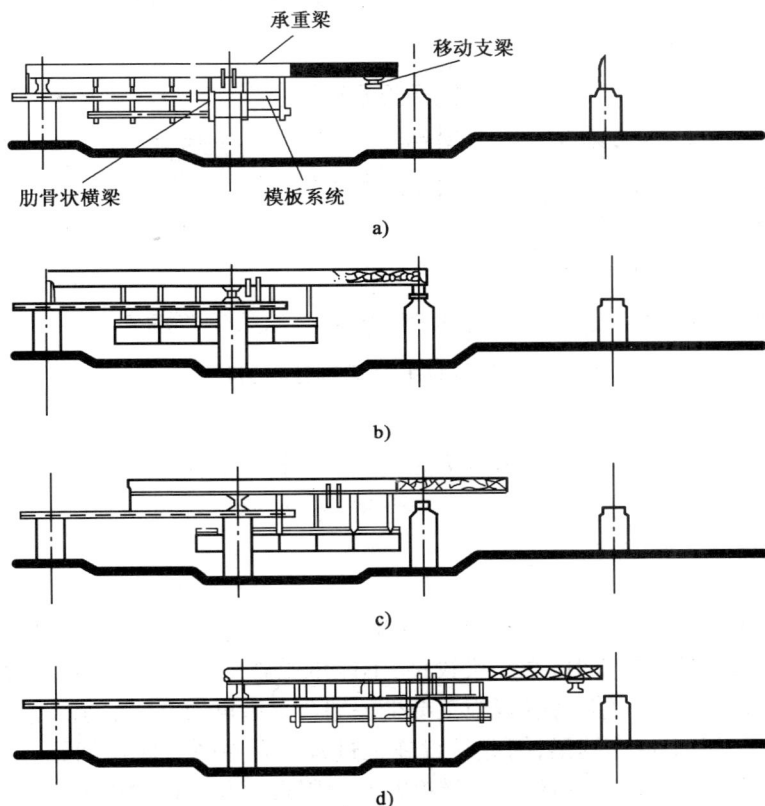

图11-11　移动悬吊模架的施工程序
a)施工完成;b)放模板,移承重梁;c)前移;d)就位,安装模板

　　移动悬吊模架施工的优点是机械化、自动化程度较高,施工环境好,施工质量容易保证,还可节约劳动力,经济效益较好;不足之处是需要一套大型设备,一次性投入大。

(二)活动模架施工

　　活动模架的形式较多,这里简要介绍两种:一种是采用两根长度大于两倍跨径的承重梁分设在箱梁截面的翼板缘下方,兼作支承和移动模架的功能,不需导梁。承重梁设置在墩顶的临时横梁上,两根承重梁间用钢螺栓框架连接。英国的奥韦尔桥的引桥和瑞士莱内高架桥均采用这种模架施工。另一种形式是由承重梁、导梁、台车和桥墩托架等构件组成,如图11-12所示。承重梁设置于混凝土箱形梁两侧,用于支承模板和承受施工质量,浇混凝土时,承重梁支撑在桥墩托架上。导梁长度大于两倍桥梁跨径,用于运送承重梁和活动模架,当一跨梁施工完成后,脱模,卸架,由台车将承重梁和活动模架运送至下一跨,承重梁就位后导梁再向前

273

移动。

活动模架法施工的优点是：①机械化程度高，功能完善，施工效率高。②梁体整体性好。③便于深水作业，不影响通航。④工序重复，易于掌握和管理。其不足是：①结构庞大，价格较高，一次性投入大。②设备的拼装、运输、维修和养护困难，附加费用高。

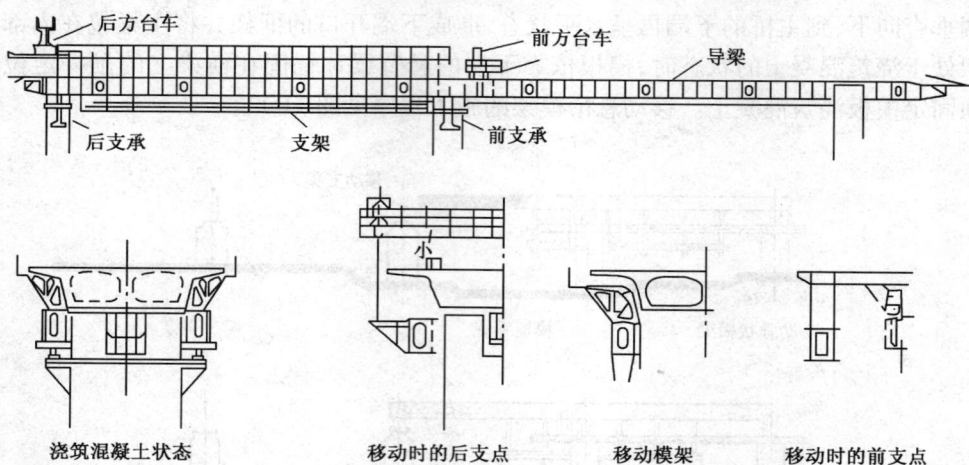

图 11-12　活动模架的构造

第四节　悬臂施工

一　概述

悬臂施工主要指桥梁上部结构在施工时，从桥墩开始，对称或不对称的分段悬臂浇筑或悬臂拼装施工。悬臂施工时，墩和梁铰接，不能承受施工荷载产生的不平衡弯矩，因此，施工过程中墩和梁应临时固结，待悬臂施工至少一端合龙后再恢复原状态。悬臂施工时，结构呈 T 形刚架，待合龙后形成连续梁，因此悬臂施工过程中存在体系转换问题。预应力混凝土连续梁采用这种方法时，应考虑由于体系转换及其他因素引起的结构内力及施工过程中的内力变化，从而及时调整预应力以适应这一转换。同时，为使结构施工受力与运营状态的受力相吻合，悬臂施工的连续梁桥常采用变截面。

国外从 20 世纪 40 年代末开始将悬臂施工方法用于预应力混凝土连续梁桥的施工，我国从 20 世纪 60 年代中期，开始使用悬臂施工法，现在悬臂施工法已成为大跨连续梁桥的主要施工方法。日本预应力混凝土工业协会《关于预应力混凝土长大桥梁的调查研究报告》指出，1972 年后建造的跨径大于 100m 的桥梁近 200 座，其中悬臂法施工的桥梁占 87% 以上。我国应用悬臂施工法修建的预应力混凝土连续梁桥主要有：1983 年修建的广东容奇大桥、1983 年修建的常德沅水大桥、1983 年修建的黑龙江松花江大桥、1984 年广州珠海三桥、1985 年修建的湖北沙洋汉江大桥、1990 年修建的云南六库怒江大桥、1992 年修建的湖北襄樊汉江长虹大桥和 1993 年修建的山西凤陵渡黄河公路大桥等。

悬臂施工的主要特点是：①淘汰了满堂固定脚手架施工方法，使桥下有足够宽敞的净空。②施工时不受季节、河道水位的影响，不影响桥下通航。③减少了施工设备，简化了施工程序。④高度机械化和循环重复作业，容易通过改进工艺以提高工程质量，连接及跨中合龙较简单。

悬臂施工法适合于梁的上翼缘承受拉应力的桥梁形式,如悬臂梁、连续梁、连续刚构及斜拉桥等。利用悬臂施工的桥梁跨度范围为60~600m,最常用的跨度为70~200m,云南六库怒江公路大桥为我国最大跨径的预应力混凝土连续梁桥,主跨为154m。悬臂施工方法适用的跨径见表11-3。

悬臂施工方法适用的跨径   表11-3

施 工 方 法	跨径(m)	施 工 方 法	跨径(m)
悬空模架逐跨施工法	30~50	变高度梁平衡悬臂节段拼装法	60~200
从某墩向两侧逐跨施工法	50~180	平衡悬臂浇筑法	60~300
节段拼装法	30~90	悬臂施工的拱桥	90~450
等高度梁平衡悬臂节段拼装法	30~90	悬臂节段施工的斜拉桥	60~600

悬臂施工主要适用于以下情况的桥梁:①位于深山峡谷之中,不方便使用支架法的桥梁。②位于江河之上,水流湍急,需通航或有流冰、流木的桥梁。③跨度较大的桥梁。④不能影响桥下交通的立交桥。⑤工期较短的大跨度桥梁。

二 预应力混凝土连续梁桥悬臂施工

按其施工程序不同,可以分为下列三种情况。

(一)逐跨连续悬臂施工

逐跨连续悬臂施工的程序如图11-13所示。

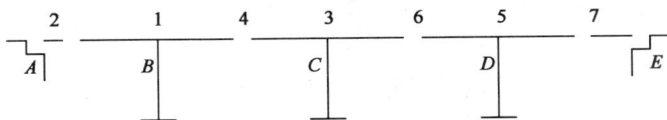

图11-13 逐跨连续悬臂施工的程序

施工步骤如下:

①先从 B 墩开始悬臂施工。②岸跨边段合龙,B 墩临时固结释放后形成单悬臂梁。③从 C 墩开始悬臂施工。④BC 跨中间合龙,释放 C 墩临时固结,形成带悬臂的两跨连续梁。⑤从 D 墩开始悬臂施工。⑥CD 跨中间合龙,释放 D 墩临时固结,形成带悬臂的3跨连续梁。⑦岸跨边段合龙,完成4跨一联的连续梁施工。

对于多跨连续梁仍可按上述步骤进行,从一端向另一端施工。逐跨连续悬臂施工可以利用已建好的结构在其上面运输,因此,机具设备、材料和预制节段的运输比较方便。在完成悬臂施工并合龙后,整体结构的刚度和稳定性不断加强,因此常常应用于多跨连续梁和大跨径桥梁。

(二)T 构—单悬臂—连续梁施工

T 构—单悬臂—连续梁施工施工程序如图11-14所示。

施工步骤如下:

①从 B 墩开始悬臂施工。②岸跨边段合龙,释放 B 墩临时固结,形成单悬臂梁。③C 墩

悬臂施工。④岸跨边段合龙，释放 C 墩临时固结，形成单悬臂梁。⑤BC 跨中段合龙，形成 3 跨连续梁结构。

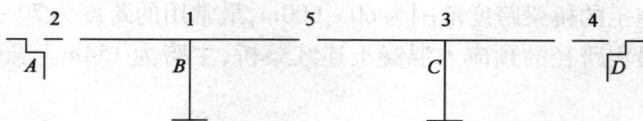

图 11-14　T 构—单悬臂—连续施工程序

多跨连续梁的中段合龙可以逐个进行，也可以 2~3 个合龙段同时施工。按这种施工程序施工，结构稳定，受力对称，结构内力容易调整。需要注意的是，当边跨合龙时，B 墩临时固结尚未释放前为一端铰接、一端固结的超静定结构，此时张拉边跨的预应力筋时，将产生预加力的二次力矩。这种施工程序常常用于单跨（如 3 跨、5 跨）的连续梁的施工。

（三）T 构—双悬臂—连续梁施工

T 构—双悬臂—连续梁施工施程序如图 11-15 所示。

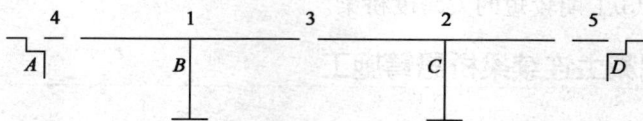

图 11-15　T 构—双悬臂—连续梁施工程序

施工步骤如下：

①从 B 墩开始悬臂施工。②从 C 墩开始悬臂施工。③BC 段中间合龙，释放 B、C 墩的临时固结，形成双悬臂梁。④A 端岸跨边段合龙。⑤D 端岸跨边段合龙，完成 3 跨连续梁的施工。

这种施工方法，先将所有悬臂施工部分连接起来，最后边跨合龙，施工费用高，施工程序不连贯，结构呈悬臂状态时不稳定，一端施力将引起另一端产生较大的位移，因而，多用于跨径小、跨数少的桥梁中，在大跨径和多跨连续梁中应尽量避免使用这种施工方法。

以上三种悬臂施工方法对于某一具体桥梁可以采用其中的一种，也可以兼顾各方法的优点综合选用。用悬臂施工法从桥墩两侧逐段延伸来建造预应力混凝土悬臂梁桥时，为了承受施工过程中可能出现的不平衡力矩，就需要采取措施使墩顶的零号块件与桥墩临时固结起来。图 11-16 为几种临时固结的做法。图 11-16a）是当桥不高、水不深，且易于搭设临时支架时的支架式固结措施，在此情况下，拼装中的不平衡力矩完全靠梁段的自重来保持稳定。图 11-16b）是采用临时立柱和预应力筋来锚固上下部结构的构造。预应力筋的下端埋固在基础承台内，上端在箱梁底板上张拉并锚固，借以使立柱在施工过程中始终受压，以维持稳定。在桥高水深的情况下，也可采用图 11-16c）所示构造，它采用围建在墩身上部的三角形承架作为敷设梁段的临时支撑，使用砂筒作为悬臂拼装完毕后转换体系的卸架设备。

三　悬臂浇筑

悬臂浇筑法的施工程序是用挂篮分段现浇，待每段混凝土养护完成并完成预应力筋的张拉后，再将挂篮前移，浇筑下一段。悬臂浇筑的每一段都要承受随后浇筑段的结构自重及其他荷载。悬臂要保持对称、平衡、稳定和安全。一般悬臂浇筑的一个节段长 3 ~ 8m,不宜过长,否则将增加结构与挂篮的静载及前一节段的施工内力。

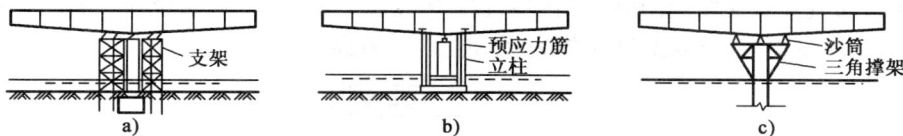

图 11-16　临时固结措施

悬臂施工法是大跨连续梁的主要施工方法,而悬臂浇筑法则更具有竞争实力。

悬臂浇筑施工的特点是:①不需要大量施工支架和大型临时设备,无须大型起重与运输机具,花费较少。②不影响桥下通航、行车。③不受季节、洪水的影响。④不受跨数限制。⑤桥梁施工受力状态与运营受力状态基本接近,与顶推法比,不因施工增加过多的材料。⑥体系转换较多。⑦施工线形及合龙要求较高,施工困难。

悬臂浇筑法主要适用于以下条件:①宽深河流和山谷。②施工期水位变化频繁,不宜进行水上作业的河流。③通航频繁,需留有较大净空的河流。

根据挂篮和施工方法的差异,悬臂浇筑施工可以分为多种方法:挂篮悬臂浇筑施工法、移动桁梁悬吊模架现浇施工法、分段悬臂现浇施工法、渐进施工法和挂篮—导梁悬臂浇筑施工法等,现在我们就比较常用的挂篮悬臂浇筑施工法和移动桁梁悬吊模架浇筑施工法作一简要介绍。

(一)挂篮悬臂浇筑施工法

挂篮悬臂浇筑施工法又称迪维达克施工法,由联邦德国迪维达克公司创造。挂篮是一个能沿梁顶滑动或滚动的承重构架,它锚固悬挂在已施工的前段梁上,在挂篮上可进行下一梁段的模板、钢筋、预应力管道的安设,混凝土浇筑、预应力张拉和注浆等作业。完成一个阶段的循环后,挂篮即可前移并固定,进行下一阶段的施工,如此循环直至悬臂施工完成。

挂篮悬臂浇筑施工法使用机具少,施工不受跨度限制,经济效益高,大跨径桥梁经常采用这种方法施工。由于施工作业主要在挂篮中进行,挂篮外可以设置风雨棚,受气候影响少,便于养护,有利于保证质量,同时还能在施工中不断调整施工误差,施工精度便于提高。

用挂篮悬臂灌注施工的主要工艺程序是:梁体浇筑分段,浇筑 0 号段,在 0 号段上安装悬臂挂篮,浇筑 1 号段,挂篮前移、调整、锚固,浇筑下一梁段,依次浇筑主梁至合龙前段,挂篮拆除,合龙。悬臂浇筑施工工艺流程如图 11-17 所示。

1. 梁体浇筑分段

悬臂浇筑施工时,梁体一般要分为四大部分浇筑,如图 11-18 所示。

A 为墩顶梁段(0 号段),B 为由 0 号段两侧对称分段悬臂浇筑部分,C 为边孔在支架上浇筑部分,D 为主梁在跨中浇筑合龙部分。主梁各部分的长度视主梁形式和跨径、挂篮的形式及施工周期而定。0 号段一般为 5 ~ 10m,悬浇分段一般为 3 ~ 5m。支架现浇段一般为 2 ~ 3个悬臂浇筑分段长,合龙段一般为 1 ~ 3m。

2. 墩顶 A(0 号段)浇筑

0 号段位于桥墩上方,浇筑 0 号段相当于给挂篮提供了一个安装场地。0 号段结构复杂,预埋件、钢筋、各向预应力钢束及其孔道、锚具密集交错,梁面有纵横坡度,端面与待浇段密切相连,务必精心施工。0 号段的长度依两个挂篮的纵向安装长度而定,有时当 0 号段设计较短时,常将对称的 1 号段浇筑后再安装挂篮。0 号段一般需在桥墩两侧设托架或支架现浇,立 0 号段底模时,同时安装支座及防倾覆锚固装置。0 号段一般分 2～3 层浇筑,每层浇筑厚度视其结构形式和高度而定,浇筑顺序是先底板、再腹板、后顶板。

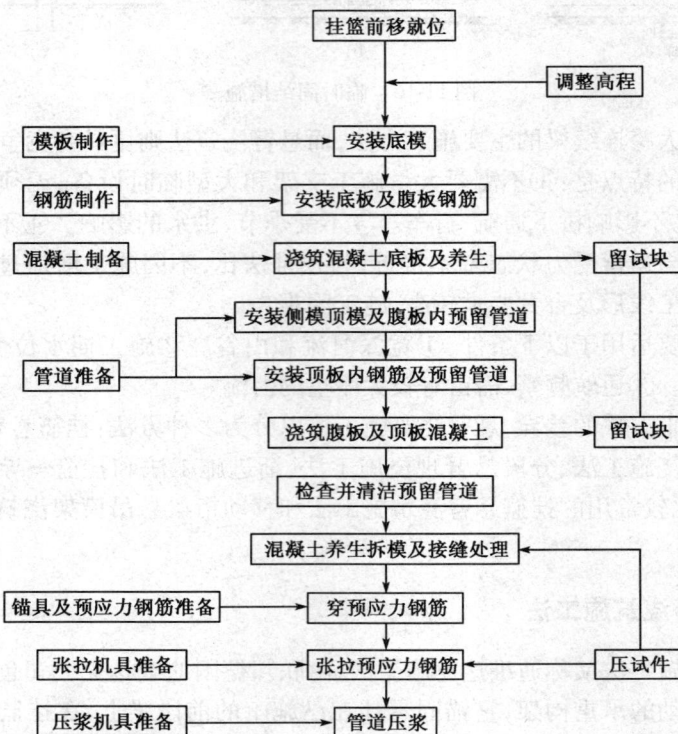

图 11-17　悬臂浇筑施工工艺流程图

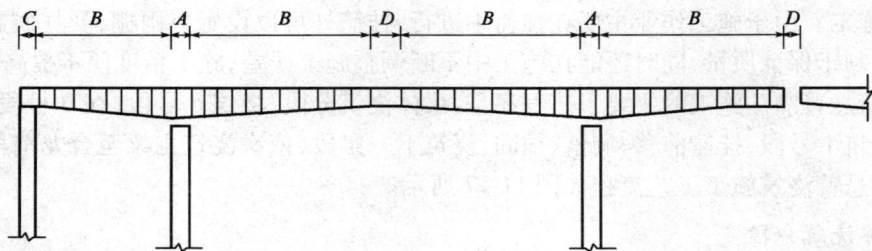

图 11-18　悬臂浇筑分段示意图

A-墩顶梁段;*B*-对称悬浇梁段;*C*-支架现浇梁段;*D*-合龙梁段

浇筑时应注意以下几个问题:

(1)模板和支架是 0 号梁段施工的关键,其施工主要的技术要求是:

①有足够的刚度和承载能力。

②准确估算在浇筑过程中结构的弹性变形和非弹性变形。

③施工偏差和定位要求应符合有关规范的规定。

④便于操作,确保施工质量。

当墩身较高时,可采用在高墩托架等顶面上建立模板浇筑 0 号梁段混凝土,也可由墩顶放置的型钢和墩身预埋的牛腿作为贝雷梁的支承而形成 0 号梁段的施工托架,在托架上设立模板、支架,浇筑混凝土。

(2)支座垫石:垫石是永久支座的基石。由于支座安装平整度和对中精度要求高,因此垫石四角及平面高差应小于 1mm,为此,垫石应分两次浇筑。首次浇筑高程比设计高程低 15cm。第二次应利用带微调整平器的模板,控制浇筑高程比设计高程稍高,再利用整平器及精密水准仪量测,反复整平混凝土面。在安装支座前应凿毛垫石,铺 2~3cm 厚与墩身等强度的砂浆,砂浆浇筑高程较设计高程略高 3mm,然后安装支座就位,用锤振击,使符合高程要求,偏差不得大于 1mm;水平位置偏差不得大于 2mm。

(3)临时支座:临时支座的作用是在施工阶段临时固结墩、梁,承受施工时由两侧传来的悬浇梁段荷载,在梁体合龙后便于拆除和体系转换。临时支座一般采用 C40 混凝土,并用塑料包裹的锚固钢筋穿过混凝土,预埋于梁底和墩顶中。在混凝土支座中层设有 10~20cm 厚夹有电阻丝的硫黄砂浆层,便于拆除时加热熔化,也可以采用静态爆破等其他方法解决固结问题。

(4)预应力管道的设置:为确保预应力筋布置、穿管、张拉、灌浆的施工质量,必须确保预应力管道的设置质量,一般采用预埋铁皮管、锌铁皮波纹管或橡胶抽拔管。三向预应力预埋铁皮管和波纹管须由专用设备加工卷制,孔径按设计要求而定。橡胶抽拔管管壁用多层橡胶夹布在专业厂家制作,宜在混凝土浇筑 150~200℃·h(混凝土全部埋设胶管时间与平均温度的乘积)内抽拔,拔时用尼龙绳拉住外露胶管,启动卷扬机拖拔,视管的长度和阻力一次可抽拔 5~8 根。

浇筑后的铁皮管和抽拔管后的管道,必须用小于内径 10mm 的梭形钢锤清孔,以便清除异物、补救塌孔,保证力筋穿孔畅通。

后张法预施应力是指待混凝土构件达到一定的强度后,在构件预留孔道中穿入预应力筋,然后使预应力筋对混凝土构件施加应力。这是一项十分重要的工作,施加预应力过多或不足都会影响预制构件质量,必须按设计要求,准确地施加预应力。

后张法施加预应力的方法可分为如下几种:用千斤顶机械施加应力、电热施加应力、用膨胀水泥施加应力等。桥梁工程上施加预应力的方法普遍采用机械式张拉预应力筋,机械设备有千斤顶、油泵、高压油管和油压表等。各种机具设备应由专人使用和管理,并应经常维护,定期校验。

对于后张法预应力混凝土浇筑,还应注意如下事宜:

①预制台座应坚固、无沉陷,台座各支点间距应适宜,以保证底模挠度不大于 2mm。梁跨径大于 20m 时,应按设计设置反拱。

②为了保证预留孔道的准确,特别是锚垫板应与端头模板紧密贴合,并与孔道轴线垂直,梁内预埋件位置应准确,特别是锚垫板应与端头模板应紧密贴合,不得平移或移动。

③若采用侧模、底模振捣,应在底梁与基础之间加设弹性垫层(如橡皮垫),其厚度不宜小于 1.5cm,以便提高振捣效果。

④考虑到施加预应力后混凝土会压缩,梁的底模板铺设时可加长 $L/1000$(L 为梁长)。

3.B 梁段悬浇施工

B 梁段一般按 3~5m 长分段,使用挂篮对称悬浇。

(1)B 段施工程序

悬浇段的前3个梁段因箱梁高度大,顶板管道密集,分三次浇筑,后几个梁段分两次浇筑,浇筑程序如图11-19所示。

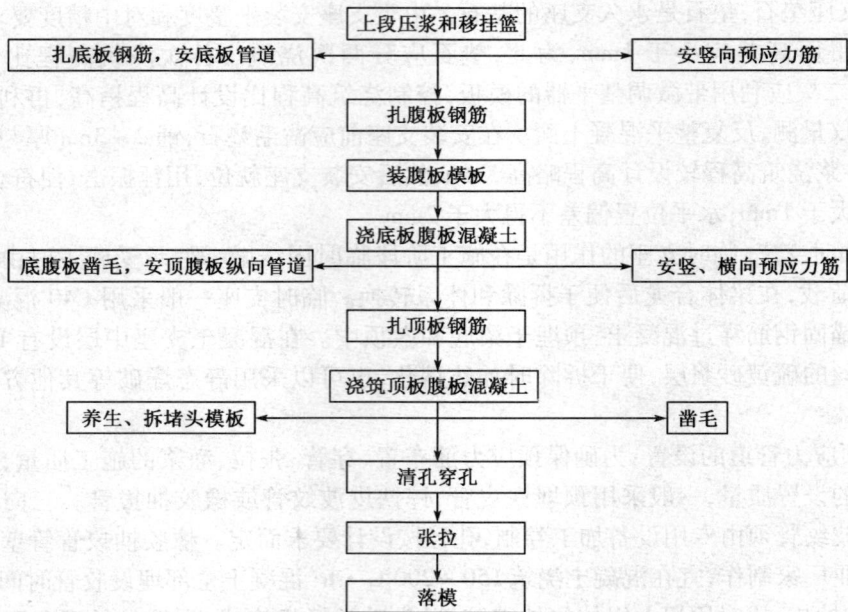

```
                    ┌─────────────────┐
                    │  上段压浆和移挂篮 │
                    └─────────────────┘
                              │
┌──────────────────┐         ↓          ┌──────────────┐
│ 扎底板钢筋,安底板管道 │←──────┼──────────→│ 安竖向预应力筋 │
└──────────────────┘                    └──────────────┘
                              ↓
                    ┌─────────────────┐
                    │    扎腹板钢筋    │
                    └─────────────────┘
                              ↓
                    ┌─────────────────┐
                    │    装腹板模板    │
                    └─────────────────┘
                              ↓
                    ┌─────────────────┐
                    │  浇底板腹板混凝土 │
                    └─────────────────┘
                              ↓
┌──────────────────────┐                ┌──────────────────┐
│ 底腹板凿毛,安顶腹板纵向管道 │←──────┼──────→│ 安竖、横向预应力筋 │
└──────────────────────┘                └──────────────────┘
                              ↓
                    ┌─────────────────┐
                    │    扎顶板钢筋    │
                    └─────────────────┘
                              ↓
                    ┌─────────────────┐
                    │  浇筑顶板腹板混凝土 │
                    └─────────────────┘
                              ↓
┌──────────────────┐                    ┌──────────┐
│  养生、拆堵头模板  │←──────────┼──────────→│   凿毛   │
└──────────────────┘                    └──────────┘
                              ↓
                    ┌─────────────────┐
                    │    清孔穿孔      │
                    └─────────────────┘
                              ↓
                    ┌─────────────────┐
                    │      张拉        │
                    └─────────────────┘
                              ↓
                    ┌─────────────────┐
                    │      落模        │
                    └─────────────────┘
```

图 11-19　梁段浇筑程序

（2）挂篮

①挂篮分类

挂篮是梁体悬臂浇筑专用设施,是施工梁段的承重结构,又是施工梁段的作业现场,在施工中起着非常重要的作用。

挂篮按构造形式可分为桁架式（包括平弦无平衡重式、菱形、弓弦式）、斜拉式（包括三角斜拉式和预应力斜拉式）、型钢式及混合式四种;挂篮按抗倾覆平衡方式可分为压重式、锚固式和半压重半锚固式三种;挂篮按走行方法可分为一次走行到位和两次走行到位两种;而按其移动方式可分为滚动式、滑动式和组合式三种。

平行桁架式挂篮的上部结构一般为一等高桁梁,底模平台及侧模支架所承受荷重均有前后吊杆垂直传至桁架节点和箱梁地板上,桁架在梁顶用压重或锚固或二者兼之来解决倾覆稳定问题。由于其自身荷载太大,一般已不再采用。

平弦无平衡重挂篮是在平行桁架式挂篮的基础上,取消压重,在主桁架上部增设前后上横桁,它可沿主桁纵向滑移,并在主桁横移时吊住底模平台及侧模架。由于挂篮底部荷重作用在主桁架上的力臂减小,大大减小了倾覆力矩,故不需平衡压重,其主桁后端则通过梁体竖向预应力筋锚固于主梁顶板上。由于这种挂篮并未从根本上克服平行桁架式挂篮机构庞大,自身静荷较大的缺点,应用也不是很广泛。平弦无平衡重挂篮的构造见图11-20。

弓弦桁架式挂篮的主桁外形似弓形,可以认为是从平行桁架式挂篮演变而来的,它具有桁高随弯矩大小变化,受力合理,安装时在结构内部预施应力以消除非弹性变形,可以取消平衡重,质量较轻等特点,适合于一次性投入较少的施工单位,缺点是杆件数量多、制作安装较麻烦。

菱形挂篮也是在平行桁架式挂篮的基础上简化而来的,其上部为菱形,前部伸出两伸臂小梁,作为挂篮底模平台和侧模前移的滑道,其菱形结构后端锚固于箱梁顶板上,无平衡压重,结构简单,自身静荷很小,目前很受施工单位的欢迎。菱形桁架式挂篮的构造见图11-21。

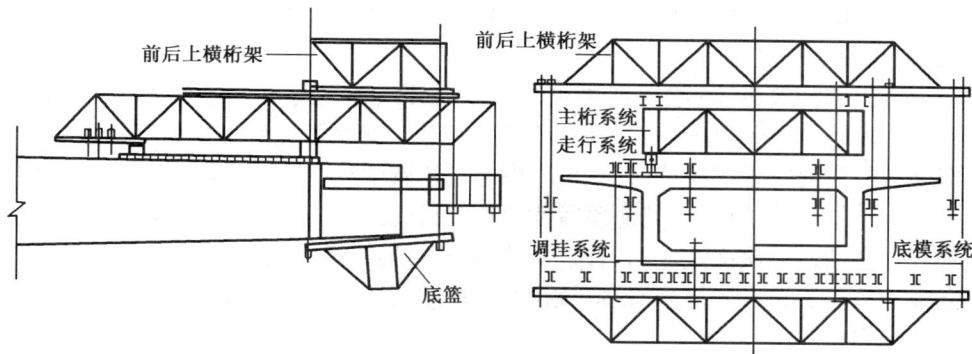

图 11-20　平弦无平衡重挂篮

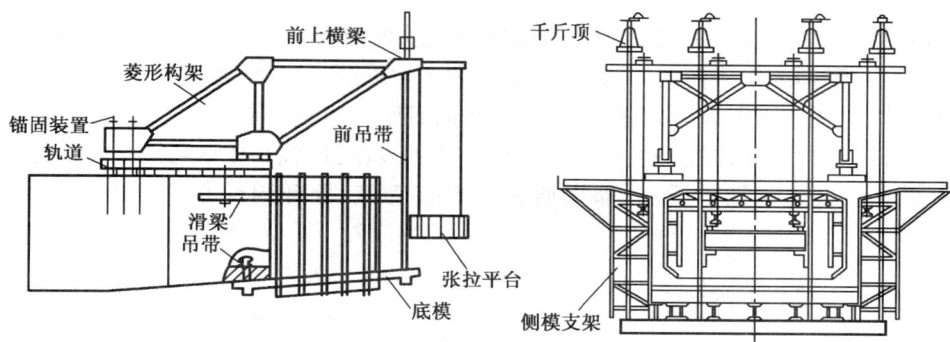

图 11-21　菱形桁架式挂篮

滑动斜拉式挂篮在力学体系上有较大突破,其上部采用斜拉体系代替梁式或桁架式结构的受力,由此引出水平分力,通过上下限位装置(水平制动装置)承受,主梁的纵向倾覆稳定由后端锚固压力维持,其底模平台后端仍吊挂或锚固于箱梁底板上。由于无平衡重和自重较轻等特点,被认为是国内目前最轻的挂篮之一,但当跨度和梁高都较大时,由于斜拉杆长度较大,弹性伸长较大,而且上下限位装置的水平力随之增大,其应用因而受到一定限制。

预应力斜拉式挂篮利用梁体结构本身的预应力束拉紧刚性模板,使得临时设施数量大大减少,从而使得挂篮结构简化,质量变小。但因属于永久结构和临时结构相结合,需设计、施工和建设单位取得一致意见时方可使用。

三角形组合梁挂篮是在平行桁架式挂篮的基础上,将受弯桁架改为三角形组合梁结构。由于其斜拉杆的拉力作用,大大降低了主梁的弯矩,从而使主梁能采用单构件实体型钢,但是由于挂篮上部结构轻盈,除尾部锚固外,还需较大压重,故应用受到一定限制。

针对一般挂篮梁上结构占用浇筑作业场地的矛盾,国外有人设想将挂篮用箱梁的纵向预应力筋预张拉固定,承受浇筑段的质量,而在梁顶设专门为滑移挂篮而用的结构,待完成滑移作业后将这部分结构后移,腾出作业场地,但是这种方法还是不太完善,有必要近一步探讨。

对于弯桥,有关单位已经研制出一种斜拉组合式挂篮,这种挂篮既能纵向行走,又能横向转动,其组合位移便形成了沿桥梁的曲线走行。挂篮前移时,用锚固于梁顶的上横梁维持稳定,挂篮转动靠顶推挂篮后端实现。这种挂篮的出现为弯梁的悬臂浇筑施工开辟了一条新的途径。

②挂篮拼装

挂篮运至工地时,应在试拼台上试拼,以发现由于制作不精确及运输中的变形而造成的问题,以保证安装时顺利进行。

梁段混凝土的浇筑施工:梁段混凝土的浇筑施工一般用泵送,坍落度一般控制在 14～18cm,并应随温度变化及运输和浇筑速度作适当调整。其主要注意事项如下:

a. 箱梁各节段混凝土在浇筑前,必须严格检查挂篮中线、挂篮底模高程;纵、横、竖向预应力束管道;钢筋、锚头、人行道和其他预埋件的位置,认真核对无误后方可浇筑混凝土。

b. 最好是全断面一次浇筑成功,若是条件不允许,可以分二次浇筑或三次浇筑。

c. 混凝土的浇筑宜先从挂篮前端开始,以使挂篮的微小变形大部分实现,从而避免新、旧混凝土间产生裂缝。

d. 各节段预应力束管道在浇筑混凝土前,宜在波纹管内插入硬塑料管作衬填,以防管道被压瘪,管道的定位钢筋应用短钢筋作成井字形,并与箱梁钢筋网架固定。定位钢筋网架间距应保持在 0.5～0.8m,以防混凝土振捣过程中波纹管道上浮,引起预应力张拉时产生沿管道法向的分力,轻则产生梁体的内力不合理,重则产生混凝土崩裂,酿成严重事故。

e. 施工时应在挂篮上设风雨篷,避免混凝土因日晒雨淋而影响质量。冬季施工应备保温设施。有条件时,挂篮可以配备能保证全天候作业的设备,以提高作业效率和保证质量。

f. 箱梁混凝土浇筑完毕后,立即用通孔器检查管道,处理因漏浆等情况而发生的堵管现象。

四 悬臂拼装

悬臂拼装施工法,是将主梁沿顺桥向划分为适当长度,预制成块件后再运至施工地点进行安装,施加预应力后使块件成为整体的桥梁施工方法。预制块件的长度,应根据悬拼吊机的起重能力确定,一般为 2～5m。节段过短,将增加拼装接缝的施工;节段过长,起重设备将会过于庞大。

悬臂拼装法首先由法国人于20世纪50年代应用于埃斯勃莱伊桥的施工,我国于1965年将悬臂拼装法应用于盐河桥(该桥为预应力混凝土 T 形刚构桥)的施工。此后,该法逐渐应用于其他类型的预应力混凝土连续梁中。悬臂拼装法在欧洲、日本、美国等工业化国家一直应用很广,从桥梁施工朝着构件生产工业化(特别是高强混凝土的应用)、结构装配化和施工机械化的发展方向来看,悬臂拼装法必然是今后预应力桥梁主要施工方法之一。20世纪70年代以来,由于预制工艺、运输能力、吊装设备、黏合材料、平衡防倾技术及张拉锚固工艺的发展,一些发达国家对悬臂拼装法的应用已极其自如。1978 年美国建成的 P-K 桥,全长 763m,就是用长 8.1m、宽 24.2m、质量达 254t 的预制梁悬臂拼装而成的;1980 年建成的南斯拉夫克尔克 I 桥是主跨 390m 的拱桥,亦采用悬臂拼装法修建;澳大利亚的里普桥(Rip),全长 330m,为主跨 183m 的桁式 T 构带挂孔,全部采用长 20m 左右、质量为 50t 左右的预制构件悬臂拼装而成,被国际桥梁界誉为大跨度混凝土桥梁标准装配化施工的典范。

悬臂拼装施工法的优点是:①将大跨径桥梁化整为零,预制方便,且预制节段施工质量容易控制,龄期长,混凝土的收缩徐变变形小,结构附加内力小。②上下部结构可以平行作业,且多孔结构可同时施工,施工速度快,施工周期短。③施工设备少。④施工工序少。⑤跨间不需搭设支架。⑥施工费用省,工程造价低。

悬臂拼装施工也有其不利的地方,如:①预制节段需要较大场地。②预制好的块件需要平移或纵移。③要求有一定的起重能力等。

悬臂拼装施工法适用于预制场地及运吊条件好,特别是工程量大和工期较短的工程。

悬拼按起重吊装的方式不同分为:浮吊悬拼、牵引滑轮组悬拼、连续千斤顶悬拼、缆索起重机(缆吊)悬拼及移动支架悬拼等。悬拼的核心是梁的吊拼,而梁段的预制则是悬拼的基础。

以下分别就悬拼梁段的预制、存放、吊运,以及拼装施工等主要工序内容作一简要介绍。

(一)梁段预制

悬拼梁段的预制质量直接关系着梁段悬拼的速度和质量,因此预制时应严格控制梁段断面及形体的精度,并应充分注意场地的选择与布置、台座和模架的制作、工艺流程的拟定以及养护和储运的每一环节。

预制节段的长度取决于运输、吊装设备的能力,一般采用的块件长度为 1.4~6.0m,块件自重为 140~1700kN。目前节段预制常采用长线预制法和短线预制法,桁架梁段采用卧式预制法。

1. 长线预制

长线预制是在工厂或施工现场按梁底曲线形状制作固定支座,在底座上安装底模进行施工的方法。底座可用土胎或石砌形成梁底形状,底模长度可取桥跨的一半或从桥墩对称取桥跨的长度。浇筑时常采用间隔浇筑法,即先浇筑 1、3、5 等节段,然后让先浇筑的节段端面成为浇筑 2、4 节段的端模。图 11-22 为选用整跨长线分阶段与之的施工顺序和模板的构造。

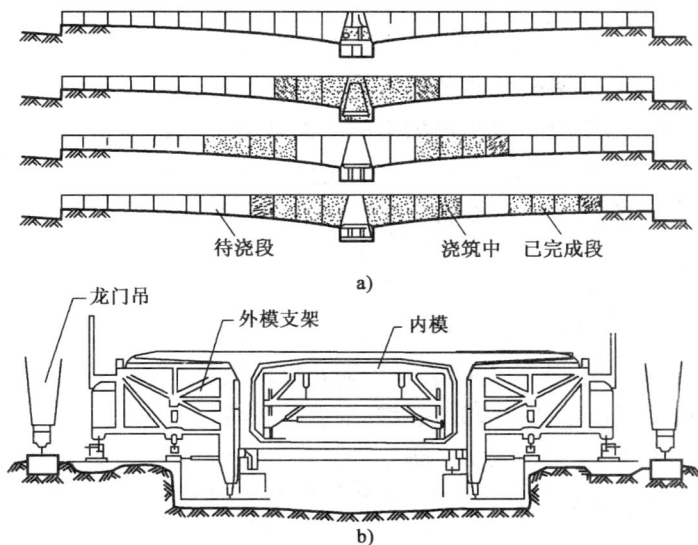

图 11-22 长线法预制节段的顺序和模板构造
a)施工程序;b)模板构造

长线浇筑需要较大的施工场地,并要求操作设备能在预制场地移动,节段要按序堆放。此法宜在具有固定的水平和竖向曲率的多跨桥上采用,设备的使用效率较高。

长线法的优点是台座可靠,成桥后梁体的线性较好,长线的台座使梁段存储有较大的余

283

第十一章 梁桥上部结构施工

地;缺点是占地较大,地基要求坚实。

2. 短线预制

短线预制由可调整外部及内部模板的台车与端模架系统施工。预制时第一段混凝土浇筑完成后,在其相对位置上安装下一段模板,并利用第一节段的端面作为第二节段的端模完成混凝土的浇筑工作。如此周而复始,台座仅需三个梁段长。短线预制适合工厂节段预制,设备可周转使用。短线预制施工方法如图 11-23 所示。

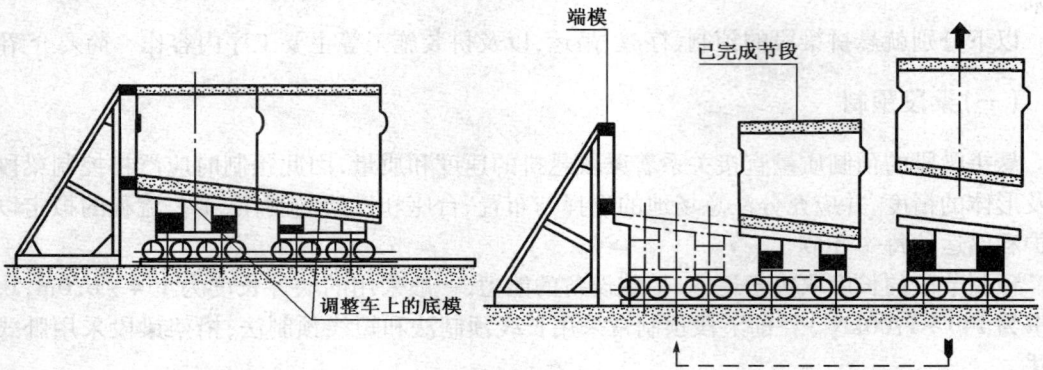

图 11-23　短线法预制节段

曲线桥和弯桥采用悬拼施工时常采用短线预制,预制时预制节段可在纵轴位置和节段宽度方向上进行调整。

短线法的优点是场地相对较小,浇筑模板及设备基本不需移动,底、侧模可调,便于平、竖曲线梁段的预制;主要缺点是精度要求高,施工要求严,另外施工周转不便,工期相对较长。

3. 卧式预制法

卧式预制常应用于桁架梁的节段预制。此法需要有一个较大的地坪。地坪的高低要经过测量,并有足够的强度,不致产生不均匀沉陷。对相同的节段还可以在已预制完成的节段上安装模板进行叠制,两层构件间常用塑料布或涂机油等方法分隔。桁架梁预制节段的起吊、翻身工作要求操作细致,并注意吊点和吊装机具的选择。

（二）梁段存放

梁段存放应注意如下问题:

（1）一般宜单层放置,不得多于两层,且应防止梁段堆放的不合理受力。

（2）吊运时梁段强度应不低于设计强度标准值的75%。

（3）存放宜用枕木支垫,梁面成水平搁置。

（4）梁段吊离台座后,应及时清除梁段上的隔离剂,以免影响拼合施工。

（三）梁段脱模

模板的拆除时间应根据结构物的特点、模板所在部位和混凝土所达到的强度来决定。

非承重侧模板应在混凝土强度能保证其表面及棱角不致因拆模而受损坏时拆除,一般应在混凝土抗压强度达到 2.5MPa 时方可拆除侧模板。

芯模和预留孔道内模应在混凝土强度能保证其表面不发生塌陷和裂缝时拔除,拔除时间应通过试验确定,以混凝土抗压强度达到0.4~0.8MPa时为宜,抽拔时不应损伤结构混凝土。采用胶囊作芯模时,其拔除时间应经试验确定,以混凝土强度达到能保持构件不变形为宜。

由于梁段的质量较大(一般最大可能达70t以上),起吊前须在底板四角处设置4个起重能力500kN的千斤顶,将梁段顶起脱离底模,然后用起重机(或龙门吊)把脱离底模的梁段吊离预制台座。

(四)梁段吊运

(1)移运前的准备工作主要如下:

①在梁段顶面标定纵轴线和测控点,便于悬拼时监控。

②测定梁段施工中顶面上测控点的高程,以作分析梁高、转角及扭转的依据。

③拆模后应及时注明梁段所属墩号、梁段编号、吊拼方向及混凝土浇筑日期。

④准备存放场地,检查吊运的机具设备。

⑤将与浇筑梁段现场同条件养护的试件试压,以确保梁段吊运强度。

(2)梁段移运时混凝土强度应不低于设计所要求的吊装强度,一般不得低于设计强度的75%。对孔道已压浆的预应力混凝土构件,其孔道水泥浆的强度不应低于设计要求,如设计无规定时,一般不低于30MPa。

(3)构件移运时的吊点位置应按设计规定。如设计无规定时,梁、板构件的吊点应根据计算规定。吊点一般设在腹板附近,以下4种供参考:

①在翼板下腹板两侧留孔,用钢丝绳与钢棒穿插起吊。

②直接用钢丝绳捆绑。

③在腹板上预留孔穿过底板,用精轧螺纹钢穿过底板锚固起吊。

④在腹板上埋设吊环。

(4)构件的吊环应顺直。吊绳与起吊构件的交角小于60°时,应设置吊架或扁担,尽可能使吊环垂直受力。

(5)吊移板式构件时,不得吊错上、下面,以免折断。构件运输时,应有特制的固定架以稳定构件。小构件宜顺宽度方向侧立放置,并注意防止倾斜,如平放,两端吊点处必须设置支搁方木。梁的运输应顺高度方向竖立放置,并应有防止倾倒的固定措施。装卸梁时,必须等支承稳妥后,才许卸除吊钩。

(6)使用平板拖车或超长拖车运输大型构件时,车长应满足支承间的距离要求,支点处应设活动转盘以免挫伤构件混凝土。运输道路应平整,如有高低不平处,应事先修理平整。

(五)拼装施工

悬臂拼装施工见图11-24。

悬臂拼装的0号块,大多采用就地现场浇筑施工,也有的采用预制装配施工。

悬臂拼装时,预制块件接缝的处理分湿接缝、干接缝、胶接缝和半干接缝等形式,其中,目前在施工中应用最为广泛的是用环氧树脂做的胶接缝。通常情况下,与0号块连接的第一对块件采用伸出钢筋焊接的湿接缝,在满足抗剪强度的情况下,也可以采用无伸出钢筋仅填筑水泥砂浆的平面湿接缝。

影响安装误差的因素很多,其中最关键的是一号块的定位和胶接缝的施工。一号块定位不准、胶浆层太厚、接缝加压不均匀,都势必引起梁的意外上翘,为控制和纠正梁体上翘,可以采取如下措施：

（1）采用各种定位方法确保一号块定位的精度。

（2）尽量减薄其他块件胶接缝的浮层，并使其在临时的均匀压力下固化。

（3）如发现实际悬拼挠度过大，可以通过多次涂胶将胶接缝做成上厚下薄或在接缝上缘的胶层内加垫钢板，增加接缝厚度，也可以增加一个湿接缝将块件调整到要求位置。

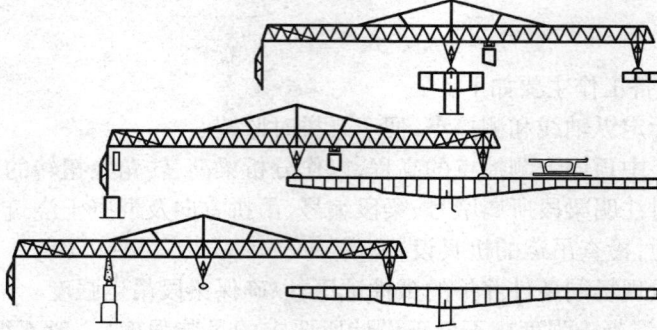

图 11-24　用桁式吊悬臂拼装施工

（六）悬拼的质量控制标准

1. 梁段安装的主要允许偏差

（1）中线平面位置：±10mm。

（2）平面转角：±1°/mm。

（3）高程：±10mm。

（4）立面转角：±1°/mm。

（5）扭转：±10mm。

（6）湿接缝后第一梁段中线：±2mm。

（7）湿接缝后第一梁段顶面高程：±2mm。

2. 悬臂合龙的主要允许偏差

（1）悬臂合龙的中线：±50mm。

（2）悬臂合龙的相对高程：±50mm。

以上，我们就悬臂浇筑和悬臂拼装分别作了介绍，现在我们再对这两种方法做一下比较：

（1）两种方法施工节段的内力与变形不同。

（2）悬臂拼装比悬臂浇筑施工速度快。悬臂拼装平均速度可达 200～400m/日，而悬臂浇筑平均速度仅为 40～60m/月。

（3）悬臂拼装施工的梁段质量比悬浇更容易得到保证。

（4）悬臂拼装施工需预制场地和较大的设备投资，因此适用于建造重复性高架长桥；而悬臂浇筑设备投资少，适用于建造长跨度短桥。

（5）悬臂拼装的施工变形及稳定性控制较难，应特别注意保证中间体系的施工稳定性，必须严格控制几何位置，使相邻界面中因弹性变形、徐变和收缩引起的挠度相协调，以免发生梁体上翘及过大的二次弯矩值。而悬臂浇筑对施工中的变形控制较易，可以逐节段调整挂篮高程，但应注意挂篮移动时的稳定性及施工安全。

第五节　顶　推　施　工

一　概述

预应力混凝土连续梁桥采用顶推法施工在世界各地颇为流行,其构思来源于钢桥的纵向拖拉施工法,他用水平千斤顶取代卷扬机和滑车,用板式滑动装置取代滚筒,从而改善了用绞车和滑车组在启动时造成的冲力,并利用板式支撑来缓冲滚筒的线支撑作用所引起的应力集中,使施工方法得到了发展和提高。联邦德国的莱昂哈特博士和鲍尔教授首次将顶推法应用于预应力混凝土连续梁桥的施工中。我国于 1974 年首先在狄家河铁路桥采用了顶推法施工,之后又在湖南望城沩水河桥使用柔性墩多点顶推连续梁施工技术,为我国采用顶推施工创造了成功的经验,有力地推动了我国预应力混凝土连续梁桥的发展。

顶推法的施工原理是沿桥纵轴方向的台后开辟预制场地,分阶段预制混凝土梁身,并用纵向预应力筋连成整体,然后通过水平液压千斤顶施力,借助不锈钢板与聚四氟乙烯模压板特制的滑动装置,将梁段向两岸顶进,就位后落架,更换正式支座,完成桥梁施工。

顶推法的适用条件:①适用于桥下空间不能利用的施工场地,例如在高山深谷和宽深流急的河道上建桥。②适用于等截面、中等跨度、多跨连梁桥施工。

顶推法的优点是:①施工时不影响桥下通航或行车,对寒冷地区施工,紧急施工,架设场地受限制等特殊条件下优点更为突出。②由于顶推力远比梁体自重小,所以顶推设备轻型简便,不需大型吊运机具。③混凝土的浇筑和顶进工作面始终不变,仅需一套模板周转,节省材料,适于工厂生产,易于质量管理。④节约劳力,减轻劳动强度,改善工作条件。⑤施工安全干扰少。

顶推法的缺点是:①由于顶推悬臂弯矩不能太大,且施工阶段的内力与营运阶段的内力也不能相差太大,所以顶推只适用于较多跨,且跨径不大于 50m 的桥型,以 42m 跨径受力最佳。②对于多孔长桥,因工作面(最多两岸对顶)所限,顶推过长,施工工期相对较长。③由于顶推过程中各截面正负弯矩交替变化,致使施工临时预应力筋增多,且装拆与张拉繁杂,梁体截面高度比其他施工方法大,往往是施工状态控制设计。

顶推法施工程序见图 11-25。

二　施工方法

(一)分段长度的确定和预制场地的准备

顶推法的制梁有两种方法:一种是在工厂制成预制块件,运送到桥位连接后进行顶推。另一种是在沿梁轴线的预制场上连续预制,逐段顶推。在前一种情况下,必须根据运输条件决定节段的长度和质量,一般不超过 5m,同时增加了接头工作,需要大型起重,运输设备,因此以现场预制为宜。我们下面就现场预制来讲一下需注意的问题。

预制场的场地包括主梁节段的浇筑平台和模板、钢筋、力筋的加工场地,混凝土搅拌机以及沙、石、水泥的堆放和运输路线用地,它用于预制箱梁和顶推过渡。预制场地一般设在桥台后面的引桥或者引道上,长度需要有预制节段长的 3 倍以上。500m 左右的桥长,通常只设一端预制场。较长的桥梁,或者中间跨为不同结构时,也可在桥两端设预制场地,相向顶推。

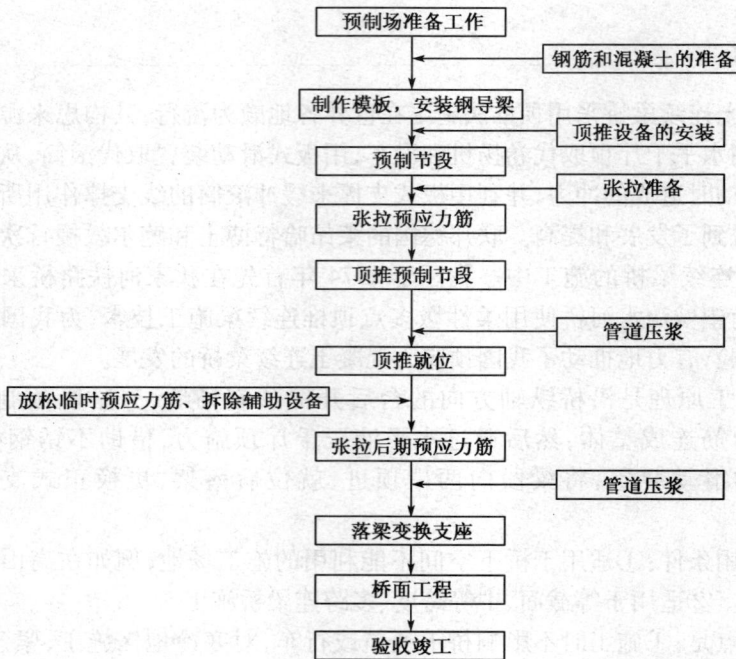

```
        ┌─────────────────┐
        │  预制场准备工作  │
        └────────┬────────┘        ┌─────────────────┐
                 │←───────────────│ 钢筋和混凝土的准备│
        ┌────────┴────────┐        └─────────────────┘
        │ 制作模板,安装钢导梁│
        └────────┬────────┘        ┌─────────────────┐
                 │←───────────────│  顶推设备的安装  │
        ┌────────┴────────┐        └─────────────────┘
        │    预制节段      │
        └────────┬────────┘        ┌─────────────────┐
                 │←───────────────│    张拉准备      │
        ┌────────┴────────┐        └─────────────────┘
        │   张拉预应力筋   │
        └────────┬────────┘
        ┌────────┴────────┐
        │   顶推预制节段   │
        └────────┬────────┘        ┌─────────────────┐
                 │←───────────────│    管道压浆      │
        ┌────────┴────────┐        └─────────────────┘
        │     顶推就位     │
        └────────┬────────┘
┌──────────────────────────┐
│放松临时预应力筋、拆除辅助设备│───┐
└──────────────────────────┘   │
        ┌────────┴────────┐
        │  张拉后期预应力筋 │
        └────────┬────────┘        ┌─────────────────┐
                 │←───────────────│    管道压浆      │
        ┌────────┴────────┐        └─────────────────┘
        │   落梁变换支座   │
        └────────┬────────┘
        ┌────────┴────────┐
        │     桥面工程     │
        └────────┬────────┘
        ┌────────┴────────┐
        │     验收竣工     │
        └─────────────────┘
```

图 11-25 顶推法施工程序框图

预制场地布置应注意下列事项:

(1)预制厂地应坚实、平整,应根据地基及气候条件,采取必要的排水措施,防止场地沉陷。

(2)预制场地应设在桥台后面桥轴线的引桥或引道上,多联顶推时,为加快施工速度,可在桥两端均设场地,从两端相向顶推。

(3)尽量将预制场地向前靠,充分利用设计的永久墩、台的基础和墩身,少占用引桥或引道的位置,减少顶推工作量,避免顶推到最后时,梁的尾端出现长悬臂。

(4)在桥端路基上或引桥上设置预制台座时,地基或引桥的刚度、强度和稳定性应符合设计要求,并应做好台座地基的防水、排水设施,以防沉陷。在荷载作用下台座顶面变形不应大于 2mm,必要时,可采用临时桩基础。

(5)要注意梁体顶推过程的抗倾覆安全性。整个预制场地内滑道支承间距布置不宜过大,梁段在预制场地范围内应逐步顶推过渡到标准跨。

(6)预制场地上空宜搭设固定或活动的作业棚,其长度宜大于 2 倍预制梁段长度,使梁段作业不受天气影响,并便于混凝土养护。

(7)对于采用专用设备的装配式预制台座应进行加载试压,以消除拼装的残余变形,局部沉降不宜大于 5mm。

(8)预制场地长度应考虑桥梁梁段悬出时反压段的长度、梁段底板与腹(顶)板预制长度、导梁拼装长度和机具设备材料进入预制作业线的长度;预制场地的宽度应考虑梁段两侧施工作业的需要。

（二）梁段的预制及养护

节段的预制在桥梁的施工中起决定作用。由于预制工作固定在一个位置上进行周期生产,不受气候影响,劳动强度低,工作效率高。

1. 预制方案

（1）在桥轴线两旁预制,然后再用龙门吊机将预制块件运送到桥位拼装台上拼装。这种方法必须考虑现场地形,虽施工速度较快,但是需要大型运输和起吊设备,接头工作较多。

（2）在梁轴线的预制台座上分段预制。预制可采用两次浇筑法,即先浇筑梁的底板、腹板混凝土,然后立顶模,浇筑顶板混凝土。

2. 预制模板工作

模板工作是保证预制质量的关键。一般来说,采用顶推法施工多选用等截面,模板可以多次周转使用,模板宜采用钢模。

3. 预制梁段的技术要求

（1）梁段模板、钢筋、预应力管道、预埋件等应经检查签认合格后方可浇筑混凝土。

（2）预制梁段底面及梁段梁身底板衔接处必须光洁平整。要求台座和模板应有足够强度和刚度。底板平整度可用2m标尺检查,标尺范围内底板平面的凹凸高差不应超过2mm。

（3）严格控制梁段的外形尺寸,梁段尺寸允许偏差（以mm计）,可参考下列数据:

梁段长度+5mm和-10mm,高度±4mm;底板、腹板和顶板厚度±5mm;顶板宽度+20mm和-10mm;端面横向两端点±3mm。

（4）严格控制混凝土的浇筑质量,必要时可用早强、高强度等级水泥或掺入早强减水剂以提高早期强度,缩短顶推周期。选择合理的混凝土运输方式,控制混凝土的浇筑速度,插入式、附着式和平板式振捣器要配合使用。低温时应采用蒸汽养护,以提高早期强度,缩短顶推周期。

（5）梁段工作缝的接触面应凿毛,并洗刷干净,或采用其他可加强混凝土接触的措施。若工作缝为多联连续梁的解联断面,干接缝依靠张拉临时预应力束来实现,断面尺寸应准确,表面平整,解联时应方便分开。

（6）混凝土可采用全断面整段浇筑或采用两次浇筑。分两次浇筑时,第一次浇筑箱梁底板及腹板根部,第二次浇筑其他部分。在整个梁顶推到位并完成解联后,开始浇筑支座位置处的隔板,振捣时应避免振动器碰撞预应力管道和预埋件。

（三）梁段预应力施工

预应力连续梁桥用顶推法施工时主要使用的有三类预应力束:完工后不拆除的永久束;完工后便拆除的临时束和全梁就位后的补充束（后期束）。这三种预应力束进行张拉、接长和拆除时应严格按照规定执行,不得随意增加或漏拆预应力束,更不得漏张拉。底板、顶板预应力束应交替对称张拉,防止因水平扭矩而产生附加内力。

在桥梁顶推就位后需要拆除的临时预应力束,张拉后不应灌浆,锚具外露多余预应力钢材不必切除。

预应力筋可使用高强钢丝,钢绞线或精轧螺纹钢筋。经优化比较,以采用$\phi 7$平行钢丝群锚体系较佳。其束数少,一头镦头,一头张拉,连接器外形尺寸小。镦头锚锚具较小,便于连接,张拉端不需安装扩孔筒,锚下应力较小,张拉方便。

梁段间需连接的永久预应力束,应在两梁段间留出适当空间,用预应力束连接器连接,张拉后用混凝土填塞。

施工中应特别注意体外束的防腐和保护。

预应力束的张拉方法和一般预应力混凝土的后张法相同。张拉的技术要求、质量控制标准应按照施工技术规范和设计规定执行。

(四)临时设施

顶推过程中,结构体系在不断变化,因此对每个截面来说,正负弯矩交叉出现。为了减小施工中的内力,扩大顶推法施工的适用范围,同时也从安全(特别在施工初期不致发生倾覆失稳)和方便出发,在施工过程中使用一些临时设施,如导梁(鼻梁)、拉索托架、斜拉索及临时墩等结构。

1. 导梁

导梁设置在梁段的前端,为变截面或等截面的钢板梁或钢桁梁,主梁前端装预埋件与钢导梁拴接。导梁底缘与箱梁底应在同一平台上,前端底缘呈向上圆弧形,以便顶推时顺利通过桥墩。导梁设置的长度一般为顶推跨径的 $0.6 \sim 0.8$ 倍,导梁的刚度为主梁的 $1/9 \sim 1/15$,过大或过小都将增加主梁顶推时的内力。为减轻自重最好采用从根部至前端为变刚度的或分段变刚度的导梁。

导梁一般在专业厂家制作,运输到工地拼装成型。专用导梁多为变截面工字钢实腹钢板梁,它由主梁和联系杆件组成。

导梁和主梁端部的连接,一般是先在主梁端的顶板、底板内预埋厚钢板或型钢并伸出梁端,再与拼装成型的导梁连接,埋入长度一般不宜小于导梁高度。主梁端一般设有横隔板,并在主梁内腹板加宽成异型段。为了防止主梁端部接头混凝土在承受最大正、负弯矩时产生过大拉应力而产生裂缝,需要在接头附近施加预应力。

2. 临时墩

当梁的设计跨径大于 50m 时,宜考虑设置临时墩。临时墩由于仅在施工中使用,造价低,便于装拆。设置时,要根据桥下交通、通航要求、临时墩的工程量、施工的难易程度、拆除方案以及技术经济方面综合比较决定。临时墩工程较小时,加中间墩较经济。

临时墩应能承受顶推时最大竖直荷载和最大水平摩阻力引发的变形。钢制临时墩在荷载作用和温度变化下变形较大,较少采用,目前用的较多的是用滑升模板浇筑的混凝土薄壁空心墩、混凝土预制板(预制块)拼砌的空心墩或混凝土板和轻便钢架组成的框架临时墩。临时墩的基础由地质、河水深度等情况决定,一般可用打入桩混凝土浅基础或钻孔灌注桩基,墩身尽可能设计为能重复使用的构件。一般采用装配式空心钢筋混凝土柱或钢管柱,前者荷重和温度变化产生的变形小,后者安装和拆除快,回收利用率高。

为减小临时墩承受的水平力和增加临时墩的稳定性,可以用斜拉索或水平拉索锚于永久墩下部或其墩帽,当墩距小时,可用专用桁架、型钢或钢管相连。柳州二桥在施工中改用每墩上、下游各一束钢丝索进行张拉,效果较好,施工也很方便。设临时墩一般仅设滑道而不设顶推装置,必须加设顶推装置时,应通过计算确定。

主航道中临时墩的设计应考虑拆除、清理航道的方案,水下钢管可由潜水员在水下氧割或拆除法兰盘。

3. 拉索和托架

用拉索加劲主梁，可以抵消顶推时的悬臂弯矩。拉索系统由钢制塔架、竖向千斤顶、连接构件和钢索组成，设置在主梁的前端。牵拉的范围为两倍顶推跨径左右，塔架支承在主梁的混凝土固定块上，用钢绞连接，并在该处的箱梁截面进行加固，以承受塔架的集中竖向力。在顶推过程中，箱梁内力不断变化，因此要根据不同阶段的受力状态调节索力，这项工作由设在塔架下端的两个竖向千斤顶来完成。

斜拉索在顶推时用于加固桥墩，特别对于具有较大的纵坡和较高桥墩的情况下，采用斜拉索可以减小桥墩的水平力，增加稳定性。当采用向上坡方向顶推时，顶推力大于摩擦力，桥墩需在墩后拉索，如图11-26a)所示；当采用向下坡方向顶推时，顶推力很小，甚至需要制动装置控制梁向前滑移，此时摩擦力使墩产生向后的水平力，需在墩前设拉索，如图11-26b)所示。这种加固方法宜在水不太深或跨山谷的桥梁上采用。

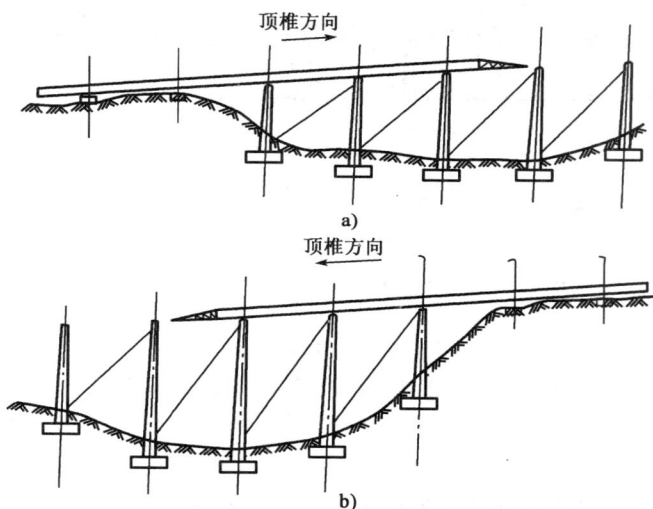

图11-26　采用斜拉索加固桥墩
a)向上坡方向顶推；b)向下坡方向顶推

（五）梁段顶推

顶推施工的关键工作是顶推，其核心问题在于用有限的顶推力将梁顶推就位。滑动装置常用的材料是不锈钢板和聚四氟乙烯板。聚四氟乙烯板的摩擦系数小，当梁越长，垂直压强越大时，还会减小摩擦系数。

顶推的施工方法有多种，下面将按不同的分类方法逐一介绍，具体施工见图11-27。

1. 按梁段顶推水平力的施加方法可分为单点顶推和多点顶推

（1）单点顶推

单点顶推法又称为TL顶推法，其顶推水平力的施加位置一般集中设置在靠近主梁预制场地的桥台或桥墩上，其他墩上设置滑道支承。

单点顶推的方式有两种：①由水平千斤顶通过牵动钢杆顶推。视顶推力的大小，使用一台或多台水平千斤顶，通过钢杆连接梁的底板过两侧，牵引拉动梁体滑移。②水平千斤顶与竖直千斤顶连用，将预制梁体直接顶推。在预制台座的后面，设一个反力座，安装一台或多台千斤顶,直接顶推梁体向前滑动。

单点顶推适用于桥台刚度大,梁体质量轻的条件。我国的狄家河铁路桥和万江桥均采用单点顶推法施工。

单点顶推的优点是:①顶推设备简单,可利用预应力张拉或顶进法施工的设备。②单点施力,系统控制方式简单。

单点顶推的缺点是:①全桥顶推水平力仅由一个墩(台)上顶推设备承担,顶推设备能力要求高,尤其是对于孔数较多的长桥,难以找到合适的顶推设备。②未设千斤顶的墩顶均有较大的水平摩阻力。

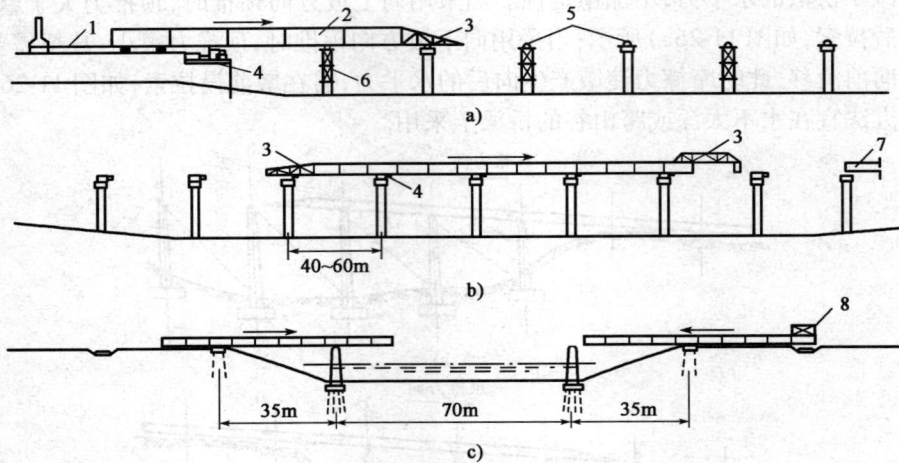

图 11-27　连续梁顶推法施工示意图
a)单向单点顶推;b)按每联多点顶推;c)双向顶推
1-制梁场;2-梁段;3-导梁;4-千斤顶装置;5-滑道支承;6-临时墩;7-已架完的梁;8-平衡重

（2）多点顶推

多点顶推又称 SSY 顶推施工法,他在每个墩台上设置两道滑道和一台或两台水平千斤顶,通过拉杆索引梁体在滑道上前进。这样可将集中顶推力分散到各墩上,各墩在预制过程中承受的水平力较小,因此可以将多点顶推法应用到柔性墩上。千斤顶采用液压穿心式水平千斤顶,每侧的拉杆使用一根或两根高强螺纹钢筋,其一端使用特制的拉锚器、锚锭板等连接器与箱梁连接,另一端通过楔块固定在水平千斤顶活塞杆的头部。水平千斤顶固定在墩身特制的台座上,梁体下设置有滑板和滑块,千斤顶顶推时,箱梁在滑道上滑动。

多点顶推的优点是:①各墩台上千斤顶吨位较小。②因为顶推设备分散安装在各墩上,墩上顶推推力与该墩上梁体滑动摩阻力互相抵消,桥墩在顶推过程中承受较小的水平力。③可免去大规模的顶推设备,能有效控制顶推梁的偏离。

多点顶推的缺点是:①所需设备较多,操作要求高。②要求各顶推点同步启动,顶推时必须匀速,尽可能避免交替加减顶进速度,操作控制比较复杂。

多点顶推施工的关键在于同步,需要控制各千斤顶的出力等级,期望每个墩上的水平千斤顶出力克服该墩上的摩阻力,以保证同时启动,同步前进,同时停止和同时换向。同步既包括各个墩顶推设备纵向同步运行,也包括同一墩上顶推设备的同步运行。任一墩上的水平千斤顶由于某种原因顶推力减小,都将使该墩受到水平推力。

常用的顶推方法大多为连续顶推,而以水平千斤顶的一个有效行程为步距逐步顶推又称为间断顶推。间断顶推应用较少,是因为它有如下缺点:①滑道与梁之间的摩擦因数在静摩擦因数与动摩擦因数之间交替变化,墩顶反复发生前后两个方向的位移,这种反复位移不利于柔性墩的安全。②由于滑道高程控制误差和梁体预制误差等多种因素,使梁在滑道上的摩阻力为一变数,从而使梁在滑道上呈"爬行"状态前进,可引起桥墩的摆动。③难以达到理想同步运行,工作中容易发生故障。

随着科学技术的发展,工程技术人员在连续顶推的基础上又发明了多点自动连续顶推。多点自动连续顶推主要应用 ZLD—100 型连续千斤顶。ZLD—100 型连续千斤顶由两台行程为 20cm 的穿心式千斤顶串联而成,前后顶均设有自动工具锚和行程开关,油泵为双油路的 ZLDB 自动连续顶推油泵。6 个行程开关指挥联体千斤顶交替工作,自动工具锚夹紧钢绞线牵引梁体均匀连续地前移。

我国的包头黄河公路大桥即采用多点顶推的连续梁桥,该桥设计跨径为 65m,梁高3.5m,高跨比为 1/18.6,宝中铁路黄河特大桥也采用多点顶推的施工法,效果较好。

2. 按顶推的方向可分为单向顶推和双向顶推

(1)单向顶推

单向顶推是顶推的基本方法,即将预制场设置在一端台后的桥梁接线上,主梁在预制场逐段预制,然后再逐段顶推到对岸。

(2)相对顶推

相对顶推施工法应用不如单向顶推广泛,它又称双向顶推,常用于连续梁中孔跨度较大而不宜设置临时墩或跨径大于 600m 而工期又较短的情况。相对施工法的最大优点在于节省力筋。双向顶推的合龙,可以留出 1m 左右的现浇段现浇合龙,也可以直接合龙。相对顶推的施工费用较多,要保证主梁的倾覆稳定需加临时设施,如临时支柱,梁后压重,加临时节点等。

3. 按支承系统可分为设置临时滑动支承顶推和使用与永久支座兼用的滑动支承顶推

(1)设置临时滑动支承顶推施工

滑道在墩上临时设置,待主梁顶推就位后,张拉后期力筋,然后管道压浆,待水泥浆达到设计强度后,用大吨位竖向千斤顶同步将一联梁顶起,拆除滑道、滑块和滑道底座混凝土,根据设计要求检查支反力和支座的高度,同时对同一吨位的各支座反力按横向分布进行调整,调整前要周密计划,操作时要统一指挥,做到分级同步,最后安放正式支座。

(2)使用与永久支座兼用的滑动支承顶推

这种方法又称 RS 施工法。RS 施工法的顶推装置采用水平千斤顶与竖向千斤顶联用,可以单点顶推,也可以多点顶推。这种方法使用施工时的临时滑动支承与竣工后的永久支座兼用的支承进行顶推。将竣工后的永久支座安置在墩上的设计位置上,施工时改造成为顶推滑道,主梁就位后不需进行临时滑动支座的拆除工作,也不需用大吨位千斤顶将梁顶起。其顶推装置采用兼用支承,滑动带自动循环,操作简单,省工省时,但支承本身构造复杂,需通过试验,证实它的实用性后再逐步使用。

梁段顶推时应注意如下问题:

①在顶推前应对顶推设备如千斤顶、高压油泵、控制装置及梁段中线、各滑道顶的高程等检验合格,并做好顶推的各项准备工作后,方可开始顶推。

②采用单点或多点拉杆顶推时,应注意:

a. 设拉杆千斤顶的墩顶应设置反力台,反力台应牢固。

b. 主梁底部或侧面应按一定距离设置拉锚器,拉锚器的锚固与放松应方便、快速。

c. 拉杆的截面积和根数应满足顶推力的要求。

③顶推时,如遇到以下情况应停止顶推,进行处理:导梁杆件有变形、螺丝松动、导梁与主梁连接处有变形、混凝土开裂、梁段中未压浆或各预应力钢材的锚具松动。

④顶推时至少应在两个墩上设置保险千斤顶,如遇到滑移故障需用千斤顶处理时,起顶的反力值不得大于计算反力的 1.1 倍,起顶高度不得大于 5 ~ 10mm。

(六) 顶推装置

1. 滑动装置

(1)水平—竖向千斤顶顶推方式的滑动装置,一般由摩擦垫、支座垫石上的滑道垫块、滑道、滑板和支座垫石两侧的附加混凝土块组成。

①摩擦垫用氯丁橡胶与钢板夹层制成后,黏附于滑块顶面,其尺寸大小应根据墩顶反力和橡胶容许承载力计算决定。

②支座垫石应遵照设计要求严格控制顶面高程和平整度。

③滑道垫块是用来代替支座的临时垫块,因此必须保证滑道顶面高程与落梁后梁底面高程一致,其高度不宜小于正式支座的高度,其尺寸不宜小于摩擦垫和滑板的尺寸。垫块平面应为长方形,比滑道尺寸稍大,纵向坡度应与桥纵坡一致。滑道垫块应固定在支座垫石上,以免因水平摩阻力而拖动垫块,可用螺栓固定或在垫石的顶面预埋钢板焊接固定,也可采用在滑道出口处垫石顶面设一挡块、滑道进口处焊接一根挂铁固定。滑道垫块可用铸钢或高强度混凝土块制成,也可以采用钢板焊成一个长方形盒,内布钢筋网,并用高强度混凝土填实。我国的黄河公路大桥采用的是高强度钢筋混凝土块件,顶面设置 1cm 厚的 A3 钢板,其上覆盖 8mm 厚的不锈钢板,以供顶推时滑块滑动。

④滑道纵向长度应根据滑道反力所需的最少滑板数量来确定,滑道顺桥向长度应大于水平千斤顶行程加滑块顺桥向长度,其宽度应为滑板宽度的 1.2 ~ 1.5 倍。相邻墩滑道顶面高程的允许偏差为 ±2mm,同墩两滑道高程的允许偏差为 ±1mm。滑道进口 30cm 范围应设圆弧,与梁底交角 2° ~ 3°,不可用折线衔接,以避免滑板在滑移受压过程中发生线状接触,因应力集中而产生变形。滑道出口也宜设圆弧段,可比进口段短平。箱梁顶推到位后,将梁顶起,拆除盖板和滑道,解除支座上临时约束,恢复支座设计功能,完成落梁工序。

在滑道内侧安装有限位导向装置,他能将进入工作状态的滑板正位,及时纠正偏差。这种滑道,可减少墩上续放滑板工人,与连续千斤顶配合使用形成自动顶推,是顶推施工的发展方向,目前仅在吨位较小的情况下使用。

⑤滑板有多种构造,一般宜用硬木板、钢板夹橡胶板黏结四氟乙烯橡胶组成。滑板尺寸可根据实际需要在厂家预定制作。四氟板的面积由最大反力计算决定,对无侧限的容许应力可按 5MPa 计算,对有侧限的可按 15MPa 计算。滑板的厚度约 20mm,不宜太薄,因为需要一定厚度以调整滑道顶面高程及梁底施工误差;也不宜太厚,以免损坏和增加施工成本。

⑥滑动装置的摩擦因数宜由滑板和滑道的材料进行试验确定。一般情况下,启动摩擦因数(静摩擦因数)可按 0.07 ~ 0.08,动摩擦因数可按 0.04 ~ 0.05 考虑。

(2)拉杆顶推方式的滑动装置由滑板与滑道组成。其构造、技术要求及滑道的宽度应按规范的规定办理,但滑道长度应大于 3 块滑板的长度。

（3）随着梁段的顶推前进,滑道上的滑板从前面滑出后,应立即自后面插入补充,补充的滑块应涂以润滑剂,并端正插入。在任何情况下,每条顶推线各墩顶滑道上的滑板不得少于2块。因滑板磨损较大,应按顶推梁的长短和滑板损耗率准备足够的滑板,滑板磨损过多时应及时更换。

2. 导向装置

导向装置主要包括导向轮纠偏器和楔形导向滑板。

导向轮纠偏器由螺旋千斤顶与导向轮组成。他适用于梁体偏移较大的情况。他安装在桥墩两侧的钢制反力架上,用正反螺旋千斤顶调整导向轮与主梁侧面的距离,纠偏时,在一边导向轮与梁侧之间加塞不同厚度的钢垫板使梁向前滑动,以免调整时损坏梁侧表面。

楔形导向滑板装置构造与滑板基本相同,但导向板系楔形,横向设在梁段两侧的反力架间,梁段通过时,利用楔形板的横向分力来纠偏。他常用型钢制成,成对地安于箱梁两边支座垫石上,并与预埋螺栓连接。反力架内用方木填实。靠主梁边留约10cm空隙,当需要调整主梁轴线时,在一边的反力架与主梁的空隙中放进一对木楔。其中一块镶嵌四氟板,另一块镶嵌磨光的不锈钢板。由于四氟板与不锈钢之间的摩阻力较小,而梁体与木块之间的摩阻力较大,木楔就会随梁体向前滑动,迫使梁体按要求横向移动调整梁的轴线偏移。

顶推时,应做好横向偏差观测,主要观测主梁和永久墩的弹性横向位移。导向装置应具有足够的承载力,防止纠偏时损坏。

3. 多跨多联顶推伸缩缝连接

多跨多联预应力混凝土连续梁顶推时,可根据顶推方式采取分联或将各联间伸缩缝临时连接,若采用各联间伸缩缝临时对接顶推,可采取如下连接方案:

（1）在预制台座上预制一段梁体时,与前一段梁体隔开设计规定的距离（即伸缩缝宽度）,待浇筑混凝土达到设计要求强度后,在伸缩缝宽度内浇筑硫黄砂浆（同时预留预应力束孔道）,冷凝达到强度后张拉临时预应力束,然后照正常程序顶推施工,就位后拆除临时预应力束,伸缩缝宽度内的硫黄砂浆加热熔化清除,待落梁至支座上后,进行伸缩缝施工,单点顶推常采用此种方案。

（2）在预制台座上预制后一段梁体时,与前一段梁体用不带硬化剂的环氧树脂胶将两梁体隔离,待浇筑混凝土达到设计要求强度后,张拉临时预应力束,然后按正常程序进行顶推施工。待后一段梁体顶推到设计位置时,即拆除临时预应力束,再将前一联多孔的连续梁向前顶推至设计位置,落梁至正式支座后,进行伸缩缝的施工,多点顶推多采用此种方案。

（七）平曲线顶推与竖曲线顶推

1. 平曲线顶推

平曲线顶推只适用于等曲率的弯桥,且其曲率半径不能太小,即每孔曲线桥的平面重心应落在相邻桥墩上箱梁底板的内外两侧弦连接线以内。在弯桥施工中采用顶推法效果最佳,可以得到施工简单、工料减少、工期缩短、质量提高的效果。顶推安装平曲线桥应注意如下事项:

（1）宜采用多点拉杆方式或水平—竖直千斤顶方式顶推。

（2）预制台座的平面及梁身均应按设计制成圆弧形。

（3）导梁宜制成直线,但与主梁连接处应偏转一角度,使两片导梁前端的中心落在曲线圆弧的中线上。若采用曲线导梁时应注意,曲线导梁的长度比直线导梁短,但其刚度宜大,导梁应分段,用高强螺栓连接成相应曲率的折线。

(4)平曲线的顶推应采取纵向与横向顶推相结合的工艺,即在纵向水平千斤顶向前顶推的同时,还启动各墩曲线外侧的横向千斤顶,使梁体沿圆弧曲线前进。由于曲线顶推力比直线顶推力大,水平千斤顶选型应有较大吨位储备。

(5)曲梁中心偏差用梁静态所测偏角表示。中轴线的观测难以在梁体行进中进行,宜缩短推进行程,增加观测次数。

(6)施工产生的截面和曲率误差,可在浇筑梁体头尾两端面混凝土时调整,使梁端截面与设计截面相符合。桥面横向偏差,可在桥面系施工中调整,使桥面两侧符合圆弧曲线。

(7)落梁时,应特别注意曲梁的偏心扭转情况。

我国采用平面顶推法施工的第一座曲线梁桥是山西平顺县预应力混凝土曲线连续梁桥,该桥为三跨等截面预应力混凝土单箱单室连续曲线梁,梁高2.5m,桥宽9m + 0.5m + 0.5m,箱梁全长91.8m,桥梁中轴线的曲率半径为90m。

2. 竖曲线顶推

竖曲线顶推安装仅适用等曲率的竖曲线桥,桥上设的竖曲线多为凸曲线,顶推时应注意如下问题:

(1)顶推时宜对向顶推,在竖曲线顶点处合龙,当桥梁不长、跨数不多时,亦可自一端顶推全桥。

(2)应在导梁下分段加垫不同厚度钢板,使钢导梁底形成相应圆弧状,从而满足导梁在竖曲线上顶推的要求。

(3)所需水平顶推力的大小,应考虑纵坡的影响。

(八)落梁

当全梁顶推到设计位置后,开始落梁工作。施工时应按营运阶段内力将全部未张拉预应力束穿入孔道,张拉和压浆,拆除部分临时预应力束,压浆填孔,再用竖向千斤顶举梁,取出垫块和滑道,安装永久支座,最后松动千斤顶将全部梁体落在设计支座上。为使落梁后梁的受力状态符合自重的弯矩和反力,落梁时应以控制支座反力为主,适当考虑梁底高程。

1. 落梁前的准备工作

(1)解除梁体外一切约束,将永久支座清理并就位在垫石顶面、滑道旁边。在支座垫石上放样画线。拆除墩、台上的滑动装置时应注意:各支点宜均匀顶起,其顶力应按设计支点反力大小进行控制,相邻墩各顶点的高差不得大于5mm;同墩两侧梁底顶起高差不得大于1mm。

(2)清理墩上工作面,找平千斤顶安放位置,铺设砂浆。

(3)复测墩顶高程点,确认桥墩有无沉降;复测支座垫石顶面梁底高程,确定调整方案,预备相应加垫钢板。

(4)竖直千斤顶进油嘴应安装单向安全阀,防止泄油,确保千斤顶的工作油压。

(5)当千斤顶安于梁腹板下时,每墩上应安置4台,分别置于顺桥向支座的两侧;如千斤顶安装在梁的横隔板下时,每墩至少应安2台,以使梁体平稳,桥墩受力均衡。千斤顶底面应垫40~60mm的钢板,钢板面积根据应力扩散的要求确定。

2. 落梁方案

先计算桥墩的反力,确定落梁竖直千斤顶的型号和台数。拟定竖直千斤顶墩顶需占用的位置和最小高度,选用吨位应留有富余,使其工作负荷处于额定范围内,当千斤顶数量不够时,可用分段分批落梁方案。但每批至少在 3 个或 3 个以上的墩上轮流进行(与跨径有关),一般先从安装固定支座的桥墩开始。为避免梁内产生过大的弯矩,顶高应控制在 5mm 内,能取出滑板即可。下落高度控制在 10mm 以内。

3.落梁步骤和注意事项

(1)落梁步骤:准备工作,千斤顶举梁,拆除滑道,安装支座,梁下降落到支座上,分别焊固支座上下部。

(2)注意事项:

①按照设计文件规定的张拉顺序,对补充的预应力钢材进行张拉、锚固、压浆。将供顶推用的临时预应力钢材按设计规定顺序拆除。

②落梁时,应根据设计规定的顺序和每次下落量进行,同一墩、台千斤顶应同步进行。下降必须均匀缓慢,应设置钢板等保险垛。

③支座安装应按照有关技术规范规定实施。

④做好施工记录和安全防护措施。

(九)施工观测

1.施工观测的目的

为了验证主梁、导梁截面应力和主梁、墩台等的变形是否达到安全要求。

2.施工观测项目

(1)墩台和临时墩承受垂直荷载和水平推力所产生的竖直、水平位移。

(2)在桥梁顶推过程中和营运阶段,主梁和导梁控制截面的挠度和扭角。

(3)主梁在顶推过程中,启动摩擦因数和动摩擦因数变化值的观测及滑板与滑道间添加润滑剂时两种摩擦因数变化值的观测。

3.观测方法和仪具

(1)主梁、导梁平面轴线的偏移。桥墩受水平推力发生的偏转移位可在桥面和桥墩上标记的轴线位置用经纬仪观测。对于水中桥墩的观测应事先在桥墩两旁立红外线仪观测点,进行纵向位移值观测。

(2)主梁、导梁挠度、桥墩的压缩变形和沉降等项目可在观测部位设置固定水准尺或测点并用精密水准仪观测。

(3)在测定主梁、导梁应力时,应事先埋入相应的应变片和钢弦式频率计等仪具,以便对动、静态应变进行测定。

(4)静动摩擦因数可由千斤顶的顶推力(由压力表显示出的压力求得)和滑动装置的支座反力进行计算。

观测结果应随时记录、整理,如超过设计规定限值,应分析原因,采取措施纠正。

第六节　预制梁逐孔施工法

预制梁逐孔施工是中等跨径预应力混凝土连续梁桥常采用的一种施工方法之一。它将整根连续梁按起吊安装设备的能力先在工厂或现场分段预制,然后用各种安装方法将预制构件安装在墩台和轻型的临时支架上,再现浇接头混凝土,最后通过张拉部分预应力筋,使梁体集整形成连续梁。当起吊能力受到限制时,也可沿桥的横向将梁分割,分别预制,在安装形成连续梁体系后再进行横向整体化施工。由于预制梁或预制梁段较长,因此,需要在预制时先进行第一次预应力筋的张拉,拼装就位后进行二次张拉。

采用预制梁逐孔施工法的主要特点是:①可以避免整体浇筑中的满布支架,最大限度减少在桥上现浇混凝土的数量。②施工能连续操作,可以使桥梁结构选择最佳的施工接缝位置和合理的结构形式。③可以使上部结构的预制工作和下部结构的施工同步进行,大大缩短工期,特别是横向整体的整孔架设施工,速度最快。④便于使用逐段接长的预应力筋,还可按最优的位置布置力筋。⑤施工过程中结构体系不断改变。⑥起重能力要求较大。⑦由于受到辅助设备和起重能力的限制,桥梁跨径不宜过大,以中等跨径的长桥最为合适,经济效益高。

目前,常采用的预制梁逐孔施工法有两种:简支—连续施工,悬臂—连续施工。

一 简支—连续施工

预制简支—连续施工程序如下:预制简支梁,分片进行预制安装,预制时按预制简支梁的受力状态进行第一次预应力筋(正弯矩)的张拉锚固,安装完成后经调整位置(桥横向及高程),浇筑墩顶接头处混凝土,更换支座,进行第二次预应力筋(负弯矩筋)的张拉锚固,进而完成一联预应力混凝土连续梁的施工,如图 11-28 所示。

采用此法施工时,连续作用只对简支预制梁连续后的小部分恒载及活载有效,因而,此法不适用于跨径较大和预制梁自重所占总荷载的比重较大的情况。在实践中,此法一般适用于的桥梁跨径多为 25~50m 的情况。

当矮箱梁和 T 形截面梁集整为连续梁时,多采用简支—连续施工法施工,下部结构可以安排平行作业施工,这样可以大大节省工期。

广东省广珠公路的细滘桥,采用简支—连续施工法施工。该桥全长 634.64m,主桥为 5 跨一联预应力混凝土连续梁桥,桥面宽度为 14.5m,采用六梁式 T 形梁截面,梁高 2.5m,主梁间距 2.4m,预制梁宽 1.9m,各梁之间留有 0.5m 翼缘板作为现浇湿接缝。简支梁现场预制,纵向分段,斜向分层,从一端向另一端连续浇筑施工,待达到设计强度后进行第一次张拉和压浆。其施工程序是先安装第 1、2、3 跨预制简支梁,安装前在桥墩承台上设置两个临时支座,当 3 跨简支梁就位后调整后,现浇主梁接头混凝土,张拉二期预应力筋,拆除临时支座,使结构转换为 3 跨连续梁,在每片主梁从一岸向跨中方向进行整体化施工后,继续加设第 4、5 跨简支梁,并从另一岸开始进行两跨连续梁的转换施工。最后在 3 跨连续梁和两跨连续梁之间合龙,成为 5 跨一联连续梁。在每片主梁形成 5 跨连续梁后,现浇横隔梁和桥面板的湿接头,将各梁连成整体,最后进行桥面和人行道等的施工。

二 悬臂—连续施工

悬臂—连续施工法是先将简支的预制梁段连成悬臂体系,然后安装好中间段,浇筑接缝并张拉预应力筋,最后拆除临时支架,形成连续体系。如图 11-29 所示为简支—单悬臂—连续施工法的施工示意图。

上海连西大桥是采用分段吊装,悬臂—连续施工的预应力混凝土连续梁桥。该桥全长 280m,主孔为 3 跨一联,梁高 1.8m,桥宽 9m,采用的是 5 梁式 T 形截面,梁间距 1.9m,预制梁宽1.4m,梁间有50cm翼缘板湿接头。3跨连续梁分成5段,由万能杆件拼装的安装梁架设,各梁段间有0.6m的现浇湿接头。

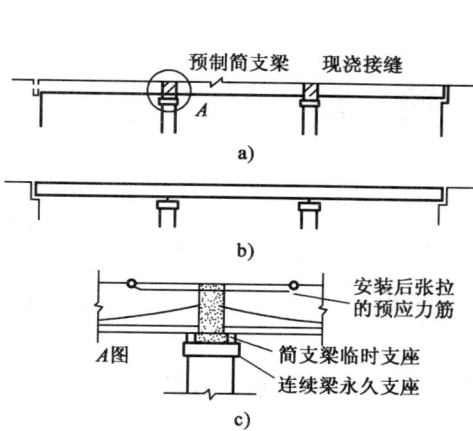

图 11-28　简支—连续施工

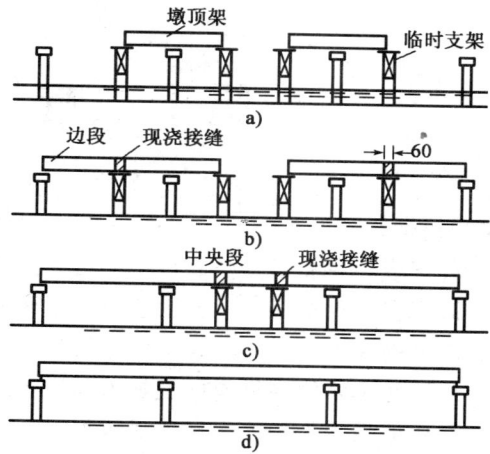

图 11-29　简支—单悬臂—连续施工

思考题

1. 模板、支架的分类与构造。

2. 模板的设计荷载是如何确定的?

3. 整体支架浇筑施工法施工程序?

4. 移动支架逐孔现浇施工法有何特点?

5. 什么是悬臂施工法? 悬臂施工法有何特点? 适用于什么桥跨结构和什么情况下的桥梁?

6. 悬臂施工法施工连续梁桥时为什么梁墩间要采取临时固结措施? 常用的临时固结措施有哪几种?

7. 试述悬臂浇筑法的施工程序、施工特点和适用条件。

8. 何为顶推法? 它有什么优缺点? 适用于什么条件下的桥梁施工?

9. 试述顶推施工中落梁的步骤和注意事项。

10. 何为预制梁逐孔施工法? 有何特点?

第十二章 拱 桥 施 工

【学习目标】

1. 掌握各种施工方法的适用范围和注意事项。

2. 掌握大跨径钢筋混凝土拱桥采用缆索吊装、转体施工、劲性骨架施工等施工基本工序和施工关键技术。

3. 通过本章的学习能够根据工程概况选择合适的施工方法，并制定施工方案。

4. 能够根据施工图纸指导现场施工。

拱桥是一种既能充分发挥圬工及钢筋混凝土材料抗压性能、且外形美观、维修费省的合理的桥型，但由于施工工艺问题，曾一度影响了它的发展；随着施工技术的提高，这种桥型又迅速地得到了广泛采用。拱桥的施工方法，归纳起来有两大类：有支架施工和无支架施工（含少支架施工）。前者常用于石拱桥和混凝土预制块拱桥；后者多用于肋拱、双曲拱、箱形拱、桁架拱及钢管拱桥等。也有采用两者结合的施工方法。

第一节 有支架施工

有支架施工主要工序包括材料准备、拱圈放样、拱架（图12-1、图12-2、图12-3）制作与安装、拱圈与拱上建筑的砌筑、最后落架（图12-5）并完成其余部分的施工。

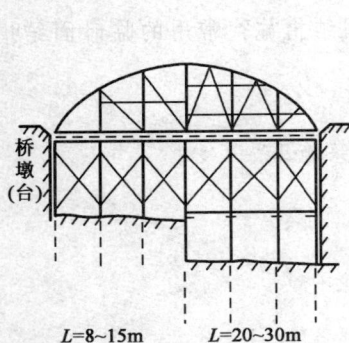

图 12-1 立柱式拱架的形式及其组成

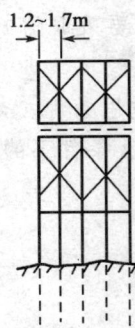

图 12-2 撑架式拱架的形式

一 拱架

拱架是有支架施工必不可少的辅助结构，在拱桥建造期间，用以支承全部或部分主拱及拱上结构的质量，并保证主拱圈的形状符合设计要求。故要求拱架既要有足够的强度、刚度和稳定性，又要求构造简单、制作容易、节省材料，并能重复使用，以加快施工进度，减少施工费用。

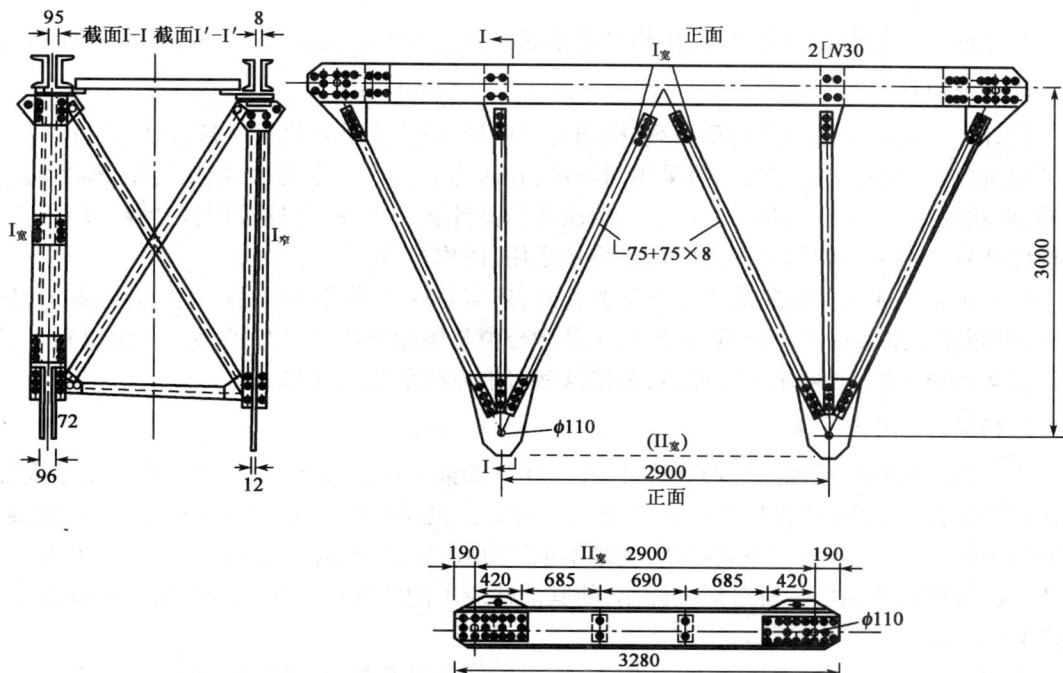

图 12-3 拱架基本节段图（尺寸单位：mm）

（一）拱架的形式和构造

拱架的种类很多，按使用材料可分为钢拱架、木拱架、竹拱架及"土牛拱胎"等形式。

钢拱架有多种类型，目前常采用常备式构件（又称万能杆件），在现场拼装，适应性强，运输安装方便，我国已在跨径170m的钢筋混凝土箱形拱桥施工中成功地采用了钢桁拱架。木、竹拱架在材料产地，供应充足地区的中小跨径的拱桥施工中应用也很普遍，他一次性投资小，制作方便。在少雨地区以及施工期间可以改流的地方，也可用就地取材、简单经济的"土牛拱胎"，代替拱架，即先在桥下用土或砂、卵石填筑一个"土胎"（俗称"土牛"），然后在上面砌筑拱圈，砌成之后再将填土撤除即可。

拱架按其构造类型可分为满布式拱架、拱式拱架、混合拱架等。

1. 满布式拱架

满布式拱架的优点是施工可靠，技术简单，对木材和铁件规格要求较低。缺点是材料用量大，受洪水威胁大，在水深流急、漂流物较多及要求通航的河流上不能采用。

满布式拱架通常有拱盔（拱架上部）、卸架设备、支架（拱架下部）三部分组成。一般常用形式有：立柱式（图12-1）和撑架式（图12-2）。

2. 拱式拱架

与满布式拱架相比，拱式拱架不需下部支架，因此不受洪水、漂流物的影响，在施工期间能维持通航，适应于墩高、水深、流急或要求通航的河流。

(二)拱架的设计、制作与安装

为保证拱圈的形状符合要求,拱架要有足够的强度和刚度,制作前要进行必要的计算。

1.拱架的计算

设计计算时应考虑拱架自重荷载,拱圈污工质量、施工人员及机具质量、横向风力等。

为避免繁琐的计算工作,一般采用图解法,并认为节点不承受拉力,拱架的斜梁除受轴向力外,还承受拱石正压力引起的弯矩,应按压弯构件计算。斜撑、立柱按压杆计算。模板按受弯构件计算。斜夹木和横夹木作为增强稳定之用,按构造设置。

除对拱架组成的构件完成以上强度验算外,还应对拱架承受荷载后产生的弹性和非弹性变形,拱圈卸落拱架后由于自重、温度变化及墩台位移等影响因素产生的弹性下沉进行计算,确定拱架预留拱度,以便施工完成后,抵消这些可能发生的垂直变形。

2.拱架的制作与安装

为了使拱架具有准确的外形和尺寸,在制作拱架前一般在样台上按1:1放出拱架大样,制作杆件样板,以便按样板进行杆件的加工。为保证拱架连接处紧密、牢固、变形小,钢拱架一般采用桁架式,是一种常备式拱架,其基本节段如图12-3所示。拱顶及拱脚的构件及下弦配件、铰、落架设备则可按桥跨形式配制,使其能适应不同跨度和矢跨比的拱桥。放样时应计入拱架预拱度。

杆件加工完毕,一般须进行1~2片试拼,对构件作局部修改后即可在桥孔中安装。满布式拱架一般是在桥孔内逐杆安装,三铰桁架拱架都采用整片吊装的方法安装。安装时应及时测量,以保证设计尺寸的准确,同时采取加强横向整体性、设置风缆索等措施,确保施工安全。

(三)拱架的卸落

拱圈砌筑(或现浇混凝土)完毕,待达到规范规定或设计要求强度后即可拆除拱架。为保证拱架能按设计要求均匀下落,一般可采用简单木楔、组合木楔、砂筒等作卸架设备如图12-4所示。木楔宜用硬木制成,剖面应刨光成1:6~1:10的斜面,卸架时简单木楔可用锤轻轻敲击木楔的小头。组合木楔只需扭动螺栓,则木楔徐徐下降。砂筒可用铸铁或木料制成,筒内的砂子应干燥、均匀、洁净,砂筒与活塞间用沥青填塞,以免砂子受潮而不易流出,卸架时只需打开泄砂孔,使砂徐徐流出,并可通过控制流出砂的多少,控制下降量及速度。

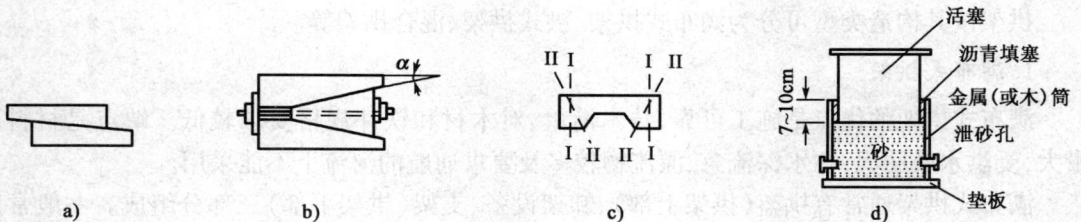

图12-4 拱架卸架设备

卸架一般按以下程序,分三个节段进行,每次降1/3降落量。对于满布式拱架的中小跨径拱桥,可从拱顶开始,逐次向拱脚对称卸落;对于大跨径的悬链线拱圈,为避免拱圈发生

"M"形的变形,也有从两边 $L/4$ 处,逐次对称地向拱脚和拱顶均衡地卸落。多孔连续拱桥施工时,还应考虑相邻孔间的影响。

二 拱圈及拱上建筑的施工

(一)拱圈施工

拱圈的施工指在修建拱圈时,为保证在整个施工过程中拱架受力均匀,变形最小,使拱圈的质量达到设计要求,必须选择适当的方法和顺序。一般根据跨径大小、构造形式等分别采用不同繁简程度的施工方法。有关混凝土拱桥的模板、钢筋、混凝土浇筑等工程项目的具体要求或构造等与梁桥类同。

通常跨径在 10m 以下的拱圈,可按拱的全宽和全厚,由两侧拱脚同时对称地向拱顶砌筑,但应争取尽快的速度,使在拱顶合龙时,拱脚处的混凝土未初凝或石拱桥拱石砌缝中的砂浆尚未凝结。

跨径 10~15m 的拱圈,最好在拱脚预留空缝,由拱脚向拱顶按全宽、全厚进行砌筑(浇筑混凝土),为了防止拱架的拱顶部分上翘,可在拱顶区段预先压重(一般自拱脚向上砌到 1/3 矢高左右,就在拱顶 2/3 范围内预压占总数 20% 的拱石)。待拱圈砌缝的砂浆达到设计强度 70% 后(或混凝土达到设计强度),再将拱脚预留空缝用砂浆(或混凝土)填塞。

大、中跨径的拱桥,一般采用分段施工或分环(分层)与分段相结合的施工方法。分段施工可使拱架变形比较均匀,并可避免拱圈的反复变形。分段的位置与拱架的受力和结构形式有关,一般应设置在拱架挠曲线有转折及拱圈弯矩比较大的地方,如拱顶、拱脚及拱架的节点处。对于石拱桥,分段间应预留 0.03~0.04m 的空缝或设置木撑架,混凝土拱圈则应在分段间设混凝土挡板(端模板),待拱圈砌筑后再用砂浆(或埋入石块、浇筑混凝土)灌缝。分段时对称施工的顺序一般如图 12-5 所示。拱顶处封拱(如石拱桥拱顶石的砌筑)必须在所有空缝填塞并达到设计强度后才能进行。另外,还需注意封拱(合龙)时的大气温度是否符合设计要求,如设计无明确要求时,宜在气温较低时(凌晨)进行。

当跨径大、拱圈厚度较大,由多层拱石或预制混凝土块等组成时,可将拱圈全厚分层(即分环)施工,按分段施工法修建好一环合龙成拱,待砂浆或混凝土强度达到设计要求后,再浇筑(或砌筑)上面的一环。这样,第一环拱圈就能起拱的作用,参与拱架共同承受第二环拱圈结构(如拱石)的重力。以后各环均照此进行。这样可以大大地减小拱架的设计荷载(一般可按拱圈总重的 60%~75% 计算石拱桥的拱架)。同时,分环施工合龙快,能保证施工安全,节省拱架材料。

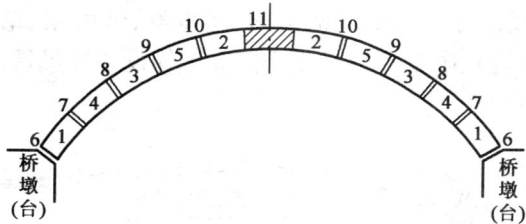

图 12-5　拱圈分段施工的一般顺序

(二)拱上建筑的施工

拱上建筑的施工,应在拱圈合龙,混凝土或砂浆达到设计强度 30% 后进行。对于石拱桥,一般不少于合龙后三昼夜。

拱上建筑的施工,应避免使主拱圈产生过大的不均匀变形。实腹式拱上建筑,应由拱脚向拱顶对称地砌筑。当侧墙砌筑好以后,再填筑拱腹填料及修建桥面结构等。

空腹式拱桥一般是在腹孔墩砌完后就卸落拱架,然后再对称均衡地砌筑腹拱圈,以免由于主拱圈的不均匀下沉而使腹拱圈开裂。

在多孔连续拱桥中,当桥墩不是按施工单向受力墩设计时,仍应注意相邻孔间的对称均衡施工,避免桥墩承受过大的单向推力,尤其是在裸拱圈上修筑拱上结构的多孔连拱更应注意,以免影响拱圈的质量和安全。

第二节　缆索吊装施工

缆索吊装施工是拱桥无支架施工方法之一。在峡谷或水深流急的河段上或在满足通行船只的通航河流上或在洪水季节施工并受漂流物影响等条件下修建拱桥,以及采用有支架施工将会遇到很大的困难或是很不经济时,便可以考虑采用无支架的施工方法。

目前缆索吊装设备也逐渐配套、完善,并利用现代电子遥控技术于缆索吊装的拱箱吊装施工中,但缆索吊装施工要求施工设备较多,对施工的技术水平要求较高,且要多用一部分钢材,在选择此种施工方案时,应和其他无支架施工进行全面比较。

缆索吊装施工大致包括:拱箱(肋)的预制、拱箱(肋)的移运和吊装、主拱圈的安砌、拱上建筑的灌砌、桥面结构的施工等主要工序。在此仅介绍最有代表性的缆索吊装设备及吊装方法和加载程序。

一　缆索吊装设备

缆索吊装设备,按其用途和作用可以分为:主索、工作索、塔架和锚固装置等四个基本组成部分。主要包括主索、起重索、牵引索、结索、扣索、缆风索、塔架(包括索鞍)、地锚、滑车(轮)、电动拎扬机或手摇绞车等设备和机具。其布置方式如图12-6所示。

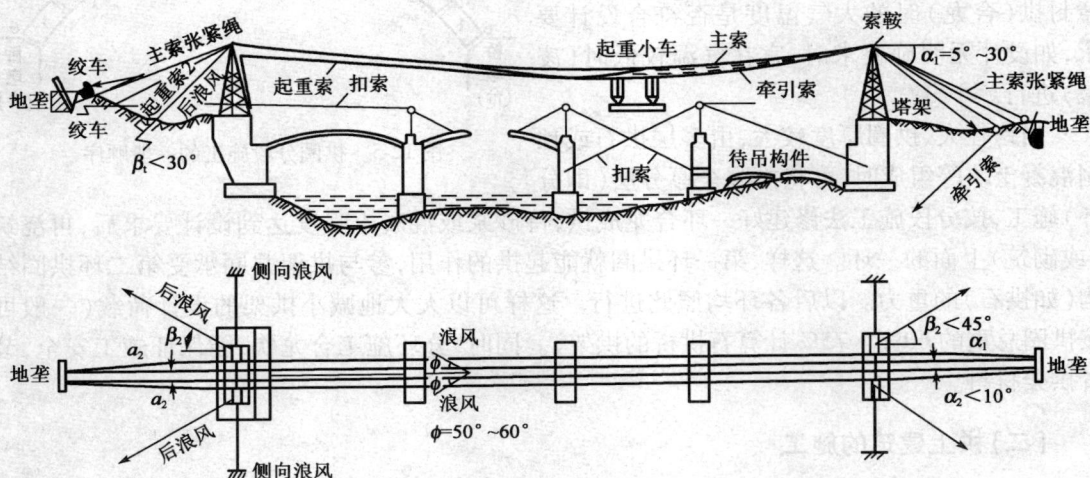

图12-6　缆索吊装施工示意图

（一）主索

主索亦称为承重索或运输天线。它横跨桥墩，支承在两侧塔架的索鞍上，两端锚固于地锚。吊运拱箱（肋）或其他构件的行车支承于主索上。主索的断面根据吊运的构件质量、垂度、计算跨度等因素进行计算。一般根据桥面宽度（两外侧拱箱的距离）及设备供应情况可设3组主索。每组主缆可由若干根平行钢丝绳组成。如我国缆索吊装施工的箱形拱桥宜宾金沙江大桥，净跨径 $L_0 = 150 \mathrm{m}$，采用五段吊装，2组主索，每组主索由8根钢丝绳组成。一般中、小跨径可由 $2 \sim 4$ 根平行钢丝绳组成。

（二）起重索

它主要用于控制吊物的升降（即垂直运输），一端与卷扬机滚筒相连，另一端固定于对岸的地锚上。这样，当行车在主索上沿桥跨往复运行时，可保持行车与吊钩间的起重索长度不随行车的移动而改变（图12-7）。

（三）牵引索

用于拉动行车沿桥跨方向在主索上移动（即水平运输），故需一对牵引索。既可分别连接在两台卷扬机上，也可合拴在一台双滚筒卷扬机上，便于操作。

（四）结索

用于悬挂分索器。使主索、起重索、牵引索不致相互干扰，仅承受分索器质量及自重。

（五）扣索

当拱箱（肋）分段吊装时，需用扣索悬挂端段箱（肋）及中段箱（肋），并可利用扣索调整端、中段箱（肋）接头处高程。扣索的一端系在拱箱（肋）接头附近的扣环上，另一端通过扣索排架或塔架固定于地锚上。为了便于调整扣索的长度，可设置手摇绞车及张紧索（图12-8）。

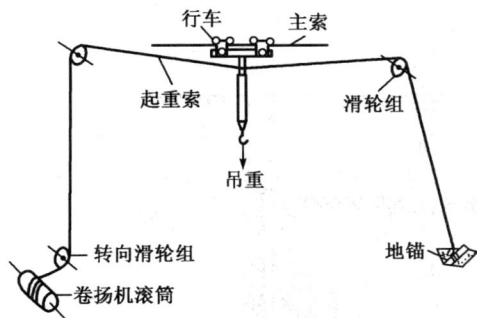

图12-7　起重索示意图

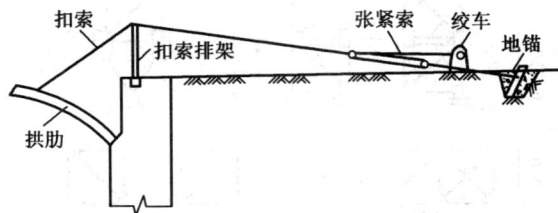

图12-8　扣索示意图

（六）缆风索

亦称浪风索。用来保证塔架的纵横向稳定及拱肋安装就位后的横向稳定。

（七）塔架及索鞍

塔架是用来提高主索的临空高度及支承各种受力钢索的结构物。塔架的形式是多种多样的,按材料可分为木塔架和钢塔架两类。

目前多采用钢塔架。钢塔架可采用龙门架式、独脚扒杆式或万能杆件拼装成的各种形式。图12-9为高度40m的万能杆件拼装成的钢塔架示意图。

塔架顶上设置索鞍(图12-10)。为放置主索、起重索、扣索等用。可以减小钢丝绳与塔架的摩阻力,使塔架承受较小的水平力,并减小钢丝绳的磨损。

(八)地锚

亦称地垄或锚锭。用于锚固主索、扣索、起重索及绞车等。地锚的可靠性对缆索吊装的安全有决定性影响。设计与施工都必须高度重视。按照承载能力的大小及地形、地质条件的不同,地锚的形式和构造可以是多种多样的。还可以利用桥梁墩、台作锚碇,这就能节约材料,否则需设置专门的地锚。图12-11是一个临时性的地垄木装置。由杂木或钢轨捆扎,埋入地下而构成。图12-12是由片石混凝土构成一个卧式地锚。在地锚中间预留索槽,其尾部锚旋板后锚梁用43号钢轨19根组成半圆形,轨面用$\phi 20$圆钢嵌实。锚碇板用钢筋网加强。地锚横向宽度8m,可承受主索拉力500kN。

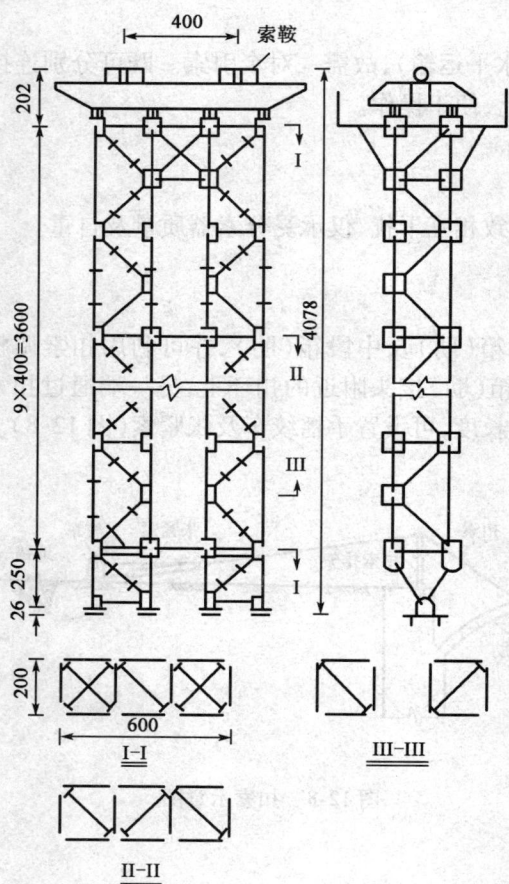

图12-9 钢塔架(尺寸单位:cm)

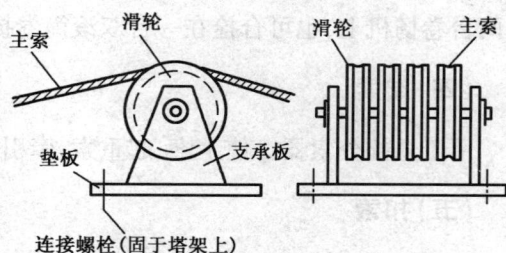

图12-10 索鞍示意图

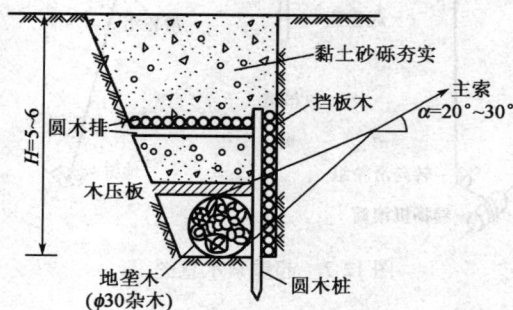

图12-11 地垄木示意图

(九)电动卷扬机及手摇绞车

这些设备主要用作牵引、起吊等的动力装置。电动卷扬机速度快,但不易控制。一般多用于起重索和牵引索,对于要求精细调整钢束的部位,多采用手摇绞车,以便于操纵。

（十）其他附属设备

其他附属设备有在主索上行驶的行车（俗称跑马滑车）、起重滑车组、各种倒链葫芦、法兰螺栓、钢丝卡子（钢丝轧头）、千斤绳、横移索等。

缆索吊装设备的形式及规格都非常多。必须按照因地制宜的原则,结合各工程的具体情况合理地选择,才能取得良好的效果。

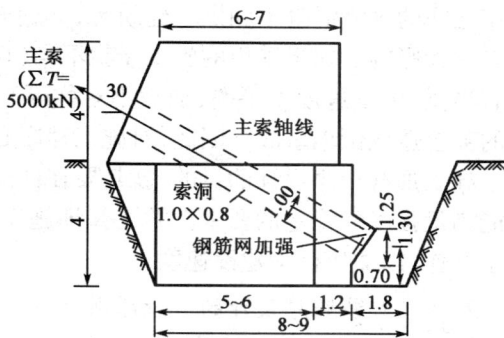

图 12-12　地锚（尺寸单位:cm）

二　吊装方法和加载程序

（一）吊装方法

采用缆索吊装施工的拱桥,其吊装方法应根据桥的跨径大小,桥的总长及桥的宽度等具体情况而定。

拱桥的构件一般在河滩上或桥头岸边预制和预拼后,送至缆索下面,由起重行车起吊牵引至指定位置安装:为了使端段基肋在合龙前保持在一定位置。在其上用扣索临时系住,然后才能松开吊索。吊索应自一孔桥的两端向中间对称进行。在最后一节构件吊装就位,并将各接头位置调整到规定高程以后,才能放松吊索并将各接头接整合龙。最后才将所有扣索撤去。基肋（指拱箱、拱肋或桁架拱片）吊装合龙要拟定正确的施工程序和施工细则并严格按照执行。拱桥跨径较大时,最好采用双基肋或多基肋合龙。基肋和基肋之间必须紧随拱段的拼装及时焊接（或临时连接）。端段拱箱（肋）就位后,除上端用扣索拉住外,应在左右两侧用一对称缆风索牵住,以免左右摇摆。中段拱箱（肋）就位时,宜缓慢地放松吊索,务必使各接头顶紧,尽量避免简支搁置和冲击作用。

某桥按五段吊装合龙成拱,每条拱箱的吊装程序为:

（1）吊装一端的端段就位,将拱座处与墩、台帽直接抵接牢靠。上部用扣索扣好,下面将缆风索拉好,然后松去吊索。

（2）吊运次段拱箱与端段就位。将接头处用螺栓固结,上部用扣索扣好,下面用缆风索拉好,然后松去吊索。

（3）再按上面的程序吊运另一端的端段和中段就位固定。

（4）最后吊运合龙段拱箱至所吊孔的上空,徐徐降落至两中段的上头,徐徐松扣（因中段在就位时一般要比设计高程实高 0.20m 左右）,慢慢合龙成拱。

（5）当符合设计高程后,在接头处用钢板楔牢,便可松吊、扣索,可不必取掉。待全部电焊所有接头,完成固结后,方可全部取掉扣、吊索。

（6）按同样的程序,进行下部拱箱的吊装合龙。

（二）加载程序

1.施工加载的目的和意义

考虑施工加载程序的目的和意义,当拱箱（肋）吊装合龙成拱后,对后续各工序的施工,如拱箱之间的纵缝混凝土和拱上建筑等,如何合理安排这些工序,对保证工程质量和施工安全都有重大影响。如果采用的施工步骤不当(例如工序安排不合理,拱顶或拱脚的压重不恰当,左右半拱,施工进度不平衡,加载不对称等),就会导致拱轴线变形不均匀,而使拱圈开裂,严重的甚至造成倒塌事故。因此,对施工程序必须作出合理的设计。

施工加载程序设计的目的,就是要在裸拱上加载时,使拱肋各个截面在整个施工过程中,都能满足强度和稳定的要求。并在保证施工安全和工程质量的前提下,尽量减少施工工序,便于操作,以加快桥梁建设速度。

2.施工加载程序设计的一般原则

对于中、小跨径拱桥,当拱肋的截面尺寸满足一定的要求时,可不作施工加载程序设计,按有支架施工方法对拱上结构作对称、均衡的施工。

对于大、中路径的箱形拱桥或双曲拱桥,一般多按分环、分段、均衡对称加载的总原则进行设计,即在拱的两个半跨上,按需要分成若干段,并在相应部位同时进行相等数量的施工加载。对于坡拱桥,必须注意其特点,一般应使低拱脚半跨的加载量稍大于高拱脚半跨的加载量。

在多孔拱桥的两个邻孔之间,也须均衡加载。两孔的施工进度不能相差太远,以免桥墩承受过大的单向推力而产生过大的位移,造成施工进度快的一孔的拱顶下沉,邻孔的拱顶上冒,而导致拱圈开裂。

图 12-13 为一座连续多孔等跨径 85m 的箱形拱桥的施工加载程序(拱箱吊装为闭口箱)。其程序如下:

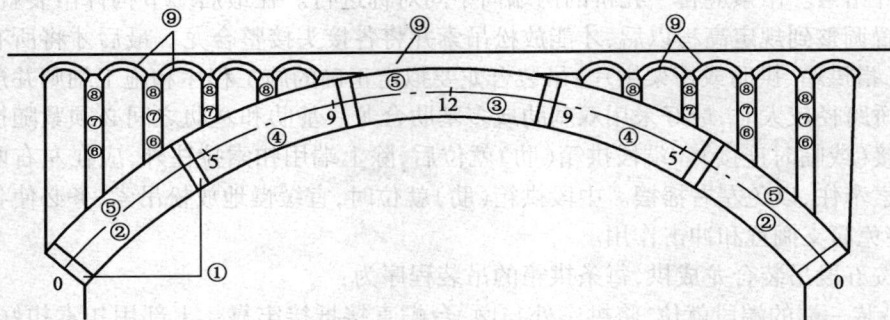

图 12-13　施工加载程序设计图

(1)先将各片拱箱逐一吊装合龙,形成一孔裸拱圈。然后将全部纵、横接头处理完毕,即浇筑接头混凝土,完成第一阶段加载。

(2)浇筑拱箱间的纵缝混凝土。纵缝应分为两层浇筑,先只浇到大约箱高一半处,等其初凝后再浇满全高与箱顶齐平,横桥向各缝齐头并进。注意,下层纵缝应分段浇筑。图中②、③、④、⑤各步骤为纵缝浇筑。

(3)拱上各横墙加载。先砌筑1、2号横墙至3号横墙底面高度;再砌筑1、2、3号横墙至4号横墙底面高度;最后全部横墙(包括小拱拱座)同时砌筑完毕(左、右两半拱对称、均衡、同时进行)。如图中⑥、⑦、⑧各步骤。

(4)安砌腹拱圈及主拱圈拱顶实腹段侧墙。由于拱上横墙断面单薄,只能承受一片预制腹拱圈块件的单向推力,因此,安砌腹拱圈时,应沿纵向逐条对应安砌,直至完毕。如图中⑨所示。

(5)以后各步骤(包括拱顶填料、腹拱顶填料、桥面系等)按常规工艺要求进行,可不作加载验算。

第三节　劲性骨架施工

劲性骨架施工拱桥就是在事先形成的桁式拱骨架上分环分段浇筑混凝土,最终混凝土箱板拱或肋拱。桁式拱骨架在施工过程中起支架作用,在拱圈形成后被埋于并成为截面的一部分。劲性骨架法又称埋置式拱架法,国外也称米兰法。劲性骨架是一种较老的施工方法,1942年西班牙就采用该法建成了210m的Esla混凝土拱桥,由于其施工控制技术落后等原因,该法使用并不广泛。在我国,从20世纪80年代开始,由于大跨拱的大量出现以及高强、经济的骨架材料和施工控制技术的发展,在大跨径混凝寸中广泛采用了劲性骨架法,其最大跨径已达到420m(重庆万县长江大桥)。

桁式拱骨架最初均采用型钢(如角钢、工字钢、槽钢等)做成。劲性型钢骨架用钢量也较大。为节省钢材,我国在20世纪80年代采用半刚性型钢骨架建成了多座大跨拱桥,通过实践证明,半刚性型钢骨架虽可节省一定钢材,但其柔性较大,在混凝土拱窿中不但给施工控制带来困难,并且往往难以保证混凝土拱圈的设计线形(立面),同时安全上也存在一定风险。钢管混凝土结构在桥梁上的应用,对改进劲性骨架开辟了一条新路。目前已普遍采用由钢管混凝土作为上下弦杆的桁构式结构作为劲性骨架,其特点是:刚度大、用钢量省、经济、安全。

一　劲性骨架法施工步骤

(1)在现场按设计进行骨架1:1放样、下料、加工以及分段拼装成型。

(2)采用缆索吊装法进行骨架的安装、成拱(图12-14)。对钢管混凝土骨架成钢管骨架后还需采用泵送法浇筑管内混凝土,以形成最终的骨架结构。

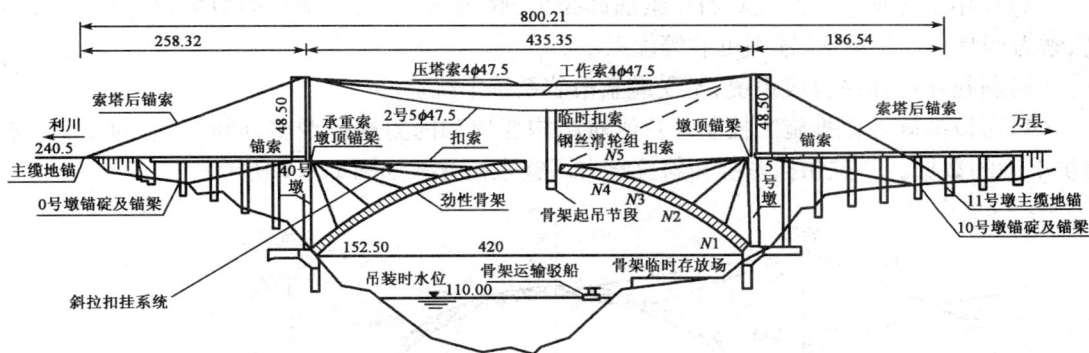

图12-14　劲性骨架吊装(重庆万县长江大桥)

(3)在骨架上悬挂模板浇筑混凝土拱圈(分环、分段、多工作面进行)。

在整个施工过程中,除均需按设计与施工技术规范要求进行外,需特别注意施工控制,即将骨架在混凝土浇筑与混凝土拱圈形成过程中的变形、应力与稳定控制,要确保骨架在任何时刻的结构安全和混凝土拱圈形成后的线形。为此,应进行详细的施工加载程序设计,有效的控制手段。早期采用的是水箱调载法(图12-15),该法是在骨架吊装成拱后,在拱顶部位设置多个水箱,在拱圈混凝土的浇筑过程中,根据预先计算的加载重向水箱内注水,把拱轴线变形和截面应力控制在设计允许范围内。与此同时,进行变形和应力监测,如发现异常,立即将实测数据输入现场微机,进行适时分析,并提出相应的处理措施,如调整水量和浇筑速度、张紧或放松八字浪风索等。由于水箱设备较复杂,操作也较麻烦,近两年又出现了千斤顶斜拉扣挂调载法,该法巧妙地利用缆索吊装骨架拱时用于扣挂骨架节段的斜拉索的索力调整(用千斤顶在锚板后进行)来控制吊装高程和调整混凝土浇筑过程中拱轴变形和结构各部应力(当采用钢管混凝土骨架时,则在吊装完成后首先用于调整管内混凝土浇筑时拱肋轴线变形)。该法首先被用于广西邕宁邕江大桥(中承式)和重庆万县长江大桥。

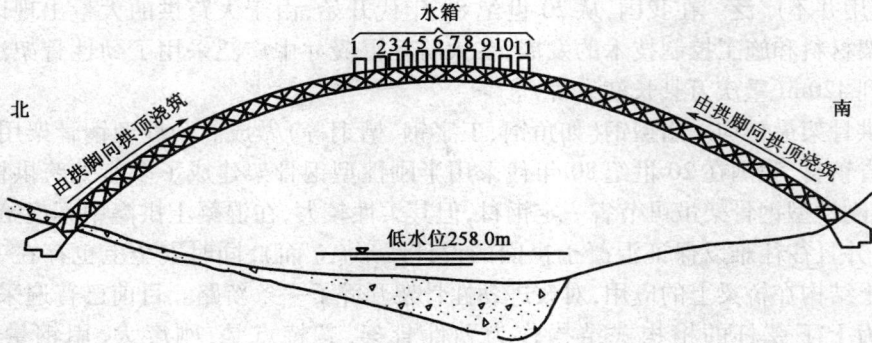

图 12-15　水箱调载示意图

二　劲性骨架法施工特点

(1)采用强度高、承载力大、延伸量小、变形稳定的钢绞线作斜拉索,减少了架设过程中骨架的不稳定非弹性变形。

(2)采用千斤顶张拉系统对斜拉索加卸拉力、收放索长,具有张拉能力大、行程控制精度高、索力调整和控制灵活、锚固可靠等优点。

(3)斜拉扣挂体系自成系统,不受缆索吊装系统干扰。

(4)可以准确地根据施工控制计算值对结构变形和内力进行调整,同时又可为控制分析提供准确的数据。斜拉扣挂系统和斜拉索力调整张拉方式如图 12-16 所示。

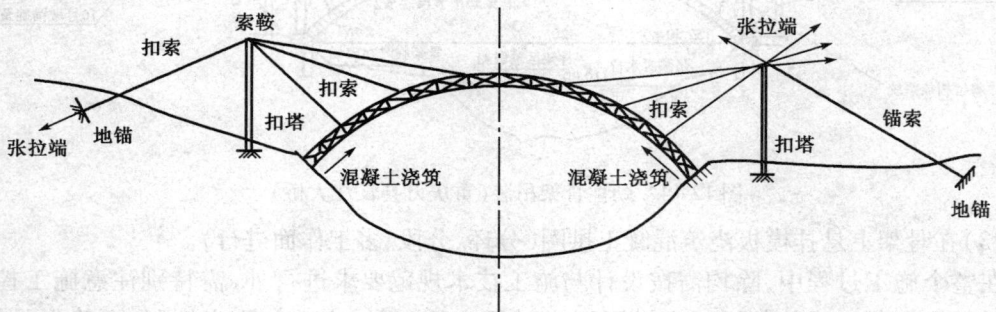

图 12-16　斜拉扣挂系统和斜拉索力调整张拉方式示意图

劲性骨架法是目前特大跨径混凝土拱桥施工的主要方法,通过实践发现该法也存在空中浇筑拱圈混凝土,但存在工序多、时间长、混凝土质量控制较难等不足,在今后还有待对其作进一步改进。

第四节　转体施工

转体施工法一般适用于各类单孔拱桥的施工,其基本原理是:将拱圈或整个上部结构分为两个半跨,分别在河流两岸利用地形或简单支架现浇或预制装配半拱,然后利用动力装置将其两半跨拱体转动至桥轴线位置(或设计高程)合龙成拱。拱桥转体施工法根据其转动方位的不同分为平面转体、竖向转体和平竖结合转体三种。采用转体法施工拱桥的特点是:结构合理,受力明确,节省施工用料,减少安装架设工序,变复杂的、技术性强的水上高空作业为岸边陆上作业,施工速度快,不但施工安全,质量可靠,而且不影响通航,减少施工费用和机具设备,造价低。转体施工是具有良好技术和经济效益的拱桥施工方法之一。

一　平面转体

平面转体施工就是按照拱桥设计高程在岸边预制半拱,当结构混凝土达到设计强度后,借助设置于桥台底部的转动设备和动力装置在水平面内将其转动至桥位中线处合龙成拱。由于是平面转动,因此,半拱的预制高程要准确。通常需要在岸边适当位置先做模架,模架可以是简单支架,也可做成土牛胎模。

平面转体分为有平衡重转体和无平衡重转体两种。

(一)有平衡重转体

有平衡重转体以桥台背墙作为平衡和拱体转体用拉杆(或拉索)的锚碇反力墙,通过平衡重稳定转动体系和调整其重心位置。平衡重大小由转动体的质量大小决定。由于平衡重过大不经济,也增加转体困难,所以,采用本法施工的拱桥跨径不宜过大,一般适用于跨径100m以内的整体转体。

有平衡重转体施工的转动体系一般包括底盘、上转盘、锚扣系统、背墙、拱体结构、拉杆(拉索)等部分,如图12-17所示。

有平衡重转体施工的特点是转体质量大,要将成百上千吨的拱体结构顺利、稳妥地转到设计位置,主要依靠转动体系设计正确与转动装置灵活可靠。目前国内使用的转动装置主要有两种:一是以四氟乙烯作为滑板的环道承重转体;二是以球面转轴支承辅以滚轮的轴心承重转体。如图12-18所示。牵引驱动系统也是完成转体的关键。牵引系统由卷扬机(绞车)、倒链、滑轮组、普通千斤顶等组成,如图12-19a)所示。近来又出现了采用能连续同步、匀速、平衡、一次到位的自动连续顶推系统提供转动动力的实例,如图12-19b)所示。

有平衡重转体施工的主要内容与步骤包括转盘制作、布置牵引驱动系统的锚碇及滑轮、试上转盘、浇筑背墙及拱体结构、设置锚扣系统并张拉脱架(指拱体结构)、转体与合龙、封闭转盘与拱顶以及松锚扣系统。

(二)无平衡重转体

平衡重转体是以两岸山体岩石锚洞作为锚碇来锚固半跨拱桥悬臂状态平衡时所产生的

水平拉力,借助拱脚处立柱下端转盘和上端转轴使拱体作平面转动。由于取消了平衡重,可大大减轻转动体系质量和圬工数量。本法适用于地质条件好的 V 形河床上的大跨径拱桥转体施工。因无平衡重转体施工是把有平衡重转体施工中的拱圈扣索锚在两岸岩体中,从而节省庞大的平衡重。锚碇拉力是由尾索预加应力给引桥桥面板(或轴向、斜向平撑),以压力形式储备,桥面板的压力随着拱体所处方位不同而不同。如图 12-20 所示,无平衡重转体施工体系包括三部分:

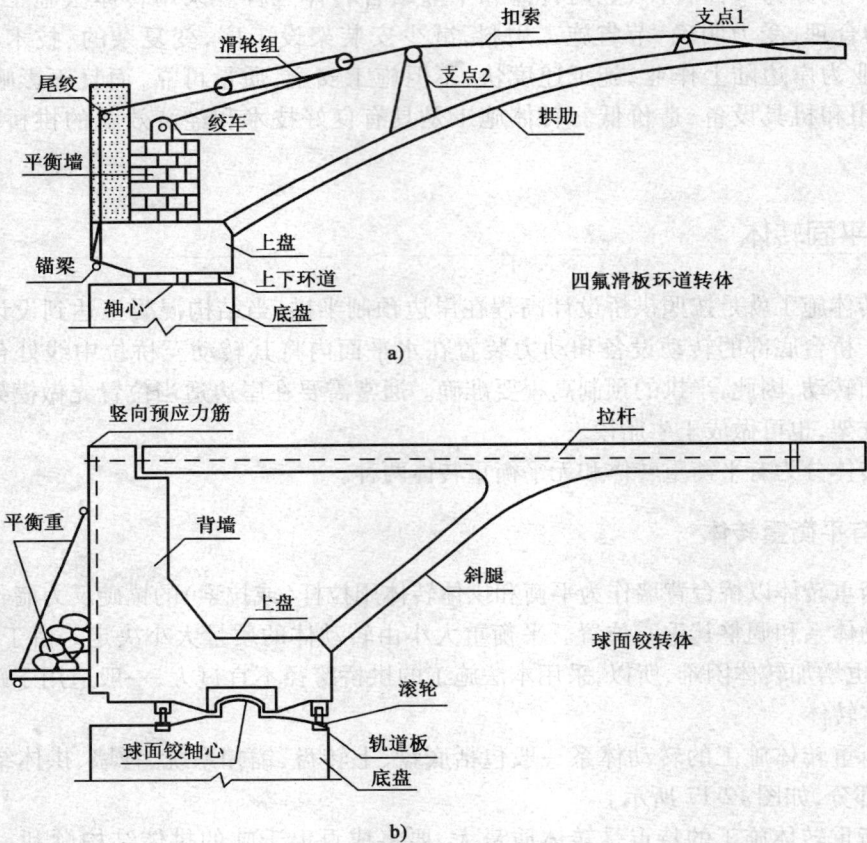

图 12-17　有平衡重转动体系构造

1. 锚固体系

由锚碇、尾索、平撑、锚梁(或锚块)及立柱组成。锚碇设在岩体中,锚梁(或锚块)支承于立柱上,两个方向的平撑及尾索形成三角形稳定体,使锚块和上转轴为一确定的固定点,无论拱体处于哪个方位,其扣索力均与锚固体系平衡。

2. 转动体系

转动体系则由上下转动构造、拱体及扣索组成,转体构造如图 12-21 所示。

3. 位控体系

为有效控制拱体在转动过程中的转动速度和位置,常由系在拱体顶端扣点的浪风索与无级调速自控卷扬机、光电测角装置和控制台组成位控系统,如图 12-22 所示。

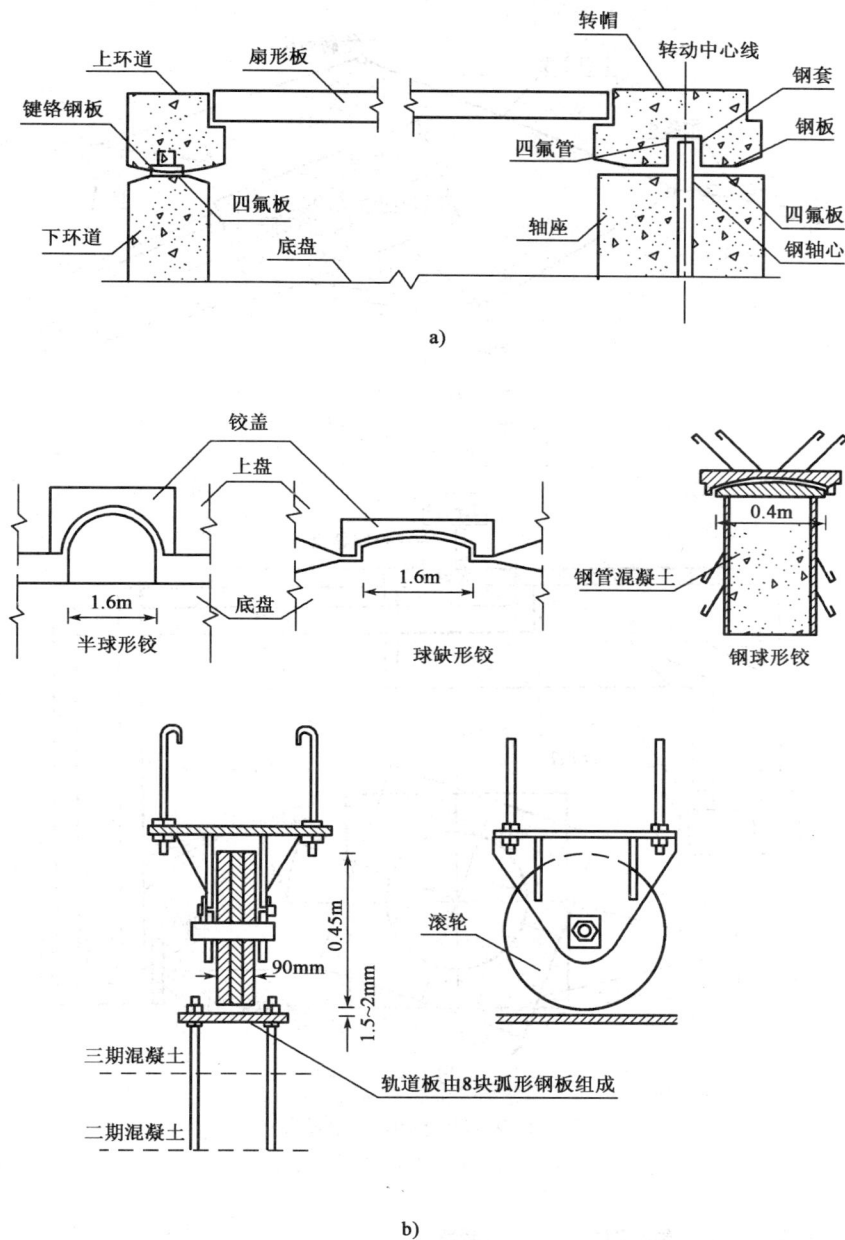

图 12-18 转动装置

a)聚四氟乙烯板环道构造;b)球面铰轨道板及滚轮构造

无平衡重转体施工内容及步骤:

(1)转动体系施工(包括下转轴、转盘及环道设置、拱座设置及拱体预制、立柱施工、锚梁、上转轴、扣索安装等)。这一部分施工主要要保证各部件制作安装精度及环道的平整度。

(2)锚碇系统施工(包括锚碇施工、安装轴向及斜向平撑、张拉尾索与扣索等)。

(3)拱体转动、合龙与松扣。

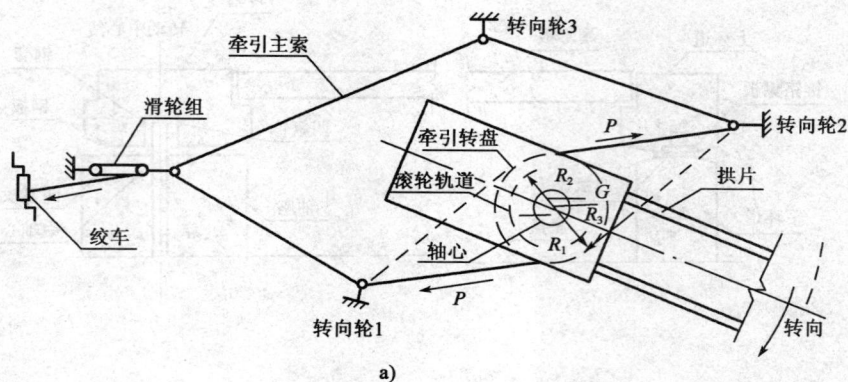

a)

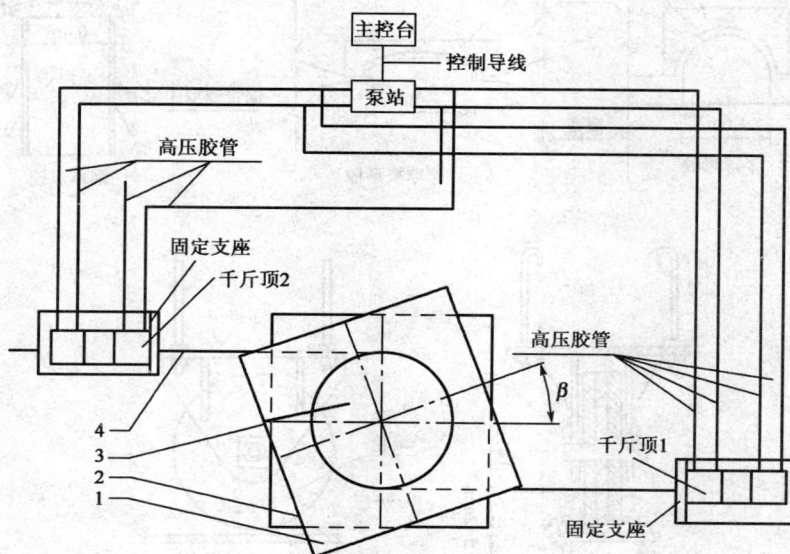

b)

图 12-19 转动牵引驱动系统
1-上转盘;2-底盘;3-球铰;4-钢绞线

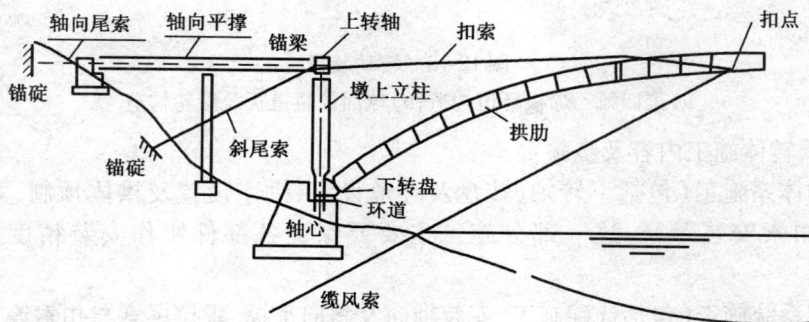

图 12-20 无平衡重转体施工体系

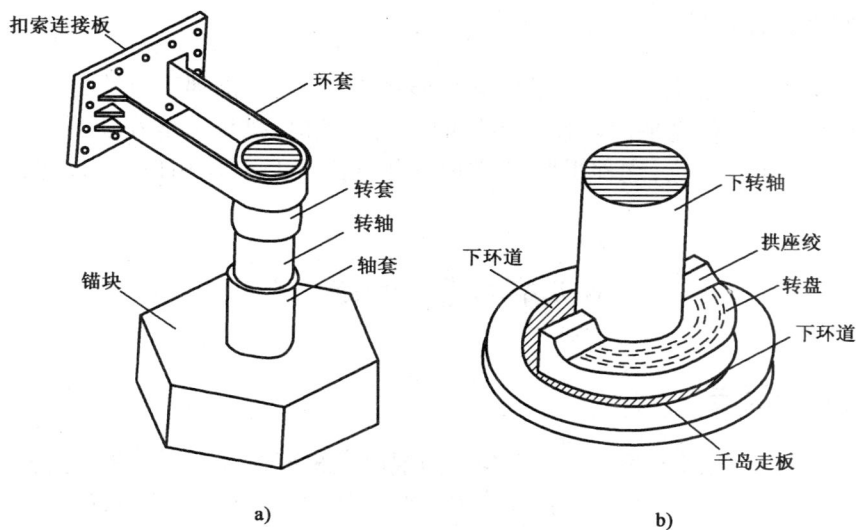

图 12-21　转动装置构造
a)上转轴;b)下轴盘

二　竖向转体

竖向转体施工是在桥台处先竖向预制半拱,然后在桥位平面内绕拱脚将其转动合龙成拱。根据河道情况、桥位地形和自然环境等方面的条件和要求,竖向转体施工有两种方式:一是竖直向上预制半拱,然后向下转动成拱。其特点是施工占地少,预制可采用滑模施工,工期短,造价低。需注意的是在预制过程中尽量保持位置垂直,以减少新浇混凝土重力对尚未结硬混凝土的弯矩,并在浇筑一定高度后加设水平拉杆,以避免拱形曲率影响,产生较大的弯矩和变形。二是在桥面以下俯卧预制半拱然后向上转动成拱。如图 12-23 所示。

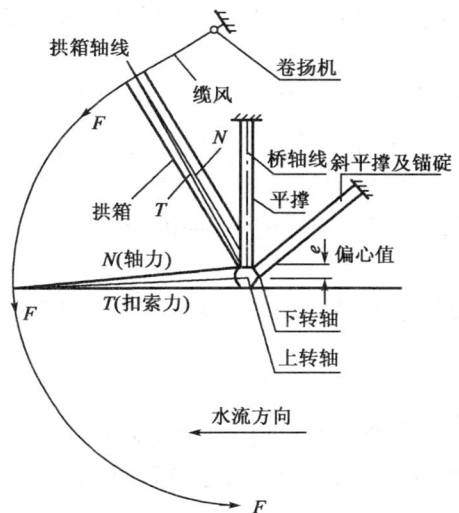

图 12-22　位控系统

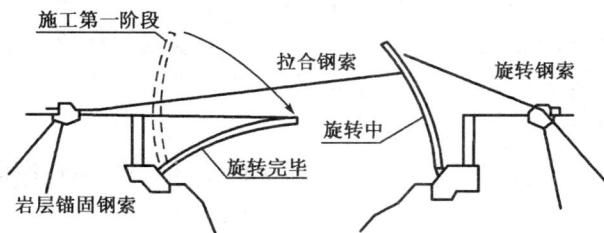

图 12-23　竖向转体

三　平竖结合转体

由于受到河岸地形条件的限制,拱桥采用转体施工时,可能遇到既不能按设计高程预制半拱,也不可能在桥位竖平面内预制半拱的情况。此时,拱体只能在适当位置预制后既需平转,又需竖转才能就位,这种平竖结合转体基本方法与前述相似,但其转轴构造较为复杂。

第五节　悬臂施工

一　悬臂浇筑法

悬臂施工法就是指拱圈、拱上立柱和预应力混凝土桥面板等齐头并进,边浇筑边构成桁架的悬臂浇筑法。施工时,用预应力钢筋临时作为桁架的斜拉杆和桥面板的临时明索,将桁架锚固在后面桥台上。其施工程序如图 12-24 所示。

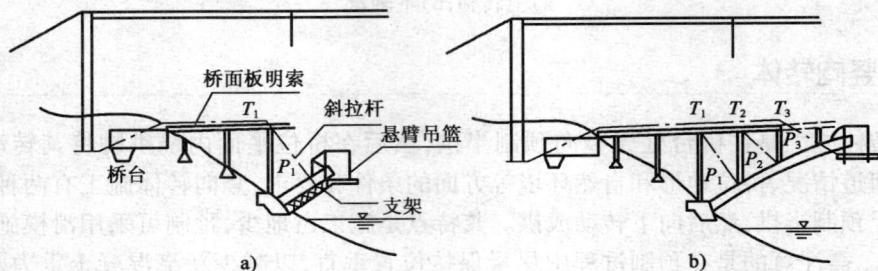

图 12-24　悬臂浇筑施工程序

在桥面板上设置临时明索,然后在吊架上浇筑头一段拱圈,如图 12-24a)所示。头一段拱圈浇筑完成并达到要求强度后,在其上设置临时预应力明索,并撤去吊架,直接系吊于斜拉杆上,然后在前端安装悬臂吊篮。

图 12-24b)为用吊篮逐段悬臂浇筑拱圈。当吊篮通过拱上立柱 P_2 位置后,须立即浇筑立柱 P_2 及 P_1、P_2 间桥面板,然后用吊篮继续向前浇筑,至通过下一个立柱 P_3 位置后,再安装 P_1、P_2 间桥面板明索及斜拉杆 T_2 并浇筑立柱 P_3 及 P_2、P_3 间桥面板。每当吊篮前进一步,须将桥面板临时明索收紧一次。整个桥孔就这样一面用斜拉钢筋构成桁架,一面悬臂浇筑,直至合龙。

拱圈断面为箱形时,每段施工按箱形断面拱圈的施工程序进行浇筑。每一循环(相当于拱上构造一个节间)约需 9~12d。

为争取时间,拱上桥面板混凝土宜用活动支架逐孔浇筑。

采用本法施工时,施工误差会对整体工程质量产生很大的影响,故必须对施工测量、材料强度及混凝土的浇筑等进行严格地检查和控制。尤其对斜拉预应力钢筋,必须严格测定每根的强度,观测其受力情况,必要时予以纠正和加强。

为防止计算与实际差别过大,施工前须做施工模拟试验及预应力钢筋锚固可靠性试验。

二 悬臂拼装法

这种方法是将拱圈的各个组成部分(侧板、上下底板等)事先预制,然后将整孔桥跨的拱肋(侧板)、立柱通过临时斜压杆(或斜拉杆)和上弦拉杆组成桁架拱片,沿桥跨分作几段(一般3～7段),再用横系梁和临时风构将两个桁架拱片组装成框构,每节框构整体运至桥孔,由两端向跨中逐段悬臂拼装合龙。悬伸出去的拱体通过上弦拉杆和锚固装置固定于墩、台上,也可以是将拱圈的各个组成部分分别在拱圈上悬臂组拼成拱圈,然后利用立柱与临时斜杆和上拉杆组成桁架体系,逐节拼装,直至合龙,如图12-25所示。

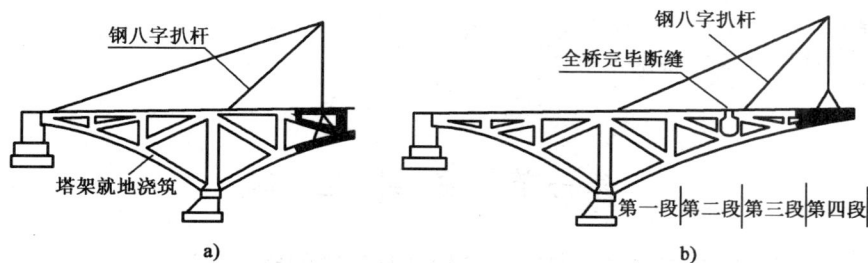

图 12-25 悬臂桁架拱桥施工

目前,世界最大跨径的混凝土桁式桥——贵州省江界河330m预应力混凝土桁式组合拱桥就是采用桁架伸臂法悬拼架设的。居目前世界第二的南斯拉夫 KRK 桥也采用悬臂法施工。

思考题

1. 有支架施工的拱架应满足哪些基本要求?满布式拱架有哪几部分组成?
2. 拱架的卸落设备常用的有哪几种?试述拱架卸落的程序。
3. 拱圈施工中分段和设置空缝的目的是什么?一般在什么地方分段和设置空缝?
4. 拱圈的分环和分段相结合的砌筑方法是什么?
5. 试写出拱上建筑施工的注意事项。
6. 试述按五段吊装合龙成拱的箱拱采用缆索吊装施工时每条拱肋的吊装程序。
7. 试述加载程序设计的目的和一般原则?
8. 什么是劲性骨架施工法?试述劲性骨架法施工的步骤。
9. 施工控制指的是什么?劲性骨架施工法施工控制的方法有哪几种?
10. 什么是转体施工?拱桥转体施工法根据其转动方位不同分为哪几种?
11. 拱桥常见的施工方法有哪些?
12. 简述拱桥各种施工方法的施工工序。
13. 钢管混凝土拱桥拱肋有哪些截面形式?各适用于哪些范围?

第十三章 斜拉桥施工

第一节 主 梁 施 工

由于混凝土斜拉桥的主梁采用混凝土结构,因此,它的施工方法和一般的混凝土梁桥的施工方法没有太大的区别。但是,与其他混凝土梁桥相比,斜拉桥的主梁高跨比很小,主梁截面尺寸小,抗弯能力差,如果主梁采用悬臂施工时,仍采用传统的挂篮施工,由于挂篮重力大,将使主梁、索塔、拉索施工内力控制设计,很不经济。此外,由于斜拉桥由主梁、索塔、拉索及桥墩台几部分组成,选择主梁施工方法时应和索塔、拉索等的施工同时考虑,并充分发挥斜拉桥结构本身的优势,在施工阶段尽可能发挥拉索的作用。

主梁的施工方法,除考虑现有的施工技术水平及施工设备、桥址地质、水文等因素外,还应考虑斜拉桥的结构体系、索型、索距和主梁截面形式等。有时结构设计往往由施工内力控制,所以主梁施工方法的选择应符合设计要求,并尽量采用先进合理的施工技术和施工设备。

一 支架法施工

支架法施工主梁就是在桥孔位置搭设满布式支架,在临时支墩之间设置托架或劲性骨架,然后立模现浇混凝土主梁,或者在临时支墩上拼装预制梁段的施工方法。

支架法施工的优点是,施工简单方便,且能确保主梁结构满足设计形状要求。但只能用于桥下净空低、搭设支架方便且不影响桥下交通的情况下,或跨径和规模较小的斜拉桥主梁的施工,如城市立交桥和净高较低的岸跨主梁施工。我国天津永和桥主梁施工就是采用支架法拼装施工的。

二 悬臂法施工

现代大跨径斜拉桥主梁施工常用悬臂法,利用众多的斜向拉索(密索布置时)在施工时吊拉主梁,充分发挥斜拉桥的结构优势以减轻施工荷载,使结构在施工阶段和运营阶段的受力基本一致。

悬臂施工法可分为悬臂拼装法和悬臂浇筑法两种。

悬臂拼装法一般先在塔柱区段现浇一段起始梁段以放置起吊设备,然后用起吊设备从塔柱两侧依次对称安装预制梁段,使悬臂不断伸长直至合龙。

悬臂浇筑法是从塔柱两侧用挂篮对称逐段就地高程混凝土直至合龙。

在支架上施工边跨主梁,中跨主梁采用悬臂施工,这种方法称为单悬臂施工。从塔柱两侧对称平衡施工,称为双悬臂施工。上海泖港大桥主梁的施工即采用边跨支架法拼装,河跨挂篮悬臂拼装的单悬臂施工法,节段间用现浇混凝土湿接缝相连。美国的哥伦比亚桥(P-K)和东亨丁顿桥是采用双悬臂法施工的实例。两桥都采用驳船运送主梁预制节段,并用架设梁或浮吊进行悬臂拼装,图 13-1 是美国 P-K 桥主梁悬臂拼装施工示意图。先把钢吊架(图中吊装梁)安装好并锚固在已架好的主梁上,并由塔顶的辅助钢索保持平衡。钢吊架上安装与吊杆相连的千斤顶,当驳船将预制梁段运到桥下时,将吊杆与预制梁段铰接,通过千斤顶起吊,使梁段慢慢提升到桥面高程就位。梁段间用环氧树脂和预应力筋相联结,待环氧树脂凝固后,张拉拉索,重复上述步骤,再安装下一梁段。

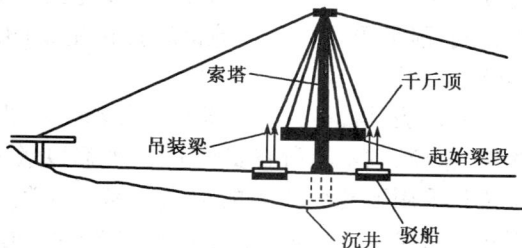

图 13-1　悬臂拼装主梁示意图

我国广东九江大桥、安徽蚌埠淮河大桥也都采用大型浮吊悬臂拼装混凝土主梁。

对于中小跨径的斜拉桥,当预制梁段重力不大时,可利用已施工完成的索塔作为安装索塔,采用缆索吊机进行主梁悬臂拼装施工。采用浮吊或缆索吊装,施工荷载较小,一般施工内力不控制设计。

我国大部分混凝土斜拉桥主梁都采用悬臂浇筑法施工。但如果采用传统的挂篮进行悬臂浇筑,为了使梁、塔、拉索的设计不受施工内力控制,施工中应尽量减小施工荷载,并充分发挥拉索的作用,使结构在施工阶段和运营阶段的受力状态基本一致。

对于单索面布置的箱形截面主梁,为减轻浇筑质量,通常将横截面分解成三部分,即中箱、边箱和悬臂板。先完成包含主梁锚固系统的中箱,张拉斜向拉索,使之形成独立的稳定结构,然后以中箱和已浇梁段的边箱为依托,浇筑两侧边箱,最后用悬挑小挂篮浇筑悬臂板,使整体单箱按品字形向前不断悬臂浇筑。

对于双索面布置的双箱截面主梁,主梁节段的横向可划分为两个边箱和中间行车道板三部分。两个边箱对称悬臂浇筑并张拉拉索,最后以两个边箱为基础施工中间行车道板。

采用传统的挂篮进行悬臂浇筑施工,现浇梁段每节长约 2～5m,每节梁段的施工周期约 6～10d。悬臂施工法每个节段的施工周期常常控制全桥的工程进度。因此在选择施工方法时必须连同索塔、拉索一起考虑。

随着高度很小的实体双主梁截面的不断采用,为了加快采用悬臂浇筑法施工的全桥工程进度,近年来出现了"长挂篮"的施工工艺,每节悬浇梁段长度可加长至 7～8m,由此,减少了梁段数量,缩短了总工期。由于挂篮自重力和浇筑梁段重力的增大,需要先借用待浇梁段上的一根永久拉索作为挂篮的前支点,因此,我国将长挂篮称为"前支点挂篮"或"牵索挂篮"。长挂篮的基本工作原理是,由拉索和已浇梁段来共同承担待浇梁段的重力。做法是用一根短的工具索将临时借用的永久索接长,工具索的下端与挂篮临时连接,长挂篮的后端锚固在已浇梁段上,这样,浇筑长挂篮上的节段混凝土时,由工具索和永久索作为长挂篮的前支点与后支点共同受力,待混凝土强度达到设计要求并施加了适当预应力后,拆除工具索,让节段梁重力转移到拉索上,再前移长挂篮,重复上述施工步骤,完成悬臂施工直至合龙。长挂篮浇筑梁段的节段长应与索距相配合,以便每次可借用一根拉索。我国已建成的重庆长江二桥、武汉长江公路大桥及美国的 D-P 桥都采用长挂篮悬臂浇筑施工。

三 顶推法、平转法施工

顶推法进行混凝土斜拉桥主梁的施工,需在跨内设置若干临时支墩,且在顶推过程中,梁要反复承受正、负弯矩。为了满足施工阶段内力要求,有时主梁需配置临时预应力束筋。因此顶推法只适用于桥下净空较低、修建临时支墩造价不高、且不影响桥下交通、抗拉和抗压能力相同、能承受反复弯矩的钢斜拉桥主梁的施工。国内还没有用顶推法施工斜拉桥主梁的实例。

平转法是将斜拉桥上部结构分别在两岸或一岸顺河流方向的支架上现浇,并在岸上完成落架、张拉、调索等所有安装工作,然后以墩、塔为圆心,整体旋转到桥位合龙。我国四川的金川桥是采用平转法施工的独塔双跨式混凝土斜拉桥,结构体系为刚构,跨径布置为 68m + 37m,塔高 25m. 主跨为空心箱梁,边跨为实心箱梁。平转法施工适用于桥址地形平坦、墩身较矮及结构体系适合整体转动的中小跨径斜拉桥。

综上所述,混凝土斜拉桥主梁的架设方法与斜拉桥的跨径和规模有密切关系,一般跨径及规模较小时常用支架法施工,跨径和规模较大时用悬臂法施工。

四 主梁施工注意事项

混凝土斜拉桥的主梁虽然大多采用等截面,但由于梁高较小,且有时腹板常作成倾斜的,在拉索锚固部位处常有凸出部分或横梁存在,因此,施工时对模板材料、构造、内模作业的可能与方便等问题应予以充分考虑。采用悬臂施工时,从有利于索塔和桥墩的受力出发,通常应将索塔两侧两个对称悬臂节段的混凝土在同一天内浇筑完毕。当用泵送混凝土浇筑时,要注意输送管道的布置。

在主梁节段施工周期之间要穿插进行拉索的安装(有时还要进行索塔的节段施工),在制定施工进度计划时,不应有妨碍拉索架设和索塔施工的地方。

主梁施工中应保证拉索的索力符合设计要求,由于主梁是逐次形成的,在安装完毕后,应使主梁的立面位置符合设计要求,不出现过大的偏差,因此施工中应进行控制与调整。

第二节 索 塔 施 工

典型的塔、墩固结的混凝土索塔的施工方法基本上与高墩或烟囱相同,但由于索塔的形式多种多样,塔柱多数是变截面的,且有时还是斜塔柱(A 形、倒 Y 形或菱形),索塔上设有众多的拉索锚固点,要考虑拉索锚固点位置和预埋件位置的精度,根据索塔结构的布置,塔柱间常有横梁或横向连接构件,并且索塔施工还要配合拉索的安装和张拉,设置必要的工作平台和起重设备等,因此,增加了索塔施工的难度。

一 混凝土索塔施工顺序

混凝土斜拉桥可先施工墩、塔,然后施工主梁和安装拉索,也可索塔、拉索、主梁三者同时并进。典型的塔墩固结混凝土索塔的施工可按图 13-2 的施工顺序进行。

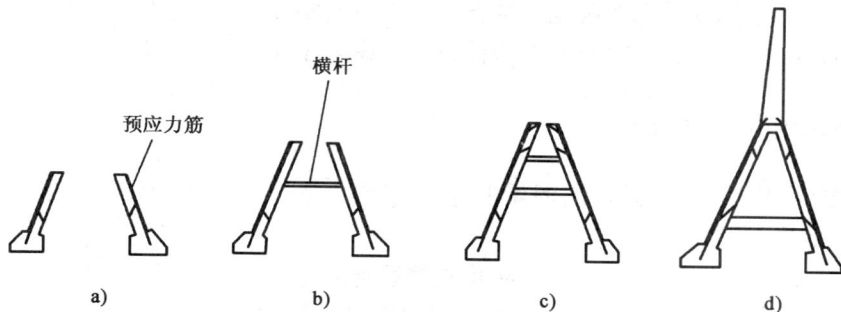

图 13-2　混凝土索塔施工顺序
a)施工阶段 1;b)施工阶段 2;c)施工阶段 3;d)施工完成后

二　塔柱的施工

(一)塔柱的施工方法

塔柱混凝土施工一般采用就地浇筑,模板和脚手平台的做法常用支架法、滑模法、爬模法或大型模板构件法等。

支架法是从地面或墩顶设置满布支架及模板,然后现浇塔柱混凝土。这种方法适用于索塔高度较小和形状比较复杂的索塔施工,它不需要特殊的施工机械设备,但花费支架模板材料较多。

滑模施工法是将工作平台与模板组拼成可自动沿塔柱向上滑移的整体装置,利用已浇筑混凝土中预埋的钢材(常用劲性骨架)安装滑升装置,使模板与工作平台可以逐渐向上滑动。滑模法施工能连续不断地浇筑塔柱混凝土,因此,施工工期最短。

爬模法施工是将工作平台和模板组拼成可自动升降的整体装置,利用下节(一般为 2 ~ 5m)已凝固混凝土中预埋的钢材(或劲性骨架)逐节提升平台和模板结构。这种施工方法机械化程度较高,可缩短工期,适用于大型索塔的施工。

塔柱内常设有劲性骨架,安装定位后,可供测量、放样、立模、绑扎钢筋、拉索钢套管定位等用,也可承受施工荷载。在倾斜塔柱中作用更大。劲性骨架可在工厂加工,在现场分段超前拼装,精确定位。

大型模板构件法施工塔柱,是将模板和工作平台做成容易组装和拆开的大型标准构件,利用吊机或特殊起吊设备进行提升组装,然后浇筑塔柱混凝土。此法由于考虑到高空作业的安全性,索塔高度受到限制。

(二)施工塔柱的注意事项

为保证塔柱混凝土的浇筑达到一定的精度,必须控制模板的变形,特别是当塔柱为倾斜的内顷或外倾布置时,应考虑每隔一定高度在塔柱内设受压支架(塔柱内倾)或受拉拉条(塔柱外侧),以保证斜塔柱的受力、变形和稳定性。另外,应保证拉索锚固点预埋件位置的精度,特别在高空作业条件下,施工有一定的难度,为此,可将锚固各拉索用的预埋件,事先在地面或工厂内组装成一个整体的骨架,然后整体吊装预埋,这样可确保拉索锚固位置的精度。施工中除了应保证各部位的几何尺寸正确之外,还应进行索塔局部测量系统的控制,并与全桥总体测量系统接轨,以便根据实际施工情况及时进行调整,避免误差累计过大。

塔柱混凝土可采用提升法输送,有条件时应考虑采用泵送混凝土施工工艺。

三 横梁的施工要点

一般横梁采用支架法就地浇筑混凝土,但在高空中进行大跨径、大断面、高等级预应力混凝土的施工,难度较大。

横梁施工时应考虑模板支撑系统,防止支撑系统的连接间隙变形、弹性变形、支承不均匀沉降变形;混凝土横梁和塔柱与钢支撑不同的线膨胀系数的影响;日照温差对钢和混凝土的不同时间差效应等产生的不均匀变形的影响,以及相应的变形调节措施。

每次浇筑混凝土的供应量应保证最先浇筑的混凝土初凝前完成全部浇筑,并应采取有效措施防止在早期养护期间及每次浇筑过程中由于支架的变形引起混凝土横梁开裂。

四 混凝土索塔施工实例

(一)日本一座混凝土斜拉桥索塔施工

该索塔高52m,倒 V 形混凝土结构,采用爬升模板施工,施工顺序如下:

(1)先用普通模板和工作平台施工塔柱下面 3.2m 的底节,然后在下端预埋的钢材上安装爬升装置、爬升式模板和平台。

(2)斜塔柱部分分 12 次浇筑、每次浇筑3m 高,左右两斜柱同时用爬升模板法施工。

(3)塔顶部 12.1m 部分为拉索锚固区,采用在托架上组拼支架模板后分 6 次浇筑的施工方法。

(二)重庆石门大桥混凝土索塔施工

重庆石门大桥是独塔单索面混凝土斜拉桥,跨径布置为 200m + 230m,采用梁、塔、墩固结的刚构体系。索塔采用单柱型,塔柱设在中央分隔带上,自桥面起高113.66m,根部 13.25m 是实心段,中段 88.21m 为空心段,顶部 12.2m 为工作室,装有供维修、养护用的提升设备的机房、航空灯及避雷装置等。塔柱基本成矩形截面,顺桥向宽 9.5m,横桥向 4.0m,自桥面 6m 以上增大至 4.5m,是等截面空心结构。空心截面塔柱上预留前后交叉排列的 216 根拉索预埋钢管,以备拉索穿过锚固。拉索预埋钢管由劲性骨架定位,以保证管道位置的精度要求。因拉索在索塔上张拉,故在索塔上拉索锚固端设置锯齿形张拉槽,两侧设置检修平台。

塔柱根部实心段采用立模现浇,然后安装滑模设备进行滑模施工。先滑升一半塔高,待箱梁施工部分梁段、安装和张拉一部分拉索后再继续滑升至顶部,最后再施工塔顶工作间和安装避雷针。

由于塔内钢筋密集,还有大量的预埋件,拉索预埋钢管安装精度要求高,并与滑模平行作业,塔柱本身轴线与轮廓尺寸要求也较高,为了在高塔柱上实施滑模施工,在施工前对滑模结构和施工工艺进行了试验与摸索。施工实践证明,塔柱滑模混凝土质量较好,速度较快。每昼夜滑升速度约 1.6～2.2m。

五 混凝土索塔施工注意事项

(1)塔柱截面常沿高度变化,如 A 形、倒 Y 形的塔柱轴线还是倾斜的,为了保证轴线、截面尺寸达到一定的精度要求,应考虑每隔一定高度设置临时的横向支撑杆(塔柱内倾时设受压支架,塔柱外倾时设受拉拉条),以保证倾斜塔柱的受力、变形和稳定性。

(2)在索塔上除了有拉索锚固张拉部位的凹槽缺口外,通常还有用作检查的走道,及出于美观考虑等的截面变化区,在模板设计时应充分考虑这些因素。

(3)索塔上除了设置本身施工需要的工作平台外,还需设置为架设和张拉拉索用的脚手平台。

(4)由于索塔混凝土是就地浇筑,随着高度的增大,对于施工用的机具、材料、起吊设备的搬运、拉索架设等宜采用爬升式塔吊作为起重设备,并设置升降设备。用塔吊和混凝土斗或混凝土泵车输送混凝土浇筑,如采用管道输送混凝土,应特别注意泵送混凝土的配合比设计、泵送设施的布置、泵送混凝土施工工艺特点等,并采用高性能泵车,以确保索塔泵送混凝土的质量达到设计要求。

(5)索塔施工是高空作业,要有充分可靠的安全措施,防止上、下层作业的落物事故。

第三节　斜拉索的制作、挂索和张拉

成型拉索由钢丝(或钢绞线)组成的钢索和两端的锚具两部分组成,而不同种类和构造的钢索两端需配装合适的锚具后才成为可以承受拉力的拉索。

配装热铸锚、冷铸锚、镦头锚这三种锚具(统称为拉锚式锚具)的拉索可以事先将锚具装固到钢索两端预制成拉索,这些拉索可以在专门的工厂制作,然后装运到桥梁工地,或在桥梁工地现场制作,拖拉到桥位直接进行挂索和张拉,这些拉索有单股钢绞缆、封闭式钢缆、半平行钢丝线索、半平行钢丝索、平行钢丝索及平行钢丝股索等。这类拉索可称作预制索或成品索。我国已建有专门化、机械化生产热挤塑聚乙烯护套扭绞型钢丝索的工厂,可生产的最大规格为 421φ7mm、长度 350m 的钢丝索,可满足 600m 以上大跨径斜拉桥对拉索的需要。制作拉索的水平已达到国际先进水平。

配装夹片群锚的拉索,张拉时直接张拉钢丝,待张拉结束后锚具才发挥作用,因此,配装夹片群锚的平行钢筋索及平行钢绞线索必须在桥梁现场架设过程中制作,故可称为现制索。

一 拉索的制作

(一)制索工艺流程

制索工艺流程一般为:钢丝除锈→调直→下料→防护漆→穿锚→镦头→浇锚→烘锚→拉索防护→超张拉→标定。

若采用高密度聚乙烯管作拉索防护时,应在钢丝成索后即穿套聚乙烯管,然后再穿锚。应力下料时,同索钢丝索须在同一温度下下料,防止温差过大影响钢丝长度的精度。

(二)索长计算

计算索长是为得出制作拉索的钢丝下料长度。首先求出每一根拉索的长度基数 L_0,然后对这一基数进行若干修正,即可得到钢丝的下料长度 L。可根据有关规定进行计算。

如组成拉索的钢丝下料时的温度和桥梁设计中取定的标准温度不一致,则在下料时进行温度修正。如采用应力下料,则还应考虑应力下料修正。温度修正和应力下料修正可根据具体情况考虑决定。

对于大跨径斜拉桥,拉索的制作宜和挂索协调进行,随时注意上一阶段的挂索情况,根据反馈的信息,对下一阶段的拉索长度作出是否需调整的决定。

二 挂索

挂索就是将拉索架设到索塔锚固点和主梁锚固点之间的位置上。由于斜拉桥的结构特性,挂索总是从短索进行到长索。

斜拉桥所用拉索,根据设计要求,可能是成品索或现制索,挂索的方式也各不相同。

(一)成品索挂索

成品索无论是在专门工厂制造后成盘运输到工地,还是在工地附近制成的,都可以直接利用吊机将拉索起吊,借助卷扬机将拉索两端分别穿入主梁上和索塔上的预留索孔,并初步固定在索孔端面的锚板上完成挂索,或者设置临时钢索作为导向缆绳,并用滑轮牵引完成挂索。

由于长索质量大,长度长,挂索时垂度大,需要吊机和卷扬机的牵引力也大。因此施工前应先计算出卷扬机的牵引力及连接杆的长度。常根据短索、中索、长索制定不同的挂索方案。挂索过程中还应校验计算值是否符合实际情况,并以先期挂索的实际情况对下一根较长索的牵引力和连接杆长度及时进行调整。

对于短索,可直接用塔顶吊机放盘,并将拉索张拉端与安置在索塔内的张拉千斤顶的牵引钢绞线连接(索塔处为张拉端时),并在桥面吊机的配合下,将拉索锚固端安装到主梁上。图13-3 为由塔顶吊机直接牵引挂索的示意图。

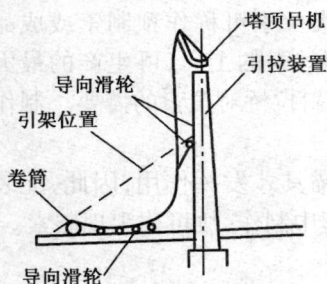

图 13-3　塔顶吊机直接牵引挂索

对于中长索,可用在索塔内的卷扬机和滑轮组进行牵引,并与安置在索塔内的拉索张拉千斤顶的牵引钢绞线连接,完成挂索。

长索挂索仍可采用与索塔内拉索张拉千斤顶的牵引钢绞线连接的方法来完成挂索。但由于长索要求牵引力大,直接用卷扬机将锚具拉出洞口比较困难,为此,可将张拉用的连接杆先安装在拉索锚具上,再用卷扬机拉连接杆,使锚具露出洞口,用螺母固定完成挂索。

对于更长、质量更大的拉索,由于卷扬机的牵引力有限,连接杆的长度就要相应增长。较长的连接杆可以由几节组成,千斤顶拉出一节就卸去一节,以方便施工。

对于特长和质量特别大的拉索,为避免卷扬机牵引力不足及连接杆太长,可采用下述的方式挂索:先在索塔上的索孔中穿入一束由若干根钢绞线组成的柔性牵引索,并在索塔张拉千斤顶上附设一套钢绞索的牵引装置。卷扬机提升拉索至连接杆,到达塔外索孔进口附近时,就可与钢绞线束连接,并利用千斤顶的力量,将连接杆拉入索孔,完成挂索。

成品索除采用上述方法完成挂索外,还可在塔顶和主梁前端之间设置临时钢索,然后用若于根滑轮吊索来引拉预先已展开的拉索,滑轮吊索的下端将拉索吊起,上端则有滑轮可沿临时钢索向上滑行,直至拉索到达塔上索孔完成挂索。美国主跨299m的P—K(Pasco—KennewickBridge)桥就是用这种方法挂索的。这种方法挂索的缺点是临时钢索随着主梁长度加大需经常变换位置,挂索效率较低。

(二)现制索挂索

现制索即拉索是在挂索过程中完成制索的。先在拉索上方设置一根粗大的钢缆作为导向索,将拉索的聚乙烯防护套管(或其他拉索防护套管)悬挂在导向索上,然后逐根穿入钢绞线(或高强钢筋),用单根张拉的小型千斤顶调整好每根钢绞线(或高强钢筋)的初应力,最后用群锚千斤顶整体张拉,完成制索、挂索和张拉全过程。

现制索还有用其他方式制索挂索的,如美国主跨396.34m的达姆岬桥,拉索采用高强度平行钢筋索,配装迪维达格锚具,拉索防护采用钢套管,内压水泥浆。拉索施工即制索、挂索、张拉采用满布脚手架,脚手架由拆装式杆件组拼而成,沿两个索面布置,平行钢筋束的每根螺纹钢筋在钢套管以外的扩散部位都各自带有波纹套管,并分别用迪维达格千斤顶张拉后用螺帽固定。

在长索挂索施工时,应尽可能避免发生钢丝绳旋转和扭曲现象。由于长索对牵引力要求高,必须经计算挂索设备满足要求后方可施工。在将拉索锚具引拉进入拉索预埋钢套管及拉出拉索套管时,均应将千斤顶严格对中,并应有导向装置来调整拉索以不同的角度进入管道,防止拉索锚具碰撞、损伤,影响施工。

三 拉索的张拉

拉索的张拉是拉索完成挂索施工后导入一定的拉力,使拉索开始受拉而参与工作。通过对拉索的张拉,可以对索力及桥面高程进行调整。所以拉索的张拉工艺、索力及高程的控制是斜拉桥施工的关键,应按设计单位的要求进行,并将施工控制的实际结果迅速反馈给设计单位,以便及时调整,指导下一步的施工。由于每根拉索的张拉力很大,且伸长量也大,千斤顶和座架等均是大型的,因此,张拉位置选择在索塔一侧还是主梁一侧,应由千斤顶所需的张拉空间和移动空间等决定。

为减少索塔和主梁承受的不平衡弯矩、扭矩及方便施工,应尽量采用索塔两侧平衡、对称、同步张拉或相差一个数量吨位差的张拉施工方法。必要时,也可考虑单边张拉,但必须经过仔细的计算。

拉索的张拉包括悬臂架设时最外一根拉索的初次张拉、内侧紧邻一根拉索的二次张拉、主梁合龙后的最终张拉,以及施工中间的调整张拉等。工作平台等的设置,要适应以上各种张拉情况。如在主梁一侧张拉时,则需要有能够在主梁下面自由移动的吊篮式工作平台。

通过张拉对索力进行调整,索力的大小由设计单位根据各个不同的工况,经过计算后给出,张拉拉索时应准确控制索力。对于长索的非线性影响,大伸长量及相应的各种因素的影响,在设计与施工时都应充分考虑,并采取有效的技术措施。

(一)拉索张拉方法

1. 用千斤顶直接张拉

在拉索的主梁端或者索塔端的锚固点处安装千斤顶直接张拉拉索。这种方法较简单直接,是普遍采用的方法,但需在索塔内或主梁上有足够的千斤顶张拉空间。

2. 用临时钢索将主梁前端拉起

依靠主梁伸出前端的临时钢索,将主梁吊起,然后锚固拉索,再放松临时钢索使拉索产生拉力。用此法张拉拉索虽然不需要大规模的机具设备,但由于只靠临时钢索有时不能满足主梁前端所需的上移量,最后还需用其他方法来补充拉索索力,所以此法较少采用。

3. 在支架上将主梁前端向上顶起

原理同2,只是由向上拉改为向上顶。但这种方法仅适用于主梁可用支架来架设的斜拉桥。如果主梁前端在水面上时也可采用浮吊将主梁前端吊起或利用驳船的浮力将主梁前端托起等。

国内几乎都采用液压千斤顶直接张拉拉索的施工工艺。

(二)索力测量

为了施工中准确控制、调整索力,必须掌握测定索力的方法。由于测量数据会有一定的误差,要求反复多次进行测定。测定索力的方法很多,如千斤顶油压表、测力盒、应变仪、拉索伸长量、拉索的垂度、主梁线形、拉索的频率振动法、测力传感器测定索力等,这里主要介绍三种常用的测定索力的方法。

1. 千斤顶油压表

拉索用液压千斤顶张拉时,由于千斤顶张拉油缸中的液压和张拉力有直接的关系,只要测得油缸的液压就可求出索力。但张拉用的千斤顶油压表要用精密压力表事先标定,求得压力表的液压和千斤顶张拉力之间的关系。用此法测定索力的精度可达 $1\% \sim 2\%$。

也可用液压传感器测定千斤顶的液压,液压传感器感受液压后输出相应的电信号,接受仪表收到信号后即可显示压强或经换算后直接显示出张拉力。电信号可由导线传人,因此能进行遥控,使用更方便。

由液压换算索力简单方便,因此这种方法是施工过程中控制索力最实用的一种方法。

2. 测力传感器

用测力传感器测定索力的原理是:拉索张拉时,千斤顶的张拉力是由连接杆传到拉索锚具的,如果将一个穿心式测力传感器套在连接杆上,则张拉拉索时,处于千斤顶张拉活塞和连接杆螺母之间的传感器,在受压后输出电信号,就可在配套的二次仪表上读出千斤顶的张拉力。

这类测力传感器常需专门设计,由专业厂生产,方可收到良好效果,其精度一般可达 $0.5\% \sim 1.0\%$。

如需长期测定索力,只要将穿心式测力传感器放在锚具和索孔垫板之间,就可达到长期监测的目的。是对已成索索力测定的好方法。

虽然测力传感器售价高,但系统测力精度高,是推荐采用的测定索力的方法。

3.频率振动法

频率振动法是根据拉索索力和振动频率之间的关系求得索力。

对于跨径较小的斜拉桥,由于索力小,可用人工激振测得拉索频率。为消除由频率推算索力过程中其他因素的影响,可先在预拉台座上对每一种规格和长度的拉索,在指定的索力范围内,逐级测定其频率和索力的关系。在实际斜拉桥的索力测定时,根据实测的频率,对照相应的索力和频率的相关关系,可求得索力。

对于大跨径斜拉桥,由于拉索既长质量又大,对拉索已不可能用人工激振来获得理想的振态,也不适宜预先进行实索标定来求得频率和索力的相关关系。根据研究分析,可用精密的拾振器,通过频谱分析,根据功率谱图上的峰值,能够判定拉索的各阶频率。频率得到后,就可根索力与频率的关系求得索力。

振动频率法求索力,应注意索的边界条件对索力的影响。用振动频率法求索力时,首先要精确测定频率,特别是低阶频率,能测出一阶频率最好;第二要根据拉索的边界条件准确设定拉索的计算长度。一般来说,由于拉索两端通常作铰接处理,拉索又有一定的抗弯刚度及近端部设置了减振圈,因此拉索的计算长度比实际长度 L_0 要短些。具体的计算方法过程可参照相关资料。

频率振动法测定索力,设备可重复使用,整套仪器携带,安装方便,测定结果可信,特别适用于对索力进行复测及测定活载对索力的影响。

第四节 斜拉桥施工的管理和控制

1975 年在四川省云阳我国建成了第一座跨度 75m 的斜拉桥。20 余年来,斜拉桥建设发展迅速。至今,全国已修建了大跨径斜拉桥梁 110 多座,斜拉桥的设计与施工都跨进了世界先进行列,主要取得了以下几个方面的成就。

一 斜拉索防护技术不断完善及制索工艺逐步实现专业化和工厂化

1986 年广东九江大桥首次采用热挤塑聚乙烯防护扭绞型钢丝索,经过 10 余年的开发、研制,使斜拉索的制作、防护工艺日趋完善,并逐步实现了专业化,工厂化,保证了斜拉索的质量,提高了使用寿命。现在施工单位按照设计单位选定的拉索型号向厂家订购即可。

二 斜拉桥主梁的施工工艺日趋成熟

混凝土斜拉桥主梁施工一般可采用支架现浇、悬臂浇筑、悬臂预制拼装、顶推和转体等方法,但在我国多采用挂篮悬臂浇筑法。无平衡重轻型挂篮技术的发展,使斜拉桥施工实现索距 8m、主梁宽度 30m 的全断面一次浇筑混凝土成形,既保证了质量又可缩短施工周期。

目前采用的挂篮有利用斜拉索作前支点的牵索式挂篮和无平衡重后支点挂篮,挂篮质量与浇筑混凝土质量之比均小于 0.4,使斜拉桥主梁高度减小,近年来修建的混凝土梁板式斜拉桥,梁高一般为 2 ~ 2.5m,不仅便于施工,也降低了斜拉桥的造价。

三 塔柱锚固区采用箱形断面

斜拉桥在箱形塔内张拉和锚固,使索塔外形简洁、拉索锚固长度简短,克服了因交叉锚固拉索不在同一平面使得桥面宽度增加、锚头外露、换索及维修不便等缺点,增加了索塔结构的刚度。

四 设备的大型化

大吨位张拉、牵引设备的研制成功,为大跨度、大吨位拉索的斜拉桥提供了必要的施工手段。拉索索力吨位的增加,使斜拉桥的索距由初期的 5m 左右增加到 8m 以上。拉索的数量减少,加快了施工进度,降低了工程造价。

五 高强度低松弛钢绞线在拉索中的应用

采用高强钢丝做斜拉索的杨浦大桥最长的拉索长度已达 331m,质量超过 32t,拉索的盘径已超出陆上运输界限。随着斜拉桥跨度的加大,拉索的长度也相应增长,由于拉索的制造和施工费用约占上部结构费用的 30% 左右,继续采用高强钢丝做斜拉索,对张拉设备的要求更高,无疑将增加施工难度和费用。利用高强度低松弛的钢绞线作斜拉索已势在必行。

钢绞线群锚斜拉索体系的优点是将整束斜拉索"化整为零",单束安装、张拉,再用大吨位小行程质量轻的千斤顶整束调索,施工便捷。

六 施工过程控制

施工过程控制的目的,在于保证结构线形与索力在规定的误差范围内,一般采用能满足工程精度要求的高程和索力监测仪器对梁的高程、索力进行双控。

通过斜拉桥的施工实践,人们已经总结出施工中实测值与理论计算值之间产生差异的原因和消除差值的办法,此过程可归纳为:施工→测量→识别→修正→预告→施工的循环过程。

大多数斜拉桥已实现了单根斜拉索索力张拉到位后,全桥无需再进行调索,大大简化了施工程序,加快了工程进度。

七 拉索可在营运状态下进行调索和更换

采用伸臂架设法施工时,结构体系随施工阶段的进展不断变化。各施工阶段发生的内力和变形的摆差如果不进行管理和控制,则累积后将影响成桥后的线形和内力。因此,对各施工阶段发生的误差必须随时予以调整。斜拉桥的施工管理工作应考虑以下各点:

(1)正确计算恒载质量。

(2)对施工管理人员严格要求。

(3)掌握各种重要因素引起的影响(荷载、刚度、速度、基础变形等)。

(4)测量工作。

(5)实测值与设计值的比较。

(6)施工管理中的计算工作(要求对变形和内力双控,如索力、斜索长度、索塔垂直度、主梁线型、主梁应力等）。

（7）其他（测量仪器的精确性、混凝土徐变和收缩的时间影响、风振和抑振措施等）。

思考题

1. 斜拉桥主梁的施工方法有哪几种？最常用的方法有哪几种？悬臂拼装法按吊装设备和吊装方法分为哪几种？长挂篮悬臂施工法与普通挂篮悬臂施工法有什么不同？

2. 索力测试的方法有哪几种？

3. 按主梁、索塔、斜索的相互结合方式可组成哪几种结构体系？

4. 索塔的施工方法有哪几种？滑模施工与爬模施工有何不同？

第十四章 桥梁墩台施工

【学习目标】

1. 掌握砌筑墩台和混凝土墩台的施工方法及施工要点。
2. 掌握墩台顶帽施工方法及施工工艺。
3. 掌握起重吊装设备施工和桥头锥体施工，了解墩台施工过程中的工程质量与技术安全。

墩台施工是整个桥梁施工的一个重要组成部分。其圬工数量大，工序较多，特别是高墩施工的垂直运输、高空作业安全等问题尤为突出。因此，应根据墩台类型和现场具体条件，选用合理的施工方法。施工中应尽量采用机械化施工，并使各工序紧密结合，以加快施工进度和提高工程质量。

桥梁墩台分为重力式墩台和轻型墩台两类，重力式墩台一般采用圬工砌体，轻型墩台采用钢筋混凝土结构。石砌墩台可以就地取材，节约水泥和模板材料，施工简单，需用机具少。但进度较慢，一般仅在台身、低墩和基础部分采用；混凝土块砌筑墩台适用于缺少建筑材料（砂、石）的地区。混凝土墩台施工机械化程度高，施工速度快，整体性好，适应性强，是目前最常用的一种。模板工程、钢筋工程和混凝土工程是混凝土墩台施工的主要内容。

预制构件拼装墩台是轻型墩台快速施工的一种施工方法，是桥梁结构轻型化和快速拼装化的一种发展趋势。

第一节 砌 筑 墩 台

一 石砌墩台

（一）石砌体材料要求

石砌墩台所用材料，一般为浆砌片石、浆砌块石、浆砌粗料石等。砌体所用水泥砂浆的强度等级，应符合设计要求，如设计无要求时，重要结构不得低于 M10，一般结构不得低于 M5。水泥砂浆应具有适当的流动性和良好的和易性，以保证灰缝填满和压实。要求水泥砂浆的稠度为 4~7cm（标准圆锥体在垂直方向沉入砂浆的深度）。也可以用小石子混凝土进行墩台砌筑。小石子混凝土配合比的选择、拌制均应符合有关要求。拌和物坍落度宜为 5~7cm，含石率不宜超过 30%。其施工方法和要求与水泥砂浆砌筑的砌体工程相同，但砌筑中应经常检查砌体灰缝中是否充满密实，不应因小石子支垫造成空隙。

墩台砌石所用石料应石质一致，质地坚硬，不宜风化，无裂纹，软化系数不低于 0.8。其抗压强度应符合设计要求，当设计未提出要求时，片石块石不应低于 30MPa，粗料石不应低于 40MPa，破冰体镶面石不低于 60MPa。石料的耐久性和抗冻性亦应符合有关规定。

(二)砌体施工

石砌墩台在砌筑前,应按设计尺寸放出实样,挂线砌筑。砌筑过程中,应经常检查各部尺寸。石料在砌筑前应洒水湿润,如有泥污,应冲刷干净。砌筑时不得在新砌体上抛掷石块或凿打,并避免碰撞。砂浆初凝后,如发现已砌好的石块松动,应即拆除重砌。砌筑工作中断后,如继续砌筑,应将已砌好的砌体表面清扫干净,并洒水湿润,然后再行砌筑。对于高大的后倾砌筑物(如T形桥台等),为平衡其自重偏心,应随砌体同时夯填土方。使用有层理的沉积岩石料砌筑各种工程时,必须使层理与受力方向相垂直。不同的石料又有不同的施工要求。

1. 浆砌片石

片石砌筑的实体墩台高度,不宜大于20m。当高度超过15m时,应在墩台中部用整齐块石砌一垫层(或灌注一层混凝土),其厚度为0.6~1.0m。当高度超过6m时,应全部用块石镶面;高度在6m以下,则用浆砌片石镶面。

普通片石形状不受限制,但其中部厚度不应小于15cm,镶面用片石,宜选用表面较平整及尺寸较大者,且边缘厚度不得小于15cm。

浆砌片石应用挤浆法分段砌筑,每段砌筑高度不得大于120cm,段与段间的砌缝应大致砌成水平。段内各砌块的灰缝应互相错开,灰缝饱满,并捣插密实。砌筑每层片石时,应自外圈定位行列开始。定位行列的石块宜选用表面较平整及尺寸较大者,并稍加修整。定位行列的灰缝应全部用砂浆充满,不得镶嵌碎石或小石子混凝土。定位行列与腹石之间,应互相交错连成一体。定位行列砌完后,先向圈内底部铺一层适当厚度的砂浆,再砌腹石。砂浆厚度应使石块挤压安砌时能紧密连接,灰缝饱满。砌筑腹石应符合规定:石块间砌缝应互相交错,咬搭密实,不得使石块无砂浆直接接触。严禁先干填石料而后铺灌砂浆的做法。石块应大小搭配,石块较大者以大面为底。较宽的灰缝应用小石块挤塞,挤浆时可用小锤稍稍敲打石块,将灰缝挤紧。砌石中不得有任何孔隙。浆砌片石的砌缝也应符合规定:砌体定位行列表面灰缝宽不得超过4cm。在砌体表面的任何地点,与三块相邻石块相切的内切圆的直径,不得大于7cm。两层间错缝不得小于8cm(图14-1)。填腹部分的灰缝亦宜减小,在较宽的灰缝中可用小片石塞填。

2. 浆砌块石

块石形状应大致方正,无峰棱凸角,顶面及底面应较为平整,其厚度应不小于20cm,长度及宽度不应小于其厚度。镶面块石外露面应稍加修凿,凹入深度不应大于2cm,由外露面四周向内修凿的进深不应小于7cm,尾部可不加修凿,但应较修凿部分略微缩小。镶面石宜用一顺一丁或两顺一丁的砌法相间排列与填腹石联成整体。丁石的长度不应小于顺石宽度的1.5倍。镶面石的灰缝宽度不应大于2cm,上下层垂直错缝应大于8cm。用块石填腹时,水平灰缝宽度不得大于3cm,垂直灰缝不得大于4cm,填腹石的灰缝,应彼此错开。如图14-2所示。

图14-1　镶面片石

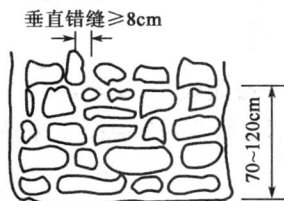

图14-2　砌筑块石

3. 砌粗料石

浆砌粗料石用于圆形,圆端形桥墩或破冰棱体的曲面部分和石拱桥的拱圈拱座等,这些砌块的尺寸与规格均有较多的要求,必须定型加工修凿。粗料石砌筑镶面时应分层,每层厚度不变,或向上递减,但最薄不得小于20cm,每层均应按一丁一顺的交替方法砌筑,层间垂直错缝不得小于10cm。在丁石的上层或下层,均不得有垂直灰缝。如错缝确有困难时,可在丁石的顶面或底面有一侧的错缝稍小,但也不得小于4cm。镶面石砌筑灰缝的宽度应为1.5～2cm。粗料石砌体也应按一定的砌筑顺序与要求进行。每层镶面石应事先按规定的灰缝宽度及错缝位置放样配好。再砌筑镶面处,先铺一层比砌缝稍厚的砂浆,顺序安砌料石,随即填塞垂直灰缝并捣实。每层镶面石均应从砌体的转角部分开始安砌,并应首先安砌角石。每层镶面石砌成后再填砌腹石,腹石应与镶面石大致同高。如用混凝土填腹,可先砌筑数层镶面石,然后再灌注混凝土。镶面石层数视填腹混凝土的侧压力而定,一般不超过三层为宜。

另外,浆砌混凝土砌块的砌筑,除设计有特殊要求外,应符合浆砌粗料石的规定。

4. 砌体勾缝

砌体表面的勾缝,除设计有要求外,应在砌筑时留出2cm深的空隙,随即用水泥砂浆将缝勾完,否则应待砌体砂浆凝固后,将空缝清洗干净再勾缝。可采用凸缝或平缝。勾缝所用砂浆强度等级,不宜低于砌体所用的砂浆强度等级。如设计不要求勾缝时,应随砌随用灰刀将灰缝刮平。

5. 养护

墩台砌体应及时覆盖,并经常洒水保持湿润,养护期不得少于7d。砌体在砂浆未达100%设计强度以前,不得承受全部设计荷载。

6. 墩台砌体的施工容许误差

桥涵基础襟边以上部分的砌体边线和设计位置的偏差为:片石镶面不得超过3cm;块石镶面不得超过2cm;两相邻石块边线彼此错开不得大于0.5cm;粗料石及混凝土块镶面不得超过1.5cm 两相邻石块边线彼此错开不得大于0.3cm。墩台砌体的顶面高差,不论片石、块石或粗料石砌体,均不得超过1.5cm。

二 拼装墩台

(一) 板凳式、排架式拼装墩台施工

1. 施工程序

主要工序为施工准备、预制构件、基础施工、拼装墩台和墩台帽灌注混凝土。预制构件应提前进行,在基础施工完毕时,预制构件混凝土已达到可以安装的程度。

2. 预制构件

墩柱构件截面较小,钢筋密集,应绑扎成钢筋笼,整体吊装入模。宜采用低塑性混凝土,分层灌注,捣插密实。在混凝土未达到规定的强度前,不得移动构件。

3. 墩柱安装

为了保持墩柱位置正确,宜预先设置临时木排架支承,并作为墩帽模型板的支撑。安装

墩柱时,要通过试吊把千斤绳调整到适宜位置,使墩柱吊起后,大致符合设计斜度,然后慢慢下落,使柱脚插入承台的预留孔内,柱头则靠在排架上。墩柱就位后,即可安装水平连杆。最后用膨胀水泥灌注柱脚预留孔及水平连杆接头混凝土。

4. 墩帽施工

墩柱安装所设的临时支承排架,可用来支承顶帽模型板。顶帽钢筋应预先扎成钢筋笼,整体吊装入模。然后把墩帽与墩柱的钢筋焊接起来,即可灌注混凝土。

(二)预应力混凝土薄壁矩形拼装桥墩

1. 构件预制

首先应根据构件类型、数量、脱模和吊离台座的时间、工期要求等,合理安排台座和模板的数量。一般情况下,台座的周转期约 4~5d,模板的周转期为 2d。一套模板可以配置 2~3个台座,台座基础与模板之间必须有足够的强度和刚度,在捣固混凝土时不得发生不均匀沉陷、滑移或有害变形。

构件上的预留孔,应保证孔道顺直、位置正确。孔道衬模可采用钢管或高压胶皮管,衬模管下端套入底模定位榫,上端固定在定位板上。在混凝土灌注过程中和灌注后,衬模管应每隔 10~15min 原地转动一次,待混凝土初凝后,慢慢拔出。孔道上口还应扩大成喇叭形,口径约大于孔径 15~20mm,深度约 10cm,以免在拼装时由于预留孔稍有偏差而妨碍预应力筋束的穿入。

构件拆模和吊离台座时间,应照设计要求办理。一般情况下,构件拆模时间,可在混凝土强度达到 8MPa 时进行;吊离台座时间,可在混凝土强度达到 14MPa 时进行。构件脱模后,应进行质量检查和修整,特别是预留孔道,必须光滑、畅通。构件吊离台座后,需按照拼装前后次序编号存放,避免拼装时翻装倒运。

2. 构件拼装

砂浆铺设厚度,应以设计灰缝厚度为准,并须注意逐层调整,以免影响拼装墩身高度,最后难于处理。砂浆稠度要适当,水灰比以 0.27~0.4 为宜。铺砂浆时,应以特制木塞堵塞预留孔道喇叭口,不可使砂浆落入孔内。

起吊构件前,用四根比孔道直径略小的钢管插入构件四角孔道内,下端露出构件底部约30cm 作为导向管。构件吊起后,洗净底部。拴吊构件的千斤绳,力求长度一致,以保持构件吊装平稳。只要对好构件四角的导向管,即可沿导向管徐徐下降。在摘钩前,进行一次中线与水平的校核,然后将构件完全落实,摘挂钩,拔出导向管。

每拼装一块构件前,对每个预留孔道,都要用橄榄形垂球进行一次清孔工作,必须保证预留孔道畅通无阻。

3. 预应力钢筋张拉

桥墩下部实体墩身的预留孔道应稍有曲度,故内外侧长度不等。在预应力钢绞线张拉时,宜采用分线器固定其相对位置。

钢绞线可利用缆索吊车或履带吊车等吊装设备吊起,从墩顶往下穿入孔道。先在实体墩身工作孔内安装锚固端锚具,然后在墩顶安装张拉锚具。安装完毕并调整好之后就可张拉。当预应力筋张拉完毕后,应尽快进行孔道压浆。压浆前先用高压水冲洗孔道,并作必要的检查与修补。压浆分初压和复压两次进行。初压时,先用小压力,逐渐加大到 400~600kPa,稳定压力并持续压浆数分钟。随后进行复压，根据情况，可把压力增至 800～1000kPa，检查墩壁接缝砂浆已全部浸湿为止。最后用墩身同级混凝土封锚。

第二节 混凝土墩台

一 墩台施工要点及技术要求

(一)混凝土墩台施工的基本方法

混凝土墩台施工的基本方法有以下几种：

1. 分节立模，间歇灌注法

即将墩台沿全高分成若干节，分别制作各节模板。自底节开始，立一节模板，灌注一节墩台混凝土，待混凝土强度达 120kPa 后，立第二节模板，灌注第二节墩台混凝土，这样逐节升高，直至整个墩台灌注完毕。此法的优点是需要的设备比较简单，但其缺点是施工速度较慢，适用于一般高度的墩台。施工时应特别注意施工缝的处理，要求安插接头钢筋或接缝石，以提高墩台圬工的整体性。

2. 分节立模连续灌注法

此法是在灌注第一节墩台混凝土时，即在地面将第二节模板拼组好，待第一节混凝土灌完后，将第二节模板一次吊上墩台，并在混凝土灌注允许间歇时间（一般约两小时）内安装完毕，然后继续灌注第二节混凝土。此法的优点是施工速度快，施工质量好（无施工缝或施工缝少，整体性好），高空作业少，适用于墩台较高，工期较短的桥梁，但工地应有与施工高度相适应，起重能力 3t 以上的起吊设备。

3. 滑动模板法施工（具体施工方法将在后面介绍）

此法不仅施工速度快，而且质量好，高空作业安全，并可节省大量木材。

(二)保证施工质量的措施

墩台施工总的质量要求是：各部尺寸准确（包括圬工轮廓尺寸、钢筋形状和位置）；圬工内实外光；强度符合要求。为保证工程质量，除应严格按照《铁路桥涵施工规范》(TB 10203—2002)和《铁路混凝土及砌石工程施工规范》(TB 10210—2001)进行施工外，还应做好以下几点：

(1)熟悉设计图纸，弄清设计意图、技术标准，复核图中各部高程和尺寸，如有错误及时更正。

(2)做好施工测量。除在开工前认真进行墩台定位测量外，施工中应注意及时做好各部放线测量。顶帽灌注前须复测桥墩跨度。有纵向和横向预偏心的桥墩，应特别注意支承垫石和锚栓孔的测设。墩台施工误差不得超过表 14-1 所列数值。

(3)注意模板质量。模板结构应有足够的强度、刚度和稳定性，保证模板在混凝土灌注过程中不致变形和走动。模板应平整，不漏浆。倒用模板时应注意模板的修整。

(4)加强检查工作。每次立模或钢筋绑扎后应经检查符合要求，才能灌注混凝土。同时还应做好混凝土灌注施工过程中的质量检查及灌注后的养护工作。

项　目		容　许　误　差
墩台前后,左右边缘距设计中心线尺寸 采用滑模施工的墩身部分: 　1.墩台前后,左右边缘距设计中心线尺寸 　2.桥墩平面扭角 墩台支承垫石顶面高程		±20mm ±30mm 2° 0～−15mm
简支钢筋 混凝土梁	1.每片钢筋混凝土梁一端两支承垫石顶面高差 2.每孔钢筋混凝土梁一端两支承垫石顶面高差 3.无支座梁垫石顶面高差	3mm 5mm 5mm
简支钢梁	1.钢梁一端两支承垫石顶面高差 2.每一主梁两端支承垫石顶面高差: 　跨度≤56m 　跨度＞56m 3.前后两孔钢梁在同一墩顶支承垫石顶面高差	钢梁宽度的1/1500 5mm 计算跨度的1/10000 且不大于10mm 不大于5mm

注:连续钢梁、整孔钢筋混凝土梁或采用橡胶支座的垫石顶面高差,另按有关规定办理。

(三)施工安全要点

墩台施工的特点之一是高空作业和装吊作业较多,容易出现安全事故。因此,在制定施工计划时,应拟定必要的安全技术措施,如设置施工人员上下桥墩的固定挂梯或活动吊笼;墩顶设置必需的安全作业平台、吊架、悬挂安全网等。各种起重辅助结构应进行必要的检算。在施工中,应定期对起重设备和索具进行检查,并严格按照施工安全技术规则进行吊装作业。

二 墩台模板

(一)模板的基本要求

模板的作用是控制混凝土构件的造型,承托和限制新灌混凝土的变形,直接影响到混凝土工程的质量。按使用的材料有木模板、钢模板、塑料模板以及各种混合模板等。现代桥梁施工总的趋势是快速、轻型、拼装化,因此模板工程势必朝着标准定型、以钢代木、整体吊装和自动滑升等方面发展。

对模板的基本要求有以下几点:

(1)模板必须具有足够的强度、刚度和稳定性,能够承受各种施工荷载和新灌混凝土的竖直压力及侧压力,不发生较大的变形和位移。

(2)模板必须尺寸准确、接缝严密不漏浆、板面光滑平整、以确保混凝土构件的质量。

(3)模板应力求结构简单,便于制作、安装、拆除和倒用,并应考虑多次倒用,省工省料,以达到节约之目的。

(4)模板应与混凝土建筑物的特征、施工条件和灌注方法相适应。

另外,模板与脚手架之间不宜互相连系。如必须连系时,应适当支撑加固。模板与混凝土相接触的表面上应涂刷脱模剂,金属模板用的脱模剂应同时具有防锈作用;其他金属部分

(包括配件)应涂刷防锈涂料。模板经过使用后,应按规定妥善保存。

为了保证模板及支架结构的强度、刚度和稳定性,需对其进行必要的设计计算。一般先设计模板的结构与支架形式,然后算出模板上的荷载数值(模板及支架自重、混凝土质量、施工荷载、新灌混凝土时的侧压力、混凝土入模所产生的冲击力等),最后用力学公式进行计算。主要应验算模板的应力和挠度。模板及支架的挠度应符合下列规定:

建筑物外露表面和直接支承混凝土重力的模板及支架(纵梁、横梁等),不得超过构件跨度的 1/400。建筑物隐蔽表面的模板及支架,不得超过构件跨度的 1/250。模板及支架的弹性压缩或下沉度,不得超过构件跨度的 1/1000。跨度大于 4m 的整体钢筋混凝土梁式构件,其模板应计算起拱高度。

(二)模板的类型

根据施工方法可分为四种类型:

(1)零拼式固定模板:适用于小量或零星混凝土灌注,如桥涵基础、拱座、帽石、端翼墙等零星分散、模板不便成套倒用的情况。这种模板结构简单,不需要进行详细设计计算,可以因地制宜,直接拼装。缺点是木材使用率低、损耗率大。

(2)拼块式组合模板:预先在木工厂把模板制成大块板扇。这些半成品构件设计成能通用的尺寸,可在类似的工程中倒用。这样就可以节省材料,加速施工,最适用于预制构件和桥墩台类型相同的桥梁工地。例如采用同类型桥墩的桥,可自墩顶向下分段。在墩同一高度的段,模板可成套倒用。不同高度的段,经稍加修整后也能多次利用。拼块式组合模板,较零拼式模板省工、省料,因此应用范围较广。

(3)整体吊装模板:墩身较高,在墩上拼装组合模板较困难时,可利用桥头、墩间空地设拼装场,预先拼成整段模板,利用大型吊装设备(爬行吊车、缆索吊车等),一次整体吊装就位。根据实践经验,一段整体吊装模板,连同中线水平调整工作,只需 30min 即可安装完毕,这样就可以做到连续灌注不间断施工。采用这种模板,可以降低成本,缩短工期。

(4)滑动钢模板:是模板工程机械化的施工方法,适用于断面不变的桥墩(不收坡的滑升模板)或断面变化均匀的桥墩(收坡的滑升模板)。施工时先在墩位组装好模板,灌注一定高度的混凝土后,用人力或机械传动(液压或电力)使模板沿导杆向上滑升。随后可连续滑升,连续灌注混凝土。此法不仅节省大量模板材料和装拆工作,并且混凝土无接头,增强桥墩的整体性,又能缩短施工时间和节省劳动力。滑升钢模板特别适用于高桥墩,在深谷和水中的桥墩,更能显示优越性。

(三)木模板的制作

1. 模板的分段与分块

将整个墩台模板分为若干节,每节模板又由若干块拼板组成。分节时,应尽量使各墩模板可以互相倒用(图14-3)。各节模板分块时,也应尽量将拼板的宽度取得一致,使拼板也能互相倒用。为便于模板运送、吊装和拆除,拼块尺寸不宜过大,板扇高度通常与墩台分节灌注高度相同,一般为 3~6m,宽度可为 1~2m。具体尺寸可视墩台尺寸、现场板料长度、起重机具的起重能力而定。

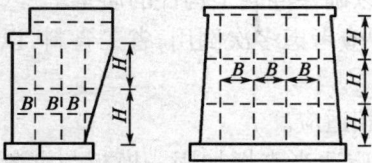

图 14-3　墩台木模划分示意

2. 面板的制作

模板的板面直接与混凝土接触,对混凝土的表面平整光滑有密切关系;并且板面的光滑与否还关系到拆模的难易和模板的倒用次数。因此模板的板面必须刨光,务必作到表面平整光滑。

木板拼联接合的部位,必须紧凑严密,保证在灌注混凝土时不开裂漏浆。模板缝口,有平口、偏搭、企口、夹梢等做法如图14-4所示。一般说来,企口和夹梢缝较为严密,但有费工费料的缺点。现场经常采用平口,模板内表面衬以白铁皮或塑料板以使模板表面光滑平整,便于脱模,并提高周转次数,同时又确保了接缝的严密性。

除灌注小量零星混凝土采用零拼式固定模板就地拼装外,一般桥墩台混凝土灌注多采用拼块组合模板。施工时先按混凝土建筑物的部位形状制作肋木,然后利用肋木在木工场拼钉扇板。拼成扇块后,应再一次将面板找平刨光。

平面模板如图14-5a)所示,须控制肋木间距和板面的长宽尺寸。曲面模板如图14-5b)所示,除前项要求外,尚应注意曲面弧度,因此弧形肋木的规格、位置必须准确。制作面板的零块木板厚一般为2.5~5.0cm,宽度一般在10~20cm为宜。平面扇板的肋木常用小方木(约10cm×12cm)或鼓形木制成;曲面扇板的肋木常用2~3层5cm厚的木板组成。肋木的间距应根据木板的厚度决定。

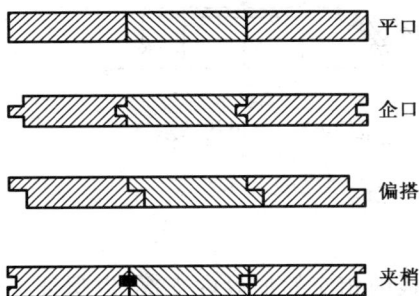

图14-4　模板缝口

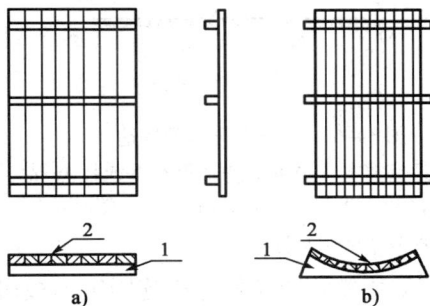

图14-5　拼钉扇块模板
a)平面模板;b)曲面模板
1-肋木;2-面板

(四)模板和支架的安装

在施工现场安装模板时,首先按照设计尺寸精确的放线,作为拼装模板的依据。模板拼装完毕应及时加设带木和支撑等加以固定。模板、支撑的所有支承部分都必须安装在坚实的地基上,必要时加设支垫扩大支撑面积,或打木桩支承,以防模板走动。有水时,应采取措施防止水流冲刷造成支架走动,影响到模板变形或发生位移。模型板的构造如图14-6、图14-7所示。

图14-6中的支撑,只适用于低矮建筑物的模型板。对于较高的桥墩台,不能用支撑支承于地面,应另外采取办法来固定模型板。圆形桥墩或圆端形桥墩的圆形部分,可用铁箍固定模型板,铁箍采用扁钢或直径为12~16mm的钢筋制成,在两端用正反螺丝扣连接。有时也可采用钢丝绳作箍,利用紧绳器或链滑车把钢丝绳收紧,然后用钢丝绳卡子卡紧。铁箍收紧时,模板内应设临时内支撑,以防模型板变形。

337

较高的桥墩,除曲面模板可采用铁箍固定外,对平面模板(如矩形桥墩、桥台等)铁箍起不到作用,可采用拉杆来固定。拉杆用直径16～22mm圆钢制成,两端均有螺丝扣。拉杆把两对面的模板相互拉紧,以起到固定模型板的作用,其位置多选在横竖带木交叉处。在拆除模板后,露出混凝土之外的拉杆头必须锯掉(或用氧割或电弧烧割)。为了节省钢筋并省去切割工作,可采用可撤式螺栓拉杆(图14-8)。该螺栓可使模板拆除方便,卸下外面螺帽后,用于墩身同一配合比的砂浆填塞小孔抹光,使墩台表面光滑美观。采用拉杆的缺点是增加钢材消耗。随着施工的发展,近年来出现了槽钢支撑,框架式支撑等固定模型板的方法,这些设备都能多次倒用,不仅节约了钢材,更可省工省事。但对某些较复杂的结构,如桥台道砟槽等,仍然要用部分拉杆。

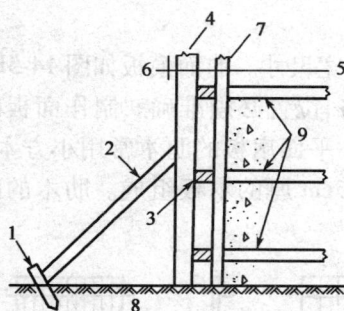

图14-6 低矮建筑模型构造

1-木桩;2-支撑木;3-横带木;4-竖带木;5-拉杆;6-螺栓带帽;7-模板;8-坚实地基;9-内支撑(应随混凝土灌注层面的升高陆续拆除)

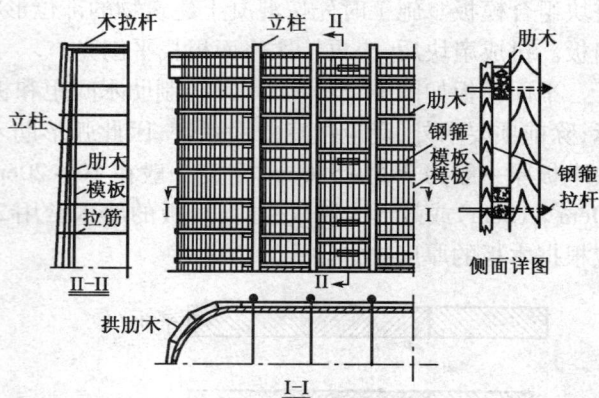

图14-7 模板构造示意

当采用铁箍或拉杆等措施固定模板时,必须在模板内相应的加设内支撑,以保证模型板内净空尺寸和形状。一般情况下多采用木支撑,但均应在灌注混凝土时,随混凝土层面逐渐升高而陆续拆除,不得留在混凝土内。

一般情况下模板和支架不要与脚手架相连,因为脚手架受力产生的震动会影响模型板走动变形,对混凝土的质量有害。

墩台顶帽是用来支承桥跨结构的,因此要求顶帽的位置、尺寸和高程必须达到较高的精确度,特别是对支承垫石顶面高程和锚栓位置要求更严,因此必须认真对待。

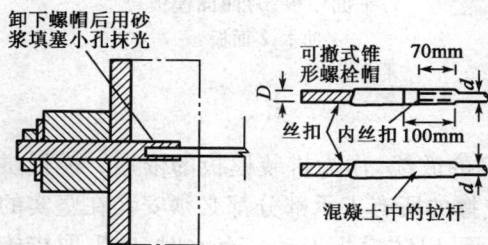

图14-8 可拆式螺栓

(五)整体吊装模板

整体吊装的钢模板或木模,是将墩台模板水平分成若干节,每节模板组成一个整体,在地面拼装后吊装就位。分段高度,可视起吊能力考虑,一般可为2～4m。灌注完底节混凝土后,即可将已拼好的上节模板整体吊起安装,继续施工。图14-9为一种由木模板与钢框架组成的整体吊装模板形式。钢框多为型钢或万能杆件组成,框架间距可为0.8～1.0m,上下节模板可利用型钢上的孔眼,用螺栓连接。如为圆形模板,在整体吊装时,内部需临时加固,防止变形(图 14-10)。铁箍亦可直接箍住圆形模板,并取消圆形肋木外的木立柱。

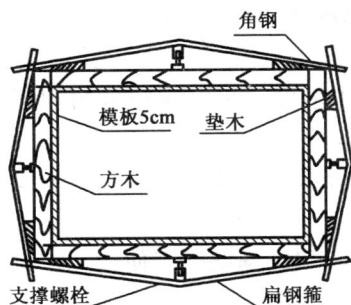

图 14-9　整体吊装模板的结构

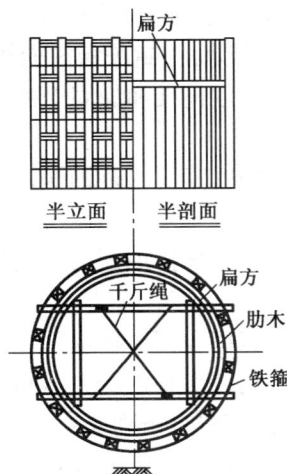

图 14-10　圆形桥墩整体吊装膜板

整体吊装模板的优点是:模板安装时间短,墩台混凝土无需设立施工接缝,加快了施工进度,提高了施工质量;将拼装模板的高空作业改为平地操作有利于施工安全;整体吊装模板本身刚性较强,可不设拉筋或少设拉筋,节约钢材;利用模板外框可作简易脚手,不需另搭施工脚手架;结构简单施工方便。其拼装方法为:先将已拼成的四块木模板按中线位置在拼装场地拼成盒状,再在四侧组拼单面框架,将每片框架与模板方木用平头螺栓连成整体,最后将四侧框架互相用螺栓连接起来,组成整体框架模板。

(六) 组合钢模板

铁路工程所采用的组合钢模板,从施工设计、施工操作、安全质量和修理保管等,均应符合《铁路组合钢模板技术规则》(TBJ 211—1986)(以下简称《钢模规则》)中的有关规定。

组合钢模板由钢模板和配件两部分组成。其中钢模板包括平面模板、双曲可调模板、变角可调模板、阴角模板、阳角模板和连接角模。配件包括连接件和支承件,其中连接件有 U 形卡、L 形插销、钩头螺栓、紧固螺栓、对拉螺栓、扣件等;支承件由钢楞、可变桁架支撑、可调顶撑、柱箍等。钢模板规格尺寸如表 14-2 所示,钢模板规格编码参见《铁路组合钢模板技术规则》(TBJ 211—1986)附录二。

钢模板规格尺寸(mm)　　　　　　　　　　　　表 14-2

规格	双曲可调模板	变角可调模板	平面模板	阴角模板	阳角模板	连接角模
宽度	200 300	160 200	300,250 200,150 100	150×150 100×150	100×100 50×50	50×50
长度	600,900,1500			1500,1200,900,750,600,450		
肋高	55					

连接件必须满足配套使用、装拆方便和操作安全的要求。其构造和使用应符合下列要求。

U 形卡:用于钢模板纵横向的连接,卡紧后形成整体,保证相邻钢模板接缝紧密和不错位。安装 U 形卡时边肋部位的间距不大于 300mm,端肋部位用 U 形卡和 L 形插销相间插满,同一拼缝方向的 U 形卡,应一正一反插置。

L 形插销:用以加强钢模板纵向拼接刚度,保证接头处板面平整。

钩头螺栓:用以连接和加固钢模板与内、外钢楞。安装间距不大于 600mm,长度应与采用的钢楞尺寸相适应。

紧固螺栓:用以紧固内外钢楞,加强拼装钢模板的整体刚度。长度应与采用的钢楞尺寸相适应。

对拉螺栓:用于连接加固两侧钢模板。对拉装置的种类和规格尺寸较多,可按设计要求和供应条件选用。

扣件:用于钢楞与钢模板或钢楞之间的扣紧。扣件应与相应钢楞配套使用。按钢楞的不同形状,分别采用蝶形扣件和 3 形扣件。扣件的刚度应与配套螺栓的强度相适应。

支承件构造应符合下列要求:

钢楞:用于支承钢模板和加强其整体刚度。钢楞材料有圆钢管、矩形钢管和内卷边槽钢等形式,规格尺寸和力学性能详见《钢模规则》。

可变桁架支撑:作为曲面结构的模板支撑,可以根据结构的需要进行弯曲、最小弯曲半径为 1.5m。既可作外圆支撑,也可作内圆支撑。可变桁架支撑长度模数为 1m,可变桁架支撑的标准节有两种,即 KH2520 及 KH2530(其有效长度分别为 2324mm、3324mm)。

可调顶撑:用于水平模板下的垂直支顶或垂直模板的侧向支顶。其特点是顶撑距离可自由连续调节。大距离调节使用插销,微调节时用螺管。上、下加铰链后可作斜撑用。

柱箍:直接紧箍于柱模板外侧,其形式及布置应根据柱模尺寸、侧压力大小等因素来选定。钢模及配件示意图见图 14-11。

组合钢模板布置见图 14-12。

(七)滑动钢模板

初期的滑动模板,一般用于等截面空心桥墩。自 20 世纪 60 年代中期以来,滑动模板又有了新的发展,从等截面滑动模板发展到收坡滑动模板;由圆形空心桥墩发展到圆端形、矩形和实心桥墩;由人力提升发展到液压、电动提升,扩大了滑动模板的适用范围。

1. 滑动模板的优点

(1)施工进度快。由于简化了立模、拆模等工序,混凝土连续灌注,在一般气温下,每昼夜平均进度可达 5~7m/h。

(2)混凝土灌注质量好。由于混凝土连续灌注,无施工接缝,增加了混凝土的整体性。

(3)节省木材与劳动力。以钢模代替木模,并减少了支、立、拆模的工作量,可节省大量木材及相应的劳动力。

(4)施工安全。滑动模板本身附带外吊篮、平台、栏杆等,随模移动,安全可靠。与分节立模灌注法相比,减少了高空立模、拆模作业。

2. 滑动模板构造

滑动钢模板的构造因桥墩类型、提升工具的不同也稍有不同,但其主要部件与作用则大致相同。下面介绍电动液压千斤顶提升的收坡圆形空心墩的总体构造。

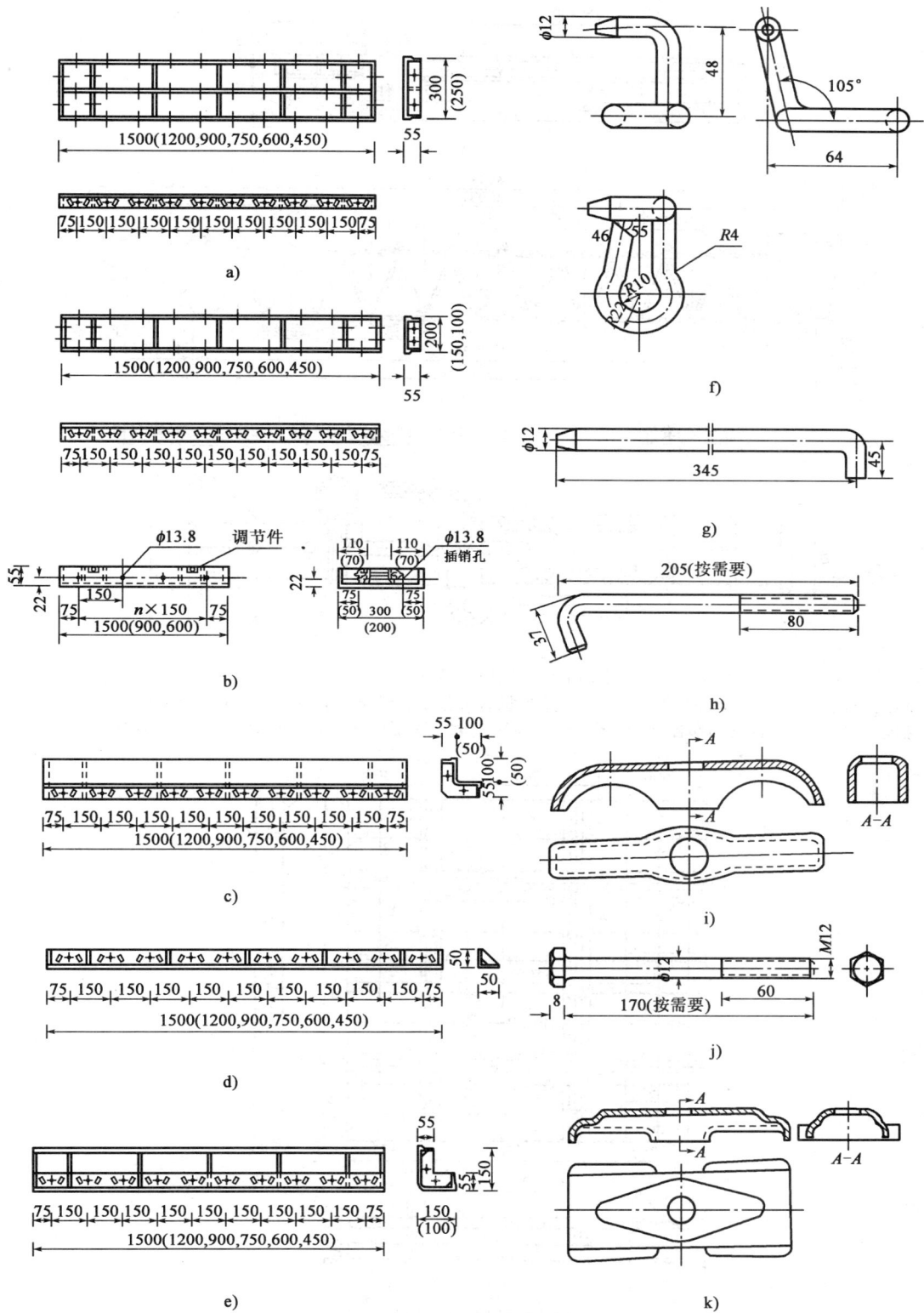

a)

b)

c)

d)

e)

f)

g)

h)

i)

j)

k)

图 14-11

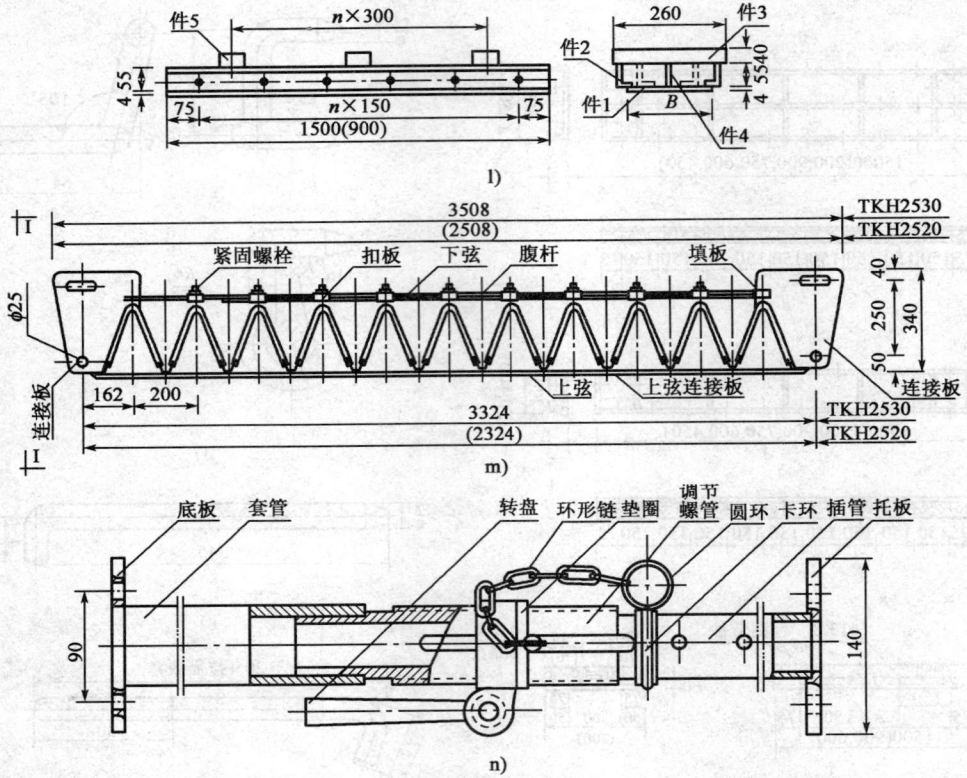

图 14-11　钢模板及配件示意图

a)平面模板(一);b)KS 双曲可调模板;c)阳角模板;d)连接角模;e)阴角模板;f)U 形卡;g)L 形插销;h)钩头螺栓;i)3 形扣件;j)紧固螺栓;k)蝶形扣件;l)KB 变角可调模板;m)可变桁架支撑;n)可调顶撑

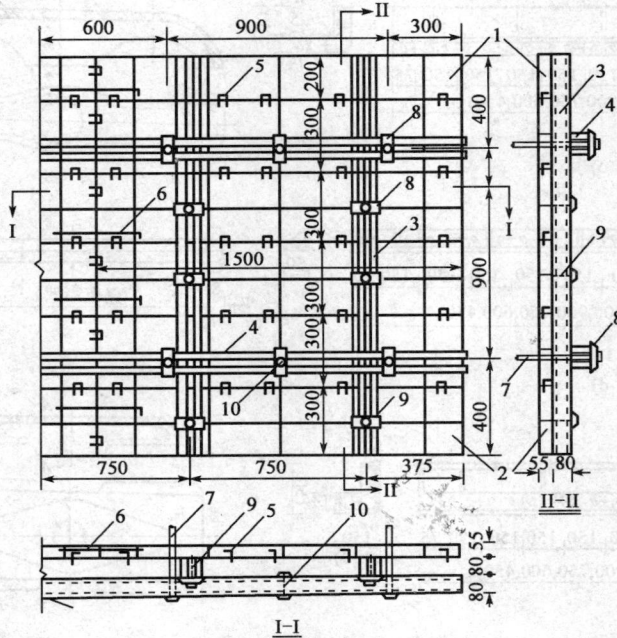

图 14-12　组合型钢模板布置

1-平面模板(200);2-平面模板(300);3-卷边槽钢(纵向);4-卷边槽钢(横向);5-U 形卡;6-L 形插销;7-拉杆;8-蝶形卡;9-钩头螺栓;10-紧固螺栓

图 14-13 为某桥圆形收坡空心墩液压滑动模板示意图,其构造如图 14-13a)所示,包括主平台、混凝土卸料平台、顶架(包括内外腿和调径丝杠)、内外模板、内外吊架、顶杆及行程套管、提升设备等。

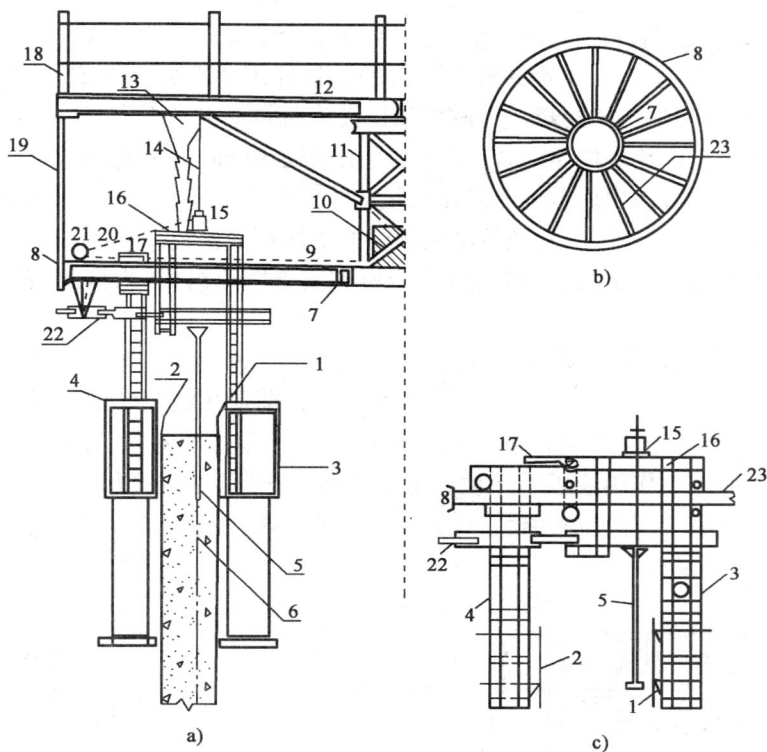

图 14-13　圆形收坡空心墩液压滑升模板
a)构造;b)主平台;c)顶架

1-内模;2-外模;3-内吊架;4-外吊架;5-行程套管;6-顶杆;7-内环;8-外环;9-主平台;10-液压控制柜;11-平台支架;12-混凝土平台;13-混凝土漏斗;14-顶杆;15-液压千斤顶;16-主顶架;17-活动顶架;18-栏杆;19-外立柱;20-液压支管;21-液压主管;22-外调径丝杠;23-辐射梁

(1)混凝土卸料平台:由钢环、横梁、立柱、栏杆、步板和串筒等组成,是堆放、灌注混凝土和起重指挥的作业台。

(2)主平台:由内外钢环、辐射梁、栏杆和步板等组成,为滑动模板总承和液压控制中心,由内外钢环及辐射梁把模板构成一个整体。他又是一个工作平台,为捣实混凝土、绑扎钢筋、操纵液压系统、测量纠偏、存放部分钢筋和顶杆等施工材料提供场地。主平台如图 14-13b)所示。

(3)顶架:顶架布置在辐射梁上,主顶架(即内顶架)门形,其内腿下延挂内模板(可以拆去下段,以适应实心墩施工)。外顶架单腿挂外模板,为设置双顶之用,并可以调整外模收坡。顶架构造如图 14-13c)所示。

(4)内外模板:滑动模板用 2 ~ 3mm 钢板、角钢和槽钢制作,高度一般为 1.1 ~ 1.5m。每块内模宽 0.5m 左右,外模宽约 0.6m 左右,以适应不同半径的桥墩。收坡桥墩分固定模板与活动模板,活动模板又有边板与心板之分,一块活动模板上有一个心板和两个边板,当固定模板边缘搭上活动模板的心板约40mm时，就可将边板抽去。固定模板应安装在顶架立柱或内外支架上，而活动模板则依靠上下横带悬挂在固定模板的横带上。圆形模板的结构及附件见图14-14。矩形墩的滑动模板与圆形墩相同，除四角为圆弧形固定模板外，其他的固定或活动模板均为直平板。

（5）顶杆和行程套管：顶杆是液压千斤顶的爬行杆，又是整个模板的支承杆，下端插入混凝土内，千斤顶套在顶杆上，可沿顶杆向上爬升。顶杆用 $\phi25$ 圆钢制成，每节顶杆长 $2\sim3m$，两端分别有公丝和母丝用来接长。为避免顶杆接头在同一水平面上，底节顶杆应采用几种不同的长度，每组长度应相差约50cm。行程套管用内径30mm的钢管制成，长168m，套在顶杆外并连接在顶架上，可随模板上升。其作用是防止混凝土与顶杆黏结，以便桥墩竣工后，能将顶杆拔出，再次使用。此外，套管还可增加顶杆的受压弯曲稳定。

（6）内外吊架：内外吊架由竖杆、横杆、步板和安全网等组成，为抹面、养生和收坡作业的脚手架。

（7）液压提升系统：液压提升系统由电动液压千斤顶、液压操纵台和输油管路等组成。HQ-30型电动液压千斤顶的构造如图14-15所示。目前使用的 HQ 型千斤顶有三种型号，其技术性能见表14-3。千斤顶的特点是支承顶杆从千斤顶中心穿过，千斤顶只能上升不能下降，故又称为穿心式单作用液压千斤顶。施工时将千斤顶连接在顶架上，顶杆插入千斤顶中心孔内并抵至硬底，接通液压管路，千斤顶即可开始工作（图14-16）。

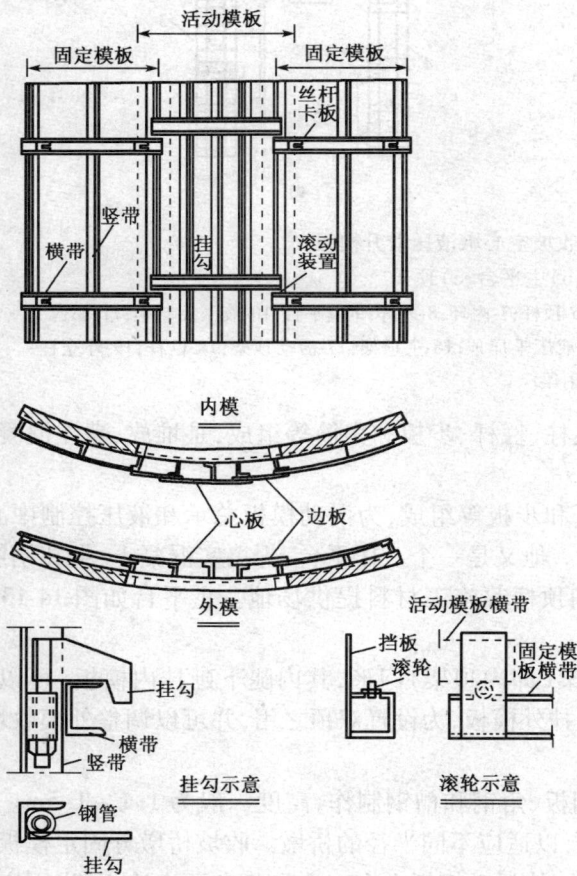

图 14-14　圆形滑动模板

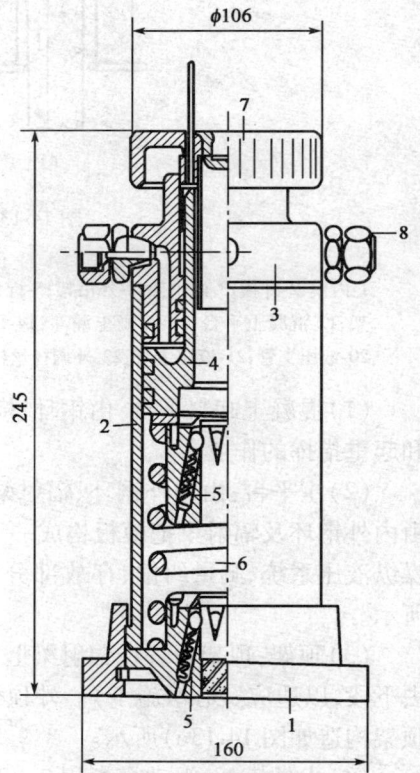

图 14-15　HQ-30 型千斤顶构造

1-底座；2-钢筒；3-钢盖；4-活塞；5-上卡头；6-排油弹簧；7-行程调整帽；8-油嘴

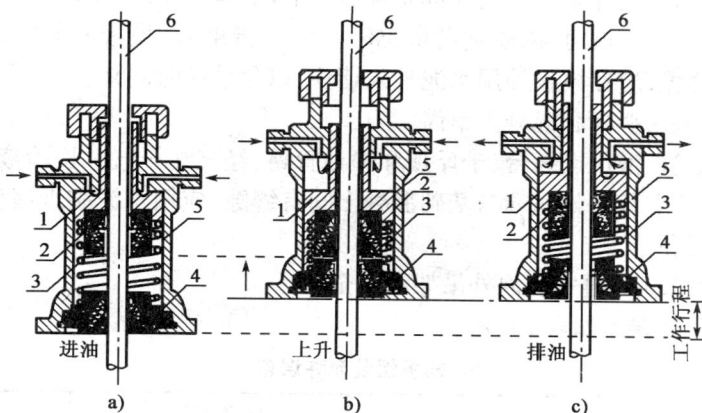

图 14-16 液压千斤顶工作原理

1-活塞;2-上卡头;3-排油弹簧;4-下卡头;5-钢套;6-支撑杆

HQ 型液压千斤顶性能表　　　　　表 14-3

型号	HQ-30	HQ-35	HQ-40
起质量(t)	3.5	3	3
工作行程(mm)	30	35	40
最大油压(MPa)	10	10	10
油容量(L)	0.143	0.165	0.187
顶杆直径(mm)	25	25	25
质量(kg)	13	13	13

3. 滑动模板的施工

（1）滑模组装

组装前在基础顶面放出桥墩十字线和墩壁轮廓线，不平之处要凿除找平。为了便于控制墩位的中线水平和组装方便起见，最好先在墩位处用木模灌注高墩身，并搭设组装排架及枕木垛。

滑模组装顺序：

①在墩壁内外设临时支架或枕木垛作安装平台，排架、枕木垛的搭设情况如图 14-17 所示。支架高度应与滑模组装高度相适应。

②在中心支架上安装内钢环，钢环中心应与墩中心重合。

③拼辐射梁。安装时螺栓暂勿拧紧，以便调整。

④在外支架上拼装外钢环，与辐射梁对位后拧紧全部连接螺栓。

⑤拼装卸料平台。

⑥绑扎桥墩竖向钢筋及模板高度范围内的水平钢筋。

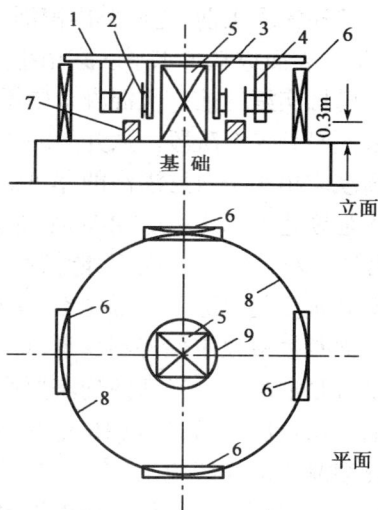

图 14-17　组装排架及枕木垛

1-主平台;2-内外模板;3-内吊架;4-外吊架;5-枕木垛;6-木排架;7-预筑的 0.3m 墩身混凝土;8-外钢环;9-内钢环

⑦安装内外顶架、内外模板。先安固定模板,后安活动模板,并调好锥度(外模锥度与墩壁坡度相同;当内壁为直坡时,内模须设 0.5% ~1% 的锥度)。模板安装后,如模板底部与基础混凝土之间有缝隙,应在模板外用水泥砂浆堵住,以免灌注时漏浆。

⑧安装平台步板、栏杆和混凝土串筒。

⑨安装顶杆套管、液压操纵台、千斤顶和输油管路,经充油排气并检验液压系统符合要求后,安插顶杆。套管安装后如底端与基础混凝土间有缝隙,应用水泥袋纸堵住,以免灌注时砂浆进入套管将顶杆黏结。

⑩待模板提升 2m 后再安装内外吊架和安全网。

模板组装的允许误差如表 14-4。

模板组装允许误差 表 14-4

序　号	项　目	允 许 误 差	备　注
1	模板中心距桥墩中心	±5mm	
2	内外模板距墩壁大样	±5mm	
3	千斤顶和套管轴线的垂直度	0	
4	工作平台水平度	±10mm	
5	内模板锥度	0.5% ~1%	向墩壁倾斜
6	外模板锥度	比墩壁坡度大 0.5%	向墩壁倾斜

(2)混凝土配合比要求

滑动模板随混凝土的连续灌注,不断滑升,施工中所用混凝土配合比,既要能满足设计规定的强度,又能适应滑模施工的工艺要求,并具有早强和良好和易性的特点,混凝土的坍落度宜为 1~3cm。滑模提升脱模时间,一般为 4~5h,混凝土的强度应在 0.2~0.4MPa 范围内较合适。

(3)混凝土灌注与滑模提升

灌注混凝土前,先向模内铺灌一层 2~3cm 厚的砂浆。混凝土入模时,要四周均匀对称分布,每层表面应基本水平。宜用小型内插式震动器捣实,震动时避免接触钢筋、套管及模板。插入已捣实好的前一次混凝土中不超过 5cm。整个桥墩灌注过程可分为初灌滑升、正常滑升和末次滑升三个阶段。从开始灌注混凝土到模板首次试升为初灌阶段。模板初升时,每次提升高度应稍小于每层灌注的厚度。初灌混凝土厚度宜为 70~90cm,分三次灌注。在底层混凝土强度达到 0.2~0.3MPa 时,缓慢试升模板 2~5cm,观察混凝土的凝固情况,现场可用手指按刚脱模的混凝土表面,能留有指痕,砂浆不黏手,则认为达到要求强度,可继续提升。正常滑升阶段是每灌一层混凝土,模板滑升一次,每次灌注厚度与提升高度基本一致。灌注混凝土面距模板顶应保持不少于 10cm 的距离。正常气温条件下,提升时间不要超过 1h。末滑升阶段是混凝土已经灌注到需要高度,不再继续灌注,但模板尚需继续滑升的阶段。当灌完最后一层混凝土后,每隔 1h 左右将模板提升 5~10cm,提升 3~4 次,防止混凝土与模板黏结。灌注混凝土应连续施工,不能中途停止。因故停工后,可按末滑升阶段方法继续提升,但提升后模板与混凝土必须保持不少于 30cm 的搭接高度,接灌时应按施工缝处理方法处理,使上下层混凝土结合良好。在桥墩灌注、滑升的间隙中,要做好钢筋的绑扎、接长、预埋件安设、调整坡度等工作。混凝土达到拆模强度后,拆除模板、拔出支承顶杆,以砂浆封口。

(4)模板收坡

346

直坡桥墩,从灌注开始到结束,无需调整坡度。对收坡桥墩,要随滑升高度调整模板半径。

调模是依靠内外模板的调模丝杠或是辐射梁上调径丝杠来完成,每滑升一次就须调整一次,每当墩身升高一定距离,应用仪器检查校正。

(5)修补与养生

墩身混凝土脱模部分,表面可能出现麻面或凹凸不平的缺陷,应立即修整。表面有麻面时,用刷子蘸与混凝土配合比相同的砂浆涂刷,用抹子抹平。如有拉裂情况,可将裂缝掏开,以砂浆修补后抹平。脱模混凝土应根据当时的气候条件及时进行养生。养生水管可制成圆环,吊挂在内外吊篮下一定高度,管内侧钻2~3排细孔,随着模板移开,定时放水养护。

(6)施工测量与纠偏

滑模在提升中经常发生水平位移、竖直倾斜与平面扭转,施工中应及时纠正。顶架横梁或液压千斤顶座间的水平高差不得大于20mm,位移与扭转不得大于表14-4中的有关规定。滑模中心线的水平位移与平面扭转尺寸,可在滑模上吊重锤球,在地面十字线上量测。在墩身外壁标出水平基线,丈量模板下缘与水平基线的高差,用来量测滑模的倾斜程度。水平基线应随墩台向上提高,以便于丈量。滑动模板纠偏,不得一次调整太多,每滑升1m,纠正位移值不得大于10mm。一般情况下先调整平台水平,再纠正位移和扭转。

(7)其他施工要求

滑动模板施工还应遵循下列规定:

滑动模板在结构上应有足够的强度、刚度和稳定性。模板高度宜为1.0~1.2m,并应有0.5%~1.0%的锥度。支承杆和提升设备,应按墩身截面形状及滑动模板和施工临时荷载的全部质量布置。

墩身底节垂直钢筋的焊接及支承顶杆的安装,应分成几组长短不同的尺寸,按规定将接头互相错开,以后可用同一长度的钢筋和顶杆接高。

滑动模板操作平台的荷载,应力求均衡,不得任意堆放材料,以免造成倾斜。严禁混凝土吊斗碰撞平台。滑动模板不宜冬季施工。

三 墩台混凝土施工

混凝土施工是混凝土墩台施工的主要工序,包括混凝土的拌制、混凝土的运输、混凝土的灌注与捣固、混凝土的养护与拆模、混凝土的检查与维修等。

(一)混凝土的拌制

混凝土的配合比是混凝土强度、耐久性和工作性能的保证。拌制混凝土配料时,必须严格按照施工配料单进行。混凝土施工配合比,是在试验确定的理论配合比的基础上考虑了砂石的含水率以后换算得来的施工配合比。由于露天放置的砂石料经常受到风吹日晒雨淋的影响,其含水率必然经常发生变化,因此在拌制混凝土前试验人员必须测定砂石的含水率对理论配合比进行调整以确定本次拌制混凝土的施工配合比。施工人员必须严格按照施工配合比施工不得随意改动,配料时,必须用衡器计量,并保持衡器准确,在有条件的情况下应采用自动计量设备计量,以提高工作效率和配料精度。各项材料的配料误差(按质量计)不得超过表14-5的规定。

材 料 名 称	拌 制 方 式	
	工地	工厂或拌和站
水泥和干燥状态的混合材料	±2	±1
粗细骨料	±3	±2
水、外加剂溶液	±1	±1

混凝土应使用机械拌制,对坍落度大于 5cm 的零小工程,经施工负责人同意,也可用人工拌和。

混凝土机械拌和,一般使用混凝土搅拌机,分自落式与强制式两类。自落式搅拌机由内壁装有叶片的旋转鼓筒组成,叶片不断将混合物提升并抛下,在下落时相互混合均匀,适宜拌制塑性混凝土。强制式搅拌机的原理是由叶片不断的旋转拌和混合料,其拌和较为强烈,拌和质量好,适宜拌和轻集料混凝土和干硬性混凝土。拌和机械的规格常以"装料容积"来表示,一般工地上使用的有 100L、250L、375L、400L、800L、1500L、3000L 等多种规格,可根据单位时间内需要的产量选择合适的容量及台数。

搅拌机拌和混凝土,向料斗装料的一般顺序为先装砂,再装水泥,最后装石子,然后提起料斗把全部材料一齐倒入搅拌筒内,同时加水进行拌和,这样水泥不致飞扬或过多黏附在料斗上。

混凝土的拌和时间是影响混凝土质量和生产效率的重要因素之一。拌和时间过短,混合料不能被充分拌和均匀,会降低混凝土的和易性和强度;拌和时间过长,影响生产效率,降低和易性,并能造成分层离析。因此为了保证混凝土质量,特规定了各种拌和机的最短拌和时间。参见表 14-6。混凝土应搅拌均匀,颜色一致。施工中应定期检查坍落度,以便发现问题及时纠正处理。

混凝土的最短拌和时间(min) 表 14-6

坍落度 (cm)	自落式拌和机容积(L)				强制式拌和机容积(L)
	≤400	≤800	≤1200	≤2400	≤1500
<1	2.0	2.5			2.5
1~7	1.0	1.5	2.0	2.5	1.5
>7	1.0	1.0	1.5	2.0	1.5

注:①用自落式搅拌机拌制细砂、机制砂的混凝土时,应酌量延长拌和时间。
②搅拌机超装量不得超过标定容积的 10%。

混凝土搅拌结束后,或预计要停歇 1h 以上时,必须将搅拌筒清洗干净,清洗时可倒入数升石子,加水搅拌并清洗干净。

用人工拌和时,应在铁板或其他不渗水的平板上进行,先将水泥和砂干拌均匀,再加入石子并徐徐注入水,反复湿拌均匀。

(二)混凝土的运输

混凝土的运输,是指把刚拌和好的混凝土从拌和站运到墩台模板中。混凝土拌和物在运输过程中应保证其均匀性,不得有漏浆、泌水、离析、坍落度减小等现象,如运至灌注地点的混凝土有离析现象时,必须在灌注前进行二次搅拌,但搅拌过程中不得任意加水,确有加水必要时,应同时加水泥,以保证原水灰比不变。如二次搅拌后仍不符合要求时则不得使用;运送混凝土工具的内壁应平整光滑,不吸水、漏水,黏附的混凝土块应经常清除,必要时应对工具加盖和保温;混凝土的运输能力应与拌制和灌注能力相适应。运输时间应尽量压缩并应减少不必要的翻装倒运,必须在水泥初凝前灌注完毕。混凝土的运输延续时间,不宜超过表14-7的规定,当运输时间过长时,应采取措施,使混凝土灌注时的坍落度仍能适应灌注和振捣的需要。

混凝土允许延续的运输时间

表14-7

从拌和机倾出时的 混凝土温度(℃)	允许延续的运输时间 (min)	从拌和机倾出时的 混凝土温度(℃)	允许延续的运输时间 (min)
20～30	45	5～9	90
10～19	60		

注:①本表数值适用于初凝时间不早于1h的水泥所拌制的混凝土。如用快硬水泥拌制混凝土,延续运输时间应根据水泥性能及施工条件而定。
②如掺用外加剂与混合材料时,延续运输时间应根据试验确定。

运输有水平及竖直两种情况。水平运输一般采用手推车或汽车。当工程量不大,运距较短并且运输道路平坦时,可采用手推车。设有集中拌和站的大型工程,应采用严密不漏浆的翻斗汽车,若运距较远,宜采用带有搅拌设备的专用汽车。竖直运输,可将混凝土拌和物装入吊斗,采用扒杆或井架提升。既有水平运距又有竖直运输时,可采用皮带运输机或缆索吊车。皮带运输机适用于中转倒装运输,水平运距与提升高度都较小,必须控制运送速度与坡度,严防混凝土拌和物发生离析现象。缆索吊车需备有严密不漏浆的活底吊斗,适用于水平运距较长,提升高度较大的情况。混凝土泵是近年来发展起来的一种较好的水平兼竖直运输工具,适应性强,适用于施工困难、结构复杂的钢筋混凝土工程和较高墩台的混凝土灌注。目前所使用的大型号混凝土输送泵,可将混凝土水平输送800m,垂直达300m,有效地解决了超高建筑混凝土运输问题。

(三)混凝土的灌注与捣固

灌注和捣固是混凝土施工的重要工序,对混凝土质量优劣起着十分重要的作用。他必须保证混凝土具有良好的密实性和整体性,确保其强度和耐久性等各项要求。在灌注混凝土前,首先应分析所需灌注的混凝土结构特点,选定合适的灌注方法,考虑分段、分层、分区以及各段区的灌注次序,然后编制施工工艺和制订技术措施,确保施工灌注的顺利进行。

1.混凝土灌注的准备工作

(1)在混凝土灌注前,应对地基面或旧混凝土面按设计要求做好清理工作。如清除地基表面软弱土层,铺垫石砟;倾斜岩石凿成平面或台阶;水平岩石、旧混凝土面凿毛;桩基础凿除浮头;清洗岩面;排除积水;湿润干燥的非黏性土等。

(2)对模板及支架进行全面的检查。模板及支架设计是否合理,支撑是否稳固,钉栓是否紧固,模板相对位置、尺寸是否正确等。

(3)检查钢筋的品种、规格、数量、形状及安装位置是否与设计相符。绑扎接头是否牢固,焊接接头是否有漏焊、脱焊等。钢筋表面的油渍及泥土等应清除干净。

(4)检查预埋构件及预留孔的数量、结构质量及安装位置是否正确,安装是否牢固。

(5)检查灌注混凝土的材料数量和质量是否满足一次灌注的要求,检查混凝土配合比等技术措施是否已按工艺落实。

(6)灌注机械设备是否完好,备品备件是否已准备,照明设备安全可靠,施工道路是否平顺畅通,施工平台及脚手架是否已搭设。

(7)了解天气预报,并做好各种防范工作。

在完成以上准备工作,并经有关部门检查签证后,方可开始进行混凝土灌注。在施工过程中应设专人检查模板、支架、钢筋、预埋件和预留空洞等状态,以便在发现变形等情况时能及时修整。

2.混凝土的灌注

灌注混凝土的自由倾落高度一般不得超过2m,如落差较大应设溜槽、串筒降低自由高度或通过模板上预留的孔口灌注,以免产生离析。混凝土应水平分层灌注,并应边灌注边捣固,灌注混凝土层厚度应根据拌制能力、运输条件、灌注速度、振捣能力等决定。灌注混凝土必须连续进行不得间断,如万不得已应控制间断时间,必须在前层混凝土初凝前把下层混凝土灌注完毕。混凝土灌注的允许间歇时间受环境温度、水泥品种规格、水灰比、掺外加剂的情况等条件影响,应通过实验确定,当无试验资料时,对不掺外加剂的混凝土,间歇时间不宜超过2h;当温度高达30℃左右时,可减为1.5h;当温度减至10℃左右时可延至2.5h;否则应按照间歇灌注法进行。所谓间歇灌注,是指上下两层混凝土的间歇时间超过上述间断时间而言。此时,按照施工接缝(中断)处理。预计灌注工作要中断时,应在前层混凝土初凝前在接缝面上,根据需要埋入接茬的片石、钢筋或型钢,并使其体积露出混凝土外一半左右(钢筋混凝土可不设接头钢筋)。接头钢筋宜用不小于16mm的钢筋沿墩身周边预埋,埋入与露出长度约为500~750mm,间距宜为300~500mm。待前层混凝土抗压强度达到1.2MPa后,凿除施工接缝面上的水泥浆薄膜和表面上松软的混凝土层,使之成为粗糙坚固的接触面以利衔接,再以压力水冲洗干净,使接触面湿润又无积水。接灌时先铺一层厚约1.5cm,与混凝土灰砂比相同而水灰比略小的水泥砂浆(竖向接合面上可刷水灰比0.3左右的薄水泥浆一层),或铺一层厚约30cm的混凝土(按新灌混凝土配合比减少10%粗骨料计),灌注新混凝土后,应加强振捣施工接缝处的混凝土,使新旧混凝土紧密结合。

墩台混凝土的灌注应在整个截面内进行,仅当结构截面面积大于$100m^2$,并在前层混凝土开始初凝以前不能妥善捣实时,才允许将墩台截面分段(块)进行灌注。分块面积不宜小于$50m^2$,分段高度宜为1.5~2.0m,分段连接面应与墩台截面尺寸较小方向平行,上下两层的分段接缝应相互错开,并在水平和竖直缝上均应做成适当的接榫。

为了节约水泥用量,灌注墩台混凝土时,可在混凝土中填放石块(包括经破碎的大漂石块),但应按下列规定办理:①石块的最大尺寸,不应超过填放石块处结构最小尺寸的1/4,石块的最小尺寸不得小于15cm。②应选用无污渍、无裂隙、无夹层、未风化和未经灼烧的石块,其抗压强度不得低于300MPa,并应具有混凝土粗骨料所要求的耐久性。③石块在填放前应用水冲洗干净,但不得淋洒水泥浆或黏附其他污物。④石块应均匀分布,安放稳妥,石块间的净距不得小于15cm;石块与模板的间距不宜小于25cm,且不得与钢筋接触。⑤在最上层石块的顶面,应覆盖不少于25cm的混凝土层。

3.混凝土的捣固

混凝土的捣固分机械振捣与人工捣固,以机械振捣为主,仅在零星小量的工程和十分狭小的部位才用人工捣固。机械振捣设备有内部(或插入式)振动器、表面(平板式)振动器、及外部（附着式）振动器三种，如图 14-18 所示。

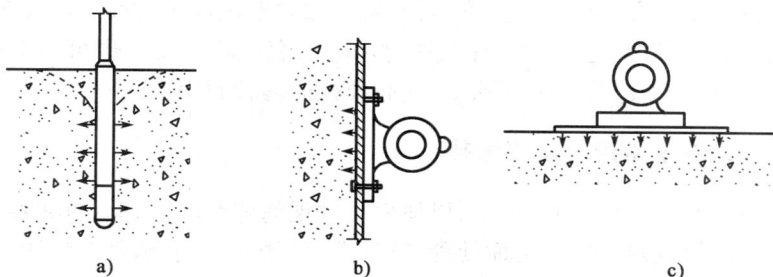

图 14-18　振动器的工作方式
a）插入式振捣器；b）附着式振捣器；c）表面振捣器

内部振动器适用于体积较大并且配筋较少的工程，有电动及风动两种，电动式的使用较广。使用时应按一定的次序与距离移动，使各处振捣均匀避免漏振；还要掌握好振动时间，以确保混凝土密实，时间过短过长都不好，时间过短难以使混凝土振捣密实，时间过长则容易使混凝土离析，振捣以混凝土表面不再有气泡冒出也不再下沉，表面摊平并开始泛浆为度。为了使上下两层连接紧密，振动器应插入前层混凝土中 3～5cm。操作时应快插慢拔，对干硬性及半干硬性混凝土必须垂直插入、缓慢拔出并用脚踩压振动器周围，以免混凝土留有空洞。

表面振动器振动深度不大，适用于面积较大的结构。采用平板式振动器振捣时，振捣深度一般不大于 25cm。对于双层钢筋网的混凝土板，不宜超过 15cm。平板式振捣器应有规律的进行移动，移动间距以底板覆盖面搭接 50cm 宽度为宜以使衔接处混凝土振捣密实。移动速度不得过快，以 1m/min 为宜。振动至混凝土停止下沉并泛浆或表面平整均匀为止。

外部振动器适用于断面狭小、钢筋密集的结构，使用时挂在模板外面，因此模板必须十分坚固。通常木模板采用长螺栓固定振动器于肋木上，钢模板固定于肋脚上。模板振捣器的间隔距离及振捣时间，依结构形状、混凝土坍落度大小及振动器功率大小而异，应通过实验确定，安装间隔以 1.0～1.5m 为宜。每处振捣时间，应以振到混凝土面成一水平面且无气泡出现时为止。附着式振到器的侧向影响深度约为 25cm。

要注意，无论那种方法，混凝土初凝后不能再振捣。

（四）混凝土的养护与拆模

新灌注的混凝土必须处于良好的环境中养生以防早期干缩产生裂缝，并为混凝土的凝结硬化和强度正常增长提供必要的温度和湿度等条件。为此混凝土灌注后必须妥善养护，特别是灌注初期更应该加强养护。一般的养护方法是在灌注混凝土后数小时（正常温度情况下 8～12h，以混凝土结硬变色为度），用洁净的麻袋，草席或湿砂覆盖外露面并经常洒水养护。每天洒水次数按气候条件而定，以混凝土充分保持湿润为度。养护的天数根据气候条件、水泥品种而定，施工规范上有明确规定。当混凝土处于寒冷（5℃以下）条件下不得对混凝土浇水，只应覆盖保温与保湿。大体积墩台混凝土应采取有效措施，控制水化热温度。

新灌注的混凝土达到一定强度即可拆模，拆模时间应掌握适宜，过早则混凝土尚未达到一定强度，在自重作用下有可能发生变形甚至断裂，或在拆模过程中受到损伤；过晚则影响模板周转和工程造价甚至延误工期。拆模时间由混凝土强度的增长与模板承重情况而定，原则上气温低、混凝土强度增长慢则模板应迟拆；承重的底模比不承重的侧模应迟拆。具体的拆模时间详见施工规范。

为了提早拆模,如有必要可采用蒸汽养护,可以大大缩短养护时间。但在冬季,注意不要骤然降温,以免混凝土表面产生裂纹,有条件时用电热套比较简便。也可在混凝土中掺加早强剂或采用早强快硬水泥以提高早期强度,提高模板的周转利用率。

(五)混凝土的质量检查与缺陷修补

混凝土施工中应随时进行质量检查,以便提早发现问题及时处理。首先在施工前应仔细检查施工准备工作,检查前一层坏工面处理情况(凿毛、洒水湿润、清理杂物积水)或检查地基处理情况;检查模板、钢筋及预埋件等的规格、数量、位置及安装情况;检查混凝土的组成材料准备情况;检查运输道路,运输工具;检查混凝土配合比、坍落度等。必须一切准备就绪才能开盘。混凝土灌注过程中,应随时检查混凝土配料的准确性;测定粗细骨料的含水率,如有必要应及时调整施工配合比;检查拌和物的坍落度;检查混凝土拌和、运输、灌注、捣固的质量;检查模板、支撑与脚手架的稳定性;按规定制作混凝土强度检查时间。

混凝土表面应平整无缺。凡发现有缺陷应加修补。如有蜂窝麻面应先清除松软薄弱层,探明蜂窝深度;对较浅的蜂窝,可在清理浮渣并用高压水冲洗使之湿润(但应清除积水)后,用较浓的砂浆填补抹平。对较深的蜂窝可用细石混凝土填补捣实,并在外面用木板挡住。较严重者考虑采用膨胀水泥。蜂窝修补后应加强养护。如发现混凝土有裂缝,应先探明深度,如裂缝不深可压注水泥浆或环氧树脂修补。如裂缝较深影响受力状况时,应报请上级会同有关部门研究处理,绝对不可以在表面涂抹水泥砂浆掩盖,造成隐患,这对建筑物的安全是个威胁,也是十分危险的。

(六)混凝土冬季施工

当昼夜平均气温低于 +5℃ 或最低气温低于 −3℃ 时,就必须采用冬季施工措施。冬季条件下灌注的混凝土,在遭受冻结之前,其强度(临界抗冻强度)不应低于设计强度等级的30%,也不得低于 5MPa。在充水冻融条件下使用的混凝土,开始受冻时的温度不得低于设计强度等级的70%。

冬季施工条件下施工的混凝土,应根据工程类别、气象条件、材料来源、施工条件等,通过热工计算及经济技术分析,选择适当的养护方法及施工措施。常用的养护方法有:蓄热法、暖棚法、蒸汽养护法和低温早强混凝土法等。

1.蓄热法

蓄热法是以保温覆盖为主,其养护的热量来自加热的原材料及水泥的水化热量,通过保温覆盖防止和减缓热量的散失,以延缓混凝土冷却速度,使混凝土强度在必要的温度下增长。

采用蓄热法施工时,应优先采用加热水的方法,这是因为水的比热比砂石大,且加热的设备简单。加热温度视水泥的品种和强度等级而定,强度等级小于 42.5 的水泥为 80℃,强度等级大于 42.5 的水泥为 60℃。通过热工计算仍达不到热量要求时,可对砂石料进行加热,但水泥不得直接加热,其加热温度不应高于 60℃。混凝土原料的加热一定要控制在限定值,过高的温度容易造成水泥假凝。混凝土自拌和机卸出时的温度因水泥而异,不得高于 40 ~ 35℃。覆盖用的材料宜采用传热系数小、价格低的材料,如草帘、草袋、锯末、炉渣等,若能配以塑料薄膜覆盖以保温保湿则效果更好。蓄热法设备简单、造价低,主要是用于室外最低气温在 −10℃ 以上的厚大体积的结构施工。

352

2.暖棚法

搭设暖棚应使用保温材料,如草帘、草袋等,暖棚遮盖要严密。棚内采用暖气或火炉加热,使暖棚内温度保持在10℃左右。使用火炉采暖时,应注意防火排烟,对混凝土表面要加以覆盖并保持湿润,防止干热空气造成混凝土表面龟裂及二氧化碳气体炭化使表面疏松。

3.低温早强混凝土法

低温早强混凝土是在普通混凝土中掺加少量的外加剂,结合加热原材料和采取覆盖的保温措施,在初始养护的短时间内于正温下硬化,获得一定早期强度后,不需其他加热措施就能使混凝土在一定负温下继续硬化并获得临界抗冻强度。

目前,常用的早强剂有含三乙醇胺的硫酸钠复合剂和硝酸钠复合剂两种,无钢筋的素混凝土也可掺加氯化钙和氯化钠作为早强抗冻剂。

低温早强混凝土搅拌前,应用热水或蒸汽冲洗搅拌机,搅拌时间为常温搅拌时间的1.5倍。混凝土的出机温度不低于10℃,入模温度不低于5℃。负温下外盖保温层,严禁浇水。

冬季施工,在保证混凝土必要和易性的同时,应尽量采用较小的水灰比,这样可以大大促进混凝土的凝结速度,有利于抵抗混凝土的早期冻结。混凝土拌和时应增加拌和时间,比正常情况下增加50%～100%,使水泥的水化作用加快,并使水泥的发热量增加以加速凝固。配制冬季混凝土,应优先选用硅酸盐水泥或普通硅酸盐水泥等活性大发热量高的快硬水泥,高强度等级水泥,其强度等级不应低于32.5,最小水泥用量不应低于300kg/m³。

第三节　墩台顶帽施工

一　顶帽放线

墩台混凝土或砌石至顶帽底约30～50cm时,即测出纵横中心轴线,并据以竖立顶帽模板,安装钢筋和锚栓孔模板。桥台顶帽放线时,应注意不要以基础中心线作为顶帽背墙线,以免放错。墩台模板可锚固于墩身上,也可用支架支承。模板立好后,在灌注混凝土前应再次复核,以确保顶帽中心、轴线、锚栓位置以及支承垫石水平高程等不出差错。

二　墩台顶帽模板

(一)混凝土墩台顶帽模板

墩台顶帽系支撑上部结构的重要部分,其尺寸位置和水平高程的准确度要求较严,墩台身灌注至顶帽下约30cm处,就应预埋接榫停止灌注,以上部分混凝土待顶帽模板立好后一次灌注,以保证顶帽底有足够厚度的紧密混凝土,顶帽下面的一根拉杆,可利用顶帽下面的分布钢筋担任,以节省铁件。支承垫石的模板挂装在上部的木拉杆上。台帽背墙模板应注意加足纵向支撑和拉条,防止灌注混凝土时发生鼓肚,侵占梁端空隙。

(二)石砌墩台顶帽模板

砌筑到顶帽以下20～30cm处,即停止填腹石的砌筑,开始安装顶帽模型板。先用两根大约 15cm×15cm 的方木,用长螺栓拉夹于顶帽以下 30cm 处(图 14-19 中 1)。方木 1 的上面搁方木 2,然后在方木 1 与 2 上安装顶帽模板。台帽模型板可用木料支撑在锥体上(图 14-20)。

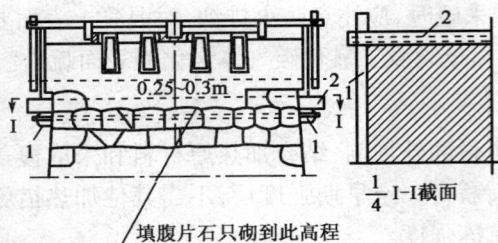

图 14-19　石砌桥墩顶帽模板

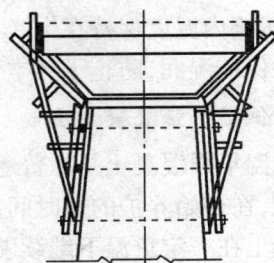

图 14-20　圆形桥墩顶帽模板

三 钢筋及锚栓孔

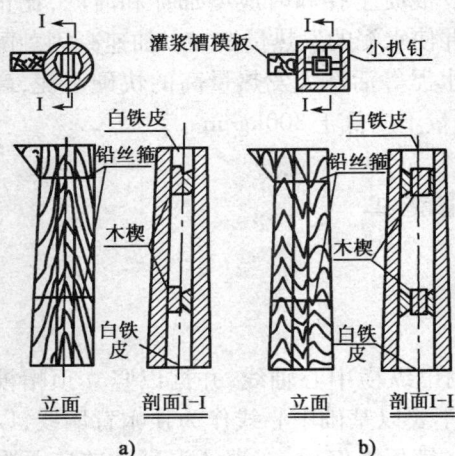

图 14-21　锚栓孔模板
a)圆形模板;b)方形模板

安装顶帽钢筋时,应注意将锚栓孔位置留出,如因钢筋过密无法躲开锚栓孔时,可将钢筋断开,并用短筋按规定捆扎。锚栓孔应该下大上小,其模板可采用拼装式(图 14-21)。锚栓孔模板安装时,顶面可比支承垫石顶面低约 5mm,以便垫石顶面抹平。带弯钩锚栓的模型板安装时,应考虑弯钩的方向。为便于安装锚栓后灌实锚栓孔,可在每一锚栓孔模板的外侧上部,用三角木块预留进浆槽。锚栓孔可在支承垫石模板上放线定位。支承垫石混凝土强度达 2~5MPa 后,即可拆除锚栓孔模板。预留锚栓孔,还可以用预制的泡沫砂浆混凝土预埋件、实心圆木模(只能做成上下一样粗,在初凝前随时转动,初凝后即可拔出)以及用植物秸外包水泥纸做成的预埋物等。最后均需进行清孔凿毛工作。有条件直接丈量的墩台,也可以将锚栓安装在木架上,与墩台顶帽混凝土直接结合,但必须保证其精确度。

应该指出,墩台顶帽施工前后,均应复测其跨度及支承垫石高程。施工中应确保支承垫石钢筋网及锚栓孔位置的正确。垫石顶面要求平整,高程符合设计要求。墩台施工完毕后,应对全桥进行中线、水平及跨度的贯通测量,并用墨线画出各墩台的中心线、支座十字线、梁端线以及锚栓孔的位置。暂时不架梁的锚栓孔,或其他预留孔,应排除积水将孔口封闭。

第四节　起重吊装

大中桥的高墩台施工中,起重吊运工作十分重要。由于高桥墩台工程量大,设备占用时间长,因此,除使用履带式吊机、塔式吊机、汽车吊机、龙门吊机等成套的起重机械外,常因地制宜自制小型机具提升设备,能收到良好的效果。常用的有各种扒杆、缆索吊车、井架吊斗等,拆装倒用均较方便,适用于一般桥梁工地。

常用的起重扒杆有独脚扒杆、人字扒杆、摇头扒杆、悬臂扒杆等。扒杆的结构简单,制作、安装和拆除都很容易。因此,桥梁施工中扒杆的使用相当广泛。

(一)独脚扒杆

如图14-22独脚扒杆由缆风绳竖直固定并略带倾斜,倾斜角 β 不可过大,宜在 $5° \sim 10°$ 之间。缆风绳一般采用四根,缆风绳与水平面的夹角宜大于 $33.7°$(约 $1:1.5$),也不得大于 $45°$,否则会使缆风绳受力增加,并且不利于扒杆的稳定。扒杆的顶端绑扎起重滑车组,起重绳经过转向滑车引向卷扬机。在扒杆脚转向滑车对面,应设置留绳,以防起吊时扒杆被拉动。扒杆的底部安在支座上。

独脚扒杆通常可以用圆木做成木扒杆或用无缝钢管和型钢做成钢制独脚扒杆,常用独脚圆木扒杆的规格、性能见表14-8。钢管独脚扒杆的构造见图14-23,规格性能见表14-9。长大扒杆还可由型钢组成一个方形截面,用腹杆和缀条连成整体,组成格构式独脚扒杆,如图14-24所示。长的扒杆可做成数节用螺栓连接。

独脚圆木扒杆规格 表14-8

扒杆起质量(t)	扒杆高度 H(m)	扒杆梢径 d_0(mm)	缆风绳直径 d_1(mm)	起重滑车组			绞车起质量(t)	扒杆连接搭接长度 L(m)
				钢丝绳直 d(mm)	定滑车	动滑车		
3	6.0	180	15.5	12.5	2	1	1.5	2.5~3.0
	8.5	200						2.5~3.0
	11.0	220						2.5~3.0
	13.0	220						3.0~3.5
	15.0	240						3.0~3.5
5	8.5	240	15.5	15.5	2	1	3.0	3.0~3.5
	11.0	260	20.0					3.0~3.5
	13.0	260	20.0					3.5~4.0
	15.0	280	20.0					3.5~4.0

钢管独脚扒杆规格 表14-9

扒杆起质量(t)	扒杆高度 H(m)	钢管尺寸		缆风绳直径 d_1(mm)	起重滑车组			绞车起质量(t)
		直径(mm)	壁厚(mm)		钢丝绳直径 d(mm)	定滑车	动滑车	
10	10	250	8	21.5	17.0	3	2	3
	15	250						
	20	300						
20	10	250	8	24.5	21.5	4	3	5
	15	300						
	20	300						
30	10	300	8	28.0	24.5	5	4	5
	15							
	21							

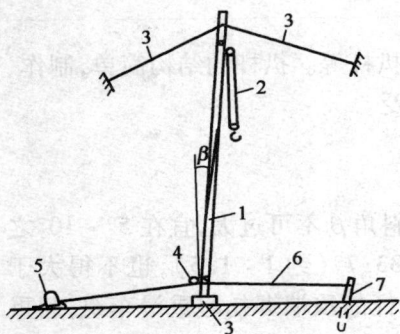

图 14-22 独脚扒杆

1-扒杆;2-起重滑车组;3-缆风绳;4-转向滑
车;5-卷扬机;6-留绳;7-地垄

图 14-23 钢管独脚扒杆

1-钢管扒杆;2-钢悬臂板;3-钢底
座;4-缆风绳;5-拉绳

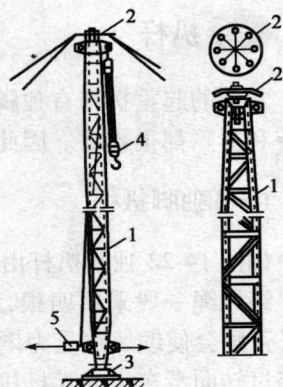

图 14-24 格构式独脚扒杆

1-扒杆;2-活顶板;3-底座;4-起重
滑车组;5-转向滑车组

起重绳的起重拉力称为单头拉力可用下式计算:

$$S = K \cdot L = \frac{(f-1)f^n}{f^m - 1} \cdot L \tag{14-1}$$

式中:S——单头拉力;

K——滑车组倍率系数;按公式计算十分繁琐,为方便计,可由表 14-10 查得;

f——滑车阻力系数,采用青铜套转轮时 $f = 1.04$,无轴套时 $f = 1.06$;

m——滑车组工作线数;

n——滑车轮数,包括转向滑车在内;

L——荷载,$L = CP + Q$,其中 P 是重物质量,Q 是滑车组(包括吊具)质量,C 是动力系数,即由于吊重的冲击、振荡、惯性等影响而引用的系数,其值与绞车类型有关,人力操作时为 1.0,用机动绞车时为 $1.1 \sim 1.5$(起质量较大时用大值)。

滑车组倍率系数 K 值 　　　　　　　　　　　　　　表 14-10

有无轴套	滑车组的绳轮数	转向滑车数					
		0	1	2	3	4	5
有	一绳一轮	1.04	1.08	1.12	1.17	1.22	1.27
无		1.06	1.12	1.19	1.26	1.34	1.45
有	二绳二轮	0.54	0.56	0.58	0.61	0.63	0.66
无		0.55	0.59	0.63	0.67	0.71	0.75
有	三绳三轮	0.37	0.39	0.41	0.42	0.44	0.45
无		0.38	0.40	0.42	0.45	0.47	0.50
有	四绳四轮	0.28	0.29	0.30	0.31	0.32	0.33
无		0.29	0.31	0.33	0.35	0.37	0.39
有	五绳五轮	0.22	0.23	0.24	0.25	0.26	0.27
无		0.24	0.25	0.27	0.28	0.30	0.32
有	六绳六轮	0.19	0.20		0.21		0.23
无		0.20	0.21	0.23	0.24	0.26	0.27

钢制扒杆的缆风、滑车组和扒杆的连接，多是在扒杆上焊接吊环，起质量不大时可用卡环或捆绑连接。

滑车组如图 14-25 所示。按滑车轮数和起重绳穿绕次数，称为几轮几线滑车组，俗称走几穿几。如图 14-25 称为走 6 或穿 6。走 6 或穿 6 以内的滑车组，一般采用按轮线顺序的穿绕方法，但在多轮滑车组（穿 6 以上），为了使滑车受力平稳，不发生偏吊，宜采用花穿法（即插花轮线顺序使起重绳从定滑车的中轮绕出）。

（二）人字扒杆

人字扒杆的形式见图 14-26，用两根圆木、钢管或型钢格构在顶端用钢丝绳捆扎或用钢绞组成人字形，在交接处悬挂起重滑车组。扒杆下端两脚的距离约为高度的 $1/2 \sim 1/3$。在下部系以拌脚绳，以承受水平推力，并用木楔垫平扒杆脚。前后均用两根缆风绳，互成 $45° \sim 60°$ 夹角。吊重大时可在缆风绳中间加一副背索滑车，用以调整前倾度。人字扒杆比独脚扒杆的侧向稳定性好，起质量大，杆件受力均匀，缆风绳少，架立方便。缺点是移动较麻烦，构件起动后的活动范围较小，起吊高度不大，可以装卸高度小或笨重的构件。人字扒杆的规格见表 14-11。

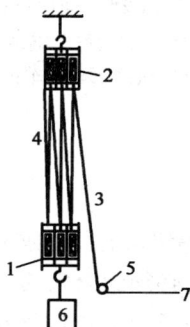

图 14-25　滑车组

1-动滑车；2-定滑车；3-起重绳；4-工作线；5-转向滑车；
6-重物；7-起重绳单头拉力

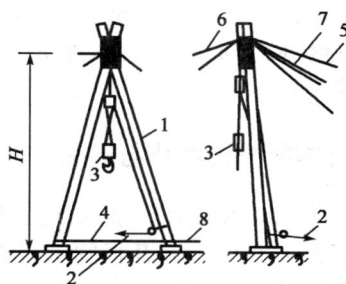

图 14-26　人字形扒杆

1-扒杆；2-至卷扬机；3-起重滑车组；4-绊脚绳或横把木；
5-后缆风；6-前缆风；7-背索滑车组；8-至锚锭

人字扒杆的规格　　　　　　　　　　　　　　　　　　表 14-11

扒杆起质量（t）	扒杆高度（m）	木料规格		缆风直径（mm）	起重滑车组			绞车起质量（t）
		圆木直径（mm）	长度（m）		钢丝绳直径（mm）	定滑车	动滑车	
3	6.0		7.0		12.5	2	1	1.5
4.5	5.0	160	6.0	15.5	15.5	2	1	2
10	3.2		4.0		17.5	3	2	3
6	7.0		8.0			2	1	3
11	5.0	200	6.0	15.5	19.5	3	2	3

（三）摇头扒杆

摇头扒杆（图 14-27）不仅能垂直吊起重物，还可以在吊杆一定的旋转范围内将重物水平移动。因此摇头扒杆是一种比较灵活的起重装置，在基础工程和较低的墩台施工中，使用比较广泛。

（四）悬臂扒杆

悬臂扒杆是在摇头扒杆的基础上，为了加大提升高度而设计的一种形式，把吊杆装在桅杆上部成为悬臂，故称悬臂扒杆，如图 14-28 所示。由于悬臂的作用，使桅杆承受相当大的弯矩，这是十分不利的。为了改善这种受力状态，通常在悬臂的对面加设横梁与平衡绳。

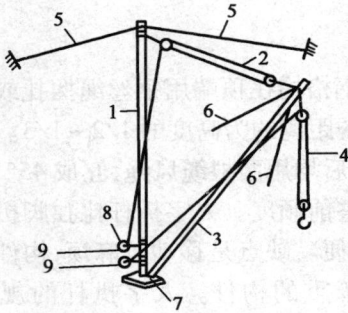

图 14-27　摇头扒杆

1-桅杆（又名台令）；2-起伏滑车组；3-吊杆；4-起重滑车组；5-缆风绳（不少于 4 根）；6-转向拉绳；7-支座；8-转向滑车；9-至卷扬机

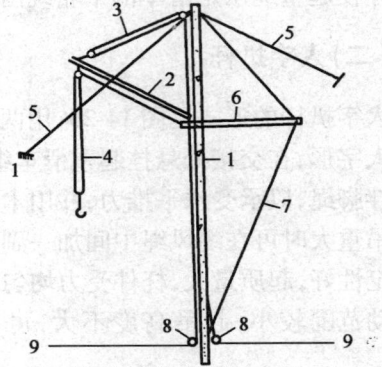

图 14-28　悬臂扒杆

1-桅杆；2-悬臂吊杆；3-起伏滑车组；4-起重滑车组；5-缆风绳；6-横梁；7-平衡绳；8-转向滑车；9-至卷扬机

（五）木扒杆的制作与安装

扒杆所用木料，以松、杉木为主，应不低于三等材，其应力等级应在 A2 或 B3 以上，木材含水率应不大于 15%。由几根圆木或钢木混合组成的长大扒杆，必须组合密实，绑扎牢固，以保证其整体性，使扒杆在起吊中受力均匀。扒杆接长时，接头处两根木料的直径应接近相等，并另绑木料绑牢加固。绑扎扒杆一般采用 9mm 钢丝绳或 8 号铅丝。凡属组合或接长扒杆，其捆扎处空隙都应采用不低于母材强度的木料，填塞平顺后再进行捆扎。

扒杆底座分固定式和可移式两种，一般不须移动的扒杆都采用固定式。固定式多用方木墩，其长度面积根据地质情况而定，应保证扒杆在起重时不沉陷。木墩的厚度为 30cm 左右，在顶面凿成约 5cm 深的凹槽，并填入少许黄油，吊臂脚刨成圆弧形放入凹槽内，以利于扒杆仰俯或旋转，底座木墩可嵌入土内或用刹钎、桩木四方固定，以免扒杆负荷后发生滑动或移位。如在岩石地点，可在岩石上凿一凹洞无须另设木墩。另一种是埋桩固定，摇头扒杆的桅杆木可作为桩木埋设，但在计算桅杆长度时，应扣除埋设段。

高度不大的简单的扒杆，可以直接拉扯缆风绳使其竖立。较为复杂的长大扒杆，则须采用辅助小扒杆竖立。当扒杆到设计位置时，应及时固定底座。并将四方缆风绳锚固稳当。任何一种扒杆都不应少于四根缆风绳。

二　缆索吊车

缆索吊车是利用架设在空间的悬索来吊运重物。索道沿桥梁中线架设，吊车可以在其跨度范围内到达任何地点，不仅能解决垂直提升问题，还可以沿索道运送材料重物。在大中桥建设工地采用较多，特别适用于跨越深谷与有水河流的桥梁工地。但在长大的曲线桥梁上，使用缆索吊车要受到一定的限制,必须采取一些措施(如活动塔头或折线索道等),才能更好地发挥作用。缆索吊车大体可分为绳缆、搬运器、塔架、地垄等部分,如图14-29所示。

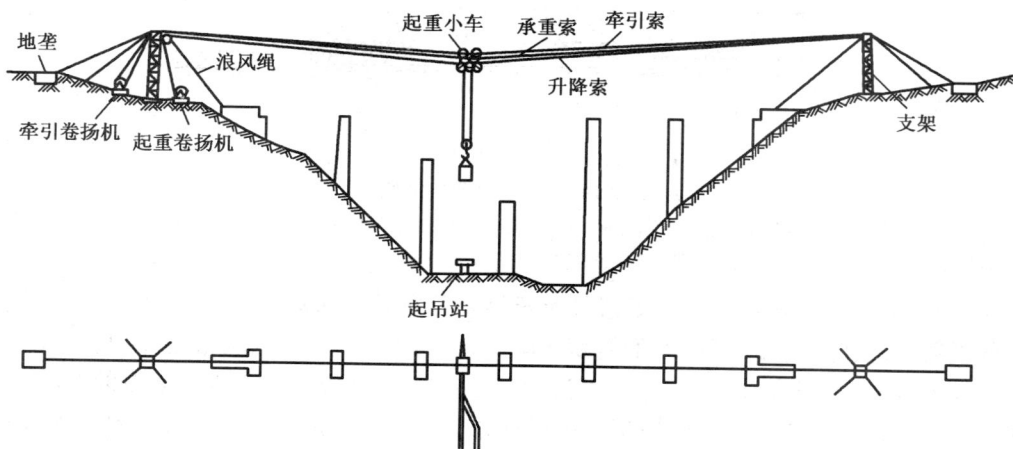

图 14-29　缆索吊车示意图

(一)绳缆

绳缆分轨索、循环绳、起重绳、结绳及缆风绳等。缆风绳的作用是稳定塔架,其余四种都与起吊运输有关。

(1)轨索:又称主索,其作用是承受全部荷载。荷载沿轨索运行,因此轨索宜选用耐疲劳、耐磨损的钢丝绳。轨索绕过塔架顶部的索鞍(又名轨索支承,俗称天车),连接背索滑车组拉紧并锚固在地垄上。跨过塔架后,轨索与地面的交角不宜大于30°,交角过大,会使塔架受力过大,影响塔架稳定性,轨索挠度以3%~5%为宜,挠度过大就得增高塔架,但挠度过小又有降低荷载能力的缺点。

(2)循环绳:是牵引搬运器使之沿轨索往返运行的无极式绳索。绳的两端拴在搬运器的两侧,此绳绕过各转向滑车(包括平衡重的滑车)及卷扬机卷筒并有上下循环绳之分(图14-30及图14-31)。

当卷扬机转动时,循环绳拉动搬运器,卷扬机的滚筒可以正、反转动,因此搬运器可以前进或后退。跨度较大的缆索,一般设置循环绳平衡重,其作用是调节循环绳的张力,使轨索与循环绳之间经常保持应有的距离,因此,缆索吊车安装后应试运转,适当调整平衡重。

(3)起重绳:其作用是起吊重物升降。起重绳一端固定在塔架顶上,另一端绕过搬运器的起重滑车组,再经另一个塔架顶的转向滑车引至卷扬机。卷扬机卷筒正、反转动时,可使起重绳收紧或放松。起重绳的收放可使起吊滑车带着重

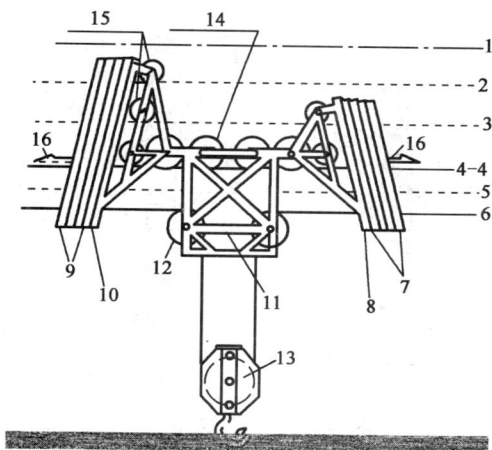

图 14-30　搬运器

1-上循环绳;2-上结绳;3-下结绳;4-轨索;5-下循环绳;6-起重绳;7-短分索器;8-短携带器;9-长分索器;10-长携带器;11-搬运器中心架;12-滑车组定滑轮;13-滑车组动滑轮;14-轨索走行轮;15-结绳走行轮;16-箭标

物升降。当搬运器前进或后退时，不会使起吊重物升降，而是负荷运行。

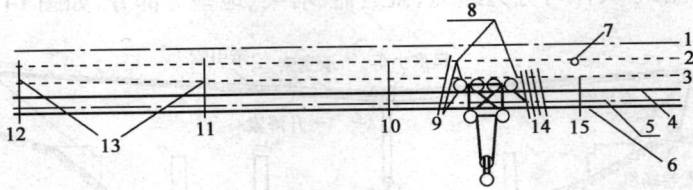

图 14-31　分索器与结块

1-上循环绳；2-上结绳；3-下结绳；4-轨索；5-下循环绳；6-起重绳；7-上结绳结块；8-分所携带器；9-4 号长分索器；10-3 号长分索器；11-2 号长分索器；12-1 号长分索器；13-上结绳结块；14-4 号、3 号、2 号短分索器；15-1 号短分索器

（4）结绳：又称防挠绳，其作用是悬挂分索器。分索器用扁钢制成，上有眼孔，各条绳缆就是从分索器的眼孔穿过，以保持各条绳缆之间不发生干扰。为了适应搬运器前后移动，分索器设有长短两种，结绳也有上下之分。实际上结绳是一根有极式的绳索，结绳的两活头都固定在一端塔架顶上并通过另一个塔架上的转向滑车、悬吊平衡重以调节结绳的挠度，使之略小于轨索坡度。简易缆索吊车可不设结绳，改用一定长度的细钢丝绳把分索器连接起来，使分索器停留在要求的位置上。

（二）搬运器

搬运器包括中心构架、分索携带器、行走天轮、起重滑车组及吊钩等部分，中心构架一般采用型钢或板钢焊铆而成，如图 14-30 所示。在搬运器的两端，各有一个带箭标的三角形铁架，称为分索携带器。当搬运器沿轨索运行时，前方携带器的箭标起收集分索器的作用，后端携带器内的另一组分索器，由于受了结绳上结块的阻挡，又逐一滑出后箭标，留在应有的位置上。这样就使分索器在缆索上间距均匀，起到了分索的效果。一般情况下，分索器的间距约 50 ~ 100m。

分索器有长式短式两种，分设在搬运器的两侧，一侧设长式分索器走上结绳，另一侧设短式分索器走下结绳。结绳上的结块能挡住同编号的分索器留在应有的位置。安装分索器与结块时，要特别注意编号，绝对不可错装，其安装顺序如图 14-31 所示。

（三）塔架

塔架设在索道两端，其作用是承托缆绳，一般采用万能杆件拼装，也可用型钢铆焊而成。如两岸有陡坎高坡，也可不设支承塔架或仅设立简易构架（如木扒杆，龙门架等）。塔架装置包括轨索支承（索鞍），绳缆的转向滑车与支架等。索鞍多用钢铁铸件，简易办法可采用大圆木纵横排列承托轨索或用大滑车悬挂轨索。塔架有起重绳固定接头一处，结绳固定接头两处，还有循环绳、起重绳、结绳等的转向滑车。这些接头及滑车的布置，如图 14-32 所示。

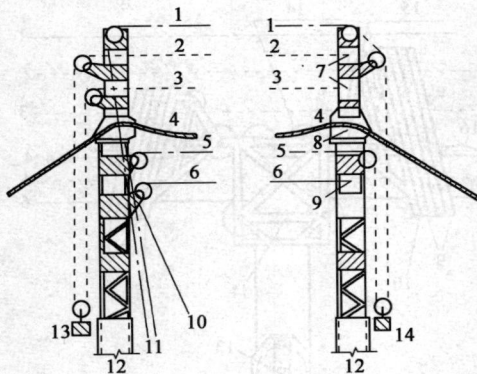

图 14-32　塔顶装置

1-上循环绳；2-上结绳；3-下结绳；4-轨索；5-下循环绳；6-起重绳；7-结绳固定接头；8-索鞍；9-起重绳固定接头；10-起重绳经转向滑车至起重绞车；11-上、下循环绳经转向滑车至牵引绞车；12-塔架；13-结绳平衡重；14-循环绳平衡重

在施工现场就地灌注桥墩台混凝土,尤其是高桥墩,利用井型钢塔架作为升降设备十分方便。井架一般采用型钢或万能杆件组装,也可用扣件式小钢管搭设井架。厂制专用混凝土输送塔架由塔架、扒杆、吊斗、导杆、漏斗、溜槽、卷扬机和缆风绳等组成,此种井架配件齐全使用方便。万能杆件拼装的井架水平截面为 $2m \times 2m$,吊斗容量可根据具体情况设计,一般为 $0.2 \sim 0.4m^3$。由于万能杆件规格较大,使用灵活方便,在桥梁施工中应用广泛,因此,万能杆件拼装井架常常成为桥梁墩台施工中的主要提升设备。

井架的使用方式有两种:一是利用井架内可自动翻转的吊斗来提升混凝土。吊斗沿架内导轨滑行至预定位置自行翻斗倾卸,沿溜槽滑入模内,如图 14-33 和图 14-34 所示;用安装在井架内角的活动转轴扒杆,通过滑车组来提升模板及其他材料。这种方式多用于分节立模灌注法施工的墩台。二是用扒杆提升混凝土吊斗及模板和其他材料,井架内设吊笼用于施工人员上下桥墩,如图 14-35 所示。此种方式较适合于滑模施工。图 14-36 为空心墩的井架实例。塔架全高 92m,用万能杆件拼组,其上安装两根扒杆,用以提升混凝土吊斗及其他材料,井架每隔 8m 拼装一层水平支撑,用特制杆件与墩身预留钢板焊接,以减少井架的自由长度,水平支撑又作灌注隔墙(板)的脚手架。

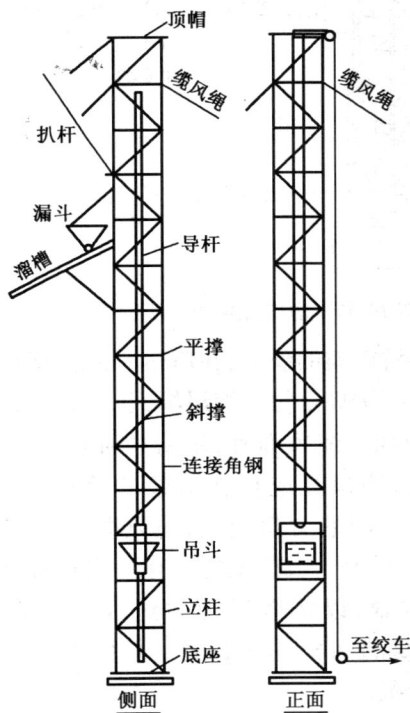

图 14-33 混凝土输送塔架

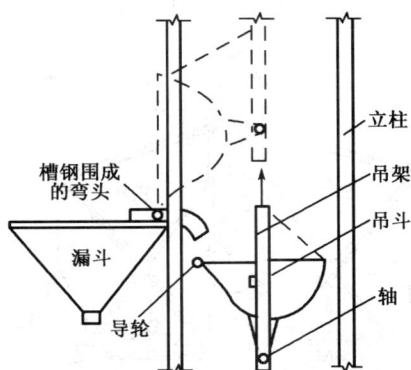

图 14-34 吊斗自动卸料

图 14-37 为利用滑动模板本身携带的扒杆提升混凝土的无井架提升装置。

塔架拼装工作从四角立柱开始,立好一节立柱,随即拼装横撑和斜撑,分节向上拼组。为保证塔架的稳定,塔架除须设置缆风绳外,还须设置适当的塔架基础。当塔架高度不超过30m,且地基土比较密实,可采用卧木基础。卧木基础是将基底整平夯实后,铺 $10 \sim 20cm$ 碎石找平,再纵横密铺两层枕木,枕木间用扒钉扣连,塔架底座用道钉或螺栓与枕木固定。基础四周挖排水沟排除积水。当塔高超过30m或虽未超过30m,但地基土质较松软时,则须采用混凝土基础,基础厚0.7~1.0m,长宽尺寸视塔架底座尺寸而定,基础应预埋锚固螺栓,固定塔架底座。塔架的基础应严格控制顶面的水平,因基顶少许的不平将使塔架产生较大的倾斜。

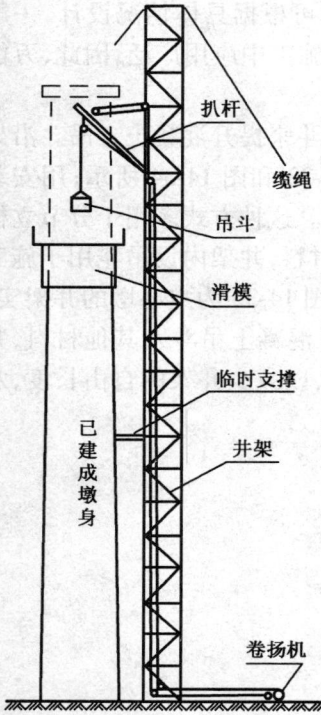

图 14-35 墩外井架布置

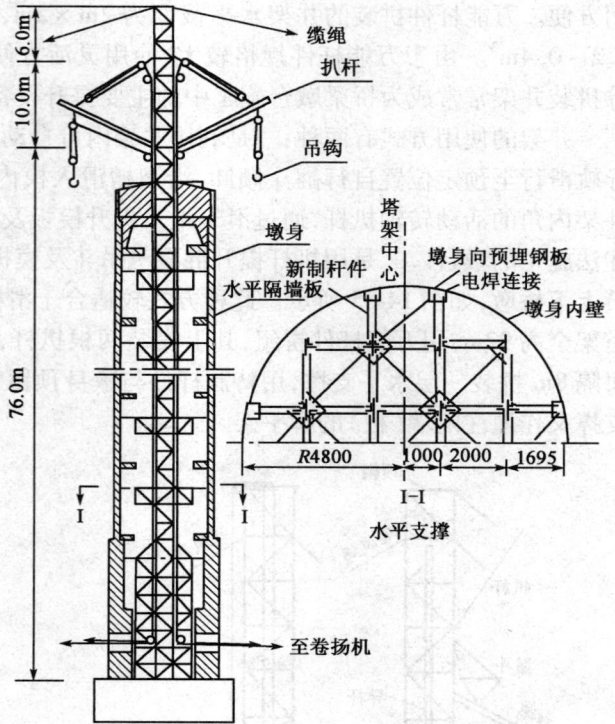

图 14-36 墩内井架布置实例

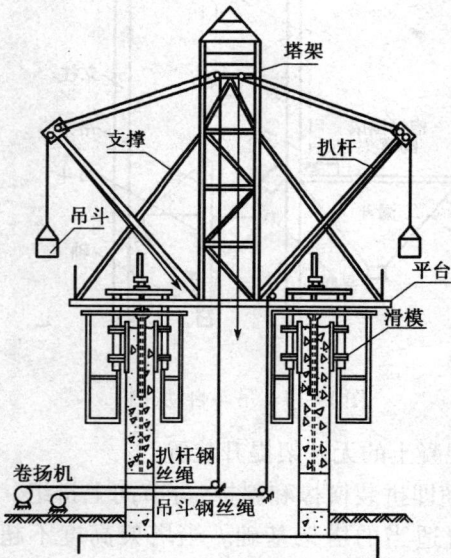

图 14-37 无井架滑模(用扒杆提升混凝土)

为保持塔架的稳定,在塔架的拼装及使用过程中均必须按规定拉设缆风绳,要求除在塔顶设置一组(四根)缆风绳外,塔身中部应每隔20m设置一组,缆风绳应拉在塔架的节点处,方向应在塔架顶面的对角线上,缆风绳与地面的夹角不应大于45°。缆风绳应有一定的垂度,不宜拉得过紧,以防塔架受力过大。紧缆风绳时,对角线的两根同时进行,并用仪器控制塔顶偏移情况。

当塔架较高或起吊质量较大时,为增强塔架的稳定性,除采取增设缆风绳外,还可采取在墩身每隔一定高度预埋角钢或钢板,设置联结系与塔架相连,形成锚固式塔架。

塔架拼组完毕后,须经试吊后才能正式使用。

第五节　桥头锥体

一　一般规定

桥台与路堤连接处,必须设置锥体填土,其作用是保护桥头路堤填土保证桥台稳定和免受洪水冲刷。锥体填土坡面一般要设防护,防护的标准根据地形和水文情况而定。

锥体的尺寸和坡度,依据要求规定了路堤边坡,见表14-12。《铁路桥涵设计基本规范》(TB 10002.1—2005)规定桥台与路基连接处应符合下列要求:

台尾上部伸入路肩最少0.75m,锥体顺线路方向的坡度,路肩下0~6m不陡于1:1;6~12m不陡于1:1.25,大于12m不陡于1:1.5,如用大于25cm(指石块最小边尺寸)的石块分层适当码砌时,全坡可采用不陡于1:1的坡度。

路堤坡度　　　　　　　　　　　　　　　　　表14-12

填料种类	路堤边坡最大高度			路堤边坡坡度		
	全高	上部高度	下部高度	全部坡度	上部坡度	下部坡度
一般性黏土	20	8	12		1:1.5	1:1.75
砾石土,粗砂中砂	12			1:1.5		
卵碎石	20	12	8		1:1.5	1:1.75
不宜风化石块	8			1:1.3		
	20			1:1.5		

二　锥体护坡施工

(一)桥头锥坡砌体工程施工要点

一般采用干砌片石或铺砌大卵石,也有采用预制块砌筑,以及铺草皮等防护办法。使用片石或大卵石砌筑护坡的底层,应以卵砾石或碎石等作为垫层,在砌筑坡面时,随砌随垫保证垫层厚度。坡面以栽砌为主,预制块和大面片石可以码砌,但不如栽砌美观牢固。栽砌是把石料轴线垂直于斜坡面的砌法,如图14-38所示。石块砌筑应相互咬合错缝,其空隙应以小石楔紧塞实,大卵石要分出层次砌筑要求上下错缝左右挤紧,层层压牢。

桥头锥坡属于桥梁的附属工程,直接影响桥梁台后填土和台后路堤的稳定性,因此在施工中应严格控制施工质量,确保桥梁的正常使用。桥头锥坡砌体工程应符合以下要求:

(1)石砌锥坡、护坡和河床铺砌层的工程,必须在坡面或基面夯实、整平后,方可开始铺砌。

(2)片石护坡的外露面和坡顶、边口,应选用

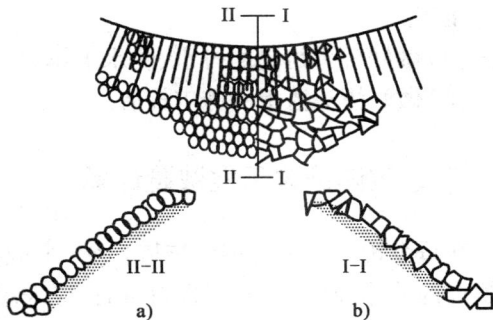

图14-38　锥体坡面砌法
a)大卵石栽砌;b)片石栽砌

较大、较平整并加修凿的石块。

（3）浆砌片石护坡和河床铺砌，石块应相互咬接，砌缝砂浆饱满，砌缝宽度为40～70mm。浆砌卵石护坡和河床铺砌层，应采用栽砌法，砌块应互相咬接。

（4）干砌片石护坡及河床铺砌时，铺砌应紧密、稳定、表面平顺，但不得用小石块塞垫或找平。干砌卵石河床铺砌时，应采用栽砌法。用于防护急流冲刷的护坡、河床铺砌层，其石块尺寸不得小于有关规定。

（5）铺砌层的砂砾垫层材料，粒径一般不宜大于50mm，含泥量不宜超过5%，含砂量不宜超过40%。垫层应与铺砌层配合铺筑，随铺随砌。

（二）台背回填

锥体填土必须分层夯打密实，应达到最佳密实度的90%以上。砂砾石土类，应洒水夯填。采用不易风化的块石填料，应注意层次均匀，铺填密实，不可自由堆砌或倾填。有坡面防护的护坡在锥体填土时，就应留出坡面防护砌筑位置。锥体填土只填到顶面以下1.50m为止，为使桥台与路堤连接保持良好起见，应于锥体顶面以下1.5m范围内，采用干砌片石实体砌筑。

在桥梁施工过程中，由于受到施工工序的制约，桥台后方路基的填筑往往在桥梁主体工程施工完毕后方可进行，无法与正常的路段同步填筑，由此造成台背路基填土与正常填筑路基段出现较大的后期沉降差。另外，桥梁的本身在使用过程中沉降变形小，而台后路基沉降由于受到排水固结时间的影响，沉降稳定时间较长，需几年后方可完成。

由于以上两个方面的影响，在后期使用过程中，桥梁结构与台后填土路基产生较大的沉降差，形成桥头跳车，严重影响行车的舒适性和危机行车安全；严重时会造成对梁体的损伤。因此要求在进行台背回填时，应采取措施，控制回填质量，尽量减少后期的沉降差。

（1）桥涵台背、锥坡、护坡，宜采用透水性材料填筑，不得采用含有泥草、腐殖物或冻土块的土。

（2）做好清表工作，改善地基性能，搞好填前压实工作，提高地基承载力。对于软弱地基，应采用新工艺进行加固处理，一般采用桩体加固法、强夯法等进行加固处理。

（3）台背填土顺路线方向长度，应自台身起，底面不小于2m，按照1∶1坡度沿路基开挖台阶，分层填筑，每层压实度不小于95%。拱桥台背填土长度不应小于台高的3～4倍。锥坡填土应与台背填土同时进行，并应按设计宽度一次填足。

（4）台背填土应严格控制分层厚度和密实度，采用压路机进行碾压部位，应采用小型机具进行压实。

（5）做好桥头路堤的排水、防水工作。

（6）做好桥头搭板的施工控制。

■三 锥体护坡工程数量计算

在每个桥台一侧的锥体护坡，是一个截头椭圆体的1/4（锥体底面不规则部分及衔接锥体楔形部分除外）。计算工程数量时，应采用棱台公式较为正确。棱台公式如下：

$$V = \frac{1}{6}H(A_1 + A_2 + 4A_3) \tag{14-2}$$

式中：V——棱台体积，m^3；

H——棱台高度，m；

A_1——棱台顶面积，m^2；

A_2——棱台底面积，m^2；

A_3——棱台中面积，m^2。

【例1】 某桥南岸上游锥体护坡，填料为卵，碎石土，护坡基底平面大致平整，锥体全高12m，坡面干砌片石厚30cm，垫层厚10cm。试计算锥体部分工程数量（注意：锥体顶面以下1.5m部分均为填石）。

【解】 锥体上半部分（6m）：

$$A_1 = 0.75 \times 1.125 \times \frac{\pi}{4} = 0.211\pi$$

$$A_2 = (0.75 + 6) \times (1.125 + 1.5 \times 6)\frac{\pi}{4} = 17.086\pi$$

$$A_3 = \left(0.75 + \frac{6}{2}\right) \times \left(1.125 + \frac{1.5 \times 6}{2}\right)\frac{\pi}{4} = 5.273\pi$$

代入公式：

$$V = (0.211\pi + 17.086\pi + 4 \times 5.273\pi) \times \frac{6}{6} = 120.6 m^3$$

锥体下半部分（6m）：

$$A_1 = 17.086\pi(同上半部分之 A_2)$$

$$A_2 = (6.75 + 1.25 \times 6) \times (10.125 + 1.5 \times 6)\frac{\pi}{4} = 68.133\pi$$

$$A_3 = (6.75 + 1.25 \times 3) \times (10.125 + 1.5 \times 3)\frac{\pi}{4} = 38.391\pi$$

代入公式：$V = (17.086\pi + 68.133\pi + 4 \times 38.391\pi) \times \frac{6}{6} = 750.2 m^3$

锥体全高12m，体积$120.6 + 750.2 = 870.8 m^3$。

锥体填土分两部分计算：

上半部高$= 6.0 - 1.5 = 4.5m$。

$$\sqrt{1 + 1.5^2} \approx 1.8$$

$$A_1 = (0.75 + 1.5 - 0.4 \times 1.414) \times (1.125 + 1.5 \times 1.5 - 0.4 \times 1.8)\frac{\pi}{4} = 3.48 m^2$$

$$A_2 = (6.75 - 0.4 \times 1.414) \times (10.125 - 0.4 \times 1.8)\frac{\pi}{4} = 45.6 m^2$$

$$A_3 = (4.5 - 0.4 \times 1.414) \times (6.75 - 0.4 \times 1.8)\frac{\pi}{4} = 18.6 m^2$$

$$V = \frac{4.5}{6}(3.48 + 45.6 + 4 \times 18.6) = 92.6 m^3$$

锥体填土下半部高6m。

$$\sqrt{1 + 1.25^2} \approx 1.6$$

$$A_1 = (6.75 - 0.4 \times 1.6) \times (10.125 - 0.4 \times 1.8)\frac{\pi}{4} = 45.1 m^2$$

$$A_2 = (14.25 - 0.4 \times 1.6) \times (19.125 - 0.4 \times 1.8) \frac{\pi}{4} = 196.7 \text{m}^2$$

$$A_3 = (10.5 - 0.4 \times 1.6) \times (14.625 - 0.4 \times 1.8) \frac{\pi}{4} = 107.7 \text{m}^2$$

$$V = \frac{6}{6} \times (45.1 + 196.7 + 107.7) = 672.6 \text{m}^3$$

锥体填土体积 $= 92.6 + 672.6 = 765.2 \text{m}^3$

锥体护坡体积 $= 870.8 - 765.2 = 105.6 \text{m}^3$

其中,卵碎石垫层(不作详细计算,按比例分配)

$$体积 = 105.6 \times \frac{1}{4} = 26.4 \text{m}^3$$

干砌片石体积 $= 105.6 - 26.4 = 79.2 \text{m}^3$

第六节　工程质量与技术安全

确保工程质量和安全生产是社会主义制度下的一项根本性原则,是技术管理中一个重要环节。首先必须领导重视,建立健全责任制及其他管理制度,搞好技术学习,技术交底,加强检查,认真遵照规范和操作规程施工。

一 工程质量

(1)熟悉设计文件,及时补充绘制施工图纸,认真编制实施性施工组织设计,作好技术交底,使所有职工了解有关设计要求和施工计划安排。如认为设计有不够恰当或不结合实际之处应提出具体意见,报请上级审批,不得擅自变更设计。

(2)建立和健全测量复核制度,重要的测量工作,应按职责分工。分别进行测量与复核。一般测量工作,按规定自行复核者,复核时应采用另一测量方法和步骤进行。对桥墩台中线、高程、跨距、轮廓尺寸线和侧面坡度等,其误差宜控制在规范允许范围以内。

(3)严格检查材料的质量,加强材料保管工作,水泥应有出厂试验单,注意分强度等级、分编号存放。如发现水泥受潮或过期,必须取样化验,并作必要的处理或降低强度等级使用。

(4)混凝土工程的模板与支架,应进行设计或检算。绘制施工图,进行详细的技术交底。特别注意支架基础与纵横梁柱支撑,防止施工超载、偏压、撞击等有害事件的发生。还要注意材质,凡有脆性、腐蚀、裂疵或翘曲变形等不合格尺寸的材料不应使用。

(5)钢筋混凝土结构,所用钢筋应有出厂合格证或试验报告单。钢筋应按品种、规格分别堆放,严防用错。钢筋的加工、绑扎、焊接,配料,应按设计图和施工规则进行。

(6)灌注混凝土时,应严格按照选定的配合比过秤配料,应随时检查砂石含水率,尤其遇雨后或酷暑时,更应勤加检查,及时调整施工配合比,此外还应经常检查磅秤,确保配料的正确性。混凝土的拌和、运输、灌注、捣固等,均应认真按规范、规则操作并按规定制作检查试件。混凝土施工后,要认真养护,以保证混凝土正常发育。对模板、支架的拆除时间,拆除顺序,应按规定进行。

(7)砌筑墩台的工程质量,主要决定于石质、规格、砂浆强度、操作工艺等。要选择强度合格、不易风化的石料,按设计要求加工。砂浆必须按选定的水灰比准确配料。拌透调匀,随用随拌,凡已初凝的灰浆,坚决不用。操作时必须先清料后安砌,不能砌上又清,使砌体受震,影响工程质量。灰缝必须饱满,灰缝大小和错缝要合乎要求,砌后按规定搞好养护。

二 技术安全

(1)作好安全教育的普及工作,明确安全是为了生产,必须安全生产的重要意义。要树立自觉地遵守技术安全的风气,克服麻痹思想,防止疏忽大意。

(2)每项工程布置任务时,必须同时下达技术安全措施。要针对工程特点,在桥梁施工中,技术安全的重点在起重运输、高空作业以及机电管理等,应因地制宜,提出切实可行的措施严格贯彻执行。

(3)建立健全各项行之有效的安全制度,如上工前进行安全教育,建立交接班制度,互检制度,事故和未遂事故分析制度等。

(4)安全网、安全绳必须符合使用标准。脚手架,防护栏杆,应经过设计计算并规定荷重最大限量。有关起重索具和运行机械,应有专人保管使用,要建立责任制,以保安全。

(5)参加高空作业的人员,应进行体格检查,具有高血压,心脏病,均不适合高空作业。高墩施工和悬臂架梁,必须设置安全网,高空作业人员要拴安全绳。气候恶劣时应考虑停止高空作业。

(6)起重吊装是桥梁施工中重要的一环,必须特别注意安全,缆索吊车和各式扒杆,都应经过设计计算,按操作规程进行安装,经检查合格并试运转后,才能使用,使用中应定时保养、检查。塔架、扒杆、绳缆、滑车、搬运器、地龙等,如有损坏或松动现象,应及时维修或加固。

起重吊装作业区,在工作进行中;禁止非工作人员来往,起重悬臂(或搬运器)下面不得有人停留或穿过。起吊机具的掣闸、束轮应经常保持完好,一般情况下,不得采用紧急制动以免影响制动。停止工作时,吊钩上不得悬挂重物,应将空钩停放在安全位置。

吊装工作的信号,应统一规定,并有专人统一指挥。

(7)严格禁止违章作业。

思考题

1. 砌石墩台所采用的砌石类型有哪几种?

2. 混凝土墩台施工中对模板有哪些要求?

3. 根据施工方法模板有哪几种类型? 各适用于什么情况?

4. 滑模施工在整个桥墩灌注过程中可分为初灌滑升、正常滑升、末次滑升三个阶段,分别对这三个阶段进行描述。

5. 混凝土的施工缝如何处理?

6. 试述混凝土拌制时的加料顺序。

7. 混凝土的捣固设备有哪几种? 用插入式振捣器振捣时振捣好的标准是什么? 振捣时间越长越好吗?

8. 为什么对新灌混凝土进行养护,一般如何养护?

9. 混凝土灌注前和灌注中应做哪些检查工作?

10. 什么情况下需采取冬季施工措施? 通常可采取哪些冬季施工措施?

第十五章 桥梁基础施工

【学习目标】

1. 掌握明挖基础的类型、适用条件及其构造。
2. 掌握沉井基础的类型、适用条件及其构造。
3. 掌握桩基础的类型、适用条件及其构造。

第一节 明挖基础施工

在基础施工中，明挖法开挖基坑具有操作简便、需要的机具少、便于就地取材，便于组织快速施工、便于地基检查和处理等优点，所以，当经济上合理、技术上可行时，应首先考虑明挖基础施工，但明挖法开挖基坑占用劳动力多，作业条件差，劳动强度大，只能用于浅基础。明挖基础施工的主要工作内容包括：基坑的定位放样、基坑开挖，支撑与排水、地基检查与处理、基础修筑及回填等。如果在水中修建基础，基坑开挖前，还要修筑围堰。明挖基础施工的每一道工序，均应符合相关规范的有关规定。

一 基坑开挖前的施工测量

桥梁基础施工前，必须做好施工测量工作。

(一)墩台定位

1.线路复测

对桥址附近有影响范围内的一段线路进行复测(包括中线、水平)，要求严密闭合，在桥梁两端附近的线路上埋设固定的中线基桩(即控制点)。然后在两端控制点之间，根据设计资料测定墩台的中心桩，并在两端控制点上闭合。在深谷或水中不能直接测设墩台中心桩时，应根据地形条件设置三角网，用前方交会法交出墩台的中心桩。

桥的两端附近还应各设置一个水准基点，并与附近线路上的水准基点网闭合。在此两个水准基点之间还应设置若干临时水准基点，方便建筑物高程测定。同时要特别注意：临时水准基点要进行编号，标明平面位置、高程，避免用错桩导致施工中建筑物高程测定错误。

2.墩台护桩的埋设

当桥梁位于直线上时，各墩台的纵向中心线即位线路中线，横向中心线互相平行。桥墩对称于其纵、横向中心线；桥台的横向中心线为胸墙线。横向控制线在墩台每侧至少埋设2个护桩，最好令其一侧埋设3个护桩。另一侧2个或不设；纵向中心线上的护桩则视地形、线路及所用测量方法情况而定。如图15-1所示为十字桩布置。

曲线上的情况与直线上的情况有所不同。为了适应曲线线路,曲线桥上各孔梁按折线布置。各墩台的纵向中心线与各自线路中心线的切线平行,横向中心线都在各自的法线方向上。各墩台的十字线可能互相交叉,如图15-2所示。

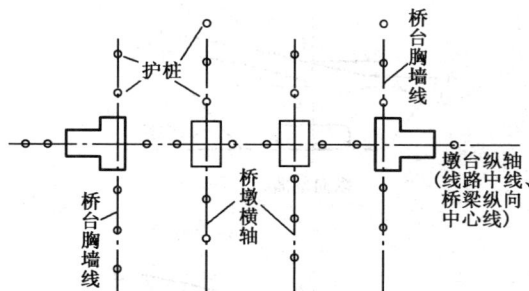

图 15-1　十字桩布置

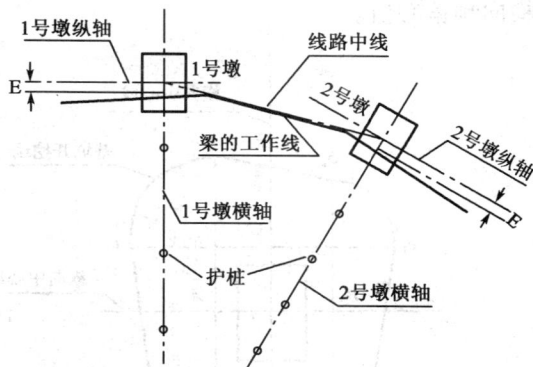

图 15-2　曲线桥墩纵横轴线示意

3.注意事项

(1)桥梁施工时,各墩台的护桩为数甚多,必须建立完善的编号系统,并绘制成桩点及护桩平面图。各桩上应设置耐久的标志,标明编号、位置,以便按图查找,避免用错。同时,应将桩点用矮竹篱笆或石堆围护起来,并用小木桩标明标号,如 1 号墩右侧 1 号或 2 号护桩等,另外,还应指定工地负责施工的工班长保管。因用错十字桩而造成的工程事故的事例,时有发生,应特别注意。

(2)中线、水平均要求闭合,要建立严格的测量复核制度。一人测量后,应由另一人复核;若人力有限无人复核时,则应由施测人员换用另一种方法进行校核,并作出详细记录。只有当其误差在允许误差范围内时,方可施工。

(二)基坑放样

1.基坑底平面尺寸的确定

墩台十字桩测设完毕后,即可进行基坑放样。首先应根据基础底面尺寸及埋置深度、地质水文条件、机具布置等确定基坑开挖的尺寸。当基坑内无水时,一般基础边缘之外的加宽量不小于0.50m,基础如有凹角,基坑仍应取直;适宜垂直开挖且不设模板的基坑,基坑底平面尺寸应满足基础轮廓的要求;对有水的基坑底面,应设有四周排水沟与汇水井的位置,每边加宽值不宜小于0.80m。

2.基坑开挖边线的确定(图15-3)

(1)根据墩台中心桩及基坑底平面尺寸,将基坑底平面轮廓线测设到地面上。

(2)沿地面上的基坑平面轮廓线的四条边方向进行断面测量。

(3)确定开挖边桩:

①根据断面测量成果及基底高程,在米格纸上绘出纵、横方向地面线及基底线。

②根据基坑底平面尺寸,在基底线上标出基坑底的边缘点。

③根据基坑底的边缘点和坑壁坡度 1 : n 绘出坑壁线,坑壁线与地面线的交点为开挖边桩。

（4）将开挖边桩测设到地面上，并撒上白灰线连接各边桩，此封闭线即为开挖边线。

在利用桥墩台的纵、横十字线放样时，应注意：桥台的横向控制线为桥台的胸墙线，他与桥台基础横向中心线之间有一差数；曲线上预偏心桥墩基础的中心与相邻梁中线交点差一个横向预偏心值。

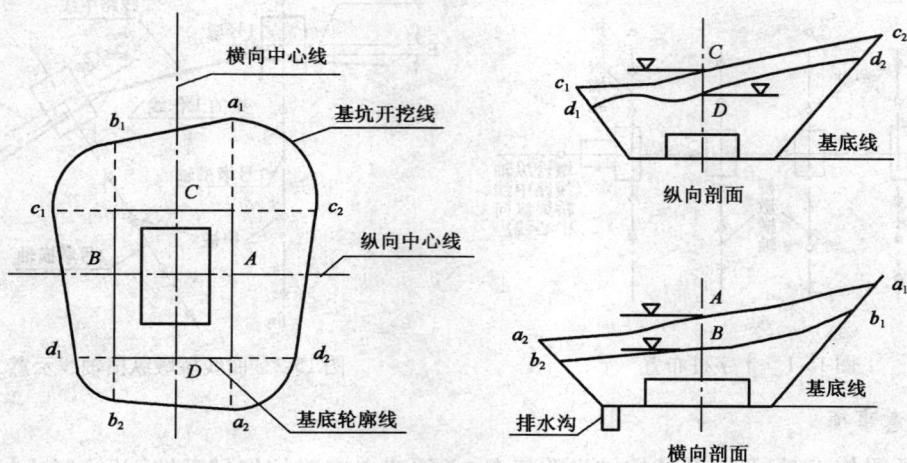

图 15-3　基坑放样图

二　陆地基坑的开挖与支护

为保证基坑顺利开挖，挖基前应作好如下工作：复核基坑中心线、方向、高程；按地质、水文资料，结合现场情况，确定基坑边坡坡度和支护方案，定出开挖范围；按基坑四周地形，作好地面排水工作。一般将基坑顶四周地面做成反坡，距基坑顶缘相当距离处设截水沟，防止雨水浸入基坑内。另外，在基坑底一定要将汇水井挖至足够深度，以便抽干基坑积水。

基坑开挖应尽量在枯水或少雨季节进行，基坑一经开挖，必须组织连续作业，一气挖成，不宜间断，挖至基底高程，经检查合格后，立即修筑基础，不得长期暴露，防止地质风化及雨水浸泡，如基底暴露过久，则应重心检验。

（一）开挖方式

基坑开挖应根据土质、基坑深度、工期以及有无地表水或地下水等因素，采用适当的方法施工。

1. 无支护基坑

这类基坑的坑壁可挖成垂直或有坡度的，根据具体情况而定。

（1）垂直开挖

为了减少挖土数量和占地面积，坑壁应尽可能挖成竖直的。垂直开挖的无水基坑，基坑底平面尺寸与基础平面尺寸一致，混凝土或砌筑片石可直接贴靠坑壁不用模板。但土质基坑灌注混凝土时，宜用水泥纸袋或油毡纸隔离，防止泥土与混凝土混杂，影响基础混凝土质量。垂直开挖的坑壁条件为：土的湿度正常、结构均匀；松软土质基坑深度不超过 0.75m；中等密实（锹挖）的不超过 1.25m；密实（镐挖）的不超过 2m；如为良好石质，深度应根据地层倾斜角度及稳定情况确定。

当基坑深度不大时,可不用支撑和放坡而直接垂直开挖,如图 15-4 所示,多用于坑壁为黏土类土或岩石土。对于黏土类土,垂直开挖的深度限值可按下式计算:

$$h_{max} = \frac{2c}{K \cdot \gamma \cdot \tan\left(45° - \dfrac{\varphi}{2}\right)} - \frac{q}{\gamma} \tag{15-1}$$

式中:c——坑壁土的黏聚力,kPa;

γ——坑壁土的重度,kN/m³;

φ——坑壁土的内摩擦角,°;

q——坑顶边缘均布静荷载,kPa;

K——安全系数,可取 1.3。

当坑壁垂直开挖深度超过限值时,可采取踏步式坑壁开挖法,如图 15-5 所示。每级高度可依据以上公式计算确定,每级底角点与地面线夹角符合斜坡坑壁坡比。

(2)放坡开挖

在天然土层上开挖,如深度在 5m 以内,施工期较短,无地下水,且土的湿度正常、构造均匀,可采用放坡开挖,如图 15-6 所示,坡度可参考表 15-1 选用。基坑深度大于 5m 时,可将坑壁坡度放缓,或加作平台。

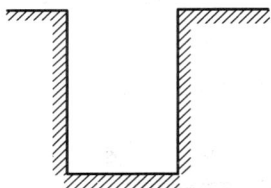

图 15-4　垂直式基坑　　　　图 15-5　踏步式基坑　　　　图 15-6　斜坡式基坑

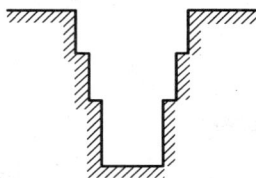

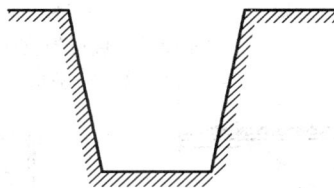

无支护基坑坑壁坡度　　　　　　　　　　表 15-1

坑　壁　土	坑　壁　坡　度		
	基坑顶缘无载重	基坑顶缘有静载	基坑顶缘有动载
砂类土	1：1	1：1.25	1：1.5
碎石类土	1：0.75	1：1	1：1.25
黏性土、粉土	1：0.33	1：0.5	1：0.75
极软岩、软岩	1：0.25	1：0.33	1：0.67
较软岩	1：0	1：0.1	1：0.25
极硬岩、硬岩	1：0	1：0	1：0

注:①如土的湿度过大,能引起坍塌时,坑壁坡度应采用该湿度下土的天然坡度。

②挖基通过不同的土层时,边坡可分层选定,并酌留平台。

③在山坡上开挖基坑,如地质不良时,应注意防止滑坍。

④在既有建筑物旁开挖基坑时,应按设计文件的要求办理。

基坑开挖时,应注意以下几点:①基坑顶缘如有动载时,动载与坑缘间至少留有 1m 护道,如地质水文条件不良,宜增宽护道或采取加固措施。②破碎石质基坑,要根据岩石的构造,地层走向,松碎情况等决定开挖坡度。③砂质土层基坑或深度较大的基坑,应在边坡中段加设约 0.5~1m 的护道。

2.有支护基坑

当基坑开挖较深,土石方量较大或深度虽然不大,但基坑坡度受到场地限制或基坑地质松软或含水率较大，坡度不易保持时，基坑坑壁应采用适当的方法加固，使其不易坍塌。加固坑壁可采用挡板支撑护壁、喷射混凝土护壁和混凝土围圈护壁。

（1）挡板支撑护壁

挡板支撑护壁可采用直衬板式坑壁支撑、横衬板式坑壁支撑、框架支撑及其他支撑形式。采用衬板式坑壁支撑时，基坑每层开挖深度视地质稳定情况而定，一般不超过 1.5m，可一次挖成安装支撑板，也可分段开挖，随挖随支，图 15-7 和图 15-8 分别为直衬板支撑和横衬板支撑。框架支撑形式与衬板式支撑相同，因坑壁距离较大，横撑部分改用不同形式的框架支护（图 15-9）。中间留有桥墩台的施工空间，也可利用旧工字钢或短钢轨等型钢，打入土中代替立柱，边挖边镶入木板，可用于不稳定的土质基坑（图 15-10）。大面积基坑无法安装横撑时，可用锚桩式、斜撑式或锚杆式支撑（图 15-11），但应计算锚桩的拉应力。

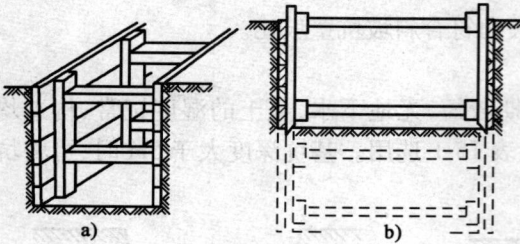

图 15-7　直衬板支撑
a）一次完成；b）分段完成

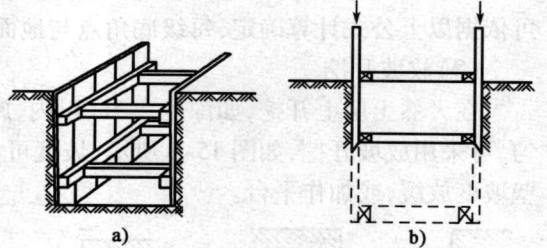

图 15-8　横衬板支撑
a）一次完成；b）分段完成

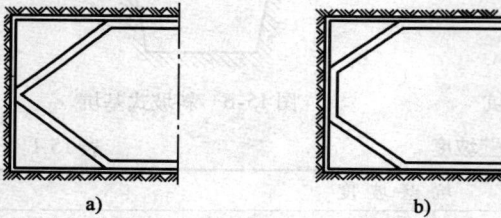

图 15-9　框架式支撑
a）框架人字形支撑；b）框架八字形支撑

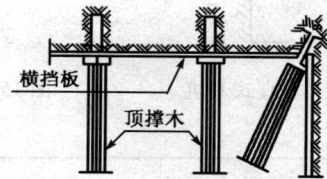

图 15-10　型钢代替立柱支撑

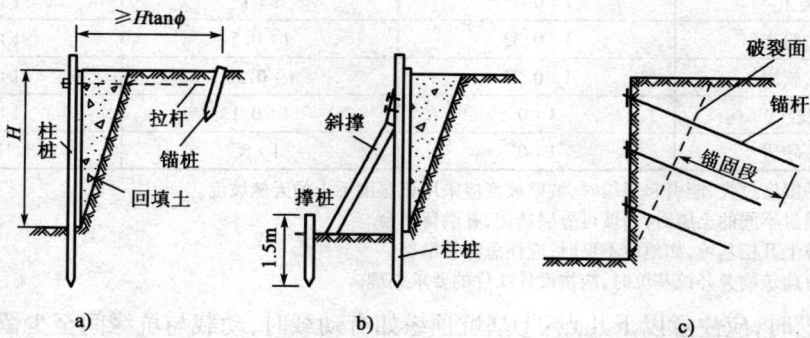

图 15-11　大面积基坑支撑形式
a）锚桩式支撑；b）斜撑式支撑；c）锚杆式支撑

对支撑结构应随时检查，发现变形及时加固或更换，更换时应先撑后拆。支撑的拆除顺序，应自下而上。待下层支撑拆除并回填土后，再拆除上层支撑。若用吊斗出土，应有防护措施，避免吊斗碰撞支撑。

（2）喷射混凝土护壁

喷射混凝土护壁，宜用于稳定性好、渗水量少的基坑。实施喷护的基坑深度与喷护厚度应按地质条件决定，深度不宜超过10m，喷护厚度可参照表15-2规定办理。

喷护厚度（cm） 表15-2

基坑渗水情况	砂（夹层）	砂 黏 土	黏 砂 土	卵 石 土	砂 夹 卵 石
无渗水	10～15	5～8	3～5	3～5	3～5
少量渗水	15	8～10	5～8	5～8	5～8

注：①喷护厚度适用于不大于10m直径的圆形基坑，未考虑基坑顶缘荷载。
　　②每次喷护厚度，取决于土层和混凝土的黏结力与渗水量的大小。
　　③坑内砂层有少量渗水时，可在坑壁打入木桩后再喷射混凝土，木桩的直径约为5cm，长100cm，向下与坑壁成30°角打入，一般间距为50～100cm。

喷射混凝土护壁的基坑，不论基础外形如何，均应采用圆形基坑，以使坑壁混凝土受力均匀。如果地质稳定，挖深在5m以内时，也可按基础的矩形开挖。

基坑开挖前，应在坑口顶缘采取加固措施，防止土层坍塌。首先清理场地，测定基坑位置，然后按基坑尺寸就地挖沟立模，灌注宽约0.4m，深约1m的混凝土环圈，其顶面需露出地面0.2m。用以加固坑口顶缘，并防止地表水或杂物掉入井内，如图15-12a）所示。也可在距井口0.5～1.0m处，用弃土堆成高约30cm的护圈。必要时，在护圈外挖设排水沟，如图15-12b）所示。在护圈及排水沟上需喷射混凝土，以防止地表水从排水沟渗入基坑壁而增大对护壁的压力。

开始挖基时，根据土质稳定情况与渗水量大小，可采用1∶0.07～1∶0.1的坡度。每下挖0.5～1m，即喷护一次。对无水或少水坑壁，喷射顺序应由下而上，但对渗水的坑壁，则应由上而下，以免新喷混凝土受渗水流淌。

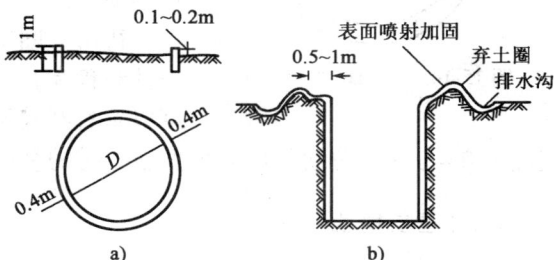

图15-12　井口防护圈
a）凝土防护环圈；b）堆土防护圈

喷护时，如一次达不到要求厚度，可在第一层混凝土终凝后，再喷第二层或第三层，直到要求厚度。续喷前应将混凝土表面的污渍、泥块清洗干净。喷混凝土应掺入速凝剂，以满足初凝不超过5min，终凝不超过10min的要求，可不养生，喷护作业见图15-13。

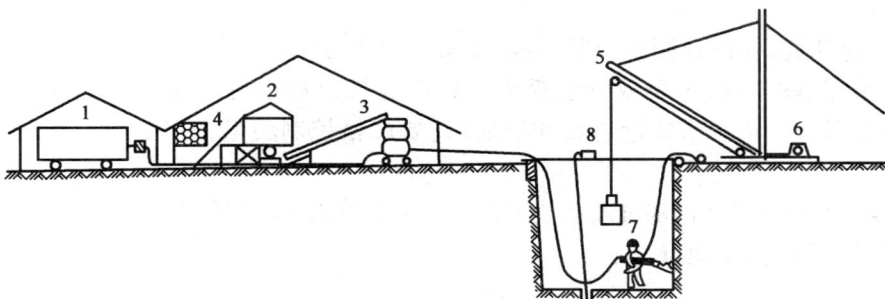

图15-13　喷射混凝土护壁作业示意图
1-空气压缩机；2-混凝土搅拌机；3-喷射器；4-堆料台；5-摇头扒杆；6-电动卷扬机；7-喷枪；8-水泵

开挖基坑遇有较大渗水时，可采用下列措施：每层开挖深度不大于0.5m，汇水坑应设于基坑中心，开挖周边时向外扩挖40cm左右，随挖随将大小略有级配的卵石、片石干砌回填，塞满开挖限界,并在于砌表面喷射一层 5～8cm 厚的混凝土,对流沙、淤泥等夹层,除打入小木桩外,并在桩间缠以竹筋、荆笆或挂上竹篱等,然后喷射混凝土。

（3）混凝土围圈护壁

混凝土围圈护壁,除流沙及呈流塑状态的黏性土外,适于各类土的开挖、防护。围圈有就地灌注的,也可预制混凝土块件在现场实地拼装或用喷射混凝土制成,基坑采用圆形、垂直开挖。

围圈混凝土应由上而下逐层灌注。顶层应一次整体灌注,其作用同喷射混凝土护壁中的井口防护圈。基坑开挖时要从中心向四周开挖,周边应力求平顺,围圈的开挖面应均匀分布,对称施工,及时灌注。无支承的基坑围圈开挖,总长度不能超过二分之一周长。一般采取分段跳槽施工法（图15-14）。先开挖 1 区的土（2 区的土暂不开挖）,当 1 区的土开挖成设计尺寸后,立一段内模,灌注 1 区的围圈混凝土。待 1 区混凝土全部灌注完成并有一定强度后,再开挖 2 区的土,灌注 2 区的围圈混凝土同前。为加快施工速度,围圈混凝土应掺早强剂。

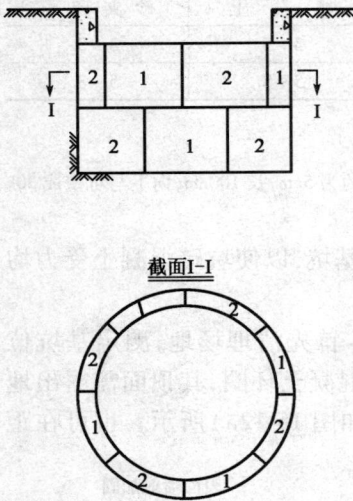

图 15-14　围圈跳槽施工法

待第一圈施工完后,按上述方法继续施工以下各圈,直到设计高程为止。上下层混凝土纵向接缝应相互错开。分层高度以垂直开挖面不坍塌为原则,一般顶层高 2m 左右,以下每层高 1.0～1.5m,分块长度应根据施工时的基坑尺寸和地质情况而定。

（二）基坑挖土

对土质基坑可以采用机械或人力开挖。

机械开挖不但能挖土,同时还解决了起吊、运输等问题,效率较高。因此,有条件的工地,应尽量采用机械开挖。机械开挖可用挖土机（正铲、反铲、索铲）、风动工具和吊车抓泥斗等,挖土机可布置在坑底或坑缘上。用风动工具挖土时,可用传送带或吊车出土。挖土机、吊车、抓泥斗也可以和自卸汽车配合出土。大面积基坑也有用推土机、装载机及汽车等联合作业的。使用机械开挖时,不得破坏基底土的天然结构,可在设计高程以上保留一定厚度,由人工开挖。

人力开挖基坑,要因地制宜,利用现场设备。出土方法可以采用铁锹向上翻土（坑深小于 2m）、绞坡车、输送带、吊车或安装摇头扒杆以卷扬机吊运等。对石质基坑可用风铲开挖,一般采用爆破方法。当接近边坡和坑底时,要严格控制药量,避免炸烂岩石,影响地基质量。

基坑弃土不得妨碍开挖基坑及其他工作。弃土堆坡脚距坑顶缘的距离,不宜小于基坑的深度,且宜弃在下游指定地点。

（三）基坑土石方量的计算

开挖基坑前,应根据设计基坑端面,计算工程数量,作为安排施工计划的依据。基坑开挖后,再根据实际开挖情况,绘制实际开挖断面图,计算实际挖基数量,作为验工计价、竣工图和决算的依据。一般计算方法是根据基坑开挖前后的几何形状,用数学方法计算出体积,即得到基坑开挖的工程数量。

（四）挖基注意事项

（1）基坑开挖宜在枯水或少雨季节施工。

（2）作好开挖前的各项准备工作，如复核中线、水平；地面排水工作；根据水文、地质资料确定坑壁坡度及支护方案等。

（3）连续作业，不宜间断。

（4）挖基结束，经检查合格后，立即修筑基础，避免基坑暴露时间过长。

三 围堰工程

在水中进行明挖基础施工时，为防止河水流入基坑，一般需先修筑围堰，再开挖基坑。

围堰是指基坑周围能起到防水、挡土作用的防护结构，以利于排水和开挖基坑，砌筑基础。围堰是一种临时性工程，一般墩台身修筑出水面以后，应予拆除，以免堵塞河道。修筑围堰工程时，应符合下列要求：

（1）围堰顶面一般高出施工水位0.5m。

（2）应考虑河流断面被围堰压缩而引起的冲刷。

（3）围堰应尽量做到防水严密，减少渗漏。

（4）堰内应留有适当的工作面积。

（5）围堰的断面，应满足强度、稳定的要求。

（6）要节约材料，结合当地水文、地质情况，就地取材。

围堰的种类很多，一般可以分为重力式围堰和板桩围堰，也有混凝土围堰。采用何种围堰，应根据水深、流速、河床地质、流水断面的压缩量、航道要求、材料和设备条件等确定。

（一）重力式围堰

重力式围堰，靠本身的质量及河床的摩阻力来抵抗外部河水的压力和冲刷，也靠自身结构的水密性防水。土围堰、草（麻）袋围堰等都属于此类。重力式围堰体积较大，只能防止地面水进入基坑，一般用作浅水围堰。

1. 土围堰

土围堰适用水深在2m以内，流速小于0.3m/s，冲刷作用较小，且河床为渗水性较小的土壤。坡面加固防护时，流速可稍大。宜用于河边浅滩处。土围堰宜使用黏性土填筑。围堰断面应根据使用的土质、渗水程度及围堰本身在水压力作用下的稳定性而定。堰顶宽度不应小于1.5m，外侧坡度不宜陡于1：2，土围堰内侧不陡于1：1，内侧坡脚距基坑顶缘的距离不得小于1m（图15-15）。

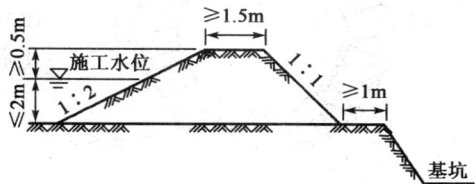

修筑土围堰时，应事先清除堰底范围内的树根、草皮、石块等物，以减少渗漏。

图15-15　土围堰

围堰填土的顺序，宜从平行于水流的一边开始，逆水流方向进行，再填筑上游一边和平行于水流的另一边，最后再填筑下游的一边（图15-16）。也可以从上游开始，分两头进行，到下游合龙。处于岸边的，应自岸边开始，填土时，

375

应将土倒在已出水面的堰头上,再顺坡送入水中。水面以上的填土要分层夯实。如围堰修筑后流速增大,应在围堰外侧边坡上用草袋装上土或柴排等覆盖,以防冲刷。

2. 草(麻)袋围堰

草(麻)袋围堰适用于水深在3m以内,流速小于1.5m/s,河床为渗水性较小的土壤。堰顶宽度可为1~2m,外侧边坡为1:0.5~1:1,内侧边坡为1:0.2~1:0.5。草(麻)袋宜装松散的黏性土,装填量为袋容量的1/2~2/3,袋口用细麻线或铁丝缝合。用黏土芯墙时,也可用砂性土装袋。施工时要求土袋平放,上下左右互相错缝堆码整齐。水中土袋可用带钩的木杆钩送就位。流速较大处,外围草袋可改用盛小卵石或粗砂,以免流失,必要时,也可抛片石防护,或用竹篓或柳条筐装盛砂石在堰外防护。围堰修筑,先堆码内外圈草(麻)袋,再填筑黏土芯墙。堰底内侧坡脚距基坑顶缘距离,也不应小于1m(图15-17)。

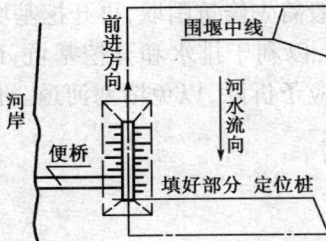

图15-16 土围堰的填筑顺序

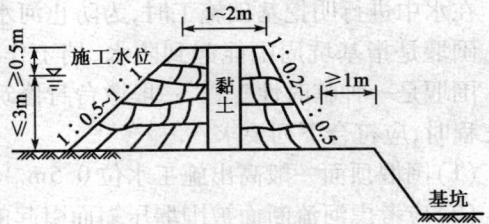

图15-17 草(麻)袋围堰

3. 草土围堰

草土围堰使用条件同土围堰,流速小于1.0m/s。它是用麦秸、稻草或茎杆较长的杂草夹填黏性土,以一层土(厚20~30cm)夹一层草,分层铺填夯实。其他同土围堰。

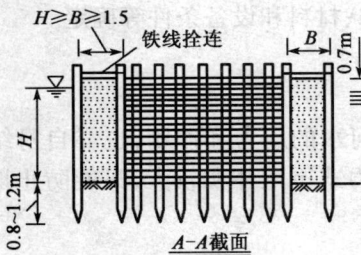

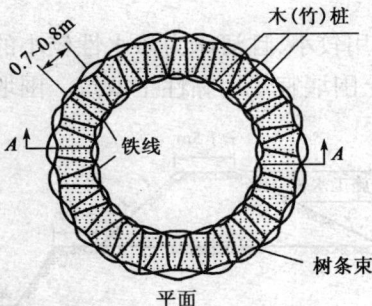

图15-18 木(竹)桩编条围堰

4. 堆石围堰

堆石围堰适用于山区河流上,流速小于3.0m/s,河床坚实,透水性较小的情况。可就地以河沟中大块卵石堆砌,石块之间夹铺树枝,并将空隙用黏土填塞。

5. 木(竹)桩编条围堰

木(竹)桩编条围堰(图15-18)适用于水深小于3m,流速小于2.0m/s。河床透水性较小,可以打小木桩的土壤,也可编成矩形。先用直径10~15cm的木桩或竹桩打入河床,再以树条或竹片编织紧密,用叉子送到水下,编出水面后,用ϕ4.0mm铁丝将内外桩头拉紧,然后填筑黏土芯墙。外侧坡脚可酌情抛石防护。

(二)板桩围堰

板桩围堰是由许多块板桩连接组成的,相邻板桩接缝处有锁口,可以防漏,板桩的下端打到基坑底面以下,并在围堰内随抽水开挖设置支撑。板桩围堰不仅能防地面水和地下水,还能防止坑壁坍塌。板桩围堰有木板桩围堰和钢板桩围堰两种,选用时应根据地质、水文、材料和设备条件等决定。

1. 木板桩围堰

木板桩围堰适用于水深在 3m 以内,河床为沙土、黏性土的地层。一般使用单层,必要时可用夹黏性土的双层围堰(图 15-19)。

（1）结构形式

木板桩围堰由定位桩、导框及木板桩组成(图 15-20)。

木板桩的厚度,一般为 5 ~ 15cm,视长度而定。厚度在 8cm 以下者;多用人字榫,8cm 以上者,用凹凸榫,这种板桩也可用三层等厚木板叠合组成。板桩断面也有用高低榫的(图 15-21)木板桩的制作,宜采用机械加工,以保证榫口密合,桩材要选用质地良好抗锤击的木料。

图 15-19 木板桩围堰

a)单层木板桩围堰;b)双层木板桩围堰

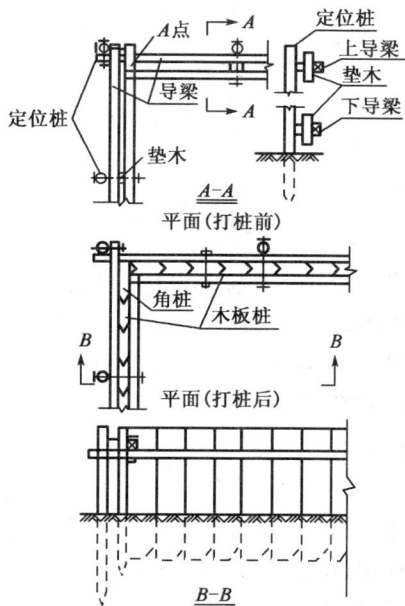

（2）木板桩围堰的施工

施工前应先打定位桩,在定位桩上安装内外导框,导框间安置短垫木,保持插桩的间距,待板桩插到垫木处,即行拆除。在围堰转角处的内导框妨碍插桩部分(图 15-20 中的 A 点)在板桩插到适当位置后,将内导框用螺栓或其他方法固定在已打好的板桩上,再将其锯去。转角处须用角桩,为使接缝严密,角桩在两个方向均需开榫槽,简便的做法,可在板桩侧面钉三角木条或挖人字槽口,做成人字榫角桩(图 15-21)。打板桩可根据土质及土的深度选用打桩锤及桩架。

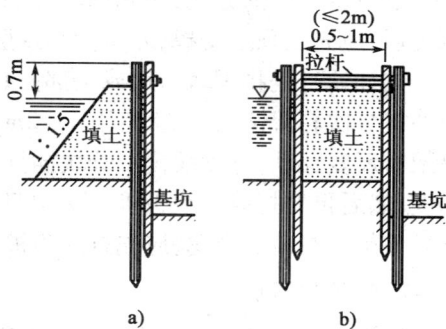

图 15-20 木板桩围堰的构造

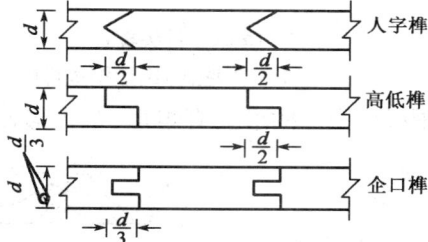

图 15-21 木板桩围堰

打桩时,桩头应安装桩箍,以耐锤击,如桩尖通过砂类土层,则应安装铁靴。插桩一般先插角桩,从角桩向两侧进行,先插上游,在下游合龙。插桩时应将榫舌朝前进方向安放,桩尖部分应自榫舌向后做成斜面,使桩体借桩尖处土壤及反力向后紧贴已打成的板桩榫舌(图

377

15-22）。

插打木板桩的方法,有先插后打和分块插打两种。无论哪种方法,待全部板桩打到设计深度后,应先在顶部支撑,才可抽水逐层安设支撑。

先插后打是将围堰一边或全部插好、挤紧,并将每块板桩打入 1m 左右,使其能站稳,然后对各桩分次轮流锤击,每次打下 1~2m,直至全部打到设计高程。此法能确保顺利合龙,但打桩架需反复移动,进度缓慢。分块插打是由一角(或在中间)开始,将单块板桩一直打到设计深度,然后再插打第二块板桩。桩架只需转圈移动一次,进度较快,但合龙比较困难,有时需作异型桩。在角桩合龙,应先打入角桩,再按净宽选用合适的板桩合龙。

2. 钢板桩围堰

钢板桩围堰适用于深水基坑,河床为砂类土、半干硬黏性土、碎(卵)类土以及风化岩等地层。

(1)结构形式

钢板桩围堰的结构形式与木板桩相同,也由定位桩、导框(或称围图)及钢板桩组成。定位桩可用桩或钢筋混凝土导管,导框一般多用型钢制成。但在小型矩形基坑上也可用方木制作。图 15-23 为圆形与矩形钢板桩围堰平面结构。

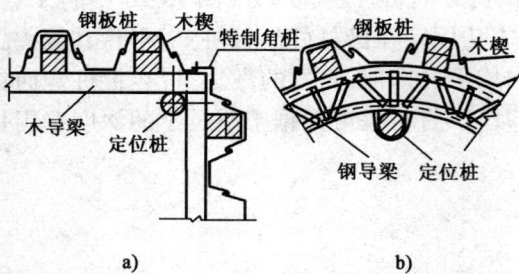

图 15-22　桩尖榫舌

a)矩形钢板桩围堰;b)圆形钢板桩围堰

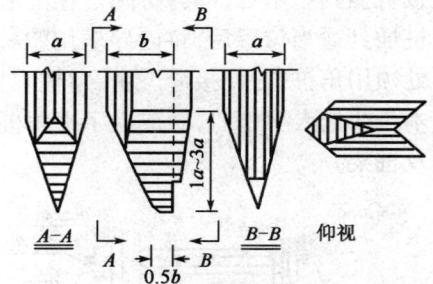

图 15-23　钢板桩围堰结构

钢板桩围堰的形式有矩形、多边形及圆形等。也分单层与双层围堰。钢板桩的类型较

"Z"形

阴阳锁口

平形

环形锁口

槽形

套形锁口

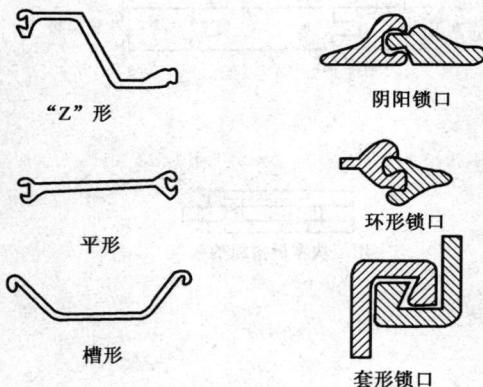

图 15-24　钢板桩端面及锁口

多,有平形、Z形、槽形等(图 15-24)。在一般桥梁工程基坑施工中,浅基多采用矩形及木导框,较深基坑多用圆形及型钢,因其防水性能较好,多用单层围堰。使用的钢板桩以槽形为主。钢板桩的锁口有阴阳锁口、环形锁口和套形锁口(图 15-24)。

一般的围堰,可仅以内导框做框架。水深的需设立多层导框,并设有外导框,临时连接成整体分层安装,以固定钢板桩插入的正确位置。

(2)施工准备

新旧钢板桩运到工地后,均应详加检查、丈量、分类、编号、登记存放。两侧锁口应用一块同型号、长 2~3m 的短柱做通过试验,以 2~3m 人拉动通过为宜,或用卷扬机拖拉,其最大牵引力不大于 5kN。有条件时,可以采用图 15-25 的布置,用检查小车进行。

锁口不能通过或桩身弯曲、扭曲、死弯等缺陷，均需加以整修。接长钢板桩应以等强度焊接，并采用坚固夹具夹平，以免变形。对新桩或接长的桩，要在桩端制作吊装孔，并用钢板加固。钢板桩采用组桩插打时，需每隔 3～6m 加一道夹板（图 15-26）。夹板应在板桩起吊前夹好，插打时，逐件拆除，周转使用。组桩及单桩的锁口内，均应涂以黄油混合物油膏（质量配合比为：黄油∶沥青∶干锯末∶干黏土 =2∶2∶2∶1），以减少插打时的摩阻力，并加强防渗性能。

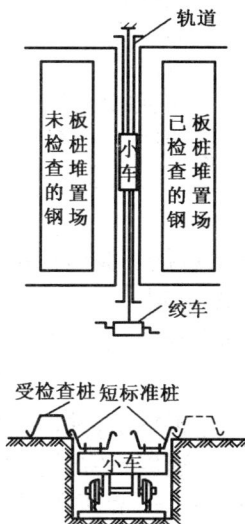

图 15-25　钢板桩锁口检查

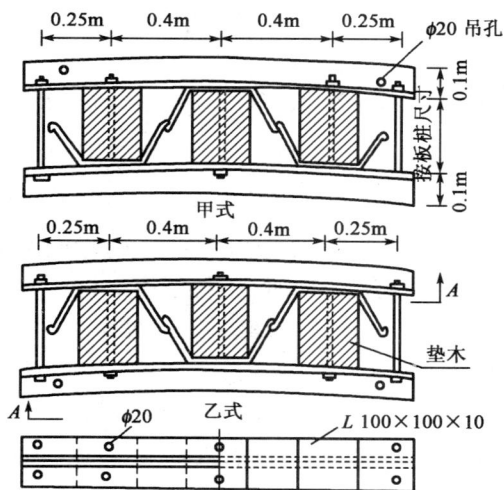

图 15-26　钢板桩夹具（圆形）

（3）导框安装与插打方法

导框安装，一般是先打定位桩或做临时施工平台。导框在工厂或现场分段制作，在平台上组装，固定在定位桩上。

在岸边或浅水处，只需简易脚手架，直接用打桩机或吊机、扒杆等机械打桩。在较深水中打桩时，要根据工地使用机械及水上作业的设备来安排。打钢板桩应选用较轻型桩架，一般锤重宜大于桩重，锤击要适当。用组合桩时，按桩数加倍。也可用振动、或辅以射水等方法下沉，但在黏土中，不宜使用射水。锤击时应使用桩帽。

（4）插打与合龙

钢板桩宜先将全围堰（矩形围堰可为一边）插打稳定且合龙后，再依次打到设计高程，在能保证钢板桩插打垂直时，也可逐根（组）一次打到设计高程。矩形围堰一般先插上游边，在下游合龙。圆形围堰插打顺序见图 15-27 中的几种方法。图 15-27a）与图 15-27b）比图 15-27c）少一个合龙点。图 15-27b）的累计误差要大于图 15-27c）。图 15-27a）、图 15-27b）都可能在合龙前遭受回流影响而使桩脚外移，造成合龙困难。图 15-27c）受回流影响较小，在流速较大处，宜用图 15-27c）式插打。插打钢板桩，开始打的几根或几组，应详细检查其平面位置和垂直度是否正确。如发现倾斜，应立即予以纠正。最先几根插好打稳后，即应与导框固定，然后继续插打。为了使打桩正常进行，可由另一台吊机或吊船来承担运吊桩工作。钢板桩起吊后，需以人力扶持插入前一根桩的锁口内。动作要缓慢，防止损坏锁口。插入以后可稍松吊绳，使桩凭自重滑入，或用锤重下压。比较困难时，也可用滑车组强迫插桩，拉力不宜过大。待插入一定深度，站立稳定后，方可加以锤击。在打钢板桩过程中，如导向设备（定位桩和导框）失效，则钢板桩顶达到设计高程时的平面位置偏差：在水中打桩不得大于20cm，在陆上打桩时不得大于 10cm。

钢板桩打桩前进方面的锁口下端宜用木栓塞住,防止砂砾进入锁口内影响以后插打。凡带有接头的钢板桩应与无接头的桩错开使用,不得已时,其接头水平位置至少上下错开 2m以上。

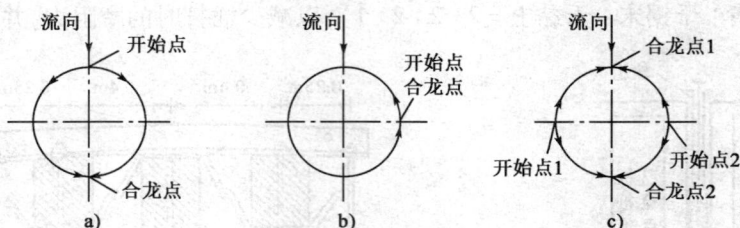

图 15-27 圆形钢板桩围堰合龙方法

保证钢板桩插打正直顺利合龙,其措施是随时纠正歪斜。歪斜过甚不能用拉挤法整直者要拔起重插。纠正无效时,用特制楔形桩合龙,每根楔形桩的斜度不超过 2%。如受斜度限制,一个合龙口可用二根楔形桩,但每根应各具一个垂直边,其间至少夹一根普通钢板桩。

(5)抽水堵漏

钢板桩插打完,即可抽水开挖。如设计有支撑的围堰,应先支撑再抽水,并检查各节点是否顶紧,板桩与导框间木楔是否敲紧,防止因抽水而出现事故。抽水速度不宜过快,随时观察围堰的变化情况,及时处理。锁口漏水,可用板条。旧棉絮条等在内侧嵌塞,同时在漏缝外侧水面撒大量细煤渣与木屑等,使其随水流自行堵漏。较深处的渗漏可将煤渣等沉送到漏水处堵漏。在潮汐地区或在水库区内的围堰,应采用适当措施,防止围堰内水位高于外侧。

(6)拔桩

钢板桩拔除前,应先将围堰内的支撑,从下到上陆续拆除,并陆续灌水,使内外水压平衡,使板桩挤压力消失,并与部分混凝土脱离(指有水下混凝土封底部分)。拔桩设备可用吊船、吊机、拔桩机、千斤顶等。对于桩尖打卷及锁口变形的桩,可加大拔桩能力,将相邻桩同时拔出。如确有困难,可以在水下切割。

(三)混凝土围堰

混凝土围堰适用于不稳定的土质,下沉入土深度宜在 3m 左右。遇浅水河滩,开挖埋置不深的基础或承台时,可代替木板桩围堰。在既有线旁增建二线桥涵,用混凝土围堰开挖基坑,有利于旧桥基础的稳定。

混凝土围堰的制作与下沉同沉井相仿,一般可先作一段高 1m 左右,厚约 0.8m 的钢筋混凝土刃脚(如用素混凝土,厚度可增为 1.0～1.2m),上部用 0.5m 左右厚的素混凝土壁或砌筑 0.7～0.8m 厚的浆砌片石,边沉边砌,直到需要深度。如土、水的压力较大时,需作支撑临时加固,防止堰壁开裂。

基础圬工施工完毕后,露出地面部分的围堰应予凿除。

四 基坑排水

水中围堰内明挖基础施工,或旱地挖基到达地下水位以下时,基坑常需向外排水,使挖基和圬工砌筑工作在无水情况下进行。一般的排水方法有汇水井法和井点法。另外也有改沟、改河(适用于排除较小的地面水,一般基坑可用抽水相结合的方法排除地面及地下水)、渡槽(适用于排除少量地面水或灌溉用水)、冻结(适用于严寒地区,昼夜平均温度在 -10℃ 以下的季节性施工)等方法。

(一)汇水井法

汇水井法是指在基坑基础范围以外先挖一个汇水井,再在四周挖排水沟、使坑内的水沿排水沟集于汇水井,用抽水机(水泵)把汇水井中的水抽出坑外排出。当基坑内基本无水时,就可向下开挖基坑,随着基坑的深挖,汇水井和排水沟也逐次加深,并始终保持低于基坑底面约 30 ~ 40cm,汇水井深度应大于水泵进水阀的高度,一般为 0.7 ~ 1.0m。抽水时需有专人负责汇水井的清理工作。

水泵应根据基坑深度、水深及选用水泵性能条件,分别安装在坑顶、静水面或水位以下。潜水泵可直接放入坑底水中抽水。扬程不足时,可用串联法安装或采用多级水泵。

要排干基坑积水,就必须使抽水机排水量大于基坑渗水量。水下挖基,不应中途停止抽水,抽水能力应为渗水量的 1.5 ~ 2.0 倍。这是因为渗水量的估计很难精确。当基坑渗水量变化较大时,宜配用抽水能力不等的抽水机,在抽水能力有余时,便于停开或抽调部分抽水机。

抽水还应注意以下事项:地面为渗水性的土质,抽水排水管应适当远引,以防渗回基坑,致使边坡坍塌,基坑土质欠稳定时,安置在护道上的设备,应以小木桩加固,宜选用震动力较小的机械,在细砂、粉砂层中挖基,抽水会造成基底翻砂现象,有条件时,可采用井点降水法施工或不抽水开挖,最后灌注水下混凝土封底,在渗水较大的土层中,一个基坑抽水,可使相邻基坑水位降低,在安排基坑及开挖顺序时,可适当利用其特点,爆破坑底石质或处理孤石时,对水泵、进水阀管要采取防护措施。如图 15-28 所示。

(二)井点法

当直接抽水的基坑底发生翻砂现象时,应采用井点法降水,使地下水位降至基底以下,开挖基坑砌筑基础都在无水状态下进行。井点法是在基坑周围打入带有过滤管头的井点管,在地面与集水总管连接起来,通到抽水系统,用真空泵造成的真空度,将地下水吸入水箱,用水泵抽出,使地下水暂时降低。井点降水的布置见图 15-29。

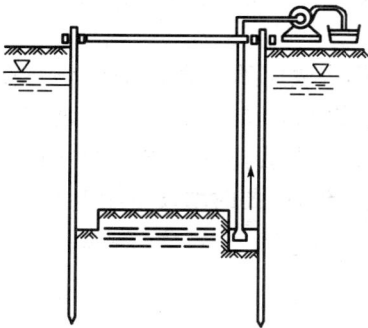

图 15-28 汇水井法降水

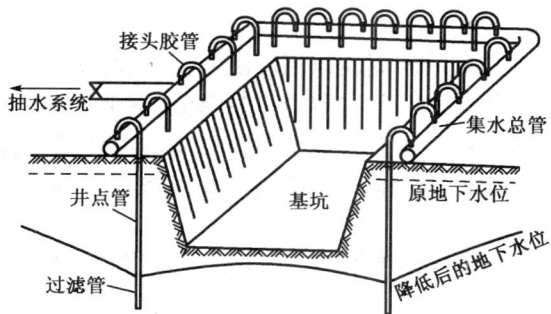

图 15-29 井点法降水布置图

1. 井点降水的适用条件

井点降水适用于渗透系数为 0.5 ~ 150m/d 的土壤中,尤其是在 2 ~ 50m/d 的土壤中效果最好。降低水位深度一级轻型井点一般为 3~6m,使用二级轻型井点的约为 6~9m。井点降水是通过滤管抽水,不致带走土中细小颗粒。宜用于一般抽水开挖有困难的粉砂、细砂质基坑,或在既有建筑物附近施工时采用。但井点法降水用的施工机具较多,施工布置较复杂,桥涵施工中多用于城市内挖基。

2. 井点降水设备

(1)管路部分:包括过滤管、井点管及集水总管等。过滤管长度为 1.5~2.0m,过滤孔总面积约为过滤管总表面积的 20%~25%,管的上端与井点管用套管连接,下端用管帽封闭。井点管下沉完毕后,宜用透明胶管与集水总管接头连接,避免因井点管沉陷而损坏管件。

(2)抽水部分:主要包括真空泵、集水箱、离心泵、气水分离器等。其平面连接见图 15-30。

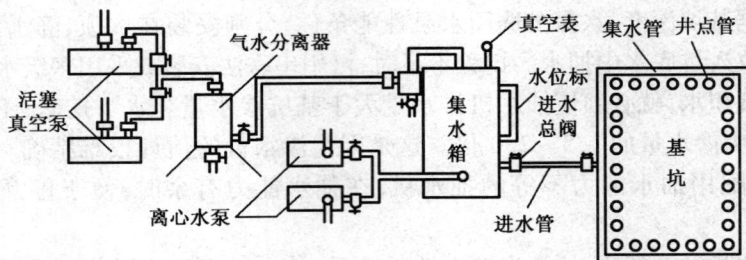

图 15-30 井点法降水系统示意图

抽水系统的工作过程是:开动真空泵,将集水箱内的空气抽出形成真空,地下水受大气压力经过滤管、井点管、集水总管、过滤箱等吸入集水箱,箱内上部空气由真空泵吸出,地下水进入集水箱后由离心泵排出。集水箱中央设有浮筒,能自动调节箱内水与气的平衡。离心泵则用排水阀调节,使进出水量配合真空泵的吸水能力达到平衡。在集水箱与真空泵之间,设有气水分离器,防止水分进入真空泵内。真空泵的冷却水,则用另一台小型水泵将热水抽入冷却箱,再流入集水箱内的蛇形管冷却,回到真空泵内循环使用。

3. 井点法降水施工

安装井点管,应先造孔,然后下管,不得将井点管硬打入土内,可以用射水管对准井点位置射水成孔,造孔要求垂直。如果为不稳定、易坍孔的土层,应先射水下沉 150mm 直径的套管,然后在套管内插入井点管。孔的深度须比滤管底深 0.5m 左右,滤管底应在基底以下1.5m。

井点管的四周应以粗砂灌实,距地面 0.5~1.0m 深度内应改用黏土填塞严密,防止漏气。集水总管与水泵的安装应尽量降低,集水总管向水泵方向宜设 0.25%~0.5% 的下坡,防止停机时管内存水。井管系统各部件均应安装严密,防止漏气。井点法排水不得中途停止,以免井管堵塞。抽水系统中的真空泵,需要安装两套设备,轮换工作,必要时增设备用电源。

五 基底检验及处理

(一)基底检验

基坑开挖过程中,除了随时检查地基土质及地层情况是否符合设计资料外,为防止基底暴露时间过长,施工负责人应在挖至基底前,通知有关人员按时前来检验。并事先填写"隐蔽工程检查证"。经有关人员会同检验签证后，方可砌筑基础或作其他工序。某明挖基础基坑检查证格式如下：

<table>
<tr><td colspan="2" align="center">施工记录及质量检查签证表</td></tr>
<tr><td></td><td align="right">编号：铁程检-24</td></tr>
<tr><td colspan="2">

明挖基础基坑检查证

_____大桥第_____号墩（台）

本桥墩（台）基坑于_____年_____月_____日开挖，于_____年_____月_____日完工，检查情况如下：

1. 原地面高程_____ m。

2. 坑底高程_____ m（坑底设计高程为_____ m）。

3. 坑底土壤为_____，根据钻探、试挖结果，此种土在坑底下尚有_____ m，其下为_____土层，深为_____ m。

4. 地下水最低水位为_____ m。

5. 开始排水时坑中的水位高程为_____ m。

6. 基坑中心里程为_____ m，较设计值 ±_____ mm。

7. 根据设计图采用_____板桩围堰，断面为_____ cm²，长度为_____ m，围堰桩尖最高高程为_____ m，桩顶最低高程为_____ m，并打入直径_____ cm 的导桩，长度为_____ m。

8. 排水设备及排水时情况_____。

9. 根据基坑底的土质及地层情况，符合设计要求否_____。

根据以上资料，同意灌注承台基础混凝土。

附件：1. 承台模板检查证

2. 承台钢筋检查证

3. 坑底高程不在同一平面时须附各高程示意图

</td></tr>
</table>

| 主管工程师 | | 施工负责人 | |
| 检查工程师 | | 监理工程师 | |

一般基底检验的主要内容有：

（1）检定基底地质情况，是否与设计文件相符合。

（2）检查基坑开挖高程，中线位置及形状是否与设计文件相符。基底高程允许偏差应符合：土质 ±50mm；石质 +50mm，−200mm。

（3）查阅"工程日志簿"的施工记录。对有变更设计等项目应作详细检查。

（4）对基坑的排水及地下水的处理，必须确保基坑圬工的质量。

（5）对土质基底要检查有否超挖回填，扰动原状土的情况。

（6）对石质基底应检查岩层风化程度；对倾斜的基底还需检查台阶开挖情况。

（7）在永冻基底，应检查防融隔温层敷设是否良好。

基底检验时，基底高程容许误差对于土质为 ±50mm，石质为 +50mm、−200mm。对基底土质有疑问时，应作土壤分析或其他试验进行核实。

基底检查如发现土质比要求者差，认为地基承载力不够时，应改变基础设计，如扩大基础面积或改为桩基础等；也可按具体情况进行人工加强的特殊处理，如用砂夹卵石换填；或用爆破挤压砂桩，使地基土密实；或压注胶结物（水泥浆灌注法、硅化法等），使之胶结坚固等。

（二）基底处理

基底处理，应根据不同的土质分别对待。

1. 岩层

(1)未风化的岩层基底,应清除岩面的碎石、石块、淤泥、苔藓等。

(2)风化的岩层基底,开挖基坑尺寸要少留或不留富余量。灌注基础坼工时,同时将坑底填满,封闭岩层。

(3)岩层倾斜时,应将岩面凿平或凿成台阶,使承重面与重力线垂直,以免滑动。

(4)砌筑前,岩层表面用水冲洗干净。

2. 碎石类土及砂类土层

承重面应修理平整夯实,砌筑前铺一层2cm厚的浓稠水泥砂浆。

3. 黏性土层

(1)铲平坑底时,不能扰动土壤天然结构,不得用土回填。

(2)必要时,加铺一层10cm厚的夯填碎石,碎石层顶面不得高于基底设计高程。

(3)基坑挖完处理后,应在最短期间内砌筑基础,防止暴露过久变质。

4. 湿陷性黄土层

基底必须有防水措施。根据土质条件,使用重锤夯实、换填、挤密桩等措施进行加固,改善土层性质。基础回填不得使用砂、砾石等透水土壤,应用原土加夯封闭。

5. 软土层

基底软土厚度小于2m时,可将软土层全部挖除,换以中(粗)砂、碎(砾)石等力学性质较好的填料,分层夯实;软土层深度较大时,应采用砂井、砂桩等软土地基处理方法。

6. 冻土层

冻土基础开挖宜用天然或人工冻结法施工,并应保持基底冻层不融化;基底设计高程以下,铺设一层10～30cm厚的粗砂或10cm厚的冷混凝土垫层,作为隔热层。

7. 溶洞

一般采取以下加固措施进行处理:

(1)首先用勘测方法探明溶洞的形态、深度和范围,以便采取相应的处理方法。

(2)当溶洞埋深较浅时,可用高压射水清除溶洞中的淤泥,灌注混凝土进行填充;当溶洞较深且狭窄、洞内土壤不易清除时,可在洞内打入混凝土桩。

(3)当溶洞处在基础底面窄又深时,可用钢筋混凝土盖板或梁跨越溶洞。

(4)当溶洞埋藏较深,溶洞内有部分软黏土时,可用钻机钻孔,从孔中灌入砂石混合料,并压灌水泥砂浆封闭。亦可根据情况采用钻孔桩基础或沉入桩基础穿越,或改变跨径避开。

8. 泉眼

泉眼可用堵塞或排引的方法处理。

(1)泉眼水流较小时,可用木楔、棉絮、麻布等堵塞泉眼,达到不涌水的目的。

(2)如堵塞失效,在泉眼处用钢管引水使与坼工隔离,即可灌注基础混凝土。

(3)在基底的泉眼较多或较大,无法用钢管引出时,可将泉眼开凿连成暗沟,用石板或混凝土板盖在暗沟上,将水引至基础以外的排水沟、集水井中抽出,基础坼工完全凝固后,停止抽水,用压浆的办法填塞暗沟。此办法必须注意在灌注混凝土过程中,保持暗沟不被堵塞,以能压满水泥砂浆。

第二节　沉井基础施工

沉井基础的施工方法与地质和水文情况紧密相关。在水中修筑沉井时,应对河流汛期、通航、河床冲刷等进行调查研究,然后制定施工计划,并尽量利用枯水季节进行施工。如施工期须经过汛期时,应采取相应的措施。

沉井基础的施工可概括为旱地施工、水上筑岛施工及浮运沉井三种方法,前两种在无水或浅水处就地制造和下沉,是最常见的施工方法,也是本节的重点;后一种是在深水中采用的岸边制造、浮运就位下沉的特定施工方法。

一　沉井的施工特点及步骤

(一)沉井施工特点

(1)沉井施工可在井筒的保护下作垂直下挖,施工中井筒既能防土又能防水,下沉完毕后成为基础的一部分。沉井法施工能够有效地克服明挖法土石方量大、干扰大的弊病。

(2)逐节接筑,不断挖土,借助混凝土井筒的自重,边挖土边下沉,因而比较简便、安全。

(3)必须经过先浇筑,后养生,再下沉的三个阶段,工序较多,循环时间长。

(二)沉井施工步骤

沉井的施工步骤如图 15-31 所示,简述如下:

1.场地准备

墩台位无水,需平整场地;若地下水位较低,可挖坑建造沉井;若有地面水,则需筑岛建造沉井,如图 15-31a)所示。

由于底节沉井刃脚踏面窄,底面积小,若直接在土面上制造数百吨甚至上千吨自重的沉井,将会发生不均匀沉陷,导致沉井破坏。一般在刃脚下铺设垫木来扩大刃脚支承面,这就是通常采用的垫木法。若在地基较好的情况下,也可采用土模法,即在土面上按刃脚内侧斜面形状和尺寸挖成或填筑成锥台形,既扩大了刃脚的支承面,又代替了刃脚内模板。

2.底节沉井制作

垫木铺好后就可立模制作沉井。其工序有,立内模、焊接刃脚角钢、绑扎钢筋、立外模、灌注混凝土如图 15-31b)所示。

沉井制造工序多,时间长,加上养生时间,在整个沉井施工中,用于制造沉井的时间,占很大比例。所以要组织平行作业,搞好各工序的衔接,采取必要措施,尽量缩短制作时间。

3.底节沉井下沉

先拆除沉井内外模板,待混凝土达到规定强度后,就可拆垫木或挖土模。沉井下沉主要靠在井内除土,目的是减少或消除刃脚的正面阻力,当支承面的反力减少至自重与摩阻力之差以下时,土被破坏,沉井则下沉,直至平衡,再行挖土下沉,如图 15-31c)、d)所示。

4.沉井接高

多节沉井施工时,制造与下沉两项工作交替进行,施工内容与图 15-31b)、图 15-31c)项相同,但应保证接筑沉井与原沉井在同一轴线上,如图 15-31e)所示。

5. 井顶围堰

沉井顶面一般位于最低水位或地面以下,因此沉井沉至设计高程之前,一般应做井顶围堰,才能在继续下沉时防止水、土进入井孔中。

6. 清基封底

当沉井沉至设计高程后,要对基底进行清理、检查和处理,合格后方可进行混凝土封底,如图 15-31f)所示。

7. 填充、浇筑顶盖和建造第一节墩台身

当封底混凝土达到一定强度后,即可抽水填充或浇筑钢筋混凝土底板,最后浇筑钢筋混凝土顶盖和第一节墩台身混凝土,当墩台身筑出水面后,就可拆除井顶围堰,如图 15-31g)所示。

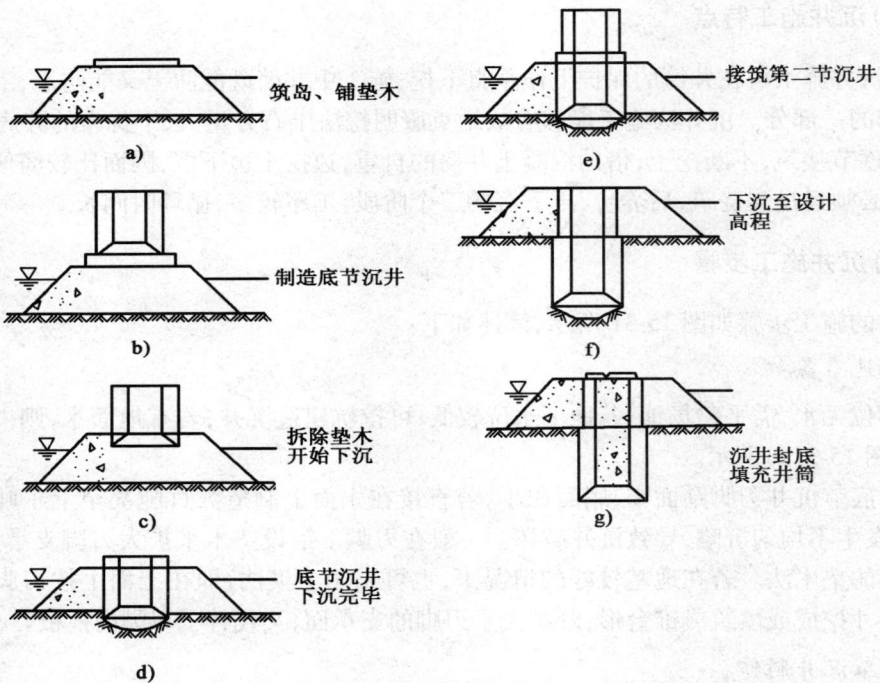

图 15-31 沉井施工步骤示意图

二 沉井制作

(一)筑岛

在浅水或地面可能被水淹没的旱地,需筑岛制作沉井,筑岛形式如图 15-32 所示。

1. 筑岛的基本要求

(1)筑岛的岛面应高出最高施工水位 0.5m 以上,并另加浪高,有流水时,还应当适当加高。

（2）应避免在斜坡上筑岛，因新筑楔形土体容易在沉井质量的作用下沿斜坡下滑。楔形土体沉陷不均也容易使沉井发生倾斜，甚至引起沉井开裂。若不得已需在斜坡上筑岛时，应将斜坡表面挖成台阶形或将筑岛底面取平，再行筑岛。

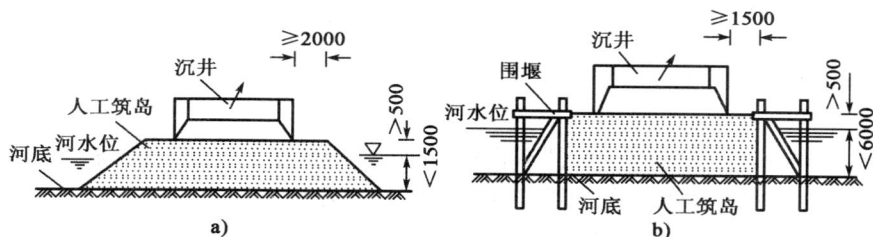

图 15-32　人工筑岛（尺寸单位：mm）

a）无围堰的人工筑岛；b）有围堰的人工筑岛

（3）筑岛应用透水性好，易于压实的土料（砂类土、砾石、较小的卵石）填筑，且不应含有影响岛体受力及抽垫下沉的块体（包括冻块）。土的颗粒也不能过细，以免被水冲走。

（4）筑岛处河床如有淤泥，软土或杂物时应彻底清除干净。填土一般应由中央开始向四周均匀扩大，临水坡面坡度一般为 1：2，水面以上应分层夯实。另外应采取措施防止土岛受水流冲刷。

2. 筑岛的分类及适用条件

最常用的有土岛、草袋围堰筑岛、石笼围堰筑岛。

（1）土岛

不用围堰填筑的土岛只适用于流速不大的浅水中，通常水深不超过 1.5m，筑岛后流速不超过土壤的容许流速（即不冲刷流速），如表 15-3 所示。土岛护道宽度不宜小于 2m，与水接触的土坡不应陡于 1：2。

各类筑岛容许流速　　　　　　　　　　　　　表 15-3

筑岛土种类	容许流速（m/s）		筑岛土种类	容许流速（m/s）	
	土表面处	平均流速		土表面处	平均流速
细砂（粒径 0.05~0.25mm）	0.25	0.3	中等砾石（粒径 25~40mm）	1.0	1.2
粗砂（粒径 1.0~2.5mm）	0.65	0.8	粗砾石（粒径 40~75mm）	1.2	1.5

（2）草袋围堰筑岛

用草袋或编织袋装土或砂先堆筑围堰，然后再在围堰内填砂筑岛。一般在水深 3.5m 以下，流速在 1~2m/s 采用。草袋装土不宜过满，一般装其容量的 $\frac{1}{2}$~$\frac{1}{3}$ 即可，袋口需要用麻线或细铁丝封口。施工时，要求草袋上下左右互相错缝，草袋分层之间，应用土填实，并堆放整齐。

（3）板桩围堰筑岛

在水深流急的河道中，直接填筑土岛和草袋围堰困难很大，或修建断面较大的土岛使河道束狭过多，可采用板桩围堰筑岛，但河床土质应能够打入板桩。

板桩有木板桩、混凝土板桩、钢板桩等。木板桩因受木料长度限制，一般只适用在水深不超过 5m 处。混凝土板桩目前尚无定型产品尚不常见。钢板桩的特点是强度高、锁口紧密，不易漏土，一般不受水深限制，用来筑岛非常理想。

在围堰内筑岛时,如假定围堰只需承受土压力而不考虑沉井质量的影响;则护道宽度 b 应满足下式要求:

$$b \geq H\tan\left(45° - \frac{\varphi}{2}\right) \quad\quad (15\text{-}2)$$

式中:H——筑岛高度,m;

$\quad\varphi$——筑岛的土被水饱和时的内摩擦角。

(4)石笼围堰筑岛

这种岛体主要适用在水深流急,且不宜打板桩的岩石、砂类、卵石等河底上。石笼有木、竹、钢筋笼等数种。木笼体积较大,拆除不便;钢筋笼则耗用金属材料较多,但可根据起吊能力加工,拆除方便;我国南方盛产竹材,故亦可用竹笼。竹笼直径以 50 ~ 60cm,长 2 ~ 3m 为宜。钢筋笼的体积宜控制在 1 ~ 2m³,不宜太大,以免钢筋变形。钢筋笼四边边框用 ϕ10mm ~ ϕ12mm 钢筋,中间用 ϕ6mm 钢筋,焊成 20cm × 20cm 方格,然后向笼内抛填片石制成。

石笼围堰筑岛的步骤是先用其他材料制成笼,然后向笼内装填片石或卵石作成围堰,再向围堰内填砂筑岛。

(二)垫木的铺设与拆除

1. 垫木的铺设

沉井在下沉过程中,刃脚受力较为复杂,刃脚切入土中时受到向外弯曲应力,挖空刃脚下的土时,刃脚又受到外部土、水压力作用而向内弯曲。所以为保证刃脚的安全正常应用,刃脚内外两侧均应按计算设置钢筋网,在制作底节沉井时在刃脚下应设置垫木。

垫木的作用是扩大刃脚踏面的支承面积,常用普通枕木与短方木相间对称铺设,沿沉井刃脚满铺一层;在刃脚的直线部分垂直刃脚铺放,圆弧部分则向心铺放。沉井的隔墙下面也须铺设垫木。隔墙与刃脚连接处的垫木应搭接成整体,以免灌注混凝土时发生不均匀沉陷,导致开裂。由于隔墙底面较高,其底模与垫木间的空隙,可设置桁架或垫方木抄紧。

垫木的数量可按其底面全面积受压计算,即:

$$n \geq \frac{Q}{L \cdot b[\sigma]} \quad\quad (15\text{-}3)$$

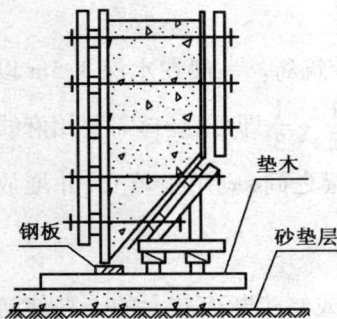

图 15-33 钢刃脚的支设

式中:n——垫木根数;

$\quad L$——垫木的平均长度,cm;

$\quad b$——垫木的平均宽度,cm;

$\quad[\sigma]$——岛面土的容许承压力,一般按 10N/cm² 计;

$\quad Q$——底节沉井质量,N。

垫木中心应对正井壁重心铺设。各垫木的顶面应与钢刃脚的底面贴合。在钢刃角尖下,应如图 15-33 加垫 10mm 厚钢板。相邻两垫木顶面高差,不得大于 5mm;全沉井各垫木顶面高差,应不大于 30mm。

为沉井下沉时抽垫方便,垫木下应用砂填实,其厚度一般不小于 30mm。垫木间应用砂填平。调整垫木高程时,不得在其下垫塞木块、木片、石块等。

定位垫木的位置,一般根据沉井在自重作用下受挠的正负弯矩大体相等而定(图 15-34),

圆形沉井应布置在相隔90°的四个点上。矩形沉井则应对称布置于长边，每个长边各设两点，其间距：

$$当 2 > \frac{L}{B} \geqslant 1.5 \text{ 时}; l = 0.7L \tag{15-4}$$

$$当 \frac{L}{B} \geqslant 2 \text{ 时}; l = 0.6L \tag{15-5}$$

式中：L——长边长度，m；

B——短边长度，m；

l——定位垫木间距，m。

2. 垫木的拆除

沉井底节混凝土达到设计强度后方可抽垫下沉。抽垫应分区、依次对称、同步地按下列顺序进行，并随即用砂土回填捣实。

（1）拆除内隔墙下的垫木。

（2）对称矩形沉井，先拆除短边下的垫木。

（3）从远离定位支垫处开始逐步拆除，最后同时拆除定位垫木。

抽除垫木，一般均于沉井内外两边配合进行。先掏挖垫木下砂垫层，在沉井内锤打、棍撬从沉井底向外拉，逐根迅速抽出。抽出几根后，随即按图15-35以碎石填塞刃脚并砸紧，再分层填砂并洒水夯实。必要时，可将井内填砂面提高，以增加支承面积，使最后分配在定位支垫上的压力不超过垫木下土的支承力，亦不致压断定位垫木。

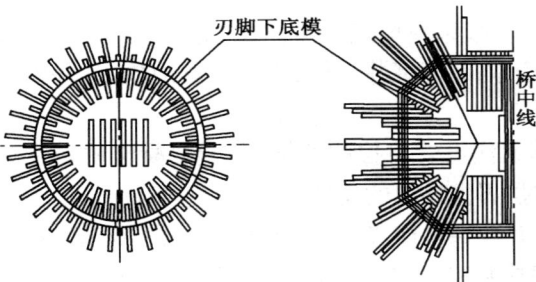

图15-34　垫木的布置示意图

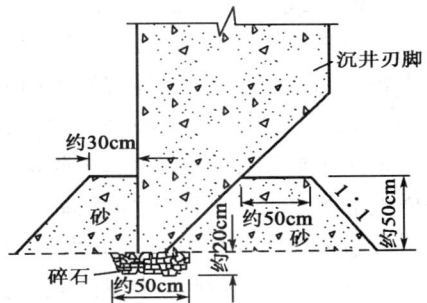

图15-35　刃脚抽垫后的回填

沉井刃脚斜面处的底模，一般在抽垫时拆除。为使拆模与抽垫互相配合，底模应按抽垫顺序分成若干段拼接，且使其段间的连接便于分段拆除。

抽垫后回填的沙土，虽经夯实砸紧，承受沉井质量后仍有沉降，因此，沉井在抽垫过程中必然下沉，其下沉的程度因回填质量而有不同。一般在抽除三分之二垫木以前，下沉量不大，下沉也比较均匀。继续抽垫时，下沉量逐步加大，抽垫和回填工作也越来越困难，甚至有下沉很快来不及回填而压断垫木的现象。应在沉井下沉量不大，有条件做好回填工作时，切实做好回填土的夯实工作，以减小沉井后期抽垫的沉降。抽垫至最后阶段，则应全力以赴尽快地将剩余垫木同时全部抽出，使沉井平稳地落入土层。

在抽垫过程中如发生下列情况，应及时研究处理，防止事态扩大，必要时可采用变更抽垫顺序或加高回填土的方法。

①沉井倾斜超过1%，且有继续倾斜的可能时。

②一次抽垫下沉量超过上一次抽垫下沉量1倍时。

③回填砂土被挤出隆起或开裂时。

④垫木被压断时。

(三)刃脚土内模

刃脚土内模的形式,一般依据沉井处表层土的土质情况和地下水位的高低,可做成填土式内模图和挖土式内模两种,如图15-36。

图15-36　刃脚土模的两种形式

a)填土式内模;b)挖土式内模

采用土模时,应先检查地基土有无软硬不匀现象,并对个别松软部分进行换填处理;地基整平后应碾压或夯实。一般在地基土上填不少于30cm厚的碎石垫层,并分层碾压密实,以分布沉井压力,并排泄地面水。

土模用黏性土时先将土块打碎后再分层夯填。平面尺寸先略为扩大,夯实后再按设计尺寸切削修整。为防水并保证土模表面平整且符合设计尺寸,应在土模表面抹一层2~3cm厚的水泥砂浆或垫一层油毛毡作为保护层。

土模顶面的承载能力应能满足设计要求。土模系新填筑土体,对填筑质量及其下的地基要求较高,否则会由于灌注混凝土时的不均匀沉陷而使沉井受损,必须妥善地施工,并做好防水、排水工作,防止土体受水浸泡后松软变形。

采用土模制作沉井底节,刃脚部分的外模无法设置对拉的拉杆,井壁混凝土质量在刃脚斜面上的水平分力将使刃脚滑移损坏,必须加强刃脚外模的支撑。

当墩位处土质较好且地下水位较低时,可开挖基坑而成土模,如图15-36b)所示。挖成的土模比较坚实,表面无需水泥砂浆保护层。但应特别注意接近成型时的修挖,防止出现尺寸的亏缺。并应加强基坑排水,防止土模或基底受水浸泡。

土模的拆除,因无材料回收问题而省略一道工序,可在沉井下沉时按一般井内挖土工艺施工,但不得先挖沉井外围土,以免刃脚外张开裂,附着于刃脚斜面及隔墙底面的残土应予清除。

(四)混凝土灌注及接高

1.灌注混凝土

(1)材料要求。一般采用防水混凝土;在$h/b \leqslant 10$时,用抗渗等级0.6MPa混凝土;在$10 < h/b \leqslant 15$时,用抗渗等级0.8MPa混凝土;在$h/b > 15$时,用抗渗等级1.2MPa混凝土。其中h为井壁深入到地下水以下的深度,b为沉井壁厚。

水灰比W/C一般为0.6,且不得超过0.65。每立方米混凝土的水泥用量约为300~350kg,砂率采用35%~45%,配合比应按照水泥和砂、石料试配,进行试块的强度和抗渗试验。

井壁混凝土坍落度一般为3~5cm,底板混凝土坍落度为2~3cm。井壁混凝土用插入式振动器捣实,底板混凝土用平板振捣器振实。为减少用水量,可掺入如木质素磺酸盐、NNO 等减水剂。

(2)浇筑方法:

①沿沉井周围搭设脚手平台,用皮带运输机将混凝土送到脚手平台上,用手推车沿沉井通过串桶分层均匀浇筑。

②用翻斗汽车运送混凝土,塔式或履带式起重机吊混凝土吊斗,通过串桶沿井壁作均匀浇筑。

③用混凝土运输搅拌车运送混凝土,混凝土泵车沿沉井周围进行分层均匀浇筑。

(3)浇筑混凝土时的注意事项:

①混凝土应沿壁周水平均匀浇捣,每次浇筑混凝土分层高度见表15-4,以免造成地基不均匀下沉而产生倾斜。

浇注混凝土分层厚度　　　　　　　　　　　　　　表 15-4

项　　　目	分层厚度 h 应小于
使用插入式振捣器	振捣器作用半径的 1.25 倍
人工振捣	$15 \sim 25mm$
灌注一层的时间不应超过水泥初凝时间 t	$H \leqslant Qt/A(\text{m})$

注:Q——每小时混凝土量,m³;t——水泥初凝时间,h;A——混凝土浇筑面积,m²。

②混凝土应一次连续浇完。如因工作量过大,不能一次浇完,需设水平施工缝,缝间留有凹凸缝并插入短钢筋增加连接。在浇筑新混凝土前须将表面洗刷干净,用水湿润,并铺一层强度等级高一级的砂浆。

③当第一节混凝土强度达到设计强度 70% 时,才可浇筑第二节。接触面处须进行凿毛、吹洗等处理。前一节下沉应为后一节预留 0.5 ~ 1.0m 高度,以便操作。

④混凝土浇筑后要注意保养,经常洒水保证表面潮湿,并盖麻袋或塑料布防止水分蒸发。冬季可通过蒸汽加热养护。

⑤拆模时对混凝土强度要求:当达到设计强度的 25% 以上时,可拆除不承受混凝土质量的侧模;当达到设计强度的 70% 或设计强度的 90% 以上时,可拆除刃脚斜面的支撑及模板。

2.沉井混凝土工程施工特点

(1)分侧立模、穿插作业。沉井制造一般先立底模和内侧模板,再绑扎钢筋(含焊接刃脚角钢工作),最后再立外模。

(2)底模接缝与垫木分段相匹配。沉井刃脚底模的接缝应设在拆垫木时的分段处,以适应分段抽垫时拆除底模的需要。

(3)圆弧刃脚内模呈空间曲面。当沉井为圆形及圆端形时,刃脚内模出现空间曲面,模板放样和支撑都较为复杂。

(4)外模刚性要好且必须刨光。强调沉井外模的质量,使井壁混凝土表面光滑不变形,不仅是个美观问题,更主要的目的是减少下沉时的摩阻力。

3.沉井的接高

沉井一般在井顶下沉至距地面 1m 左右接高(此距离不宜过低)。模板及支架不宜直接支撑于地面,以免沉井因自重增加而下沉时,模板及支架与混凝土发生相对位移,致使混凝土受损。可利用下节的模板拉杆来固定上节模板,并在下节混凝土中预埋牛腿,以支承支架。

沉井接高前应尽可能调平。在倾斜的沉井上接高,应顺沉井的倾斜轴线上延,不可垂直接高,以达沉井倾斜纠正后沉井保持竖直而不弯折。

沉井接高加重,促使沉井下沉,往往在加重到一定程度,超过地基承载力极限时突然下沉,并同时产生较大的倾斜。为避免沉井突然下沉或倾斜,可在刃脚下回填或支垫。

三 沉井下沉

沉井下沉主要是通过从沉井内均匀除土,消除或减小沉井刃脚下的正面阻力,有时也同时采取减小井壁外侧土的摩阻力的办法,使沉井依靠自身的质量逐渐下沉。

沉井下沉施工可分为排水下沉和不排水下沉两种,一般是依据沉井所处的水文、地质情况而定。下沉方法示意如图15-37所示。

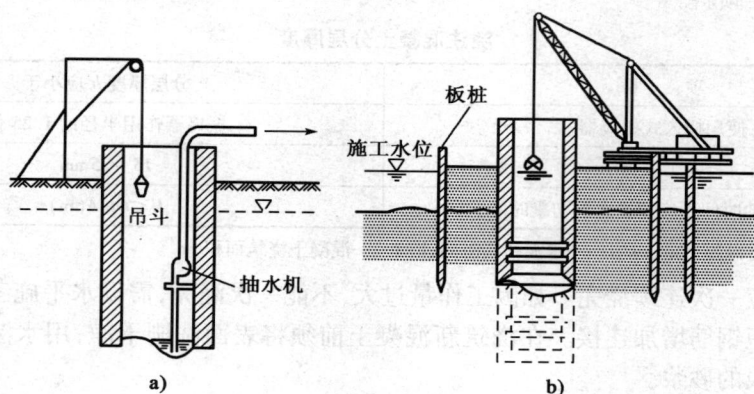

图15-37 沉井下沉方法示意
a)排水法下沉;b)不排水法下沉

在渗水量小(每平方米沉井面积渗水量小于$1m^3/h$)的稳定黏性土中下沉沉井,一般采用排水下沉法开挖排除井内土。当渗水量较大时,一般采用不排水下沉法,用水下抓泥、射水吸泥方法除土。若地层上部为黏性土,下部为砂土或卵石土,地下水位高于其交界面时,黏性土挖除后可能漏水翻砂,这时就不宜采用排水下沉法施工。

(一)排水下沉

1. 排水下沉常用的排水方法有以下几种:

(1)明沟集水井排水:在沉井周围距离其刃脚2～3m处挖一圈排水明沟,设置3～4个集水井,深度比地下水深1～1.5m,沟和井底深度随沉井挖土而不断加深,在排水井内或井壁上设水泵,将水排走。为了不影响井内挖土操作和避免经常搬动水泵,一般采取在井壁上预埋铁件,焊接钢结构操作平台安设水泵,或设木吊架安设水泵,如图15-38所示。水泵抽吸高度控制在不大于5m。如井内渗水量很小,可直接在井内设扬程小的潜水泵将地下水抽出井外。

(2)井点排水:在沉井周围设置轻型井点、电渗井点或喷射井点以降低地下水位,使井内保持干挖土,如图15-39所示。

(3)井点与明沟排水相结合的方法:在沉井上部周围设置井点降水,下部挖明沟集水井设泵排水。

2. 开挖方法

一般先从中央下挖40～50cm,逐层开挖,每层20～30cm,均一圈一圈地向刃脚方向逐步扩大,每一圈均从远离定位支垫位置处开始,使定位支垫位置处的土最后同时挖除。土质松软时,在分层开挖的过程中沉井即逐渐下沉。在坚硬的土层中,可能挖平刃脚仍不下沉。如遇到这种情况,就须掏空刃脚下土壤。这时,应比照抽垫方法,分段按顺序掏土至刃脚外,随即回填砂砾,最后将支垫位置的土亦换成砂砾后,再分层分圈逐步挖除砂砾使沉井下沉。

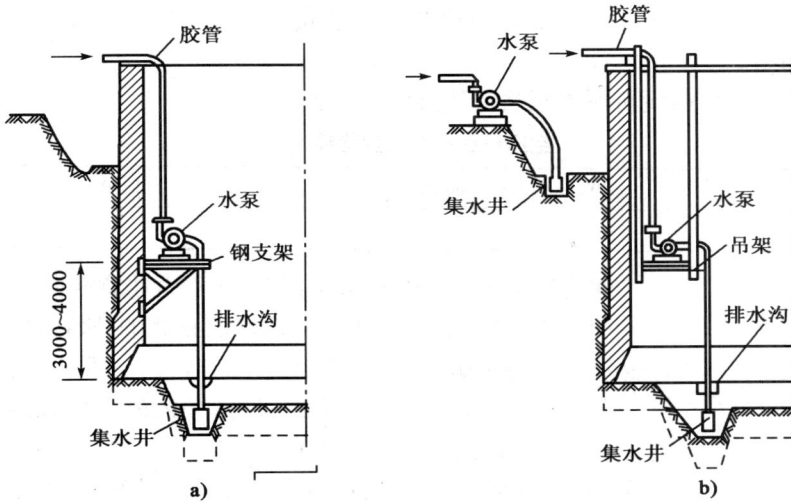

图 15-38　明沟直接排水方法
a)钢支架上设水泵排水;b)吊架上设水泵排水

(二)不排水下沉

不排水下沉是在井内外水头相同的静水条件下利用抓土斗、吸泥器等机具除土的井上作业方法,他可以有效地防止“流沙”发生、确保安全,因而适用于地下水位较高的粉砂、细砂地层。

水中除土,可将沉井中部挖成锅底。在砂及砾石类土中,一般当锅底比刃脚低 $1\sim1.5m$ 时,沉井即可下沉,并将刃脚下的土挤向中央锅底,只要继续在中间挖土,沉井即可继续下沉。在黏性土或胶结层中,四周的土不易向中间坍落,需要靠近井壁偏挖,往往还须辅以高压射水松土。为避免沉井发生较大倾斜,一般应使锅底深度不超过 $2m$;相邻土面高差不宜大于 $0.5m$。靠近刃脚处,除处理胶结层和清理风化岩外,除土和射水都不得低于刃脚,还应注意提前挖深隔墙下的土,勿使搁住沉井。

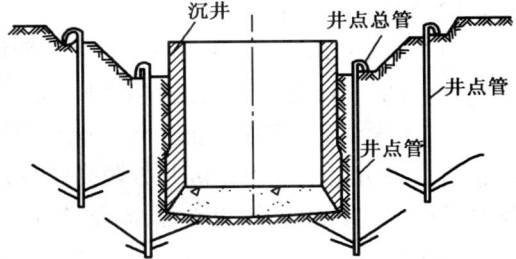

图 15-39　井点系统降水

1.取土方法

(1)用抓斗在水中取土。

(2)用水力冲射器冲刷土,用空气吸泥机吸泥或水力吸泥机抽吸水中泥土。

(3)用钻吸排土沉井法下沉施工。其特点为,通过特制的钻吸机组,在水中对土体进切削破碎,并同时完成排泥工作,使沉井下沉到达设计高程。钻吸排土沉井工具有水中破土排泥效率高、劳动强度低、安全可靠等优点。

2. 常用的取土工具

吸泥机是不排水下沉的常用机具，它是由自制吸泥器配上高压风管组成，如图15-40所示。

空气吸泥机的工作原理，是把压缩空气通入吸泥器，经向上斜的小孔进入排泥管中，与泥沙、水相混后，重度减轻，由于空气的上溢和管外水面形成的水柱反压力，迫使管内水土混合物上升，从管中涌出。

根据经验，各型空气吸泥机所需压缩空气量可参考表15-5。

空压机容量与吸泥管径　　　　　　　　　　　表15-5

空气吸泥机型号(mm)	φ100	φ150	φ250	φ300	φ420
需空压机供应能力(m³/min)	6	9	20	23	(2~3)台20

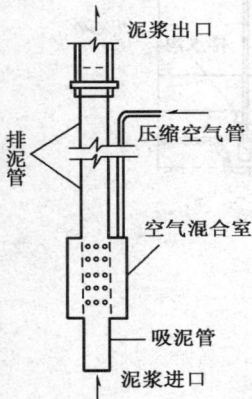

图15-40　空气吸泥机示意图

使用空气吸泥机开挖下沉沉井，应着重注意掌握以下几点：

（1）空气吸泥机的效力是与水深成正比的，吸泥器在水下的最小深度与地质情况、空气量及空气压力有关，一般不宜小于5m。

（2）空气吸泥机排水量大，为保持井内外水位大体平衡，预防翻砂，应设置水泵及时向井内补水。

（3）吸泥机管口需离开土面，一般应保持距土面0.15~0.5m，并经常移动位置，防止偏沉。

（4）风量大，吸泥效果好，若吸泥不佳时，可用"憋风"办法排堵。

（5）吸泥的全过程中应做好预防堵塞的工作，停吸时必须先将吸泥管提起，然后再关风，保持风压的稳定，若用几台小容量压风机时宜增设储风缸；预防杂物坠入。

（三）沉井制作与下沉的关系

沉井按其制作与下沉的关系而言，有三种形式：一次制作，一次下沉；分节制作，多次下沉；分节制作，一次下沉。

（1）一次制作，一次下沉。一般中小型沉井，高度不大，地基条件好或者经过人工加固后获得较大的地基承载力时，最好采用一次制作，一次下沉的方式。

（2）分节制作，多次下沉。将井墙沿高度分成几段，每段为一节，制作一节，下沉一节，循环进行。该方案的优点是沉井分段高度小，对地基要求不高。缺点是工序多，工期长，而且在接高井壁时易产生倾斜和突沉，需要进行稳定检算。

（3）分节制作，一次下沉。这种方法的优点是脚手架和模板可以连续使用，下沉设备一次安装，有利于滑模。缺点是对地基条件要求高，高空作业困难。我国目前采用该方法制作的沉井，全高已达30m。

（4）沉井下沉应有一定的强度，第一节混凝土或砌体砂浆应达到设计强度的100%，其上各节达到70%以后，方可开始下沉。

（四）下沉困难时的辅助措施

沉井下沉发生困难，主要是由于沉井自身质量克服不了井壁摩阻力，或刃脚下遇到大的障碍所致。解决上述问题是须从增加沉井自重和减小井壁摩阻力两个方面着手。

394

1. 增加沉井自重

（1）提前接筑上一节沉井，以增加沉井自重。

（2）在井顶上压重物（钢轨、铁块或片石等），但由于沉井自重很大，能够增加的压重有限。往往无济于事，除为了纠正沉井偏斜采取偏心压重外，一般很少使用。

（3）在不排水下沉的井内抽水减小浮力，可增加沉井重力，促使沉井下沉。但在砂类土等容易翻砂涌水的地层中使用时，井内水头降低容易引起翻砂，而且沉井往往突然大量下沉导致沉井倾斜。因此，井入土不深，不宜使用；抽水不宜过大，以防井孔内突然大量涌水危及安全。

2. 减小沉井外壁的摩阻力

除在设计时对外壁形状、错台宽度以及施工制作中外模光滑等提出较高要求外，通常采用：

（1）井外射水：在井壁上留有射水嘴的管组（施工中需防止泥沙堵死）。利用高压水流冲松井壁附近的土，且水流沿井壁上升而润滑井壁，使沉井摩阻力减小。

（2）井外挖土：在沉井周围挖除部分覆盖土，可减少部分摩阻力。

（3）炮振下沉：当刃脚下土已挖空，采取其他措施仍不能克服外壁摩阻力的情况下，才允许采用炮振下沉。使用时必须严格掌握用药量及操作方法（可只在沉井中央泥面放置炸药，且每次只起爆一处），炸药量一次不宜超过100g。应当指出，爆压通过水介质的传播，将形成很大的向外压力，极易引起沉井开裂，因而在水中炮振时，应严格控制每次用药量不超过100g的规定，以策安全。

（4）触变泥浆护壁下沉：沉井外壁制成宽度为10～20cm的台阶作为泥槽。泥浆是用泥浆泵、砂浆泵或气压罐通过预埋在井壁体内或设在井内的垂直压浆管压入，使外井壁泥浆槽内充满触变泥浆，其液面接近于自然地面。为了防止漏浆，在刃脚台阶上宜钉一层2mm厚的橡胶皮，同时在挖土时注意不使刃脚底部脱空。在泥浆泵房内要储备一定数量的泥浆，以便下沉时不断补浆。在沉井下沉到设计高程后，泥浆套应按设计要求进行处理，一般采用水泥浆、水泥砂浆或其他材料来置换触变泥浆，即将水泥浆、水泥砂浆或其他材料从泥浆底部压入，使压进的水泥浆、水泥砂浆等凝固材料挤出泥浆，待其凝固后，沉井即可稳定。触变泥浆的力学性能指标，见表15-6。

触变泥浆技术指标表　　　　　　　　　　　　　　表15-6

名称	单位	指标	试验方法	名称	单位	指标	试验方法
密度	g/cm³	1.10～1.40	泥浆密度秤	失水率	mL/30min	<14	失水量仪
黏度	Pa·s	>30	500cc/700cc 漏斗法	泥皮厚度	mm	≤3	失水量仪
含砂量	%	<4		静切力	mg/cm²	>30	静切力计(10min)
胶体率	%	100	量杯法	pH 值		≥8	pH 试纸

（五）沉井下沉中的防偏与纠偏

沉井下沉的全部过程，都是防偏与纠偏的过程。偏移对沉井基础不利，有偏移，就有偏心距和附加应力，对地基承载不利。若偏移过大，墩台身还可能偏位悬空，致使沉井报废。因此，施工的主要关键在于均匀除土，防止沉井偏斜，并及时调整沉井的倾斜和位移，这在下沉初期尤为重要，一定要做到勤测量、勤调整，千万不可麻痹大意，否则将酿成后患，难以处理。

《铁路桥涵施工规范》（TB 10203—2002）中对竣工后的沉井位置容许误差规定如下：

（1）沉井底面平均高程应符合设计要求。

（2）沉井的最大倾斜度不得大于$\frac{1}{50}$。

（3）沉井顶、底面中心与设计中心在平面纵横向的位移（包括因倾斜而产生的位移）均不得大于沉井高度的$\frac{1}{50}$，对浮式沉井容许位移值可另加25cm。

（4）矩形、圆端形沉井平面扭角容许偏差值：就地制作的沉井不得大于1°；浮式沉井不得大于2°。

1. 沉井位置偏差的原因和防止措施

（1）沉井位于滑坡上，沉井下沉时土体下滑。设计时应避免将桥墩建于滑坡上，施工时发现此种情况，应与设计部门共同研究，采取防止滑坡的措施或将桥墩移位。

（2）沉井之下的硬土层或岩面有较大倾斜，沉井沿倾斜层下滑，在倾斜的低侧于沉井外填土，增加被动土压力，阻止沉井滑动，并尽快使刃脚嵌入此层土内。

（3）沉井部分刃脚下有孤石、铁件、胶结层等障碍物，致使沉井的沉降不均匀。施工前经钻探查明有胶结硬层时，可采取钻孔投放炸药爆破的方法，预先破碎硬层；铁件一般采取水下切割排除；孤石可由潜水员水下排除或用爆炸爆破。如爆破，炮眼应与刃脚斜面平行，并应堵好，上加覆盖物，炸药用量一次不得超过150g。

（4）井外弃土高差过大或沉井一侧的土因水流冲刷，偏土压致使沉井偏斜或位移。弃土不应靠近沉井；水中下沉时，可利用弃土调整井外土面高差，必要时可对河床进行防护。

（5）沉井刃脚下土层软硬不均致使沉井沉降不匀。通过挖土调整刃脚下支承面积或适当回填或支垫土层较软的一边。

（6）抽垫不对称、抽垫后回填不及时或回填砂土夯实不够，应严格按抽垫工艺施工。

（7）除土不均匀，井内泥面相差过大，承载量不均，应严格控制泥面高差。

（8）刃脚下掏空过多，沉井突然下降，应严格控制刃脚下除土量。

（9）井内水头过低，沉井翻砂，翻砂通道处刃脚下支承力骤降。一般情况下保持井内水头不低于井外，砂土层中开挖不靠近刃脚；沉井土不深时不采用抽水下沉的方法。

（10）在软塑至流动状态的淤泥质中下沉沉井，由于土的自然坡度很小，用井内偏除土的常用方法调整沉井倾斜造成的土面高差不大，倾斜难以纠正，而沉井质量的偏心却使沉井越来越倾斜，而且沉井下沉速度较快，往往使人措手不及，可在沉井顶面的两边施加水平力，及时根据沉井的倾斜情况调整水平力的大小，勿使倾斜恶化。

2. 沉井纠偏方法

对已出现偏斜的沉井，必须依据偏移情况、下沉深度等有关条件分析制定纠偏方法。在

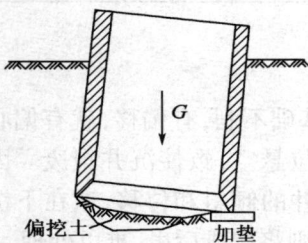

图15-41 井内偏挖、加垫

以往的工程实践中，曾积累了许多宝贵的经验，纠正方法尽管多种多样，但其共同的规律是在下沉中纠偏，边沉边纠；不下沉，单纯纠偏是难以办到的。下面介绍几种常用的纠偏方法。

（1）井内偏挖、加垫法：这是偏挖土法与一侧加支垫法的结合纠偏方法，是基本和有效的方法之一。即在刃脚较高的一侧井内挖土而在刃脚较低的一侧加支垫，随着沉井的下沉，高侧刃脚可逐渐降低下来，如图15-41所示。

（2）井外偏挖、井顶偏压或套拉法：这是偏挖土与偏压重或偏挖土与一侧施加水平力相结合的纠偏方法，其目的是提高单纯偏挖土的纠偏效果，此法多用在入土较深时的纠偏。如图15-42所示。由于钢丝绳套拉时施加的水平力很大（可以大至百吨以上），滑车组的锚固需有强大的地垄（一般利用附近的桥墩作为地垄）。采用这一方法时，应如图使用平衡重，而不用卷扬机牵引，使作用力持续不变，避免沉井位移时钢丝绳松弛，也可防止沉井结构或千斤绳因受力过大而受损。

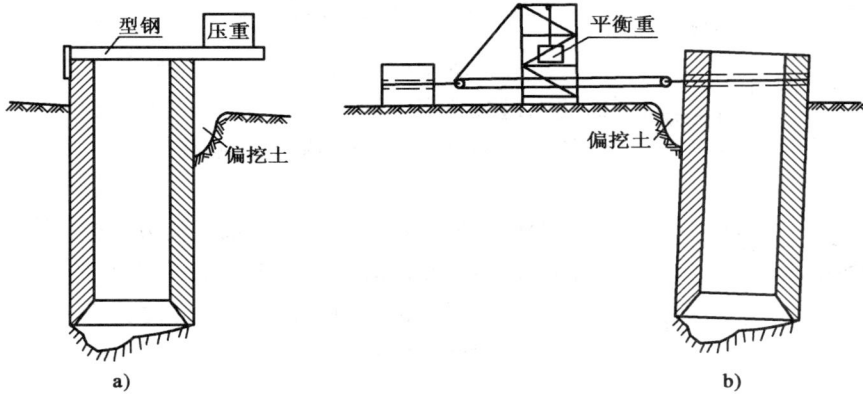

图 15-42　井外偏挖、井顶偏压或套拉法

（3）井外支垫法：图15-43用枕木垛托住拴于沉井顶面的挑梁，借枕木垛下的大面积支承力阻止该侧沉井下沉，可以比较有效地纠正沉井倾斜。但须防止千斤绳受力过大而断裂。

（4）井外射水法：在沉井刃脚较高的一侧井外射水，破坏其外壁摩阻力，促使该侧沉井下沉，是水中沉井纠偏的一种方法（旱地影响施工场地，很少使用）。使用时，射水管的间距不宜超过2m。

（5）摇摆法下沉：当沉井入土深度不大，但偏移量较大，且沉井结构中心线与设计中心线平行时，可采用摇摆法下沉逐渐克服土侧压力以正位。其做法是：先将偏移方面一侧先落低15～20cm，然后再将另一侧落低成水平状态，如此反复下沉使沉井回到正确位置。图15-44为每次摇摆可纠正之偏移量：

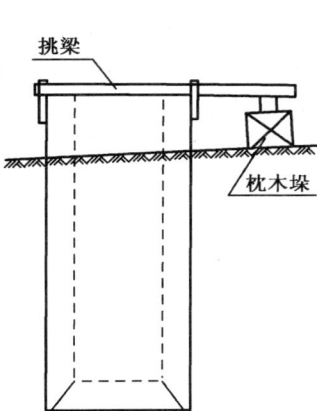

图 15-43　井外支垫示意

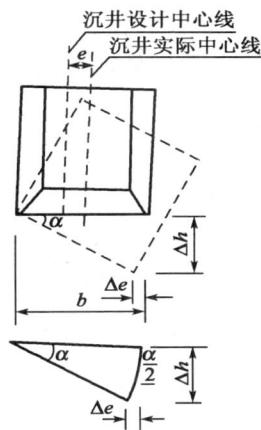

图 15-44　摇摆偏移量

$$\Delta e = \Delta h \cdot \tan\frac{\alpha}{2} = \frac{\Delta h^2}{2b} \qquad (15\text{-}6)$$

式中：b——沉井宽度，m。

（6）倾斜法下沉：当沉井入土深度不大，且偏移量较大，沉井结构中心线与设计中心线相交于刃脚下一定深度时，可沿沉井倾斜方向下沉，使沉井刃脚向设计位置接近，然后把沉井正平（图15-45）。

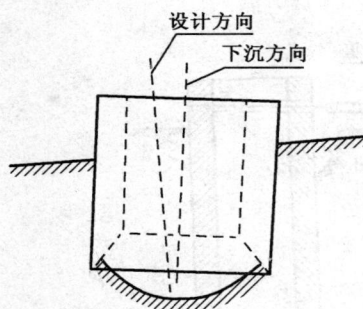

图15-45　倾斜法下沉示意

（六）沉井偏移量计算

沉井下沉至设计高程时，为了检验是否超过允许偏移量需要知道沉井实际的偏移值；而在开挖下沉过程中，为了及时纠偏的需要，也应经常了解实际偏移的大小，以有效地掌握标准，严防超限。

偏移量的计算是依据井顶轴线的方向差及相互间的高程差，直接计算或推算出井顶中心、井底中心的偏移值、井轴倾角以及平面扭角值，据此分别与容许值比较。沉井偏移量的计算方法和计算公式可参考有关的专业书籍，此处从略。

四　沉井封底

（一）井顶围堰

沉井基础顶面一般置于地面或最低水位以下一定深度。因此，当最后一节沉井顶面沉至高出地面或施工水位约0.5m时，应暂停下沉，在沉井顶面接筑临时防水挡土围堰，然后再下沉至设计高程。井顶围堰的高度、种类和施工方法视水深情况而定，一般可用草袋装土、浆砌片石、混凝土或板桩等。井顶围堰的平面尺寸，应考虑井顶襟边尺寸、留出立墩台模板的位置。若围堰内有支撑时，还应留出除土空间。待墩台身修筑出水面后，井顶围堰即可拆除。

（二）井底检验与处理

沉井沉至设计高程后，需检验沉井偏移量、井底及下卧层土质是否符合设计要求。当井底能抽干水时，井底处理方法与明挖基础相同；对于不能抽干水时，应派潜水员进行水下处理，井底土（岩）面应尽量整平，清除陡坎，保证封底混凝土的最小厚度和灌注质量；清除井底浮泥和岩面残存物，保证井底有效面积不小于设计要求；对于岩石基底，刃角尽可能嵌入岩层，以防止清基涌沙。

沉井下沉至设计高程，经过观测在8h内累计下沉量不大于10mm或沉降量在容许范围内时，井底经检验认可签证后，方可进行混凝土封底。

（三）沉井封底

沉井封底的方法有以下两种：

1. 排水施工时的干封底

当沉井穿越的土层透水性低，井底涌水量小，且无流沙现象时，应力争干封底。沉井干封底能节约混凝土等大量材料,确保封底混凝土的强度和密实性,并能加快工程进度,省去水下混凝土的养护和抽水时间。故在地质条件许可的情况下,尽量采用干封底。

具体的施工过程是将新老混凝土接触面冲刷干净或打毛,对井底进行修整,使之成锅形,由刃脚向中心挖成放射形排水沟,填以卵石做成滤水暗沟,在中部设 $1 \sim 4$ 个集水井,深 $1 \sim 2m$,井间用盲沟相互连通,插入 $\phi 600 \sim 800mm$ 四周带孔眼的短钢管或混凝土管,管周填以卵石,使井底的水流汇集在井中,用泵排出,并保持地下水位低于井内基底面0.3m。

封底一般先浇筑一层 $0.5 \sim 1.5m$ 的素混凝土垫层,达到设计强度50%后,绑扎钢筋,两端伸入刃脚或凹槽内,浇筑上层底板混凝土。浇筑应在整个沉井面积上分层、同时不间断地进行,由四周向中央推进,每层厚 $300 \sim 500mm$,并用振捣器振捣密实。当井内有隔墙时,应前后左右对称地逐孔浇筑。混凝土采用自然养护,养护期间应继续抽水。待底板混凝土强度达到70%后,对集水井逐个停止抽水,逐个封堵。封堵的方法是,将滤水井中的水抽干,在套筒内迅速用干硬性的高强度等级混凝土进行堵塞并捣实,然后上法兰盘盖,用螺栓拧紧或焊牢,上部用混凝土填实捣实。

干封底时有时沉井内的水不易抽干,需在继续排水的条件下进行干封底,这时应注意下列几点:

(1)在沉井下沉的同时就应抓紧做好封底的准备工作。因在软土中沉井下沉速度较快,当沉井下沉到设计高程后,若拖延时间,有可能发生条件转化,如沉井偏差增大,大量土体涌入井内等等,给干封底工作带来很大困难。

(2)基底土面应挖至设计高程,排除井内积水,对超挖部分应回填砂石,并清除刃脚上的污泥。

(3)排水问题是关系到整个沉井干封底的成败关键。因为新灌注的混凝土底板,在未达到设计强度之前,是不能承受地下水压力的。因此,自始至终必须十分重视,严格掌握。

(4)当地质情况较差时,为了不破坏地基原状土的承载力,在沉井接近设计高程时,应停止使用水力机械冲泥等容易破坏地基的施工方法,改用吊车抓土或人力开挖。若在软土中下沉,自重又较大时,可能使沉井刃脚较深地埋入软土中,此时应先开挖锅底,保留刃脚内侧的土堤,尽量使沉井挤土下沉,这样当沉井封底时,土堤可减少涌沙和渗水现象。

2. 不排水施工时的水下封底

当沉井采用不排水下沉,或虽采用排水下沉,但干封底有困难时,可采用垂直导管法灌注水下混凝土封底。此法是在井内外水位无高差的静水条件下施工的。在沉井的各井孔内垂直设置 $\phi 200 \sim 300mm$ 的钢导管,管底距井底土面 $30 \sim 40cm$,在导管顶部连接一个有一定容量的漏斗,在漏斗的颈部安放球塞,并用绳系牢。漏斗内先盛满陷度较大的混凝土后,可将球塞慢慢下放一段距离(但不能超出导管下口)。灌注时割断球塞的系绳,同时迅速不断地向漏斗内灌注混凝土,此时导管内的球塞、空气和水均受混凝土重力挤压由管底排出。瞬间,混凝土在管底周围堆成一个圆锥体,将导管下端埋入混凝土内,使水不能流回管内,然后再灌注的混凝土是在无水的导管内进行,由于管内重力作用形成的超压力作用,使其源源不断地向周围流动、扩散与升高。由于最初与水接触的混凝土面层始终被后续混凝土顶推上升而保持在最上层的位置不变,从而保证了混凝土的质量。只要适当留有厚度富余量(一般 $10 \sim 20cm$)抽水后将表层浮浆层凿除即可,图15-46为灌注水下混凝土步骤示意图。

导管法灌注沉井水下混凝土施工设计要点如下:

(1)导管高度

为使混凝土通过导管能够流到需要的位置,除了混凝土配制时应具有足够的流动性外,还必须使导管底部管内混凝土柱的压力超过管外水柱的压力,超过的压力值称作超压力,其值取决于导管的作用半径,可参考表15-7。

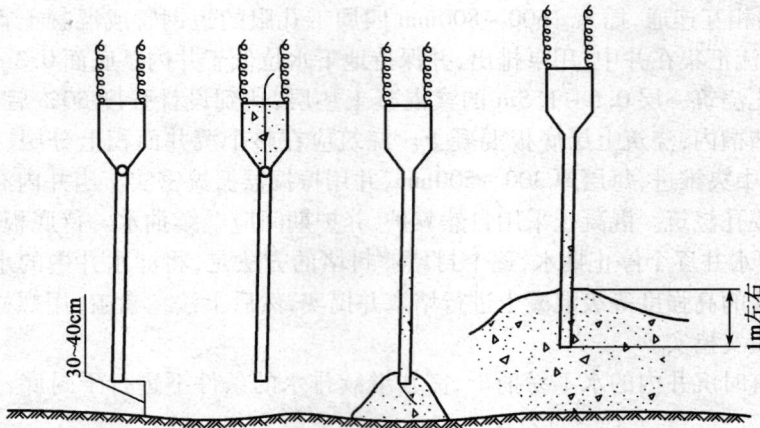

图 15-46 灌注水下混凝土示意图

不同作用半径所需的超压力值及导管水面以上高度 表 15-7

导管作用半径 R(m)	① 管底处混凝土柱的最小超压力 P(kN/m²)	② 管顶露出水面最小高度 h_1(m)	③ 管底埋入已灌注的混凝土中深度 h_3(m)
3.0	100	$4 \sim 0.6h_2$	$0.9 \sim 2$
3.5	150	$6 \sim 0.6h_2$	$1.2 \sim 1.5$
4.0	250	$10 \sim 0.6h_2$	$1.5 \sim 1.8$

注:h_1 的采用值应有 $1 \sim 2$m;若计算得出负值时,也应按最小值 $1 \sim 2$m 布置,以便保持必要的工作条件,不得按负值设定。

导管高度 h 如图 15-47 所示。

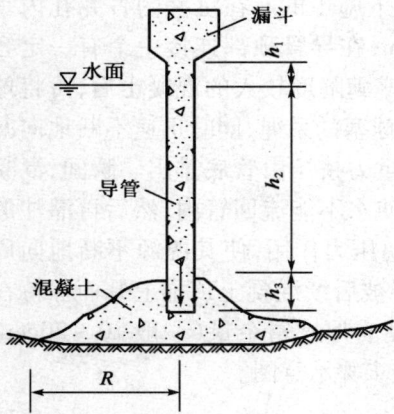

图 15-47 导管高度示意图

$$h = h_1 + h_2 + h_3 \qquad (15\text{-}7)$$

式中:h_1——管顶高出水面的高度(随最小超压力 P 值而定),m;

h_2——水面至挤出混凝土顶部的高度,m;

h_3——导管插入混凝土的深度,m。

(2)导管的根数

导管的根数一般由灌注面积和混凝土的扩散半径布置确定,导管的平面位置应在各灌注范围的中心。当灌注面积较大时,可采用 2 根或 2 根以上的导管同时灌注,但要使各导管的有效扩散半径(作用半径)互相搭接,并能盖满井底全部范围,一根导管的有效扩散半径,一般为 $3 \sim 4$m,流动坡度不宜陡于 $1:5$。如果井底土面高低不平时,则应从低洼处开始灌注水下混凝土。

（3）对混凝土的要求

①混凝土的生产量

混凝土在单位时间内的生产量应不少于按下式计算所得的控制量：

$$Q = n \times q \tag{15-8}$$

式中：Q——混凝土单位时间的生产量，m^3/h；

n——同时灌注的导管数目，根；

q——一根导管混凝土的需要量，m^3/h。

每根导管在 1h 内使水下混凝土面平均升高量，称为灌注速度。根据施工实践，沉井水下封底混凝土的最小灌注速度不宜小于 0.25m/h。按此速度和导管的灌注面积，即可求算一根导管混凝土的需要量，也可参考表 15-8。

单根导管混凝土量计算表 表 15-8

导管作用半径（m）	一根导管供应面积（m²）	初凝按 3h 计的灌注速度 q（m³/h）
3.0	20	8
3.5	25	13
4.6	30	20

②混凝土用料和配合比

水泥强度等级为混凝土强度的 2 倍左右，且不低于 32.5MPa，初凝时间不宜少于 3h，出厂 3 个月以上或受潮后的水泥不应使用；砂子宜选用中、粗砂；粗集料可用碎石或砾石，砾石较碎石为好，石子粒径一般采用 0.5~4cm 为宜，粒径过大容易发生堵塞管路事故，所以最大粒径不得大于 6cm，且不宜大于导管内径的 $\frac{1}{6}$~$\frac{1}{4}$，不宜大于钢筋净距的 $\frac{1}{4}$。

水下混凝土的配合比可视施工条件根据实验选定。水下混凝土应有足够的和易性和流动性，能顺利地通过导管，并能在水下自动摊开。一般采用 18~22cm 的坍落度，但在开始灌注时，为了保证导管底部立即被混凝土堆包围埋住，故坍落度可减少至 16~18cm 为宜。水下混凝土含砂率较高，一般为 45%~50%；水泥用量也较大，一般为 380~450kg/m³，如果掺用加气剂或减水剂等外掺剂时，水泥用量可适当减少，但也不宜小于 350kg/m³。

（4）施工要点

在施工设备上，除导管、漏斗、球塞及混凝土拌和设备外，尚需在井顶搭设灌注支架，以悬挂串筒、漏斗及导管。串筒长度应大于灌注中逐节拆除的导管中最长一节的长度，并据此确定支架的高度。在支架顶部设置灌注平台，平台上搭设有储存混凝土的料槽。

灌注水下混凝土施工布置示例见图 15-48。对灌注设备的要求，漏斗容量不宜太小，一般为 1~1.5m³，导管每节长 1~2m，底节长度可采用 4~6m，各节用法兰盘连接。要求导管顺直、严密、内壁无杂物、抗拉好，球塞应作通过试验。导管埋入混凝土的深度，一般不小于 1m。提升导管要做到慢升、快落，拆卸导管要快，一般不超过 20min。

封底混凝土工作应一次完成，不得中途停止，正常灌注间歇不宜大于 30min。

灌注完毕后，应将导管底提离混凝土面 1.5~2.0m，并用水将管壁上残留砂浆冲洗干净，以免混凝土终凝后导管无法拔出。

在灌注混凝土过程中，应不断地使用测绳测量水下混凝土面的上升情况，及时掌握埋入导管深度变化和拆卸导管时机。

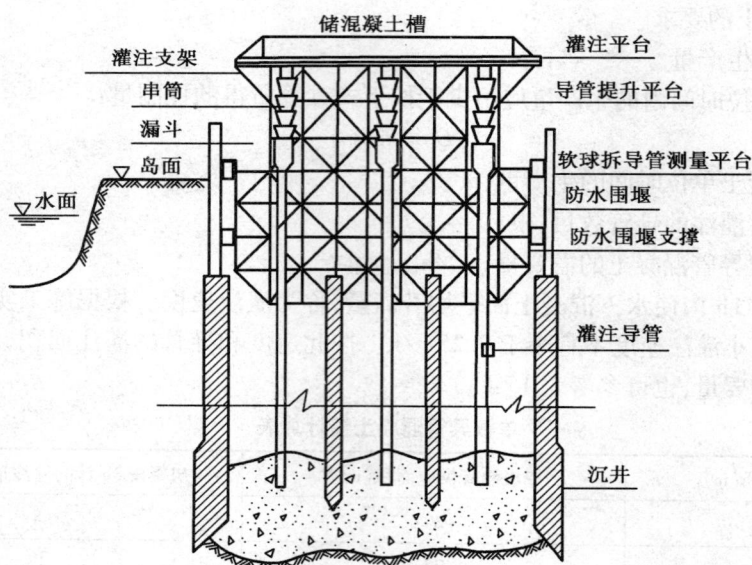

图 15-48　水下混凝土封底施工布置示意图

五　填充井孔及制作顶盖

当封底混凝土强度满足抽水后的受力要求时,先行抽水,井孔内水抽干后,即可填充井内圬工。如果井孔中不用圬工填充,应预制钢筋混凝土井盖,掩盖井孔,然后再灌注顶盖,接着在其上修筑墩、台身。

六　其他类型沉井施工

当沉井下沉较深,井壁又较薄,单靠常规的开挖方法难以下沉时;或墩位处水深不易筑岛时;或基底为倾斜度较大基岩时,一般均需采用特殊的刃脚形状、下沉手段或制造方法才能达到下沉目的。常用的方法有:泥浆润滑套下沉、空气幕下沉,高低刃脚沉井及浮运沉井四种。现就有关施工技术问题作一归纳阐述。

(一)泥浆套沉井

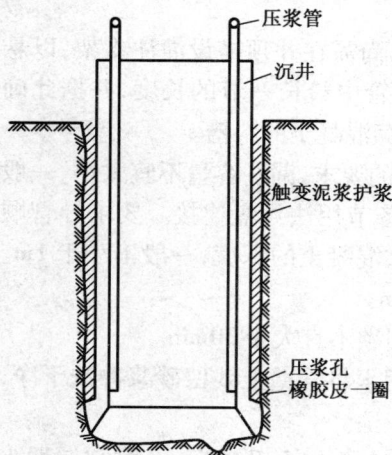

图 15-49　泥浆套下沉方法

在沉井外壁与土层间设置泥浆隔离层,可以大大降低井壁摩阻力,使井壁可以做的较薄,下沉深度可以加大。当不用泥浆套时,沉井外壁摩阻力一般大于 15kPa,用泥浆套时,则可减少到 3 ~ 5kPa,其效果是显著的。但在沉井施工完毕后泥浆套难于破坏,外壁的摩阻力在很长时间内不能恢复到原土层应有值,这无疑会降低沉井的承载能力。泥浆套(图 15-49),设于沉井外壁底节台阶以上,厚 10 ~ 20cm,在沉井下沉的过程中,由压浆管将泥浆压注形成。

1.压浆设备

(1)压浆管

压浆管一般预埋在井壁内,为节约钢材,亦可在井壁内预制孔道(即在灌注混凝土时预埋钢管,在混凝土初凝之前,将钢管转动拔出形成孔道)。管径为50mm,间距3~4m,射口方向与井壁成45°角。在每节沉井顶部,预埋连接压浆管用的配件,压浆时将输浆管与连接配件相连即可。

薄壁沉井宜采用外管法,即压浆管布置在井壁内侧或外侧。如预留在井壁内的压浆管堵塞,亦可用外管法补救。

(2)泥浆射口挡板

设置在底节沉井第一台阶的每根压浆管的出口,为防止泥浆直接喷射在土壁上,起到缓冲作用,或土壁局部坍落堵塞出浆口,可用角钢或钢板弯制,如图15-50所示。

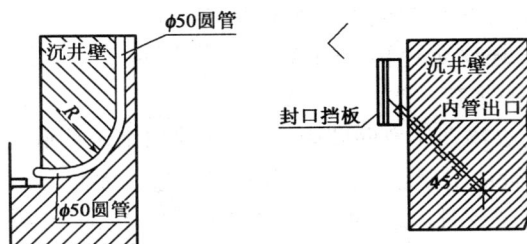

图15-50　泥浆润滑套射口挡板与内管法压浆法

(3)泥浆地表围圈

埋设在沉井外围保护泥浆的围壁。它的作用是确保沉井下沉时泥浆套的正确宽度,防止表层土坍落在泥浆内,储存泥浆,保证在沉井下沉过程中泥浆补充到新造成的空隙内;泥浆在围圈内可流动,以调整各压浆管出浆的不均衡。地表围圈的宽度即沉井台阶的宽度,其高一般在1.5~2.0m,顶面高出地面或岛面约0.5m,上加顶盖,以防土石落入或流水冲蚀。

地表围圈可用木板或钢板制作,地表围圈外侧用不透水土分层回填夯实。此外,还有拌浆机及储浆池,压浆机以及连接压浆机和沉井压浆管的输浆管等。

2.泥浆指标(表15-6)

3.泥浆指标的选定

一般应根据不同的地层和施工的具体情况选定:

(1)黏土地层,结构紧密,地下水渗透缓慢,土体的侧压力大,宜选用比重大,失水量较小的泥浆。

(2)砂类卵石地层,颗粒间孔隙大,结构松散,地下水畅通,泥浆容易漏失,宜选用高黏度、高静切力,相对密度小的泥浆。

(3)砂类土的泥浆可介于上述两者之间,但在饱和的粉砂、细砂地层,为防止翻砂漏浆,宜用黏度和静切力均较高的泥浆。

4.泥浆的配制、压送

泥浆指标选定后,可按以下配合比(质量比)进行试配:黏土:35%~45%;水:55%~

65%;另加化学处理剂(碳酸钠等):0.4%~0.6%。加入化学处理剂的目的,主要是改善胶体率,另外加入一定数量的优质黏土(膨润土),亦可改善胶体率。

泥浆由拌浆机拌制,每盘拌和时间约30min,拌好后通过筛网过滤存于储浆池备用。储浆池容量一般取每节沉井需用泥浆的理论计算量。实际耗用量为约理论的1.5~2倍,其差值在沉井下沉过程中拌制。当泥浆存放过久,表面出现泥皮时,可轻微洒水保养,冬季施工须采取保暖措施防止泥浆冻结。

泥浆用压浆泵逐孔压入套内,并随沉井的下沉而不断补浆,使泥浆面保持在地面以上。浆泵启动压力约0.7MPa,正常压注时压力为0.1~0.3MPa,但在处理故障时,启动压力高达1.5~2.0MPa,为避免压浆泵检修时压浆中断影响下沉,一般安装2台压浆泵轮换使。泥浆一般用 φ75mm 钢管输送到墩位,然后用胶管连接3根压浆管。

5. 施工注意事项

(1)用泥浆套下沉沉井,沉井容易偏斜,偏斜过大会挤坏泥浆套,施工中应特别注意对称均匀除土,防止偏斜。井顶或井底的最大水平位移值应控制在泥浆厚度以内,以免破坏泥浆套或地表围圈。井内除土,还应避免掏空刃脚下土层,以免造成通路,漏失泥浆;或沉井突然下沉,土壁坍落翻砂,破坏泥浆套。

(2)沉井吸泥下沉时,应特别注意向井内补水,使井内水位不低于井外,以免翻砂涌水,破坏泥浆套。吸泥机的出泥管应引至远离地表围圈,以免进入泥浆套内。

(3)井内挖出的弃土,应及时远运,防止不均匀土压挤垮地表围圈或造成土壁坍塌。

(4)沉井下沉过程中,如发现泥浆面下降迅速,说明泥浆漏失,应压入流动度小、黏度和静切力大的泥浆,以稳定其漏失现象。若泥浆仍继续漏失,则不宜大量压浆,应让沉井下沉切断其通路,然后压入稠浆,以防再漏。

(5)对于井底置于土层的泥浆套沉井,可能沉井下达设计高程后,清基时因支承面积的减小而继续下沉。为防止这一现象的发生,应根据泥浆套的实际效果及地层情况,提前停止压入泥浆。

(6)对于孔隙大易漏失泥浆的地层(如卵石、砾石等)以及容易翻砂坍塌破坏泥浆套的地层(如流沙层等),则不宜采用泥浆套下沉沉井。

(二)空气幕沉井

1. 空气幕下沉的特点及适用范围

空气幕沉井亦称壁后压气沉井。系在沉井外壁设置有许多气龛,压缩空气通过井壁预埋管路,从气龛的喷射小孔喷出,沿井壁上升至地表溢出,形成以空气和液化沙土组成的帷幕,使井壁和土壤间瞬时隔离,从而减少土对沉井外壁的摩阻力,使沉井顺利下沉。

空气幕下沉的特点:

(1)可以减小井壁厚度,加大下沉深度和加快下沉进度。

(2)井壁摩阻力较泥浆套沉井容易恢复。

(3)下沉中沉降、停止容易控制。

(4)由于不需要地表围圈,可用于水中下沉沉井。

空气幕沉井宜用于地下水位较高的砂类土及黏性土层中,而卵石、砾石等颗粒间孔隙过大的地层和硬黏土、风化岩等结构致密的地层,则因不易形成空气幕,不宜采用此法。

2.压气系统

空气幕沉井在构造上增加了一套压气系统。压气系统决定着空气幕的效果,它由气龛、通气管路、空气压缩机、储气筒、输气管路等组成,如图15-51所示。

其中气龛是设置在沉井外壁上凹槽及槽中的喷气孔,通气管路是预埋在井壁内的钢管或塑料管,空气压缩机是供气装置。

3.施工注意事项

(1)除土到刃脚下正面阻力基本消除时压气,沉井可顺利下沉。如除土不够,正面阻力过大,沉井难以下沉;除土过深,压气时空气被压入井内,将引起翻砂,酿成事故。除土不够,沉井不下沉时,可加深除土后再压气;施工中应严格控制除土深度,掌握少除土、勤压气的原则,注意均匀除土,防止沉井倾斜。一般情况下,沙土地层,沉井中部土面低于刃脚0.5~1.0m时即应压气下沉。

(2)压气时应尽可能使用压风机的最大风压以保证压气效果。开气顺序应从上向下,并向沉井四周同时送气,以免空气压入井内引起翻砂或导致沉井倾斜。每次压气时间不宜过长,一般在10min左右,过长不仅对下沉无效果,且对土的扰动太大,停气后气龛容易堵死。

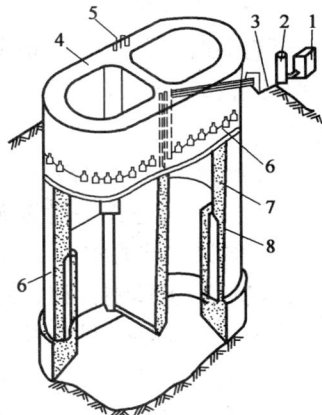

图 15-51 空气幕沉井

1-空压机;2-储气筒;3-输气管路;4-沉井;5-竖直气管;6-环形气管;7-气龛;8-气龛中的喷气孔

(3)保证气龛不被堵塞是空气幕下沉的关键。为此,除在予埋管的端部设置储砂筒外,全部压气管路应在安装前吹尽管内泥沙杂物,安装后须经试气检验;气龛钻孔时,孔边毛刺应妥善清除干净,压气下沉后停气时,必须是缓慢减压,防止泥浆倒流堵塞气龛。

(4)控制及调整沉井的倾斜和位移,可利用分段设置的压气管路,根据需要分段进行。

(三)浮运沉井

在水深流急、筑岛困难的情况下修建沉井基础,可采用浮运沉井。此法系把沉井底节做成空体结构,或采取其他办法(如装上钢气筒或临时性井底等),使其在水中漂浮。可以在岸边做成后,顺着岸坡铺设的滑道滑入水中,用船只将其拖运到设计位置。再逐步用混凝土或水灌入空体中,增大自重,使其在水中徐徐下沉,直达河底。

浮式沉井有木沉井、带有临时性井底的浮运沉井、带钢气筒的浮运沉井、钢筋混凝土薄壁浮运沉井、钢丝网水泥薄壁沉井、装配式钢筋混凝土薄壁沉井、钢壳底节浮式沉井等。一般在特大河流上多采用钢质的浮式沉井,在中小河流上则采用钢丝网水泥薄壁沉井等。浮运沉井在施工技术上的难度比就地下沉沉井要大,只是在特殊条件下才被采用。

第三节 桩基础施工

一 预制桩

预制桩是指达到设计位置和高程前已预先制作成形的桩,工程上常用的有钢筋混凝土预制方桩、预应力混凝土离心管桩和钢桩。预制桩的施工主要包括制作、起吊、运输、堆放、接桩和沉桩。

（一）制作与吊运

1. 预制桩的制作

钢筋混凝土预制方桩制作方便，价格比较便宜，桩长和断面尺寸可根据需要确定，比较灵活，而且可在现场预制，因而在工程中用得较多。下面以钢筋混凝土方桩为例来简要介绍预制桩的施工。

（1）预制方桩的规格

预制方桩的边长一般为 300～500mm，模数为 50mm。

（2）预制方桩的构造

钢筋混凝土预制方桩，根据沉桩方法，整桩或接桩的不同情况，有不同的构造要求。整根桩可分为三段：桩尖、桩顶及桩身。为了保证准确就位和顺利进桩，桩尖都做成楔形截面，且截面中心放一根 $\phi22$ 或 $\phi25$ 的粗钢筋。为了在打桩时保护桩顶不被打碎，在桩顶部 250mm 高度范围内放置几片钢筋网片，为保证桩尖和桩顶混凝土不开裂，对该范围内的箍筋都作了加密。

（3）预制方桩制作时应注意的几个问题

①材料要求：水泥和钢材必须符合工程要求。

②支模：立模必须保证桩身及桩尖部分的形状尺寸和相互位置正确，尤其要注意桩尖位置与桩身纵轴线对准。模板接缝应严密，不得漏浆。

③绑扎钢筋：纵向钢筋接头宜用闪光对接或气压焊对接；桩的同一截面，焊接接头的截面面积不得超过主筋截面面积的 50%；钢筋绑扎应符合设计要求，钢筋笼扎好后，应保证桩尖与钢筋笼的中心纵轴线一致；安放钢筋笼时，位置要准确，并要防止扭曲变形；钢筋或钢筋笼在运输和贮存过程中，要避免锈蚀和污染。

④混凝土浇筑：整理模板，灌注混凝土时应由桩顶往桩尖方向进行，确保顶部结构的密实性，以承受锤击沉桩时的锤击应力，并应连续浇灌，不得中断；采用重叠法浇筑预制桩时，场地必须坚实平整，桩的底模应平整、坚实，宜选用水泥地坪或其他模板，桩与邻桩、桩与底模间的接触处必须做好隔离措施，严防互相黏结，下层桩或邻桩的灌注，必须在上层桩或邻桩的混凝土达到设计强度的 30% 后，方可进行，桩的重叠层数不宜超过 4 层；桩应自然养护一个月，使混凝土的水化作用充分完成，方可供沉桩使用。

2. 吊运

（1）起吊

钢筋混凝土预制桩达到设计强度等级的 70% 后方可起吊，若提前起吊，应根据起吊时桩的实际强度进行强度和抗裂度验算。起吊时，吊点位置应符合设计计算规定，当吊点少于或等于 3 个时，其位置应按正、负弯矩相等的原则计算确定；当吊点多于 3 个时，其位置则应按反力相等的原则计算确定。常见的几种吊点合理位量如图 15-52 所示。如桩上未设吊环，可采用捆绑起吊。起吊时应平稳提升，避免摇晃撞击和振动。

（2）运输

钢筋混凝土预制桩须待其达到设计强度等级的 70% 后方可运输。一般情况下，宜根据打桩进度随打随运，以减少二次搬运，运到现场后，应检查运输过程中桩有无损坏。

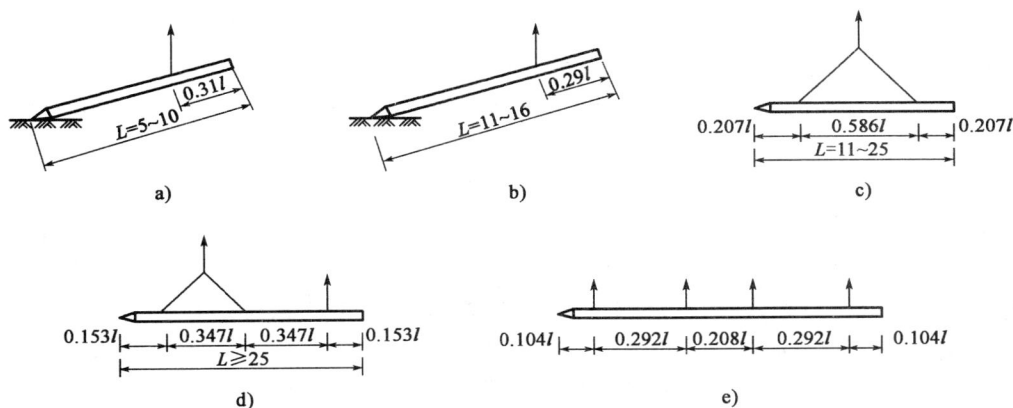

图 15-52 预制桩吊装

a)、b)一点吊法;c)两点吊法;d)三点吊法;e)四点吊法

桩的运输方式:在现场运输时,如运距不大,可在桩下面垫以滚筒(桩与滚筒之间应放托板),用卷扬机拖动桩身前进;当运距较大时,可采用轻便小平车运输。如图 15-53。对于较短的桩,可直接用汽车吊或者履带吊运往施工桩位处,严禁在场地上以拖拉桩体代替运输。

从预制工厂运到施工现场,一般均用平板拖车或加长平板拖车运到施工现场,或者直接起吊就位,或者堆放在现场适当地方。

运输时,桩的支点应与吊点位置一致,应做到桩身平稳放置,无大的振动。

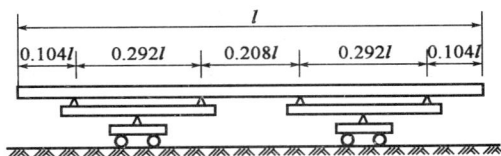

图 15-53 桩的运输

(3)堆放

①堆放场地必须平整、坚实,避免产生不均匀沉陷。

②支点垫木的间距应根据吊点位置确定,各层垫木应在同一垂直线上。

③堆放层数不宜超过四层。

④不同规格的桩应分别堆放。

(二)预制桩施工机械

预制桩的沉桩设备,不管采用何种施工方法,其主要设备包括桩锤和桩架两大部分。桩锤用来产生沉桩所需的能量,桩架实际上是一台打桩专用的起重和导向设备。

1.打桩锤

桩锤有落锤、蒸汽锤、柴油锤、液压锤和振动锤等,其中应用最广泛的筒式柴油锤,现简要介绍如下。

筒式柴油锤的工作原理:锤的冲击体在圆筒形的汽缸内,根据二冲程柴油发动机的原理,以轻质柴油为燃料,利用冲击部分的冲击力和燃烧压力为驱动力,引起锤头跳动夯击桩顶。

其适用范围是:适宜打各种桩,并且适宜一般土层中打桩,也可以打斜桩(最大斜桩角度为45°)。

其优点:质量轻,体积小,打击能量大,施工性能好,单位时间内打击次数多,机动性强,桩顶不易打坏,运输费用低,燃料消耗少;缺点:振动大,噪声高,润滑油飞散,在软土中打设效率低。

407

2. 打桩架

根据打桩架的用途和构造原理,打桩架实际上是一台打桩专用的起重与导向设备。柴油锤、蒸汽锤、气动锤、振动锤、液压锤、落锤以及钻机的工作装置等在施工时都必须与打桩架配合使用。

打桩架的作用主要是起吊各种桩锤、桩、料斗,给桩锤导向和变幅(打斜桩),给桩锤以行走和回转方式移动桩位。

常见的打桩架有下面几种:滚动式打桩架、轨道式打桩架、步履式打桩架、履带式打桩架。其中履带式打桩架有悬挂式履带打桩架和三点支撑式履带打桩架两种。

三点支撑式履带打桩架是以专用履带式机械为主机,配以钢管式导杆和两根后支撑组成,如图15-54所示。它是国内外最先进的一种桩架,一般采用全液压传动,履带中心距可调,导杆可单向也可双向导向,还可自转90°,可悬挂不同导轨间距的柴油锤。若双导向轨(桩)杆一边悬挂螺旋钻机,一边悬挂柴油锤,可很方便地实施"钻孔植桩"的复合施工工艺。因此,施打预制桩,宜优先选用三点支撑履带打桩机。

(三)锤击法施工

用锤击法下沉预制方桩的工序如下:测量放样桩→打桩机就位→喂桩→对中、调直→锤击沉桩→接桩→再锤击→再接桩→至持力层(送桩)→收锤。

1. 施工前准备工作

(1)有关资料调查。在开始打桩前对施工现场的地质情况和周围环境进行深入的了解。

(2)编制施工组织设计。了解现场工程概况、机械设备情况、劳动力情况、工期情况,制定出合理的施工组织设计。

(3)清除施工现场障碍和平整场地。

(4)施工现场放线定位。

(5)沉桩设备的选用。

①桩锤的选择

a. 按计算方法选择桩锤:

(a)按桩锤冲击能选择:

$$E \geqslant 25P \tag{15-9}$$

式中:E——锤的一次冲击动能,kN·m;

　　　P——单桩的设计荷载,kN。

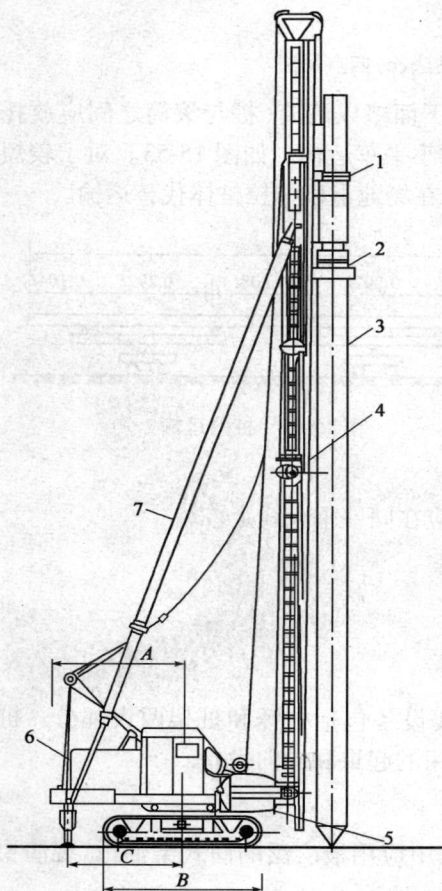

图 15-54　三点支撑式打桩机

1-打桩锤;2-桩帽;3-桩;4-立柱;5-立柱支撑;6-车体;7-斜撑

(b)按桩重复校核:

$$K = \frac{M + C}{E} \tag{15-10}$$

式中:K——适用系数。

双动汽锤、柴油打桩锤 $K \leqslant 5.0$，

单动汽锤 $K \leqslant 3.5$，

落锤 $K \leqslant 2.0$。

M——锤重，t；

C——桩重（包括送桩、桩帽与桩垫），t；

E——桩的一次冲击能，kN·m。

b. 按经验选择桩锤：

（a）采用锤击沉桩时，为防止桩受冲击时产生过大的应力，导致桩顶破碎，应本着重锤低击的原则选锤。通常按表15-9选用，但需说明，柴油锤在工作时很难控制并做到重锤低击。

锤重与桩重比值表 表 15-9

锤型与土质 桩类别	坠　锤		柴油机锤		单动气锤		双动气锤	
	硬土	软土	硬土	软土	硬土	软土	硬土	软土
木桩	4.0	2.0	3.5	2.5	3.0	2.0	2.5	1.5
钢筋混凝土桩	1.5	0.35	1.5	1.0	1.4	0.4	1.8	0.6
钢桩	2.0	1.0	2.5	2.0	2.0	0.7	2.5	1.5

（b）锤重的选择应根据工程地质条件、桩的类别、桩身结构构造、抗压强度、密集程度以及施工条件进行。

（c）锤的选择还应同桩身材料的抗压强度有关。

②打桩架的选择。打桩架高度应满足以下要求：

打桩架高度≥单节桩长 + 滑轮组高度 + 桩锤高度 + 桩锤所需的工作余位高度。

2. 吊桩喂桩

（1）吊桩。预制钢筋混凝土方桩，由于桩身长细比大，桩身重，桩身抗裂弯矩和极限弯矩小，桩身混凝土强度低。因此，预制钢筋混凝土方桩必须按设计的吊点进行两点吊或多点吊。

（2）喂桩。预制钢筋混凝土方桩的喂桩比较困难，因此，在喂桩时，为能自由转动直立的桩身，打桩工人往往用铁板做成一个"大扳手"，扳手的钳口做成一个四方形，内口比桩边长大20mm左右，钳口外配一个大手把。当钳口钳住桩身后，推动手柄，垂直的桩身能左右转动，方便对中就位。

3. 锤击沉桩

起锤轻压或锤击，在两台经纬仪的校核下使桩保持垂直，无异常时即可正式沉桩。在开始锤击时，落距应较小，当入土一定深度并待桩稳定后，再按要求的落距沉桩。当采用柴油锤时，应保持锤的跳动正常。

在沉桩过程中，应注意以下几点：

（1）合理选锤，重锤低击。

（2）桩帽结构要合理，垫层厚度要保证。

（3）使桩锤、桩帽和桩身的中心线重合，力戒偏打。

（4）在较厚的软土、粉质黏土层中每根桩要连续施打，中间停歇时间不可太久。

4. 接桩

当上部荷载较大时，桩的长度往往很长，有些桩长超过60m，然而沉桩机械对桩长是有限

制的,解决沉长桩的最好办法就是将长桩分节制作,逐节沉入,因而存在一个桩节之间的连接问题,但接头总数不宜超过3个。

目前国内普通钢筋混凝土预制方桩的连接方法有三种:焊接法、螺栓连接法和浆锚法。

焊接法中接头有角钢绑焊接头[图15-55a)],钢板对焊接头[图15-55b)];螺栓连接法采用法兰盘接[图15-55c)];浆锚法中常用硫黄胶泥锚固接头[图15-55d)]。

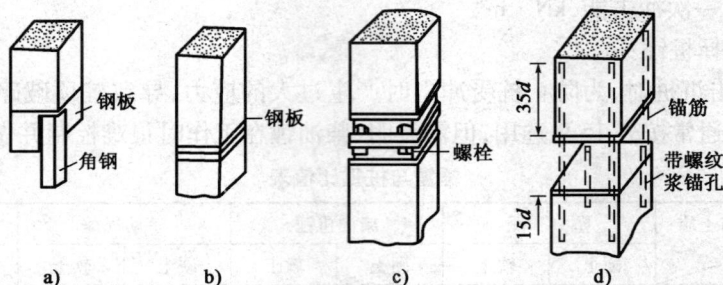

图15-55　普通钢筋混凝土预制桩接头

5. 送桩

当沉桩有送桩要求时,应对桩顶平面位置进行中间验收。送桩时,要选用合适的送桩工具,并使送桩工具中心线与桩身中心线吻合一致。送桩结束,即拔出送桩工具,并应及时将桩孔填盖。

6. 收锤

沉桩最终的停止锤击标准:对桩尖位于坚硬、硬塑的黏性土、碎石土、中密以上的沙土或风化岩石等土层时,以贯入度控制为主,桩尖进入持力层深度或桩尖高程可作参考。对于桩尖位于其他软土层时,以桩尖设计高程控制为主,贯入可作参考。

(四)静压法施工

静压法施工是通过静力压桩机的压桩机构以压桩机自重和桩架上的配重作反力将预制桩压入土中的一种沉桩工艺。

1. 静力压桩机

静力压桩机分绳索式和液压式两种,其工作原理是在压入桩过程中,以桩机本身的质量作为反作用力,以克服压桩过程中桩侧的摩阻力和桩尖反力,将桩体压入土体中。

静力压桩机的优点是施工时无噪声、无振动、无空气污染,另外静力压桩施工对桩身产生的应力小,可以减少混凝土桩的钢筋用量,因而降低了工程造价。

静力压桩机的缺点,与冲击式打桩机相比,其效率较低,同时对土体的适应性有一定的局限,一般仅适用于软弱地基上施工。

2. 静压桩施工

静压预制钢筋混凝土方桩的施工程序为:压桩机就位→桩身对中调直→压桩→接桩→再压桩(送桩)→终止压桩→切割桩头。

(1)压桩机就位

经选定的压桩机进场行至桩位处,按额定的总质量配置压重,调整机架垂直度,并使桩机夹持钳口中心(可挂中心线锤)与地面上的"样桩"基本对准,调平压桩机,再次校核无误,将长步履(长船)落地受力。

（2）吊桩喂桩

静压预制桩每节长度一般在12m以内,因此可直接用压桩机的工作吊机自行吊桩喂桩,也可另配专门吊机进行吊装喂桩。当桩被运到压桩机附近后,一般采用单点吊法起吊,用双千斤(绳)加小扁担(小横梁)的起吊方法使桩身竖直插入夹桩的钳口中。

（3）对中、调直

当预制桩被插入夹桩钳口中后,将桩徐徐下降直到桩尖离地面10cm左右处,然后夹紧桩身,微调压桩机使桩尖对准桩位,并将桩压入土中0.5~1.0m,暂停下压,从桩的两个正交侧面校正桩身垂直度,待桩身垂直度偏差小于0.5%时才可正式开压。

（4）压桩

压桩是通过主机的压桩油缸冲程之力将桩压入土中,压桩油缸的最大行程视不同的压桩机而有所不同,一般为1.5~2.0m,所以每一次下压,桩的入土深度为1.5~2.0m,然后松夹→上升→再夹→再压,如此反复,直至将一节桩压入土中。当一节桩压至离地面80~100cm时,可进行接桩或放入送桩器将桩压至设计高程。

（5）接桩

静压预制钢筋混凝土方桩常用的接桩方法有电焊焊接法和硫黄胶泥锚固法。

（6）送桩

静压桩的送桩可利用现场的预制桩段作送桩器来进行。施压预制桩最后一节桩的桩顶面到达地面以上1.5m左右时,应再吊一节桩放在被压桩的桩顶面(不要将接头连接),一直将被压桩的顶面下压入土层中直至符合终压控制条件为止,然后将最上面一节桩拔出来即可。送桩器或作送桩器用的预制钢筋混凝土方桩侧面应标出尺寸线,便于观察送桩深度。

另外,沉桩的方法还有振动沉桩、预钻孔沉桩、喷射施工法,此处不再介绍,可参考有关书籍。

二 灌注桩的施工

（一）概述

1. 施工准备

（1）资料准备

包括地质、水文资料,周围地形情况、设施、施工图纸及方案、材料的供应及质检报告等。

（2）桩基工程施工组织设计

包括施工平面图、施工机械设备及工艺、施工作业计划和劳动力组织计划、机械设备及材料供应计划、安全保护设施、施工质量保证措施等。

（3）场地准备

保证现场三通一平,基桩轴线的控制点和水准点的设置。

（4）机械管理

各种成桩机械,必须经过有关检查机构检定合格发给铭牌方可使用。

2. 一般规定

(1)成孔

①成孔机具的适用范围

钻(冲)孔机具的适用范围可按表15-10选用。

钻(冲)孔机具和适用范围　　　　　　表15-10

成 孔 机 具	适 用 范 围
潜水钻	黏性土、粉土、淤泥、淤泥质土、沙土、强风化岩、软质岩
回转钻(正反循环)	碎石类土、沙土、黏性土、粉土、强风化岩、软质与硬质岩
冲抓钻	碎石类土、沙土、砂卵石、黏性土、粉土、强风化岩
冲击钻	适用于各类土层及风化岩、软质岩

②成孔设备就位

成孔设备就位后,必须平正、稳固、确保在施工中不发生倾斜、移动。为了准确控制成孔深度,在桩架或桩管上应设置控制深度的标尺,以便在施工中进行测量记录。

③成孔控制深度

成孔的控制深度应符合下列要求:

a.摩擦型桩:摩擦桩以设计桩长控制成孔深度;端承摩擦桩必须保证设计桩长及桩端进入持力层深度;当采用锤击沉管法成孔时,桩管入土深度控制以高程为主,以贯入度控制为辅。

b.柱桩:当采用钻(冲)、挖掘成孔时,必须保证桩孔进入设计持力层的深度;当采用锤击沉管法成孔时,沉管深度控制以贯入度为主,设计持力层高程对照为辅。

④成孔施工允许偏差

灌注桩的平面位置和垂直度的允许偏差应满足有关规范的要求。

⑤试成孔

为核对地质资料、检验设备、施工工艺及技术要求是否适宜,桩在施工前宜进行"试成孔"。

(2)钢筋笼制作与安放

①钢筋笼制作:钢筋的种类、钢号及规格尺寸应符合设计要求。钢筋笼的绑扎顺序是先将主筋间距布置好,待固定住架立筋后,再按规定的间距绑扎箍筋。主筋与架立筋、箍筋之间的接点固定用电弧焊接等方法。主筋一般不设弯钩,根据施工工艺要求所设弯钩不得向内圆伸露,以免妨碍导管工作。从加工、控制变形以及搬运、吊装等综合因素考虑,钢筋笼应分段制作,分段长度一般为8m左右。防止钢筋笼在搬运、吊装和安放时变形,可每隔2.0~2.5m设置加劲箍一道,加劲箍宜设置在主筋外侧;在钢筋笼内每隔3~4m装一个可拆卸的十字形临时加劲架,在钢筋笼安放入孔后再拆除。在直径为2~3m的大直径桩中,可使用角钢或扁钢作为架立钢筋,以增加钢筋笼的刚度。

②钢筋笼的堆放与搬运

钢筋笼的堆放、搬运和起吊应考虑安放入孔的顺序、钢筋笼变形等因素。堆放时,支垫数量要足够,支垫位置要适当,以堆放两层为好。如果能合理使用架立筋牢固绑扎,可以堆放三层。对在堆放、搬运和起吊过程中已经发生变形的钢筋,应进行修理后再使用。

③清孔

钢筋笼入孔前,应进行清孔,保证实际有效孔深满足设计要求。

④钢筋笼的安放与连接

钢筋笼安放入孔时要对准孔位,垂直缓慢地放入孔内,避免碰撞孔壁。钢筋笼放入孔内后,要立即采取措施固定好位置。

当桩长度较大时,钢筋笼采用逐段接长放入孔内。先将第一段钢筋笼放入孔中,利用其上部架立筋暂时固定在护筒或套管等上。然后吊起第二段钢筋笼对准位置后,利用焊接连接。

钢筋笼安放完毕后,一定要检测确认钢筋笼顶端的高度。

⑤钢筋笼主筋保护层:为确保钢筋笼主筋保护层的厚度,应在钢筋笼周围主筋上每隔一定的距离设置混凝土垫块,或用导向钢管控制保护层厚度,钢筋笼由导管中放入,导向钢管长度与钢筋笼长度一致,在灌注混凝土过程中再分段拔出导管或灌注完混凝土后一次拔出。

(3)灌注混凝土

①混凝土材料

混凝土的强度等级不应低于设计要求。

坍落度:用导管水下灌注混凝土时,坍落度宜为18~22cm;非水下直接灌注素混凝土时,坍落度宜为6~8cm;非水下直接灌注混凝土(有配筋骨时),坍落度宜为8~10cm。

粗骨料可选用卵石或碎石,其最大粒径对于沉管桩灌注桩不宜大于50mm,并不得大于钢筋最小净距的1/3;对于素混凝土桩,不得大于桩径的1/4,并不宜大于70mm。细骨料可用干净的中、粗砂。

②混凝土灌注

混凝土灌注宜选用下列方法:孔内水下灌注宜用导管法;孔内无水或渗水量很小时灌注宜用串筒法;孔内无水或孔内虽有水但能疏干时灌注宜用短护筒直接投料法;大直径桩混凝土灌注宜用混凝土泵。

③混凝土灌注质量控制

桩身混凝土必须留有试件,直径大于1m的桩,每根桩应有1组试块;混凝土灌注充盈系数(实际灌注混凝土体积与按设计桩身直径计算体积之比)一般土质为1.1~1.2,软土为1.2~1.3;混凝土灌注应连续进行并且灌注高度应适当超过桩顶设计高程;冬季施工时,应采取保温措施,使灌注温度不低于3°;桩顶混凝土达到设计强度50%之前,不得受冻。

(4)构造要求

①桩身

桩身混凝土强度等级应满足设计要求;钢筋的配筋率,配筋长度以及主筋、箍筋均应满足设计要求。

②承台

灌注桩基承台有独立柱基、满堂桩基和条形桩基等多种,其构造要求与预制桩基承台基本相同。承台厚度不宜小于30cm,承台周边与桩的净距不小于0.5倍桩径。混凝土强度等级不低于C15。桩顶与承台连接应满足传递水平力的要求,桩顶嵌入承台的长度不小于5cm。主筋伸入承台的长度不小于30d(d为钢筋直径)。

3.施工管理

灌注桩施工现场所有设备、设施、安全装置、工具配件以及个人劳保用品必须经常检查,确保完好和使用安全。

（二）各种灌注桩的施工原理、适用范围及常用机械

常用的灌注桩的种类有：泥浆护壁钻孔灌注桩、冲孔灌注桩、沉管灌注桩、夯扩桩、干作用成孔灌注桩。其适用范围如下：

（1）泥浆护壁钻孔灌注桩适用于地下水位以下的黏性土、粉土、沙土、填土、碎（砾）石土及风化岩层，以及地质情况复杂、夹层多、风化不均、软硬变化较大的岩层；冲孔灌注桩除适应上述地质情况外，还能穿透旧基础、大孤石等障碍物，但在岩溶发育地区应慎重使用。

（2）锤击沉管施工法，是利用桩锤将桩管和预制桩尖（桩靴）打入土中，边拔管、边振动、边灌注混凝土、边成桩。在拔管过程中，由于保持对桩管进行连续低锤密击，使钢管不断得到冲击振动，从而密实混凝土。沉管灌注桩适用于黏性土、粉土、淤泥质土、沙土及填土；在厚度较大、灵敏度较高的淤泥和流塑状态的黏性土等软弱土层中采用时，应制定质量保证措施，并经试验成功后方可实施。

夯扩桩适用于桩端持力层为中、低压缩性黏性土、粉土、沙土、碎石类土，且其埋深不超过20m 的情况。

锤击沉管灌注桩常用的机械有滚管式锤击沉管打桩机（图 15-56）；还有振动沉管机、静压法桩机。

（3）干作业成孔法是利用螺旋钻头的部分刃片旋转切削土层，被切的土块随钻头旋转，并沿整个钻杆上的螺旋叶片上升而被推出孔外的方法。在软土层含水率大时，可用叶片螺距较大的钻杆，这样工效可高一些；在可塑、硬塑的土层或含水率较小的沙土中，应采用叶片螺距较小的钻杆，以便能均匀平稳地钻进土中。

干作业成孔灌注桩适用于地下水位以上的黏性土、粉土、填土、中等密实以上的沙土、风化岩层。

干作业法成孔常用的机械有螺旋钻机（图 15-57）。

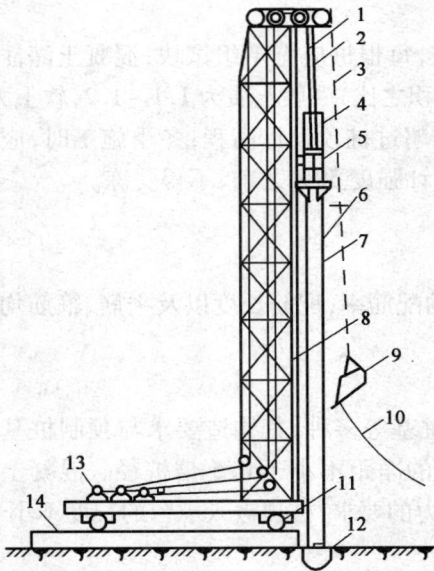

图 15-56 滚管式锤击沉管打桩机
1-桩管滑轮组；2-桩锤钢丝绳；3-吊斗钢丝绳；4-桩锤；5-桩帽；6-混凝土漏斗；7-桩管；8-桩靴；9-混凝土吊斗；10-回绳；11-行驶用钢管；12-预制桩靴；13-卷扬机；14-枕木

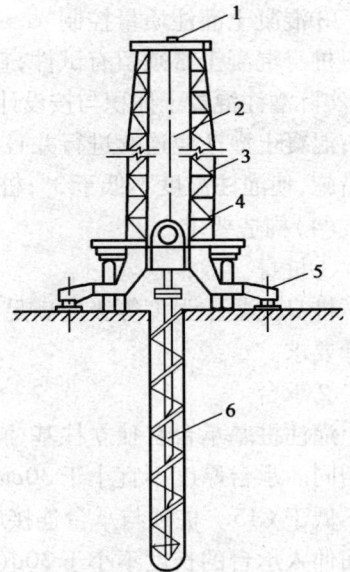

图 15-57 螺旋钻机示意图
1-导管；2-钢丝绳；3-龙门导架；4-动力箱；5-千斤顶支腿；6-螺旋钻杆

无论泥浆护壁灌注桩、锤击法灌注桩、干法作业灌注桩;除成孔方式不同外,其他施工步骤基本相同;现着重介绍泥浆护壁灌注桩的施工。

(三)泥浆护壁成孔灌注桩施工及施工机械设备

泥浆护壁成孔可用多种形式的钻机钻进成孔。在钻孔过程中,为防止孔壁坍塌,在孔内注入高塑性黏土或膨润土和水拌和的泥浆以及利用钻削下来的黏性土与水混合自造泥浆保护孔壁,这种护壁泥浆与钻孔的土屑混合,边钻边排出泥浆,同时进行孔内补浆。当钻孔达到规定深度后,进行清除孔底泥渣,然后安放钢筋笼,在泥浆下灌注混凝土而成桩。

1. 泥浆的制备和处理

(1)泥浆的作用

护壁泥浆是由高塑性黏土或膨润土和水拌和的混合物,并根据需要,掺入少量的其他物质,如加重剂、分散剂、增黏剂及堵漏剂等,以改善泥浆的品质。在钻孔时,泥浆是将钻孔内不同土层中的孔隙渗填密实,使孔内漏水减少到最低程度,以保持护筒内较稳定的水压。同时,泥浆的密度大于水的密度,且具有触变性,即静止时有一定的静切力,搅拌时有一定的流动度。它在孔中的液面一定要高出地下水位 $0.5 \sim 1.0$ m,因此,泥浆所产生的液柱压力可以平衡地下水压力,并对孔壁有一定的侧压力,成为孔壁的一种液态支撑。泥浆中胶质颗粒的分子,在泥浆的压力下渗入孔壁表层的孔隙中,形成一层泥皮,促使孔壁胶结,从而起到防止坍孔、保护孔壁的作用。除此以外,在泥浆循环排土时,还有携渣、润滑钻头、降低钻头发热、减少钻进阻力等作用。因此,在钻孔桩施工时,除能自行造浆的黏性土层外,均应制备泥浆。制浆采用泥浆搅拌机,制成的泥浆可贮藏在泥浆池或钢制泥浆箱内备用。

(2)泥浆的性能指标

拌制泥浆应根据施工机械、工艺及穿越土层进行配合比设计。膨润土泥浆可按表15-11的性能指标制备。

制备泥浆的性能指标　　　　　　表 15-11

项　次	项　目	性　能　指　标	检　验　方　法
1	相对密度	$1.1 \sim 1.15$	泥浆密度计
2	黏度	$10 \sim 25$s	500/700mL 漏斗法
3	含砂率	<6%	
4	胶体率	>95%	量杯法
5	失水量	<3mL/30min	失水量仪
6	泥皮厚度	$1 \sim 3$mm/30min	尺量
7	静切力	1min$20 \sim 30$mg/cm^2 10min$50 \sim 100$mg/cm^2	静切力计
8	稳定性	<0.03g/cm^2	
9	pH 值	$7 \sim 9$	pH 试纸

（3）泥浆护壁的规定

①施工期间护筒内的泥浆面应高出地下水位1.0m以上，在受水位涨落影响时，泥浆面应高出最高水位1.5m以上。

②在清孔过程中，应不断置换泥浆，直至浇筑水下混凝土。

③浇筑混凝土前，孔底500mm以内的泥浆相对密度应小于1.25；含砂率≤8%；黏度≤28s。

④在容易产生泥浆渗漏的土层中应采取维持孔壁稳定的措施。

（4）废泥浆和钻渣的处理

灌注桩施工时所产生的废弃物有钻孔形成的弃土、变质后不能循环使用的护壁泥浆液，还有施工结束时所剩余的护壁泥浆。这些都会对周围环境造成污染，不能随意排放。

钻孔形成的废弃物，其含水率相当高，且因掺有水泥等，使其pH值增高；另外，其中还有以膨润土为主的护壁泥浆液复合材料。在处理这些废弃物时将产生较大的难度，需注意。

废泥浆和钻渣的处理，主要分为脱水处理和有害杂质的处理两个方面，其主要目的有两个：一是对可以再生利用的废泥浆，将其中土屑、粗粒杂质等钻渣清除后重新利用，以降低工程成本；二是把无法再生利用的废泥浆中所有污染的物质进行全面处理，消除公害。

废泥浆的脱水处理，首先是通过振动筛等脱水机械排除大颗粒的砂砾，或者对废泥浆的浓度进行调整，然后添加适合各类废泥浆特性的经过特殊配制的促凝剂，使其与泥浆产生凝结反应，从而使微细的颗粒形成絮凝物沉淀下来，再用脱水机将废泥浆分成水及固态泥土。

目前大多数工地对废泥浆和钻渣的处理采用简单的土方法，即靠沉淀池沉淀一段时间，再用抓斗或人工挖出，放在场地上进行自然脱水，然后再装车外运至指定的弃土堆场。

2. 正反循环钻机灌注桩施工及施工机械设备

（1）施工机械设备

①正循环钻机

正循环钻机主要由动力机、泥浆泵、卷扬机、转盘、钻架、钻杆、水龙头和钻头等组成。

②反循环钻机

反循环钻机由钻头、加压装置、回转装置、扬水装置、接续装置和升降装置等组成。

（2）正反循环钻孔灌注桩施工

①正循环施工法

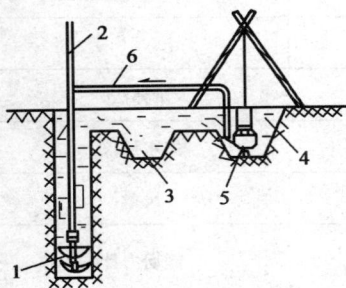

图15-58　正循环排渣
1-钻头；2-钻杆；3-沉淀池；4-泥浆池；
5-泥浆泵；6-送浆管

正循环施工法是从地面向钻管内注入一定压力的泥浆，泥浆压送至孔底后，与钻孔产生的泥渣搅拌混合，然后经由钻管与孔壁之间的空腔上升并排出孔外，混有大量泥渣的泥浆水经过沉淀，过滤并作适当处理后，可再次重复使用。正循环钻孔如图15-58所示。沉淀后的废液或废土可用车运走。正循环法是国内常用的一种成孔方法，这种方法由于泥浆的流速不大，所以出土率低。

正循环法的泥浆循环系统由泥浆池、沉淀池、循环槽、泥浆泵等设备组成，并有排水、清洗、排污等设施。

②反循环施工法

反循环法是将钻孔时孔底混有大量泥渣的泥浆通过钻管的内孔抽吸到地面,新鲜泥浆则由地面直接注入桩孔。反循环吸泥法有三种方式,即空气提浆法、泵举反循环和泵吸反循环。前两种方法较常用。

空气提浆反循环法在钻管底端喷吹压缩空气,当吹口沉至地下 6~7m 时即可压气作业,气压一般控制在 0.5MPa,由此产生比重较小的空气与泥浆的混合体,形成管内水流上升,即"空气升液"。当钻至设计高程后,钻机停止运转,压气出浆继续工作至泥浆密度至规定值为止。图 15-59a)所示的这种方法适用于深孔,排泥及钻孔效果好。

泵举循环法为反循环排渣中最为先进的方法之一,它由砂石泵随主机一起潜入孔内,可迅速将切碎泥渣排出孔外,钻头不必切碎土成为浆状,钻进效率很高。它系将潜水砂石泵同主机连接,开钻时采用正循环开孔,当钻深超过砂石泵叶轮位置以后,即可启动砂石泵电机,开始反循环作业。当钻至设计高程后,停止钻进,砂石泵继续排泥,达到要求为止,如图 15-59b)所示。

泵吸反循环则是将钻管上端用软管与离心泵连接,并连接真空泵,吸泥时是用真空将软管及钻杆中的空气排出,再起动离心泵排渣,如图 15-59c)所示。

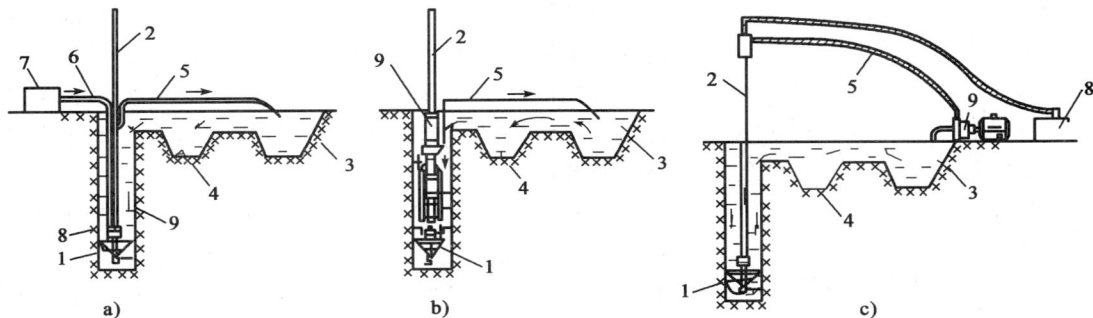

图 15-59　反循环排渣
a)空气提浆法;b)泵举提浆法;c)泵吸反循环
1-钻头;2-钻杆;3-沉淀池;4-泥浆池;5-送浆管;6-高压气管;7-空压机;8-真空泵;9-砂石泵

③施工程序

a. 埋设护筒:泥浆护壁成孔时,宜采用孔口护筒,其作用是保证钻机沿着桩位垂直方向顺利工作,它还起着存贮泥浆,使其高出地下水位和保护桩孔顶部土层不致因钻杆反复上下升降、机身振动而导致坍孔。

b. 安装钻机:安装正循环钻机时,转盘中心应与钻架上吊滑轮在同一垂直线上,钻杆位置偏差不应大于 20mm。使用带有变速器的钻机,应把变速器板上的电动机和变速器被动轴的轴心设置在同一水平高程上。

c. 钻进:在松软土层中钻进,应根据泥浆补给情况控制钻进速度;在硬层或岩层中的钻进速度以钻机不发生跳动为准。钻机设置应保证钻孔的垂直度。加接钻杆时,应停止钻进将钻具提离孔底 80~100mm,维持冲洗液循环 1~2min,以清洗孔底,并将管道内的钻渣携出排净,然后停泵加接钻杆。钻进过程中如发生斜孔、塌孔和护筒周围冒浆时,应停钻,待采取相应措施后再行钻进。

d. 第一次清孔:清孔处理的目的是使孔底沉渣(虚土)厚度、循环液中含钻渣量和孔壁泥皮厚度符合质量要求或设计要求,也为下一道工序即在泥浆中灌注混凝土创造良好的条件。

　　e.测定孔壁回淤厚度。

　　f.吊放钢筋笼。

　　g.插入导管。

　　h.第二次清孔:在第一次清孔达到要求后,由于要安放钢筋笼及导管准备浇筑水下混凝土,这段时间间隔较长,孔底又会产生新的沉渣,所以待安放钢筋笼及导管就绪后,再利用导管进行第二次清孔。

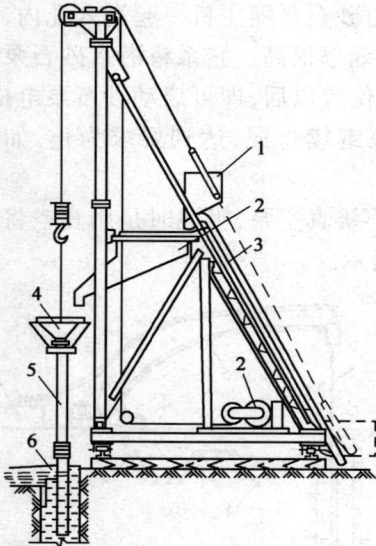

图 15-60　水下混凝土灌注示意图
1-进料斗;2-储料斗;3-滑道;4-漏斗;5-导管;
6-护筒

　　i.灌注水下混凝土,拔出导管。

　　j.拔出护筒。

　　现简单介绍水下混凝土的灌注,如图 15-60 所示。

　　浇灌首批混凝土:开始浇筑混凝土时,为使隔水栓能顺利排出,导管底部至孔底的距离宜为 300~500mm,桩直径小于 600mm,可适当加大导管底部至孔底距离。

　　混凝土灌入前应先在漏斗内灌入 $0.1~0.2m^2$ 的 $1:1.5$ 水泥砂浆,然后再灌入混凝土。混凝土初灌量应能保证混凝土灌入后导管埋入混凝土深度不小于 1.3m,使导管内混凝土柱和管外泥浆压力平衡。另外,混凝土初灌量一定要足量到能截断隔水塞和系结铁丝将混凝土灌注至孔底。

　　导管埋深:导管埋入混凝土的深度愈大,混凝土扩散愈均匀,密实度愈好,其表面也平坦。为防止导管拔出混凝土面造成断桩事故,导管埋深宜为 2~3m,最小埋入深度不得小于 1m,同时也要防止埋管太深造成埋管事故。导管应勤提勤拆,一次提管高度不得超过 6m。

　　连续浇筑混凝土:首批水下混凝土浇筑正常后,必须连续施工,不得中间中断。否则,先浇筑的混凝土达到初凝,将阻止后浇混凝土从导管中流出,造成断桩。

　　浇筑时间:每根桩的浇筑时间按初盘混凝土的初凝时间控制,必要时可适量掺入缓凝剂。混凝土的适当浇筑时间见表 15-12。

水下混凝土适当浇筑时间　　　　　　　　　　　　　表 15-12

桩长(m)	≤30		30~50			50~70			70~100		
浇筑量(m³)	≤40	40~80	≤40	40~80	80~120	≤50	50~100	100~160	≤60	60~120	120~200
适当浇筑时间(h)	2~3	4~5	3~4	5~6	6~7	3~5	6~8	7~9	4~6	8~10	10~12

　　控制桩顶高程:当浇筑接近桩顶部位时,应控制最后一次浇筑量,使桩顶的浇筑高程比设计高程高出 0.5~0.8m,以使凿除桩顶部的泛浆层后达到设计高程的要求,且必须保证暴露的桩顶混凝土达到强度要求。

　　钻孔灌注桩的施工程序如下:安设导管→放置隔水栓,使隔水栓与导管内水面紧贴→灌注首批混凝土→剪断铁丝,使隔水栓下落至孔底→连续灌注混凝土,提升导管→混凝土灌注完毕,拔出护筒。(程序见图 15-61)。

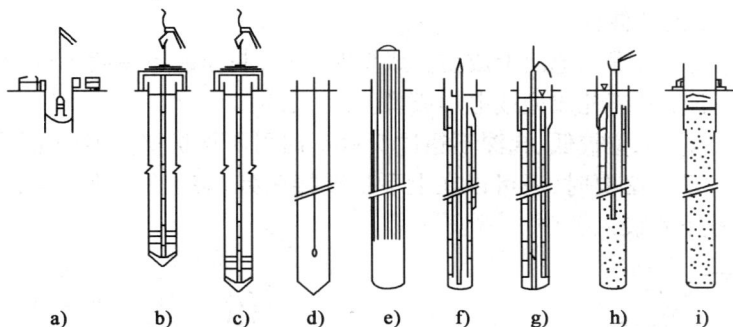

图 15-61　正反循环钻孔灌注桩施工示意图

a)埋设护筒;b)安装钻机;c)第一次清孔;d)测定孔壁;e)吊放钢筋笼;f)插入导管;g)第二次清孔;h)灌注水下混凝土拔出导管;i)拔出护筒

三　挖孔桩的施工

挖孔桩是用人工挖竖井的方法,挖出桩孔、放入钢筋笼、灌注混凝土而成桩,然后在桩顶上灌注承台混凝土形成桩基础。挖孔桩是 1892 年由美国创造芝加哥式挖孔桩法,后日本应用较广泛。但自 20 世纪 60 年代以来,由于钻孔灌注桩的大口径化,挖孔桩的应用一直受到限制。由于挖孔桩能够确保质量,所以在某些工程中必不可少。

挖孔桩施工在国内的推广和应用还是近十年的事情。施工方法比较单一,所不同是护壁方法的区别。现就现浇钢筋混凝土护壁成孔、砌砖护壁成孔、钢板支护成孔进行简要介绍。

(一)现浇钢筋混凝土护壁成孔

现浇钢筋混凝土护壁成孔的施工程序如下:

(1)找准桩心。可先做一个中心量尺,如图 15-62 所示。将第一阶段土挖至一定深度后(50~60cm),将中心桩借助于中心量尺移至孔底中心确定下一阶段挖掘的尺寸。挖掘时,孔径尺寸为设计桩径加二倍护壁厚度。

(2)安设提土支架和搭设防雨棚。

(3)挖掘施工。人工掘进一段深度(设计护壁的每段高度)后,进行支模板、现浇钢筋混凝土,当强度达到设计强度 70% 时,拆模完成第一阶段施工。以下重新找孔底中心、挖土支模、现浇钢筋混凝土、拆模;如此循环,一直挖到基础设计底高程。

支模用料,可用木材。其特点是可据需要长短、宽窄拼接方便、灵活机动,但其木材消耗量大。若采用钢模板,平面型的模板难于满足圆形桩截面的曲率要求,所以有的工地采用钢木组合模板。

支模固定的方法是,上面用铁丝拴在爬梯的梯蹬上,下边垫木块作为受力支点,模板内侧用打入土中的钢钎固定相对位置。

拆模时,先拆钢模后拆木条,拆下的模板运到地面上整理、刷隔离剂以备再用。

每段模板的支护高度有的为 1.0m 高,有的为 1.2m 高。如果按照工人的习惯做法和加快施工进度方面考虑,1.2m 高是适宜的。这也正好是一步架子的高度,亦能适应钢模板的长度模数。

护壁钢筋笼的制作如图 15-63 所示。由于施工中土层的多变,很难测定土体侧压力的大小,所以钢筋也只凭经验配置构造钢筋。纵向钢筋要比每阶段长 150~200mm,插入下一段护壁,以保证上下护壁的整体性。

　　钢筋笼的制作,一般都在地面上成型。成型时留口,制作成不封闭的圆筒形,下孔时蜷缩成稍小的圆筒,孔下张开绑扎成型或电焊成型。

　　在土质较好、地下水位较低、孔深不超过 5～6m 时可不设护壁。但到地下水位以下时,必须设钢筋混凝土护壁。必要时,还可以在上下护壁接头处,装上钢板密封圈。此法可有效地防止压力较大的地下水浸入孔中。

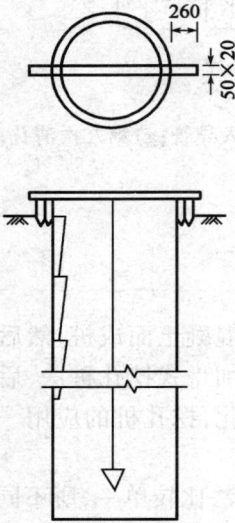

图 15-62　中心量尺(尺寸单位:mm)

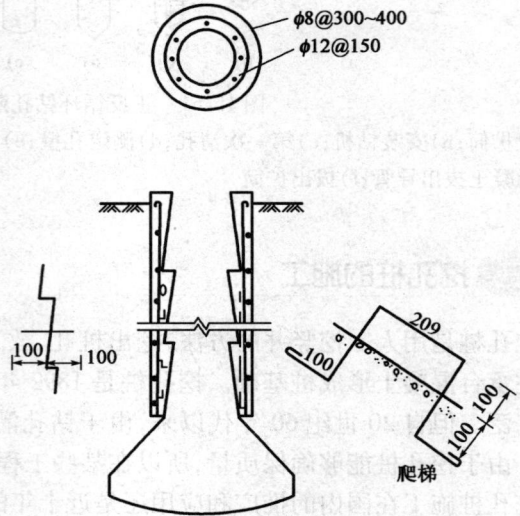

图 15-63　护壁钢筋笼(尺寸单位:mm)

　　孔中井壁宜设置爬梯。当用钢筋混凝土护壁时,用预埋钢筋作爬梯,每孔对称两排布置,一旦遇险,洞中挖土的两人可同时离开。爬梯还有利于护壁和桩身混凝土的共同工作,增加桩的承载力。

　　护壁混凝土以 C20～C30 为宜,用 1～3cm 碎石或卵石,坍落度 2～3cm。为加快模板周转,提高掘进效率,护壁混凝土早期强度要高,必要时应添加早强剂(图 15-64)。

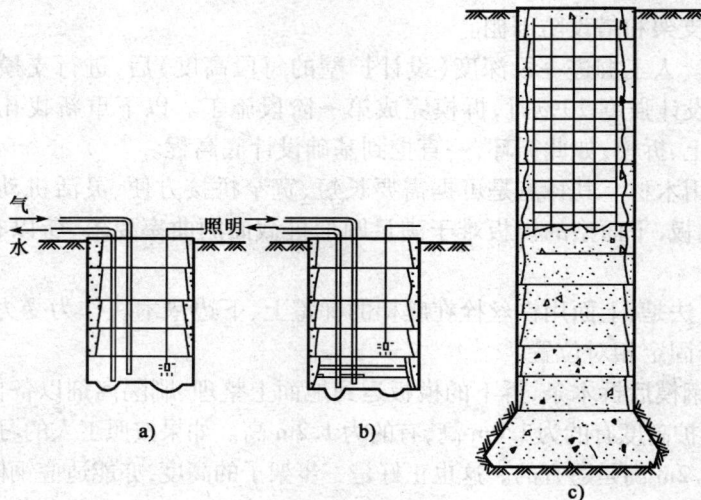

图 15-64　现浇混凝土护壁人工挖孔桩施工
a)在护壁保护下开挖土方;b)支模板浇筑混凝土护壁;c)浇筑桩身混凝土

420

挖孔掘进最后一道工序是清底。清底工作一是要按要求清出曲线底面,二是清理干净孔底虚土。

(二)砖砌护壁

砖砌护壁一般适用于轻亚黏土、硬塑状黏土,没有地下障碍物的松软土层,深度以 7～8m 为宜。施工方法与现浇混凝土护壁类似。

(三)钢板护壁

用 3mm 厚钢板卷制成护圈,每节高 1m,竖向分成 3 块,每块四周镶以 ∠40×40mm 的角钢,焊接而成。角钢上钻孔。每挖 1m 深的土方,组装一节护圈,用 U 形卡连接,亦可用螺栓或销钉连接成环形。然后用 4 个钩头销钉固定到孔壁上。

(四)混凝土的浇筑和养护

清底工作经检查合格后,即可放入钢筋笼。钢筋笼的制作、运输、下放入孔,可参照钻孔灌注桩中钢筋笼的要求。

1.混凝土的浇筑

由于桩孔较深,混凝土灌注不使用输送泵时,则应采用串筒。灌注过程中,应防止污水泥土杂物掉进孔内,而造成断桩(即隔层)。混凝土应分层灌注分层振捣,每层最深不得超过 40cm。灌注工作应连续快速进行。

2.混凝土的养护

灌注桩的养护,指的是外露桩头部分的养护。当气温在 5℃ 以上时,可在外露的桩头上覆盖草袋、麻袋等进行浇水养护。在气候干燥的地区,应在浇水后覆盖一层塑料薄膜,以保持水分不致很快蒸发。在寒冷地区的冬季施工,应在桩头覆盖草袋和塑料薄膜,以防混凝土受冻。桩头 1m 范围内宜添加防冻剂,使混凝土强度在低温条件下得到增长。

四 桩基础常见问题及处理措施

预制桩沉桩常见问题及处理方法如表 15-13 所示,灌注桩施工常见问题及处理对策如表 15-14。

表 15-13

预制桩沉桩常见问题及处理方法

常见问题	产生的主要原因与分析	预防措施及处理方法
桩顶碎裂	①混凝土强度等级偏低。 a.设计的强度等级偏低。 b.施工质量控制不严造成强度等级偏低。 ②桩头钢筋配置。 a.桩顶钢筋网片不足。 b.主筋端部与桩顶距离太小。 ③桩身外形制作不符合规范要求。 a.桩顶面不平。 b.桩顶平面与桩轴线不垂直。 ④桩锤选择不当:桩锤质量太大或太小。	①严格按质量标准进行制作,混凝土配合比要求准确,主筋不得超过桩顶第一层钢筋网片,振捣要密实。 ②打桩时预制桩强度必须达到设计强度的 100%。 ③混凝土灌注前,桩顶模板要平,且同桩身轴线垂直。桩使用前要检查,不符合要求的要及时修补。 ④合理选择桩锤,要重锤轻击,桩重与锤重之比约为 1∶3～1∶5。

常见问题	产生的主要原因与分析	预防措施及处理方法
桩顶碎裂	⑤桩顶与桩帽的接触面不平,使桩顶局部受过大的锤击应力而破碎。 ⑥桩顶未加缓冲垫而使桩身直接承受冲击荷载	⑤经常检查桩帽与桩的接触面处是否平整,及时更换缓冲垫。 ⑥桩顶破损严重时,应修复补强后再施工
桩身断裂	①桩身在施工中出现较大弯曲,在反复冲击的集中荷载下,超过桩身抗弯强度而断裂,主要由于: a.桩长细比过大,沉桩时又遇到硬土层。 b.桩在制作过程中,桩身弯曲超过规定。 c.桩尖偏离轴线,沉桩时遇有硬土层把桩尖挤向一侧。 d.稳定桩时不垂直,在校正桩的倾斜时,使桩身产生弯曲。 e.采用先钻后打工艺时,由于钻孔垂直度偏差过大,沉桩过程中,顺钻孔倾斜而产生弯曲。 f.两节或多节桩相接时,由于不在同一轴线而产生曲折。 g.在饱和软黏土中沉桩时,由于超静水压力的影响和土方开挖主生过大的土压力差使桩身发生弯曲。 ②桩身质量不符合要求。 ③在桩制作时,其堆放、起吊、运输过程中改变了受力状态,产生裂纹或断裂	①主要预防措施和处理方法: a.控制每节桩的细长比,一般不超过40。 b.施工前检查桩身的弯曲情况。 c.应及时纠正在初沉时发生倾斜的桩。 d.采用先钻后打工艺时,严格控制钻孔的垂直度在1%以内。 e.严格按操作要求进行接桩,以确保上下两节桩在同一轴线上。 f.在饱和软黏土中沉桩时,要采取措施降低孔隙水压力。 ②确保混凝土质量。 ③桩在堆放、起吊运输过程中,严格按有关规定或操作规程执行。 桩身出现断裂后,可根据工程地质条件等实际情况进行补桩
沉桩达不到设计要求	①工程地质情况未能勘探清楚。 ②局部有坚硬土夹层或砂夹层。 ③施工中遇到障碍物,如大块石、旧埋设物等。 ④以新近代砂层为持力层时,由于新近代砂层结构不稳定,同一层的强度差异很大,桩打入该层,进入持力层较深时才能求出贯入度。群桩施工时,砂层越挤越密,最后就沉不下去。 ⑤桩锤选择太大或太小,使桩沉不到或沉过设计高程。 ⑥桩身打碎或桩身打裂、打断等使桩不能继续打入	①工程地质情况应详细探明,做到工程地质情况与勘察报告相符。 ②合理正确地选择持力层或桩尖高程。 ③遇有硬夹层进时,可采用先钻后打法、水冲法等穿透硬夹层,以利沉桩,但桩尖至少进入未扰动的土层中4倍桩径深度。 ④根据工程地质等条件,确定桩的最终控制标准。 ⑤合理选择桩锤。 ⑥采取有效措施,防止桩顶打碎或桩身断裂
桩顶位移	①桩入土后,遇到大块坚硬的障碍物使桩向一侧偏斜。 ②采用先钻后打时,钻孔垂直偏差过大桩体顺钻孔倾斜而偏移。 ③多节桩施工时,由于接桩时位置不正,使桩顶偏移。 ④桩身原有弯曲,沉入土后,使桩顶位移。 ⑤在饱和软黏土地区,当桩数较多、桩间距较小,沉桩时把相邻桩推向一侧或使地面隆起将相邻桩一起拱起	①施工前清除沉桩区域内的地下障碍物。 ②严格控制预钻孔的垂直度在1%以内。 ③接桩时,保证上下节桩在同一轴线上,严格按操作要求连接接头。 ④沉桩前检查桩身弯曲情况,不使用超过规范允许偏差的桩。 ⑤在饱和软黏土地区施工较密集的群桩应控制沉桩速率和采用降低孔隙水压力的措施

常见问题	产生的主要原因与分析	预防措施及处理方法
桩身倾斜	①施工场地不平造成施工机械倾斜而使桩身倾斜。 ②稳桩时,桩帽、桩锤及桩身不在同一直线上。 ③桩顶与桩帽接触面不平,桩身受偏心荷载作用,入土后桩身倾斜。 ④多节桩施工时,由于接桩时上下桩不在同一线上,使桩沉入后桩身倾斜。 ⑤桩距太近,邻桩打桩土体挤压。 ⑥采用机械化进行基坑土方开挖时,对一定送桩深度的群桩,由于桩身两侧土压力差值较大,使桩身倾斜	①要求施工场地平整,对于软黏土地基表面应铺碎石再平整。为使桩机底盘保持水平,在桩机行走装置下加垫板。 ②初沉时对不垂直的桩及时纠正,控制垂直度小于5‰。 ③预先检查桩,不宜采用桩身弯曲及桩尖偏离桩中线超过规定值的桩。 ④保持桩顶与桩帽接触面平整,使桩不受偏心荷载。 ⑤接桩时,上下桩必须保持在同一轴线上。 ⑥按分层开挖原则,对有一定送桩深度的群桩进行基坑土方开挖
接桩处松脱、开裂	①连接处没有清理干净,留有杂质、水、油污。 ②采用焊接或法兰连接时,连接铁件或法兰平面不平。 ③焊接质量不符合要求,焊缝不连续、不饱满、有夹渣等。 ④采用硫黄胶泥接桩时,质量达不到设计强度要求,在锤击作用下开裂。 ⑤接桩上、下线不在同一直线上	①接桩处表面必须处理干净。 ②连接铁件必须牢固平整,不符合要求的经修正后方可使用。 ③必须保证焊接质量。 ④硫黄胶泥严格按操作规程操作,配合比应经试验确定。 ⑤保证上下两节桩在同一直线上
孔壁坍塌	①护壁泥浆密度和浓度不足,起不到可靠的护壁作用。 ②护筒埋深位置不合适,埋设在砂或粗砂层中。 ③成孔速度太快,在孔壁上来不及形成泥膜。 ④孔内水头高度不够或出现承压水,降低了静水压力。 ⑤冲击(抓)锥或掏渣筒倾倒,撞击孔壁。 ⑥安放钢筋笼时碰撞了孔壁,破坏了泥膜和孔壁。 ⑦排除较大障碍物形成大的孔洞而漏水致使孔壁坍塌	①在松散沙土或流沙中钻进时,应控制进尺,选用较大密度、黏度、胶体率的优质泥浆。 ②将护筒的底部贯入黏土中0.5m以上。 ③成孔速度应根据地质情况选取。 ④如地下水位变化大,应采取升高护筒、增大水头,或用虹吸管连接等措施。 ⑤从钢筋笼的绑扎、吊插以及定位垫板设置安装等环节均应予以充分注意。 ⑥如孔口发生坍塌,应先按探明位置,进行回填
护筒冒水	①埋设护筒时周围填土不密实。 ②起落钻头时碰动了护筒	①在埋设护筒时,四周的土要分层夯实,并且选用含水率适当的黏土填筑。 ②起落钻头时要防止碰撞护壁。 ③初发现护筒冒水,可用黏土在四周填实加固,如护筒严重下沉或位移,则应返工重埋
钻孔漏浆	①护筒埋设太浅,回填土不密实或护筒接缝不严密,在护筒刃脚或接缝处漏浆。 ②水头过高使孔壁渗浆,遇到透水性大或有地下水流的土层	①根据土质情况决定护筒的埋置深度。 ②将护筒外壁与孔洞间的缝隙用土填密实,必要时用旧棉絮堵塞密实。 ③加稠泥浆或倒入黏土,慢速转动或在回填土内掺入石、卵石,反复冲击,增强护壁

第十五章

桥梁基础施工

常见问题	产生的主要原因与分析	预防措施及处理方法
桩孔偏移	①钻孔时遇到有倾斜度的软硬土层交界处或岩石倾斜处,钻头所受阻力不均而偏位。 ②钻孔时遇到较大的孤石、探头石等地下障碍物使钻孔偏位。 ③钻杆弯曲或连接不当,使钻头、钻杆中心线不同轴。 ④地面不平或不均匀沉降使钻机底座倾斜	①在有倾斜的软硬土层处钻进时,应吊住钻杆,控制进尺速度并以低速钻进,或在斜面位置处填入片石、卵石,以冲击锤将斜面硬层冲平再钻进。 ②探明地下障碍物情况,预先清除干净。 ③钻杆、接头应逐个检查,及时调整。 ④场地要平整,钻架就位后要调整,使钻盘与底座水平,并应注意经常检查和校正。 ⑤在桩孔偏斜处吊住钻头,上下反复扫孔,使孔校直。 ⑥在桩孔偏斜处回填砂黏土,待沉积密实后再钻
梅花孔	①转向装置失灵,泥浆太稠,阻力大,冲击锤不能自由转动。 ②冲程太小,冲锥刚提起又落下,得不到足够的转动时间,变换不了冲击位置	①经常检查转向装置,选用适当黏度和密度的泥浆,适时掏渣。 ②用低冲程时,隔一段时间要更换高一些的冲程,使冲锥有足够的转动时间
缩孔	塑性土膨胀	上下反复扫孔,以扩大孔径
钢筋笼安放与设计要求不符	①堆放、起吊、搬运没有严格执行规程,支垫数量不够或位置不当,造成变形。 ②钢筋笼安放入孔时不是垂直缓慢放下。 ③清孔时孔底沉渣或泥浆没有清理干净,造成实际孔深与设计要求不符,钢筋笼放不到设计深度	①钢筋笼过长宜分段制作,入孔时再焊接,在搬运和安放过程中,每隔2.0~2.5m设置加劲箍一道,并在笼内每隔3~4m装一个临时十字形加劲架,在钢筋笼安放入孔后拆除。 ②清孔时应把沉渣清理干净,保证实际有效孔深满足设计要求。 ③钢筋笼应垂直缓慢放入孔内,防止碰撞孔壁。入孔后要采取措施固定好位置,对已发生变化的钢筋笼,进行修理后再使用
断桩	①混凝土坍落度太小,骨料粒径太大,未及时提升导管及导管倾斜,使导管堵塞,形成桩身混凝土中断。 ②混凝土供应不上使混凝土浇筑中断时间过长。 ③提升导管时碰撞钢筋笼,使孔壁土体混入混凝土中。 ④导管没扶正,接头法兰挂住钢筋笼	①混凝土坍落度按设计要求、粗骨料粒径按设计要求控制。 ②边浇筑混凝土边拔套管,并勘测混凝土顶面高度,随时掌握导管埋入深度,避免导管脱离混凝土面。 ③当导管堵塞,混凝土尚未初凝时,要及时处理保证混凝土灌注的连续性。 ④如果混凝土在地下水位以上中断,桩径又较大(1m以上),泥浆护壁好,可抽掉孔内水,用钢筋笼保护,结原混凝土面进行凿毛并清洗钢筋,再继续浇筑混凝土。 ⑤如果混凝土在地下水位以下中断,可钻孔清孔后,在断桩部位增加一节钢筋笼,其下部埋入新钻孔中,继续浇筑混凝土。 ⑥挂住钢筋笼要转动导管,使二者脱离
流沙	孔外水压力比孔内大,孔壁松散,使大量流沙涌塞孔底	抛入碎砖石、黏土,用锤冲入流沙层,做成泥浆结块,使成坚厚孔壁,阻止流沙涌入
吊脚桩	①清孔后泥浆密度过低,孔壁塌落或孔底漏进泥沙,或未能立即浇灌混凝土。 ②安放钢筋笼或导管碰撞孔壁,使孔壁泥土坍塌。 ③清渣未净,残留沉渣过厚	①清孔要符合设计要求,并立即浇筑混凝土。 ②安放钢筋笼和浇筑混凝土时,注意不要碰撞孔壁。 ③注意泥浆浓度,及时沉渣
混凝土用量过大	①钻孔经过松软土层造成一定程度的扩孔。 ②浇灌混凝土时,一部分扩散到软土中	①钻孔时,掌握好各土层的钻进速度。 ②正常钻孔作业时,中途不得随便停钻

思考题

1. 有支护基坑的支护方法有哪几种? 各适用于什么情况? 基坑开挖的基本要领是什么?

2. 什么是围堰? 修筑围堰应符合哪些要求? 常用的围堰有哪几种? 各适用于什么情况?

3. 钢板桩围堰和木板桩围堰的构成。

4. 基坑排水的方法及各自使用的设备和使用条件。

5. 沉井下沉的方法。

6. 沉井下沉的辅助措施有哪些?

7. 打入桩在打桩前的准备工作有哪些?

8. 叙述钻孔桩基础主要施工程序及特点。

9. 旋转式钻机按泥浆循环方式可分为正循环和反循环,二者主要区别是什么?

10. 钻孔桩基础施工前的准备工作有哪些?

11. 钻孔桩在钻孔过程中应注意哪些问题?

12. 钻孔过程中遇到了坍孔、缩孔、流沙现象、卡钻、掉钻等事故,应该如何处理?

13. 叙述灌注水下混凝土过程?

14. 试述挖孔桩基础主要施工程序及特点?

参 考 文 献

[1] 中华人民共和国铁道部.TB 10002.1—2005 铁路桥涵设计基本规范[S].北京:中国铁道出版社,2005.

[2] 中华人民共和国铁道部.TB 10002.5—2005 铁路桥涵地基和基础设计规范[S].北京:中国铁道出版社,2005.

[3] 中华人民共和国铁道部.TB/T 3043—2005 预制后张法预应力混凝土铁路桥简支 T 梁技术条件[S].北京:中国铁道出版社,2005.

[4] 中华人民共和国交通运输部.JTJ/T F50—2011 公路桥涵施工技术规范[S].北京:人民交通出版社,2011.

[5] 中华人民共和国交通部.JTG D62—2004 公路钢筋混凝土及预应力混凝土桥涵设计规范[S].北京:人民交通出版社,2004.

[6] 中华人民共和国铁道部.TB/T 2484—2005 预制先张法预应力混凝土铁路桥简支 T 梁技术条件[S].北京:中国铁道出版社,2005.

[7] 李辅元.桥梁工程[M].北京:人民交通出版社,2005.

[8] 马国峰,王保群.桥梁工程[M].北京:机械工业出版社,2007.

[9] 王承礼,徐名枢.铁路桥梁[M].北京:中国铁道出版社,1990.

[10] 胡振文,等.桥梁工程[M].长沙:中南大学出版社,2002.

[11] 王慧东.桥梁墩台与基础工程[M].北京:中国铁道出版社,2005.

[12] 李国平.预应力混凝土结构设计原理[M].北京:人民交通出版社,2004.

[13] 姚玲森.桥梁工程[M].北京:人民交通出版社,1987.

[14] 卢树圣.现代预应力混凝土理论与应用[M].北京:中国铁道出版社,2000.

[15] 范立础.桥梁工程[M].北京:人民交通出版社,1987.

[16] 林元培.斜拉桥[M].北京:人民交通出版社,1994.

[17] 交通部第一公路工程总公司.公路施工手册·桥涵[M].北京:人民交通出版社,2000.

[18] 王华廉.桥梁施工[M].北京:中国铁道出版社,1997.

[19] 杨文渊,徐犇.桥梁施工工程师手册[M].北京:人民交通出版社,2000.

[20] 孙亦环.铁路桥涵[M].北京:中国铁道出版社,1988.

[21] 李亚东.桥梁工程概论[M].成都:西南交通大学出版社,1999.

[22] 强士中,周璞.桥梁工程[M].成都:西南交通大学出版社,2000.

[23] 裘伯永.桥梁工程[M].北京:中国铁道出版社,2006.

[24] 白宝玉.桥梁工程[M].北京:高等教育出版社,2005.